KB090201

여암집

【상】

박지원 지음 ─ 신호열·김명호 옮김

돌베개

신호열辛鎬烈

호는 우전雨田이다. 1914년 전남 함평에서 출생했으며 겸산謙山 이병수李炳壽 선생 문하에서 한학을 수학했다. 1961년 동국대 국문과 대학원에 출강한 이후 오랫동안 서울대·고려대·성균관대 대학원에서 강의했으며, 1974년부터 1993년 작고할 때까지 민족문화추진회 국역연수원 교수를 역임했다. 국역서로 『완당전집』阮堂全集 『하서전집』河西全集 『퇴계시』退溪詩 등 수십 종이 있으며, 민족문화추진회 제정 제1회 고전국역상을 수상했다. 유고집으로 『우전선생일고』雨田先生逸稿가 있다.

김명호金明昊

1953년 부산에서 출생했다. 서울대 국문과를 졸업하고 동 대학원에서 문학박사 학위를 받았으며, 우전 신호열 선생 문하에서 한학을 수학했다. 덕성여대 국문과, 성균관대 한문학과 교수를 거쳐 서울대 국문과 교수로 정년 퇴임했다. 저서로 『열하일기 연구』『박지원 문학 연구』『초기 한미관계의 재조명』『환재 박규수 연구』『홍대용과 항주의 세 선비』 등이 있다. 우경문화저술상과 두계학술상, 월봉저작상을 수상했다.

연암집 상 〔개정판〕

박지원 지음 | 신호열·김명호 옮김

2007년 2월 26일 초판 1쇄 발행

2012년 7월 16일 개정판 1쇄 발행

2022년 6월 3일 개정판 4쇄 발행

펴낸이 한철희 | 펴낸 곳 돌베개 | 등록 1979년 8월 25일 제406-2003-000018호

주소 (413-756) 경기도 파주시 회동길 77-20 (문발동)

전화 (031) 955-5020 | 팩스 (031) 955-5050

홈페이지 www.dolbegae.co.kr | 전자우편 book@dolbegae.co.kr

편집 이경아

표지디자인 박정은 | 본문디자인 이애란·이은정·박정영

제작·관리 윤국중·이수민 | 마케팅 심찬식·고운성

인쇄 한영문화사 | 제본 경일제책사

ISBN 978-89-7199-267-8 04810

      978-89-7199-266-1 (세트)

돌베개 판版 국역『연암집』이 간행된 지 어느덧 5년이 지났다. 이 책은 상·중·하 3권에 달하는 분량과 중후한 내용에도 불구하고 그동안 독자들의 꾸준한 사랑을 받아 왔다. 이는 무엇보다도 연암의 문학이 지닌 풍부한 예술성과 사상성이 시대를 초월해 현대 독자들의 심금을 울린 때문일 것이다. 엄정한 원문 교감과 충실한 주해를 바탕으로 번역에 완벽을 기하고자 한 역자의 노력이 여기에 일조一助한 듯하여 큰 보람을 느낀다.

국역『연암집』 초판이 간행된 후 나는 쇄刷를 거듭할 때마다 미세하지만 수정 보완 작업을 하였다. '전문적 학술 번역'을 표방한 만큼 그에 명실상부한 번역이 되도록, 그리고 공역자이신 고故 우전 신호열 스승님의 명성에 누가 되지 않도록 최대한 완벽하게 번역문을 다듬고 싶은 집념에서였다.

그런데 최근에 와서 단국대학교 연민문고淵民文庫에 소장된 연암 관련 문헌들이 대거 공개되었다. 그중에는『열하일기』의 초기 필사본 십여 종과 아울러,『겸헌만필』謙軒漫筆,『연암산고』燕岩散稿,『연암집 초고보유』燕巖集草稿補遺,『영대정집』映帶亭集,『유상곡수정집』流觴曲水亭集, 계서본溪西本『연암집』 등 종전에 알려지지 않았던 귀중한『연암집』 이본들이 다수 포함되어 있었다. 나는 이러한 문헌들에 대한 해제解題 사업에 참여하는 기회에 연암의 글들을 다시금 새롭게 정독하게 되었다. 나아가 그 김에 일본의 동양문고東洋文庫 소장『연암집』 등 해외 자료들도 힘닿는 데까지 입수하고자 했다.

  이번에 간행하는 국역 『연암집』 개정판은 이같은 새로운 자료들을 대상으로 한 수년 간의 연구 성과를 적극 반영하여 초판의 번역문과 주해 및 원문을 크게 수정 보완한 것이다. 예를 들어 국역 『연암집』 중권에는 「어떤 이에게 보냄」이라는 수신인 미상의 편지가 2편 수록되어 있는데, 그중 첫 번째 편지가 제자 이서구李書九에게 보낸 편지임을 밝혔고, 「김계근金季謹에게 답함」이란 편지 중 일부 누락된 원문을 복원하기도 하였다. 또 「좌소산인左蘇山人에게 주다」라는 시가 종래 알고 있던 것처럼 서유본徐有本이 아니라 이덕무李德懋에게 준 작품임을 고증했으며, 『연암집』 하권의 「민옹전」에서 "감라甘羅가 장수가 되었다"고 한 대목을 "감라가 승상이 되었다"라고 바로잡았다.

  이제 개정판을 냄으로써, 간행 이후 지금까지 지속해 온 국역 『연암집』에 대한 수정 보완 작업을 일단락 지은 셈이다. 이러한 역자의 노력을 통해 연암 문학이 현대의 살아 있는 고전으로서 영원한 생명을 누리게 하고 싶은 마음 간절하다. 개정판을 낼 수 있게 해 주신 돌베개출판사 한철희 사장님과 실무를 맡아 준 이경아 님에게 감사드린다.

2012년 7월

김명호

연암 박지원은 오늘날 조선 후기의 문호이자 저명한 실학자로 높이 평가되고 있는 인물이다. 조선 후기 문학사와 사상사에서 그는 「양반전」 「허생전」 등 빼어난 한문소설의 작가요, 『열하일기』를 통해 청나라의 선진 문물을 배울 것을 역설한 북학파의 대표적 사상가로 확고히 자리매김 되고 있다. 국내외에서 연암의 문학과 사상에 관한 연구가 갈수록 활발하게 이루어지고 있으며, 그의 서거 200주년인 2005년에는 이를 기념하는 학술 행사들이 성대하게 벌어지기도 했다.

이 책은 1932년 활자본으로 간행된 박영철朴榮喆 편 『연암집』을 텍스트로 해서 연암 박지원의 시문詩文 전부를 국역한 것이다. 현재 연암의 문집은 선집 또는 전집의 형태로 활자본과 필사본을 합쳐 모두 십수 종이 전하고 있다. 그중 박영철 편 『연암집』은 연암 후손가에서 보관해 온 필사본을 저본으로 하여 신뢰할 수 있을 뿐더러, 작품을 가장 광범하게 수록하고 있고 대중적으로도 널리 보급된 텍스트이다. 거기에 수록된 연암의 산문 237편과 한시 42수를 처음으로 완역한 것이 바로 이 책이다.

일찍이 창강 김택영滄江 金澤榮은 연암을 '조선 시대 최고의 산문 작가'로 칭송한 바 있다. 그처럼 드높은 평판에도 불구하고 연암의 작품은 그중 일부만 국역되어 있었으므로, 학계에서는 오래전부터 『연암집』의 완역을 갈망해 왔다. 하지만 연암은 정통 고문체와 패관소품체稗官小品體, 조선식 한자 표현 등을 망라하여 다채로운 문체를 구사했을 뿐 아니라, 조선과 중국의 문학·역사·철학, 해외 지리와 천주교, 서얼 차별과 노비 문제, 화폐 문제, 심지어 범죄 사건까지 포괄하는 광범한 주제를 다루었기 때문에, 그가 남긴 글들을 남김없이 완벽하게 번역하기란 결코 쉬운 일이 아니다. 아마도 이것이 그동안 연암의 작품 중 일부만이 거듭 번역되어 온 숨은 이유일 것이다.

이 책은 한학의 대가인 우전 신호열雨田 辛鎬烈 선생이 생전에 구술하신 『연암집』 국역 초고를 바탕으로 해서, 우전 선생의 문하생으로 연암 문학을 전공한 필자가 수정 가필하고 주해를 가하여 완성한 것이다. 민족문화추진회의 위촉을 받고 필자는 연구년을 포함하여 만 2년 동안 작업한 끝에, 연암 서거 200주년에 맞추어 『국역 연암집』 1·2를 간행할 수 있었다. 이로써 『열하일기』와 『과농소초』를 제외한 연암의 전 작품이 사실상 완역된 셈이다.

민족문화추진회 간刊 『국역 연암집』은 박영철 편 『연암집』을 텍스트로 하되 주요 이본들을 대조하여 원문을 철저히 교감한 위에서, 작품의 이해와 감상에 필요한 충실한 주해를 가한 것이다. 이를 통해 역자 자신을 포함한 학계의 연암 연구 성과를 적극 반영한 '전문적 학술 번역'을 추구하였다.

그렇기는 하지만 『국역 연암집』은 민족문화추진회의 국역서 체제와 간행 일정에 맞추다 보니 다소 미흡한 점들이 없지 않았다. 또한 공공기관의 간행물인 관계로 일반 대중에게 널리 보급되기 어려웠던 것도 사실이다. 이에 돌베개출판사가 의욕적으로 나서서 민족문화추진회와 판권 계약을 맺고 『연암집』 국역서를 출간하기로 했으므로, 필자는 다시 꼬박 1년의 시간을 바쳐 수정 보완 작업을 진행하였다.

이 기회에 필자는 『국역 연암집』에 남아 있던 번역이나 인쇄상의 사소한 오류까지 놓치지 않고 바로잡는 한편, 『한국문집총간』 표점본標點本에 의거했던 원문 구두句讀를 전면 교열하여 완벽을 기하고자 하였다. 번역문 각주 역시 수정 보완해서 더욱 충실한 주해가 되도록 하고, 새로운 이본들을 추가 대조하여 원문 교감에 반영하였다. 그 결과 번역문 각주와 원문 각주를 합해 약 4,000개에 달하는 주석이 붙게 되었다. 말미에는 총색인을 붙여 『연암집』을 자료로서 활용하기에 용이하게 하였다. 아울러 민족문화추진회의 국역서 체제에서 과감히 벗어나, 일반 독자들이 한결 읽기 편하도록 책의 편집 면에서도 여러모로 면목을 일신하고자 했다. 그리하여 탄생하게 된 것이 돌베개 판版 『연암집』 상·중·하 3권이다.

20여 년 전 우전 선생 문하에서 처음 『연암집』을 배우고 박사논문을 위해 『연암집』을 꼼꼼이 통독하던 시절부터 이 책의 간행을 눈앞에 둔 지금까지의 세월을 돌아보니 감회가 깊다. 작업을 진행하던 지난 3년 동안, 보다 정확한 번역과 완벽한 교정을 위해 원문과 번역문을 거듭거듭 검토하며 얼마나 고심했던가. 그러나 한편으로는, 유명을 달리하신 스승 우전 선생과 연암의 글 해석을 놓고 마음속으로 부단히 대화하고 토론하는 즐거움도 누릴 수 있었다.

이 자리를 빌어, 먼저 스승의 국역 유고가 빛을 볼 수 있게 해 준 민족문화추진회에 감사드린다. 그리고 『연암집』 국역본이 수정 보완 작업을 거쳐 새로운 모습으로 독자들에게 다가갈 수 있도록 배려해 준 돌베개출판사 한철희 사장님과, 편집 책임을 맡아 정성을 다한 이경아 님에게 감사의 마음을 전한다.

2007년 2월
각심한재覺心閒齋에서 김명호

일러두기

이 책은 다음과 같은 요령으로 엮었다.

1. 이 책은 민족문화추진회에서 간행한 한국문집총간 252집 소재 『연암집』燕巖集을 대본으로 국역하고, 원문은 교감·조판하여 국역문 뒤에 첨부하였다.
2. 원문은 각종 이본을 참고하여 오자誤字, 탈자脫字, 연문衍文 등을 바로잡은 다음 교감기를 달아 참고하도록 하였다.
   단 원문에 반복적으로 나타나는 사소한 오자들(已↔己, 母→毋, 欽→歛 등)은 번잡스러움을 피하기 위해, 이를 바로잡기만 하고 그 사실을 일일이 밝히지 않았다. 또한 이본들 간의 차이도 이체자異體字거나 동의어인 경우, 어순의 도치倒置에 불과한 경우(輕重→重輕 등)는 역시 번잡스러움을 피하기 위해, 별도로 표시하지 않았다.
3. 주석은 간단한 내용인 경우에는 간주間註하고, 긴 경우에는 각주脚註하였다.
4. 한자는 필요한 경우 이해를 돕기 위하여 넣었으며, 운문韻文은 원문을 병기하였다.
5. 원문 목차는 따로 만들지 않고 번역문 차례에 함께 넣었다.
6. 맞춤법과 띄어쓰기는 한글 맞춤법과 표준어 규정을 따르는 것을 원칙으로 하였다.
7. 이 책에 사용되는 부호는 다음과 같다.
   ( ) : 번역문과 뜻은 같으나 음이 다른 한자를 묶는다.
   " " : 대화 등의 인용문을 묶는다.
   ' ' : " " 안의 재인용, 또는 강조 부분을 묶는다.
   「 」 : 편명을 묶는다.
   『 』 : 책명을 묶는다.

차례

연암집 제1권
연상각선본 煙湘閣選本

연암집 제2권
연상각선본 煙湘閣選本

연암집

【 제1권 】

연상각선본
煙湘閣選本

會友錄序[1]

6도都[2]의 땅을 돌아보면, 동쪽으로는 큰 바다에 임하여 바닷물
더불어 끝이 없고, 이름난 산과 거대한 산들이 그 중앙에 서
들판은 백 리가 트이어 있는 곳이 드물고 고을은 천 호가 모
이 없으니, 그 지역 자체가 벌써 편협하다 하겠다.

會錄序　　담헌湛軒 홍대용洪大容(1731~1783)이 편찬한 『간정동회우록』乾淨衕會友錄
이다. 홍대용은 1765년(영조 41) 동지사 서장관冬至使書狀官인 숙부 홍억洪檍을 따라
서 항주杭州 출신의 선비 엄성嚴誠·반정균潘庭筠·육비陸飛와 교분을 맺고 정양문正
동乾淨衕에 있던 그들의 여사旅舍에서 수만 언글의 필담筆談을 나누었다. 귀국한 뒤
력 6월 15일 엄성반정균육비와 나눈 필담과 그들을 만나게 된 시말 및 왕복 편지
책으로 편찬한 것이 곧 『간정동회우록』이라고 한다. 『湛軒書』 外集 卷1 杭傳尺牘
書』『담헌서』 외집外集 권1에 연암과 민백순閔百順이 지은 2종의 회우록서가 수록
민백순의 글은 실은 「해동시선서」海東詩選序이다.
　　유득공柳得恭의 「이십일도회고시」二十一都懷古詩는 『동국지지』東國地誌에 의거하여
왕검성부터 고려의 개성에 이르기까지 모두 21개의 왕도王都를 노래한 시이다. 이
6도 역시 36개의 왕도를 뜻하는 듯하나, 어떤 근거에서 우리나라에 상고 이후 모
국의 도읍지가 있다고 했는지는 알 수 없다.

이자후李子厚의 득남得男을 축하한
시축詩軸의 서문

한산 이씨韓山李氏 자후子厚[1]가 나이 마흔여섯이 되어서야 비로소 득남하니,
아이의 눈썹은 길고 눈은 오목하며 코가 오똑하고 이마가 널찍하여 의젓
한 세가世家의 자손이었다.

　　자후를 축하하는 친척과 친구들이 다투어 시를 지어 기쁨을 표시하
자, 자후가 그것을 모아 긴 두루마리로 만들고 내게 서문을 부탁하였다.

　　아! 자후가 아들이 없었을 때 자후와 친한 친구들이 자후를 위하여
근심하지 않는 사람이 없었으나, 유독 나는 "자후는 반드시 아들을 둘
것이다"라고 말했다. 내가 비록 자후와 교유한 적은 없지만, 자후가 덕
있는 사람인 줄은 알고 있었기 때문이다. 사람들이 자후를 염려한 것은,
아직 쇠할 나이가 아닌데도 머리가 벗겨지고 이가 빠지고 허리가 구부정

1. 자후子厚　　이박재李博載(1739~1806)의 자字이다. 이박재는 대사헌을 지낸 이규채李奎采의 아
들로서 정읍 현감을 지냈으며, 1784년(정조 8) 재취인 김해 김씨金海金氏와의 사이에서 첫아들 심
구審榘를 보았다. 『韓山李氏麟齋公派世譜』 이박재는 『병세재언록』幷世才彦錄을 지은 일몽一夢 이규
상李奎象의 족질族姪이어서, 이규상도 그에게 득남을 축하하는 시 2수를 지어 주었다. 『韓山世稿』
卷20 一夢稿 「大族姪子厚博載生男詩韻」

한 늙은이의 모습이어서, 자칫하면 아들을 두기가 어려울 듯싶어서였다. 그러나 자후는 사람됨이 무게 있고 순박하며 솔직하고 꾸밈이 없으니, 그 마음도 틀림없이 성실하고 거짓됨이 없는 사람일 것이다.

무릇 덕에 흠㐀하기로는 성실하지 못한 것보다 더한 것이 없으니, 성실하지 못하면 이루어지는 것이 없다. 그러므로 결실이 없는 가을을 흉년이라고 하는 것이다. 오직 덕이 있어야 그 대代가 멀리 나아갈 수 있다. 그러므로 '힘써 덕을 편다'(邁種德)[2] 함은 이를 이름이다. 초목에 비유하건대 이미 열매를 맺었다면 당연히 종자를 뿌릴 수가 있다. 종자란 '생명을 끊임없이 낳게 하는 길'(生生之道)이다. 그러므로 인仁이라고 일컫는 것이다. 인이란 '쉬지 않는 길'(不息之道)이다. 때문에 그 인을 씨앗(子)이라 일컫는다. 이렇게 과일의 씨 하나로 미루어 뭇 이치의 실상을 징험할 수 있는 것이다.[3]

급기야 자후가 아들을 두게 되었는데, 내가 잠시 거처하던 집이 자후의 집과 골목을 마주하였다. 그래서 날마다 동네 사람을 좇아 자후에게 놀러 갔더니, 자후의 아들이 태어나서 해가 지나매 걸음마와 절을 익히고 어른을 가리키며 누구누구라고 구별할 수 있게 되고, 보조개 웃음과 어여쁜 눈짓으로 나날이 더욱 귀여워졌다. 그러자 전에 자후를 염려하던

---

2. **힘써 덕을 편다(邁種德)** 순舜임금이 우禹에게 왕위를 선위하려고 하자 우가 말하기를, "저는 덕이 없어 백성들이 따르지 않을 것입니다. 고요皐陶는 힘써 덕을 펴서 그 덕이 아래에 미쳤으니 백성들이 그를 우러러볼 것입니다"(朕德罔克 民不依 皐陶邁種德 德乃降 黎民懷之)라고 사양한 것을 두고 한 말이다. 종덕種德은 씨앗을 뿌리듯이 덕을 널리 행한다는 뜻이다. 『書經』「大禹謨」

3. **초목에 …… 것이다** 『주역』周易 「계사전 상」繫辭傳上에 "끊임없이 낳는 것을 '역'易이라 이른다"(生生之謂易)고 하였으며, 『주역』 「건괘」乾卦 상전象傳에 "하늘의 운행은 꾸준하나니 군자는 이를 본받아 스스로 노력하며 쉬지 않는다"(天行健 君子以 自彊不息)고 하였다. 성리학에서는 이러한 『주역』에 근거하여 인仁이란 생명을 끊임없이 낳는 생생불식生生不息의 천도라고 확대 해석했으며, 사람의 마음에 인이 보존되어 있음을 곡식의 씨앗에 비유하여 설명하였다. 연암 역시 주공탑명塵公塔銘에서 인을 '생생불식'生生不息의 '실리'實理로 보고 이를 씨앗에 비유하였다.

사람들이 모두 다 내 말을 믿게 되 말했다.

"이를 알기는 어렵지 않다. 무ㅅ 무엇 때문인가? 꽃이 크다고 해서 ㅌ 모란과 작약이 바로 그렇다. 모과의 밤만 못하다. 심지어 박꽃은 더욱 봄철을 매혹적으로 만들지도 못한다. 어 가며, 박 한 덩이의 크기가 여덟 뿌린 박씨는 백 이랑의 밭을 박잎으 그릇을 만들면 두어 말의 곡식을 담을 상관이 있단 말인가."

아, 자후여 힘쓸지어다. 자후는 섬 에 들어 뭇사람들의 칭송이 사방에 ㅍ 에 쌓인 것은 두텁고 순박하니 그 열ㅁ 다. 종자 심기를 두텁게 하였으니, 그 뿌리 내림은 튼튼할 터이다. 내 어찌 ㅈ 하겠는가. 『시경』詩經에 "효자가 끊어지 내리리라"(孝子不匱 永錫爾類)[4] 하였으니, 이. 이 끊이지 않을 것임을 징험할 수 있다. 그렇게 되기를 기다리는 바이다.

---

4. **효자가 …… 내리리라** 『시경』詩經 대아大雅 「기취」旣

회우록ㅅ

우리나라 3
이 하늘과
리어 있어
여 있는 굿

1. 회우록서會
에 부친 서문
북경北京에 ㄱ
陽門 밖 간정
인 1766년 ㅇ
들을 3권의
「與潘秋庫庭
되어 있다.
2. 36도都
단군조선의
로 미루어
두 36개 왕

그런데 옛날의 이른바 양楊·묵墨·노老·불佛[3]이 아닌데도 의론의 유파가 넷이며,[4] 옛날의 이른바 사士·농農·공工·상商이 아닌데도 명분의 유파가 넷이다.[5] 이것은 단지 숭상하는 바가 동일하지 않을 뿐인데도 의론이 서로 부딪치다 보니 진秦과 월越[6]의 거리보다 멀어진 것이요, 단지 처한 바에 차이가 있을 뿐인데도 비교하고 따지는 사이에 명분이 화華와 이夷의 구분보다 엄하게 된 것이다.

그리하여 형적이 드러남을 꺼려서 서로 소문은 들으면서도 알고 지내지 못하며, 신분상의 위엄에 구애되어 서로 교류를 하면서도 감히 벗으로 사귀지는 못한다. 마을도 같고 종족도 같고 언어와 의관衣冠도 나와 다른 것이 극히 적은데도, 서로 알고 지내지 않으니 혼인이 이루어지겠으며, 감히 벗도 못 하는데 함께 도를 도모하겠는가?[7] 이러한 몇몇 유파가 아득한 수백 년 동안 진과 월, 화와 이처럼 서로 대하면서 집을 나란히 하고 담을 잇대어 살고 있으니, 그 습속이 또 어찌 그리도 편협한가.

홍군 덕보洪君德保[8]가 어느 날 갑자기 한 필 말을 타고 사신을 따라 중국에 가서, 시가를 이리저리 돌아다니고 누추한 골목을 기웃거리다가 마침내 항주杭州에서 온 선비 세 사람을 만나게 되었다. 그래서 틈을 엿

---

3. **양楊·묵墨·노老·불佛**　양주楊朱와 묵적墨翟의 학파, 노자老子의 도가道家와 불타佛陀의 불교를 말한다. 유교에서 이단異端으로 간주하는 네 가지 유파이다.
4. **의론의 유파가 넷이며**　김택영金澤榮 편 『중편연암집』重編燕巖集의 주注에 노론老論, 소론小論, 남인南人, 북인北人의 사색당파四色黨派를 말한다고 하였다.
5. **명분의 유파가 넷이다**　『중편연암집』의 주에 사당인四黨人, 비사당인非四黨人, 중인中人, 서족庶族을 말한다고 하였다. 문반, 음관蔭官, 무반, 서족을 가리킬 수도 있다. 유언호俞彦鎬의 「습지청언서」隰池淸言序 참조.
6. **진秦과 월越**　춘추 시대에 진나라는 중국의 서북에 있고 월나라는 동남에 있어 서로 거리가 지극히 멀므로 소원한 사이를 말할 때 진월秦越이라 이른다.
7. **함께 도를 도모하겠는가**　『논어』論語 「위령공」衛靈公에서 공자孔子는 "군자는 도道를 도모하지 먹고 사는 문제는 도모하지 않는다"(君子謀道 不謀食)고 하였고, "도가 같지 않으면 그와 더불어 도를 도모하지 못한다"(道不同 不相爲謀)고 하였다.
8. **홍군 덕보洪君德保**　덕보는 홍대용의 자字이다.

보아 여사旅舍에 걸음하여 마치 옛 친구나 만난 것처럼 즐겁게 이야기를 나누었다. 천인天人과 성명性命의 근원이며, 주자학朱子學과 육왕학陸王學의 차이며, 진퇴進退와 소장消長[9]의 시기며, 출처出處와 영욕榮辱[10]의 분별 등을 한껏 토론하였는데, 고증하고 증명함에 있어 의견이 일치하지 않은 적이 없었으며, 서로 충고하고 이끌어 주는 말들이 모두 지극한 정성과 염려하고 걱정하는 마음에서 우러나왔다. 그래서 처음에는 서로 지기로 허여하였다가 마침내 결의하여 형제가 되었다. 서로 그리워하고 좋아하기를 여색을 탐하듯이 하고, 서로 저버리지 말자 하기를 마치 동맹을 맺기로 서약하듯 하니, 그 의기가 사람을 눈물겹게 하기에 충분하였다.

아, 우리나라와 오吳[11]의 거리가 몇 만 리라 홍군이 세 선비와는 또다시 만날 수 없을 것이다. 그런데 전에 제 나라에 있을 때는 한마을에서 살면서도 서로 알고 지내지 않더니 지금은 만 리나 먼 나라 사람과 사귀며, 전에 제 나라에 있을 때는 같은 종족이면서도 서로 사귀려 하지 않더니 지금은 다시는 만나지 못할 사람과 벗을 하였으며, 전에 제 나라에 있을 때는 언어와 의관이 똑같아도 서로 벗하려 하지 않더니 이제 와서 느닷없이 언어가 다르고 복색이 다른 속인들과 서로 마음을 허락함은

9. **진퇴進退와 소장消長** 　진퇴는 군자와 소인의 교체, 소장은 음양陰陽의 변화를 가리킨다. 군자가 물러나고 소인이 진출하는 것은 음이 성하고 양이 쇠하는 시기이며, 군자가 진출하고 소인이 물러나는 것은 음이 쇠하고 양이 성하는 시기이다.
10. **출처出處와 영욕榮辱** 　출처는 벼슬길에 나서는 것과 물러나 은거하는 것을 가리킨다. 벼슬할 때와 은거할 때를 잘 분별해야 영예를 누리고 치욕을 면할 수 있다.
11. **오吳** 　항주가 있는 중국의 강남江南 지방을 가리킨다. '오'吳는 '월'越과 대칭으로 쓰일 경우 주로 강소성江蘇省을 가리킨다. 따라서 김택영 편 『중편연암집』이나 『여한십가문초』麗韓十家文鈔에는 '오'를 절강성浙江省을 가리키는 '월'로 고쳐 놓았다. 그러나 '오'는 북부 중국인 중원中原과 구별하여 중국의 강남 지방 즉 양자강揚子江 이남인 강소성 남부와 절강성 북부 일대를 포괄하는 범칭汎稱으로도 쓰인다. 연암은 여러 글들에서 '오인'吳人 '오아'吳兒 '오농'吳儂 등의 어휘를 바로 그와 같이 강남 지방 사람이란 뜻으로 쓰고 있다.

웬일인가?

홍군이 우수 어린 표정을 짓더니 이윽고 이렇게 말했다.

"내 감히 우리나라에 벗할 만한 사람이 없어서 벗하지 못한다는 것이 아니오. 실로 처지에 제한되고 습속에 구속되어 그런 것이니 마음속이 답답하지 않을 수가 없소. 내 어찌 중국이 옛날 중국이 아니며 그 사람들이 선왕의 법복法服[12]을 그대로 따르지 않는다는 것을 모르겠소. 비록 그렇기는 하지만, 그 사람들이 살고 있는 땅은 요堯, 순舜, 우禹, 탕湯, 문왕文王, 무왕武王, 주공周公, 공자孔子가 밟던 땅이 왜 아니겠으며, 그 사람들이 사귀는 선비들이 어찌 제齊, 노魯, 연燕, 조趙, 오吳, 초楚, 민閩, 촉蜀의 널리 보고 멀리 노닌 선비들이 아니겠으며, 그 사람들이 읽는 글들이 어찌 삼대三代 이래 사해만국四海萬國의 극히 많은 전적典籍[13]이 아니겠소. 제도는 비록 바뀌었으나 도의는 달라지지 않았으니, 이른바 옛 중국이 아닌 지금 중국에도 그 나라의 백성으로는 살고 있을망정 그 나라의 신하가 되지 않은 사람이 어찌 없겠소.

그렇다면 저들 세 사람이 나를 볼 때에도 화華가 아닌 이夷라고 차별하며 형적이 드러나고 신분의 위엄이 손상될까 꺼리는 마음이 어찌 없을 수 있겠소. 그러나 번거롭고 까다로운 예절 따위는 타파해 버리고서 진정을 토로하고 간담을 피력하니, 그 통이 매우 큰 점으로 볼 때[14] 어찌

---

12. **선왕의 법복法服**　고대의 성왕聖王이 예법에 맞게 차등을 두어 제정했다는 옷을 말한다. 천자 이하 다섯 등급으로 나눈 오복五服 제도가 있었다고 한다. 『효경』孝經 「경대부장」卿大夫章에 "선왕의 법복이 아니면 감히 입지 않는다"(非先王之法服 不敢服)고 하였다. 청나라는 동화정책同化政策의 일환으로 한족에게 만주족의 옷을 입도록 강제하였다.

13. **극히 많은 전적典籍**　원문은 '極博之載籍'인데, 『사기』史記 권61 「백이열전」伯夷列傳에서 "무릇 학식 있는 사람은 전적이 극히 많지만 그래도 육경六經에서 진실을 찾는 법이다"(夫學者載籍極博 猶考信於六藝)라고 한 구절에 출처를 둔 표현이다.

14. **그 통이 …… 볼 때**　원문은 '其規模之廣大'인데, 홍대용은 그의 연행록燕行錄에서 청나라 문물의 특장特長으로 '대규모大規模 세심법細心法' 즉 통이 크면서도 마음 씀씀이가 세심한 점을 들었다. 『湛軒書』外集 卷8 燕記 「沿路記略」

명성과 세리勢利를 좇느라 쩨쩨하고 악착스러워진 자들이겠소."

그러고는 드디어 세 선비와 필담한 것을 모아 세 권으로 만든 책을 꺼내어 내게 보여 주면서,

"그대가 서문을 써 주시오."

하였다. 나는 다 읽고 나서 이렇게 감탄하였다.

"통달했구나, 홍군의 벗함이여! 내 지금에야 벗 사귀는 도리를 알았도다. 그가 누구를 벗하는지 살펴보고, 누구의 벗이 되는지 살펴보며, 또한 누구와 벗하지 않는지를 살펴보는 것이 바로 내가 벗을 사귀는 방법이다."

초정집서楚亭集序[1]

문장을 어떻게 지어야 할 것인가? 논자論者들은 반드시 '법고'法古(옛것을 본받음)해야 한다고 한다. 그래서 마침내 세상에는 옛것을 흉내내고 본뜨면서도 그것을 부끄러워하지 않는 자가 생기게 되었다. 이는 왕망王莽의 『주관』周官[2]으로 족히 예악을 제정할 수 있고, 양화陽貨가 공자와 얼굴이

---

1. **초정집서楚亭集序** 박제가朴齊家(1750~1805)의 초기 문집인 『초정집』에 부친 서문이다. 박제가는 초명을 제운齊雲이라 했으며, 초정은 그의 여러 호 중의 하나이다. 박제가의 『정유각문집』貞蕤閣文集 권1에도 단지 '서'序라는 이름으로 동일한 글이 수록되어 있는데, '법고'法古를 '학고'學古라고 하는 등 표현상의 차이가 상당히 있고 박제가의 나이를 '스물셋'이 아니라 '열아홉'이라 기술한 점으로 미루어, 이 글을 수년 뒤에 손질한 것이 「초정집서」인 듯하다.

2. **왕망王莽의 『주관』周官** 왕망(기원전 45~기원후 23)은 한漢나라 평제平帝를 시해한 뒤 섭황제攝皇帝로 자칭하며 섭정攝政을 행하다가 결국 황제의 자리를 찬탈하고 신新나라를 세웠다. 그는 주공周公의 선례를 들어 자신의 집권을 정당화하면서 주공이 지었다는 『주례』周禮에 근거하여 각종 개혁을 시도했으나, 시대착오적인 개혁으로 혼란을 초래하여 민심을 잃고 농민 반란군에게 피살되었다. 『주관』은 곧 『주례』를 말한다. 왕망이 집권할 때 그에게 아부하기 위해 유흠劉歆이 비부秘府에 소장되어 있던 『주관』을 개찬改竄하고 『주례』로 이름을 고쳐 유가 경전의 하나로 격상시켰다는 설이 유력하다. 유흠 등은 태후에게 올린 글에서 섭황제인 왕망을 극구 예찬하여 "드디어 비부를 열고 유자들을 모아 예와 악을 제작했으며"(遂開秘府 會群儒 制禮作樂), "『주례』를 발굴하여 하夏나라와 은殷나라의 예를 본받았음을 밝히셨다"(發得周禮 以明因監)고 하였다. 『漢書』卷99「王莽傳上」

닮았다[3] 해서 만세의 스승이 될 수 있다는 셈이니, 어찌 '법고'를 해서 되겠는가.

그렇다면 '창신'刱新(새롭게 창조함)이 옳지 않겠는가. 그래서 마침내 세상에는 괴벽하고 허황되게 문장을 지으면서도 두려워할 줄 모르는 자가 생기게 되었다. 이는 세 발(丈) 되는 장대[4]가 국가 재정에 중요한 도량형 기度量衡器보다 낫고, 이연년李延年의 신성新聲[5]을 종묘 제사에서 부를 수 있다는 셈이니, 어찌 '창신'을 해서 되겠는가.

그렇다면 어떻게 해야 옳단 말인가? 나는 장차 어떻게 해야 하나? 아니면 문장 짓기를 그만두어야 할 것인가?

아! 소위 '법고'한다는 사람은 옛 자취에만 얽매이는 것이 병통이고, '창신'한다는 사람은 상도常道에서 벗어나는 게 걱정거리이다. 진실로 '법고'하면서도 변통할 줄 알고 '창신'하면서도 능히 전아하다면, 요즈음의 글이 바로 옛글인 것이다.

옛사람 중에 글을 잘 읽은 이가 있었으니 공명선公明宣[6]이 바로 그요,

---

3. **양화陽貨가 …… 닮았다**　양화는 이름이 호虎이며, 춘추 시대 노魯나라 계씨季氏의 가신家臣이었다. 공자孔子가 그와 얼굴이 비슷한 탓에 진陳나라로 가던 도중 광匡 땅에서 양화로 오인되어 곤욕을 당한 일이 있다. 『史記』 卷47 「孔子世家」

4. **세 발(丈) 되는 장대**　진秦나라 효공孝公 때 상앙商鞅이 자기가 만든 법령을 공포하기에 앞서 백성들이 이를 믿지 않을까 염려하여 도성 남문에 세 발 되는 장대를 세워 놓고, 이것을 북문에 옮겨 놓는 자에게는 상금을 주겠다고 하여 이를 옮겨 놓은 자에게 약속대로 상금을 주었다. 『史記』 卷68 「商君列傳」

5. **이연년李延年의 신성新聲**　이연년은 한나라 무제武帝가 총애한 이 부인李夫人의 오빠로, 노래를 매우 잘했으며, 신성 즉 신작 가곡을 지었다. 그 덕분에 협률도위協律都尉까지 되었으나 이 부인이 죽음에 따라 그에 대한 총애도 식어 결국에는 죄에 연좌되어 죽었다. 『史記』 卷125 「佞幸列傳」

6. **공명선公明宣**　춘추 시대 노나라 남무성南武城 사람으로 증자曾子의 제자이다. 아래의 일화는 『설원』說苑과 『소학』小學 등에 나온다.

옛사람 중에 글을 잘 짓는 이가 있었으니 회음후淮陰侯[7]가 바로 그다. 그것이 무슨 말인가?

공명선이 증자曾子에게 배울 때 3년 동안이나 글을 읽지 않기에 증자가 그 까닭을 물었더니,

"제가 선생님께서 집에 계실 때나 손님을 응접하실 때나 조정에 계실 때를 보면서 그 처신을 배우려고 하였으나 아직 제대로 배우지 못했습니다. 제가 어찌 감히 아무것도 배우지 않으면서 선생님 문하에 머물러 있겠습니까."

라고 대답하였다.

물을 등지고 진陣을 치는 배수진背水陣은 병법에 보이지 않으니, 여러 장수들이 불복할 것은 당연한 일이다. 그런데 회음후는 이렇게 말했다.

"이것은 병법에 나와 있는데, 단지 그대들이 제대로 살피지 못한 것뿐이다. 병법에 그러지 않았던가? '죽을 땅에 놓인 뒤라야 살아난다'고."

그러므로 무턱대고 배우지는 아니하는 것을 잘 배우는 것으로 여긴 것은 혼자 살던 노魯나라의 남자[8]요, 아궁이를 늘려 아궁이를 줄인 계략

---

7. **회음후淮陰侯**　한나라 때의 명장 한신韓信의 봉호이다. 아래의 일화는 『사기』 권92 「회음후열전」에 나온다.

8. **혼자 …… 남자**　노나라에 어떤 남자가 혼자 살고 있었는데, 이웃에 사는 과부가 밤중에 폭풍우로 집이 무너지자 그를 찾아와 하룻밤 재워 줄 것을 청하니 문을 잠그고 열어 주지 않았다. 과부가 "당신은 어찌하여 유하혜柳下惠처럼 하지 않소? 그는 성문이 닫힐 때 미처 들어오지 못한 여자를 몸으로 따뜻하게 녹여 주었으나, 국민들이 그를 음란하다고 하지 않았다오." 하자, 그는 "유하혜는 그래도 되지만 나는 안 되오. 나는 장차 내가 해서는 안 되는 행동으로써 유하혜라면 해도 되는 행동을 배우려고 하오"라고 답하였다. 이에 공자는 "유하혜를 배우고자 한 사람 중에 이보다 더 흡사한 이는 아직 없었다. 최고의 선을 목표로 하면서도 그의 행동을 답습하지 않으니, 지혜롭다고 말할 수 있겠구나"라고 칭찬했다 한다. 『詩經』 小雅 「巷伯」 '毛傳' 『孔子家語』 卷2 「好生」

을 이어 받은 것은 변통할 줄 안 우승경虞升卿이었다.[9] 이로 말미암아 보건대, 하늘과 땅이 아무리 장구해도 끊임없이 생명을 낳고, 해와 달이 아무리 유구해도 그 빛은 날마다 새롭듯이, 서적이 비록 많다지만 거기에 담긴 뜻은 제각기 다르다. 그러므로 날고 헤엄치고 달리고 뛰는 동물들 중에는 아직 이름이 알려지지 않은 것도 있고, 산천초목 중에는 반드시 신비스러운 영물靈物이 있으니, 썩은 흙에서 버섯이 무럭무럭 자라고 썩은 풀이 반디로 변하기도 한다. 또한 예禮에 대해서도 시비가 분분하고, 악樂에 대해서도 논란이 있다. 문자는 말을 다 표현하지 못하고, 그림은 뜻을 다 표현하지 못한다.[10] 어진 이는 도를 보고 '인仁'이라고 이르고, 슬기로운 이는 도를 보고 '지智'라 이른다.[11]

그러므로 백세百世 뒤에 성인이 나온다 하더라도 의혹되지 않을 것이

---

9. 아궁이를 …… 우승경虞升卿이었다   손빈孫臏이 제齊나라의 군사를 거느리고 위魏나라의 장수 방연龐涓과 싸우게 되자 첫날에는 취사하는 아궁이를 10만 개 만들었다가 이튿날엔 5만 개로 줄이고 또 그 이튿날엔 3만 개로 줄여 군사들이 겁먹고 도망친 것처럼 보이게 하였다. 이에 방연이 방심하고 보병을 버려둔 채 기병만으로 추격을 하다 마릉馬陵에서 손빈의 복병을 만나자 자결하였다. 『史記』 卷65 「孫子吳起列傳」 후한後漢 때의 장수 우후虞詡는 자가 승경升卿으로, 북방의 오랑캐가 침범했을 때 병력의 열세로 인해 몰리게 되자 구원병이 온다는 거짓 소문을 내고는 아궁이의 수를 매일 늘려 구원병이 계속 늘어나는 것처럼 보이게 하였다. 이에 어떤 이가 묻기를, "손빈은 아궁이의 수를 줄였는데 그대는 늘리고 있으니, 무슨 까닭이오?" 하자, "손빈은 허약한 척하느라고 아궁이 수를 줄인 것이고 나는 반대로 강하게 보이려고 아궁이 수를 늘린 것이니, 이는 형세가 같지 않기 때문이다" 하였다. 『後漢書』 卷88 「虞詡列傳」
10. 문자는 …… 못한다   주희朱熹가 「염계선생화상찬」濂溪先生畵像贊에서 한 말이다. 『晦庵集』 권85 「六先生畵像贊」〈濂溪先生〉 또 『주역』 계사전 상에서 공자가 말하기를 "문자는 말을 다 표현하지 못하고 말은 뜻을 다 표현하지 못한다"(書不盡言 言不盡意)고 했다. 그런데 『열하일기』 「태학유관록」 8월 11일 조에 공자의 말로 "문자는 말을 다 표현하지 못하고, 그림은 뜻을 다 표현하지 못한다"(書不盡言 圖不盡意)고 한 점을 보면, 연암은 이를 공자의 말로 잘못 기억한 듯하다.
11. 어진 …… 이른다   역시 『주역』 「계사전 상」에 나오는 말로, 각자의 본성으로 인해 도道를 완전히 이해하지는 못한다는 뜻이다.

라 한 것은 앞선 성인의 뜻이요,[12] 순임금과 우임금이 다시 태어난다 해
도 내 말을 바꾸지 않으리라 한 것은 뒷 현인이 그 뜻을 계승한 말씀이
다.[13] 우임금과 후직后稷, 안회顔回가 그 법도는 한가지요,[14] 편협함(隘)과
공손치 못함(不恭)은 군자가 따르지 않는 법이다.[15]

박씨의 아들 제운齊雲이 나이 스물셋으로 문장에 능하고 호를 초정楚
亭이라 하는데, 나를 따라 공부한 지 여러 해가 되었다. 그는 문장을 지
음에 있어 선진先秦과 양한兩漢 때 작품을 흠모하면서도 옛 표현에 얽매이
지 않는다. 그러나 진부한 말을 없애려고 노력하다 보면 혹 근거 없는
표현을 쓰는 실수를 범하기도 하고, 내세운 주장이 너무 고원하다 보면

12. 백세百世 …… 뜻이요   『중용장구』中庸章句 제29장에 "군자의 도는 자기 몸에 근본하여 백성
들에게 징험하며, 삼왕三王에게 상고하여도 틀리지 않으며, 천지에 세워 놓아도 어긋나지 않으며,
귀신에게 질정하여도 의심이 없으며, 백세 뒤에 성인이 나온다 하더라도 의혹되지 않을 것이다"
(君子之道 本諸身 徵諸庶民 考諸三王而不謬 建諸天地而不悖 質諸鬼神而無疑 百世以俟聖人而不惑)라고
한 데서 나온 말이다. 앞선 성인은 공자를 가리킨다.
13. 순임금과 …… 말씀이다   『맹자』孟子「등문공 하」滕文公下에, "성인이 다시 태어난다 하더라
도 내 말을 바꾸지 않으리라"(聖人復起 不易吾言矣) 한 데서 나온 말이다. 뒷 현인은 맹자를 가리
킨다.
14. 우임금과 …… 한가지요   『맹자』「이루 하」離婁下에서 맹자는, 태평성대에 나랏일을 돌보느라
자신의 집을 세 번이나 지나치고도 들르지 않은 우임금과 후직, 난세를 만나 가난 속에서도 자
신의 즐거움을 변치 않은 안회에 대하여 공자가 칭송한 점을 들면서 "우임금과 후직, 안회는 그
도가 같다"(禹稷顔回同道)고 하였다. 또 같은 편에서 맹자는, 순임금과 문왕이 살던 지역이 서로
천여 리나 떨어져 있고 살던 시대가 천여 년이나 차이가 있어도 뜻을 얻어 중국에 시행한 것이
마치 부절符節을 합한 듯이 똑같음을 들어 "앞선 성인과 뒷 성인이 그 법도는 한가지이다"(先聖
後聖 其揆一也)라고 하였다.
15. 편협함(隘)과 …… 법이다   『맹자』「공손추 상」公孫丑上에서 맹자는, 자신의 깨끗함을 지키기
위해 지나칠 정도로 타협하지 않은 백이伯夷와 더러운 세태에 아랑곳 않고 그 속에서 자신을 지
켜 간 유하혜柳下惠를 예로 들면서 "백이는 편협하고 유하혜는 공손하지 못하니 편협함과 공손
치 못함은 군자가 따르지 않는다"(伯夷隘 柳下惠不恭 隘與不恭 君子不由也)고 하였다.

혹 상도常道에서 자칫 벗어나기도 한다. 이래서 명나라의 여러 작가들[16]이 '법고'와 '창신'에 대하여 서로 비방만 일삼다가 모두 정도正道를 얻지 못한 채 다 같이 말세의 자질구레한 폐단에 떨어져, 도를 옹호하는 데는 보탬이 없이 한갓 풍속만 병들게 하고 교화를 해치는 결과를 낳고 만 것이다. 나는 이렇게 되지나 않을까 두렵다. 그러니 '창신'을 한답시고 재주 부릴진댄 차라리 '법고'를 하다가 고루해지는 편이 낫다고 생각한다.

내 지금 『초정집』을 읽고서 공명선과 노나라 남자의 독실한 배움을 아울러 논하고, 회음후와 우후虞詡의 기이한 발상이 다 옛것을 배워서 잘 변화시키지 않은 것이 없다는 견해를 표명하였다. 밤에 초정楚亭과 함께 이런 이야기를 나누고는 마침내 그 책머리에 써서 권면하는 바이다.

❋　❋　❋

문장을 논한 정도正道라 하겠다. 사람을 깨우치는 대목이 마치 구리 고리 위에 은빛 별 표시가 있어 안 보고 더듬어도 치수를 알 수 있는 것과 같다.

이 글에는 두 짝의 문이 있는데, 하나는 끊어진 벼랑이 되고, 다른 하나는 긴 강물이 되었다. '명나라의 여러 작가들이 서로 비방만 일삼다

16. 명나라의 여러 작가들　　명나라 때 이반룡李攀龍·왕세정王世貞 등 이른바 칠자七子들은 "산문은 반드시 선진先秦 양한兩漢을 본받고 시는 반드시 성당을 본받아야 한다"(文必秦漢 詩必盛唐)고 하면서 법고만을 일방적으로 주장한 반면, 원굉도袁宏道 형제 등 소위 공안파公安派들은 "성령을 독자적으로 표현하고 상투적 표현에 얽매이지 말아야 한다"(獨抒性靈 不拘格套)고 하면서 창신만을 일방적으로 추구하였다.

가 하나로 의견이 합치하지 못하고 말았다'고 한 말은 편언절옥片言折獄[17]
이라고 이를 만하다.[18]

---

17. **편언절옥片言折獄**　한마디 말로 판정을 내림을 말한다. 『논어』「안연」顏淵에서 공자는 "한
마디 말로 옥사를 결단할 수 있는 자는 아마도 자로子路일 것이다"(片言可以折獄者 其由也與)라고
하였다.
18. **문장을 …… 만하다**　이는 연암의 처남인 이재성李在誠(1751~1809)이 글 뒤에 붙인 평어評語
이다. ❄❄❄ 이하의 평어는 모두 그가 붙인 것이다.

기린협麒麟峽으로 들어가는 백영숙白永叔에게 증정한 서문[1]

영숙은 장수 집안의 자손이다. 그 조상 중에 충성을 다하여 나라에 목숨 바친 분이 있어서 이제까지도 사대부들이 이를 슬프게 여긴다.[2]

영숙은 전서篆書와 예서隸書를 잘 쓰고 전장典章과 제도制度도 익숙히

1. **기린협麒麟峽으로 …… 서문**　　강원도 인제군麟蹄郡 기린면麒麟面의 산골짜기로 이주하고자 떠나는 벗 백동수白東修(1743~1816)를 위해 지은 증서贈序이다. 백동수는 자字가 영숙永叔이고, 호는 인재靭齋, 야뇌野餒 등이다. 그는 평안도 병마절도사를 지낸 백시구白時耈(1649~1722)의 서자庶子인 백상화白尙華의 손자였다. 따라서 신분상 서얼에 속하여, 일찍 무과에 급제해서 선전관宣傳官이 되었으나 관직 진출에 제한을 받았다. 오랜 낙백落魄 시절을 거쳐, 1789년(정조 13) 장용영 초관壯勇哨官이 되어 이덕무李德懋, 박제가朴齊家와 함께 『무예도보통지』武藝圖譜通志의 편찬에 참여했으며, 그 후 비인 현감庇仁縣監과 박천 군수博川郡守 등을 지냈다. 백동수는 이덕무의 처남이기도 하다. 『硏經齋全集』 本集 卷1 「書白永叔事」 박제가도 기린협으로 이주하는 백동수를 위해 장문의 송서送序를 지어 주었다. 『貞蕤閣文集』 卷1 「送白永叔基麟峽序」
2. **그 조상 …… 여긴다**　　백동수의 증조 백시구가 신임사화辛壬士禍에 연루되어 옥사한 사실을 말한다. 소론이 집권하자 백시구는 평안 병마절도사로 있을 때 기로소耆老所에 은銀을 대여해 준 일로 문초를 받으면서 노론 대신 김창집金昌集의 죄를 실토하라는 것을 거부했다가 고문을 당한 끝에 죽었으며 사후에 가산을 몰수당했다. 영조英祖 즉위 후 호조 판서에 추증되고 가산을 환수받았으며, 정조 6년(1782) 충장忠壯이란 시호가 내렸다. 『夢梧集』 卷6 「平安道兵馬節度使贈戶曹判書諡忠壯白公神道碑銘」

잘 알며, 젊은 나이로 말을 잘 타고 활을 잘 쏘아 무과에 급제하였다. 비록 시운時運을 타지 못해서 작록爵祿을 누리지는 못하였으나, 임금에게 충성하고 나라를 위해 죽을 그 뜻만은 조상의 공적을 계승함직하여 사대부들에게 부끄럽지 않았다.

아! 이런 영숙이 무엇 때문에 온 식구를 거느리고 예맥穢貊의 땅³으로 가는 것인가?

영숙이 일찍이 나를 위해서 금천金川의 연암협燕巖峽에 집터를 살펴 준 적이 있었는데,⁴ 그곳은 산이 깊고 길이 험해서 하루 종일 걸어가도 사람 하나 만나지 못할 정도였다. 갈대숲 속에 둘이 서로 말을 세우고 채찍을 들어 저 높은 언덕을 구분하며,

"저기는 울을 쳐 뽕나무를 심을 만하고, 갈대에 불을 질러 밭을 일구면 일 년에 조(粟) 천 석은 거둘 수 있겠다."

하면서 시험 삼아 부시를 쳐서 바람 따라 불을 놓으니 꿩이 깍깍 울며 놀라서 날아가고, 노루 새끼가 바로 앞에서 달아났다. 팔뚝을 부르걷고 쫓아가다가 시내에 가로막혀 돌아와서는 나를 쳐다보고 웃으며,

"인생이 백 년도 못 되는데, 어찌 답답하게 나무와 돌 사이에 거처하면서⁵ 조 농사나 짓고 꿩·토끼나 사냥한단 말인가?"

했었다.

이제 영숙이 기린협에 살겠다며 송아지를 등에 지고 들어가 그걸 키

---

3. 예맥穢貊의 땅   강원도를 가리킨다.
4. 영숙이 …… 있었는데   연암은 1771년(영조 47) 과거를 폐한 뒤 백동수와 함께 개성開城을 유람하다가 그 근처인 황해도 금천군의 연암협을 답사한 뒤 장차 그곳에 은거할 뜻을 굳혔다고 한다. 『過庭錄』卷1
5. 나무와 …… 거처하면서   『맹자』「진심 상」盡心上에 "순舜이 깊은 산속에 살 적에, 나무와 돌 사이에 거처하면서 사슴이나 멧돼지와 상종하였으니, 깊은 산속의 야인野人과 다를 바가 없었다"(舜之居深山中 與木石居 與鹿豕遊 其所以異於深山之野人者幾希)고 하였다.

위 밭을 갈 작정이고, 된장도 없어 아가위나 담가서 장을 만들어 먹겠다고 한다. 그 험색하고 궁벽함이 연암협에 비길 때 어찌 똑같이 여길 수 있겠는가. 그런데도 나 자신은 지금 갈림길에서 방황하면서 거취를 선뜻 정하지 못하고 있는 형편이니, 하물며 영숙의 떠남을 말릴 수 있겠는가. 나는 오히려 그의 뜻을 장하게 여길망정 그의 궁함을 슬피 여기지 않는 바이다.

✻ ✻ ✻

그 사람의 떠남이 이처럼 슬피 여길 만한데도 도리어 슬피 여기지 않았으니, 선뜻 떠나지 못한 자에게는 더욱 슬피 여길 만한 사정이 있음을 짐작할 수 있다.

음절이 호방하고 웅장하여 마치 고점리高漸離의 축筑 치는 소리[6]를 듣는 듯하다.

---

6. **고점리高漸離의 축筑 치는 소리**　전국 시대 말기 진秦나라에 의해 위衛나라가 멸망당하자 위나라 출신의 자객인 형가荊軻가 연燕나라로 망명을 갔다가 축筑 연주를 잘하는 고점리를 만나 막역한 사이가 되었다. 형가가 연나라 태자의 간청을 받고 진나라 왕을 죽이기 위해 길을 떠나게 되자 역수易水를 건너기 전에 전송객을 향해 고점리의 축 반주에 맞추어 강개한 곡조로 노래를 불렀더니, 사람들이 그에 감동하여 모두 두 눈을 부릅떴으며 머리카락이 곤두서 관冠을 찌를 듯하였다고 한다. 『史記』 卷86 「刺客列傳」

족형族兄 도위공都尉公[1]의
환갑에 축수祝壽하는 서문

지금 임금 9년 을사년(1785) 10월 21일 아침에 임금께서 전교하시기를,

　"금성도위錦城都尉는 곧 선왕先王(영조)의 의빈儀賓[2]으로서 선왕의 은총을 가장 많이 받았으므로 나 또한 마음을 다해 공경하고 예우해 왔다. 오늘은 바로 그의 환갑이니, 호조는 의복과 음식을 실어 보내고, 사관史官은 문안하고 오라."

하셨다. 이에 공이 마중을 나와 머리를 조아리며,

　"천신賤臣이 전하의 각별한 은혜에 감격하여 무어라 아뢸 바를 모르겠습니다."

하였다. 낮이 채 못 되어, 임금께서 사알司謁[3]을 보내시어 비단과 초모貂帽

---

1. **족형族兄 도위공都尉公**　　연암의 삼종형인 박명원朴明源(1725~1790)을 가리킨다. 그는 14세에 영조의 셋째 딸인 화평옹주和平翁主와 결혼하여 금성위錦城尉에 봉해졌고 1766년, 1780년, 1784년 세 차례나 사은사謝恩使로 중국을 다녀왔다. 『열하일기』는 연암이 그를 따라 중국을 여행한 기록이다. 『연암집』 권3에 실린 그의 묘지명에 생애가 자세히 서술되어 있다.
2. **의빈儀賓**　　임금의 사위인 부마도위駙馬都尉를 가리킨다.
3. **사알司謁**　　액정서掖庭署에 속한 관직으로 왕명王命의 전달을 담당한다.

를 더 내리시고, 그 밖에 산해진미도 이루 헤아릴 수 없이 내리셨다. 날이 저물어 갈 때 사알이 또다시 와서 임금의 편지와 임금이 지은 칠언시七言詩[4] 한 수를 선사했다. 그 칭찬하고 위로하는 은전이 여러 대를 두고도 한 번 얻기 어려운데, 공은 하루 동안에 아침부터 저물 때까지 무릇 세 번이나 이런 예우를 입었다. 친척과 손님들이 다투어 분주히 달려와서 공에게 하례하니, 공이 그때마다 눈물을 흘리며 일일이 임금의 은혜를 뇌었고, 밤새 감히 잠을 이루지 못하더니 날이 새자마자 전문箋文[5]을 받들고 간소하게 풍악을 잡히고 궐내에 들어가 사은하고 돌아왔다. 이에 온 장안이 공의 환갑을 영화로이 여기고 그가 받은 예우를 경하하지 않는 이가 없었다.

아! 옛날에 일컬은 세 가지 달존達尊[6]이 마침내 공의 한 몸에 갖추어졌다 하겠으니 어찌 훌륭하다 아니 하랴.

지원趾源은 사대부들이 공에 대해서 이야기하는 것을 일찍이 들은 바 있다.

"대궐에 드나든 지 오십 년에 조정의 의론이라곤 입에 올린 적이 없고, 조정 벼슬아치 집에는 발 들인 적이 없으며, 열네 살부터 부귀의 몸이 되었으나 풍류나 미색을 좋아한다거나 옷치레나 말(馬) 치장을 한다는

---

4. **칠언시七言詩**　『홍재전서』弘齋全書 권5에 「금성도위의 회갑에 음식물과 옷감을 보내고, 인하여 시 한 수를 받들어 보이다」(錦城都尉周甲送食物衣資仍以一詩奉眎)라는 제목으로 수록되어 있다.
5. **전문箋文**　황제에게 올리는 글을 표表라 하고, 그와 구별하여 황후나 황태자, 왕이나 왕후에게 올리는 글을 전箋(또는 牋)이라 한다. 주로 감사를 표하거나 위로하는 목적으로 지으며 사륙변려체四六駢儷體를 취하였다.
6. **세 가지 달존達尊**　달존은 세상 사람들이 공통적으로 존중하는 것을 말하는 것으로, 벼슬·나이·덕망을 가리킨다. 『맹자』「공손추 하」公孫丑下에, "천하에 누구나 존중하는 세 가지가 있으니, 벼슬과 나이와 덕망이다. 조정에서는 벼슬만 한 것이 없고, 향당에서는 나이만 한 것이 없고, 세상과 백성을 구제하는 데에는 덕망만 한 것이 없다"(天下有達尊三 爵一 齒一 德一 朝廷莫如爵 鄉黨莫如齒 輔世長民莫如德)고 한 데서 나온 말이다.

소리를 듣지 못했소. 평소에 방 하나에서 기거하면서 자기 앉을 자리 외에는 다른 자리를 만들지 않고[7] '방이란 제 무릎을 들일 만하면 족하다' 하였지요. 등 뒤에는 민병풍이 하나, 눈앞에는 묵은 벼루 하나, 창 아래는 책 두어 질, 베개맡엔 술 반 병으로, 그 속에서 나날을 보내니 고요하고 한적하기가 규방과 같습디다."

"이거야 무엇이 족히 어질다 하겠는가. 공의 조카[8]가 판서로서 십여 년 동안이나 번갈아 이조와 병조의 우두머리로 있었으되 공은 한 번도 사사로운 일로 청탁한 일이 없었으며, 집안이 엄숙하기가 조정과 같으니 판서 역시도 공의 뜻을 공경히 받들어 몸가짐이 담박하고 검약하여 끝내 세상에 비난받는 일이 없었소. 이는 실로 공의 가법이 엄하였기 때문이오."

"공이 명거命車(임금이 하사한 수레)를 타지 않는 데에는 까닭이 있었구려! 지위는 높되 사람들이 우러러보는 재상의 직분이 아니고, 녹봉은 후하되 소찬素餐[9]한다는 책망이 없으니, 그 마음에 '나는 한낱 부마이다. 어찌 재상과 나란히 말을 달려 국민들을 현혹하게 한단 말인가!'라고 생각한 것이 어찌 아니겠는가. 그렇기 때문에 행차에 벽제辟除도 않고, 길을 걸어도 한복판으로 가는 일이 없어서, 국민들로 하여금 자신의 존재를 모르게 하였다오."

"이거야 무엇이 족히 칭찬할 만하겠는가. 선왕께서 늙마에 오래도록 병석에 계실 적에 공이 날마다 달려가 측근의 신하들과 함께 병환을 보

7. **자기 …… 않고**   청탁차 찾아오는 손님들을 물리치기 위한 방편으로 그런 것이다. 자신의 좌석만 남기고 내객을 맞을 좌석은 두지 않는 것을 측석側席이라 한다.
8. **공의 조카**   박명원의 맏형 박흥원朴興源의 아들인 박종덕朴宗德(1724~1779)을 가리킨다. 박종덕은 이조와 병조의 판서를 번갈아 맡기 십수 년이요, 이조 판서를 무릇 열여덟 차례나 지냈으나 한결같이 인선人選에 공평했다고 한다. 『歸恩堂集』 卷10 「吏曹判書朴公謚狀」
9. **소찬素餐**   시위소찬尸位素餐에서 온 말로, 아무 공적도 없이 봉록을 받음을 이른다.

살핀 것이 어떠하였는가? 지체가 비슷하고 같은 반열班列이니 가까이하기도 멀리하기도 똑같이 어려운 데다가, 눈길 한번 돌리는 사이에 이해利害가 갈리고 웃고 이야기하는 가운데 은혜나 원수를 감추는 법인데, 공은 무릎을 마주하고 앉은 자리에서도 소원한 자세를 유지할 수 있었고, 곁눈질로 눈치를 살펴야 하는 마당에서도 초연한 자세를 유지할 수 있었으니,[10] 진실로 그 슬기가 족히 제 몸을 지킬 만하고 화나 복을 둘 다 잊어버리지 않고서야 이럴 수 있었겠는가."

"세상엔 또한 공을 업신여기는 자도 있었다네. 종놈들 중에 젠체하고 크게 침을 내뱉는 놈은 내쫓고, 눈을 치뜨고 활갯짓하는 놈도 쫓아내고, 눈가가 짓무르고 눈곱이 끼어 있는 놈, 쭈뼛거리며 히죽히죽 웃는 놈, 콧물이 수염까지 질질 흘러내리는 놈만 남겨 두어 옷이며 밥을 주었으므로, 시정배들이 연약한 자를 서로 욕하거나 놀려 댈 때면 으레 아무 궁방宮房의 종놈 같다고 일컫는다지."

"세상엔 공을 원망하는 이도 있다네. 공이 일찍이 세 번이나 왕명을 받들고 사신으로 나갔는데, 비록 몸이 이역만리 머나먼 곳에 있으면서도 새벽이고 밤이고 조심조심하여 마치 임금님 앞에 있는 듯 조마거리니, 여러 역관譯官들이 서로 원망하기를 '젠장, 공께선 왜 당신 몸 좀 편안케 쉬지 않으신담? 그래야 우리도 좀 쉬련만. 우리네가 공을 모시고 고생스런 사신 길을 나선 지도 여러 번일세만, 사신 일만 끝나면 우리들이 공의 집 대문에 얼씬도 못 하게 거절하실 건 또 뭐람? 사신 일 마치고 돌아오실 때에도 실 한오라기도 몸에 지니고 오질 않으시니, 누가 감히 밀수품을 숨겨 가지고 와서 돈벌이를 하겠는가' 했다지."

---

10. **지체가 …… 있었으니**　영조가 위독하자 세손世孫인 정조의 왕위 계승을 지지하는 세력과 이를 극력 저지하려는 세력 간에 치열한 암투가 벌어진 상황에서 박명원이 전자의 편에 확고히 섰던 사실을 가리킨다.

대개 이런 일들은 진실로 세상없이 훌륭하여 행하기 어려운 것으로 여기지만, 공에게는 집안의 내림으로 몸에 밴 것에 불과할 따름이다. 우리 선조 문정공文貞公[11]이 목릉穆陵(선조宣祖)의 부마가 되었는데, 검약을 드러내 보임으로써 복을 아끼고, 예禮를 돈독히 함으로써 자손들에게 충분한 시범을 보이고, 어리숙하게 행동하는 것으로써 몸을 온전히 하는 방도로 삼고, 권력을 멀리하는 것으로써 집안을 보전하는 법으로 삼았다. 공의 풍류와 문장이 비록 그러한 선조에게 미치지는 못하지만 신분이 고귀해져서도 선비의 바탕을 잃지 않고 살림이 부유해져서도 본분을 잊지 아니하며, 뜻은 높이 가지되 겸손하고 억제할 줄 알며 기세를 낮추고 남을 이기려는 마음을 부끄럽게 여기는 점에서는 선조에 능히 미치고도 남음이 있다. 그러므로 예전에 공을 칭송한 사람들은 당연히 세 조정으로부터 받은 예우[12]에 대해 언급하는 데에 그쳤지만, 공이 스스로 처신하는 것으로 말미암아 보자면, 공은 그저 굶지 않고 추위로 떨지 않는 한 늙은 유자儒者일 뿐이다.

아! 세상 사람들이 유자를 비웃고 선비를 천하게 여긴 지도 오래되었다. 그런데도 공은 마음속으로, '남들이 나를 유자라 하면 어찌 감히

11. **문정공文貞公**　박미朴瀰(1592~1645)를 가리킨다. 박미는 선조宣祖의 딸 정안옹주貞安翁主와 결혼하여 금양위錦陽尉에 봉해졌다. 이항복李恒福과 신흠申欽에게 수학하고 장유張維, 정홍명鄭弘溟 등과 교유하면서 문학에 치력하여 장유와 더불어 당대를 대표하는 문장가로 손꼽혔다. 문집으로 『분서집』汾西集 16권이 전하고 있다.

12. **세 조정으로부터 받은 예우**　박명원은 실제로는 영조와 정조의 양조兩朝에서 각별한 예우를 받았지만, 영조의 아들이자 정조의 생부인 장헌세자莊獻世子에게서도 남다른 지우知遇를 받았으므로 이와 같이 표현한 듯하다. 『연암집』 권3에 실린 그의 묘지명에 의하면 그가 임종할 때에도 "내가 세 조정의 은혜를 받았는데도 티끌만큼도 보답한 것이 없으니 죽어도 눈을 감지 못하겠다"는 말을 남겼다고 한다.

당키나 하겠는가. 나는 뜻을 고상하게 가지려고[13] 애써도 잘 되지 않는다'고 생각했다. 그래서 한 번도 그런 티를 안색에 나타내거나 말에 드러낸 적이 없었다. 하지만 높은 지위를 차지하고 은총 속에 살면서도 교만한 모습을 보이지 않고, 오랜 명망과 훌륭한 평판 속에서도 그 지조를 변치 않으며, 비록 자질구레한 일에 신중하고 결백한 것이 남들은 대수롭지 않게 여기는 바일지라도 공은 착실하게 지키면서 60년을 하루같이 지내 왔다. 이는 대개 공의 지조와 행동이 단정하여 저절로 법도에 가까워진 것이요, 곰곰이 생각하고 묵묵히 실천하는 것이 저절로 옛 법도에 합치 된 것일 뿐이니, "비록 배우지 않았다고 하더라도 나는 반드시 배웠다고 하리라"[14] 한 것이 아마도 공을 두고 한 말일진저.

이상은 지원이 공을 두남두어 하는 말이 아니라 국민들이 하는 말을 그대로 되옮은 것이니 이로써 공의 회갑에 축수하는 말로 삼는 바이다.

✳ ✳ ✳

의론이 사실을 제대로 서술하지 않은 게 없으며 자자구구 저울로 무게를 단 듯이 꼭 들어맞게 썼다. 그래도 모공某公(박명원)의 풍모에 관해 미처 듣지 못한 사람이면 역시 이 글의 잘됨을 깊이 알 수는 없을 것 이다.

---

13. **뜻을 고상하게 가지려고** 『맹자』「진심 상」에서 제齊나라 왕자 점墊이 "선비란 무슨 일을 하는가?"라고 묻자 맹자가 "뜻을 고상하게 가진다"(尙志)라고 답했다. 그리고 뜻을 고상하게 가진 다는 것은 곧 인의仁義를 실천하는 것이라고 하였다.

14. **비록 …… 하리라** 『논어』「학이」學而에서 자하子夏가, "어진 이를 좋아하기를 여색을 좋아 하듯이 하며, 부모를 섬기되 능히 그 힘을 다하며, 임금을 섬기되 능히 그 몸을 바치며, 붕우와 사귀되 말에 신의가 있으면 비록 배우지 않았다고 하더라도 나는 반드시 배웠다고 하리라"(賢賢 易色 事父母 能竭其力 事君 能致其身 與朋友交 言而有信 雖曰未學 吾必謂之學矣) 하였다.

홍범우익서 洪範羽翼序

나는 스무 살 때 마을 서당에서 『상서』尙書(『서경』書經)를 배웠는데 「홍범」
洪範[1]이 읽기 어려워서 고생하다가 선생께 물었더니, 선생이 이렇게 말했다.

"이는 읽기 어려운 글이 아니다. 읽기 어려운 까닭은 속된 선비들이
어지럽게 만든 때문이다. 무릇 오행五行이란 하늘이 부여한 것이요 땅이
소장한 것으로, 사람들이 이에 힘입어 살아 나가는 것이다. 우임금이 순
서를 정한 홍범구주와 무왕과 기자箕子가 문답한 내용을 보면 오행이 하
는 일은 정덕正德, 이용利用, 후생厚生[2]의 도구에 지나지 아니하며 오행이

---

1. 「홍범」洪範   『서경』書經 주서周書의 한 편篇이다. 「홍범」은 대법大法, 즉 천지간에 가장 큰
법이라는 뜻이다. 무왕이 은나라를 멸망시킨 후 기자箕子를 주周나라의 도움으로 데리고 가서 하
늘의 도가 무엇이냐고 묻는 말에 기자가 답한 것이 이 「홍범」이라고 한다. 『서경』 「홍범」에는
우禹가 상제에게서 받았다는 '아홉 가지 큰 규범'(洪範九疇)이 제시되어 있는데, 첫째는 오행五行
으로, 사람이 살아가는 데 꼭 필요한 다섯 가지 물질을 가리킨다. 둘째는 사람들이 지켜야 할 다
섯 가지 일, 즉 오사五事이고, 셋째는 여덟 가지 정사, 즉 팔정八政이고, 넷째는 다섯 가지 기율,
즉 오기五紀이고, 다섯째는 임금의 법도, 즉 황극皇極이고, 여섯째는 세 가지 덕, 즉 삼덕三德이
고, 일곱째는 점을 쳐서 의심나는 일을 밝혀내는 일, 즉 계의稽疑이고, 여덟째는 하늘이 내리는 여
러 징조, 즉 서징庶徵이고, 아홉째는 다섯 가지 복과 여섯 가지 곤액, 즉 오복육극五福六極이다.

하는 작용은 중화위육中和位育[3]의 공효에서 벗어나지 않을 따름이다.

한漢나라 유자儒者들이 휴구休咎(길흉吉凶)를 독실히 믿어 바로 어떤 일은 반드시 그 일에 상응하는 어떤 징조가 나타난다고 하면서[4] 모든 일을 오행에다 나누어 배열하고 미루어 부연하여 그 허황되고 망녕됨을 즐겼다. 그리하여 이것이 잘못 흘러 음양과 복서卜筮의 학술이 되었고, 이것이 둔갑하여서는 성력星曆(천문역법)과 참위讖緯(미래 예언)의 서적이 되어 마침내 세 성인[5]의 본지와 크게 서로 어긋나게 되었을 뿐 아니라 오행상생五行相生의 설說[6]에 이르러서는 그 어긋남이 너무도 극에 달했다.

만물이 흙에서 나지 않는 것이 없는데 어찌 유독 쇠만이 이를 모체로 삼는다 하겠는가. 쇠란 딱딱한 물질이니 불을 만나 녹아내리는 것은 쇠의 본성이 아니다. 대지를 적시는 강과 바다, 황하黃河와 한수漢水를 보라. 이것이 다 쇠에서 불어났단 말인가?

---

2. **정덕正德, 이용利用, 후생厚生**　'정덕'은 백성의 덕을 바로잡는 것이요, '이용'은 백성의 생활을 편리하게 하는 것이며, '후생'은 백성의 삶을 풍요롭게 하는 것을 말한다. 『서경』「대우모」大禹謨에서 우가 순임금에게 아뢰기를, "덕으로써만 선정을 베풀 수 있으며 정치의 근본은 백성을 양육하는 데에 있습니다. 물, 불, 쇠, 나무, 흙, 곡식을 잘 가꾸시고 정덕, 이용, 후생을 조화롭게 이루도록 하소서"(德惟善政 政在養民 水火金木土穀 惟修 正德利用厚生 惟和) 하였다.

3. **중화위육中和位育**　『중용장구』제1장에 "중中이란 천하의 위대한 근본이요 화和란 천하에 두루 통하는 도리이다. 중과 화를 완전히 실현하면 하늘과 땅이 제자리를 잡게 되고 만물이 제대로 성장한다"(中也者天下之大本也 和也者天下之達道也 致中和 天地位焉 萬物育焉)고 하였다. 그러므로 '중화위육'이란 조화로운 삶을 통하여 모든 일이 제대로 되어 간다는 뜻이다.

4. **한나라 …… 하면서**　맹자의 천인합일론天人合一論을 계승 발전시킨 한나라 동중서董仲舒의 천인감응론天人感應論을 가리킨다. 즉 하늘의 뜻과 인간의 행위가 서로 감응하여 인간의 행위에 따라 하늘이 재앙이나 상서를 내린다는 것이다.

5. **세 성인**　우임금, 무왕, 기자를 가리킨다.

6. **오행상생五行相生의 설說**　오행이 상호 생성해 준다는 학설로서, 동중서에 의해 주창되었다. 나무는 불을 낳고(木生火), 불은 흙을 낳고(火生土), 흙은 쇠를 낳고(土生金), 쇠는 물을 낳고(金生水), 물은 나무를 낳는다(水生木)는 내용이다. 따라서 나무는 불의 어미(母)가 되고 불은 나무의 자식(子)이 된다고 하여 오행을 자모子母 관계로 간주하였다. 『春秋繁露』卷11「五行之義」

돌에서 젖이 나오고 쇠에서도 즙이 배어난다.[7] 만물에 진액津液이 없으면 말라 버리거늘 어찌 유독 나무에 있어서만 물이 배었겠는가?

만물이 결국은 흙으로 돌아가지만 그렇다고 땅이 더 두터워지지도 않고, 건곤乾坤(하늘과 땅)이 짝을 이루어 만물을 화육하거늘 어찌 한 아궁이의 불붙은 땔나무가 대지를 살지게 할 수 있다 하겠는가.

쇠와 돌이 서로 부딪치거나 기름과 물이 서로 끓을 때는 모두 불을 일으킬 수 있고, 벼락이 치면 불타고 황충蝗蟲을 묻어 두면 불꽃이 일어나니, 불이 오로지 나무에서만 일어나지 않는다는 것도 분명하지 않은가. 그러므로 상생한다는 것은 서로 자식이 되고 어미가 되는 것이 아니라, 서로 힘입어서 산다는 것이다.

예전에 하우씨夏禹氏[8]는 오행을 잘 활용하였다. 하우씨가 산을 따라 나무를 베어 낸 것은 굽게 할 수도 있고 곧게 할 수도 있는 나무의 쓰임을 터득한 것이요, 토목공사를 크게 벌인 것은 곡식을 심고 거두는 농사의 방법을 터득한 것이요, 금, 은, 동 세 가지를 공물로 받은 것은 모양을 마음대로 변형할 수 있는 쇠의 성질을 터득한 것이요, 산을 태우고 늪을 태운 것은 위로 타오르는 불의 덕을 터득한 것이요, 하류를 터서 물을 끌어들인 것은 적시고 내려가는 물의 공을 터득한 것이니,[9] 백성과

7. **돌에서 …… 배어난다**　지하수에 녹아 있던 석회분이 고드름처럼 결정結晶을 이룬 종유석鐘乳石과, 쇠 부스러기를 물에 오래 담궈 산화酸化시켜 우려낸 철장鐵漿을 예로 든 것이다.

8. **하우씨夏禹氏**　하나라 왕조를 세운 우임금을 가리킨다. 『사기』 권2 「하본기」夏本紀 첫머리에 "하우夏禹는 이름을 문명文命이라 한다" 하였다.

9. **하우씨가 …… 것이니**　'산을 따라 나무를 베어냄'(隨山刊木), '토목공사를 크게 벌임'(荒度土功), '금, 은, 동 세 가지를 공물로 받음'(惟金三品), '산을 태우고 늪을 태움'(烈山焚澤), '하류를 터서 물을 끌어들임'(疏下導水)은 『서경』 「익직」益稷, 「우공」禹貢 등에 기록된 하우씨의 공적을 말한 것이다. 그러나 '열산분택'은 하우씨가 아니라 익益의 공적이다. 『孟子』 「滕文公上」 '굽게 할 수도 있고 곧게 할 수도 있음'(曲直), '곡식을 심고 거둠'(稼穡), '모양을 마음대로 변형함'(從革), '위로 타오름'(炎上), '적시고 내려감'(潤下)은 「홍범」에서 오행五行의 성질을 규정한 것이다.

만물이 살 수 있도록 서로 도움을 받은 것이 이렇듯 막대하다.

어느 것이고 물질이 아닌 것이 없지만, 유독 나무, 불, 흙, 쇠, 물만을 오행이라고 말한 것은 이 다섯 가지로 만물을 포괄하면서 그것들의 덕행을 칭송한 것이다. 그런데 후세에 물을 이용하는 사람들은 성城을 침수시키는 수공水攻에 이를 남용하였고, 불을 이용하는 사람들은 화공火攻작전에 이를 남용하였으며, 쇠를 이용하는 사람들은 뇌물을 주는 데에이를 남용하였으며, 나무를 이용하는 사람들은 궁실을 짓는 데에 이를 남용하였으며, 흙을 이용하는 사람들은 논밭을 만드는 데에 이를 남용하였다. 이로부터 세상에서는 홍범구주洪範九疇의 학설이 단절된 것이다."

나는 물었다.

"우리 동방은 기자가 와서 다스린 나라이며 홍범은 그에게서 나왔으니 마땅히 가가호호 깨우치고 외우게 하였을 터인데, 아득한 수천 년 동안 홍범의 학설로 세상에 이름난 이가 없었던 것은 무슨 연유입니까?"

선생이 대답하였다.

"허허, 참 슬프도다! 이는 네가 알 수 있는 바가 아니다. 대저 '황극皇極을 세운다'[10]는 것은 당연히 이르러야 할 곳에 반드시 이르며 이치에 맞기를 기약한다는 뜻이다. 그런데 후세의 학자들은 그렇지 못하여, 명백하고 알기 쉬운 인륜과 정사는 도외시한 채 어렴풋하고 고원한 도상圖像[11]

10. 황극皇極을 세운다   원문은 '建極'이다. 『서경』「홍범」에 홍범구주의 다섯째로 '황극'을 들면서, '임금이 만민의 준칙이 되는 인륜 질서를 세우는 것'(皇建其有極)이라 하였다.
11. 어렴풋하고 고원한 도상圖像   한나라 유자들은 『주역』「계사전 상」에 "황하에서 그림이 나오고, 낙수洛水에서 글이 나오니, 성인이 이를 본받았다"(河出圖 洛出書 聖人則之)는 구절에 근거해서, 우가 낙수에서 거북이 등에 지고 나온 글에 의거하여 홍범구주를 지었다고 주장했다. 송宋나라 때 주자학파는 이 같은 주장을 더욱 발전시켜 낙서洛書의 도형과 숫자로써 홍범구주의 의미를 확대해석하고자 하였다. 채침蔡沈의 『서집전』書集傳에 수록된 「하도낙서도」河圖洛書圖, 「구주본낙서수도」九疇本洛書數圖 등의 여러 도상들이 그 대표적인 예다. 그러나 이와 같이 도상을 통해 『서경』「홍범」의 의미를 천착한 것은 미신적인 술수術數學에 떨어진 것이라는 비판을 받는다.

에만 치중하여 논설하고 쟁변하였으며, 견강부회하여 먼저 스스로 오행의 순서를 어지럽혀 놨으니,[12] 이 때문에 그 학설이 정교할수록 더욱 빗나가는 것이다.

이제 내가 오행의 쓰임에 대해 먼저 말해 볼 터이니, 이를 통해 구주九疇의 이치는 쉽게 파악할 수 있을 것이다. 왜 그런가 하면 '이용'이 있은 후에라야 '후생'할 수 있고, '후생'한 후에라야 '정덕'할 수 있기 때문이다.

지금 물을 적기適期에 모으고 빼곤 하여 가문 해를 맞아 수차水車로써 관개灌漑하고 수문으로 조운漕運을 조절한다면 물을 이루 다 쓸 수 없을 터이다. 그런데 지금 너에게 물이 있어도 쓸 줄을 모르니 이는 물이 없는 것이나 다름없다.

지금 불은 사시四時에 따라 화후火候가 다르고[13] 강약의 정도에 따라 그 효과가 다르니, 질그릇, 쇠그릇, 쟁기, 괭이를 만드는 데에 각기 적절하게 맞추게 되면 불을 이루 다 쓸 수 없을 터이다. 그런데 지금 너에게 불이 있어도 쓸 줄을 모르니 이는 불이 없는 것이나 마찬가지이다.

우리나라의 경우 100리 되는 고을이 360군데이나 고산준령이 10에 7, 8을 차지하니 명색만 100리라 하지 실제 평야는 30리를 넘지 못한다. 때문에 백성들이 가난할 수밖에 없는 것이다. 하지만 저 우뚝하니 높고 큰

---

12. **먼저 …… 놨으니**　원문은 '先自汨陳'인데, '골진'汨陳은 『서경』 「홍범」에서 우의 부친인 곤鯀이 홍수를 막다가 "오행의 순서를 어지럽혀 놓았다"(汨陳其五行)고 한 데서 나온 말이다.

13. **사시四時에 …… 다르고**　고대에는 나무를 마찰시켜 불을 얻었는데 계절에 따라 '부시로 사용하는 나무'(木燧)를 바꾸어 불씨를 얻었다. 그러므로 『논어』 「양화」陽貨에서 "부시나무를 마찰시켜 불을 바꾼다"(鑽燧改火)고 하였고, 『주례』 「하관」夏官에서 불을 사용하는 정령政令을 맡은 사관司爟은 "사시에 따라 나라의 불을 바꾼다"(四時變國火)고 하였다. 봄에는 느릅나무와 버드나무, 여름에는 대추나무와 살구나무, 계하季夏에는 뽕나무와 산뽕나무, 가을에는 떡갈나무와 졸참나무, 겨울에는 홰나무와 박달나무를 부시로 하여 불씨를 얻었다고 한다. 이처럼 계절에 따라 부시나무의 재료가 달라짐에 따라 화후 즉 불의 세기와 연소하는 시간도 달라진다는 뜻으로 풀이된다.

산들을 사방으로 나무를 잘라 내면 평야보다 몇 배나 더 많은 땅을 얻을 수 있으며, 그 속에서 금, 은, 동, 철이 왕왕 나오니, 만일 채광採鑛의 방법과 제련의 기술만 있다면 이 나라의 부가 천하에서 으뜸갈 수도 있을 것이다.

나무에 있어서도 마찬가지이다. 궁실, 관곽棺槨, 수레, 쟁기는 그 재료가 각기 다르니, 우형虞衡[14]이 재생한 나뭇가지[15]를 때맞추어 잘 가꾼다면 나라 안에서 쓰는 분량은 충분할 것이다.

아! 오토五土[16]는 거름 주는 법이 다르고 오곡은 파종하는 법이 다르거늘 영농의 지혜를 어리석은 백성들에게만 맡겨서 토지를 이용하는 것이 무엇인지도 모르고 있으니, 백성들이 어찌 굶주리지 않으리오. 그러므로 '부유하게 살아야 착하게 행동한다'(旣富方穀)[17] 하였으니, 먼저 일상생활의 일부터 잘 밝히고 나면 부유하고 착하게 되니 구주의 이치가 이에서 벗어나지 않을 것이다. 그렇게 보면 읽기 어려운 것이 무엇이 있겠는가."

나는 화림花林(안의安義의 옛 지명)의 수령이 되자 제일 먼저 현縣의 문헌을 찾아보았다. 속수涑水[18] 우공禹公이 홍범에 조예가 깊어 『홍범우익』洪範羽翼 42편과 『홍범연의』洪範衍義 8권[19]을 지었다 하므로, 급히 가져다 읽어

---

14. 우형虞衡　산림山林과 천택川澤을 관장하는 관리를 말한다.

15. 재생한 나뭇가지　원문은 '條枿'인데, 『시경』 주남周南 「여분」汝墳에 "재생한 나뭇가지를 벤다"(伐其條枿)고 하였다. 베고 난 뒤에 다시 생겨난 햇가지를 '이'枿라 한다.

16. 오토五土　산림山林, 천택川澤, 구릉丘陵, 하천지河川地, 저습지低濕地를 가리킨다.

17. 부유하게 …… 행동한다　『서경』 「홍범」 황극조皇極條의, "재능이 있고 실천력이 있는 사람을 등용하면 나라가 창성해질 것이다. 벼슬아치는 부유하게 살아야 착하게 행동하는 법이니, 만약 봉록이 풍족하지 않아 이들이 집에서 잘 지내게 하지 못한다면 이들은 죄를 짓고 말 것이다"(人之有能有爲 使羞其行 而邦其昌 凡厥正人 旣富方穀 汝弗能使有好于而家 時人斯其辜) 한 데서 나온 말이나, 연암은 이를 벼슬아치에게만 국한시키지 않고 일반 사람들 모두에게 해당되는 말로 해석하였다.

18. 속수涑水　우여무禹汝楙(1591~1657)의 호가 속천涑川이므로, 속수涑水는 '속천'의 잘못이거나 그의 일호一號일 것이다. 우여무는 '속서거사'涑西居士라고 자호하기도 하였다. 『涑川先生文集』 卷3 「古亭記」

보니 「홍범」의 내용을 정연하게 구분하고 조리 있게 분류하였다. 「홍범」의 대체大體를 말한 내용은 나라를 다스리는 이가 반드시 채택해야 할 바요, 「홍범」의 소소한 대목을 말한 내용은 경서 공부하는 서생이 과거 답안 작성 연습 때 반드시 참고로 삼아야 할 바이다. 이 책들을 읽어 보면 「홍범」이 읽기 어렵게 되어 있지 않음을 확신할 수 있다.

　　지금 우리 성상께서 오랫동안 백성들을 교화하여 백성들에게 중도中道를 세우셨으며,[20] 숨은 이를 찾아내고 묻힌 이를 드러내어 등용하고 계시니 나는 언제고 이 책이 빛을 볼 날이 있을 줄 안다. 우선 이 서문을 써 놓음으로써[21] 임금의 사신이 내려와 수집해 가기를 기다리는 바이다.

　　공의 휘는 여무汝楙요, 자는 모某이니, 단양인丹陽人이다. 인조仁祖 갑술년(1634, 인조 12)에 문과에 합격하여, 벼슬이 하동 현감河東縣監에 이르렀다. 일찍이 황극의 본지를 부연하여 조정에 상소하였던 바 임금이 특별히 비답을 내리시어 '격언이자 지당한 언론이다'라고 칭찬했다 한다.[22]

❋　❋　❋

　　관중管仲과 상앙商鞅의 학설[23]이다. 문장도 진기하고 명석하다.

19. 『홍범연의』洪範衍義 8권　　8권은 8편의 잘못이다.
20. 백성들에게 중도中道를 세우셨으며　　원문은 '建中于民'인데, 『서경』「중훼지고」仲虺之誥에 나오는 말이다.
21. 우선 …… 놓음으로써　　『홍범우익』에는 우여무가 1650년(효종 1)에 쓴 '자서'自序와 함께 연암이 쓴 서문이 있는데, 이는 1795년(정조 19) 음력 2월에 완성되었다고 하였다. 『涑川先生文集』卷6 「年譜」
22. 공의 …… 한다　　우여무의 자는 대백大伯이고, 호는 속천涑川이다. 조정에 올린 상소란 1650년(효종 1)에 『서경』「요전」堯典과 「순전」舜典에서 취한 12조목의 상소를 올린 사실을 두고 말한 것이다. 그때 『홍범우익』과 『홍범연의』, 『기범』箕範을 진상하여 왕이 열람했다고 한다. 『涑川先生文集』卷6 「年譜」
23. 관중管仲과 상앙商鞅의 학설　　관중과 상앙은 춘추전국 시대의 법가를 대표하는 인물로 각각 『관자』管子와 『상군서』商君書를 통해 부국강병을 위한 실리주의를 역설하였다. 연암은 유가에서 비판하는 이들의 학설에도 취할 점이 있다고 높이 평가했다고 한다. 『過庭錄』卷4

해인사海印寺에서 창수唱酬한 시의 서문

경상도 관찰사 겸 순찰사 이공 태영李公泰永 사앙士昂(이태영의 자字)이 관하를 순시하다가 가야산伽倻山으로 접어들어 해인사海印寺에 묵게 되었다.

선산 부사善山府使 이채李采 계량季良(이채의 자), 거창 현령居昌縣令 김유金鍒 맹강孟剛(김유의 자) 및 지원趾源이 마중하기 위하여 절 아래 모이니 모두가 이공의 한동네 친구였다.

차례로 나아가 뵈자 공은 각각 소관 고을 농사의 풍흉豊凶과 백성의 질고를 묻고 나서 일어나 관복을 평복으로 갈아입었다. 이어 촛불을 돋우고 술을 내오라 하여 예의절차를 무시하고 반가이 지난날을 이야기하였다. 공은 그 큰 깃발들 아래 경상도 일흔두 고을을 다스리는 높은 지위에 있음을 전혀 내세우지 않았고, 자리를 같이한 이들 역시 자신이 대령大嶺(조령鳥嶺) 너머 천 리 밖에 있다는 것을 깨닫지 못한 채 마치 예전에 나막신을 신고 평계平溪와 반지盤池¹ 사이에서 서로 오가며 놀듯이 하

----

1. **평계平溪와 반지盤池** 평계平溪는 평동平洞, 거평동居平洞이라고도 하였다. 서대문 밖 반송방盤松坊에 속한 동네로, 지금의 종로구 평동 일대이다. 예전에 평동과 냉정동冷井洞(지금의 냉천동) 사이에 지금은 복개된 계천溪川이 흘렀으므로 평계라 한 듯하다. 반지盤池는 반송지盤松池

였으니 몹시도 성대한 일이었다.

다음 날 공이 운을 정해 율시 두 수씩을 각기 짓게 하고 지원에게 이에 대한 서문을 지으라 명하므로, 지원은 공에게 다음과 같이 아뢰었다.

"예전에 조남명曹南冥이 지리산으로 돌아가는 길에 보은報恩에 있는 성대곡成大谷을 방문하였습니다. 이때 그 고을 원이던 성동주成東洲가 자리를 함께하였는데 남명과는 초면이었습니다. 남명이 그를 놀리며 '형은 내구관耐久官²이시군요' 하였습니다. 이에 동주는 대곡을 가리키며 웃으면서 사과하기를 '바로 이 늙은이가 붙들어서 그렇게 되었지요. 비록 그렇긴 하나 금년 팔월 보름에는 해인사에서 달이 뜨기를 기다릴 테니 형은 오실 수 있겠소?' 하기에, 남명은 그러마고 하였습니다. 기약한 날이 되자 남명은 소를 타고 약속한 대로 가다가 중도에 큰비를 만나 간신히 앞개울을 건너 절 문에 들어서니 동주는 벌써 누각에 올라 막 도롱이를 벗고 있었습니다.

아아! 남명은 처사였고 동주는 이때 이미 관직을 떠난 처지였으나 밤새도록 이야기한 것이 민생 문제를 떠나지 않았습니다. 그래서 그 절의 중들은 지금까지도 이 일을 서로 전해 산중의 고사故事가 되었습니다."

지원이 해마다 감사의 행차를 맞아 이 절에 들었는데, 하마 세 번이나 감사가 바뀌었으니 나 역시 내구관이라 이를 만하다. 달이 뜨기를 기다려 만나자는 약조가 있는 것도 아니건만 모진 바람, 심한 비를 감히 피하지 아니하였으며, 매번 절 문을 들어서면 기약 않고도 모인 수령이

또는 서지西池라고도 하며, 서대문 밖 반송방에 있던 큰 연못으로 명승지의 하나였다. 지금의 서대문구 천연동 금화초등학교 자리에 있었다.
2. 내구관耐久官 벼슬을 무던히도 오래 하는 관리를 비꼬아 말한 것이다.

늘 일고여덟은 되었다. 절간은 여관처럼 소란하고 승려는 기생처럼 재주를 자랑하면서 모임 자리에서 시를 지으라 재촉하기를 마치 도박에 돈을 걸라고 독촉하듯 하고,[3] 차일과 다담상은 구름 같고 퉁소 소리와 북소리 요란하니, 비록 단풍과 국화가 어울려 비치고 산수가 절경을 자랑하나 민생 문제에 무슨 보탬이 되겠는가.

　　매양 누각에 오를 적마다 시름없이 옛날 어진 이의 비 맞은 도롱이를 아스라하게 상상하지 않은 적이 없었다. 아울러 이를 기록하여 산사의 장고掌故에 대비하는 바이다.

　　을묘년(1795, 정조 19) 9월 20일 안의 현감安義縣監 박지원 중미仲美(연암의 자字)가 서문을 쓰다.

　　조남명의 이름은 식植이요 성대곡의 이름은 운運이며 성동주의 이름은 제원悌元인데 모두 징사徵士[4]이다. 보은은 고을 이름이다.

＊　＊　＊

　　선비의 출사出仕나 은거隱居는 그 뜻이 한가지이다. 은거한다 하여 민생 문제에 뜻을 두지 않는다면 승려일 따름이요, 출사한다 하여 산수 자연에 관심을 갖지 않는다면 노예일 따름이다. 남명과 동주가 선탑禪榻에

---

3. **절간은 …… 독촉하듯 하고**　　이덕무는 『청비록』淸脾錄 권3, 「이우상」李虞裳에서 "오사카 이동以東에는 절들은 역참驛站 같고 중들은 기생 같은데 시문을 지으라 재촉하기를 마치 도박에 돈을 걸라고 독촉하듯 했다"(大坂以東, 寺如郵, 僧如妓, 責詩文如博進)라고 하였다. 이는 성대중成大中의 『일본록』日本錄에 출처를 둔 표현이다. 성대중은 "오사카 이동에는 시를 구하는 자들이 몰려들어, 중들은 기생처럼 재주를 자랑하고 절들은 역참처럼 시끄러워서, 시를 잘 짓는 승려는 이를 수치스러워 한다"(大坂以東, 求詩者坌集, 僧衙如妓, 寺咶如郵, 韻釋之所恥也)고 하였다.(『日本錄』卷1「槎上記」甲申年 5월 6일)

4. **징사徵士**　　임금이 벼슬을 주며 불렀는데도 응하지 않은 은사를 말한다.

앉아 백성을 걱정한 것과, 감사와 수령이 높은 관직에 있으면서 시를 지은 것이 그 일은 정반대이지만 그 뜻에 있어서는 처음부터 다르지 않았다.

　　옛 친구가 된다 해서 허물없이 대하지도 않았고 상관이라 해서 아첨하지도 않았다. 풍風 같기도 하고 송頌 같기도 하여[5] 글 뜻이 매우 진지하고 간절하다 하겠다.

---

5. **풍風……하여**　풍과 송은 『시경』의 세 가지 시가詩歌 유형 중의 하나이다. 풍에는 아랫사람이 윗사람에게 풍간諷諫 즉 넌지시 충고하는 노래라는 뜻이 있고, 송은 덕을 칭송하는 노래이다.

담연정기澹然亭記

지금 판돈녕부사判敦寧府事 이공李公[1]이 살고 있는 집 서쪽에 조그만 정자를 짓고 정자 밑에 연못을 파 담을 뚫고 샘을 끌어들여 물을 댔다. 담의 남쪽에는 석벽이 있는데 길이가 한 길 남짓하고, 벽의 틈에 노송이 박혀 있어 등걸이 구불구불 서리고 그 가지가 한옆으로 쏠려 그늘이 온 뜰에 가득하였다.

공이 날마다 빈객들과 정자에서 노닐며 거문고와 바둑으로 유유자적하니, 한가하고 여유롭기가 마치 물아物我를 잊어버리고 득실의 차이를 초월한 듯하였다. 이에 그 정자를 '담연정'澹然亭이라 이름하고, 지원趾源에게 부탁하여 기문을 짓게 하므로 지원이 이공에게 이렇게 아뢰었다.

도랑이나 늪에서 물고기를 잡아먹는 새가 있는데 그 이름을 '도하'淘河(사다새·펠리컨)라 한다. 부리로 진흙과 뻘을 쪼고, 부평과 마름을 더듬어

---

1. **판돈녕부사判敦寧府事 이공李公**   이풍李灃을 가리킨다. 그는 선조宣祖의 부친 덕흥대원군德興大院君의 사손祀孫으로 돈녕부 도정都正을 세습한 뒤 판돈녕부사가 되었다. 정조 19년(1795) 별세하자, 그의 아들 이언식李彦植이 돈녕부 도정을 세습하고 순조 19년 진안군晉安君에 봉작되었다.

오직 물고기만을 찾아서 깃털과 발톱과 부리가 더러운 것을 뒤집어써도 부끄러워 아니 하며, 허둥지둥 마치 잃은 것이 있는 것처럼 찾지만 하루 종일 고기 한 마리도 잡지 못한다.

반면에 청장青莊(앨버트로스)이라는 새는 맑고 깨끗한 연못에 서서 편안히 날개를 접고 자리를 옮겨 다니지 않는다. 그 모습은 게으른 듯하고 그 표정은 망연자실한 듯하며, 노래를 듣고 있는 듯 가만히 서 있고 문을 지키고 있는 듯 꼼짝도 않고 있다. 그러다가 돌아다니던 물고기가 앞에 이르면 고개를 숙여 그것을 쪼아 잡곤 한다. 때문에 청장은 한가로우면서도 항상 배가 부르며, 도하는 고생하면서도 항상 배가 고프다. 옛사람은 이들을 예로 들어 세상의 부귀와 명리를 구하는 것에 비유하고, 청장을 신천옹信天翁[2]이라 불렀다.

슬프다! 세상 모든 일에는 각각의 운명이 정해져 있지 않은 것이 없다. 그렇다면 어찌 다만 한 마리 새가 물고기를 잡으려고 기다리는 것을 보고서야 이를 확신하겠는가. 그러나 어리석은 사람은 무너질 듯한 높은 담장 밑에서 운명을 기다리며,[3] 멍청하게 하늘을 보면서 곡식이 내리지 않나 바라거나 하고, 조급한 사람은 오늘 한 가지 착한 일을 행하면 좋은 운명이 내리기를 하늘에 구하고, 내일 한 가지 착한 말을 하면 기필코 상대방이 보답을 주리라 여긴다. 그렇다면 하늘도 장차 그 수고로움을 이기지 못할 것이며, 착한 일을 하는 자도 진실로 장차 지쳐서[4] 물러나고 말 것이다. 하늘은 본디 아득하여 형체가 없고 저절로 되도록 맡겨두지만, 사시四時는 이를 받들어 그 순서를 잃지 않으며 만물은 이를 받

---

2. **신천옹信天翁**　　신천信天은 하늘의 운명에 맡긴다는 뜻이다.
3. **무너질 …… 기다리며**　　『맹자』「진심 상」盡心上에 "정명正命을 아는 사람은 무너질 듯한 높은 담장 밑에 서지 않는다"(知命者 不立乎巖墻之下)고 하였다.
4. **지쳐서**　　원문은 '惓然'인데, 어떤 이본들에는 '倦然'으로 되어 있어 그에 따라 번역하였다.

아서 그 분수를 어기지 않을 따름이다. 하늘이 어찌 신용을 얻고자 하는 마음에 자질구레하게 사물마다 비교하고 따진 적이 있었으랴.

　세상에서 온전한 복을 누린 사람을 들어 말할 때는 반드시 먼저 이 공을 꼽는다. 그러나 그렇게 된 데에는 역시 그 방법이 있었음[5]을 전혀 알지 못한다. 공의 직임은 바로 종정宗正[6]이다. 적자嫡子가 서로 계승하여 태어난 처음부터 부귀가 점지되어 있었다. 처세함에 있어서도 구하는 것이 없는 마음으로 남들과 경쟁하지 않는 자리에 있으니, 높은 관질官秩에 올라도 남들이 질투하지 아니하며, 임금의 은총이 날로 융성해도 누구 하나 공과 경쟁하지 않는다. 따라서 본디 권세와 이익을 좇아 다니거나 명예와 재능을 과시하는 일이 없었다. 오직 편안한 마음과 신중한 태도로 자신을 지켜서 사려를 그치고 희로애락의 감정을 잊은 채로 이 정자를 떠나지 아니하면서도, 보통 사람들이 밤낮으로 악착스레 굴어도 하나도 얻지 못한 것들이 공에게는 힘들이지 않고도 저절로 이르러 온다. 정자의 이름을 담연정이라 한 것은 단지 공이 스스로 붙인 이름일 뿐만이 아니다. 세상 사람들 또한 이로써 미루어 본다면 그렇게 여기지 않겠는가.

＊　＊　＊

　갑자기 정지亭池와 인물人物을 말하고, 갑자기 새의 이름과 성질을 말

---

5. **그렇게 …… 있었음**　『맹자』「진심 상」에 "구하는 데에는 방법이 있고 얻는 데에 운명이 있다. 이렇게 구하는 것은 얻는 데에 도움이 되지 않나니 바깥에 있는 것을 구하기 때문이다"(求之有道 得之有命 是求無益於得也 求在外者也)라고 하였다. 집주集註에 '구하는 데에는 방법이 있다'는 것은 함부로 구해서는 안 된다는 뜻이고, '얻는 데에 운명이 있다'는 것은 반드시 얻을 수는 없다는 뜻이며, '바깥에 있는 것'이란 부귀영달과 같은 외물을 가리킨다고 하였다.
6. **종정宗正**　왕실의 친족을 관장하던 고대 중국의 관직인데, 여기서는 돈녕부의 도정을 가리킨다. 돈녕부 도정은 정3품 관직인데 이때 이공의 집안이 대원군의 사손으로서 세습하였다.

하고, 갑자기 천리와 인사를 말하였다. 글이 마치 아침 햇살에 못 위의 물오리와 갈매기[7]를 보면 노랗고 파란 털빛이 눈부시게 번쩍이는 것과 같다.

이 글에는 비比도 있고 흥興도 있다.[8] 가까이는 아비에게 효도하고 멀리는 임금에게 충성하는 데 도움이 되고 새와 짐승과 초목의 이름을 많이 알게 된다.[9] 이는 『논어』에서 『시경』을 풀이함에 있어 가장 입을 다물지 못하게 하는 대목이다.[10]

강과 바다는 잘 내려감으로써 능히 온갖 골짜기의 왕이 된다.[11] 이렇게 하자면 오직 담연澹然[12]해야 할 뿐이다.

7. **물오리와 갈매기**　원문은 '鳧鷖'인데, 『시경』 대아大雅에 「부예」鳧鷖라는 시가 있다. 이본들에는 '鳧翁'으로 되어 있는데, 부옹鳧翁은 물오리라는 뜻이다.

8. **이 글에는……있다**　비와 흥은 『시경』의 세 가지 작법의 하나로 비는 비유법을 말하고, 흥은 감흥을 표현하는 것을 말한다.

9. **가까이는……된다**　공자가 제자들에게 시의 효용에 대해 말하면서, "너희들은 어찌하여 시를 배우지 않느냐? 시는 의지를 흥기시키며, 시정時政을 관찰할 수 있게 하며, 사람들과 어울리게 하며, 화를 내지 않고도 원망할 수 있게 하며, 가까이는 아비에게 효도하고 멀리는 임금에게 충성하며, 새와 짐승과 초목의 이름을 많이 알게 한다"(小子何莫學夫詩 詩 可以興 可以觀 可以群 可以怨 邇之事父 遠之事君 多識於鳥獸草木之名)고 한 데서 나온 말이다. 『論語』 「陽貨」

10. **이는……대목이다**　전한 때의 인물인 광형匡衡은 어릴 때부터 시를 잘 풀이하여 당시 유자儒者들이 그를 두고서, "『시경』에 대해 풀이하지 말라. 광형이 온다. 광형이 『시경』을 풀이하면 사람들이 감탄하여 입을 다물지 못한다"라고 한 데에서 나온 말이다. 『漢書』 卷51 「匡衡傳」

11. **강과……된다**　『노자』老子에, "강과 바다가 온갖 골짜기의 왕이 될 수 있었던 것은 아래로 잘 내려가기 때문이다"(江海所以能爲百谷王者 以其善下之)라고 한 데서 나온 말이다.

12. **담연**澹然　편안한 마음으로 하늘의 뜻에 순응한다는 뜻이다.

합천 화양동 병사기陜川華陽洞丙舍記

선조 야천治川 선생 증贈 영의정領議政 문강공文康公[1]의 묘소가 합천의 화양
동(지금의 묘산면妙山面 화양리華陽里)에 있으니 관청 소재지와 남쪽으로 40리
거리이다. 제전祭田은 사라져 상민들의 토지가 되어 버렸고 묘지기도 가
난하고 단출하여 애초부터 이른바 병사丙舍[2]라는 것이 없었다. 본 고을 사
또 이의일李義逸이 성묘차 산소에 와서 여기저기 둘러보고 탄식하기를,

"선생의 높은 도의는 아직도 후학들이 우러러 사모하고 있는데 하물
며 내가 외후손으로 이곳의 수령이 되었으니 어찌 감히 묘에 관한 일에
힘을 다하지 않겠는가."

하고, 바로 선생의 8대손인 안의 현감 지원에게 찾아와 제전을 되돌려

---

1. **야천治川 …… 문강공文康公**   중종中宗 때의 문신인 박소朴紹(1493~1534)를 가리킨다. 박소는
자가 언주彦胄, 호는 야천治川, 본관은 반남潘南으로 조광조趙光祖의 문인이다. 중종 때 등과하여
여러 청현직淸顯職을 역임하였으며 조광조를 비롯한 신진사류新進士類들과 왕도 정치의 구현을
위해 노력했다. 김안로金安老 등 훈구파勳舊派의 탄핵을 받아 관직에서 물러난 후 합천으로 내려
가 학문에 전념하였다. 1696년(숙종 22) 문강文康이란 시호가 하사되었다.
2. **병사丙舍**   산소 곁에 지어 놓은 재실齋室을 말한다.

받을 방책을 의논했다. 이에 지원이 감사를 표하며,

"그렇고말고요! 무릇 선생의 후예라면 내외손內外孫을 막론하고 이미 대대로 더욱 번창하여 세상에서 화주현벌華冑顯閥[3]을 일컬을 때는 반드시 우리 반남 박씨潘南朴氏를 먼저 들게 되니, 이 어찌 선생이 선행을 쌓으신 여복餘福이 아니며, 또 이 묘에서 음덕陰德을 받은 덕분이 아니겠소. 다만 그 묘지가 서울에서 800리나 멀리 떨어져 있고 시대가 200여 년이나 지났으므로, 그동안 성묘를 때맞춰 하지도 못하고 산소의 관리도 제대로 하지 못하였으며, 묘제墓祭도 지내지 못한 지가 오래되었고 목동들이 훼손하는 것도 막지 못하였소. 이는 실로 후손들로서 크게 송구스러운 바인데 지금 사또는 외후손으로 홀로 노고를 아끼지 않고 있으니 이 어찌 우리 본손本孫들의 부끄러움이 아니겠소. 지금 선생의 후손들로 이 도내에서 수령된 자가 다섯 사람이니 마땅히 우리부터 먼저 해야 할 것이오."

하고는 마침내 종제從弟 선산 부사善山府使 수원綏源, 족제族弟 문경 현감聞慶縣監 이원彝源, 족질族姪 진주 목사晉州牧使 종후宗厚와 영덕 현령盈德縣令 종경宗敬에게 서한을 띄워, 사또의 의리를 칭송함으로써 그들에게 부끄러운 마음이 들게 하니, 이에 다투어 봉급을 떼어 도왔다.

대구 판관大邱判官 이단형李端亨이 이 소문을 듣고,

"나도 또한 외후손인데 어찌 합천 군수만 아름다운 이름을 독차지하도록 하겠는가."

하였고, 당시 감영監營에 있던 7대손 사회師誨와 족제 임천 군수林川郡守 지원知源도 역시 각각 돈 꾸러미를 내놓으니, 전후로 모인 돈이 모두 합쳐 330냥이었다.

그 돈으로 팔려 간 제전을 사서 되돌려 놓고 도기로 되어 깨어지기

---

3. **화주현벌華冑顯閥**　훌륭한 후손과 뛰어난 집안을 뜻한다.

쉬운 제기는 나무 그릇으로 바꾸어 옻칠을 했으며, 한편으로는 남은 돈으로 병사丙舍를 새로 지으려 하니, 고을에서 문제를 제기하는 사람이 있어 말하기를,

"화암서원華巖書院은 선생을 단독으로 제향하는 곳으로 선왕께서 사액賜額한 사당이다.[4] 묘제는 연중 한 번에 불과하지만 서원이란 영구히 제사 지내는 곳이며 게다가 한 골짜기 안에 있으니 어찌 이 제전을 서원에 부속시키지 않겠는가."

하였다. 그러자 사또가 그에게 타이르기를,

"물건에는 제각기 임자가 있고 예절 또한 정情에 따라 다른 법이다. 무릇 묘송墓松을 쳐다보며 슬픈 마음을 달래는 것은 후손이 조상을 추모하는 효孝요, 제기를 벌여 놓고 존앙尊仰하는 정성을 바치는 것은 여러 선비들이 어진 이를 흠모하는 예禮이다. 이것이 묘소와 서원이 다른 까닭이니 어찌하여 이 제전을 옮겨다 서원에 붙인단 말인가?"

하였다.

얼마 후 선산 부사, 문경 현감, 진주 목사가 전후로 벼슬을 그만두고 떠나니 사또가 탄식하기를,

"관官의 일이란 알 수 없는 것이니 이 병사를 내 뜻대로 마치지 못한단 말인가."

하고는 드디어 목수를 불러 모아 재목을 내려 주고 산 아래에다 집터를 닦아서 신속하게 다섯 칸 집을 지었다. 좌우에 방을 두고 중간에 대청을 만들고는, 도면을 그려 지원에게 보이며 말하기를,

"나는 다만 이 지역의 수령으로서 그 역사役事를 도왔을 뿐이니, 방법

---

4. **화암서원華巖書院은 …… 사당이다**   화암서원은 경상도 합천 화양동華陽洞에 있던 서원으로 1653년(효종 4) 박소朴紹를 기리기 위해 그 지역 유림의 발의로 창건되었으며 1727년(영조 3) '화암'이란 액호가 내렸다.

을 마련하여 지켜 나가는 것은 오직 그대에게 달려 있소. 그대는 기억하기 바라오."

하였다. 이에 지원은

"그렇게 하겠습니다."

라고 대답했다.

예전에 합사合祀하던 선생의 신주를 합천으로 돌려보낼 때 나의 할아버지(大考: 박필균朴弼均)께서 당시 경기 감사였으므로 종족들이 감영 안에 다 모였는데, 금평위錦平尉[5]는 나이 90의 고령으로 궤장을 이끌고 나왔고 문경공文敬公[6] 역시도 한강을 건너 찾아왔다. 이때에 서로 나누는 말씀이 모두 선생에 대한 일이었다. 빙 둘러앉아 듣는 이는 모두 노인들이었는데, 그중에 눈물을 흘리면서 젊은이들을 돌아보며,

"뒷날엔 너희들의 일이니라."

라고 말씀하신 분도 계셨다.

나는 그 무렵 나이는 비록 어렸으나 거마를 잇달아 동작나루까지 보내던 광경을 지금도 기억하는데 그때 후손으로서 하직 절을 올린 자가 400명도 넘었으니 얼마나 성대한 일이었던가!

아, 선생은 큰 덕과 깊은 학문으로 이른 나이에 영기英氣를 드날렸으며 인품이 빛나고 문장이 뛰어났다. 임금께 간쟁諫爭하고 정색으로 토론함으로써[7] 장차 임금을 보필하고 큰 정책을 펼치려 하였다. 그런데 갑자

---

5. 금평위錦平尉　박필성朴弼成(1652~1747)의 봉호이다. 박필성은 자가 사홍士弘, 호는 설송재雪松齋이다. 효종의 딸 숙녕옹주淑寧翁主와 결혼하여 금평위에 봉해지고, 숙종 때 사은사謝恩使와 주청사奏請使로 여러 차례 청나라를 다녀왔다. 1741년에는 90세의 나이로 영조로부터 궤장几杖을 하사받았다.

6. 문경공文敬公　박필주朴弼周(1680~1748)의 시호이다. 박필주는 자가 상보尙甫, 호는 여호黎湖이며, 학문에 뛰어났다.

7. 임금께 …… 토론함으로써　원문은 '執策雷肆 正色討論'인데, 박소가 사간司諫으로서 김안로金安老의 복직 서용을 극력 저지한 사실을 가리키는 듯하다. 그 결과 도리어 배척되어 사성司成으로 좌천되었다가 파면되었다. 『國朝人物志』 1 「中宗朝」

기 소인배의 배척을 받아 자취를 감추고 떠돌다 외가인 윤씨尹氏 집안에 의지하게 되었다.

윤씨는 본관이 파평坡平인 대성大姓으로 대대로 합천에 살았다. 선생이 돌아가시고 여러 아드님들이 모두 어려 고향으로 운구運柩할 가망이 없었으므로, 윤씨 가문에서 불쌍히 여겨 땅을 빌려 주어 우거하던 집 뒤에 장사하였으니 지금의 해좌亥坐[8]의 언덕이 바로 이곳이다.

부인 홍씨洪氏가 어린 자식들을 이끌고 곧바로 서울로 돌아왔는데, 다섯 아들이 모두 현달하고 손녀는 의인왕후懿仁王后로 목릉穆陵(선조宣祖)의 원비元妃가 되었다. 홍 부인이 돌아가시자 나라에서 양주楊州에 장지를 내려 마침내 선생의 묘소와 천 리나 떨어진 곳에 따로 장사 지내게 되었으니, 거리가 멀고 힘이 분산되어 세월이 자꾸 흘러감에 따라 차츰 게을러져 방치됨은 어쩔 수 없는 일이었다.

지원이 가까운 고을의 원이 되어 일찍이 한두 번 성묘한 적이 있었는데, 그 김에 가서 그 형국을 살펴보니 산세가 중후하고 물이 깊었다. 그것은 마치 존귀한 인물이 의젓이 당堂에 앉아 있어 장중한 그 기상으로 인해 저도 모르게 멀리서 바라보고 두려움을 느끼다가 막상 얼굴을 뵙고 말을 나누어 보니 온화한 모습을 띠고 있는지라 자연히 친애감이 들어 오래도록 차마 떠나지 못하는 것과 같았다.

아! 슬프다. 선생이 이곳에 묻히시게 되었을 때 당시의 군자들은 깊이 슬퍼하였다. 그러나 이미 크고 이름난 산악이 신령한 기운을 감추고 기다리고 있어서 끊이지 않는 복을 발하여 후손들이 세신世臣과 귀척貴戚이 되어 국가와 더불어 영원히 복택을 누리게 되었으니, 옛날의 득의하여 뽐내던 소인배들은 도리어 몰락하지 않은 자가 없었다. 이 어찌 이른

---

8. **해좌亥坐**　묏자리를 잡을 때 해방亥方 즉 북북서北北西를 등지고 사방巳方 즉 남남동南南東을 바라보는 것을 말한다.

바 '부르지 않아도 절로 이르는 것'[9]이 아니겠는가.

무릇 조상의 묘를 위하여 장구한 계획을 세우는 것으로는 제전을 마련하는 일보다 앞서는 것이 없으니 제전이 있어야 묘지기를 존속하게 할 수 있고, 묘지기를 존속하게 하는 데는 병사丙舍를 두는 것보다 나은 것이 없다. 지금 이 몇 뙈기의 토지와 조그마한 집은 묘를 지키는 자가 받는 것이자 후손들이 멀리서 조상에 대한 그리움을 위탁한 것이다.

백 년을 두고 못 하던 일을 하루아침에 이 사또(李侯)를 만나 끝을 맺게 되었으나, 나나 이 사또는 모두 관직에 매여 있고 관직에 매인 자는 때가 오면 돌아가고 말 것이니, 처음부터 끝까지 변함없이 돌보아 주는 의리를 이 화양동에 사는 윤씨들에게 더욱 바랄 수밖에 없다.

            ❋   ❋   ❋

나 또한 외후손이다. 지금 이 기記를 읽으매 산소 주변 산들의 형세를 상상할 수 있으니, 이로써 후손들에게 끼친 무궁한 복택을 부연하였다. 문장 또한 일창삼탄—唱三歎[10]의 뜻이 들어 있다.

---

9. **부르지 …… 것**　『맹자』 「만장 상」萬章上에 "하지 않아도 절로 되는 것이 하늘이요, 부르지 않아도 절로 이르는 것이 운명이니라"(莫之爲而爲者 天也 莫之致而至者 命也)라고 하였다.

10. **일창삼탄—唱三歎**　한 사람이 노래를 선창하면 세 사람이 화답한다는 뜻으로, 『예기』禮記 「악기」樂記에 나오는 말이다. 사람들이 감탄을 금치 못할 만큼 시문이 매우 뛰어날 때 주로 쓰는 표현이다. 그런데 여기서는 합천 군수가 앞장서 이루어 놓은 일에 후손들이 적극적으로 호응해 나서기를 바란다는 뜻으로 쓴 듯하다.

영사암기 永思菴記

내가 개성開城에서 잠시 지낼 적에 남원 양씨南原梁氏[1]와 서로 무척 사이좋게 지냈는데 그의 종형제 수십 명이 하나같이 질박 돈후하고 꾸밈새가 적으며 남을 진실되게 사랑했다. 정녕 그 윗대에 거룩한 덕인德人이 있어 무한히 상서祥瑞를 발하고 음덕을 드리웠던 것으로 생각된다.

급기야 그 분암墳菴[2]을 둘러보니 산은 웅장하고 골짜기는 깊숙하여 등성이와 기슭이 굽이굽이 서려 있고 소나무와 가래나무가 빽빽하게 우거져 있었다. 석인石人과 망주석望柱石은 크고 위엄 있으며 여러 모양의 봉분들[3]이 나무가 뿌리를 서로 맞댄 듯이, 물이 여러 갈래로 나뉜 듯이 자

---

1. **남원 양씨南原梁氏**   양호맹梁浩孟·양정맹梁廷孟 형제를 가리키는 듯하다. 『과정록』過庭錄에 의하면 당시 연암은 양호맹의 금학동琴鶴洞 별장에 기거했다고 하며, 『연암집』권3 「만휴당기」晩休堂記에서 연암은 자신이 개성에 노닐 적에 양정맹과 서로 무척 사이좋게 지냈다고 하였다. 양호맹은 호가 죽오竹塢인데 연암은 그를 위해 「죽오기」竹塢記(『연암집』권10)를 지어 주었으며, 또한 그의 부탁으로 「양 호군梁護軍 묘갈명墓碣銘」(『연암집』권7)을 지어 주었다.
2. **분암墳菴**   산소를 수호하기 위하여 그 근처에 지어 놓은 집이다.
3. **여러 모양의 봉분들**   원문은 '堂斧馬鬣之封'인데, 『예기』禮記 「단궁 상」檀弓上에 나오는 말로 당堂은 마루같이 네모반듯하고 높은 봉분을 가리키며, 부斧는 도끼날처럼 아래는 넓고 위가 좁은 장방형의 봉분으로 말의 갈기와 비슷하다 하여 속칭 마렵봉馬鬣封이라고 한다.

리 잡고 있어, 마치 효도하고 우애하며 화목하고 믿음 있는 가문이 담을 잇대어 가지런히 집을 지어 놓고 집기를 서로 빌려 쓰고 곡식과 포백布帛을 사사로이 숨겨 두지 않고 사는 모습과 같았다. 진실로 그 자손들 가운데 돈후하고 점잖은 분들이 많이 나와 그 조상의 음덕을 입어 선조가 남긴 복을 오래도록 보존할 것으로 믿어진다. 그 분암을 영사암永思菴이라 이름하였으니, 아! 이 이름을 지은 이는 아마도 어진 사람일 것이다.

『시경』에 이르기를 "길이 효심으로 사모하니 효심으로 사모하는 것이 곧 법칙이 되니라"(永言孝思 孝思維則)[4] 하였으니, 이는 먼 조상을 추모하는 마음을 시들지 않게 함으로써 능히 계승함직한 법칙이 되게 함을 일컬음이다. 온 세상 사람 중에 부모에게 효도하려고 생각하지 않는 자가 없다. 진실로 능히 위로 거슬러 올라가 근본을 밝히면 비록 아득히 먼 조상이라도 모두 나의 부친[5]이라 할 수 있고, 또 미루어 범위를 넓히면 단문袒免[6]의 원족遠族이라 할지라도 모두 나의 동기同氣라 할 수 있다.

그러나 세상 풍속이 쇠하여 무너짐에 족계族系가 차츰 멀어지니, 문호를 나누고 한솥밥을 먹지 않으며 곡식과 포백과 집기를 서로 빌려 쓰지 않은 지가 오래되었다. 하물며 산지山地가 화복禍福을 정해 준다는 풍수지리설이 효도하고 우애하며 화목하고 서로 믿는 마음을 능가하게 되어 각각 따로 산소를 둠에 있어서랴!

심하면 묏자리에 대한 송사를 일으키기도 하며 묘목墓木을 두고 다투

---

4. **길이 …… 되니라**   『시경』 대아大雅 「하무」下武에 나온다.
5. **부친**   원문은 '고禰'인데, 돌아가신 뒤에는 부친을 '고'考라 부르고, 사당에 신주가 모셔진 뒤에는 '예'禰라 부른다.
6. **단문袒免**   상복을 입지 않고 윗옷의 왼쪽 소매를 벗고 관을 벗은 뒤 머리를 묶기만 하는 상례喪禮를 말한다. 고조의 친형제나 증조의 당형제堂兄弟 등과 같이 오복五服을 입지 않는 먼 친척의 초상 때 지키는 예법이다.

게 되며, 간악한 자가 족당族黨에 생기고 원수가 가문에 생기게 된다. 이로 말미암아 세상에는 족장族葬[7]하는 집안이 드무니, 일찍이 나는 이를 두고 마음 아파하였다. 만약 사람들이 각각 그 근본을 잊지 않아 조상의 마음을 거슬러 생각해 본다면, 자손을 슬하에 열 지어 두어 비록 백대라도 함께 살기를 바라지 않는 조상이 있지 않을 것이다.

이제 양씨 가문의 산은 가까이로는 기복朞服과 공복功服[8]을 입는 친족으로부터 멀리로는 단문의 원족에 이르기까지 모두 대를 이어 매장되어, 수목을 서로 가꾸어 키우고 묘역도 함께 수호한다. 봄가을에 서리와 이슬이 내릴 때면 모여서 선조들에게 제사 지내며, 모두 함께 이 분암에 올라 높은 어른은 앞자리에 앉고 항렬이 낮거나 어린 사람들은 뒷자리에 앉아 함께 음복하고 물러나 사방을 둘러보면, 북쪽과 남쪽의 언덕에는 소昭와 목穆[9]의 순서에 따른 묘들이 있고 동쪽 등성이와 서쪽 기슭에는 시복緦服[10]과 공복功服을 입는 친족의 묘들이 있으니, 상심한 듯이 멀리 사모하며 눈앞에 뵈는 듯이 길이 사모하지 않는 자가 있겠는가!

『시경』에 이르기를 "효자가 끊어지지 아니하여 길이 너에게 선善을 내리리라"(孝子不匱 永錫爾類)[11] 하였으니, 양씨 가문의 자손들이 이에 그 효심으로 사모함을 능히 그치지 않는다면 하늘이 내리는 복과 산지에서 발하는 상서가 길이 선을 이르러 오게 할 것이다. 나는 장차 그 씨족과 세대가 더욱 번창함을 볼 것이다. 무릇 그런 뒤라야 세속의 이른바 풍수지

---

7. **족장族葬**　 조조祖가 같은 자손들이 한 묘지에 무덤을 쓰는 것을 말한다. 『周禮』「春官」墓大夫
8. **기복朞服과 공복功服**　 기복은 1년 동안 입는 복을 말하며, 공복은 9개월 동안 입는 대공大功과 5개월 동안 입는 소공小功을 통틀어 말한 것이다.
9. **소昭와 목穆**　 종묘나 사당에 조상의 신주를 모시는 차례를 말한다. 왼쪽 줄을 소昭라 하고 오른쪽 줄을 목穆이라 하여, 1세를 가운데에 모시고 2·4·6세는 소에 3·5·7세는 목에 모신다.
10. **시복緦服**　 시마緦麻로 된 상복을 입는 3개월의 상을 말한다.
11. **효자가 …… 내리리라**　 『시경』 대아大雅 「기취」旣醉에 나온다.

리설이 장차 우리를 속이지 못할 터이니, 우선 이 글을 써서 그날을 기다리는 바이다.

❊ ❊ ❊

풍속을 도탑게 하고 세교에 유익한 글이다. 이를 읽으면 사람으로 하여금 효도하고 우애하는 마음이 뭉클 일어나게 한다.

풍수가의 발복설發福說로부터 말을 세우되 중점은 효도하고 우애하고 돈독하고 화목한 것으로 돌아갔으니, 풍수지리설은 그 속임수가 용납될 여지가 없다.

이존당기以存堂記

진사 장중거張仲擧[1]는 걸출한 인물이다. 키는 팔 척 남짓하고 기개가 남보다 뛰어나 사소한 일에 얽매이지 않았으나, 천성이 술을 좋아하여 호방한 까닭에 취하게 되면 빗나가는 말이 많았다. 이 때문에 동네에서 그를 싫어하고 괴롭게 여기어 미친 사람이라 지목하고 친구들 사이에도 비방하는 말들이 자자하였다.

　이에 그를 가혹한 법으로 얽어 넣으려는 자가 생기자 중거 또한 자신의 행실을 뉘우치며, '내가 아마 이 세상에서 용납되지 못할 모양이다!'라고 생각하였다. 그래서 비방을 피하고 해를 멀리할 방도를 생각해 내

---

1. **장중거張仲擧**　『엄계집』罨溪集에는 '설중거'薛仲擧로 되어 있다. 어용빈魚用賓(1737~1781)이 연암에게 보낸 편지를 보면, "설 진사의 근황은 어떠한가"(薛上舍近況何如)라고 안부를 물으면서, 연암의 소개로 알게 된 설 진사의 댁을 먼저 방문하여 그와 함께 연암협燕巖峽으로 찾아갈 뜻을 밝히고 있다. 『弄丸堂集』 卷4 「與朴美仲」 또한 『사마방목』司馬榜目에 의하면, 정조 1년(1777) 증광시에 진사 급제한 인물로서 장단長湍에 거주하는 설범유薛範儒가 있다. 그는 1737년생으로, 자字는 수선守先으로 기록되어 있다. 중거仲擧는 설범유의 또 다른 자일 가능성이 있다. 김영진, 「조선 후기의 明淸小品 수용과 小品文의 전개 양상」(고려대 박사학위 논문, 2003) 참조.

어, 거처하는 방을 깨끗이 쓸고 문을 닫아걸고 발(簾)을 내리고 살면서, 크게 '이존'以存이라 써서 당에 걸어 놓았다. 『주역』周易에 이르기를 "용과 뱀이 칩거하는 것은 몸을 보존하기 위함이다"(龍蛇之蟄 以存身也)[2]라고 했으니, 대개 이에서 취해 온 것이다.

하루아침에 상종하던 술꾼들을 사절하며,

"자네들은 그만 물러가라. 나는 장차 내 몸을 보존하려 한다."
고 말했다. 나는 이 말을 듣고 크게 웃으며 말하기를,

"중거가 몸을 보존하려는 방법이 이에 그친다면 화를 면하기 어렵겠다. 비록 독실하고 경건했던 증자曾子로서도 종신토록 외우며 실행한 것이 어떠했는가. 항상 하루아침 하루저녁도 무사히 넘기기 어려울 듯이 하다가 죽는 날에 이르러서야 손발을 살펴보게 하고 비로소 그 온전히 살다가 돌아감을 다행으로 여겼는데[3] 더더구나 일반 사람들에 있어서랴.

한 집을 미루어 한 지방을 알 수 있고 한 지방을 미루어 온 누리도 알 수 있다. 온 누리가 저와 같이 크나, 일반 사람들의 처지에서 보자면 거의 발을 용납할 땅조차 없을 지경이다. 하루 사이에도 '보고 듣고 말하고 행동하는 것'(視聽言動)을 몸소 증험해 보면 요행히 살고 요행히 화를 면한 것 아님이 없다.

이제 중거는 외물이 자기를 해칠까 두려워 밀실에 칩거함으로써 자신을 보존하고자 하나 자신을 해치는 것이 제 몸 안에 있음을 모르고 있다. 비록 발자취를 멈추고 그림자를 감추어 스스로 옥살이와 같이 한다

---

2. 용과 …… 위함이다 『주역』「계사전 하」繫辭傳下에 나온다.
3. 죽는 …… 여겼는데 『논어』「태백」泰伯에, 증자가 병이 들자 제자들을 불러 말하기를, "이불을 걷고서 내 발을 살펴보고 내 손을 살펴보아라. 『시경』에 이르기를, '두려워하고 삼가서 깊은 못에 임한 듯이 하며 얇은 얼음을 밟듯이 하라' 하였는데, 이제야 내 몸이 다치는 죄를 면할 수 있게 되었구나. 제자들아!"(啓予足 啓予手 詩云 戰戰兢兢 如臨深淵 如履薄氷 而今而後 吾知免夫 小子)라고 하였다.

한들 마침 더욱더 사람들의 의혹을 사고 분노를 모으기에 족할 뿐이니, 그 몸을 보존하는 방법이 서투르지 아니한가.

슬프다! 옛사람 중에 남들의 시기를 걱정하고 헐뜯음을 무서워한 자가 얼마나 많았던가. 그래서 대개는 농사터에 숨고 산골에 숨고 낚시터에 숨고 백정이나 행상 노릇에 숨었는데, 숨는 데 교묘한 자는 흔히 술에 몸을 숨겼으니 유백륜劉伯倫[4]과 같은 무리야말로 교묘하다 하겠다. 그러나 삽을 짊어지고 뒤를 따라다니게 한 것[5]에 이르면 또한 몸의 보존을 도모함에 치졸하였다 할 것이다. 이는 왜 그런가?

저 농사터, 산골, 낚시터, 백정이나 행상 노릇 같은 것은 모두 외물을 빙자하여 숨은 것이지만, 술의 경우에는 부지중 아득히 빠져 스스로 그 본성을 미혹시키는 것이니 자기 형체를 잊어버리고도 깨닫지 못하고 자기 시체가 구렁텅이에 내버려져도 걱정하지 않게 되는데, 까마귀와 솔개, 땅강아지와 개미 따위가 뜯어 먹는 것쯤이야[6] 안중에 있을 까닭이 있겠는가! 이는 술을 마심이 자기 몸을 보존하고자 함인데 삽을 짊어지게 한 바람에 누를 끼치고 만 것이다.

이제 중거의 과실은 술에 있는데, 여전히 자신의 몸을 잊지 못하고 몸 보존할 바를 생각한 나머지 내객을 사절하고 깊이 숨어 살며, 깊이 숨어 사는 것이 자기를 지키는 데 부족하게 되자 또 함부로 스스로 당호

---

4. **유백륜劉伯倫**　진晉나라 패국沛國 사람으로 이름은 영伶, 백륜은 그의 자이다. 죽림칠현竹林七賢의 한 사람으로 술을 좋아하여 「주덕송」酒德頌을 짓고 예법을 조롱하며 지냈다.

5. **삽을…… 것**　유백륜은 술을 남달리 즐겨 평소에 녹거鹿車를 타고 술을 싣고 다니며 종자에게 삽을 들고 따라다니게 하고는, 자기가 죽으면 즉시 그 자리에 파묻어 달라 하였다고 한다.

6. **까마귀와…… 것쯤이야**　장자莊子가 죽으려 할 때 그의 반대에도 불구하고 제자들이 장례를 성대하게 치르려고 하면서 까마귀나 솔개가 선생님을 밥으로 삼을까 두려워서 그런다고 변명하자, 장자는 "노상에 있으면 까마귀나 솔개의 밥이 되고, 지하에 묻히면 땅강아지나 개미의 밥이 될 터인데, 전자에게서 빼앗아 후자에게 준다면 얼마나 편벽된 짓이냐!"라고 나무랐다고 한다. 『莊子』「列禦寇」

를 써서 남들이 보게 걸어 놓으니, 이는 유백륜이 삽을 짊어지게 한 것과 무엇이 다르겠는가."

하였다.

중거는 두려워하며 한참 있더니,

"그대의 말과 같을진댄 나의 팔 척 몸을 들어 장차 어디로 던진단 말인가?"

라고 물었다. 나는 그에게 답하여 이르기를,

"나는 능히 그대의 몸을 그대의 귓구멍이나 눈구멍 속에 집어넣을 수 있다. 아무리 천지가 크고 사해가 넓다지만 그 눈구멍이나 귓구멍보다 더 여유가 있을 수 없으니 그대가 이 속에 숨기를 바라는가?

무릇 사람이 외물과 교접하고 일이 도리와 합치하는[7] 데에는 도道가 있으니 그것을 예禮라고 한다. 그대가 그대 몸을 이기기를 마치 큰 적을 막아 내듯 하여, 이 예에 따라 절제하고 이 예를 본받으며[8] 예에 맞지 않는 것을 귀에 남겨 두지 않는다면 몸을 숨기는 데에 무한한 여지가 있을 것이다. 눈이 몸에게 있어서도 역시 그러하니, 예에 맞지 않는 것을 눈에 접하지 않는다면 몸이 남의 흘겨보는 눈초리[9]에 걸리지 않을 것이다. 입의 경우에도 또한 그러하니, 예에 맞지 않는 것을 입에 올리지 않는다면 몸이 남의 헐뜯음에 들지 않을 것이다. 마음은 귀와 눈에 비해 더욱더 광대하니, 예에 맞지 않는 것으로 마음에 동요되지 않는다면 내

---

7. **일이 도리와 합치하는**　원문은 '事理之會'인데, 여기서 '사事'는 '사람의 행위'(人之所行)를 뜻한다. 주자학에서는 자식은 아비를 섬기고 신하는 임금을 섬기며 아우는 형을 섬기고 붕우간에는 신의를 지키는 '사리일치'事理一致를 강조하였다.

8. **이 예에 …… 본받으며**　원문은 '節文於斯 儀則於斯'인데, 『논어집주』 「학이」 편의 주에 "예란 천리天理의 절문節文이요, 인사人事의 의칙儀則이다"라고 하였다.

9. **흘겨보는 눈초리**　원문은 '睚眦'인데, 사소한 원한을 뜻한다. 전국 시대 위魏나라 사람으로 진秦나라에 망명한 범저范雎는 출세한 뒤, 자신에게 밥 한 그릇 준 사람에게도 반드시 보상하고 눈 한번 흘긴 사람에게도 반드시 보복했다고 한다. 『史記』卷79「范雎列傳」

몸의 전체全體와 대용大用[10]이 진실로 방촌方寸의 사이(마음)에서 벗어나지 않게 되어 장차 어디로 가든지 보존되지 않을 것이 없을 것이다.”

하였다. 중거가 손을 내저으며 말하기를,

“이는 그대가 나로 하여금 내 몸 안에 몸을 숨기고, 몸을 보존하지 않음으로써 보존하게 하고자 함이니, 감히 벽에 써 붙여서 돌아보고 살피지 않을 수 있겠는가.”

하였다.

＊　＊　＊

이 글은 사물장四勿章[11]을 풀이한 것으로서 우리 유자儒者들이 흔히들 하는 말에 불과하나, 문장이 도리어 환상적으로 변화하고 신령스럽고 기교로워 묘하게도 선불교의 요지要旨를 얻었으니, 이 때문에 늙은 서생들이 항시 하는 말로 치부되지 않는 것이다.

10. **전체全體와 대용大用**　　완전한 실체實體와 광대한 공용功用이란 뜻으로, 여기서는 온 몸과 그 몸의 모든 작용을 가리킨다. 주자학에서는 도道를 체용體用의 논리로 설명한다. 근본적이고 내재적인 것을 '체'體라 이르고, 체가 움직여 드러난 것을 '용'用이라 이른다. 『대학』大學 '격물장'格物章의 보전補傳에, 격물치지格物致知에 진력하게 되면 “중물衆物의 표리表裏와 정조精粗가 이르러 오지 않음이 없고, 내 마음의 전체와 대용이 분명해지지 않음이 없다”고 하였다. 이와 같이 '내 마음'(吾心)의 전체와 대용이라고 한 주자의 표현을 '내 몸'(吾身)의 전체와 대용으로 바꾸어 쓴 데 표현의 묘미가 있다고 하겠다.

11. **사물장四勿章**　　사물四勿은 네 가지를 하지 말라는 뜻으로, 『논어』「안연」顔淵에서 “예가 아니면 보지 말고, 예가 아니면 듣지 말고, 예가 아니면 말하지 말고, 예가 아니면 움직이지 말라”(非禮勿視 非禮勿聽 非禮勿言 非禮勿動)고 한 내용을 가리킨 것이다.

안의현 사직단 신우기安義縣社稷壇神宇記

사직社稷을 집으로 짓지 아니하고 단壇으로 짓는 것은 예부터 내려온 제
도이므로[1] 군현郡縣의 사직은 모두 신주를 이청吏廳[2]의 옆에 모셔 두었다
가, 제삿날이 다가오면 기일期日에 앞서 신주를 받들고 단으로 나아가 거
기서 제사를 지낸다. 그런데 신주를 모셔 놓은 곳이 저잣거리에 가깝고,
신주가 내왕하는 사이에 하인들이 함부로 다루며 바람과 이슬을 맞게 되
니, 위대한 땅의 신에게 공경을 다하는 도리가 아니었다.

　　전임 안의 현감 김재순金在淳이 고을에 부임한 지 4년이 지난 경술년
(1790, 정조 14)에 사직단의 왼쪽 동남향에 터를 닦아서 신우神宇 두 칸을 짓
고, 고을에서 모시고 있는 토지신(社)과 곡식신(稷)의 위판을 옮겨 모시고
각종 술잔과 제기를 간수하게 했다. 그리고 단의 오른쪽 담장 북쪽에 전

---

1. **사직社稷을 …… 제도이므로**　　『예기』「교특생」郊特牲에 "사社는 토지의 신을 제사하고 음기를
주관한다. …… 천자의 태사太社에 반드시 서리·이슬·비·바람을 받게 하는 것은 천지의 기운을
통하게 하기 위한 것이다. 그러므로 망국亡國의 사社에는 지붕을 덮어 하늘의 양기를 받지 않게
한다"고 하였다.
2. **이청吏廳**　　아전들이 집무를 보는 청사로, 길청 또는 질청이라고도 한다.

사청典祀廳과 집사방執事房[3]을 세우니 격식이 갖추어지고 행사에 적합하여, 해마다 풍년이 들고 안락하게 되었다.

성상聖上 16년 임자년(1792) 겨울에 교서敎書를 내려 지방 고을에서 제사 의식을 제대로 닦아 거행하지 못하고 있음을 준절히 책망하고서, 모든 고을에 신단神壇과 신우神宇에 대한 의칙儀則을 반포하였다.[4] 그리하여 산기슭이나 촌락 사이에 건물을 새로 짓고 단청을 칠하려는 고을들이 모두 아전을 보내어 이 고을의 신단과 신우를 본뜨려고 하였다. 이를 통해 김 사또가 신을 섬기고 농사를 중시하는 데에 있어서도 일의 선후를 알았음을 볼 수 있다.

지원趾源이 이 고을의 원이 되어, 전임 사또가 누락된 제사 의식을 잘 닦아 놓은 것에 힘입어 다행히 파직되어 내쫓김을 면할 수 있었다. 그러나 또한 더 할 일이 없다 하여 일상적인 직책에 태만하게 있을 수는 없었다. 그리하여 마침내 아전과 관노를 손수 감독하여 단을 더욱 잘 꾸미고 담을 증축하였으며 네 개의 영성문欞星門[5]을 고쳐 세웠다. 그리고 고을의 젊은이 중에 총명하고 준수한 자를 가려 뽑아 등록하여 집사執事로 삼고 단 밖의 큰 나무 아래에 제기를 임시로 늘어놓게 하여 천관薦祼, 홍부興俯, 진퇴進退, 추배趨拜[6] 등의 제사 절차를 익히게 하였다. 이윽고 탄식

---

3. **전사청典祀廳과 집사방執事房**　　전사청은 제사를 지낼 때 사용하는 건물이고 집사방은 집사들이 머무는 건물로서, 사직과 종묘에는 제사 전용의 전사청과 좌우의 집사방을 두었다.

4. **성상聖上 …… 반포하였다**　　『정조실록』 16년 11월 10일 조에 보인다. 각 도의 사직단·성황단·여단厲壇의 제사 의식을 정비하여 밝히라는 명령을 가장 먼저 수행한 강원 감사에게 가자加資하고, 반면 이를 등한시한 전라도 등 7도의 감사들에게 삭직과 감봉의 처벌을 내렸다.

5. **영성문欞星門**　　원래는 영성문靈星門으로, 영성靈星은 농사를 주관한다는 별인 천전성天田星이다. 문의 모양이 가는 살을 가로세로로 좁게 대어 짠 세살창과 흡사하여 영성문欞星門으로 불리게 되었다고 한다.

6. **천관薦祼 …… 추배趨拜**　　'천관'은 제물을 올리는 것과 강신주를 따르는 것이며, '홍부'興俯는 제사 의식에서 몸을 일으키는 것과 부복俯伏하는 것이며, '진퇴'進退는 초헌初獻 등의 의식을 거행하는 자리에 나아가거나 물러나는 것이며, '추배'는 종종걸음으로 제사에 나아가는 것과 절하는 것을 이른 것으로 모두 제사 의식을 거행할 때 행하는 절차이다.

을 하면서 유생들에게 이렇게 말했다.

"무릇 예는 제사 의식보다 중한 것이 없고 제사 의식은 사직보다 중한 것이 없다. 해마다 첫 번째 신일辛日을 맞으면 우리 성상께서는 반드시 몸소 태사太社(사직)에 풍년을 기원하였는데, 날씨가 아무리 추울지라도 남에게 대행케 한 적이 없었다. 내가 일찍이 뭇 집사의 뒤를 쫓아 팔음八音이 조화롭게 연주되는 것[7]을 구경한 지 여러 해가 되었다.

제사 하루 전날에 성상께서 희생을 살피고 제기를 씻는 절차를 친히 행하시고, 야고夜鼓[8]가 세 번 울리고 뜰에 횃불이 지펴지면 성상께서 면류관과 곤룡포를 입고 홀(圭)을 잡고 임종林鍾과 태주太簇[9]의 제악祭樂으로 신주를 맞아 봉안하였는데, 백관들은 함께 참석하여 숨을 죽인 채 엎드려 감히 떠드는 자가 없고 패옥이 부딪치는 소리만 공중에서 들릴 뿐이었다. 이에 임금의 발걸음이 술잔과 제기, 층계와 섬돌 사이를 돌아다니며 오르내리심을 감히 속으로 짐작할 뿐이었다. 온갖 신령들이 가득 내려와 흡족히 흠향하여 아무것도 가리지 않고 흠뻑 들고 돌아가매, 복을 낳고 상서를 잉태하여 지축地軸과 곤여坤輿[10]가 만물을 더욱 무겁게 짊어지고 두텁게 실을 것이며 후토后土와 구룡句龍[11]이 몰래 와서 도와주리니, 군왕은 만세를 누리고 온 누리는 풍년을 누리리라.

---

7. 팔음八音이 …… 것   제사 음악이 연주되는 것을 말한 것이다. 『서경』 「대우모」大禹謨에, "팔음이 조화를 이루어 서로의 음계를 빼앗지 않게 하면 신과 인간이 조화를 이룰 것이다"(八音克諧 無相奪倫 神人以和) 하였다. 팔음은 여덟 가지 악기, 즉 금金(종鍾), 석石(경磬), 사絲(현絃), 죽竹(관管), 포匏(생笙), 토土(훈塤), 혁革(고鼓), 목木(축어柷敔)을 가리킨다.
8. 야고夜鼓   밤에 시각을 알리는 북이다. 야고가 세 번 울리면 3경更이다.
9. 임종林鍾과 태주太簇   임종은 육률六律의 하나이며, 태주는 육려六呂의 하나이다.
10. 지축地軸과 곤여坤輿   모두 대지를 가리킨다. 상고에는 대지에 서로 맞물린 360개의 축軸이 있다고 믿었다. 또한 대지는 큰 수레(大輿)에 비유되었다.
11. 후토后土와 구룡句龍   모두 땅의 신이다. 전설에서, 구룡은 공공共工의 아들이며 수토水土를 잘 다스려 땅의 신이 되었다고 한다.

주격奏假[12]의 연주를 마치고 악공이 호배虎背[13]를 치고 나서 하늘을 우러러보매 별빛은 반짝이고 이슬은 두루 맺혔으니 함빡 찬 그 모습은 마치 제향에 만족하고 있음을 이처럼 분명하게 표현하는 것 같았다. 그럼에도 성상께서는 오히려 농사를 짓는 때를 혹 어기거나 농사를 제대로 감독하지 못할까 염려하시고, 물러나 재전齋殿으로 납시어 촛불을 켜고 권농勸農하는 윤음綸音을 받아쓰게 하여 팔도에 이를 반포해서 관리들을 독려하고 경계하셨으니, 만백성을 위하여 마음을 다함이 이처럼 독실하고 지극하였다.

그런데 각 지방 수령들이 백성을 위한 근심을 함께 분담하라는 성상의 거룩한 뜻을 아무도 본받지 못하고, 왕왕 맡은 고을의 제사에 있어서도 도리어 오랜 습관에 젖어 혹 몸소 제사에 참례하지 않는 일까지 있으니, 이에 영선靈墠[14]과 신주神廚[15]는 계단이 무너지고 잡초가 우거지며, 목욕재계와 제사 절차에 있어서도 예법에 맞는 경우가 드물었다. 그러다가 이번에 성상이 엄한 하교를 내리시게 되어서야 비로소 부끄러워하고 반성하여, 허둥지둥 서둘러 오직 수리하는 일이 정해진 시기보다 늦을까만을 두려워한다. 이는 그저 조정의 명령을 따르는 데 지나지 않을 뿐이요, 정성이 속에 쌓이거나 예를 평소에 익혀서 그런 것은 아니다.

내가 고을 원으로 나온 이래 하달된 윤음을 받들어 읽은 지가 지금 2년이 되었거니와, 일찍이 북향하여 머리를 조아리고 감격하여 눈물 흘리면서 성상의 위엄이 심히 가까이 있으며 어진 말씀이 사람들에게 깊이

---

12. **주격奏假** 제사에서 당堂에 오를 때에 연주하는 음악이다. 『毛詩』 商頌 「那」
13. **호배虎背** 타악기인 어敔를 말한다. 모양이 엎드린 범의 형상이며, 등에 톱니가 있다. 견籈으로 범의 목덜미를 세 번 친 다음 톱니를 세 차례 긁어 곡이 끝남을 알린다.
14. **영선靈墠** 제사를 지내는 단壇을 이른다.
15. **신주神廚** 신주를 모셔 놓은 곳을 이른다.

사무치는 것[16]을 탄복하지 않은 적이 없었다. 그러니 지금 수령된 자로서 어찌 감히 깊이 두려워하고 맡은 바 직책에 삼가하여 성상의 걱정하고 근심하시는 마음을 만분지일이라도 받들어 드러내지 않을 수 있겠는가.

지금 유생 여러분은 먼 시골구석에서 생장하여 견문이 넓지 못하니 예의에 익숙하지 못한 것은 진실로 형세가 그럴 수밖에 없다. 때문에 비록 때때로 고을의 부름에 응하여 마지못해 제사 의식의 반열에 선다 하더라도, 제사를 거행할 때가 되면 예전부터 내려온 잘못을 그대로 답습하여 대충 형식만 갖추는 데 그쳐 버린다. 이렇게 해 놓고 망녕되이 신명에게 복 받기를 바란다면 그 또한 어려운 일일 것이다. 이제부터는 백리 이내에 비바람이 제때에 오지 않고 추위와 더위가 절후에 맞지 않을 것 같으면 '태수太守가 제사를 정성스레 지내지 않아 그렇다'고 말하고, 오곡이 익지 않고 논밭이 정비되지 못하면 역시 '태수가 농사에 밝지 못해 그렇다'고들 말하라. 『서경』에 이르기를, '서직黍稷이 향기로운 것이 아니라 명덕明德이 향기로운 것이다'[17] 하였으니, 감히 이 구절을 들어 고을에서 집사하는 이들에게 외워 주노라."

*　*　*

전아典雅하다.

---

16. 어진 …… 것　원문은 '仁言之入人深'인데, 『맹자』 「진심 상」盡心上에서 "어진 말을 하는 것은 어질다는 명성이 사람들에게 깊이 사무치는 것만 못하다"(仁言 不如仁聲之入人深也)고 한 데에 출처를 둔 표현이다.

17. 서직黍稷이 …… 것이다　주周나라 성왕成王이 군진君陳을 동교東郊의 장관으로 임명하면서 "지극한 정치의 향기는 천지신명을 감동시킨다. 제상祭床에 올린 서직이 향기로운 것이 아니라 그것을 바치는 인간의 밝은 덕이 향기로운 것이다"(至治馨香 感于神明 黍稷非馨 明德惟馨)라고 하였다. 『書經』 「君陳」

상반부는 사실을 서술하고 하반부는 유생들에게 자상하게 타이르는 말로 단숨에 끝까지 내려갔다. 법도와 규칙이 다 갖추어져 있을 뿐만 아니라 너그럽고도 엄격함을 갖추었으니, 질서 정연한 예악禮樂의 글월이다.

안의현 여단 신우기 安義縣厲壇神宇記[1]

귀신과 사람의 사이는 그야말로 미묘한 것인저! 희생과 폐백을 올리고 춤과 풍악으로 그려 내고, 향과 냄새를 피워 구하고, 재계하고 성대한 예복으로 제사를 받들며, "신이 이곳에도 계시고 저곳에도 계신다"[2] 하고, "넘실거려 위에 계신 듯도 하고 좌우에 계신 듯도 하니라"[3] 한다. 이와 같이 한다면 백성의 의혹은 더욱 심해질 뿐이니, 무엇 때문인가?

1. 안의현 여단 신우기 安義縣厲壇神宇記　　같은 내용의 글이 『정유각문집』권4에 「여단기」厲壇記 란 제목으로 수록되어 있으며, 제목 아래에 '남을 대신하여 지었다'(代人)고 되어 있고 본문 중에 '안의'安義 대신에 글자를 비우고 '읍명'邑名이란 소주小註가 붙어 있다. 이로 미루어 이 글은 본래 박제가朴齊家가 연암의 부탁으로 대신 지은 글이었던 것으로 짐작된다. 그러나 글자가 다른 구절들이 적지 않고 20여 자가 삭제되고 150여 자가 추가되어 있어, 연암이 여기에 상당히 손질을 가했음을 알 수 있다.

2. 신이 …… 계신다　　원문은 '神之在此歟 在彼歟'인데, 『서집전』書集傳 「고명」顧命 주에서 주周나라 성왕成王이 서거한 뒤에 창 사이와 서쪽 행랑, 동쪽 행랑뿐 아니라 서쪽 협실夾室에도 안석을 배치한 이유로, "장차 선왕의 고명을 전하려는데 신이 이곳에도 계시고 저곳에도 계심을 알기 때문이다"(將傳先王顧命 知神之在此乎 在彼乎)라고 풀이하였다.

3. 넘실거려 …… 하니라　　『중용장구』제16장에서 귀신에 대해 "천하 사람들로 하여금 재계하고 성대한 의복으로 제사를 받들게 하면, 넘실거려 위에 계신 듯도 하고 좌우에 계신 듯도 하니라" (使天下之人 齋明盛服 以承祭祀 洋洋乎 如在其上 如在其左右)라고 하였다.

대저 '계신 듯하다'고 말하는 것은 모호한 데에다 뜻을 부치고 긴가 민가하는 데에서 말을 빌린 것이지 눈으로 직접 보고 귀로 정말 들은 것은 아니다. 그런데도 백성으로 하여금 희미하고 아득한 가운데서 꼭 믿게 하려 한다면 어찌 어려운 일이 아니겠는가. 게다가 서직黍稷과 자성粢盛,[4] 옥백玉帛과 종고鐘鼓,[5] 소애蕭艾와 고료膏膋,[6] 보불黼黻과 총황葱璜[7] 등은 본래 사람들이 일상 쓰는 물건들이다. 이로써 인귀人鬼에게 제사하는 것은 실로 그럴 수 있지만 이것으로 천신天神과 지기地祇, 일월과 성신, 풍운風雲과 뇌우雷雨, 산천山川과 악독嶽瀆[8]의 뭇 신령들에게 올린다 하면 그 제물이 너무 소략한 것이 아니겠는가.

그러나 성인께서 이에 대해 솔직하게 말한 바 있으니 즉 "재주도 많고 기예도 많아 귀신을 잘 섬긴다"(多才多藝 能事鬼神)[9] 하고, "내가 제사를 지내면 복을 받는다"(我祭則受福)[10] 하였으니, 이는 대개 반드시 이와 같이 한 뒤라야 꼭 이런 이치가 있다는 것을 말함이다.

---

4. **서직黍稷과 자성粢盛** 서직과 자성 모두 '기장과 피'의 뜻으로 제사를 지낼 때 올리는 곡식을 가리킨다.
5. **옥백玉帛과 종고鐘鼓** 옥백은 옥과 비단의 뜻으로 제사를 지낼 때 올리는 예물이고, 종고는 제사에 연주되는 음악을 가리킨다.
6. **소애蕭艾와 고료膏膋** 소애는 '쑥'이란 뜻으로 제사에 올리는 나물을 가리키며, 고료는 '기름'이란 뜻으로 제사에 올리는 고기를 가리킨다.
7. **보불黼黻과 총황葱璜** 보불은 예복에 수를 놓은 장식이고, 총황은 푸른 패옥이다. 즉 제사 지낼 때의 복식을 가리킨다.
8. **악독嶽瀆** 금강산·지리산·묘향산·백두산·삼각산의 오악五嶽과 낙동강·한강·대동강·용흥강龍興江의 사독四瀆을 말한다.
9. **재주도 …… 섬긴다** 무왕武王이 병으로 눕게 되자 주공周公이 선왕들에게 비는 글에서, "저는 어질고 효성이 있으며, 재주도 많고 기예도 많아 귀신을 잘 섬길 수 있지만 당신들의 장손인 무왕은 저처럼 재주도 없고 기예도 없으니 귀신을 잘 섬기지 못합니다"라고 하면서 귀신을 잘 섬기는 자신을 대신 죽게 해 달라고 하였다. 『書經』「金縢」
10. **내가 …… 받는다** 『예기』「예기」禮器에서 공자孔子가 옛사람의 말을 인용하여 "나는 싸움을 하면 이기고 제사를 지내면 복을 받는다'고 했으니, 이는 아마도 그 사람이 정도를 얻었기 때문일 것이다"(我戰則克 祭則受福 蓋得其道矣) 하였다.

그러므로 그믐밤이 지극히 아득하고 캄캄하나 차츰 날이 새어 밝게 되는 것은 하늘의 성誠이요, 두터운 땅이 지극히 단단하고 꽉 막혀 있지만 오래 파면 샘을 얻는 것은 인간의 꾸준한 성誠이다. 이로 볼 것 같으면 보지도 못하고 듣지도 못하는 가운데 공경을 다하여 귀신과 사람의 일[11]에 감통하는 것이 너무도 잘 드러나지 않는가. 때문에 이르기를 "사람도 아직 제대로 섬기지 못하는데 어찌 귀신을 섬길 수 있겠느냐"(未能事人 焉能事鬼)[12]고 했으니, 이 어찌 사람을 섬기는 도리로써 귀신을 섬긴다는 밝은 증험이 아니겠는가.

그렇다면 지금 주현州縣에서 여러 제사를 집행하는 수령과 유생들이 과연 모두 마음과 뜻을 극진히 하여 재계하고 성대한 예복으로 신을 대하고 있는가? 제단에 올리는 서직, 희생, 술이 과연 모두 향기롭고 풍성하고 조촐하며, 제기, 술잔, 자리, 차일 등속이 과연 비뚤어지거나 흠이 나거나 초라하거나 망가져서 심히 구차스럽지 않도록 하는가? 사직, 산천, 성황城隍, 마조馬祖,[13] 국상國殤,[14] 족려族厲,[15] 요망燎望,[16] 단선壇墠[17]에 깃

---

11. **귀신과 사람의 일**　원문은 '幽明屈伸之故'인데, 『주역』「계사전 상」에 "위로 천문을 관찰하고 아래로 지리를 관찰한다. 이런 까닭에 어두움과 밝음의 일을 안다"(仰以觀於天文 俯以察於地理 是故知幽明之故)고 하였고, 「계사전 하」에 "가는 것은 굽힘이요 오는 것은 폄이니 굽힘과 폄이 서로 감응하여 이로움이 생긴다"(往者屈也 來者信也 屈信相感而利生焉)고 하였다. 어두움과 밝음(幽明), 굽힘과 폄(屈伸)은 여러 가지 뜻이 있는데 여기서는 음과 양, 귀신과 사람을 가리키는 것으로 해석된다. 주자학에서는 인간의 생사를 음양 이기二氣의 취산聚散 즉 굴신屈伸으로 설명한다. 기가 흩어지면(屈) 귀신이 되고, 모이면(伸) 사람이 된다.

12. **사람도 …… 있겠느냐**　자로子路가 공자에게 귀신을 섬기는 일에 대하여 질문을 하자, "사람도 아직 제대로 섬기지 못하는데 어찌 귀신을 섬길 수 있겠느냐"라고 대답하였다. 『論語』「先進」

13. **마조馬祖**　별자리 이름으로 방성房星을 가리킨다. 『주례』「하관」夏官에, 봄이 되면 마조에게 제사를 지낸다고 하였다. 마조는 말의 조상이란 뜻을 담고 있다.

14. **국상國殤**　나라를 위해 목숨을 바친 사람을 말한다.

15. **족려族厲**　대부大夫로서 후사가 끊긴 신령을 말한다.

16. **요망燎望**　요제燎祭와 망제望祭이다. 요제는 나뭇더미 위에 옥백과 희생을 올려놓고 이를 태워 하늘에 제사를 지내는 의식이며, 망제는 명산, 대천, 오악 등의 산천에 대해 멀리서 바라보며 제사를 지내는 의식을 말한다.

든 신령들이 과연 모두 흠향하여 제사 음식을 내뱉지 않도록 힘쓰고 있는가? 진실로 그렇지 못한 것이라면, 이런 것으로는 사람에게 올려도 반드시 머뭇거리고 달갑게 여기지 않을 터인데 하물며 귀신에게 있어서랴. 더더구나 복을 구하고 재앙을 막는 일에 있어서랴.

우리나라의 제도를 살펴보니 여제厲祭[18]는 중사中祀[19]에 들어 있어 일 년에 세 번 제사를 지내게 되는데, 그 지역에 역병이 유행할 경우에는 특별히 나라에서 향과 축문을 내려 제삿날 하루 전일에 성황당에 고하는 것이 예이다.

지금 임금 16년 임자년(1792)에 경향 각지의 제사 의식들이 경건하게 거행되지 못하고 의식에 쓰는 기물들이 훼손됨을 들어 나라 안에 영을 내려 크게 수리하도록 하였다. 안의현安義縣의 여단厲壇(여제厲祭를 지내는 제단)은 현청縣廳 동쪽 시내 너머 언덕에 있어 장맛비에 부딪히고 홍수에 패여서 섬돌이 무너지고 내려앉았다. 이에 벽돌을 굽고 돌을 쌓아 제단을 새로이 고치고 담장을 증축하고 네 개의 영성문欞星門을 고쳐 세우고 따로 신우神宇 두 칸을 지어 신위와 제기들을 옮겨 모셨다.

대저 무당들이 고목이나 큰 바위에 제사를 지낼 때 탈이 생기면 머리를 조아리고 허물을 자복하면서 제사를 제대로 지내지 못했다고 생각하는데, 하물며 정직한 신명에 대해서랴! 하물며 엄하고도 중한 나라의 제사 의식에 들어 있는 신에 대해서랴! 내가 성은을 입고 이 고을에 부임하게 되었으니, 이 경내의 일에 있어서는 마땅히 어느 것이고 힘을 다해야 할 터인데, 하물며 위로 조정의 영을 받들고 아래로 우리 백성을

---

17. **단선壇墠** 제사를 지내는 제단祭壇이란 뜻으로, 흙을 모아 높게 만든 것을 '단'이라 하며, 흙을 제거하여 평평하게 만든 것을 '선'이라고 한다.
18. **여제厲祭** 역질疫疾을 퍼뜨리는 귀신에게 지내는 제사를 이른다.
19. **중사中祀** 국가에서 지내는 제사를 경중에 따라 대, 중, 소의 세 등급으로 나눈 가운데서 둘째 등급의 제사를 이른다.

위하여 복을 구하고 재앙을 막으려 함에 있어서랴! 이에 특별히 그 일을 기록하고, 아울러 예의 근본을 논하여 수령들의 잠箴[20]으로 삼고자 한다.

✽   ✽   ✽

글의 힘이 쇠라도 구부릴 만하면서도 도끼질하고 자귀질하여 다듬은 자국이 보이지 아니하며, 성조는 골짝 물이 쏟아져 부딪는 듯하면서도 격노하는 소리가 없으니, 이는 바로 조리가 분명한 까닭이다.

신이 이르러 오심을 헤아릴 수 없거늘 하물며 싫어해서 되랴.[21] 지금 이 글을 읽어 보니 성誠을 다하면 어느 신이든 이르게 하지 못함이 없음을 알겠다. 군현의 제사 의식이 초라하고 구차하다고 한 대목은 그 표현이 뼈를 찌를 만하다.

---

20. **잠箴**　한문 문학의 한 형식으로, 반성하도록 훈계하는 내용의 글을 가리킨다. 대개는 운문으로 쓴다.
21. **신이 …… 되랴**　『시경』 대아大雅 「억」抑에 나오는 구절을 인용한 것이다.

백척오동각기百尺梧桐閣記

정당正堂[1]에서 서북으로 수십 보를 가면 열두 칸의 폐치된 관사가 나오는데 마루에 난간도 없고 계단에는 벽돌도 없다. 대저 토방을 쌓은 것은 모두 물살에 닳은 돌멩이들인데 계란을 쌓고 바둑알을 포개 놓은 듯하여, 세월이 오래 지남에 따라 절로 무너져서 땅에 가득 울퉁불퉁하니, 비뚤어지고 미끄러워 발을 디디기조차 어렵고, 풀 넝쿨이 엉키고 뱀들마저 서리게 되었다.

이에 날마다 노복을 시켜 섬돌을 걷어치우고 계단을 고르게 함과 동시에, 둥근 돌멩이들은 모두 실어다 내버리게 하고 무너진 벼랑과 갈라진 비탈 사이에서 돌을 골라 오게 했다. 그리고 마치 쪼개진 얼음장이나 깎인 옥돌이나 모난 술잔 같은 돌들이 추녀와 처마 아래 다투어 와서 갖은 재주를 자랑하는 듯하고, 개 이빨이 엇물린 듯, 거북 등이 불에 갈라진 듯, 도자기에 금이 가고 가사袈裟를 꿰맨 듯, 볼품 있고 완벽하게 하였더니 먹줄과 칼날을 대지 않아도 완연히 도끼로 쪼갠 것 같았고, 벽돌을

---

1. **정당正堂**　정당政堂과 동의어로 정아政衙라고도 한다. 수령이 정무를 보는 건물이다.

따라 반듯하고 곧아서 모와 각이 분명했다. 이리하여 당에는 제대로 된 층계가, 문 앞에는 제대로 된 뜰이 생기게 되었다.

다시 그 앞 기둥을 걷어 내고 긴 난간을 보완하며 벽도 새로 바르고 지저분한 것은 벗겨 내어, 손님들을 묵게 하고 잔치를 벌일 때 그곳에서 놀고 쉬게 하였다. 100홀笏² 정도의 뜰에 10궁弓³ 둘레로 연못을 만들어 연꽃을 가득 심고는 물고기 새끼도 넣어 두었다. 이리하여 들창문을 들어 올리고 달 비치는 기둥에 기대어 맑은 연못을 굽어보노라니, 그윽하고 아득하며 깊고 고요한 가지가지 아름다움이 모두 갖추어졌다.

무릇 늘 먹던 음식도 그릇을 바꾸면 새 맛이 나고 늘 다니던 곳도 주위 환경이 달라지면 마음과 눈에 모두 달라 보이게 마련이다. 이곳에 와 구경하는 사람들이 연못은 예전에 없었고 누각만 본래 있었다는 사실을 모르고 모두들 "이 누각이 나래 펴듯 연못 위에 솟아난 것 같다"고 한다.

담 밖에 한 그루 오동나무가 있는데 높이가 100자쯤 된다. 짙은 오동나무 그늘이 난간에 비치고 보랏빛 오동나무 꽃이 향기를 날려 오면 때로 백로가 나랫짓하며 내려앉으니, 비록 봉황은 아니라도 족히 귀한 손님이라 하겠다. 드디어 현판을 붙여 백척오동각百尺梧桐閣이라 했다.

❋　❋　❋

세상 사람들이 모난 것은 싫어하고 둥근 것은 좋아하므로 글자를 써서 글을 만드는 데에도 문득 무너지고 풀어지며 기름지고 미끈하나, 실

---

2. **100홀笏**　100자(尺)이다. 당唐나라 왕현책王玄策이 인도에 사신으로 갔을 때 유마거사維摩居士의 석실石室을 측정했더니 가로세로 10홀이 되었으므로 그 집을 방장실方丈室이라 이름 지었다고 한다. 1장丈은 10자이므로, 1홀은 1척이 된다.

3. **10궁弓**　1궁弓은 영조척營造尺으로 5자이므로, 10궁은 50자가 된다.

은 다 아슬아슬하여 계란을 포개 놓은 것 같다. 나는 노복을 시켜 그 글자가 성률에 맞지 않는 것은 다 버리고자 하나 그러면 역시 백지만 남을까 두렵다. 연암은 글자를 쓸 때 삐쭉하건 모나건 비스듬하건 바르건 못 쓰는 것이 없는데, 다만 둥근 것을 싫어한다. 그렇기 때문에 위의 것을 아래에도 둘 수 없고 동쪽 것을 서쪽으로 옮길 수 없으며, 극히 착잡하면서도 도리어 극히 정제되고, 문리가 찬란하여 저절로 옛 빛이 드러난다.

공작관기孔雀館記

백척오동각의 남헌南軒이 공작관孔雀館이고, 남으로 수십 걸음 채 안 가서 꼭대기에 호로胡盧[1]를 얹고 맞서 있는 것이 하풍죽로당荷風竹露堂이다. 뜰 중간을 가로질러 대를 엮어 시렁을 만들고 그 가운데에 구기자, 해당화, 팥배나무, 박태기나무를 섞어서 심으니, 길게 뻗은 가지와 부드러운 넝쿨이 얽히고 우거져 어릿어릿 비치면서 앞을 가려 봄여름에는 병풍이 되고 가을과 겨울에는 울이 되니, 병풍에는 어우러진 꽃이 제격이고 울에는 쌓인 눈이 제격이다. 거기에 작은 구멍을 내어 자연스러운 문으로 삼고 사립도 달지 않았다. 또 북녘 담을 뚫고 도랑을 끌어다 북지北池에 들이고, 북지가 넘쳐 그 물이 앞을 지날 땐 곡수曲水가 되니, 연잎을 따서 술잔을 실어 띄워 흐르게 하였다. 이것이 바로 공작관이 같은 집이건만 주위 환경이 달라지고, 자리를 옮기면 전망이 달라지는 까닭이다.

　　내가 십팔구 세 때에 꿈에 한 누각에 들어가니 높고 깊으며 텅 비고

---

1. **호로胡盧**　'호로'胡蘆라고도 하며, 누각 지붕의 중앙 정점에 설치한 조롱박 모양의 장식물을 말한다.

밝아서 공관公館 같기도 하고 법당 같기도 하였다. 좌우에는 비단 책갑冊匣[2]과 옥첨玉籤[3]이 질서 정연하게 꽂혀 있었으며 겨우 한 사람 들어갈 만한 통로로 굽이굽이 들어가니 그 가운데에 두어 자 되는 푸른 화병이 놓여 있었는데 지붕에 닿을 만한 비취새 꼬리 두 개가 거기에 꽂혀 있었다. 그곳에서 한참 배회하다가 그만 깨어난 적이 있었다.

그 뒤 20여 년이 지나 내가 중국에 들어가 공작 세 마리를 보았는데,[4] 학보다는 작고 해오라비보다는 컸다. 꼬리는 길이가 두 자 남짓하고, 정강이는 붉고 뱀이 허물 벗은 것 같으며, 부리는 검고 매처럼 안으로 오므라들었으며, 털과 깃이 온 몸을 덮어 불이 타오르듯 부드러운 황금빛을 띠었다. 깃 끝에는 각각 한 개의 황금빛 눈이 달려 있는데, 석록색石綠色의 눈동자와 수벽색水碧色의 중동重瞳[5]에 자주색이 번지고 남색으로 테를 둘러, 자개처럼 아롱거리고 무지개처럼 솟아오르니, 그것을 푸른 물총새라 해도 아니요 붉은 봉황새라 해도 아니다. 이따금 움칠해서 빛이 사라졌다가 곧바로 나래 쳐 되살아나며 금방 번득거려 푸른 빛이 돌고 갑자기 너울거려 불꽃이 타오르니, 대개 문채의 극치가 이보다 더한 것이 없었다.

무릇 색깔(色)이 빛(光)을 낳고, 빛이 빛깔(輝)을 낳으며, 빛깔이 찬란함(耀)을 낳고, 찬란한 후에 환히 비치게(照) 되니, 환히 비친다는 것은 빛과

---

2. **책갑冊匣**　책을 넣어 둘 수 있게 책의 크기에 맞추어 만든 작은 상자를 이른다.
3. **옥첨玉籤**　책갑이 벗겨지지 않도록 하기 위해 옥으로 만들어 끼우게 한 뾰족한 찌를 이른다.
4. **그 뒤……보았는데**　연암은 1780년(정조 4) 진하별사進賀別使의 일원으로 중국에 다녀왔다. 그해 음력 8월 북경에 도착하여 열하熱河를 다녀온 뒤 9월 중순까지 북경에 머무르며 관광하였다. 『열하일기』 「황도기략」黃圖紀略 공작포孔雀圃 조條에 공작을 구경한 이야기가 나온다.
5. **석록색石綠色의……중동重瞳**　석록石綠은 공작석孔雀石이라고도 하는 녹색 보석으로 진한 녹색을 내는 물감의 재료로 쓰인다. 수벽水碧은 벽옥碧玉이라고도 하는 옥의 일종인데 누런 녹색을 띤다. 중동重瞳은 눈에 동자가 겹으로 된 것을 말하며 귀인貴人의 상相으로 간주되었다.

빛깔이 색깔에서 떠올라 눈에 넘실거리는 것이다. 그러므로 글을 지으면서 종이와 먹을 떠나지 못한다면 아언雅言[6]이 아니고, 색깔을 논하면서 마음과 눈으로 미리 정한다면 정견正見이 아니다.

내가 북경에 있을 때 중국의 동남 지방 선비들과 날마다 단가포段家舖에서 술을 마시고 글을 논하였다.[7] 매양 공작을 예로 들어 그들의 시와 산문을 평하였더니, 좌중에 태사太史[8] 고역생高棫生이 있다가 농담으로 "우리 손님의 이 얼굴은 부자夫子의 가금家禽에 비해 어떠합니까?"[9]라고 하여 서로 크게 웃었다.

그 후 5년이 지나, 중국에 다녀온 문객이 '공작관'孔雀館이란 세 글자를 얻어 왔는데 전당錢塘 사람 조설범趙雪帆이 쓴 것이었다. 지난날에 내가 조설범과는 한 번도 본 적이 없었는데 아마 다른 사람에게서 나에 관한 소문을 듣고 만 리 밖에서 성의를 담아 보내온 것이리라. 그러나 관館이

6. **아언雅言** 여러 가지 뜻이 있는데, 여기서는 정언正言 즉 정확하고 합리적인 언론이란 뜻이다.

7. **내가 …… 논하였다** 『열하일기』「피서록」避暑錄에 의하면 단가포段家舖는 북경 유리창琉璃廠 양매서가楊梅書街에 있던 단씨段氏의 백고약포白膏藥舖로 '단가루'段家樓라고도 하였다. 현존하는 『열하일기』에 서목書目만 전하는 「양매시화」楊梅詩話와 「단루필담」段樓筆談은 바로 이 단가포에서 연암이 중국 문사 유세기兪世琦·능야凌野·고역생高棫生·초팽령初彭齡·왕성王晟·풍병건馮秉建 등과 시화詩話를 이야기하고 필담을 나눈 기록이다. 단국대 연민문고淵民文庫 소장 『양매시화』는 바로 『열하일기』「양매시화」의 초고인데 최근 영인되었다. 단국대 동양학연구원, 연민문고 소장 연암박지원작품필사본총서 5, 문예원, 2012.

8. **태사太史** 청淸나라 때 한림원翰林院의 관원을 가리킨다. 주로 사관史官의 임무를 수행했으므로 태사라고 하였다.

9. **부자夫子의 …… 어떠합니까?** 취기가 올라 연암의 얼굴빛이 공작처럼 붉으락푸르락 변함을 풍자한 것이다. 『세설신어』世說新語에 나오는 공탄孔坦(285~335)의 고사를 인용하였다. 공탄이 양씨楊氏를 만나러 갔더니 아홉 살 난 총명한 아들이 양매楊梅를 대접했으므로, "이건 자네 집 과일이구나"(此是君家果)라고 농담을 하자 그 아이는 "공작이 부자의 가금이란 말은 듣지 못했습니다"(未聞孔雀是夫子家禽)라고 재치 있게 응수했다고 한다. 『世說新語』卷上之上, 「言語」 부자는 연장자에 대한 존칭으로, 공탄을 가리킨다.

란 사실私室에 붙이는 이름이 아니요, 또 나는 거의 늙어 가고 조그마한 서실[10]도 없으니, 도대체 어디다 그것을 걸겠는가. 그런데 이제 다행히 임금의 은혜로 명승지의 수령이 되어 아름다운 자연 속에서 지낸 지 4년 동안에 관아로 집을 삼으니 헌 책을 담은 해진 상자도 내 몸 가는 대로 따라 항상 같이 있게 되었는데, 장마 끝에 책을 말리다가 우연히 이 필적을 발견했다.

아아, 공작은 다시 볼 수 없으나 옛 꿈을 되새겨 보니, 숙연宿緣이 여기에 있었던 것이나 아닌지 어찌 알겠는가. 드디어 새겨서 앞기둥에 걸고, 아울러 이처럼 기록한다.

❋　❋　❋

눈으로 색깔을 보는 것은 다 같으나, 빛이나 빛깔이나 찬란함에 있어서는 보고도 똑똑히 보지 못하는 자가 있고, 똑똑히 보고도 잘 살피지는 못하는 자가 있고, 살피고도 입으로 형용하지 못하는 자가 있는 것은, 눈이 다르기 때문이 아니라 심령心靈에 트이고 막힘이 있기 때문이다. 비유하자면 이 종이와 이 먹에 대해 흑백을 구분하지 못하는 자는 장님이요, 흑백은 구분하지만 그것이 글자임을 알지 못하는 자는 어린애요, 그것이 글자임은 알지만 소리 내어 읽어 내려가지 못하는 자는 노예요, 겨우 소리를 내어 읽어도 반신반의하는 자는 시골의 서당 선생이요, 입으로 술술 읽어 그 전에 기억하던 것을 외우듯 하면서도 덤덤히 마음에 두지 않는 자는 과거 시험장의 서생이다.[11]

10. **조그마한 서실**　　원문은 '一廛之室'인데, 『주례』 「지관」地官 수인遂人조에, 나라에서 평민 남자 한 사람 즉 일부一夫에게 나누어 준 주거지를 '일전'一廛이라 하였다.

이 글은 설전雪牋[12]에 쓰고 옅은 파란색으로 비점批點을 찍어 오래된 좀먹은 상자 속에 감추는 것이 마땅하다. 그렇게 하지 않고, 어찌 한 번 죽 논설을 펴서 흑백을 가리지 못하는 자로 하여금 말을 듣게 할 수 있겠는가? 절대로 이런 무리의 입과 눈을 한 번 거치게 해서는 안 된다. 이런 무리는 광대 상모 꼭지의 아롱다롱한 털이 동전 쌓이듯 한 기상氣像만 익숙히 보았지, 도리어 녹색 술병을 쇄창瑣窓[13] 아래에서 기울이는 운치는 알지 못한다.

---

11. **눈으로 …… 서생이다**   김노겸金魯謙(1781~1853)의 증언에 의하면, 이는 연암의 말이라 한다. 김노겸이 어린 시절에 우연히 좌중에서 연암의 그 말을 듣고 신기하게 여겼는데, 나중에 연암의 문집에 바로 그 말이 있음을 보고 감회를 이기지 못해 기록한다고 하였다. 『性菴集』 卷8 附錄 「囈說」

12. **설전雪牋**   문자 그대로는 눈처럼 흰 소폭의 종이란 뜻이다. 혹은 '설전'薛牋 즉 짙은 붉은색이 나는 소폭의 채색 종이인 설도전薛濤牋의 오기誤記인지도 모르겠다.

13. **쇄창瑣窓**   꽃무늬를 새긴 격자창格子窓을 말한다.

하풍죽로당기 荷風竹露堂記

정당正堂의 서쪽 곁채는 다 무너져 가는 곳간으로 마구간, 목욕간과 서로 이어져 있고, 두어 걸음 밖에는 오물과 재를 버려 쌓인 쓰레기 더미가 처마보다도 높이 솟아 있으니, 대개 이곳은 관아의 구석진 땅으로 온갖 더러운 것이 모이는 곳이다. 바야흐로 봄이 되어 눈이 녹고 바람이 따스해지자 더욱 견딜 수가 없었다.

그래서 종복들에게 일과를 주어 삼태기와 바지게로 긁어 담아 내게 하여, 열흘 뒤에는 빈 터가 이루어졌는데, 가로는 스물다섯 발에 이르고, 너비는 그 10분의 3이었다. 떨기나무들을 베어 버리고 잡초를 쳐내고 울퉁불퉁한 곳을 깎아 내어 패인 곳을 메우고, 마구간을 다 옮겨 버리니 터가 더욱 시원해졌고, 좋은 나무들만 골라 줄지어 심어 두니 벌레와 쥐가 멀리 숨어 버렸다. 이에 그 터를 반으로 나누어, 남쪽에는 남지南池를 만들고 폐치된 창고의 재목을 이용하여 북쪽에는 북당北堂을 지었다.

당堂은 동향으로 지어 가로는 기둥이 넷, 세로는 기둥이 셋이요, 서까래 꼭대기를 모아 상투같이 만들고 호로를 모자처럼 얹었다. 가운데는 연실燕室(휴식하는 방)을 만들고 잇달아 동방洞房(침실)을 만들었다. 그리고 앞쪽 왼편과 옆쪽 오른편에는 빈 곳은 트인 마루요, 높은 곳은 층루요, 두른 것은 복도요, 밖으로 트인 것은 창문이요, 둥근 것은 통풍창이었다.

굽은 도랑을 끌어 푸른 울타리를 통과하게 하고, 이끼 낀 뜰에 구획을 나누어 흰 돌을 깔아 놓으니, 그 위를 덮어 흐르는 물이 어리비쳐서 졸졸 소리 낼 때는 그윽한 시내가 되고 부딪치며 흐를 때는 거친 폭포가 되어 남지로 들어간다. 그리고 벽돌을 쌓아 난간을 만들어 못 언덕을 보호하고, 앞에는 긴 담장을 만들어 바깥뜰과 한계를 짓고, 가운데는 일각문—角門¹을 만들어 정당과 통하게 하고, 남으로 더 나아가 방향을 꺾어 못의 한 모서리에 붙여서 홍예문虹蜺門을 가운데 내고 연상각烟湘閣이란 작은 누각과 통하게 하였다.

대체로 이 당의 승경은 담장에 있다. 어깨 높이 위로는 다시 두 기왓장을 모아 거꾸로 세우거나 옆으로 눕혀서, 여섯 모로 능화菱花 모양을 만들기도 하고 쌍고리처럼 하여 사슬 모양을 만들기도 하였다. 틈이 벌어지게 하면 노전魯錢²같이 되고, 서로 잇대면 설전薛牋³같이 되었으니, 그 모습이 영롱하고 그윽하였다. 그 담 아래는 한 그루 홍도紅桃, 못가에는 두 그루 늙은 살구나무, 누대 앞에는 한 그루의 꽃 핀 배나무, 당 뒤에는 수만 줄기의 푸른 대, 연못 가운데는 수천 줄기의 연꽃, 뜰 가운데는 열한 뿌리의 파초, 약초밭에는 아홉 뿌리 인삼, 화분에는 한 그루 매화를 두니, 이 당을 나가지 않고도 사계절의 경물을 모두 감상할 수 있다.

이를테면 동산을 거닐면 수만 줄기의 대에 구슬이 엉긴 것은 맑은 이슬 내린 새벽이요, 난간에 기대면 수천 줄기의 연꽃이 향기를 날려 보내는 것은 비 갠 뒤 햇빛 나고 바람 부드러운 아침이요, 가슴이 답답하

---

1. **일각문—角門**　대문간이 따로 없이 양쪽에 기둥을 하나씩 세워서 문짝을 단 대문을 이른다.
2. **노전魯錢**　진晉나라의 은자 노포魯褒가 「전신론」錢神論을 지어 돈을 숭배하는 세태를 풍자했으므로, 돈을 일러 노전魯錢이라 하였다.
3. **설전薛牋**　소폭의 채색 종이인 설도전薛濤牋을 가리킨다.

고 생각이 산란하여 탕건이 절로 숙여지고 눈꺼풀이 무겁다가 파초의 잎을 두들기는 소리를 듣고 정신이 갑자기 개운해지는 것은 시원한 소낙비 내린 낮이요, 반가운 손님과 함께 누대에 오르면 아름다운 나무들이 조촐함을 다투는 것은 갠 날의 달이 뜬 저녁이요, 주인이 휘장을 내리고 매화와 함께 여위어 가는[4] 것은 싸락눈 내리는 밤이다. 이것은 또 철에 따라 각 사물에다 흥을 붙이고 하루 동안에 각각의 절경을 발휘하게 한 것이기는 하지만, 저 백성들이 이러한 즐거움에 참여하지 못한다면 그것이 어찌 태수가 이 당을 지은 본뜻이겠는가.

아아! 나중에 이 당에 거처하는 이가 아침에 연꽃(荷)이 벌어져 향내가 멀리 퍼지는 것을 보면 다사로운 바람(風)같이 은혜를 베풀고, 새벽에 대나무(竹)가 이슬을 머금어 고르게 젖은 것을 보면 촉촉한 이슬(露)같이 두루 선정을 베풀어야 할지니, 이것이 바로 내가 이 당을 하풍죽로당荷風竹露堂이라 이름 지은 까닭이자 뒤에 오는 이에게 기대하는 바이다.

✳ ✳ ✳

글이 9층의 높은 누대를 짓듯 하여 걷어내고 쌓아 올리기를 이처럼 부지런히 하였으니, 어느 날 아침에 올라가 관람하면 기쁘고 즐거워서, 그 재력材力(재력財力)과 공사비로 이미 중인中人(중산층) 열 집의 재산이 들어갔음을 알지 못한다.

이 글은 세속 사람들의 안목에 가장 잘 맞으니, 더욱 선집選集[5]에 들어감이 마땅하다.

---

4. **매화와 함께 여위어 가는**　원문은 '與梅同癯'인데, 매화를 청빈하여 몸이 여윈 신선에 비유해서 '구선'癯仙이라고도 부른다.
5. **선집選集**　『연암집』의 제1권과 제2권으로 편찬된 『연상각선본』을 가리킨다.

독락재기 獨樂齋記

천하 사람들과 함께 즐기면 여유가 있지만 자기 홀로 즐기자면 부족한
법이다. 옛날에 요임금이 강구康衢에서 노닐 때[1]에는 화목하여 천하 사
람과 함께 즐긴다 할 만하더니, 화봉인華封人의 축원을 사양할 때[2]에는
근심과 슬픔으로 가슴이 떨려 하루저녁도 제대로 못 넘길 것처럼 탄식
하였다.

　　아아, 화봉인의 세 가지 축원은 인생의 큰 소원을 모두 갖추고 천하

---

1. **요堯임금이 …… 때**　　강구康衢는 사통팔달四通八達의 큰 거리를 이른다. 요임금이 천하를 다스
린 지 50년이 되어 천하가 제대로 다스려지고 있는지, 백성들이 자신을 추대하기를 원하고 있는
지 궁금하여 미복 차림으로 사람들이 많이 다니는 큰 거리로 나가 어린애들이 부르는 노래를 들
어 보니, "우리 백성들을 먹여 살리는 것이 그대의 지극한 덕이 아님이 없어, 깨닫지 못하는 사
이에 임금의 법칙에 순종하네"(立我蒸民 莫非爾極 不識不知 順帝之則)라고 하였다. 요임금이 이 노
래를 듣고 기뻐하였다고 한다. 『列子』「仲尼」
2. **화봉인華封人의 …… 때**　　화봉인은 화華 땅을 지키는 사람을 말한다. 그가 어느 날 요임금에
게 '장수를 누리고'(壽) '부를 쌓고'(富) '많은 아들을 낳으라'(多男子)는 세 가지의 축원을 올리자,
요임금이 "아들이 많으면 걱정이 많고 부자가 되면 해야 할 일이 많고 장수하면 욕되는 일이 많
으니, 이 세 가지는 덕을 기르는 것이 아니다"라고 하며 사양한 것을 두고 말한 것이다. 『莊子』
「天地」

의 지극한 즐거움을 다한 것이라 할 만한데, 어찌 요임금이 형식적으로 겸손과 사양의 태도를 취하면서 기꺼워했겠는가. 진실로 자신에게 우려되는 바가 있어 이를 독차지하는 것을 재난으로 여긴 때문이었다. 그런데 지금 한 망령된 남자가 떠들썩하게 대중에게 외치기를 "나는 능히 독락獨樂한다"라고 한다면 어느 누가 곧이듣겠는가. 그런데도 버젓이 자기 서재를 이름하여 '독락재'라 한다면 더더욱 어리석고도 미혹한 짓이 아니겠는가.

아아, 인정으로 보아 누구인들 흐뭇하게 마음속으로 즐기면서 평생을 마치고 싶지 않겠는가. 그러나 천자의 존귀함과 사해의 부유함을 차지하고서도 단 하루의 즐거움을 노상 구한들 마음에 맞고 스스로 만족을 느끼는 경우가 거의 없는데, 하물며 빈천하여 그 근심을 이기지 못하는 필부에 있어서랴. 이는 다른 이유에서가 아니다. 좋음과 싫음이 외물에 좌우되고 이해득실의 계산이 마음속에 오락가락하며, 속으로 악착스레 구하고 늘 서둘러 대도 부족을 느끼는데 어느 겨를에 즐거움에 뜻을 두겠는가.

그러므로 마음속에 스스로 만족함이 있고 외물에 기대함이 없어야만 비로소 즐거움을 더불어 이야기할 수 있는 것이니, 표절해서 얻을 수 있는 것이 아닌데 어찌 억지로 힘쓴다고 이룰 수 있겠는가. 그러나 천지에 가득한 원기元氣를 품고[3] 하늘의 강건剛健함을 본받아 쉬지 않으면[4] 우러르

---

3. **천지에 …… 품고**　원문은 '含元氣之氤氳'인데, 원기는 '태극원기'太極元氣라 하여 만물의 근원이 되는 태초의 기氣를 말하며, 인온氤氳이란 '원기인온'元氣氤氳이라 하여 그 기가 혼일混一한 상태로 천지를 가득 채우고 있음을 뜻한다. 또한 그러한 원기를 품고 있는 것을 '함원'含元이라 한다. 그러므로 이 구절은 『맹자』에서 말한 '호연지기浩然之氣를 기른다'는 뜻을 달리 표현한 것이 아닌가 한다.

4. **하늘의 …… 않으면**　『주역』 「건괘」乾卦 상전象傳에 "하늘의 운행은 꾸준하니 군자는 이를 본받아 스스로 힘쓰며 쉬지 않는다"(天行健 君子以 自彊不息)고 하였고, 문언전文言傳에 "위대하도다, 건乾이여! 강건剛健하고 중정中正하며 지극히 순수하도다"(大哉乾乎 剛健中正 純粹精也)라고 하였다.

고 굽어보아도 부끄러움이 없고[5] 비록 홀로 선다 해도 두렵지 않다.[6] 그
와 같은 이치가 꼭 맞음을 아는 것은 진실로 오직 지성至誠을 통해서일
뿐이니, 아비가 이를 자식에게 전할 수 없고, 자식이 이를 아비에게서 얻
을 수 없는 것이다.

요임금이 이로써 천하를 다스렸고, 순임금이 이로써 어버이를 섬겼
고, 우임금이 이로써 수토水土를 다스렸고, 비간比干[7]은 이로써 임금을 섬
겼고, 굴원屈原은 이로써 시속을 근심하였다. 장저長沮와 걸닉桀溺[8]은 들에
서 나란히 밭을 갈았으며, 유영劉伶과 완적阮籍의 무리[9]들은 종신토록 술을
마셨으니, 비록 각자의 본성은 같지 않지만 또한 지극한 즐거움이 그 속
에 담겨 있었다.

이 몇몇 군자들이 만약 털끝만큼이라도 만족하지 못하고 마치 사지四
肢가 일에 지친 듯이 하였다면, 요임금은 아흔 살 넘어 백 살이 되기도
전에 정사를 게을리 하였을 것이요,[10] 순임금은 거문고 타기에 게을리 하

5. **우러르고 …… 없고**　『맹자』「진심 상」盡心上에서 군자의 세 가지 즐거움 중 하나로 "우러러
하늘에 부끄러움이 없고, 굽어보아 사람에게 부끄러움이 없는 것"(仰不愧於天 俯不怍於人)을 들었
다.
6. **비록 …… 않다**　『주역』「대과괘」大過卦 상전象傳에 "나무가 못에 잠긴 형상이 대과이니, 군
자는 이를 본받아 홀로 선다 해도 두려워하지 않으며, 세상을 피해 살면서도 번민하지 않는다"
(澤滅木大過 君子以 獨立不懼 遯世无悶)고 하였다.
7. **비간比干**　은나라 말 주왕紂王의 숙부로서 주왕의 음란을 간諫하다가 심장을 가르는 혹형을
받고 죽었다.
8. **장저長沮와 걸닉桀溺**　공자와 동시대에 살았던 은자이다. 『論語』「微子」
9. **유영劉伶과 완적阮籍의 무리**　중국 진晉나라 때의 죽림칠현을 이른다.
10. **요임금은 …… 것이요**　요임금이 70년간 재위하다가 순에게 정사를 대행하게 한 뒤 28년 만
에 백 살이 넘어 운명했다고는 하지만, 아흔 살 넘어 백 살이 되어 정사에 게을러졌다는 것은
실은 순임금의 고사이다. 『서경』「대우모」大禹謨에 순임금이 우禹에게 정사를 맡기면서 "짐이 황
제 자리에 앉은 지 33년이고 나이도 아흔 살 넘어 백 살 가까이 되니 정사에 게을러진다"(朕宅
帝位 三十有三載 耄期 倦于勤)고 하였다.

였을 것이요,[11] 우임금은 국루(國樏)을 타기에 지쳤을 것이요,[12] 비간은 자기 심장이 갈라지는 형벌을 당하지 않았을 것이고, 굴원은 물에 빠져 죽지 않았을 것이고, 장저와 걸닉은 밭 가는 데 안주하지 못했을 것이니, 무릇 천하의 이해와 영욕이 모두 그 마음을 동요시켜 자신의 평소 행동을 교란하였을 터이다. 그러므로 자기 본성대로 행하여 능히 자기 자신에 전념할 수 있다면, 술 마시는 것으로도 평생을 여유 있게 즐길 수 있거늘, 하물며 밝은 창 조촐한 책상에서 낮이나 밤이나 글을 읽어 게으리 하지 않는 자에 있어서랴.

최씨崔氏의 자제 진겸鎭謙[13]이 하계霞溪 가에 집을 짓고 뜻 맞는 선비 몇 명과 이 집에서 독서하면서, 집 이름을 독락재獨樂齋라 하였으니 이는 옛사람의 도에 뜻을 두었기 때문이다. 나는 그 뜻을 장하게 여겨 이와 같이 기를 짓고, 그 일에 더욱 전념케 하여 그의 독락獨樂을 중락衆樂으로[14] 만들고자 한다. 이는 내가 그 즐거움을 천하 사람에게 넓히려는

---

11. **순임금은 …… 것이요**　옛날에 순임금은 오현五絃의 거문고를 만들고 「남풍」南風이란 시를 노래하였는데, 만물을 기르는 남풍에 비겨 효자가 부모의 은덕을 예찬한 노래이다. 효성스러웠던 순임금은 거문고를 연주하며 이 시를 노래 부름으로써 천하 사람에게 효를 가르치고자 했다고 한다. 음악을 맡은 신하 기夔가 이를 궁중 무악舞樂으로 만들어 제후들에 대해 논공행상論功行賞할 때 노래하게 했다고 한다. 『禮記』「樂記」

12. **우임금은 …… 것이요**　우임금이 치수 사업을 하면서 육지로 갈 때에는 수레를 타고 물로 갈 때에는 배를 타며, 진흙땅으로 갈 때에는 썰매(橇)를 타고 산으로 갈 때에는 국루(國樏)를 탔다고 한다. 『史記』卷2 「夏本紀」 국루(國樏)는 바닥에 뾰족한 못을 박아 넘어지지 않게 한 나막신이라고 한다. 산행할 때 타는 가마라는 설도 있다.

13. **최씨崔氏의 자제 진겸鎭謙**　최진겸(1755~1808)은 개성 사람으로, 연암이 개성 근처 금천金川 연암협에 은거할 때 그의 형 최진관崔鎭觀과 함께 연암의 문하생이 되었다. 『연암집』권2에 실린 「치암癡庵 최옹崔翁 묘갈명墓碣銘」은 연암이 최진관의 요청에 따라 그의 부친 최순성崔舜星의 묘갈명으로 지어 준 글이다.

14. **독락獨樂을 중락衆樂으로**　원문은 '衆其獨'인데, 『맹자』에 출처를 둔 표현이다. 「양혜왕 하」梁惠王下에서 맹자가 음악을 좋아한다는 양혜왕梁惠王에게 "혼자 음악을 즐기는 것과 남들과 함

때문이다.

❈   ❈   ❈

독락의 즐거움은 천하 사람과 함께하는 즐거움이 아니니, 더불어 논할 것이 못 된다. 이 글은 옛 성현들이 즐기던 바를 차례로 서술하였는데, 견해가 투철하여 앞 사람들이 발명하지 못한 것을 발명해 내었다. 연암의 은거의 즐거움을 여기서 대략 볼 수 있다.

께 음악을 즐기는 것 중에 어느 것이 즐겁습니까?"(獨樂樂 與人樂樂 孰樂)하고 물었더니, 왕이 "남들과 함께 즐기는 것만 못하다"고 답하였다. 이에 다시 "소수와 함께 음악을 즐기는 것과 대중과 함께 음악을 즐기는 것 중에 어느 것이 즐겁습니까?"(與少樂樂 與衆樂樂 孰樂)하고 묻자, 왕이 "대중과 함께 즐기는 것만 못하다"고 답했다고 한다.

안의현安義縣 현사縣司에서 곽후郭侯를 제사한 기記

내가 안의현의 정사를 보던 해[1] 8월 17일에 호장戶長[2] 하河 아무개가 아뢰기를,

"내일 갑신일甲申日에 현사縣司[3]에 행사가 있으므로, 감히 그 일을 볼 서리와 노속들로 하여금 물러가 목욕재계하게 하였으면 합니다."

하기에,

"현사에 무슨 행사가 있단 말인가?"

라고 물으니,

"옛날 만력萬曆 정유년(1597, 선조 30)에 왜적에게 황석산성黃石山城이 함락당했을 때에 현감 곽후郭侯[4]가 순사殉死하였는데, 황석산성은 우리 고을의

---

1. **내가……해**　연암은 1791년(정조 15) 음력 12월에 안의 현감에 임명되었으며, 1792년 음력 1월에 임지에 도착했다.
2. **호장戶長**　아전의 우두머리를 말한다.
3. **현사縣司**　현의 호장이 직무를 보는 곳으로, '현사'縣舍라고도 한다.
4. **곽후郭侯**　곽후는 당시 안의 현감이었던 곽준郭䞭(1550~1597)을 가리킨다. 곽준은 자가 양정養靜, 호는 존재存齋이며, 본관은 현풍玄風이다. 1597년 정유재란이 일어나 가등청정加藤淸正 휘하의 왜군이 영남과 호남의 요충지인 안의의 황석산성을 공격하자, 임진왜란 초기에 안의 현감을 지냈던 조종도趙宗道와 함께 산성을 지키다가 그의 아들들과 함께 전사하였다.

성이고, 곽후는 우리 고을의 어진 부군府君(원님)입니다. 그러므로 해마다 이날에 제사하여 감히 폐하는 일이 있지 않았습니다."

라고 대답하였다. 이에 내가 말하기를,

"나라를 위해 목숨을 바쳤고 나라의 환란을 막았으면 그런 분들은 법에 따라 마땅히 제사를 지내 주게 되어 있다. 곽후는 고립된 성을 지키며 백성을 보위한 것이 3년이나 되었으니, 큰 환난을 막았다 이를 수 있을 것이고, 마침내 자신의 직분을 지키다 순사하여 그의 외로운 충성과 굳센 절개가 나라 안에 드러났으니, 나라를 위해 죽었다 할 수 있을 것이다. 그러므로 조정에서는 그의 훌륭한 행적을 포상하는 은전을 여러 번 더해 주어 마침내 이조 판서로 관직을 추증하였고 '충렬'忠烈이라는 시호를 내렸으며, 정문旌門을 세우고 그 후손을 녹용錄用하였으니,[5] 집안에 가묘家廟를 세우고 대대로 불천不遷의 제사[6]를 모셨으리라.

곽후는 현풍玄風 사람이다. 따라서 현풍에 있는 사원祠院[7]은 '예연서원'禮淵書院으로 사액賜額되었고, 본현本縣에 있는 것은 '황암사'黃巖祠로 사액되었으니, 두 고을이 모두 제사를 올려 받들고 있다.

무릇 현사라는 것은 구석지고 누추한 장소요, 아전들이 거처하는 곳이니, 현사에서 곽후를 사사로이 제사한다는 것 자체가 이미 그분에 대한 모독이 아니겠는가. 하물며 곽후의 신령이 어찌 달갑게 스스로 그 존엄을 버리고 이곳에 내려와 흠향하겠는가."

---

5. **이조 판서로 …… 녹용錄用하였으니**　　곽준은 1692년(숙종 18)에 공조 판서 권유權愈의 건의로 이조 판서에 추증되고 그 후손이 녹용되었으며, 1693년 영남 유생이 시호를 내릴 것을 청하였으나 시장諡狀의 미비로 미루어 오다 1708년(숙종 34)에 와서야 '충렬'忠烈이라는 시호를 받았다. 『肅宗實錄』18年 8月 23日, 34年 8月 20日, 34年 12月 13日.

6. **불천不遷의 제사**　　나라에 큰 공이 있는 인물에 대하여 친진親盡, 즉 제사를 지내는 대수가 지났음에도 그 신주를 옮기지 않고 계속해서 제사를 모시는 것을 말한다.

7. **사원祠院**　　사당과 서원을 합쳐 부르는 이름으로 공통적으로 선현의 제사를 모시는 곳이다.

하였다.

그런데 제사하는 날 저녁이 되자 호장이 온 고을의 아전과 노복들을 거느리고 크고 작은 일들을 분주히 처리하기를 조심하고 엄숙하게 하였다. 어렴풋이나마 마치 곽후가 관아에 앉아 있는 것을 다시 뵙고 옷소매를 걷어 올리고 다담상을 올리는 듯이 하였고, 숙연하기로는 마치 곽후가 호령을 발하는 것을 다시 듣고 고개를 숙여 명령을 받드는 듯이 하였다. 그리고 횃불을 휘황하게 밝혀 놓고 절하고 무릎 꿇는 것이 예禮가 있어 헌작獻爵으로부터 철상徹床에 이르기까지 감히 시끄럽게 하거나 나태한 기색을 나타냄이 없었다. 이로써 더욱 알았거니와 예란 인정에서 우러나오는 것이요, 인정상 그만두려고 해도 그만둘 수 없는 예에 대해서는 성왕聖王도 그것을 바꾸게 할 수가 없는 법이다. 필부匹夫가 나무를 껴안고서 불타 죽은 것이 세시歲時의 절기와 무슨 관계가 있으랴마는, 후세의 백성들이 지금까지도 이날이 되면 더운 음식을 먹지 않는데,[8] 하물며 곽후는 일찍이 이 고을의 부모가 되어서 몸소 야지野地를 피로 적시고 이 고을 백성과 아전을 위해 죽었음에랴!

아! 지금 중앙의 모든 관청과 지방의 주현州縣에는 이청吏廳의 옆에 귀신에게 푸닥거리하는 사당이 없는 곳이 없으니, 이를 모두 부군당府君堂이라 부른다. 매년 10월에 서리와 아전들[9]이 재물을 거두어 사당 아래에

---

8. 필부匹夫가 …… 않는데 필부는 춘추 시대 진晉나라의 개자추介子推를 가리킨다. 진 문공晉文公이 왕위에 즉위한 후 그의 공을 잊어버린 채 아무런 녹祿을 주지 않자 개자추는 어머니를 모시고 산으로 들어가 은거하였다. 문공이 이를 알고 그를 나오게 하려고 산에 불을 질렀는데, 개자추는 끝내 나오지 않고 어머니와 함께 나무를 껴안고 불에 타 죽고 말았다. 이에 문공은 사당을 지어 그의 제사를 모시게 하고 그가 불에 타 죽은 날에는 일절 불을 피워 음식을 익히지 말고 미리 만들어 놓은 찬 음식을 먹게 하였다. 그리하여 이날 즉 한식寒食이 되면 사람들이 찬 음식을 먹는 풍습이 생겨났다.

9. 서리와 아전들 원문은 '府史胥徒'인데 부府와 사史와 서胥와 도徒는 원래 『주례』「천관」天官에 규정되어 있는 하급 관직들로, 재화 관리와 문서 출납을 맡거나 관의 요역徭役에 응하는 자들이라 한다.

서 취하고 배불리 먹으며, 무당들이 가무와 풍악으로 귀신을 즐겁게 한다. 그러나 세간에서는 또한 이른바 부군府君이라는 것이 무슨 귀신인지 알지 못한다. 그려 놓은 신상神像을 보면 주립朱笠[10]에 구슬 갓끈을 달고 호수虎鬚[11]를 꽂아 위엄과 사나움이 마치 장수와 같은데, 혹 고려 시중侍中 최영崔瑩의 귀신이라고도 말한다. 그가 관직에 있을 때 재물에 청렴하여 뇌물과 청탁이 행해지질 못하였고, 당세에 위엄과 명망이 드날렸으므로 서리와 백성들이 그를 사모하여 그 신을 맞아 부군으로 받들었다고 한다.

이 말이 사실이라면, 최영은 일찍이 몸소 장수와 정승을 도맡고도 능히 위태로운 상황을 버텨 내어 나라를 보존하지 못하고 말았으며, 죽어서도 밝은 귀신이 되어 나라의 제사 의식에 오르지 못하고, 마침내 도리어 서리와 하천배에게 밥을 얻어먹으면서 그들의 무람없는 대접을 기꺼이 받고 있으니, 신령하지 못한 어리석은 귀신이라 이를 만하다. 관직에 있을 때 청렴했다는 것이 어디에 있단 말인가.

꼭 모셔야 할 귀신이 아닌데 그 귀신을 섬기면 군자는 이를 아첨이라고 이른다.[12] 하물며 음탕하고 너절하며 예가 아닌 제사로 섬긴다면, 아첨이 이보다 큰 것이 어디 있겠는가? 그런데 지금 안의의 이청에서만은 이른바 부군당이라는 것이 없다. 곽후 같은 이는 이 고을에 훌륭한 수령이 되어서 국사에 순절하여 밝은 귀신이 되었으니, 어찌 참된 이 고을의 부군이 아니겠는가. 그런데 현사에서 제사할 때 유독 부군으로 일컫지 않는 것은 무슨 까닭인가? 대개 예가 아닌 제사와 혼동될까 봐서

---

10. **주립朱笠**　 융복戎服을 입을 때에 쓰는 붉은 칠을 한 전립戰笠을 말한다.
11. **호수虎鬚**　 주립의 네 귀에 꾸밈새로 꽂는 흰 빛깔의 새털을 말한다.
12. **꼭 …… 이른다**　 『논어』「위정」爲政에서 공자는 "꼭 모셔야 할 귀신이 아닌 귀신을 제사 지내면 이는 아첨하는 것이다"(非其鬼而祭之 諂也)라고 하였다.

부군당이라는 이름을 피한 것이리라.

아! 지금의 수령들이 위엄 있는 모습으로 서리와 백성을 대하여 눈한 번 칩떠보고 손가락 한 번 까딱하면 끓는 물이나 불속에라도 들어갈 듯이 하다가도, 그날로써 관직을 그만두고 돌아가게 되면 전송을 절반도 못 가서 등을 돌리는 자가 있는 법이다. 정유년이 지금으로부터 200여 년 전이니, 그때의 백성이나 아전들 중에 그 아들이나 손자가 살아남아 있겠는가? 그런데도 안의 사람들이 지금껏 곽후를 두려워하고 사랑하기를 이와 같이 하고 있으니, 진실로 그의 충의가 사람들을 깊이 감동시키지 않았다면 어찌 이토록 사람들이 그를 배반하지 않게 할 수 있단 말인가.

사옥祠屋이 겨우 두 칸뿐이라 비좁아서 곽후를 모시는 묘당이라 하기에는 부족했다. 금년 봄 조정의 명을 받들어 고을의 성황당을 여단厲壇의 왼쪽에 신축하였는데, 이 고을의 백성과 서리들이 그 남은 재목을 요청하여 사옥을 보수하면서 옛 규모보다 조금 넓히고 단청을 덧칠하였다.

나는 고을의 서리들이 곽후에 대하여 세월이 오래되었다는 이유로 소홀히 대하지 아니하여 예의가 엄하고 또 정성스러우며, 현사縣司에서 제사를 받들면서도 잘못된 인습을 따르지 아니하여 그 칭호와 명분이 바르고 분명하며, 나라 안에 소문이 나게 하고 이웃 고을에 본보기가 되기에 충분한 점을 가상하게 여기는 바다. 다만, 해가 오래됨에 따라 사모함이 갈수록 약해지게 되면 예의가 혹 전날만 못할 수 있고 명호名號가 습속으로 인하여 어긋나기가 쉬워서, 사람들이 이 사당이 현사에 있음을 보고 의심을 둘까 걱정스럽다. 그래서 후侯의 휘諱 준遵과 자字 양정養靜 및 그의 제사를 받들게 된 본말을 써서 사당의 벽에 간수하게 하였다.

숭정崇禎 기원후紀元後 세 번째 계축년(1793), 성상聖上 17년 통훈대부通訓 大夫 행[13] 안의 현감 진주진관병마절제도위行安義縣監晉州鎭管兵馬節制都尉 반남潘

---

13. 행行   품계品階보다 관직이 낮을 경우를 표시한 말이다. 통훈대부는 정3품이고, 현감은 종6

南 박지원이 기록하다.

❊　❊　❊

　　사람들이 오래도록 잊지 않는다는 대목에 이르러 감개가 일어나게 하고, 부군당이란 이름을 피한 이유를 밝히고 명분을 분명하게 제시한 부분은 고을 사람들도 미처 생각하지 못한 바로서 문장의 기세가 웅장하게 변했으니, 이야말로 군자가 남을 사랑하는 글이 되었다.[14]

품이다.

14. 이야말로 …… 되었다　　원문은 '斯其爲君子之愛人'인데, 『예기』「단궁 상」檀弓上 중 역책易簀의 고사와 관련된 대목에서 증자曾子가 아들에게 "군자는 남을 사랑하기를 덕으로써 하고, 소인은 남을 사랑하기를 고식책姑息策으로써 한다"(君子之愛人也以德 細人之愛人也以姑息)고 질책하였다. '군자는 남을 사랑하기를 덕으로써 한다'는 말은 군자는 남을 사랑하되 그 사랑을 통해 상대가 덕을 성취하도록 한다는 뜻이다.

충신 증贈 대사헌 이공 술원李公述原[1]
정려음기旌閭陰記

지금 임금 즉위 12년 무신년(1788) 3월 초하루에 다음과 같은 전교傳敎가 내렸다.

　"올해 이달은 60년 전 우리 선대왕先大王(영조英祖)께서 무위武威를 떨치며 반란을 평정했던 바로 그해 그달이다. 옛 갑자甲子가 다시 돌아왔으니, 어찌 그 충성과 노고에 보답함으로써 전녕인前寧人이 받으신 아름다운 천명[2]에 답례하지 않겠는가.

---

1. **이술원李述原**　'이술원'李述源이라고도 한다. 거창居昌 출신으로 자는 선숙善叔, 호는 화촌和村이며, 본관은 연안延安이다. 영조 4년 무신년(1728)에 이인좌李麟佐가 반란을 일으켜 청주성淸州城을 함락하자 안의安義에서는 정희량鄭希亮이 이에 동조하여 봉기하였다. 정희량이 이인좌의 아우 이웅보李熊輔와 함께 거창을 핍박하자 거창 현감 신정모申正模가 가족을 데리고 도망침에 따라 거창의 좌수座首로 있던 이술원이 그를 대신하여 반란군에 대항하였으나 곧바로 체포되어 정희량에게 죽음을 당하였다. 그 후 아들 이우방李遇芳이 우영장右營將 휘하에 종군하여 거창에서 반란군 토벌에 참여하였고, 아버지의 원수를 갚기 위해 체포된 정희량의 목을 직접 베었다. 반란이 진압된 후 영조는 어사 이종성李宗城을 보내어 제사를 지내 주게 하였으며 사헌부 대사헌司憲府大司憲을 증직하고 관찰사에 명하여 사당을 짓게 하고는 포충사褒忠祠로 사액을 내렸다. 1874년(고종 11) 충강忠剛이란 시호가 내렸다.

증 대사헌 이술원은 역적을 꾸짖고서 죽었으니 그 사당의 이름을 포충사襃忠祠라 하였고, 그 아들 우방遇芳은 아비를 초빈草殯하고서 종군하여 손수 세 역적을 베었으니[3] 그 아비에 그 아들이라 이를 만하다. 그에 대해서는 그 사당에 제사를 내리고 후손을 녹용하게 하라."

이에 임금께서 제문을 손수 짓고 포충사에 제사를 지내 주었다. 그 제문은 다음과 같다.

문경 새재 남쪽이	大嶺以南
칠십 고을 넘건마는	餘七十州
겨우 얻은 공조[4] 한 사람	得一功曹
추상같은 의기로세	義凜如秋
우리 선왕 찬탄하사	英考曰嗟
안고경顏杲卿[5] 같다 이르시고	在唐杲卿

2. **전녕인前寧人이 …… 천명** 　원문은 '前寧人攸受休'인데, 『서경』 대고大誥에 나오는 표현으로 그 해석이 구구하다. 『서집전』書集傳에서는 전녕인前寧人을 예전 영왕寧王 즉 주 무왕周武王을 보좌한 대신들로 해석했으나, 『상서정의』尙書正義에서는 예전에 인민들을 안녕安寧하게 한 문왕文王으로 해석했다. 여기서는 원문의 첫 글자 앞에 경의를 표하기 위한 여백을 두었으므로, 후자의 해석에 따라 선왕 영조를 가리키는 표현으로 풀이하였다. 그러나 『연암제각기』燕巖諸閣記 등의 이본이나 『정조실록』에 실린 전교에는 원문에 그와 같은 조치를 취하지 않았으므로, 『서집전』의 해석에 따라 예전 무신란 때의 공신들을 가리키는 표현으로 풀이해도 무방하다.
3. **세 역적을 베었으니** 　세 역적은 정희량鄭希亮, 이웅보李熊輔, 나숭곤羅崇坤을 이른다. 그들은 거창에서 포로가 되어 곤양 군수昆陽郡守 우하형禹夏亨에게 넘겨졌다가, 이술원의 아들 이우방이 자신이 종군하게 된 이유를 말하고 직접 죽이게 해 줄 것을 청함에 따라 그로 하여금 이 세 역적을 죽이게 하였다.
4. **공조功曹** 　한나라의 관직 이름으로 지방 군현의 서사書史를 맡은 하급 관리이다. 이 제문에서는 이술원이 좌수座首를 지낸 것을 두고 한 말이다.
5. **안고경顏杲卿** 　당나라 현종玄宗 때의 인물로 안진경顏眞卿의 종형이다. 상산 태수常山太守로 있던 중 안녹산安祿山이 반란을 일으키자 그와 대항하여 싸우다가 중과부적으로 사로잡혀 사지를 찢기면서도 큰소리로 안녹산을 꾸짖었다고 한다.

이에 사당 세우시니	迺立之祠
그 이름 포충사요	褒忠其名
이에 증직 내리시니	迺贈之秩
그 직품 대사헌이라	惟都御史
절사節死한 이 영예를 누릴 때	死有榮時
항복한 놈 기시棄市를 당하였네	降夫在市
지난 일을 말하려면	欲說往事
선비들 지금도 의분義憤 치솟누나	士猶衝冠
무지한 놈들 무기 들고	蠢醜操兵
창졸간에 악을 쓰니	倉卒叫譁
아전들 체지帖紙(사령장) 던지고 맞이하고	吏投帖迎
수령들 관인官印 버리고 도망쳤으나	官棄綬遁
그만은 끊임없이 역적 꾸짖으며	罵不絶口
혈기를 내뿜었네	氣與血噴
그 혈기 솟구쳐 번개 되어	騰爲紫電
요사스런 기운 내리쓸었도다	頻決妖氛
그 아들 굳은 다짐	有子誓天
아비 묻고 종군하여	殯父從軍
마침내 원수를 손수 갚고	遂寢其皮
우리 군사 승전보를 아뢰었네	王師奏功
지난 갑자 돌아오니	舊甲云回
공훈과 충성 기록하여	紀勳曁忠
그 사당에 제사하고	卽祠以祀
후손에게 벼슬 주었네	錄及後裔
제문 내려 술 권하니	文以侑酒
강상 높이 드러났도다	綱常是揭

선왕 때인 기유년(1729, 영조 5) 초에 공에게 사헌부 집의司憲府執義를 증직하고, 그 집의 문에 '충신의 문'이라 정표旌表하였으며, 정묘년(1747, 영조 23)에 여러 번 증직하여 대사헌大司憲에 이르렀다. 그리고 지금 임금 17년 계축년(1793)에 공의 아들 개령 현감開寧縣監 이우방李遇芳의 문에 '효자의 문'이라 정표하도록 명하였다. 그래서 그 문을 더욱 넓히고 작설綽楔[6]을 고쳐 연이어 세우게 되었다.

아! 부자 양 대에 한 분은 충신이요 한 분은 효자다. 충과 효는 인류의 극치인데 한 가문에 모두 모였으니, 이 어찌 한 고을의 영광일 뿐이겠는가. 백세百世까지 훌륭한 기풍을 세울 만하도다.

공의 손자인 현 청산 현감靑山縣監 지한之漢[7]이 나에게 부탁하여 정려를 고쳐 세운 시말을 그 뒷면에 기록해 달라 하기에 삼가 이와 같이 쓰는 바이다.

---

6. **작설綽楔**   정문旌門과 같은 뜻으로 붉은색의 문으로 만들었기 때문에 붙여진 이름이다.
7. **공의 …… 지한之漢**   '손자'는 '증손', '지한'은 '지순'之淳의 착오인 듯하다. 이지순은 정조 18년(1794)부터 정조 23년(1799)까지 청산 현감을 지냈다. 이지한은 이지순의 사촌이다. 『승정원일기』 정조 12년 3월 12일, 18년 6월 20일.

거창현 오신사기居昌縣五愼祠記

무릇 '이'吏라는 말은 '다스린다'(理)는 뜻이다. 여기에는 천리天吏[1]가 있고, 명리命吏[2]가 있고, 장리長吏[3]가 있고, 연리掾吏가 있다. 하늘을 대신하여 백성을 다스리는 자를 천리라 이르고, 임금의 덕행을 이어받아 백성에게 교화를 펴는 자를 명리라 이르며, 세상 다스리는 것을 보좌하고 백성을 키우는 자를 장리라 이른다. 연리라는 것은 옛날의 부府, 사史, 서胥, 도徒[4]에 해당하는데, 장리를 도와 장부를 정리하고 재물을 관리하는 이른바

---

1. **천리天吏**　『맹자』「공손추 상」公孫丑上에 "천하에 그를 대적할 자가 없는 것이 천리天吏이다"(無敵於天下者 天吏也)라고 하였다. 천명을 받들어 왕도 정치王道政治를 행하는 군주를 가리킨다.
2. **명리命吏**　조정에서 임명한 관리란 뜻이다. 주나라 때 아래로 일명一命부터 위로 구명九命까지의 관계官階가 있었으므로 명리라 하였다.
3. **장리長吏**　관장官長이란 뜻이다. 주로 고을의 수령을 가리킨다. 아래에 '세상을 돕고 백성을 키운다'는 것은 『맹자』「공손추 하」에 나오는 말이다. 이른바 천하의 삼달존三達尊의 하나로 덕德을 들면서, "세상 다스리는 것을 보좌하고 백성을 키우는 데에는 덕만 한 것이 없다"(輔世長民 莫如德)고 하였다.
4. **부府, 사史, 서胥, 도徒**　주나라 때 대부와 사 아래의 서인 출신 하급 관리를 이른다. 『周禮』「天官」序官

서인庶人으로서 관직에 있는 자[5]들이다. 그들은 신분이 미천하고 직위가 낮아서 천자에게 임명을 받지는 못하므로 왕의 신하라 하기에는 부족하다. 그러나 선왕의 제도에서는 오히려 하사下士와 동등한 녹봉을 받았다. 따라서 천자로부터 서리에 이르기까지 비록 다스림에 있어서 크고 작음은 있으나, 그 직책은 모두 이吏가 아님이 없었다.

아! 지금의 주현州縣의 아전들이 어찌 서인으로서 관직에 있는 자가 아니겠는가. 그런데 녹봉을 주어 부모를 봉양하게 하는 것이 하사와 마찬가지여서 농사짓는 것에 대신할 정도가 되는가? 지금 주현의 장리는 어찌 대부나 사가 아니겠는가. 그런데 세상 다스리는 것을 보좌하고 백성을 키우는 일을 옛날의 대부나 사에 비해 다르지 않게 해 나가는가?

서인으로서 관직에 있는 자가 이미 하사가 받는 농사를 대신할 정도의 녹봉이 없다면, 재물을 절취하고 송옥訟獄에 뇌물을 받고 문서를 조작하여 간악한 이익을 취하게 되는 것은 그 형세가 당연히 그럴 수밖에 없다. 그런데 대부나 사로서 주현을 다스리는 자가 뭇 아전들의 마음에 너무도 무섭게 보여서 감히 불법을 하지 못하게 하는 일이 있는가? 이는 알 수 없는 일이다.

그러나 사람들이 노상 말하기를 "아전들은 젖은 땔나무를 묶듯이 단속해야 한다"[6] 하는데, 저들이 아전을 단속하기를 과연 예의와 염치로 한다면 얼마든지 그들과 함께 조정에 오르지 못할 것이 없지만, 만약 아전

---

5. **서인庶人으로서 …… 자**   『맹자』「만장 하」萬章下에서 주나라의 작록爵祿을 설명하면서 제후의 경우 경卿·대부大夫·상사上士·중사中士·하사下士로 작위를 나누고 "하사와 서인으로서 관직에 있는 자는 녹봉이 같으니, 녹봉이 농사짓는 것을 대신할 만큼 충분하다"(下士與庶人在官者同祿 祿足以代其耕也)고 하였다.

6. **아전들은 …… 한다**   『사기』권122「혹리열전」酷吏列傳에 한나라 경제景帝 때 영성寧成이란 자는 "젖은 땔나무를 묶듯이 아랫사람들을 다루었다"(操下如束濕薪)고 하였다. 젖은 물건은 묶기 쉬우므로, 호되게 단속하였다는 뜻이다.

들을 오랏줄로 묶고 차꼬와 족쇄로 채우는 것같이 하여, 항상 욕보이는 곳에 두면서도 말하기는 "나는 아전들을 잘 단속하였다"고 할 것 같으면, 이것은 아전을 마소로 보고 도적으로 다스리는 것이다. 사람이 마소나 도적에게는 절의와 충신을 요구할 수 없는 것이 너무도 분명하지 않은가.

그들이 허리 굽히고 빨리 달려 일 받드는 것을 내 일찍이 보았거니와, 무릎걸음을 하되 숨이 턱에 닿지 못하면 '거만하다' 이르고, 잘못해서 시선이 띠 위로 올라가면 '버르장머리 없다' 이른다. 한 번 부르고 한 번 명령함에 있어서도 분명 이치에 맞지 않는 점이 있지만, 당장 '지당합니다'라고 소리 내어 대답하지 않고서 혹시 감히 가타부타 말을 하면, '네가 어찌 감히 이러느냐' 하면서 화를 내며 꾸짖지 않는 자가 없다.

그러므로 나아가나 물러가나 고개를 숙이고 진 땅에 무릎을 꿇고 엎드리는 것을 곧 '공손'이라 하며 한 번이라도 이것을 어기는 자가 있으면 참람하고 간활한 죄목에서 벗어날 수 없을 뿐 아니라, 그 영장令長[7]되는 자도 단속을 제대로 하지 못했다는 이유로 가끔 하고下考[8]를 받고서 쫓겨나게 된다. 그러므로 대부大夫나 사士가 엄연히 임하여 살피고 있으면, 달려가고 '예예' 하는 순종함이 마치 끓는 물이나 타는 불속이라도 뛰어들 것같이 하지만, 하루아침에 급한 일이 생길 경우 과연 윗사람을 위해서 몸을 바치는 절의를 기대할 수 있겠는가.

영남에 거창居昌이란 고을이 있다. 그 관청 소재지의 왼쪽 영계濚溪라는 시냇가에 신씨愼氏 성을 가진 다섯 사람을 나란히 제사 드리는 곳이 있는데, 모두 추증된 벼슬이 좌랑佐郞이고 이름은 석현錫顯, 극종克終, 덕현德顯, 치근致勤, 광세光世이다. 이 다섯 사람은 그 고을의 아전으로서 충의의 공적이 국사國史에 드러나고 읍지邑誌에 기록되어 있으니, 어찌 이른바

---

7. **영장令長**　현령縣令 또는 현감縣監을 가리킨다.
8. **하고下考**　관리의 근무 고과에서 하下를 받는 것을 이른다.

'큰 환난을 막은 사람에게는 제사를 지내 준다'[9]는 경우가 아니겠는가.

아! 영조英祖 4년 무신년(1728)에 흉적凶賊이 영남에서 크게 일어나자, 당시 고을을 지키던 수령으로 인끈을 버리고 달아나 초야에 숨어 버린 자도 있었으니, 열읍列邑의 이서吏胥들 가운데 선동에 넘어가 빌붙거나 협박에 못 이기어 따라간 자도 있었음은 뻔히 알 수 있는 일이다. 그런데 가장 먼저 역적의 흉봉凶鋒을 꺾어 역적으로 하여금 감히 우치령牛峙嶺을 넘어 충청도를 유린하고 북으로 향하지 못하게 한 것은 누구의 공이겠는가?

슬프다! 저 고당高堂에 우뚝이 앉아 인신印信과 병부兵符를 어루만지며, 내로라 뽐내면서 이 다섯 사람을 내려다보고 지휘하던 자는 누구더냐? 그 평소에 단속한 것이 과연 무슨 방법이었던가? 과연 굽히고 나아가는 데 익숙하고 시선을 낮추어 영장된 자를 잘 받들어 섬긴다 일컫는 자들이던가? 아니면 참람하고 교활한 죄목에서 스스로 벗어나지 못하여 관장으로 하여금 하고를 받고 쫓겨 가게 한 자이던가?

바야흐로 그 변란이 창졸간에 일어나 아전과 백성이 동요하고 새 짐승까지도 놀라 달아나는데, 이 다섯 사람이 소리 높여 대의를 외치며 마침내 흉한 무리를 꺾어 버리고 서울을 보위하였다. 탁월한 공을 세운 것이 이와 같았으니, 진실로 의리의 마음이 평소부터 가슴속에 쌓여 확고하게 흔들리지 않음이 있지 않다면 어찌 이 일을 해냈겠는가.

우리 성상께서 즉위하신 12년에 무신년이 다시 돌아와 성상의 감회가 배나 사무쳐 선왕 때 반란을 평정한 업적을 추억하고 당시 적의 내습을 격퇴한 공적을 위대하게 여기어 윤음綸音을 선포해서 온 나라에 알리셨다. 강렬한 바람이 뒤흔들고 높이 솟은 해가 빛나듯이, 아무리 멀어도 가까이 미치지 아니함이 없고 아무리 작아도 드러내지 아니함이 없어,

---

9. 큰 …… 지내 준다   『예기』 「제법」祭法에 나오는 말이다.

정려旌閭와 포상襃賞의 은전이 심지어 먼 고을 서민의 집에까지 미쳤으니, 참으로 아름다운 일이다.

지원趾源이 이웃 고을의 수령이 되어 매양 오신사五愼祠를 지나게 되면, 그로 인해 서성거리며 선뜻 떠나지 못하였다. 현령 유한기兪漢紀가 나에게 기를 부탁하기에 마침내 그 느낀 바를 이와 같이 쓰고, 또 이로써 대부나 사로서 장리가 된 자에게 경고하는 바이다.

✻　✻　✻

다섯 신씨를 포상할 즈음에 나도 그 의논의 말석에 참여한 적이 있었다. 지금 이 오신사기를 읽어 보니, 그 공렬이 더욱 장하다.

함양군 학사루기咸陽郡學士樓記

함양군咸陽郡의 관청 소재지에서 동쪽으로 백 걸음쯤 떨어져 성벽 가에 몇 칸짜리 누각이 하나 있는데, 세월이 오래됨에 따라 퇴락되어 서까래가 삭아 부러지고 단청은 새까맣게 되었다. 지금 임금 19년 갑인년(1794)[1]에 군수인 윤광석尹光碩[2]이 개연히 녹봉을 털어서 대대적인 수리 공사를 일으켜 누각의 옛 모습을 모조리 복구하고 옛 이름을 그대로 써서 '학사루'學士樓라 하였다. 그리고 나에게 부탁하여 글월을 엮어 사실을 기록하게 하였다.

함양은 신라 시대에 천령군天嶺郡으로 불렸다. 문창후文昌侯[3] 최치원崔致

---

1. **지금 임금 19년 갑인년(1794)**　　정조 19년은 을묘년(1795)이고 갑인년은 정조 18년에 해당되므로 어느 한쪽에 오류가 있는 듯하다.
2. **윤광석尹光碩**　　1747~1799. 본관이 파평坡平이며, 병자호란 때 순절한 충헌공忠憲公 윤전尹烇의 후손으로 당색은 소론이었다. 『연암집』에 이 글을 포함하여 그의 부탁으로 지은 기기記 2편과 그 밖에 주고받은 편지 2통이 실려 있다.
3. **문창후文昌侯**　　최치원은 고려 현종顯宗 때 문묘文廟에 종사從祀되었으며 문창후란 시호를 받았다.

遠은 자가 고운孤雲으로 일찍이 천령의 수령이 되어 이 누각을 만들어 놓았으니, 이미 천 년이 지난 것이다. 천령의 백성들은 문창후가 끼친 은혜를 생각하여 지금도 그 누각을 학사루라 부르고 있으니, 이는 그가 이곳을 거쳐 갔음을 들어서 기념한 것이다.

처음 고운의 나이 12세에 상선商船을 따라 당나라에 들어가서 희종僖宗 건부乾符 갑오년(874)에 배찬裴瓚의 방榜[4]에 급제하고 벼슬이 시어사 내공봉侍御史內供奉에 올랐으며, 자금어대紫金魚袋를 하사받았다. 회남도통淮南都統 고변高騈이 황제에게 아뢰어 그를 종사관從事官으로 삼자, 고변을 위해 제도諸道의 군사를 소집하여 황소黃巢를 토벌하자는 격문을 지으니, 황소가 그 격문을 보고 놀라서 의자 아래로 굴러 떨어졌다. 그래서 고운의 이름이 마침내 중국을 뒤흔들었다. 『당서』唐書 「예문지」藝文志에 고운의 저술로 『계원필경』桂苑筆耕 4권[5]이 있다고 되어 있다. 광계光啓 원년 을사년(885)에 당나라에서 보내는 조사詔使의 일원이 되어 본국에 돌아왔으니, 이른바 "무협중봉巫峽重峰의 나이에 포의布衣로 중국에 들어갔다가 은하열수銀河列宿의 나이에 금의錦衣로 동국에 돌아왔다"[6]고 한 것은 바로 이를 두고 한 말이다.

국사國史에 의하면 고운이 벼슬을 버리고 가야산伽倻山에 들어갔다가 하루아침에 관冠과 신을 숲 속에 벗어 버리고 훌쩍 떠나, 어디 가서 생을 마쳤는지 알지 못한다 했다. 그러므로 세상에서는 고운이 도를 얻어 신

---

4. **배찬裴瓚의 방榜**　당시 예부 시랑禮部侍郎인 배찬이 주관한 과거를 말한다.

5. **『계원필경』桂苑筆耕 4권**　실제 『신당서』新唐書 「예문지」藝文志에는 '계원필경 이십권'桂苑筆耕 二十卷으로 되어 있다.

6. **무협중봉巫峽重峰의 …… 돌아왔다**　'무협중봉'이란 중국 장강삼협長江三峽의 하나인 무협의 대표적인 산 무산巫山의 12개 봉우리를 말하는 것이며, '은하열수'는 천체의 28개 별자리(二十八宿)를 말한다. 즉, 무협중봉의 나이는 최치원이 중국에 들어간 12세를 뜻하며, 은하열수의 나이는 최치원이 신라로 돌아온 28세를 뜻한다. 이 말은 『고운집』孤雲集 「가승」家乘에 보인다.

선이 되었다고들 하는데, 이는 고운을 제대로 알고 하는 말이 아니다. 고운이 일찍이 열 가지 일을 상주하여 임금에게 간諫하였으나 임금이 능히 쓰지를 못했다.[7] 가야산에서 천령군까지는 백 리가 못 되는 거리인즉, 그가 초연히 멀리 떠났다는 것은 어찌 이 고을에 있을 때가 아니겠는가.

슬프다! 고운이 천자의 조정에서 입신하였으나 당나라가 그때 한창 어지러웠고, 이를 피해 부모의 나라로 돌아왔으나 신라 왕조가 장차 수명이 다해 가려 하였다. 그리하여 천하를 둘러보아도 몸을 붙일 데가 없는 것이 마치 하늘 끝에 한가한 구름이 게을리 머무르고 외로이 흘러가서 무심히 걷히락펴지락하는 것과 같았다. 이 때문에 스스로 자字를 외로운 구름이란 뜻의 '고운'孤雲이라 지은 것이며, 당시 벼슬살이의 부귀영화에 대해서는 이미 썩은 쥐[8]나 헌신짝처럼 거들떠보지도 않았다. 그런데 후세 사람들은 오히려 학사學士[9]라는 직함에 연연하고 있으니, 아마도 고운을 욕보이고 이 누각에 누를 끼치는 것이 되지 않겠는가.

그러나 고운을 사모하는 고을 사람들은 그를 사후의 호칭인 최 문창후崔文昌侯라 부르지 않고 반드시 생전의 호칭인 학사라 불렀으며, 관직을

---

7. **열 가지 …… 못했다** 최치원이 894년에 진성여왕眞聖女王에게 시무時務 10여 조를 올린 일을 가리킨다.

8. **썩은 쥐** 『장자』「추수」秋水에, 혜자惠子가 양梁나라의 재상이 되자 장자가 그를 만나러 갔다. 이 소식을 들은 혜자의 측근이 혜자에게 "장자가 오면 그대의 재상 자리를 달라고 할 것이오"라고 귀뜸을 하자 혜자가 겁을 먹고 장자를 잡기 위해 사흘 밤낮 동안 나라 안을 수색하였다. 그러자 장자는 혜자를 만나 썩은 쥐의 우화를 들려주었다. 즉, 남방에 원추鵷雛라는 새가 있어 북해로 날아가고 있었는데 그 새는 오동나무가 아니면 쉬지도 않고, 대나무 열매가 아니면 먹지도 않으며, '단술 같은 샘물'이 아니면 마시지도 않았다. 이때 소리개 한 마리가 썩은 쥐를 물고 있다가 마침 그 위를 날아가는 원추를 보고는 제가 가지고 있는 썩은 쥐를 빼앗길까 봐 꽥 소리를 질렀다는 내용이다. 여기에서 썩은 쥐란 소인들은 귀중히 여기나 군자는 하찮게 여기는 관직을 가리킨다.

9. **학사學士** 최치원이 신라로 귀국한 직후 헌강왕憲康王은 그를 시독 겸 한림학사 수병부시랑 지서서감사侍讀兼翰林學士守兵部侍郎知瑞書監事에 임명했다.

떠났을 때의 이름인 고운이라 부르지 않고 반드시 그의 관직을 불렀으며, 송덕비를 세우지 아니하고 오직 누각에다 이름을 붙였다. 이는 그가 산택山澤의 사이에 매미가 허물을 벗듯이 관과 신을 남기고 사라져 신선이 되었다는 말을 믿지 아니하고, 이 누각 안에서 서로 만날 듯이 여겼기 때문이다. 예컨대 높은 오동나무에 달이 어른거리고 사방으로 트인 창문에 달빛이 영롱하면 마치 학사가 굽은 난간에서 거닐고 있는 듯이 여겼으며, 대숲이 바람에 흔들리고 한 마리의 학이 공중에 날면 흡사 학사가 하늘 드높은 가을을 시로 읊는 듯이 여겨 왔으니, 누각의 이름을 학사루學士樓라 한 것은 그 유래가 오래되었다고 하겠도다.

함양군 흥학재기咸陽郡興學齋記

군현의 수령이 처음 제수되면 경저리京邸吏[1]가 수령이 해야 할 일곱 가지 일, 즉 수령칠사守令七事를 기록한 홀기笏記[2]를 전달한다. 그리고 임금에게 하직 인사를 올릴 때 임금이 특별히 전殿에 오르라 명하고 승지가 직관과 성명을 아뢰라 하면, 숨을 죽이고 엎드려 '아무 벼슬 신臣 성姓[3] 아무개'라 한다. 다음에 칠사七事를 아뢰게 하면, 사항을 바꿀 때마다 일어났다 엎드리면서, 매우 조심스레 '농상이 성하다'(農桑盛), '호구가 늘다'(戶口增), '학교가 흥하다'(學校興), '군정이 닦이다'(軍政修), '부역이 고르다'(賦役均), '소송이 드물어지다'(詞訟簡), '간활이 사라지다'(奸猾息)를 외우고는 차례로 빨리 물러나 드디어 감히 출발하는 것이다.[4] 그런데 이 의식을 치르는 관

---

1. **경저리**京邸吏　　중앙과 지방 관아의 연락 사무를 담당하기 위하여 지방에서 서울에 파견한 아전 또는 향리를 말한다.
2. **홀기**笏記　　관원이 임금을 알현할 때 손에 쥐던 수판手板에 보고 사항을 잊지 않도록 적은 것을 말한다.
3. **성**姓　　국립중앙도서관 승계문고 필사본에는 '성명'姓名으로 되어 있다.

원이 더러는 차례를 틀리고 잘못 읽어 파면당하는 경우도 왕왕 있었다.

무릇 이 일곱 가지 일이란 모두 고을을 다스리는 대도大道요 백성을 기르는 최고 목표이므로, 국가가 그 다짐을 분명히 받고서 실적을 요구함이 이와 같은 것이다. 만약 이 가운데 한 가지라도 능하지 못하면 실로 그에게 한 고을의 정령政令[5]을 맡길 수 없고 백성과 사직을 보호하는 책임을 지울 수 없기 때문이다. 그러나 단지 입으로 외우는 것만으로 된다고 한다면, 『대학』大學의 삼강령三綱領과 팔조목八條目[6]은 성인만이 할 수 있는 일이지만 보통 사람도 이를 외우는 것쯤은 잘한다. 누구나 다 외울 수 있다면, 앞서 말한 성인만이 할 수 있는 일이라는 것은 한갓 외우는 데만 달려 있지 않음이 분명한데, 또 무엇 하려고 수령들에게 공연스레 이 일곱 가지 일을 외우게 할 필요가 있겠는가.

더구나 '농상을 성하게 한다'(盛農桑)라 아니하고 '농상이 성하다'(農桑盛)라 한다면, 이는 바로 그 성과를 말함이지 장래를 힘쓰자는 것은 아니다. 호구戶口 이하의 여러 조목들도 모두 그렇지 않은 것이 없다. 더구나 처음 제수된 자가 정사에 임하기도 전에, 어찌 과거 훌륭한 수령들의 치적을 주워 모아, 외람되이 임금에게 하직 인사를 올리는 날에 스스로 이를 장황히 늘어놓는단 말인가. 이를 그만두게 할 수 없다면, 승지가 목청을

---

4. **드디어 감히 출발하는 것이다**　　원문은 '乃敢戒'인데, 여행차 출발하는 것을 '계행'戒行 또는 '계로'戒路라 한다. '戒' 자만으로도 출발한다는 뜻이 되지만, '乃敢戒行'이라야 글이 더 부드러울 터인데, 다음 문장의 첫머리 '行事之官'과 이어지면서 글자가 중복되므로 연문衍文으로 오해되어 필사할 때 '行' 자가 삭제된 것인지도 모른다.

5. **한 고을의 정령政令**　　원문은 '百里之命'인데, 『논어』「태백」泰伯에서 증자曾子는 "사방 백 리 되는 제후국의 정령을 맡길 수 있는"(可以寄百里之命) 사람이라야 군자라고 할 수 있다고 했다. 고을은 고대의 제후국에 비견되었으므로, 여기서는 '한 고을의 정령'이라 번역하였다.

6. **『대학』大學의 삼강령三綱領과 팔조목八條目**　　이상적인 통치자로서 갖추어야 할 덕목으로, 그 기본 덕목인 삼강령은 명명덕明明德, 신민新民, 지어지선止於至善이고, 구체적 덕목인 팔조목은 격물格物, 치지致知, 성의誠意, 정심正心, 수신修身, 제가齊家, 치국治國, 평천하平天下이다.

가다듬어 "농상을 성하게 하고, 호구를 늘리고, 학교를 흥하게 하고, 군정을 닦고, 부역을 고르게 하고, 소송이 드물어지게 하고, 간활을 사라지게 하라"고 일일이 선포하고, 부임하는 자로 하여금 머리를 조아려 엄숙히 듣게 하는 것이 거의 옛사람이 법을 읽던 뜻[7]에 가까울 것이다.

그러나 군자가 이 일곱 가지로 정사를 하지만 그 가운데 급히 할 것은 세 가지요, 그 세 가지 중에도 먼저 할 것은 하나이다.

무엇을 급히 할 것인가? 농상과 부역과 호구이다. 이 세 가지 일을 어째서 급히 해야 하는가? 『서경』書經에 이르기를 "부유하게 살아야 착하게 행동한다"(既富方穀)고 했으니,[8] 무릇 농상이 성하지 못하면 학교를 일으킬 수 없고, 부역이 고르지 못하면 호구를 늘릴 수 없고, 호구가 늘지 않으면 군정을 닦을 수 없다. 진실로 농상을 성하게 하고 부역을 고르게 하면, 떠돌아다니던 백성들이 본업으로 돌아와 호구가 저절로 늘게 될 것이니 어찌 군정이 닦이지 않음을 걱정하겠는가. 그렇게 되면 번거롭게 형벌을 쓰지 않아도 소송과 간활이 확실히 드물어지고 사라질 것이다.

그렇다면 무엇을 먼저 할 것인가? 학교보다 먼저 할 것이 없다. 어떻게 먼저 할 것인가? 몸소 먼저 해야 한다. 농상이 아무리 목전의 급무이지만 부지런히 권면할 따름이지 수령된 자가 몸소 먼저 할 수 있는 일은 아니며, 부역을 고르게 하고 호구를 늘리고 소송을 드물어지게 하고 간활을 사라지게 하는 것도 우격다짐으로 되는 일이 아니다. 그런즉 수령된 자는 오직 학교에 있어서만 몸소 할 수가 있다.

7. **옛사람이 법을 읽던 뜻**　　주나라 제도에서 고을의 장관은 매년 정월이 되면 그 고을의 백성들을 모아다 놓고 한 해의 정령政令이 되는 법을 읽어서 선포하고 백성들 가운데 훌륭한 일을 한 사람이 있으면 권면하고 잘못을 저지른 사람이 있으면 징계하였다고 한다. 『周禮』「地官」州長

8. **『서경』書經에 …… 했으니**　　「홍범」洪範 황극조皇極條에 나오는 말이다.

옛날에 자유子游가 무성武城의 수령이 되자 현가絃歌로써 정사를 하며 "선생님께 들으니 군자가 도를 배우면 사람을 사랑하고 소인이 도를 배우면 부리기가 쉽게 된다고 하였습니다" 하였다.[9] 후세에 학교를 말하는 자들은 그저 『시경』, 『서경』의 글귀나 얘기하고 한갓 육예六藝[10]의 명목만 셀 뿐이며, 몸소 듣고 보며 손발을 놀려 익혀야 할 것과 심지心志와 기혈氣血을 물 흐르듯 통하게 하는 것[11]에 이르러서는 오늘날의 이른바 군자라고 하는 사람들마저도 진실로 아득하여 평소에 캄캄한 바이거늘 하물며 소인에게 있어서랴.

아! 고대의 향음주鄕飮酒,[12] 향사鄕射,[13] 양로養老,[14] 노농勞農,[15] 고예攷藝,[16]

---

9. **옛날에 …… 하였다**   현가絃歌는 거문고에 맞추어 노래를 부르는 것을 뜻한다. 공자가 무성 지방에 가서 거문고에 맞춰 노래 부르는 소리를 듣고는 빙그레 웃으며 "닭을 잡는 데에 어찌 소 잡는 칼을 쓰겠는가"라고 하자, 무성의 수령으로 있던 제자 자유가 "옛적에 제가 선생님께 듣기로는 군자가 도를 배우면 사람을 사랑하고 소인이 도를 배우면 부리기가 쉽게 된다고 하지 않으셨습니까?" 하고 따져 물었다. 이에 공자는 "제자들아, 자유의 말이 맞다. 앞서 한 말은 농담이었느니라" 하여 자유가 예악禮樂을 가르치는 데 힘쓴 것을 칭찬하였다. 『論語』「陽貨」

10. **육예六藝**   고대 교육의 여섯 가지 과목인 예禮, 악樂, 사射, 어御, 서書, 수數를 이른다.

11. **몸소 …… 것**   예禮와 악樂을 가리킨다. 『예기』「악기」樂記에, 사람에게는 혈기血氣와 심지心知의 성性과 희로애락의 정情이 있으므로 선왕이 그러한 성정에 근거하여 음악을 만들었다고 하였다.

12. **향음주鄕飮酒**   주대周代에 향교의 우등생을 중앙 정부에 천거할 때 향대부鄕大夫가 주인이 되어 송별연을 베풀던 의식이다. 후대에 내려와 지방관이 그 지방의 유생들을 모아 놓고 거행하는 경로의식으로 변형되었다.

13. **향사鄕射**   주대에 향대부가 시골의 어진 사람을 선발하기 위해 향학鄕學에서 행하던 활쏘기 의식이다.

14. **양로養老**   노인을 봉양하는 의식을 이른다. 『예기』「내칙」內則에, 순임금은 상庠에서 양로 의식을 거행했고, 우임금은 서序에서, 주나라는 학學에서 양로 의식을 거행하였다고 한다. 상, 서, 학은 모두 고대의 학교 이름이다.

15. **노농勞農**   농부를 위로하는 의식을 이른다.

16. **고예攷藝**   재주를 거루는 의식을 이른다. 『예기』「연의」燕義에, "봄에는 학교에서, 가을에는 활 쏘는 곳에 모여서 그 재주를 거루어 진퇴를 결정했다"(春合諸學 秋合諸射 以考其藝 而進退之) 하였다.

선언選言[17]의 정사와 헌괵獻馘,[18] 신수訊囚,[19] 수성受成[20]의 일이 어느 것 하나 학교에서 나오지 않은 것이 없으니,[21] 이 일곱 가지 일이 비록 과목이 나뉘고 서로 다른 것 같지만 학교에서 날마다 익히는 것이 아님이 없다. 자유가 정사를 할 때에도 어떻게 집집마다 찾아다니며 백성들에게 '사람을 사랑하고 부리기 쉽게 만드는' 도道를 설파할 수 있었겠는가. 단지 그 고을의 수재들을 뽑아 당상黨庠과 수서遂序[22]에 들여보내는 데에 지나지 않았지만, 이들을 지도하고 격려하는 방법이 이 도에서 나오지 않음이 없었으며, 이를 몸소 솔선해 나갔기 때문에 백성이 따라서 감화된 것이 풀이 바람에 쓰러지듯 모가 비를 만나 부쩍 자라듯이[23] 된 것이다. 그러므로 정사를 함에 일곱 가지 중에서 급히 할 바가 세 가지이고 그 세 가지 중에서 제일 먼저 해야 할 것은 학교라고 한 것이다.

윤광석尹光碩 사또가 함양군을 다스린 지 3년에 고을의 선비들이 서로

17. **선언選言**   언론을 채택하는 일을 이른다.
18. **헌괵獻馘**   적과 싸워 이긴 후에 적의 왼쪽 귀를 잘라 와서 임금에게 바치던 의식을 이른다. 『詩經』魯頌「泮水」
19. **신수訊囚**   죄수를 심문하는 의식을 이른다. 『詩經』魯頌「泮水」
20. **수성受成**   주대에 천자가 출정을 하기에 앞서 태학太學에서 미리 정해 놓은 전략을 받는 의식을 이른다. 『禮記』「王制」
21. **향음주鄕飮酒 …… 없으니**   왕안석王安石의 「자계현학기」慈溪縣學記의 첫머리와 혹사하다. 거기에서도 "향사, 향음주, 춘추 합악春秋合樂, 양로, 노농, 존현사능尊賢使能, 고예, 선언의 정사와 수성, 헌괵, 신수의 일에 이르기까지 학교에서 나오지 않은 것이 없다"고 하였다. 『臨川文集』卷83
22. **당상黨庠과 수서遂序**   둘 다 지방의 학교를 가리킨다. 구양수歐陽脩의 「길주학기」吉州學記에 의하면, "고대에 국國에는 학學이 있고, 수遂에는 서序가 있고, 당黨에는 상庠이 있고, 가家에는 숙塾이 있었으니, 이는 문화가 찬란했던 삼대三代 시대에 크게 갖추어진 제도들이다" 하였다. 국, 수, 당, 가는 지역의 단위이고 학, 서, 상, 숙은 학교의 이름이다.
23. **풀이 …… 자라듯이**   『논어』「안연」顔淵에서 공자는 "군자의 덕은 바람이요 소인의 덕은 풀이다. 풀에 바람이 가해지면 반드시 쓰러지는 법이다"라고 하였고, 『맹자』「양혜왕 상」梁惠王上에서 맹자는 인정仁政을 베푸는 왕에게 천하 백성이 귀의하는 것을 가뭄으로 말라 가던 모가 큰 비를 만나 부쩍 자라는 것에 비유하였다.

모의하기를,

"우리 고을에서 학문을 강론하지 않은 지 오래이니 어찌 어진 우리 사또의 걱정거리가 되지 않겠는가?"

하고,

"정사精舍가 서계西溪의 동편에 있으니 이곳은 점필재佔畢齋(김종직金宗直)와 남명南溟(조식曺植) 등 여러 현인들이 내왕하던 곳이요, 우리 고을의 노옥계盧玉溪[24]와 강개암姜介菴[25] 선생이 휴식하던 곳이니 이곳에서 학문을 닦게 하면 좋지 않겠는가?"

하였다. 윤 사또가 듣고 기뻐하며,

"이것이야말로 바로 내가 할 일이 아니겠는가."

하고는 이를 위해 녹봉을 털어 보조하여, 학전學田을 마련하고 서적을 비치하며 집과 방을 수리하여 말끔히 해 놓고 재齋의 이름을 흥학재興學齋라 하였다.

아! 윤 사또가 고을을 다스린 지 겨우 두어 해밖에 되지 않았지만 고을의 학교가 흥기할 조짐이 이미 나타난 것이 아니겠는가. 그런데도 학교를 흥하게 한다는 뜻의 흥학재라 이름한 것은 그 역시 장래에 뜻을 둔 것이지 '이미 그렇게 되었다'고 감히 말한 것이 아니니, 그가 정사를 함에 있어서 먼저 할 바와 나중에 할 바를 안다고 하겠다. 이로써 나는 윤 사또가 학교에 있어서 반드시 몸소 솔선할 줄을 알겠다. 또한 이 재齋에서 공부하는 사람들에게 학문이 이루어졌다 하더라도, '이미 이루어졌

---

24. **노옥계盧玉溪**　　옥계는 노진盧禛(1518~1578)의 호이다. 노진은 자가 자응子膺이요 본관은 풍천豐川이다. 1546년(명종 1)에 문과에 급제하여 주로 청현직淸顯職을 지냈으며 예조 판서에까지 올랐다. 함양咸陽의 당주서원溏州書院에 제향祭享되었다.

25. **강개암姜介菴**　　개암은 강익姜翼(1523~1567)의 호이다. 강익은 자가 중보仲輔요 본관은 진주晉州이며, 조식曺植의 문인이다. 1566년(명종 21)에 유생 33인의 소두疏頭로 상소하여 정여창鄭汝昌을 신원伸寃케 한 후 학문 연마와 후진 양성에 힘썼다. 함양의 남계서원瀟溪書院에 제향되었다.

다'고 말하지 말고 장차 이룰 것이라고만 말하게 한다면, 그 성취하는 바가 어찌 원대하지 않겠으며 어찌 한 고을의 선행[26]에 그치고 말 따름이겠는가.

지원趾源이 이웃 고을을 맡아 다스리고는 있으나 국가에서 수령에게 요구하는 뜻을 한 가지도 능히 받들어 행하지 못하고 있다. 그리하여 밤낮으로 두려워하며 끝내 제구실을 못할까 걱정하고 있었는데, 윤 사또의 정사하는 방법을 듣고 이 재의 이름에 속으로 느낀 바 있어, 기를 지어 벽에 걸어 두게 하는 바이다.

26. 한 고을의 선행   원문은 '一鄕之善'인데, 『맹자』 「만장 하」萬章下에 "한 고을의 선량한 선비가 되어야 한 고을의 선량한 선비들을 벗할 수 있고, 한 나라의 선량한 선비가 되어야 한 나라의 선량한 선비들을 벗할 수 있으며, 천하의 선량한 선비가 되어야 천하의 선량한 선비들을 벗할 수 있다"(一鄕之善士 斯友一鄕之善士 一國之善士 斯友一國之善士 天下之善士 斯友天下之善士)고 하였다.

발승암기髮僧菴記

내가 동쪽으로 풍악산楓嶽山을 유람할 때[1] 그 동구洞口에 들어서자마자 옛 사람과 지금 사람들이 이름을 써 놓은 것이 보였는데, 크게 쓰고 깊이 새겨진 것이 조그마한 틈도 없어 마치 구경판에 어깨를 포개 선 것 같고 교외의 총총한 무덤과 같았다. 오래 전에 새긴 글씨가 겨우 이끼에 묻히자 새 글씨가 또 인주印朱 빛으로 환히 빛나고 있었다.

무너진 벼랑과 갈라진 바위에 이르니 깎아지른 듯 천 길이나 높이 서 있어, 그 위에는 나는 새의 그림자조차 끊겼는데도 홀로 '김홍연'金弘淵이란 세 글자가 남아 있었다. 나는 실로 맘속으로 이상히 여기고, '자고로 관찰사의 위세는 족히 사람을 죽이고 살릴 수 있으며, 양봉래楊蓬萊는 기이한 경치를 좋아하여 그분의 발자취가 닿지 않은 곳이 없었다.[2] 그런

1. **내가 …… 때**　금강산金剛山을 사철에 따라 봄에는 금강산, 여름에는 봉래산蓬萊山, 가을에는 풍악산, 겨울에는 개골산皆骨山이라 부른다. 연암은 1765년(영조 41) 금강산 일대를 유람하였다. 그때 만폭동萬瀑洞에 이름을 써서 새겼다고 한다. 『瓛齋集』 卷9 「與尹士淵」
2. **양봉래楊蓬萊는 …… 없었다**　봉래는 양사언楊士彦(1517~1584)의 호이다. 양사언은 안평대군安平大君, 김구金絿, 한호韓濩와 함께 조선 전기의 4대 서예가로 불린 인물이다. 자연의 경치를 좋아하여 지방관으로 전전하며 곳곳에 많은 글씨를 남겼다. 특히 금강산을 좋아하여 만폭동에 '봉래풍악원화동천'蓬萊楓嶽元化洞天이라는 글씨를 남겼다.

데도 이곳에 이름을 남기지는 못했거늘, 저 이름 써 놓은 자가 도대체 누구기에 석공石工을 시켜 다람쥐, 원숭이와 목숨을 다투게 했단 말인가?' 라 했다.

그 후에 나는 국내의 명산을 두루 유람하여 남으로는 속리산, 가야산에 오르고, 서로는 천마산, 묘향산에 올랐다.[3] 외지고 깊숙한 곳에 이를 때마다 나는 세상 사람들이 오지 못한 곳을 나만이 왔노라고 스스로 생각하곤 하였다. 그러나 노상 김金이 써 놓은 것을 발견하고는 그만 화가 치밀어,

"홍연이 어떤 작자길래 감히 이다지도 당돌한가?"
라고 욕을 했다.

무릇 명산에 노닐기를 좋아하는 자는 지극한 위험을 무릅쓰고 많은 어려움을 물리치지 않으면 절경을 찾아낼 수 없다. 나 또한 평상시 지난날의 발자취를 추억할 때면 벌벌 떨면서 스스로 후회하지 않은 적이 없었다. 하지만 다시 산에 오르게 되면 전번의 다짐이 어느새 온데간데없어지고 험준한 바위를 딛고 깊은 골짜기를 내려다보며 썩은 잔교棧橋와 앙상한 사닥다리에 몸을 의지하기도 한다. 왕왕 천지신명께 속으로 빌면서 오히려 다시 돌아가지도 못할까 벌벌 떨며 두려워하기도 하는데, 그런 곳에도 사슴 정강이 크기만 한 큰 글자가 인주로 메워져 늙은 나뭇가지와 해묵은 칡덩굴 사이로 보일락말락 서려 있다 하면 반드시 '김홍연'金弘淵 석 자였다. 그런데 이때에는 도리어 마치 위험하고 곤경에 처했을 때 옛 친구를 만난 듯 기뻤으며, 그로 인해 힘을 내어 기어 올라가 앞서거니 뒤서거니 하였다.

평소에 김金의 행적을 아는 사람이 나에게 이렇게 말했다.

---

3. 그 후에 …… 올랐다 1771년(영조 47) 연암이 과거科擧를 폐한 직후의 일이다. 『過庭錄』卷1

"김은 바로 왈짜[4]인데 왈짜란 대개 항간에서 방탕하고 물정 모르는 자를 일컫는 말로서 이른바 검사劍士, 협객俠客의 부류와 같소. 그는 젊은 시절에 말달리기, 활쏘기를 잘하여 무과武科에 급제했고 힘도 능히 호랑이를 쥐어 죽일 만하며, 기생 둘을 양옆에 끼고 두어 길 되는 담장을 뛰어넘을 수도 있었다오. 녹록하게 벼슬 구하기를 즐겨하지 않았으며 집이 본래 부유해서 돈 쓰기를 더러운 흙같이 하였다오. 고금의 법서法書, 명화名畵, 칼, 거문고, 이기彝器,[5] 기이한 화초들을 널리 수집하였으며, 한번 맘에 드는 것을 만나면 천금도 아끼지 않아 준마駿馬와 이름난 매가 늘 그의 좌우에 있었지요. 이제는 늙어서 백발이 되자 송곳과 끌을 주머니에 넣고 명산을 두루 노닐어 이미 한라산을 한 번 들어갔고 장백산長白山(백두산)을 두 번이나 올랐는데 그때마다 자신의 이름을 손수 돌에다 새겼으니, 후세 사람들로 하여금 이 사람이 있는 줄을 알게 하려는 것이라 하오."[6]

　나는 물었다.

　"이 사람이란 누구를 말하는 것이오?"

　"김홍연이오."

　"이른바 김홍연은 누구요?"

　"자字가 대심大深이지요."

　"대심이란 누구요?"

　"발승암髮僧菴이라 자호自號하는 사람이오."

　"이른바 발승암은 누구요?"

---

4. 왈짜　　원문은 '猾者'인데, 왈짜曰者·왈패曰牌라고도 부르는 무뢰배를 말한다.

5. 이기彝器　　고대에 종묘 제사에서 사용하던 종정鍾鼎류를 이른다.

6. 김은 …… 하오　　김홍연金弘淵은 본관이 웅천熊川으로 개성의 부유한 양반가에서 생장했으며 무과에 급제했으나 불우하게 지냈다. 말년에 평양 영명사永明寺에 기거할 때 연암을 찾아와 글을 지어 달라고 부탁했다고 한다. 『詔護堂文集』 卷9 「金弘淵傳」

얘기하던 사람이 답이 막히자 나는 웃으면서 말했다.

"옛날에 장경長卿이 무시공無是公과 오유선생烏有先生을 설정하여 서로 힐난하게 한 바 있었소.[7] 지금 내가 그대와 함께 오래된 암벽과 흐르는 물 사이에서 우연히 만나 서로 문답을 하고 있으니, 훗날에 서로 생각해 보면 모두 오유선생이 될 터인데 이른바 발승암이란 이가 어디 있겠소?"

그가 발끈해서 얼굴에 노기를 띠고 말했다.

"내가 어찌 황당한 말로 꾸며 내었겠소? 이 사람은 정말로 있었소."

나는 크게 웃으며 말했다.

"그대는 너무나 집요하군. 옛날 왕개보王介甫(왕안석)가 「극진미신」劇秦美新[8]이란 작품을 변증辨證하여, 틀림없이 곡자운谷子雲[9]의 저작이지 양자운揚子雲[10]의 저작이 아니라 했소. 그랬더니 소자첨蘇子瞻(소식蘇軾)은 '서경西京(장안長安)에 과연 양자운이란 인물이 있었는지 없었는지조차 모르겠다'고 했소. 저 두 사람의 문장이 당대에 빛났고 이름이 역사에 남아 있건만, 후세에 옛일을 논하는 사람들이 그래도 이와 같은 의심을 가졌거늘, 하물

---

7. 장경長卿이 …… 있었소　장경은 전한 때의 문장가인 사마상여司馬相如의 자이다. 사마상여는 사부辭賦를 잘 지었다. 무시공無是公과 오유선생烏有先生은 그가 지은 「자허부」子虛賦와 「상림부」上林賦에 나오는 가공인물들이다.

8. 「극진미신」劇秦美新　왕망王莽이 한나라 황실을 몰아내고 신新나라를 세우자 양웅揚雄이 사마상여의 「봉선문」封禪文을 모방하여 분서갱유焚書坑儒와 도량형을 통일한 진秦나라 시황始皇을 비판하고 새로 들어선 신나라 왕망의 공덕을 칭송하는 내용으로 지은 글이다. 『文選』卷48

9. 곡자운谷子雲　자운은 곡영谷永의 자이다. 경서에 해박하고 특히 천문天文에 정통하였다. 전한 원제元帝 때 태상승太常丞을 지냈다. 성제成帝 때 외척 왕씨王氏들과 가까이 지낸 탓에 성제로부터 경계를 받자 관직을 그만둔 뒤 곧 사망하였다. 곡영이 사망한 해는 기원전 8년으로, 왕망이 신나라를 세우기 전이다.

10. 양자운揚子雲　자운은 양웅揚雄의 자이다. 학문에 다방면으로 밝았으며 특히 사부辭賦에 뛰어났다. 왕망이 신나라를 세우자 대부大夫가 되었고, 왕망을 옹호하는 글을 지어 올려 후대의 비판을 많이 받았다. 위의 곡영과는 동일한 자字를 사용하고 활동한 시대가 겹쳐 있으며 왕망의 일파와도 가깝게 지냈다는 점에서 서로 비슷한 점이 많다.

며 심산궁곡 중에 헛된 명성을 남겨 바람에 삭고 비에 부스러져 백 년이 못 가서 마멸되는 것에 있어서리오."

이 말을 듣고 그 또한 크게 웃고 떠나갔다.[11]

이로부터 9년 후에 나는 평양에서 김을 우연히 만났다. 뒤에서 손가락으로 가리키며 "이이가 김홍연이오"라고 말해 주는 사람이 있기에 내가 그의 자를 부르면서,

"대심大深, 그대가 발승암이 아닌가?"

하였더니, 김군이 고개를 돌려 뚫어지게 보더니 말했다.

"그대가 나를 어떻게 아오?"

"옛날에 만폭동萬瀑洞에서 벌써 그대를 알았네. 그대의 집은 어디 있는가? 옛날 모은 것을 지금도 꽤 가지고 있는가?"

김군이 허탈한 표정으로 말했다.

"집이 가난하여 다 팔아넘기고 말았소."

"왜 발승암이라 부르는가?"

"불행히도 몹쓸 병에 온몸이 훼손되고 늙은 몸에 아내도 없어 늘 불당에 의지하고 살기 때문에 그렇게 부른 것이오."

그의 말과 행동을 살펴보매 옛날의 기질이 아직도 남은 것이 있었으니, 내가 그의 젊었을 때를 보지 못한 것이 애석하도다!

하루는 그가 내가 묵고 있던 집으로 찾아와서 청했다.

"내가 이제 늙어서 다 죽게 되었소. 마음은 벌써 죽고 터럭(髮)만 남았으며, 거처하는 곳은 모두 승암僧菴이오. 그대의 글에 의탁하여 후세에 이름이 전해지기를 원하오."

나는 그가 늙어서도 자신의 포부를 여전히 잊지 못하고 있는 것을

---

11. 이 말을 …… 떠나갔다   양자운에 관해 왕안석과 소식이 논란을 벌인 고사는 『북창자과록』北窓炙輠錄이나 『천중기』天中記 등에 소개되어 있다. 당시에 그 논란을 들은 사람들은 '모두 크게 웃었다'고 하였다.

슬프게 여겨, 드디어 예전에 유람 중에 만났던 사람과 문답한 것을 써서 돌려주고 또 그를 위해 다음과 같이 게偈를 설하였다.

까마귀는 새마다 검은 줄 믿고	烏信百鳥黑
해오리는 딴 새가 희지 않음을 의아해하네	鷺訝他不白
검은 놈 흰 놈이 저마다 옳다 여기니	白黑各自是
하늘도 그 송사에 싫증나겠군	天應厭訟獄
사람은 다 두 눈이 달려 있지만	人皆兩目俱
애꾸는 눈 하나로도 능히 보는걸[12]	瞎一目亦覩
어찌 꼭 쌍이라야 밝다 하리오	何必雙後明
어떤 나라 사람은 한 눈뿐이네[13]	亦有一目國
두 눈도 오히려 적다고 불만족하여	兩目猶嫌小
이마에 덧눈을 달기도 하고[14]	還有眼添額
더구나 저 관음보살은	復有觀音佛
변신하면 눈이 천 개나 되네[15]	變相目千隻
달린 눈이 천이랬자 별거 있겠나	千目更何有
소경도 검은 것은 볼 수 있는데	瞽者亦觀黑
김군은 불구의 몸으로	金君廢疾人

12. 애꾸는 …… 보는걸   이 구절의 운자로 '覩' 자가 쓰였으나, 입성入聲이 아니고 상성上聲이어서 운이 맞지 않는다. 김택영 편 『연암속집』에는 입성인 '矚' 자로 바꾸어져 있다. 『주역』「이괘」履卦 육삼六三의 효사爻辭에 "애꾸도 볼 수가 있고 절뚝발이도 걸을 수 있다"(眇能視 跛能履)고 하였고, 상전象傳에 "애꾸도 볼 수 있다고 해서 눈이 밝다고 할 수는 없다"(眇能視 不足以有明)고 하였다.

13. 어떤 …… 눈뿐이네   『산해경』山海經 「해외북경」海外北經에 일목국一目國이 있는데 그 나라 사람들은 외눈이 얼굴 한복판에 있다고 하였다.

14. 두 눈도 …… 하고   『산해경』「해외남경」海外南經에 기굉국奇肱國 사람들은 눈이 셋이라고 하였다. 또 불교의 대자재천大自在天은 두 눈 외에 정수리에 일체의 사리를 꿰뚫어 보는 정문안頂門眼을 갖추고 있다고 한다.

15. 더구나 …… 되네   천수千手와 천안千眼을 갖춘 천수관음보살을 가리킨다.

부처에 의지하여 살아간다네	依佛以存身
돈 쌓아 놓고 쓸 줄 모른다면	積錢若不用
비렁뱅이 가난과 뭐가 다르리	何異丐者貧
중생은 다 제멋으로 사는 법	衆生各自得
애써 본뜰 건 없지 않은가	不必强相學
대심은 중생과 달리했기에	大深旣異衆
이로써 서로들 의심한 게지	以玆相訝惑

＊　＊　＊

　세상에서 못내 명예를 좋아하여 외물에 의탁해서 불후不朽를 도모하는 자들에게 경고하였다. 그들이 이 글을 보면 망연자실하지 않을 자 없을 것이다.

　붓이 춤을 추고 먹방울이 뛰노니 『시경』의 이른바 "북소리 두둥둥 울리거늘 이리 뛰고 저리 뛰며 창을 겨룬다"(擊鼓其鏜 踊躍用兵)[16]는 것이 아마 이를 두고 이름인저.

　게어偈語는 특히 원오경발圓悟警發[17]하다.

　영감게靈感偈나 나한찬羅漢贊[18]의 사이에 두어도 어느 것이 옛 글이고 어느 것이 요새 글인지 알지 못하겠다.

---

16. **북소리 …… 겨룬다**　『시경』 패풍邶風 「격고」擊鼓의 한 구절이다.
17. **원오경발圓悟警發**　기발한 표현으로 경각심을 불러일으킨다는 뜻이다.
18. **영감게靈感偈나 나한찬羅漢贊**　모두 소식蘇軾이 지은 글이다. 영감게는 「영감관음게」靈感觀音偈를 가리킨다.

소단적치인騷壇赤幟引[1]

글을 잘 짓는 자는 아마 병법을 잘 알 것이다. 비유컨대 글자는 군사요, 글 뜻은 장수요, 제목이란 적국이요, 고사故事의 인용이란 전장의 진지를 구축하는 것이요, 글자를 묶어서 구句를 만들고 구를 모아서 장章을 이루는 것은 대오를 이루어 행군하는 것과 같다. 운韻에 맞추어 읊고 멋진 표현으로써 빛을 내는 것은 징과 북을 울리고 깃발을 휘날리는 것과 같으며, 앞뒤의 조응照應이란 봉화를 올리는 것이요, 비유란 기습 공격하는 기병騎兵이요, 억양반복抑揚反復[2]이란 맞붙어 싸워 서로 죽이는 것이요, 파제破

---

1. **소단적치인騷壇赤幟引**　　인引은 문체의 명칭으로 서序와 마찬가지이다. 『소단적치』라는 책에 붙인 서문이란 뜻이다. 소단騷壇은 원래 문단이란 뜻인데, 여기서는 문예를 겨루는 과거 시험장을 가리킨다. 적치赤幟는 한漢나라의 한신韓信이 조趙나라와 싸울 때 계략을 써서 조나라 성의 깃발을 뽑고 거기에 한나라를 상징하는 붉은 깃발을 세우게 하여 적의 사기를 꺾어 승리한 고사에서 나온 말로, 전범典範이나 영수領袖의 비유로 쓰인다. 요컨대 '소단적치'란 과거에서 승리를 거둔 명문장들을 모은 책이란 뜻이다. 『흠영』欽英에는 '고금과체인'古今科體引이라는 제목으로 수록되어 있다.
2. **억양반복抑揚反復**　　문장의 기세를 억제했다가 고조했다가 하기를 여러 번 되풀이하는 수법을 말한다.

題[3]한 다음 마무리하는 것은 먼저 성벽에 올라가 적을 사로잡는 것이요, 함축을 귀하게 여기는 것이란 반백의 늙은이를 사로잡지 않는 것[4]이요, 여운을 남기는 것이란 군대를 정돈하여 개선하는 것이다.

무릇 장평長平의 병졸은 그 용맹이 옛적과 다르지 않고 활과 창의 예리함이 전날과 변함이 없었지만, 염파廉頗가 거느리면 승리할 수 있고 조괄趙括이 거느리면 자멸하기에 족하였다.[5] 그러므로 용병 잘하는 자에게는 버릴 병졸이 없고, 글을 잘 짓는 자에게는 따로 가려 쓸 글자가 없다. 진실로 좋은 장수를 만나면 호미자루나 창자루를 들어도 굳세고 사나운 병졸이 되고, 헝겊을 찢어 장대 끝에 매달더라도 사뭇 정채精彩를 띤 깃발이 된다. 만약 이치에 맞다면, 집에서 늘 쓰는 말도 오히려 학교에서 가르칠 수 있고 동요나 속담도 『이아』爾雅에 속할 수 있을 것이다. 그러므로 글이 능숙하지 못한 것은 글자의 탓이 아닌 것이다.

대저 자구字句가 우아한지 속된지나 평하고 편장篇章의 우열이나 논하는 자들은 모두 변통의 임기응변과 승리의 임시방편을 모르는 자들이다.

---

3. **파제破題**　　당송唐宋 시대에 과거 답안지의 첫머리에서 시제試題의 의미를 먼저 설파하는 것을 말한다. 이는 명청明淸 시대 팔고문八股文에 이르러 고정된 법식이 되었다.

4. **늙은이를 사로잡지 않는 것**　　원문은 '不禽二毛也'인데, 『춘추좌씨전』 희공僖公 22년 조에서 송宋나라 군주는 적이 불리한 처지에 있을 때 공격하는 것을 의롭지 못하다고 여겨 머뭇거리다가 패전한 뒤에 "군자는 부상자를 거듭 상해하지 않고 반백半白의 늙은이를 사로잡지 않는다"(君子不重傷 不禽二毛)고 변명하였다.

5. **장평長平의 …… 족하였다**　　장평은 전국 시대 때에 조趙나라 군사 40만이 진秦나라 장수 백기白起에게 몰살당한 곳이다. 즉 진나라 백기가 조나라를 공격하자 조나라에서는 처음에 명장 염파가 장수로 나와 진나라를 상대로 승리할 수가 있었다. 그러나 진나라의 반간계反間計에 속은 조왕趙王이 염파를 쫓아내고 싸움에 서투른 조괄을 장수로 삼음에 따라, 백기가 이를 이용하여 조나라 군대를 대패시키고 투항한 40만 군사를 구덩이에 묻어 죽였다. 조괄은 조나라의 장군인 조사趙奢의 아들로 병법을 조금 배워서 알게 되자 천하에 자기를 당할 자가 없을 것이라고 늘 자부하고 다녔으므로 아버지 조사로부터 조나라 군대를 망칠 사람은 틀림없이 조괄일 것이라는 주의를 받았다고 한다. 이 글은 똑같은 군대라도 장수가 누구냐에 따라 승패가 갈라짐을 말한 것이다. 『史記』卷81 「廉頗藺相如列傳」

비유하자면 용맹스럽지 못한 장수가 마음에 미리 정해 놓은 계책이 없는 것과 같아서, 갑자기 어떤 제목에 부딪치면 우뚝하기가 마치 견고한 성을 마주한 것과 같으니, 눈앞의 붓과 먹이 산 위의 초목을 보고 먼저 기가 질려 버리고[6] 가슴속에 기억하고 외우던 것이 이미 모래 속의 원학猿鶴이 되어 버린다.[7]

그러므로 글 짓는 자는 그 걱정이 항상 스스로 갈 길을 잃고 요령을 얻지 못하는 데에 있는 것이다. 무릇 갈 길이 밝지 못하면 한 글자도 하필下筆하기가 어려워져서 항상 더디고 깔끄러움을 고민하게 되고, 요령을 얻지 못하면 두루 얽어매기를 아무리 튼튼히 해도 오히려 허술함을 걱정하게 된다. 비유하자면 음릉陰陵에서 길을 잃자 명마인 오추마烏騅馬가 달리지 못하고,[8] 강거剛車가 겹겹이 포위했지만 육라六騾가 도망가 버린 것[9]과 마찬가지이다. 진실로 한마디 말로 정곡을 찌르기를 눈 오는 밤에 채

6. 산 …… 질려 버리고   동진東晉 때에 전진前秦의 부견苻堅이 대군을 이끌고 동진을 공격하였다. 이때 동진의 장수 사석謝石과 사현謝玄 등이 이를 맞아 싸웠는데, 부견이 성에 올라 동진의 군대를 바라보니 진용陣容이 정제되고 군사들이 정예화되어 있었다. 게다가 북쪽으로 팔공산八公山 위를 바라보니 초목들이 마치 동진의 군사로 보여 겁을 먹었다고 한다. 『晉書』 卷114 「苻堅下」

7. 모래 …… 되어 버린다   갈홍葛洪의 『포박자』抱朴子에, "주나라 목왕穆王이 남쪽으로 정벌을 떠났는데 전군이 몰살하여 군자는 원숭이와 학이 되고, 소인은 벌레와 모래가 되었다" 하였다. 즉 아무것도 기억에 남은 것이 없이 다 잊어버린 것을 두고 한 말이다.

8. 음릉陰陵에서 …… 못하고   항우項羽가 유방劉邦의 군사에게 쫓겨 음릉에 이르러 그만 길을 잃게 되자 그곳에서 최후의 일전을 벌였다. 그리고 배를 몰고 자신을 마중 나온 오강烏江의 정장亭長에게 타고 다니던 오추마烏騅馬를 주고 자신은 스스로 목숨을 끊었다. 또한 항우가 사면초가四面楚歌에 처했을 때 지은 시 속에 "시운이 불리하니 오추마도 달리지 않도다"(時不利兮騅不逝)라고 하였다. 『史記』 卷7 「項羽本紀」

9. 강거剛車가 …… 것   한나라 무제武帝 원수元狩 4년 대장군 위청衛靑이 무강거武剛車라는 전차로 진영을 만들고 흉노匈奴를 포위하였으나 흉노의 선우單于가 여섯 마리의 노새가 끄는 육라六騾를 타고 포위망을 뚫고 달아난 사실을 두고 한 말이다. 『史記』 卷111 「衛將軍驃騎列傳」

주蔡州에 쳐들어가듯이,[10] 한마디 말로 핵심을 뽑아내기를 세 차례 북을 울려 관문을 빼앗듯이[11] 할 수 있어야 하니, 글을 짓는 방도가 이 정도는 되어야 지극하다 할 것이다.

친구 이중존李仲存[12]이 우리나라 사람이 지은 고금의 과체科體[13]를 모아 10권으로 편집하고 그 이름을 『소단적치』騷壇赤幟라 했다. 아! 이는 모두 승리를 얻은 병졸이요, 수백 번의 싸움을 치른 산물이다. 비록 그 격식이 동일하지 않고 정교한 것과 거친 것이 뒤섞여 들어갔지만, 각자 승리할 계책을 지니고 있어 아무리 견고한 성이라도 무너뜨릴 수가 있다. 그 예리한 창끝과 칼날이 삼엄하기가 무기고와 같고, 때에 맞춰 적을 제압하는 것이 늘 병법에 맞는다.

앞으로 글을 하는 자들이 이 길을 따라간다면, 정원후定遠侯의 비식飛食[14]과 연연산燕然山에 명銘을 새긴 것[15]이 아마 여기에 있을 것인저, 여기

---

10. **눈 오는 …… 쳐들어가듯이**   당나라 헌종憲宗 때에 오원제吳元濟가 반란을 일으키자 당나라 장수 이소李愬가 눈 오는 밤에 방비가 소홀한 틈을 타 반군의 근거지인 채주蔡州를 불의에 습격하여 오원제를 사로잡았다. 『舊唐書』 卷133 「李愬傳」

11. **세 차례 …… 빼앗듯이**   춘추 시대 노魯나라 장공莊公 10년에 제齊나라가 노나라를 침범하자 조귀曹劌가 장공과 함께 장작長勺에서 제나라 군사와 맞서 싸웠는데, 제나라에서 북을 세 번 울릴 때까지 기다렸다가 적의 힘이 빠진 다음에 제나라를 공격하여 승리를 거두었다. 『春秋左氏傳』 莊公 10年

12. **이중존李仲存**   중존은 연암의 처남인 이재성李在誠의 자이다.

13. **과체科體**   과거 시험에서 보이던 여러 문체의 글을 이른다. 과문科文, 공령功令이라고도 한다.

14. **정원후定遠侯의 비식飛食**   정원후는 후한의 장수 반초班超의 봉호封號이다. 반초가 일개 서생으로 지내고 있을 때 답답한 마음에 어떤 관상쟁이를 찾아갔는데 그가 하는 말이, "제비의 턱에 호랑이의 목을 지니고 있으니 멀리 날아가서 고기를 먹을 것이다. 이는 만리후萬里侯의 관상이다"(燕頷虎頸 飛而食肉 此萬里侯相也)라고 하였다. 그 후 반초는 장수가 되어 서역西域의 흉노匈奴를 정벌하여 정원후에 봉해지고 그가 서역에 있던 31년 동안에 서역의 50여 개국이 모두 한나라에 복속하였다. 이 말은 반초가 멀리 서역에까지 이름을 날리듯 문장의 명성이 멀리 퍼진다는 것을 비유한 것이다. 『後漢書』 卷77 「班超列傳」

에 있을 것인저! 비록 그렇지만 방관房琯의 거전車戰[16]은 앞사람의 자취를
본받았으나 실패했고, 우후虞詡의 증조增竈[17]는 옛법을 역이용하여 승리했
으니, 그 변통하는 방편은 역시 때에 있는 것이요, 법에 있지는 아니한
것이다.

＊　＊　＊

붓과 먹이 날카롭고 글자와 글귀가 날고 뛴다. 이야말로 문예계의
염파廉頗와 이목李牧[18]이라 하겠다.

세상의 이른바 '글제를 고려하여 거기에 꼭 들어맞게 지은 글'이란
것으로 과거科擧를 위한 글을 짓게 되면, 동전을 주조하는 데 납이 섞이
고 철이 섞여서 겉으로는 마치 정련精鍊된 것 같지만, 속을 보면 실은 경
박하고 부실한 것과 같다.[19] 진실로 충분히 고려하고 충분히 꼭 들어맞도

---

15. **연연산燕然山에 …… 것**　후한 때의 거기장군車騎將軍 두헌竇憲이 군사를 이끌고 북벌에 나서
남흉노와 연합하여 계락산稽落山에서 북흉노를 대파하고는 연연산에 올라가 공적비를 세우고 반
고班固로 하여금 '봉연연산명'封燕然山銘을 짓게 하였다. 이 말은 두헌이 비석을 세워 공적을 후
세에 남기듯이 문장의 명성이 오래도록 남겨지는 것을 비유한 것이다. 『後漢書』卷53 「竇憲列傳」
16. **방관房琯의 거전車戰**　방관(697~763)은 당나라 때의 장수이다. 안녹산의 난으로 현종玄宗이
물러나고 숙종肅宗이 즉위하자 방관에게 각군을 모아 장안長安을 수복할 것을 명하였다. 이에 장
안으로 진격하다 함양咸陽에서 적을 만났다. 방관이 직접 중군中軍을 거느리고 춘추 시대의 거전
법車戰法을 흉내내어 소가 끄는 수레 2천 승乘과 보병으로 진을 쳐서 적과 대치하니, 적들이
바람을 이용하여 소리를 지르고 불을 놓아 공격하여 방관의 군이 대패하였다. 『資治通鑑』卷219
「唐紀」
17. **우후虞詡의 증조增竈**　후한後漢 때의 장수 우후가 옛날 손빈孫臏의 전법과 반대로 취사하는
아궁이의 수를 늘려 병력이 증강되는 것처럼 위장한 고사를 말한다. 26쪽 주9 참조.
18. **염파廉頗와 이목李牧**　모두 전국 시대 조趙나라 최고의 명장이다.
19. **속을 …… 같다**　원문은 '內實有參恕處'인데, 의미가 잘 통하지 않는다. 『하풍죽로당집』에 '內
實浮浪'이라 되어 있어 그에 따라 번역하였다.

록 하여 한 글자도 겉도는 말이나 두서없는 말이 없게 할 수 있다면, 이야말로 득의한 고문古文 중에서도 상승上乘(상품上品)일 것이다.

　　주제를 결정하여 글을 엮기를 『울료자』尉繚子에서 병법을 말할 때[20]나 정불식程不識이 군사를 출동할 때[21]처럼 한다면 당연히 공령문功令文(과체문科體文)의 상승이 될 것이다. 편篇마다 이와 같다면 어찌 온 세상 사람들로 하여금 심복하게 하지 않겠는가.[22]

---

20. 『울료자』尉繚子에서 ……때　　울료자는 전국 시대의 병법자인 울료尉繚가 지은 병서로 거기에서 그는 본말本末을 분명히 하고 빈주賓主를 구분하고 상벌賞罰을 명확히 시행할 것을 주장하였다.

21. 정불식程不識이 ……때　　정불식은 전한 때의 명장으로 성품이 강직하고 청렴하였다. 경제景帝 때에 이광李廣과 함께 변방의 태수로서 흉노를 공격하러 출동할 때에 이광과는 달리 군대를 엄중하고도 분명하게 통솔하였다고 한다. 『史記』 卷109 「李廣列傳」

22. 주제를 …… 않겠는가　　단국대 소장 『영대정집』映帶亭集 건乾에는 '낙서'洛瑞 즉 이서구李書九의 평어로 소개되어 있다.

옥새론玉璽論

조趙나라 왕이 화씨和氏의 옥¹을 얻자 진秦나라가 열다섯 성을 주고 바꾸려 하였는데 인상여藺相如²가 속임수임을 알고는 옥을 온전히 보전하여 조나라로 돌아왔다. 그러나 진나라가 제후들을 합병함에 따라 그 옥은 다시 진나라로 들어와 나라를 전하는 옥새가 되었다. 그 옥새에는 "하늘로부터 명을 받았으니 수壽를 다하고 길이 창성하리라"(受命于天 旣壽永昌)는 글이 새겨져 있었다.

이에 대하여 다음과 같이 논한다.

옛날에는 도道로써 나라를 전했는데 지금은 보물로써 나라를 전한다. 태위太尉 주발周勃이 옥새를 손에 넣어 제 것인 양 황제를 기화奇貨로 여겼

---

1. **화씨和氏의 옥**　초楚나라 사람 화씨가 산중에서 발굴하여 왕에게 바쳤다는 귀중한 옥이다. 『韓非子』「和氏」
2. **인상여藺相如**　조趙나라 환관의 사인舍人이었으나, 진秦나라 왕의 야욕에 맞서 화씨의 옥을 지켜 낸 공으로 상대부上大夫가 되었고, 진나라 왕과 조나라 왕의 회동에서 국위國威를 지킨 공으로 상경上卿이 되어, 명장 염파廉頗와 함께 조나라를 지키는 중신이 되었다. 『史記』 卷81 「廉頗藺相如列傳」

으며,[3] 대장군 곽광霍光도 역시 옥새를 손에 넣어 제 것인 양 몸소 임금에게 채워 주기도 하고 몸소 임금에게서 끌러 내기도 하였다.[4] 이로 말미암아 옥새는 천하를 좌우하는 것이 되어서 옥새가 있는 것을 보면 사방에서 일어나 엿보고 노리게 되었다. 더구나 임금이 죽은 비상시국에 내시나 후궁들이 이것을 제 손에 넣어 가지고 제가 좋아하는 자에게 주어 환심을 살지라도 대신들은 그저 '예, 예'하고 복종하며 온 세상 사람들도 감히 이의를 달지 못하게 되었다. 아아! 천하를 전하는 것은 막중한 대사이다. 그런데 어찌하여 한낱 옥새로 신표 삼기를, 마치 현승縣丞이나 현위縣尉 같은 관리[5]가 인끈을 품고 다니듯이 하는가?

무릇 도가 있는 곳에 덕이 모이고, 보물이 있는 곳에 도적이 꾀는 법이다. 그러므로 작은 도적이 집에 들면 큰 도적이 그 길목을 지키는 것이니, 진시황이 애당초 제후에게서 옥새를 겁탈하였기 때문에 아들 호해胡亥가 훔쳐 내는 것[6]을 금할 수 없었으며, 저 진승陳勝, 오광吳廣, 항적項籍[7]의 무리들이 벌써 사방에서 일어나 길목을 지키고 있었다. 그리하여

---

3. 태위太尉 …… 여겼으며   기원전 180년에 여 태후呂太后가 죽고 여씨呂氏들이 반란을 일으키려 하자 태위 주발이 승상丞相 진평陳平과 함께 모의하여 여씨들을 제거한 후, 여 태후에 의해 옹립된 소제少帝 유홍劉弘을 물러나게 하고 고조의 살아 있는 아들 중 가장 나이가 많은 유항劉恒을 황제, 즉 문제文帝로 옹립한 사실을 두고 한 말이다. 『史記』 卷9 「呂太后本紀」

4. 대장군 …… 하였다   기원전 74년에 한나라 소제昭帝가 후사가 없이 죽게 되자 대장군 곽광霍光의 주도로 무제武帝의 손자인 창읍왕昌邑王 유하劉賀를 데려다가 황제로 옹립하였다. 그러나 새 황제가 황음무도荒淫無道하게 행동하자 즉위 27일 만에 폐위시키고 다시 무제의 증손 유순劉詢을 맞아들여 황제, 즉 선제宣帝로 옹립한 사실을 두고 한 말이다. 『漢書』 卷68 「霍光傳」

5. 현승縣丞이나 현위縣尉 같은 관리   현승과 현위는 중국에서 한나라 때 이래 현縣의 장관을 보좌하던 관직이다.

6. 호해胡亥가 훔쳐 내는 것   진시황이 즉위 27년에 죽자 간신 조고趙高가 거짓 조서詔書를 꾸미며 호해를 황제로 즉위시키고, 태자인 부소扶蘇에게 거짓 조서를 내려 보내 변방을 10년 동안 지키면서 아무런 공로도 세우지 못한 점을 들어 자살하게 한 일을 두고 한 말이다.

7. 진승陳勝, 오광吳廣, 항적項籍   진승은 오광과 함께 진秦나라 말에 농민 반란을 일으킨 인물이고, 항적은 곧 항우項羽이다.

아들이 그 아비에게서 훔치기도 하고 아내가 지아비에게서 훔치기도 하고, 종이 주인에게서 훔치기도 하여, 뭇 도적이 집안에 모여들고 병란이 일어나니 옥새로 인한 화가 극에 달하게 되었다.

효원황후孝元皇后가 천하를 왕망王莽에게 내어 주면서도 끝내 단신으로 옥새를 지키려 하였으니,[8] 슬프다! 한낱 옥새의 있고 없음이 천하에 무슨 관계이랴! 그것은 결국 하찮은 부인네의 지혜이니 괴이하게 여길 것이 없지만, 왕망도 어리석다 하겠다. 진실로 운수가 제게 있다면 한낱 옥새에 대해 애쓸 게 어디 있겠는가.

손견孫堅[9]이 의義를 바로잡겠다고 서쪽 장안으로 가서 궁중을 숙청하고 개연慨然히 동맹을 맺어 힘껏 한나라 왕실을 도왔으므로 그 공이 제 환공齊桓公·진 문공晉文公[10]과 같은 수준이라 하겠더니, 옥새를 손에 넣자 사특한 마음이 생겨 결국에는 의로운 일을 끝맺지 못했다. 이로 보면 그 물건이 요망한 것이 아니겠는가.

강좌江左의 임금들[11]이 천자의 적통을 이었으면서도 백판白板의 기롱[12]

8. **효원황후孝元皇后가 …… 하였으니**   효원황후는 한나라 원제元帝의 비妃로, 왕망의 고모였다. 태황태후太皇太后가 되자 왕망에게 국정을 맡겼으나, 왕망은 한 왕조를 멸망시키고 신新나라를 세운 뒤 효원황후에게 강청하여 한나라의 전국새傳國璽를 넘겨받았다. 『前漢書』 卷98 「元后傳」
9. **손견孫堅**   오吳나라 황제가 된 손권孫權의 아버지로, 한나라 말 때 의병을 일으켜 원술袁術과 함께 간신 동탁董卓을 토벌했다. 동탁의 군대가 퇴각하면서 불을 지른 장안에 입성했을 때 우물에서 한나라의 전국새를 찾아내었다고 한다. 『三國志』 卷46 「吳志」 1 孫堅 이 옥새의 행방에 관해서는 여러 설이 있다. 오나라의 소유물이 되었다고 하기도 하고, 원술이 손견의 부인에게서 이를 탈취했으나 다시 한나라 헌제獻帝의 수중에 들어갔다가 선위하면서 위魏나라 문제文帝에게 넘겨졌다고도 한다.
10. **제 환공齊桓公·진 문공晉文公**   춘추 시대 제후들의 맹주盟主가 되었던 이른바 오패五覇의 대표적 인물들이다.
11. **강좌江左의 임금들**   강동江東, 즉 양자강 동쪽 지역에 세워진 동진東晉의 황제를 가리킨다.
12. **백판白板의 기롱**   백판은 관직을 임명할 때 원래는 인장印章을 찍어야 하는데 사정이 생겨 임명판任命板에 아무 인장도 찍지 않은 것을 이른다. 서진西晉이 망하고 강동江東에 동진東晉이 들어섰으나 옥새를 잃어버려 한동안 옥새가 없는 황제가 있게 되었다. 북위北魏 사람들이 이를 두고 백판천자白板天子라 놀려 댔다.

을 부끄러워했으니, 천자이면서도 백판을 부끄러이 여긴다면 이것은 옥새가 고신告身(임명장)이 되는 것이고 황제는 하사받은 관직이 되는 것이다. 이는 사해만국四海萬國이 존숭하는 지위를 옥새가 비천하게 만든 셈이니 어찌 너무도 가소로운 일이 아니겠는가. 천하를 차지한 사람도 본시 옥새로 인하여 흥한 것은 아니니, 옥새가 천하에서 상서祥瑞가 되기에 족하지 못한 것이 분명하다.

　나라가 망하는 날 혹 옥새를 목에 걸고 항복하기도 하고 선위禪位하는 즈음에는 혹 옥새를 받들어 바치기에 바빴으니, 그 흉하고 상서롭지 못함이 이 물건보다 더한 것이 없다. 그것이 나라를 망하게 하는 물건이라고 하면 옳겠거니와, 나라를 일으키는 보물이라고는 나는 생각하지 않는다. 뒷날 천하를 전하는 사람은 응당 그 상서롭지 못한 물건을 부숴 버려서[13] 도적의 마음을 막아 버리고, 두 손 모아 머리 숙여 절하면서 공경스레 소리 높여 말하기를 "정밀하고 전일하게 살펴서 그 중中을 잡으라"[14] 하고, 여러 제후와 벼슬아치들은 모두 관 쓰고 제자리에서 두 손 모아 머리 숙이면서 "천명天命은 일정함이 없어 덕 있는 자를 돌아보나니 유념하소서, 임금님이시여!" 하여야 한다고 본다.

＊　＊　＊

　주장을 세운 것이 준엄하고 올바르다. 옥새의 내력을 말한 부분은

---

13. 응당 ····· **부숴 버려서**　　원문은 '壞其不祥之器'로 되어 있으나, 김택영 편 『중편연암집』과 승계문고본 등에는 '宜壞其不祥之器'라 하여 '宜' 자를 보충하였다. 후자를 취해 번역하였다.

14. 정밀하고 ······ **잡으라**　　『서경』「대우모」大禹謨에, 순임금이 우임금에게 왕위를 전하면서 "인심은 위태롭고 도심은 미약하니 오직 정밀하고 전일하게 살펴서 진실로 그 중中을 잡으라"(人心惟危 道心惟微 惟精惟一 允執厥中) 한 데에서 나온 말이다.

의론議論 같기도 하고 서사敍事 같기도 하여 종횡무진 변화가 많은 가운데 비분강개한 심정을 머금었고, 끝맺는 부분도 매우 전아하고 엄밀하니 요 컨대 더 이상 손댈 곳이 없는 문장이라 하겠다.

옛날에 남에게 물건을 바칠 때에는 가벼운 것을 무거운 것보다 먼저 바쳤으니, 4장의 소가죽을 12마리 소보다 먼저 보낸 일[15] 같은 것이 그 예이다. 주발周勃 이하는 그래도 옥새를 천하보다 앞서 바쳤는데 효원황후는 그렇지 않아서 천하를 바칠망정 옥새는 바칠 수 없다 여겼으니, 이 는 귀중히 여기는 것이 옥새에 있고 천하는 도리어 가벼이 여긴 것이다. 이 어찌 하찮은 부인네의 지혜가 아니겠는가! 저 왕망은 상자를 짊어졌 을 뿐만 아니라 꽁꽁 잠그고서도[16] 오히려 끝내 자기에게 돌아오지 않을 까 근심하여 급급히 겁탈하여 차지했으니, 이는 욕심이 오직 옥새에 있 는 것이다.

도가 이미 없어졌으니 천하의 가장 큰 보물은 옥새가 되었다. 어떻 게 옥새를 손에 넣을 수 있는가 하면 도적질밖에는 없으니, 도장 꼭지가 이지러지고 모서리가 부려져도 큰 도적은 그치지 않는다. 그러나 "수를 다하고 길이 창성하리라"(旣壽永昌)라고 새겨진 것 또한 왕왕 진흙 모래나 무너진 언덕 사이에서 번갈아 나오기도 하니, 헛갈리고 의심스러워 진짜 인지 가짜인지 분별할 수 없다.

옥새가 화를 끼침이 오래도록 그치지 않으니, 누가 천하를 위하여 이

---

15. **4장의 …… 일**　춘추 시대 노魯나라 희공僖公 33년에 진秦나라 군대가 활滑 땅에 이르자 정鄭나라 상인 현고弦高가 소가죽 4장을 먼저 예물로 보내고 소 12마리를 나중에 보내어 군사들을 먹였다. 『春秋左氏傳』「僖公」 33年

16. **왕망은 …… 잠그고서도**　왕망은 신新나라의 황제가 된 뒤 종묘에 나아가 애장哀章이란 자가 위조한 옥새를 담은 금궤金櫃를 배수拜受하였다. 『前漢書』 卷99上 「王莽傳」

물건을 깨뜨려 그 화의 근원을 영원히 끊을 것인가. 저 오계五季[17]의 구름 일 듯 어지럽던 시대에 옥으로 만든 옷을 입고 벽옥을 품고 다닌 임금들이 일찌감치 이 글을 읽었더라면 소중히 여길 것이 옥새에 있지 않음을 알고 보물로 여기는 대상을 바꿀 수도 있었을 것이다. 그리하여 연성連城의 보배[18]를 까치에게 던져 버렸을 것이다.[19]

17. 오계五季　오대五代라고도 하며, 중국 역사상 가장 분열이 심하고 왕조의 교체가 짧은 기간에 자주 일어난 시기로 당唐나라가 망하고 송宋나라가 들어서기 이전의 약 50년간의 시대를 말한다. 이 시기의 왕조로는 후량後梁(907~923), 후당後唐(923~936), 후진後晉(936~946), 후한後漢(946~950) 후주後周(950~959)가 있다.

18. 연성連城의 보배　연성벽連城璧 또는 연성옥連城玉이라고 하는데, 여러 성과 맞바꿀 만한 가치를 지닌 진귀한 옥이란 뜻으로 화씨벽和氏璧을 달리 부른 말이다. 여기서는 화씨벽으로 만든 옥새를 가리킨다.

19. 까치에게 던져 버렸을 것이다　『염철론』鹽鐵論 「숭례」崇禮에, "남월에서는 공자으로 문고리를 만들고, 곤산 주변에서는 박옥을 까치에게 던진다"(南越以孔雀珥門戶 崐山之旁以玉璞抵烏鵲)고 하였는데, 곤산에는 옥이 많이 생산되어 다른 지방에서 귀하게 여기는 옥을 이곳에서는 아주 하찮게 취급한다는 말이다.

김 유인金孺人 사장事狀[1]

아아! 고대의 전기傳記에 실려 있는 절부節婦와 열녀烈女들은 명예를 성취하기는 마찬가지이나 의리를 단행한 방식은 사뭇 달랐다. 무릇 의義를 지키는 것을 절節이라 하고, 절을 세우는 것을 열烈이라 한다. 그러므로 절은 의에 비하면 그 뜻이 한결 쓰라리고, 열은 절에 견주면 그 행적이 더욱 심각하다. 이를테면 하후씨夏侯氏가 귀를 자름으로써 그 마음이 변치 않을 것을 맹세한 일[2]이나 왕응王凝의 아내가 팔을 자름으로써 그 몸을 깨끗이 한 것[3]은 대개 불행한 일을 당하여 어쩔 수 없는 처지에 놓여 있

---

1. **김 유인金孺人 사장事狀** 　유인은 벼슬하지 못한 선비의 부인으로서 작고한 이에게 붙이는 존칭이다. 사장은 행장行狀이라고도 하는데, 여기서는 예조禮曹에 정려旌閭를 청하기 위해 지은 글이다.
2. **하후씨夏侯氏가 …… 일** 　하후씨는 삼국 시대 위魏나라 조상曹爽의 종제從弟인 조문숙曹文叔의 아내이자 하후문녕夏侯文寧의 딸로서 이름은 영녀令女이다. 문숙이 젊은 나이에 요절하자 자식도 없는 자신을 친정에서 재가시키려 할 것을 염려하여 처음에는 머리를 잘랐다가 그래도 재가를 서두르자 이번에는 칼을 가져와 두 귀를 잘라 버렸다. 『小學』 卷6 「善行」
3. **왕응王凝의 …… 것** 　중국 오대五代 시대에 왕응이란 관리가 병으로 임지에서 죽자 부인 이씨李氏가 남편의 유해를 짊어지고서 고향으로 돌아가다가 개봉開封의 한 여관에 들었다. 여관의 주

었기 때문에 그렇게 한 것이니, 그 의가 꼭 심각하려고 기약한 것이 아니었으나 저절로 혹독해진 것뿐이다.

우리나라 민속으로는 한 지아비를 좇으며 일생을 마치는 것[4]이 바로 상법常法이어서, 비록 누항의 서민으로 빈천하여 의지할 곳 없는 처지라 하더라도 청상과부로 지내면서 백발이 되도록 제힘으로 살아간다. 이를 옛날의 의로 따져 본다면 절부가 아닌 사람이 없다. 이것은 우리나라 수천 리 강역과 나라 세운 400년 동안에 회청대懷淸臺[5]를 마을마다 쌓을 수 있고, 의를 지킨 것을 기리는 정문旌門이 집집마다 세워질 수 있을 정도이다.

그러니 삼종지도三從之道[6]를 민간에 권할 것조차 없으며, 미타靡他의 맹세[7]를 사족士族들 간에 논의할 바도 못 된다. 그런데도 슬픔은 기부杞婦[8]보

인이 숙박을 거절하고는 이씨의 팔을 잡아 밖으로 끌어내자 이씨는 "여자의 몸으로 절개를 지키지 못하고 이 손이 다른 남자에게 잡히고 말았구나. 손 하나 때문에 내 몸 전체를 더럽힐 수는 없다" 하고는 도끼로 자기의 팔을 잘랐다고 한다. 『新五代史』 卷54 「雜傳」

4. 한 지아비를 …… 것   원문은 '從一而終'인데, 『주역』 「항괘」恒卦 육오六五의 상사象辭에 나오는 말이다.

5. 회청대懷淸臺   회청대는 진시황이 파촉巴蜀의 과부인 청淸이란 여인을 기리기 위하여 지은 누대 이름이다. 그녀는 과부가 된 뒤에도 가업을 계승하고 재산을 잘 지켜 남에게 침탈을 당하지 않았으므로 진시황이 정부貞婦라 하여 예우하고 그녀를 위해 여회청대女懷淸臺를 지었다고 한다. 『史記』 卷129 「貨殖列傳」

6. 삼종지도三從之道   여자가 지켜야 하는 세 가지 도리, 즉 출가하기 전에는 아버지를 따라야 하고 시집가서는 남편을 따라야 하고 남편이 죽게 되면 아들을 따라야 하는 것을 이른다.

7. 미타靡他의 맹세   죽을지언정 다른 사람에게 시집가지 않겠다는 맹세를 이른다. 『시경』 용풍鄘風의 「백주」柏舟는, 위衛나라 세자 공백共伯이 일찍 죽고 그의 아내인 공강共姜이 절개를 지키려 하였는데, 그녀의 부모가 이를 막고 재가를 시키려 하자 공강이 자신의 의지를 노래한 시라고 한다. 이 말은 그 시의 첫 장에, "둥둥 떠 있는 저 잣나무 배여, 황하 가운데에 있도다. 저 다팔머리 드리운 분이시여, 실로 나의 짝이시니, 죽을지언정 맹세코 다른 사람에게 가지 않으리라. 하늘 같은 어머님이, 이토록 사람 마음 몰라 주시는가"(汎彼柏舟 在彼中河 髧彼兩髦 實維我儀 之死矢靡他 母也天只 不諒人只) 한 데에서 나온 말이다.

8. 기부杞婦   전국 시대 제齊나라 사람인 기량杞梁의 처를 가리킨다. 기량이 전쟁에 나가서 죽어 돌아오자 그의 아내가 그 시체를 성 아래에다 놓고 열흘 동안 슬피 통곡을 하였더니 그 성이 무너졌다고 한다. 『列女傳』

다 때로 심하고, 예의를 지키는 것은 송희宋姫[9]보다 더욱 엄하여, 저절로 심각해진 의는 대촉待燭[10]보다 지나치고, 남편을 따라 죽으려는 뜻은 붕성崩城[11]보다 더욱 절실하다. 물불의 위험에 뛰어들기를 즐거운 곳에 달려가듯이 하며, 독약을 마시거나 목매달아 죽는 것을 유쾌한 일인 듯 여긴 연후에라야 마침내 하늘 같은 지아비에게 진성盡性[12]한 셈이 되고, 비로소 그 절의를 나타낸 것이 된다.

슬프다! 그 덕행이 엄하고 혹독하고 사무치고 매섭기가 저와 같은 사람이 있는데도, 군자는 오히려 부모로부터 받은 몸을 손상하지 않고 즐거운 마음으로 의를 지킨 경우를 유감스럽게 여기기도 하니, 어찌 소위 죽음 앞에서 취한 기개 있는 행동과 차분한 행동에는 행하기가 어렵고 쉬운 차이가 있어서가 아니겠는가. 근일 오씨吳氏의 아내 김 유인金孺人이 죽음으로써 의를 성취한 것은 성명性命[13]의 바름을 얻었다고 하겠으며, 군자가 어렵게 여기는 행동이란 점에서도 아무런 유감이 없다.

유인孺人의 아버지는 작고한 군수 아무개인데 사계沙溪(김장생金長生) 선생의 후손이다. 유인은 예교를 중시하는 학자 집안에서 태어나 어려서부터 타고난 성품이 남달랐다. 단정하고 장중하고 부드럽고 조심하여 반드

---

9. **송희宋姫**　송나라 백희伯姫를 가리킨다. 노魯나라 선공宣公의 딸로 송나라 공공恭公에게 시집간 지 7년 만에 과부가 되었다. 어느 날 백희의 집에 화재가 나서 사람들이 불을 피하라고 권하자 "여자의 의義는 보모가 없으면 밤에 방에서 나가지 않는다"고 대답하고는 보모를 기다리다 불에 타 죽었다. 이에 『춘추』에서는 그녀가 정절을 지킨 것을 높이 평가하여 "송나라에 화재가 생겨 송나라 백희가 졸하였다"라고 특별히 기록하였다. 『春秋胡氏傳』 「魯 襄公」 27년 5월
10. **대촉待燭**　앞의 송나라 백희의 고사에서 나온 것으로, 촛불을 들고 보모를 기다린 것을 가리킨다.
11. **붕성崩城**　기부杞婦가 슬피 통곡하자 성이 무너진 고사를 이른다. 142쪽 주8 참조.
12. **진성盡性**　타고난 도덕적 품성을 다 발휘하는 것을 말한다. 『중용장구』 제22장에 "오직 천하의 지극한 성실이라야 그 본성을 다할 수 있다"(唯天下至誠 爲能盡其性)고 하였다.
13. **성명性命**　타고난 성질과 운명을 말한다. 『주역』 「건괘」乾卦 단전象傳에 "하늘의 도가 점차 변화함에 따라 만물은 각각 자신의 성명을 바르게 실현한다"(乾道變化 各正性命)고 하였다.

시 예에 맞게 행동하였으며, 맑고 빼어나고 높고 조촐하여 한 점 티끌에
도 물들지 않았다. 성년이 되기 전부터 모두들 여중군자女中君子라고 칭찬
하였는데, 마침내 충의의 집안에서 신랑감을 택하여 선비인 오윤상吳允常
에게 출가하였다. 윤상은 현임 대제학 재순載純[14]의 맏아들인데 온화하고
행동이 독실하여 온 나라 사람들이 칭찬하는 바였으며, 옛사람을 숭모하
여 힘써 나아감에 세상에서 짝할 사람이 드물더니, 유독 내외간에 아름
답고 착함으로 짝이 되어 대대로 벼슬한 가문들의 모범이 된 지 20여 년
이었다.

윤상이 죽자 유인은 애통해함이 도를 넘지 않았으며 염하고 입관할
때 쓰는 수의와 이불을 손수 재봉하니, 집안사람들이 처음에는 그가 따
라 죽을 뜻이 초혼招魂하던 날에 이미 굳어져 있음을 깨닫지 못하였다.
성복成服을 하자마자 시부모에게 청하여, 처소를 밀실로 옮기고 이로부터
는 이불을 쓰고 누워 다시는 하늘의 해를 보려 하지 않았으며 다른 사람
과 말도 하지 않고 물 한 모금 미음 한 술도 입에 넣지 않았다. 시부모
가 울며 거듭거듭 타이르면 마지못해 슬픈 빛을 거두고 몇 모금 마시고
는 곧바로 생강탕을 복용하여 위장의 작용을 제거하니 날이 갈수록 목숨
이 꺼져 갔다. 주위 사람들이 비록 그가 창졸간에 마음대로 행동하지 않
으리라는 것은 알고 있었지만, 보이지 않게 목숨이 사그라지는 것은 누
가 지키고 막는다고 해서 어찌할 수 있는 일이 아니었다.

시댁 쪽의 한 부인이 마음 돌리기를 바라고 달래며 말하기를,

"시부모님은 이미 늙으셨네. 자네가 따라 죽는 것도 옳은 일이나 남
편의 평소 효성을 어찌 생각하지 않는가? 죽은 사람의 마음을 거듭 슬프

---

14. **재순載純**   오재순(1727~1792)은 호가 순암醇庵으로, 정조 때 대제학을 네 번이나 맡았고
이조 판서에 열 번이나 임명되었다. 당대의 저명한 문장가였으며, 연암이 존경한 선배였다. 그
는 3남을 두었는데 그중 장남 윤상은 포의로 지내다가 1783년 음력 10월에 향년 38세로 사망했다.

게 하지 말게."

하니, 유인이 울며,

"내 어찌 그것을 생각하지 않으리오마는 동서 둘이 있으니 봉양을 맡길 곳이 있습니다."

하였다.

그리고는 시집올 때의 의상을 꺼내어 세탁하고 새로 꿰매어 수의를 갖추게 하고는, 마침내 시부모에게 인사를 올리고 집안사람에게 두루 영결을 고하고 얼굴 씻고 머리 빗기를 겨우 마치더니 마치 기름 다한 등잔이 꺼지듯 목숨을 거두었다. 이 소식을 듣고는 모두들 탄식하고 슬퍼하여 눈물 흘리며,

"열녀로다, 이 사람이여! 기어코 죽었구나."

하였다.

대개 사람들을 감복시키는 훌륭한 평판이 근거가 있음이 이와 같으니, 아아, 유인 같은 이는 차분한 가운데 의를 취득하였으며, 뜻을 완수한 날에 몸을 온전히 하여 돌아갔다고 말할 수 있을 것이다. 사림士林에서 의리를 사모하는 자들이 모두 서로 전하여 이 일을 널리 세상에 알릴 계획을 하는데도 오씨吳氏와 김씨金氏 양가에서 굳이 막고 기어이 사양하였으니, 대개 죽은 사람의 뜻을 어길까 싶어서이다. 이런 까닭으로 그 숨은 선행과 그윽한 지조가 열에 하나도 알려지지 않았지만 사람들의 감격함이 이와 같으니, 어찌 인간된 도리로서 그만둘 수 있는 일이겠는가.

옛날에 남녀 간에 서로 경계하는 말이 여항閭巷 민요의 가사에 지나지 않더라도 그것이 성정性情에서 우러나와 교화에 보탬이 된다면, 민간의 시를 채집하는 관리가 나라에 바치고 음악을 맡은 관리가 거문고의 노래에 올렸던 것은, 이로써 사방을 감동시키고 백성을 감발하게 하자는 때문이었다. 지금 김씨가 성취한 바는 이와 같이 우뚝하여 성상의 교화를 빛나게 함이 있으니, 어찌 민요에서 채집되어 거문고의 노래에 올려

전할 뿐이겠는가. 아, 우리 벼슬하는 관리들과 의관을 갖춘 선비들이 입을 모아 한목소리로 집사執事[15]에게 달려가 아뢰는 바이다.

15. **집사執事** 판서判書에 대한 경칭으로, 여기서는 예조 판서를 가리킨다.

열녀 함양 박씨전烈女咸陽朴氏傳 병서幷序

제齊나라 사람의 말에, "열녀는 지아비를 두 번 얻지 않는다" 하였으니,[1] 이를테면 『시경』 용풍鄘風 「백주柏舟[2]의 시가 바로 이것이다. 그러나 『경국대전』經國大典에 "개가改嫁한 여자의 자손은 정직正職에는 서용敍用하지 말라"고 하였으니,[3] 이것이 어찌 일반 백성과 무지한 평민들을 위하여 만들어 놓은 것이랴.

마침내 우리 왕조 400년 동안 백성들이 오랫동안 앞장서 이끄신 임금님들의 교화에 이미 젖어, 여자는 귀하든 천하든 간에, 또 그 일족이

1. **제齊나라 …… 하였으니** 제나라의 현자 왕촉王蠋이 제나라를 침략한 연燕나라가 자신을 장수로 기용하겠다는 제안을 거부하면서 한 말이다. 그는 "충신은 두 임금을 섬기지 않고 정숙한 여자는 지아비를 두 번 얻지 않는다"(忠臣不事二君 貞女不更二夫)는 말을 남기고 자결했다. 『史記』 卷82 「田單列傳」
2. **「백주」柏舟** 142쪽 주7 참조.
3. **『경국대전』經國大典에 …… 하였으니** 정직正職은 문무반文武班의 정식 벼슬을 가리킨다. 『경국대전』 「이전」吏典 경관직京官職 조에 "실행失行한 부녀와 재가再嫁한 부녀의 소생은 동반직東班職과 서반직西班職에 서용하지 못한다"고 하였다. 이 규정은 정조正祖 9년(1785) 『경국대전』과 『속대전』續大典 등을 통합하여 편찬한 『대전통편』大典通編에도 그대로 실려 있다.

미천하거나 현달했거나 간에 과부로 수절하지 않음이 없어 드디어 이로써 풍속을 이루었으니, 옛날에 칭송했던 열녀는 오늘날 도처에 있는 과부들인 것이다.

심지어 촌구석의 어린 아낙이나 여염의 젊은 과부와 같은 경우는 친정 부모가 과부의 속을 헤아리지 못하고 개가하라며 핍박하는 일도 있지 않고 자손이 정직에 서용되지 못하는 수치를 당하는 것도 아니건만, 한갓 과부로 지내는 것만으로는 절개가 되기에 부족하다 생각하여, 왕왕 한낮의 촛불처럼 무의미한 여생을 스스로 끝내 버리고[4] 남편을 따라 죽기를 빌며 물에 빠져 죽거나 불에 뛰어들어 죽거나 독약을 먹고 죽거나 목매달아 죽기를 마치 낙토를 밟듯이 하니, 열녀는 열녀지만 어찌 지나치지 않은가!

예전에 이름난 벼슬아치 형제가 있었다. 장차 남의 청환淸宦[5]의 길을 막으려 하면서 어머니 앞에서 이를 의논하자, 어머니는,

"그 사람에게 무슨 허물이 있기에 이를 막으려 하느냐?"

하고 물었다. 아들들이 대답하기를,

"그 윗대에 과부된 이가 있었는데 그에 대한 바깥의 논의가 자못 시끄럽기 때문입니다."

하였다. 어머니가 깜짝 놀라며,

"그 일은 규방의 일인데 어떻게 알았단 말이냐?"

하자, 아들들이 대답하기를,

---

4. **한낮의 …… 버리고**   과부의 신세를 흔히 '한낮의 촛불'에 비겼다. 한낮에 켠 촛불이 희미하여 빛을 발휘하지 못하듯이, 과부의 여생이란 외롭고 고달프기만 하고 아무런 의미가 없음을 말하여, '주촉여생'晝燭餘生이니 '주촉혈연'晝燭孑然이니 하는 등의 표현을 쓴다.

5. **청환淸宦**   봉록은 많지 않으나 명예롭게 여겨졌던 홍문관, 예문관, 규장각 등의 하위 관직을 가리킨다. 학식과 문벌을 갖춘 인물에 한하여 허용되었다.

"풍문風聞이 그렇습니다."

하였다. 어머니는 말하였다.

"바람이란 소리는 있으되 형체가 없다. 눈으로 보자 해도 보이는 것이 없고, 손으로 잡아 봐도 잡히는 것이 없으며, 허공에서 일어나서 능히 만물을 들뜨게 하는 것이다. 어찌하여 무형無形의 일을 가지고 들뜬 가운데서 사람을 논하려 하느냐? 더구나 너희는 과부의 자식이다. 과부의 자식이 오히려 과부를 논할 수 있단 말이냐? 앉거라. 내가 너희에게 보여줄 게 있다."

하고는 품고 있던 엽전 한 닢을 꺼내며 말하였다.

"이것에 테두리가 있느냐?"

"없습니다."

"이것에 글자가 있느냐?"

"없습니다."

어머니는 눈물을 드리우며 말하였다.

"이것은 너희 어미가 죽음을 참아 낸 부적이다. 10년을 손으로 만졌더니 다 닳아 없어진 것이다. 무릇 사람의 혈기는 음양에 뿌리를 두고, 정욕은 혈기에 모이며, 그리운 생각은 고독한 데서 생겨나고, 슬픔은 그리운 생각에 기인하는 것이다. 과부란 고독한 처지에 놓여 슬픔이 지극한 사람이다. 혈기가 때로 왕성해지면 어찌 혹 과부라고 해서 감정이 없을 수 있겠느냐?

가물거리는 등잔불에 제 그림자 위로하며[6] 홀로 지내는 밤은 지새기도 어렵더라. 만약에 또 처마 끝에서 빗물이 똑똑 떨어지거나 창에

---

6. 제 그림자 위로하며   원문은 '弔影'인데, '형영상조'形影相弔라 하여 아무도 없고 자신의 몸과 그림자만이 서로를 위로한다는 뜻으로 의지할 데 없는 외톨이 신세를 표현한 말이다.

비친 달빛이 하얗게 흘러들며, 낙엽 하나가 뜰에 지고 외기러기 하늘을 울고 가며, 멀리서 닭 울음 소리도 들리지 않고 어린 종년은 세상 모르고 코를 골면 이런저런 근심으로 잠 못 이루니 이 고충을 누구에게 호소하랴.

그럴 때면 나는 이 엽전을 꺼내 굴려서 온 방을 더듬고 다니는데 둥근 것이라 잘 달아나다가도 턱진 데를 만나면 주저앉는다. 그러면 내가 찾아서 또 굴리곤 한다. 밤마다 늘상 대여섯 번을 굴리면 먼동이 트더구나. 10년 사이에 해마다 그 횟수가 점차 줄어서 10년이 지난 이후에는 때로는 닷새 밤에 한 번 굴리고, 때로는 열흘 밤에 한 번 굴렸는데, 혈기가 쇠해진 뒤로는 더 이상 이 엽전을 굴리지 않게 되었다. 그런데도 내가 이것을 열 겹이나 싸서 20여 년 동안이나 간직해 온 것은 엽전의 공로를 잊지 않으며 때로는 스스로를 경계하기 위해서였다.”

말을 마치고서 모자는 서로 붙들고 울었다. 당시의 식자識者들은 이 이야기를 듣고서,

“이야말로 열녀라고 이를 만하다.”

고 했다.

아! 그 모진 절개와 맑은 행실이 이와 같은데도 당시 세상에 알려지지 않고 이름이 묻혀 후세에도 전해지지 않은 것은 무엇 때문인가? 과부가 의를 지켜 개가하지 않는 것이 마침내 온 나라의 상법常法이 되었으므로, 한번 죽지 않으면 과부의 집안에서 남다른 절개를 보일 길이 없기 때문이다.[7]

내가 안의 현감으로 정사를 보던 이듬해 계축년(1793, 정조 17)의 어느

---

7. 제齊나라 …… 때문이다   이 부분이 「열녀 함양 박씨전」의 서문에 해당된다.

달 어느 날이다. 밤이 새려 할 무렵 내가 잠이 살짝 깼을 때, 마루 앞에서 몇 사람이 낮은 목소리로 소곤거리다가 또 탄식하고 슬퍼하는 소리를 들었다. 무슨 급히 알릴 일이 있는 모양인데, 내 잠을 깨울까 두려워하는 듯하였다. 그래서 내가 목소리를 높여,

"닭이 울었느냐?"

하고 묻자 좌우에서,

"이미 서너 머리 울었습니다."

라고 대답했다.

"밖에 무슨 일이 있느냐?"

"통인通引[8] 박상효朴相孝의 조카딸로서 함양咸陽으로 출가하여 일찍 홀로 된 이가 그 남편의 삼년상을 마치고 약을 먹어 숨이 끊어지려 하니, 와서 구환해 달라고 급히 연락이 왔사옵니다. 그런데 상효가 마침 숙직 당번이라 황공하여 감히 사사로이 가지 못하고 있습니다."

나는 빨리 가 보라고 명하고, 늦을 녘에 미쳐서,

"함양의 과부가 소생했느냐?"

고 물었더니, 좌우에서,

"이미 죽었다고 들었습니다."

하는 것이었다. 나는 길게 탄식하며,

"열녀로다, 그 사람이여!"

라고 하고 나서 뭇 아전들을 불러 놓고 물었다.

"함양에 열녀가 났는데, 본시 안의 출신이라니 그 여자의 나이가 방금 몇 살이나 되고, 함양의 뉘 집에 시집갔으며, 어려서부터 심지와 행실은 어떠했는지 너희들 중에 아는 자가 있느냐?"

---

8. **통인**通引　수령의 잔심부름을 하던 아전을 말한다.

그러자 뭇 아전들이 한숨지으며 나아와 아뢰었다.

"박녀朴女의 집안은 대대로 이 고을 아전입니다. 그 아비 이름은 상일相一이온대, 일찍 죽었고 이 외동딸만을 두었습니다. 어미 역시 일찍 죽어서 어려서부터 그 조부모에게서 자랐사온대 자식된 도리를 다하였습니다.

열아홉 살이 되자 출가하여 함양 임술증林述曾의 처가 되었는데, 그 시댁 역시 대대로 고을 아전입니다. 술증이 본디 약하여 한 번 초례醮禮를 치르고 돌아간 지 반년이 채 못 되어 죽었습니다. 박녀는 지아비상을 치르면서 예禮를 극진히 하였고, 시부모를 섬기는 데도 며느리된 도리를 다해 두 고을의 친척과 이웃들이 그 어짊을 칭찬하지 않는 이가 없었는데, 오늘 이러한 일이 있고 보니 과연 그 말이 맞습니다."

어느 늙은 아전이 감개하여 말하였다.

"박녀가 아직 시집가기 몇 달 전에 '술증의 병이 이미 골수에 들어 부부 관계를 맺을 가망이 만무하다 하니 어찌 혼인 약속을 물리지 않느냐'는 말이 있었습니다. 그 조부모가 넌지시 박녀에게 일러 주었으나 박녀는 잠자코 대답하지 않았습니다.

혼인 날짜가 박두하여 여자의 집에서 사람을 시켜 술증의 상태를 엿보게 하였더니, 술증이 비록 용모는 아름다우나 노점勞漸(폐결핵)에 걸려 콜록콜록거리며 버섯이 서 있는 듯하고 그림자가 걸어 다니는 것 같았으므로, 집안에서는 모두 크게 두려워하여 다른 중매쟁이를 부르려고 하였습니다. 그러자 박녀가 정색을 하고 말하기를 '전날 재봉한 옷들은 누구의 몸에 맞게 한 것이며, 누구의 옷이라 불렀던 것입니까? 저는 처음 지은 옷을 지키기를 원합니다' 하기에 집안에서는 그 뜻을 알고 마침내 기일을 정한 대로 사위를 맞이했으니, 비록 명색은 혼례식을 치렀다 하나 사실은 끝내 입혀 보지 못한 옷만 지켰다고 합니다."

얼마 후 함양 군수인 윤광석尹光碩 사또가 밤에 이상한 꿈을 꾸고 느낀 바가 있어 열부전烈婦傳을 지었고, 산청 현감山淸縣監 이면제李勉齊[9] 사또도 박녀를 위해 전傳을 지었으며, 거창居昌의 신돈항愼敦恒은 후세에 훌륭한 글을 남기고자 하는 선비였는데, 박녀를 위하여 그 절의의 전말을 엮었다.

생각하면 박녀의 마음이 어찌 이렇지 않았으랴! 나이 젊은 과부가 오래 세상에 남아 있으면 길이 친척들이 불쌍히 여기는 신세가 되고, 동리 사람들이 함부로 추측하는 대상이 됨을 면치 못하니 속히 이 몸이 없어지는 것만 못하다고.

아! 슬프구나. 성복成服을 하고도 죽음을 참은 것은 장사 지내는 일이 남아 있었기 때문이요, 장사를 지내고도 죽음을 참은 것은 소상小祥이 있었기 때문이요, 소상을 지내고도 죽음을 참은 것은 대상大祥이 있었기 때문이었다. 대상이 끝이 났으니 상기喪期가 다한 것이요, 한날 한시에 따라 죽어 마침내 처음 뜻을 완수했으니 어찌 열녀라 아니 할 수 있겠는가.

---

9. **이면제李勉齊** 원문은 '李侯勉齊'라고 되어 있는데, 후侯는 고대 중국의 제후에 해당한다는 뜻으로 사또에 붙이는 경칭이다. 원문에는 이면제의 '齊' 자가 '齋' 자로 되어 있으나, 여러 이본들에 따라 바로잡았다. 『사마방목』司馬榜目에 의하면 이면제는 1743년생으로, 1783년 진사 급제하였다.

연암집

【 제2권 】

연상각선본
煙湘閣選本

삼종질三從姪 종악宗岳 이 정승에 제수됨을 축하하고 이어 시노寺奴 문제를 논한 편지[1]

지원趾源이 젊었을 때 심병心病[2]을 앓은 적이 있었습니다. 어느 날 불현듯, 온 세상 부인들이 첫아이를 낳으면서 너무도 지쳐 정신이 가물가물한 상태에서 만일 잠결에라도 젖이 아이의 입을 틀어막으면 어찌할 것인가 걱정이 되어 밤중에 일어나 방황하며 몸 둘 곳을 몰라 했었지요.

그런데 지금은 늘그막에 한 고을 원이 되어 5천 호의 중남중녀衆男衆女를 맡아 기르게 되니, 이들은 맹자孟子의 이른바 '적자'赤子요, 노자老子의 일컬은 바 '영아'嬰兒인 셈입니다.[3] 영아란 한번 떼가 나면 손으로 제 머

---

1. **삼종질三從姪이 …… 편지** 박종악朴宗岳(1735~1795)은 자가 여오汝五, 호는 창암蒼巖이다. 항렬로는 연암의 9촌 조카뻘이나 나이는 2세 연상이다. 영조英祖 대에 문과에 급제하여 주로 청현직清顯職을 지냈으며, 정조正祖 즉위 초에는 홍국영洪國榮을 비판하다 파직되어 오랫동안 관직에서 떠나 있었다. 1790년에 다시 관직에 나아가 경기 관찰사, 충청도 관찰사를 거쳐 1792년 음력 1월에 우의정에 제수되었다. 이 글은 이때 보낸 편지이다. 시노寺奴는 관청에 소속된 공노비를 이른다.
2. **심병心病** 마음속의 근심 걱정으로 인해 생긴 병을 말한다. 『주역』 「설괘전」說卦傳에 "감괘坎卦는 …… 사람에 대해서는 근심을 더함이 되고, 심병이 된다"(坎 …… 其於人也 爲加憂 爲心病)고 하였다.

리칼을 쥐어뜯고, 한번 울음을 터뜨리면 누워서 발을 버둥거리는데, 남들이 아무리 온갖 방법으로 달래 보아도 그 옹알대는 소리가 무슨 말이며 제 의사가 어디에 있는지 알아내지 못하지만, 자상한 제 어미만은 능히 이를 잘 살펴서 알아듣고 미리 짐작해서 그 뜻을 알아맞힙니다. 이에, 처음 해산한 어미는 자나 깨나 하는 생각이 오로지 안절부절 젖을 물리는 데에 있기 때문에 소리도 냄새도 없는 속에서도 묵묵히 듣고 꿈속에서도 거기에 마음을 쓰고 있는 줄을 비로소 알았습니다. 이야말로 지성至誠이 아니고야 될 수 있겠습니까.

나는 스스로 생각하기를, 원이 된 첫솜씨치고는 그다지 심한 허물은 없었다 여겼는데, 시노寺奴 300구口에 이르러서는 생각하고 생각할수록 배가 끓고 등이 후끈거려서 30년 전의 심병이 되살아난 듯합니다.

일찍이 들으니 노비를 추가로 찾아내어 정해진 액수額數를 채울 적에 단지 두목頭目[4]이 밀봉해서 바치는 공초供招에만 의거하고 있는데, 그가 추가로 찾아내어 채운 자는 모두 외손의 외손들이며 그 노비에게 보증을 서 준 자 또한 모두 외가의 외가 쪽 사람들이라 합니다. 대대로 벼슬하는 가문들도 팔세보八世譜[5]를 만들 수 있는 경우는 흔치 않으니, 대개 씨족이 자주 바뀌고 고거攷據가 자상치 못하기 때문입니다. 하물며 시골구석의 무지한 백성들이야 허다히 제 아비의 이름도 기억하지 못하는데 어떻게 이리저리 외가 쪽으로 뻗어 나간 소생의 근원을 알겠습니까. 이런

---

3. 맹자孟子의 …… 셈입니다 『맹자』 「이루 하」離婁下에 "대인은 적자의 마음을 잃지 않는 사람이다"(大人者不失其赤子之心者也)라고 했는데 그 주에 "대인은 임금을 말한다. 임금이 백성을 응당 적자처럼 대한다면 민심을 잃지 않게 됨을 말한 것이다"라고 풀이하였다. 『노자』老子 제49장에 "성인聖人은 항상 사심이 없다, 백성의 마음으로 제 마음을 삼는다. …… 성인은 모든 백성을 갓난아이처럼 여긴다"(聖人無常心 以百姓心爲心 …… 聖人皆孩之)고 하였다.
4. 두목頭目 관청의 노비를 통솔하는 두목 노비를 이른다. 노비 10구口마다 1구를 택하여 두목으로 정했다.
5. 팔세보八世譜 8대의 조상까지 기록한 족보를 이른다.

정도의 친인척은 비록 사대부의 경우일지라도 마상馬上에서 서로 한 번 읍揖이나 하는 정도로 충분한 관계인데, 종신토록 그에 얽매여 가산을 탕진하고야 말 것을 좋아할 사람이 어디 있겠습니까.

정말로 이자들을 이 고을에 정착하게 했다면 사실인지 아닌지 명단을 조사해서 검열한다는 것이 그래도 말이 되겠지만, 다른 고장으로 종적을 감추어 몰래 공포貢布[6]를 바치고, 일찍이 본명을 숨겨 생사 여부도 정확하지 않으니, 아무리 장부를 점검하여 끝까지 조사하려 해도 그럴 수 없는 형편입니다. 혹 죽은 자가 다시 살아나기도 하고, 계집이 사내로 탈바꿈하기도 하고, 시집도 안 갔는데 그 소생을 따지고, 가짜로 이름을 만들었는데 진짜로 현신現身하라 독촉하기도 하니, 두목이 당도하는 곳마다 사람들을 꼬이고 협박해서 그로 인연하여 농간을 부리게 됨은 형세상 필연적인 일입니다.

이 폐단이 백골징포白骨徵布,[7] 황구첨정黃口簽丁[8]보다 더 심하건만 그래도 억울함을 드러내 호소하지 못하고, 고통이 뼛속에 사무쳐도 오히려 남이 알까 두려워 아무도 모르게 뇌물을 바치고 이웃에게도 스스로 숨기는 터입니다. 속담에 이른바 '동무 몰래 양식 낸다',[9] '병 숨

6. 공포貢布　　지방에 거주하는 공노비가 신역身役 대신 나라에 바치던 베를 말한다. 영조 때 노奴는 베 1필, 비婢는 반 필로 공포를 삭감하였으며, 나아가 비의 공포를 폐지하였다. 1801년(순조 1) 공노비가 해방되면서 공포의 징수도 완전 폐지되었다.
7. 백골징포白骨徵布　　조선 시대에 이미 죽은 사람을 생존해 있는 것처럼 명부에 등록해 놓고 강제로 군포軍布를 징수하던 일을 이른다.
8. 황구첨정黃口簽丁　　조선 시대에 다섯 살 미만의 젖내 나는 사내아이를 군적軍籍에 올려 군포를 징수하던 일을 이른다.
9. 동무 몰래 양식 낸다(隱旅添粮)　　여행 비용으로 양식을 추렴하는데 길동무 모르게 내어 아무도 그 사실을 모른다는 뜻으로, 힘만 들고 생색이 나지 않는 경우를 비유한 것이다. 『송남잡지』松南雜識에도 '諱伴出糧'이라 하여 같은 속담이 소개되어 있다. 정약용丁若鏞의 『이담속찬』耳談續纂에도 '동무 몰래 양식 내면서 제 양식은 계산 않는다'(諱伴出粻 不算其糧)는 속담이 소개되어 있다.

기고 약 구한다', '가려운 데는 안 가리키고 남더러 긁어 달란다'는 격입니다. 이 어찌 절박하여 부득이하고 지극히 난처한 사정이 그 사이에 끼어들어 있는 것이 아니겠습니까.

때문에 조금이라도 노비안奴婢案[10]에 관련되기만 하면 딸 다섯을 두었더라도 사위로 들겠다는 사람이 하나도 없어, 머리가 하얗도록 생과부로 한을 품은 채 일생을 마치니 천지 음양의 화기和氣를 손상함이 또한 어떻다 하겠습니까. 수령이 이 문제로 죄를 얻는 경우가 전후로 종종 있었지만 이는 덮어 두고라도, 다만 국가를 위하여 천지의 화기를 맞아들이고 임금의 은택을 펴자면 빨리 이 폐단을 바로잡는 길밖에 없을 것입니다.

지금 저는 단지 안의安義 한 고을만 특히 심하다고 말하는 것이 아닙니다. 이 고을이 이와 같을진댄 다른 고을도 알 만하며, 한 도道가 이와 같을진댄 팔도에 대해서도 상상할 수 있을 것입니다. 이제 명공明公[11]께서 감사監司 자리로부터 들어와 새로 정승의 자리에 올랐으니 응당 이 일을 반드시 눈으로 겪어 본 바라, 그것이 폐단의 근원이 됨을 반드시 익히 살핀 바 있으리니 곧 임금을 연석筵席[12]에서 뵈올 때의 첫 진언陳言은 이보다 중요한 문제가 없을 줄로 압니다.

구구한 마음에 오로지 천하의 근심을 남보다 먼저 근심해 주기[13]를 깊이 바라는 바입니다. 모某[14]는 두 번 절하고 올립니다.

---

10. **노비안奴婢案**　　노비의 호적으로, 20년마다 대추쇄大推刷하여 정안正案을 작성하고, 3년마다 소추쇄小推刷하여 속안續案을 만들었다.
11. **명공明公**　　명성과 지위를 갖춘 사람에 대한 존칭이다.
12. **연석筵席**　　임금이 학문을 닦는 경연經筵을 말한다. 정승은 경연의 영사領事를 겸하였으며, 경연이 끝난 뒤 그 자리에서 임금과 정치 문제를 협의하였다.
13. **천하의 …… 근심해 주기**　　원문은 '先天下之憂而憂'인데, 송宋나라 범중엄范仲淹의 「악양루기」岳陽樓記에 나오는 유명한 구절이다.
14. **모某**　　자신을 가리키는 겸칭이다.

김 우상金右相 이소履素 에게 축하하는 편지[1]

백성들의 신망을 받고 있는 분이라 임금께서도 실로 그에 부응하시니 정승에 제수되던 날 저녁에 온 조정이 모두 감동하였거니와, 유독 이 백열柏悅[2]의 소회로서는 더욱더 이마에 두 손을 얹고 축하드리지 않을 수 없습니다.

지금 합하閤下(정승에 대한 존칭)의 집안에 4대代에 걸쳐 정승이 다섯 분 나오셨습니다. 정승의 지위와 중임은 일찍이 예전이라서 더 높고 오늘이라서 손색이 있는 것이 아닙니다. 굳이 멀리 역사책에서 찾을 것 없이 가까이 가정의 모범을 본받는다면 이야말로 백성들의 복이 될 것입니다.

---

1. 김 우상金右相에게 축하하는 편지　　김이소金履素(1735~1798)는 자가 백안伯安, 호는 용암庸庵, 본관은 안동安東이며, 노론 4대신의 한 사람인 김창집金昌集의 증손이다. 연암과는 약관 시절부터 친구였다. 영조 대에 문과에 급제하여 대사헌, 이조 판서를 거쳐 정조 대에 우의정과 좌의정에 올랐다. 이 글은 그가 1792년 음력 10월 우의정에 제수되었을 때 보낸 편지이다.
2. 백열柏悅　　가까운 친구의 좋은 일에 대하여 함께 기뻐하는 것을 말한다. 육기陸機의 「탄서부」歎逝賦에 "참으로 소나무가 무성하니 잣나무가 기뻐하고, 아! 지초가 불에 타니 혜초가 탄식하네"(信松茂而柏悅 嗟芝焚而蕙歎)라는 말에서 유래하였다. 『文選』 卷16

화폐의 가치에 대해서 제 나름의 견해가 있기에 별지別紙에 기록하오니, 직위를 벗어난 참람되고 망녕된 말이라 책하지 말아 주시면 다행이겠습니다. 이만 줄입니다.

별지別紙[3]

오늘날 백성의 근심과 국가의 계책은 오로지 재부財賦(재화와 부세)에 달려 있다. 우리나라는 배가 외국과 통하지 않고 수레가 국내에 다니지 않기 때문에 생산된 재부는 항상 일정한 수량이 있어, 관에 있지 않으면 민간에 있게 된다. 그런데 공사간公私間에 다 고갈이 되고 상하가 모두 곤란을 겪고 있는 것은 무엇 때문인가? 이재理財하는 방법이 제 길을 얻지 못한 까닭이다.

대저 화폐의 가치가 높아지면 물건의 가치는 떨어지고 화폐의 가치가 떨어지면 물건의 가치는 높아진다. 물가가 오르면 백성과 나라가 함께 병들고 물가가 떨어지면 농민과 상인이 함께 해를 입는 것이다.

역대 조정에서 화폐의 가치가 떨어질 것을 염려하여 이전에 엽전을 주조했으나 그나마 잠시 시행하다 이내 중지되었다. 진실로 포화布貨(베)와 저화楮貨(지폐)는 비록 싸지만 다시 비싼 은화銀貨가 있어서 비싸고 싼 것 사이에 절충할 수 있었다.

무릇 위의 세 가지 화폐는 모두 백성의 손에서 나오는 것이므로

---

3. **별지別紙**　김택영金澤榮 편 『연암집』과 『중편연암집』에는 「천폐의」泉幣議 또는 「상김우상이소천폐의」上金右相履素泉幣議라는 제목으로 별도로 수록되어 있다.

빨리만 만들어 내면 넉넉히 돌아갈 수 있는 것이다. 반면에 엽전은 사사로이 만드는 화폐가 아니고 관의 공급에 의존하고 있다. 당시 만든 양이 많지 않았을 뿐 아니라 민간에 보급된 것도 미처 두루 퍼지지 못했으므로, 백성들이 엽전의 사용을 불편하게 여긴 것은 실로 이 때문이었던 것이다.

그러므로 재부를 잘 다스리는 데에는 다른 방법이 있는 것이 아니다. 화폐의 가치를 헤아려 물가를 조절하며, 막힌 것은 소통시키고 넘치는 것은 막아서, 화폐의 가치가 너무 오르거나 떨어지지 않도록 함으로써 물건이 지나치게 비싸지거나 지나치게 싸지는 경우를 막는 것이다.

엽전이 세상에 통행된 지 113년이 지났다.[4] 중앙에서는 호조戶曹, 진휼청賑恤廳, 오군영五軍營[5]과 지방에서는 팔도八道, 양도兩都,[6] 통영統營에서 대체로 각기 재차 혹은 3, 4차 주전鑄錢하였다. 그 만든 연도 및 수효는 해당 관청에 비치되어 있으므로 한번 조사하면 곧 알 수 있을 것이다. 현재 엽전이 관에 비축된 것이 얼마인지 파악하면 민간에 있는 것을 그에 따라 추정해 낼 수 있다. 백 년 사이에 마멸되거나 파손된 것, 물과 불에 손실된 것 등이 없지 않을 것이므로 대강 따져서 이를 제해도 관과 민간에 있는 현재 엽전의 총계는 적어도 수백만 냥이 될 것이다. 이를 엽전이 처음 사용되었을 때와 비교하면 아마 10배도 더 되는 양이다. 그럼에도 대소간에 황급해하면서 모두 돈 걱정을 않는 자 없으며, 심지어는 나라 안에 돈이 없다고도

---

4. **엽전이 …… 지났다**　숙종 4년(1678)에 상평통보常平通寶를 주조한 일을 두고 한 말이다.
5. **오군영五軍營**　훈련도감訓鍊都監, 총융청摠戎廳, 수어청守禦廳, 어영청御營廳, 금위영禁衛營을 말한다.
6. **양도兩都**　강도江都와 송도松都, 즉 강화부江華府와 개성부開城府를 가리킨다.

한다. 왜 이렇게 되었는가?

아! 엽전의 이름을 '상평통보'常平通寶라 부른 것은 항상 물건과 균형을 유지하고자 함이다. 백성이 엽전을 사용한 지 오래되매 늘 보고 늘 써 왔기 때문에 다른 화폐는 무시하고 아울러 은화까지도 쓰지 않게 되었다. 그리하여 엽전만 날마다 늘어나 물가는 날마다 오르게 되었고 모든 거래에 있어 엽전이 아니면 안 되게 되었다. 화폐의 흐름이란 기울어진 데로 쏟아지게 마련이다. 그러니 물가가 오르면 돈이 어찌 거기에 쏟리지 않겠는가! 예전에 한 푼 두 푼으로 살 수 있었던 것이 혹은 서 푼 너 푼으로도 부족한 실정이다. 지금 엽전으로 물건과 균형을 유지하려면 몇 배가 들게 되었으니 이 어찌 엽전이 천해지고 화폐가 값싸진 명백한 증거가 아니겠는가! 그런데도 국내의 재부에 대해 논하는 자들은 모두 '돈이 귀하기 때문에 물가도 따라서 오른다' 하니 어찌 생각을 못 함이 이다지도 심한가!

또한 은은 재부로서 으뜸가는 화폐이며 세상에서 모두 보물로 여기는 것이다. 그런데 이전에 민간 습속이 엽전에만 익숙하고 은화에는 익숙하지 않아서 은이 드디어 한낱 물건으로만 취급되고 화폐에는 들지 않게 되었다. 북경北京의 시장에서 팔지 않으면 곧 무용지물과 같은 것이다. 하정賀正, 동지冬至, 재력賫曆, 재자賫咨[7] 등의 사신 행차에 휴대하는 포은包銀[8]이 매년 적어도 10만 냥은 될 것이니, 10년을 합계하면 100만 냥이나 되는 것이다. 이로써 조달하여 실어

---

7. **하정賀正, 동지冬至, 재력賫曆, 재자賫咨**　'하정'은 정월 초하룻날 새해를 축하하러 중국으로 가는 사행이고, '동지'는 동짓날을 축하하러 가는 사행이며, '재력'은 중국으로부터 역서를 받아 오는 것이고, '재자'는 중국과의 외교문서인 자문咨文을 가지고 왕래하는 것을 이른다.
8. **포은包銀**　사행使行의 여비 조달을 위해 인삼 열 근씩 담은 꾸러미 여덟 개 즉 팔포八包를 가져가도록 하다가 인삼 대신 그 값에 상당하는 은銀을 가져가도록 했는데, 이를 포은이라 한다.

서 돌아오는 것이란 한갓 털모자일 뿐이다.[9] 털모자는 한 해 겨울
만 지나도 해져 못 쓰는 것이다. 천 년이 가도 부서지지 않는 보
물을 들고 가서 한 해 겨울에 해져 못 쓰는 것을 바꿔 오고, 산천
에서 캐내는 한정이 있는 재화를 실어서[10] 한번 가면 다시 못 올
땅으로 보내 버리니 천하의 졸렬한 계책이 이보다 더한 것이 없다
하겠다.

　간접적으로 들건대 국내에 당전唐錢(청나라 동전)을 통용시켜 전황錢
荒(화폐 부족 현상)을 구제하기로 하고 이번 동지사 편에 들여오도록 허
락하였다[11] 하는데, 이는 결코 옳은 계책이 아니다. 엽전은 바람, 서
리, 홍수, 가뭄 등의 재해를 받는 것도 아닌데, 어찌 곡식이 큰 흉년
을 만난 것처럼 '황'荒이라 일컫는가. '황'이라 일컫는 까닭은 돈길이
너무도 혼잡해져서 마치 벼논에 우거진 잡초를 제거하지 않은 것과
같다는 뜻이다.

---

9. **이로써 …… 뿐이다**　『열하일기』「일신수필」馹汛隨筆 7월 22일 조를 보면, 영원위寧遠衛 지나
산해관山海關 조금 못 미처 중후소中後所란 곳에 대규모 털모자 공장이 셋이나 있으며 사신 행차
에 동행한 우리나라 의주義州 상인들이 그곳의 생산품을 대량 수입해 간다고 하면서, 그로 인한
은화 유출을 비판하였다. 중후소의 털모자 공장에 관해서는 김창업金昌業과 홍대용洪大容 등의
연행록에도 소개되어 있다.
10. **산천에서 …… 실어서**　원문은 '載採山有盡之貨'인데, 승계문고본에는 '載採山川有盡之貨'로 되
어 있다. 이어지는 대구對句 '輪之一往不返之地'를 감안하면 후자처럼 1구가 여덟 자로 되어야 옳
다. 또한 박제가의 『북학의』北學議 은조銀條에도 이와 유사한 "以山川有限之材 輪一往不返之地"라
는 구절이 있어 이를 참조하여 번역하였다. 단 『열하일기』「일신수필」 7월 22일 조에는 "以採山
有限之物 輪一往不返之地"라 하여 '山川'이 아니라 '山'으로 되어 있다.
11. **국내에 …… 허락하였다**　정조 16년(1792) 10월 은銀 부족에 따라 포은을 채우지 못하게 된
역관들의 생계 대책과 전황錢荒 해소를 위해 청나라 동전을 수입하기로 하자 평안 감사 홍양호
洪良浩가 이에 반대하는 상소를 올렸는데, 그가 우려한 대로 청나라가 『대청회전』大靑會典에 동
철銅鐵의 외국 유출을 금한다는 규정을 들어 불허함에 따라 동전 수입이 실현되지는 못했다. 『正
祖實錄』 16년 10월 6일·19일, 17년 2월 22일

중국의 산해관山海關 바깥 지역에서 문은紋銀[12] 1냥으로 동전 7초鈔를 교환해 준다고 한다. 1초는 163푼으로 한 꿰미가 되니, 우리나라 엽전으로 기준을 삼아 보면 1냥의 은이면 대개 엽전 11냥 4돈 1푼을 얻을 수 있으니 거의 10배의 이익을 보는 것이다. 모든 운반비를 제하더라도 5, 6배의 이익은 된다. 저 역관들은 한갓 자기들의 목전의 이익만 탐하고 국가의 장구한 계책은 알지 못하여, 수십 년 이래 밤낮 오직 당전의 통용을 소원하고 있다. 이는 그야말로 '화살 가는 데따라 과녁 세우기'나 '언 발에 오줌 누기'와 다를 바 없다.

우리나라의 화폐가치가 하락함에 따라 온갖 물가가 뛰어오르고 있는데, 어찌 외국의 조악한 화폐를 들여다가 통화의 유통을 스스로 흐리게 한단 말인가. 털모자는 오히려 서민들의 방한의 용구인데도 은으로 바꾸어 오는 것이 불가하거늘, 하물며 역관배들의 일시적인 조그만 이익을 위해서 팔도에서 산출되는 귀중한 은을 쓸어다가 북경의 시장에다 밑 빠진 독을 만들어 쏟아 붓는단 말인가. 그 이해득실은 환히 알기 쉬워 굳이 지혜 있는 자에게 물어볼 것도 없이 명백한 것이다.

오늘날의 계책으로는 먼저 돈길을 맑게 하고 우선 은화가 북쪽으로 들어가는 문을 막는 것밖에 없다.

어떻게 돈길을 맑힐 것인가?

우리나라에서 엽전을 사용한 이래로 구전舊錢보다 좋은 것이 없다. 구전은 모두 견고하고 중후하며 글자체도 분명하였는데, 임신·계유 연간[13]에 금위영禁衛營, 어영청御營廳, 훈련도감訓鍊都監에서 동시에 엽

---

12. **문은紋銀**　청나라에서 화폐로 쓰이던 은을 이른다. 말굽 모양이라 하여 마제은馬蹄銀이라고도 부른다.

13. **임신·계유 연간**　각 군영의 경비 조달을 이유로 중앙의 세 영문營門으로 하여금 전년부터 주조하게 한 상평통보 44만 4천 냥의 주조가 임신년(1752, 영조 28) 7월 1일 완료되었다. 당시 주조된 동전은 원료 부족 때문에 크기가 약간 축소된 중형中型 상평통보였다.

전을 주조하면서 느닷없이 옛 방식을 바꾸어 납과 철을 많이 섞은
데다 두께가 너무 얄팍해서 손만 대면 쉬이 부서질 정도였다. 그리
하여 엽전 중에서도 가장 나쁜 것으로 간주되어 맨 먼저 돈의 재앙
을 만들었으니, 물가가 치솟은 것은 실로 그때부터였던 것이다. 그
후 계속 만들 때마다 그 크기가 갈수록 줄어들어, 지금의 신전新錢[14]
과 함께 섞어서 꿰미를 만들면 신전은 구전의 테두리 안으로 들어가
서 돈을 세기가 어렵게 되었으니, 돈의 난잡함이 이 때문에 더욱 심
해졌다.

지금 옛날의 오수전五銖錢과 삼수전三銖錢의 제도[15]를 모방해서 어
디서든 현재 있는 구전 한 닢을 신전 두 닢에 해당하도록 하고, 일
제히 돈꿰미를 바꾸면 대소가 즉시 구분될 것이니 새로 돈을 주조하
는 번거로움을 겪지 않고도 앉아서 백만 냥을 얻을 수 있다. 비록
크고 작은 돈을 함께 통행시키더라도 가치의 경중에 따라 달리 쓰면
민심을 거스르지 않고 화폐가 잘 유통될 것이다. 임신·계유 연간에
세 영문營門에서 주조한 엽전은 큰 것도 구전만 못하고 작은 것은 신
전과 맞지 않아 이미 격식에 어긋나고 형체마저 너무 얇고 졸렬하니
모두 통용을 정지시켜 저자에 들어오지 못하게 하면 돈길이 맑아질
것이다.

은화가 빠져나가는 것은 어떻게 막을 것인가?

---

14. **지금의 신전新錢** 　정조 9년(1785) 7월 정언 이민채李敏采가 상소하여 전황 대책을 건의한
것을 계기로 호조에서 주관하여 상평통보 67만 냥을 새로 주조하게 하였다.

15. **오수전五銖錢과 삼수전三銖錢의 제도** 　오수전이 처음 통행될 때 이전에 있던 삼수전과 차등
을 두고 교환되었던 사실을 말한다. 오수전은 무게가 5수銖로서 한漢나라 무제武帝 원수元狩 5년
(기원전 118)에 처음으로 주조되어 위진남북조魏晉南北朝, 수隋나라 때까지 통용되다 당唐나라 건
국 초에 폐지되었다. 삼수전은 오수전에 앞서 한나라 무제 건원建元 1년(기원전 140)에 처음으로
주조되었으나 무게가 너무 가벼워 위조하기 쉬웠으므로 4년 뒤에 주조가 정지되었다.

관과 민간에 소장되어 있는 토산의 은괴를 그냥 부숴서 화폐로 삼지 말고, 모두 호조로 바치게 해서 일률로 닷 냥, 열 냥으로 크고 작은 덩어리를 만들어 천마天馬나 주안朱雁[16]의 모양을 박아서 원 소유주에게 돌려주는 동시에 10분의 1의 세를 받는다. 그리고 교역한 당전은 국내에 들이지 못하게 하고 의주義州에 유치시켜 두었다가, 뒤에 나가는 사행의 노자에 충당시킬 것이다.

무릇 사행의 수행원도 마땅히 긴요치 않은 인원은 감해야 할 것이다. 서장관書狀官의 경우에 그 소임이 외교의 임무를 맡은 것도 아니요 직분이 종사從事[17]와도 다른데, 그 식량이며 마부와 말 등 일체 번다한 비용은 따로 사신 한 사람의 몫이 들며 잡심부름하는 하인들을 많이 대동하고 양방兩房[18]에 의존하여 취사를 해결한다. 그가 가고 오는 것은 본래 중국 측에서 알 바 아닌데도 무릇 잔치를 베풀고 상을 하사하는 자리에서 전례에 따라 염치없이 대접을 받고 있으니, 매우 부당한 일이요 이리 보나 저리 보나 구차스럽기 짝이 없다. 세 명의 대통관大通官(벼슬이 높은 역관) 이외에 무릇 압물종사押物從事는 모두 감원함이 옳고, 사자寫字, 도화圖畫, 의관醫官의 직임은 정사正使와 부사副使의 수행 비장神將들에 분배시키며, 기타 무상종인無賞從人[19]과 의주 상인은 일체 엄금하고, 무역하는 데 있어서는 약재 이외에는 일체 함부로 내가지 못하게 한다면 변경의 관문이 엄중해지고 국내에 은화가 저절로 풍족하게 될 것이다.

---

16. **주안朱雁**　붉은색의 기러기로 서조瑞鳥의 하나이다.
17. **종사從事**　원래 여러 가지 직책을 가리키나, 여기서는 사행의 실무를 맡은 관원을 말한다. 예컨대 방물 호송을 맡은 관원을 압물종사押物從事라 한다.
18. **양방兩房**　정사正使와 부사副使를 가리킨다. 정사를 상방上房, 부사를 부방副房이라 한다.
19. **무상종인無賞從人**　응상종인應賞從人과 달리, 청나라 황제로부터 상을 하사받는 명단에 들지 못하는 비공식 수행원을 가리킨다.

　시국에 절실한 말로서 한漢나라 가산賈山[20]과 당唐나라 육지陸贄[21]와 같은데, 문장을 지은 것은 도리어 더욱 고아古雅하고 간결하다.

---

20. 가산賈山　　전한前漢 때의 인물로, 문제文帝가 백성들이 사사로이 돈을 주조하는 것을 금지하는 법령인 도주전령盜鑄錢令을 폐지하자 가산이 글을 올려 강력히 반대하였는데, 그 말이 매우 격절激切하여 문제가 끝내 처벌하지 못하였다고 한다.

21. 육지陸贄　　754~805. 당나라 때의 인물로, 덕종德宗 초에 한림학사가 되어 주자朱泚의 반란이 일어나자 황제의 조서를 작성하였는데 그 내용이 간절하여 무인들조차 조서를 읽고 눈물을 흘리며 감동했다고 한다. 그 후 재상이 되어 폐정弊政을 논하고 가혹한 조세제도를 혁파하는 데에 노력하였다. 그가 황제에게 올린 글들이 『육선공주의』陸宣公奏議라는 책으로 남아 있는데 그 글이 대부분 시국에 절실한 내용들로 되어 있다.

현풍현玄風縣 살옥殺獄의 원범을
잘못 기록한 데 대해 순찰사에게 답함[1]

'사람이 급소를 맞으면 주먹 한 방, 발길질 한 번으로도 그 자리에서 죽을 수 있다'는 것은 이미 법률 조문에서 논한 바 있거니와, 이번에 김복련金福連이 유복재兪福才를 치사致死한 사건은, 그 뇌후腦後,[2] 인후咽喉, 양과兩胯[3] 등 여러 곳에 다친 흔적이 극히 낭자하여, 상처의 치수를 재어서 합쳐 보면[4] 거의 두어 자에 이르니 시장屍帳(검시 기록)을 살펴보건대 다시 의논할 여지가 없습니다. 다만 그 정범正犯의 확정에 있어, 초검初檢에서는 삭손朔孫에게 무게를 두었으나, 복검覆檢에서는 복련으로 논단하였으니, 간

---

1. **현풍현玄風縣 …… 답함**   1792년(정조 16) 연암은 안의 현감으로 부임하는 길에 감영에 들렀다가 당시 경상 감사 정대용鄭大容의 부탁으로 도내의 의심스러운 옥사들을 심리하는 일을 맡아 이를 공정하게 처리했다고 한다. 이 편지를 비롯하여 『연암집』 권2에 수록된 옥사에 관한 편지 4통은 모두 이 일로 경상 감사에게 자신의 의견을 피력한 글들이다. 『過庭錄』 卷2
2. **뇌후腦後**   정수리의 숨구멍 자리인 백회百會의 뒤쪽을 말한다.
3. **양과兩胯**   두 넓적다리 사이 부분, 즉 샅을 말한다.
4. **상처의 …… 합쳐 보면**   원문은 '分寸之地'인데, 검시할 때 영조척營造尺이나 관척官尺으로 상처의 길이와 깊이가 몇 푼分 몇 촌寸인지 재는 것을 말한다. 10푼이 1촌이고, 10촌이 1자(尺)이다.

증看證[5]이 앞뒤로 진술을 달리한 점을 보면 임기응변으로 잘못을 감싸려는 의도가 없지 않습니다.

복련은 곧 삭손의 아비요, 삭손은 바로 복련의 자식입니다. 아무리 살인죄수라 할지라도 윤리는 있는 법인데 부자간에 그 죄를 서로 떠넘기다니 과연 어떤 인간들입니까? 판정 자체의 경중은 오히려 부차적인 일이라 하겠습니다.

바야흐로 죽기 살기로 싸우면서 주먹과 발길이 마구 오가면 비록 이웃 사람이라도 당연히 머리를 풀어뜨린 채로 달려와서 싸움을 말릴 터인데, 그 자식 된 자가 아무리 '배가 아파 아랫목에 드러누워 있었다'고 말하지만 어찌 방문을 굳게 닫고 있었을 리가 있겠습니까. 일의 곡직曲直과 싸우게 된 연유를 누구에게 물어볼 필요도 없이, 분김에 몸을 돌보지 않고 주먹을 불끈 쥐고 뛰어 나가서 제 힘껏 협공하여 아비를 위험에서 구하는 것이 인지상정일 것입니다. 성난 주먹 아래 비록 당장 상대가 죽어 넘어지더라도 제 몸을 스스로 묶고 관청에 자수하여 살인범이 되기를 청하기에도 겨를이 없겠거늘, 어찌 부자가 죽음을 다투는 마당에 이같이 느긋하게 있었겠습니까?

시골구석의 어리석은 백성이 망녕되이 부자가 함께 살아날 꾀를 내어 이같이 이랬다저랬다 하고 진술한 것이니, 정상을 참작하여 죄를 판정할진대 우발적인 살인의 죄는 작고, 꾸며서 둘러댄 죄는 크다 하겠습니다. 과연 가까운 이웃이 증언한 바와 같다면, 싸움터에 나아가 용기가 없는 것도 오히려 효도가 아니라고 일컬었거늘[6] 하물며 불반병不反兵의 원

---

5. 간증看證   간증干證, 즉 범죄에 관련된 증인을 말한다.
6. 싸움터에 …… 일컬었거늘   『예기』禮記 「제의」祭義에서 증자曾子가 효孝에 대하여 제자인 공명의公明儀에게 말하기를, "몸이라는 것은 부모가 남겨주신 유체遺體이니, 부모의 유체를 움직임에 어찌 감히 신중하지 않겠는가. 행동거지를 장중하게 하지 않는 것은 효가 아니며, 임금을 섬기면서 충성하지 않는 것은 효가 아니며, 관직에 나아가 신중하지 않는 것은 효가 아니며, 붕우 사이

수[7]와 만나 싸움에 있어서겠습니까.

　복검에서 원범元犯(주범)이 뒤바뀐 것은 풍속과 교화에 크게 관계되는 일이니 삭손이 사실을 자백하기 전에는 이 옥사가 바로될 수 없습니다. 각별히 조사해서 다시 주범과 종범을 가려내야만 실로 옥사를 신중히 다루는 도리에 합당할 것입니다.

❊　❊　❊

　가히 편언절옥片言折獄[8]이라 하겠다.

─────────

에 신의를 지키지 않는 것은 효가 아니며, 싸움터에 나아가 용맹하지 않는 것은 효가 아니다. 이 다섯 가지를 실천하지 못하면 그 비난이 부모에게 미칠 것이니, 어찌 신중하지 않겠는가"(身也者 父母之遺體也 行父母之遺體 敢不敬乎 居處不莊 非孝也 事君不忠 非孝也 莅官不敬 非孝也 朋友不信 非孝也 戰陳無勇 非孝也 五者不遂 灾及其親 敢不敬乎) 하였다. 원문에서 '전진무용'戰陣無勇의 '陣' 자가 『예기』에는 '陳'으로 되어 있으나, 뜻은 같다.

7. **불반병不反兵의 원수**　불반병은 집으로 돌아가서 병기를 찾지 않는다는 말로, 언제나 병기를 몸에 지니고 있다가 상대를 만나면 그 자리에서 죽이려 든다는 뜻이다. 『예기』「곡례 상」曲禮上에 "아버지의 원수는 한 하늘을 함께 이지 않고 반드시 죽이며, 형제의 원수는 집으로 돌아가서 병기를 찾지 않으며, 벗의 원수와는 같은 나라 안에서 살지 않는다"(父之讐 弗與共戴天 兄弟之讐 不反兵 交遊之讐 不同國) 하였다.

8. **편언절옥片言折獄**　한마디 말로 판정을 내림을 말한다. 『논어』「안연」顏淵에서 공자가 자로子路에 대하여 "한마디 말로 옥사를 판정할 수 있는 자는 아마도 자로일 것이다"(片言可以折獄者 其由也與)라고 하였다.

밀양密陽 김귀삼金貴三의 의옥疑獄[1]에 대해
순찰사에게 답함

예로부터 의옥이 한이 있겠습니까마는, 밀양 사람 김귀삼이 그 사위 황
장손黃長孫을 치사케 했다는 사건은 의혹이 극심한 경우라 하겠습니다. 초
검에서는 실인實因(사망 원인)을 '스스로 목을 매어 죽은 것'이라 하였고, 복
검에서의 실인도 역시 '스스로 목을 매어 죽은 것'이라 했는데, 이번의
삼검三檢에서는 갑자기 강요당했다는 뜻의 '피핍'被逼 두 글자를 덧붙여 실
인을 삼았으니, 잘은 모르겠습니다만 무슨 별다른 본 것이 있어서 이 같
은 단안을 내린 것입니까?

　　대저 이 옥사는 이미 세 차례 검험檢驗(검시)을 거쳤으나 내내 어림짐
작이어서, 상처 난 자국의 치수에 가감된 것이 많았을 뿐 아니라 활투두
活套頭인지 사투두死套頭인지[2]조차도 분명치 않았습니다. 이제 와서 논단하
면서 검안檢案에 자상하고 소략함이 심하게 차이 난다 하여 초검과 복검

---

1. **의옥疑獄**　　죄상이 뚜렷하지 아니하여 죄의 유무를 판명하기 어려운 사건을 이른다.
2. **활투두活套頭인지 사투두死套頭인지**　　투두套頭는 자살할 때 쓰는 올가미를 말한다. 활투두는
올가미의 고를 움직여 죄었다 늦추었다 할 수 있어 살아날 수 있는 것이고, 사투두는 고를 단단
히 매어 옴짝달싹할 수 없으므로 죽게 되는 것이다.

을 모조리 의심하고 삼검에만 무게를 두어서는 물론 안 될 것입니다.

대개 장손이 목을 맨 것은 딴 여자를 얻어 들인 데서 발단하였고, 소를 두고 다툰 데서 결과한 것이니 저 길 가는 사람이 사연을 듣더라도 당연히 그 장인에게 의심을 많이 둘 것입니다. 하물며 신중을 기해야 하는 검관檢官(검시관)의 도리로서 혹시 숨은 무엇이 있을까 끝까지 캐 보려고 한 것은 필연적인 형세가 아니겠습니까? 바로 이때에 목매달아 죽은 나무에 대해 가까운 곳을 피하고 먼 곳을 대는 등 진술이 여러 번 뒤바뀌니, 묵은 의심 새 의심이 무진무진 생겨난 것입니다. 이것이 삼검의 실인에 있어 갑자기 '피핍'이란 단안이 덧붙여진 까닭입니다.

이른바 '피핍'이란 말은 겉으로 얼핏 보기에는 긴요하고 무게 있는 말인 듯 보이지만 그 내용을 자세히 따져 보면 이렇다 할 형적이 없는 것입니다. 혹 뜻밖에 의심을 받거나 일이 당초 마음먹은 것과 어긋날 경우에, 빈정대는 것도 아니요 나무라는 것도 아나나 오는 말이 가시가 돋쳐, 낯이 뜨거워지고 속이 타서 더더욱 답답하고 원통할 때가 있습니다. 이 쓰라리고 괴로운 심경을 누가 이렇게 만든 것이겠습니까마는, 조급하고 경망한 마음을 견디지 못하고 진실을 입증하기 위해 자살하고 마는 경우가 있습니다. 이른바 '피핍'이란 것은 왕왕 이와 같은 것으로서, 원인이야 비록 남 때문이지만 죽음은 스스로 자행한 것이니, 지금 비록 '피핍'이란 두 글자를 덧붙인다 해도 옥사의 진상에는 별로 가중될 것이 없습니다.

이제 의심 갈 만한 자취를 들어 용서할 만한 정상을 참작해 본다면, 남편과 아내, 장인과 사위 사이에 일찍이 눈 부라리고 말다툼한 적이 없었는데 하루아침에 무슨 소 찾는 일로 인하여 어찌 암암리에 살해할 리가 있겠습니까? 또 그 의복을 망가뜨리고 문기文記[3]를 찢어 버린 것을 보

---

3. 문기文記　소유권이나 기타 권리를 증명하는 문서로, 문권文券이라고도 한다.

면 비록 정을 아예 끊어 버린 듯도 하지만, 상놈들이란 분이 나면 들이받고 치고 하는 것이 그들의 일상적인 일인지라 조금 지나 술을 받아 함께 취토록 마시고 한 이불 속에 자고 나면 묵은 감정은 하마 풀리고 옛정이 되살아나는 법인데, 졸지에 스스로 목매달았다는 것은 실로 상정이 아닌 것입니다.

대저 장손의 자결은 두 가지 상황을 가정할 수 있습니다. 첫째, 새로 사들일 논 값은 얼마이며, 전에 기르던 소 값은 얼마인가, 딴 여자에게 장가가던 첫날밤부터 온갖 계획이 이 소 한 마리에 달려 있었는데, 급기야 소를 찾으러 와서는 비단 당초의 계획을 이루지 못했을 뿐만 아니라, 도리어 무한한 비웃음과 꾸지람을 당하고 말았습니다. 속담에 이른바 '내 칼도 남의 칼집에 들어가면 빼기 어렵다'는 격이라, 분김에 멍청한 꾀를 내어 죽어 버리겠다는 말로 남을 위협하겠다는 생각에 순간적으로 농지거리한 것이 마침내 참말로 되어 버린 것일 수가 있습니다. 둘째, 남의 권고를 받아들여 애써 딴 여자를 보았으나 소까지 몰고 이 집을 아주 떠난다는 것은 제 본심이 아니었으며, 전에 살던 곳을 잊기가 어려워 옛집을 다시 찾아갔으나 두루 질책만 쏟아져 몸 둘 곳이 없었으며, 옛날을 그리는 정은 심중에 간절했지만 성깔 사납고 투정 많은 계집은 돌아보는 척도 않아서 한밤중에 서성대고 기다려도 그림자도 발자국 소리도 영영 끊어지고 말았습니다. 속담에 이른바 '게도 잃고 구럭도 잃었다'는 격이어서, 떠나기도 어렵고 있기도 어려워 원망과 후회가 한꺼번에 몰려드니 술김에 슬픈 생각이 일어나서 차라리 죽어 버리고 만 것일 수도 있습니다. 그 정상을 헤아려 보면 반드시 이 두 가지 중의 하나일 것입니다.

또한 정세를 들어 말하더라도 귀삼은 늙고 잔약한 몸이요, 장손은 힘있는 장정이니, 설사 귀삼이 정말로 몰래 해칠 계획을 지녔더라도 장손이 어찌 남에게 제 목을 매라고 내맡기고 손 하나 까딱 않으며 그대로 얽어매였겠습니까. 설혹 늑살勒殺(목 졸라 죽임)이라 한다면 어찌하여 빨리 구렁에 밀어 넣어 그 흔적을 없애 버리지 않고서 전혀 알지도 못하는 시친屍親(피살자의 친척)에게 급급히 통부通訃(부고)를 했겠으며, 기필코 검험하고 말 관가에 허둥지둥 알리어 자진해서 원범이 되어 스스로 죽을 땅에 들어갔겠습니까? 통탄할 바는 목매단 장소를 끝내 곧이곧대로 말하지 아니하여 옥사의 진상에 의혹을 자아내게 한 것인데, 오직 저 어리석은 백성이 헛되이 사중구생死中求生의 꾀를 내어 이와 같이 어물어물한 것이요, 장손이 제 손으로 목 매어 제가 죽은 것만은 매한가지입니다. 등유목燈油木[4]에 목을 매었건 도리목都里木[5]에 목을 매었건 간에 그 죄에는 그다지 경중의 차이가 있지 않은 것인데, 즉시 장소를 바른대로 대지 않은 것은 그 행동을 따져 보면 비록 교활하고 흉악한 듯하나 그 정상을 헤아려 보면 그다지 괴이히 여길 것이 없습니다. 이런 사건은 오직 가볍게 처벌하는 것이 진실로 옥사를 신중히 하는 도리[6]가 되는 것이니, 재량하여 처리하시기 바랍니다.

---

4. **등유목燈油木**　　나무로 만든 등잔걸이를 가리키는 듯하다. 『弘齋全書』권146 「審理錄」 13 慶尙道慶州府權尙萬獄
5. **도리목都里木**　　서까래를 받치는 도리로 쓰이는 재목을 말한다.
6. **옥사를 신중히 하는 도리**　　원문은 '審恤之道'인데, 승계문고본에는 '審愼之道'로 되어 있다. 앞의 편지에서도 '審愼之道'라 하였을 뿐 아니라 이는 재판과 관련하여 흔히 쓰는 표현이므로, 이에 따라 고쳐서 번역하였다.

함양咸陽 장수원張水元의 의옥에 대해 순찰사에게 답함

함양 사람 장수원이 한조롱韓鳥籠이란 계집을 치사한 사건에 대해 초검과 복검이 모두 스스로 물에 빠진 것으로 실인을 삼았으나, 조서를 반복하여 살펴보고 그 정실情實을 참작해 보면, 조롱이 수원에게 위협과 핍박을 받은 것이 한두 번이 아니었습니다. 그러나 처녀의 몸으로 남의 곁방살이를 하는 처지라, 비록 몹시 부끄럽고 분하지만 어디다 하소연할 데도 없고 형편이 너무나 궁하여 어디 갈 곳조차 없는지라 저 맑고 깨끗한 못만이 그녀의 몸을 깨끗이 보존할 만한 곳이라 여겼던 것입니다.

비록 수원이 드잡이하여 밀어 넣은 것은 아니라 하더라도, 순결을 지키는 처녀로 하여금 이렇게 물에 빠져 죽는 원한을 품게 만든 것이 그놈이 아니고 누구란 말입니까! 그 정상을 추궁해 가면 그놈이 어떻게 제 목숨을 내놓지 않을 수 있겠습니까. 그런데 전후 진술에서 그 말이 여러 번 변했으니 이는 교활하고 완악한 습성이 그 강포한 자취를 은폐하려는 데 불과한 것입니다.

그렇지만 정작 강간하려고 하지 않았다면, 곁방의 처녀가 무엇 때문에 끌려갔겠으며, 제 놈이 끌어가지 않았으면 조롱의 머리털이 어찌하여 뽑혔겠으며, 지극히 분통한 일이 아니라면 뽑힌 머리털을 무엇 때문에 꼭 간직해 두었겠습니까. 이 한 줌의 머리털을 남겨 어린 남동생에게 울며 부탁한 것은 한편으로는 그날에 몸을 더럽히지 않았다는 증거로 삼자는 것이요, 또 한편으로는 죽은 뒤에라도 원한을 씻을 자료로 삼으려는 것입니다.

이른바 '이를 잡다가 유혹하고, 길쌈을 하다 말고 유혹했다'거나 '호미를 전해 주러 왔다가 싸우고, 버선을 잃어 버려 싸웠다'고 한 진술들은 이 옥사에 그다지 관계가 없는 것들입니다. 수원이 강포한 짓을 한 증거물은 오직 이 머리털이요, 조롱이 죽도록 항거한 자취도 오직 이 머리털이니, 몸은 비록 골백번 으깨지더라도 이 머리털이 남아 있는 이상 보잘것없는 이 머리카락 하나로도 옥사의 전체를 단정할 수 있는 것입니다.

그런데 재심하는 자리에서 형적만을 가지고 따져, 죽게 된 책임을 본인에게 돌리고 상대에게는 그저 위협과 핍박을 한 죄율에 그치고 말았으니, 이로써 판결을 끝낸다면 어찌 죽은 자의 울분을 조금이나마 풀어 줄수 있겠습니까. 정상을 참작하고 행동을 헤아려 보면 위협과 핍박을 했다는 죄율은 마침내 너무도 경한 편이니, 중한 편을 따라 논하여 강간 미수의 죄율로 처벌하는 것이 아마도 적절할 듯합니다.

❋　❋　❋

두 편의 글 모두 진상을 깊이 파고들었으며 문장을 지은 것이 시원스럽고 유창하다.

밀양密陽의 의옥에 대해 순찰사에게 답함[1]

밀양부密陽府의 통인通引 윤양준尹良俊이 중 돈수頓守를 치사한 사건에 대하여 초검 및 복검이 모두 매를 맞은 것으로 실인을 삼았는데, 이 옥사는 시친屍親의 고발이 없는 이상, 법리로 따져 보면 관에서 지레 검시한 것은 벌써 옥사의 체통에 어긋난 것입니다. 다만 절의 중이 유리由吏[2]에게 보낸 편지 말미에 두서없이 돈수의 일을 언급했는데 거기에,

"지난번 돈수가 통인청通引廳에서 형벌로부터 풀려날 때 절곤折困을 당하여 그로 인해 병사했으니 이런 견해가 있다는 것을 알아 두시오."

라고 했다는 말에서 연유한 것입니다.

그 말이 아주 모호하기는 하지만 '절곤'折困이란 두 글자는 극히 수상합니다. 더구나 그 사단이 아무리 미미하더라도 관속官屬에게서 일어난 일이므로, '병사했다'는 대목은 미처 자상히 살펴보지도 않고 먼저 '절곤'이란 말에만 마음이 동요했던 것입니다. 뒤이어, 혐의 받는 것을 피하기 위해 바로 가서 초검을 시행한 것인데, 급기야 본 사건을 규명해 보니 몇 대의 태형笞刑으로 위엄을 보인 데 지나지 않았은즉, '절곤' 두 글자는 저절로 허망한 고발이 되고 말았습니다.

당초에 이 '절곤'이란 말로 인해서 검험을 했던 것이나 끝내 그 말뜻을 알 수 없었으며, 매 맞은 자국 외에 다른 상처나 병환의 증거를 찾아보았으나 늘 실상에 들어맞지 않은 듯하였으며, 끝까지 조사하려고 해도 더 이상 잡히는 것이 없었습니다. 우왕좌왕 옥사가 이루어지고 꼭 맺혀 풀리지 못한 것은 바로 이 때문입니다.

무릇 타박상을 입어 목숨을 잃은 경우는 반드시 행흉行凶한 기장器仗(도구)이 있게 마련이니, 행흉한 기장이 무엇인가를 먼저 알아내면 이 옥사가 당장에 해결될 것입니다. 하관下官(연암 자신을 가리킴)의 얕은 소견으로는 '절곤' 두 글자는 바로 '결곤'決棍의 오기인 듯합니다. 결곤이건 결태決笞건[3] 볼기를 치는 것은 마찬가지이니, 그다지 용처用處의 경중을 따질 것이 못 됩니다. '결'決을 '절'折로 바꾸어 발음하는 것은 상놈들의 통폐요, '곤'棍을 '곤'困으로 잘못 기록한 것은 무식한 소치입니다. 그래서 마침내 보는 자의 선입견이 절납折拉(부러뜨림)의 '절'折 자에 놀라고, 곤박困迫(곤욕을 보임)의 '곤'困 자에 더욱 현혹된 것입니다. 게다가 여러 통인들이 다 같이 했다고 나서자 주범과 종범을 분별하기 어렵게 되니, 마치 힘을 모아 함

---

3. **결곤이건 결태**決笞**건**　조선 시대의 형벌에는 죄의 경중과 형구刑具에 따라 태형笞刑, 장형杖刑, 곤형棍刑의 세 종류가 있었다. 결곤은 가장 가혹한 곤형을 가하는 것이고 결태는 상대적으로 가벼운 태형을 가하는 것이다.

께 두들겨 패서 낭자하게 상처를 입힌 일이 있는 것처럼 되었으며, 뭇 중놈들이 일제히 병을 앓았다고 칭하여 증언들이 덩달아 똑같고 보면, 그들이 관속을 두려워하여 숙의한 끝에 입을 맞춘 것이 이상할 것이 없습니다. 이러기에 전후의 검관들이 감히 그 정상을 경솔히 논하지 못한 것이요, 여러 해를 두고 결말을 못 지은 것도 오로지 이 때문입니다.

다만 옥사의 진상을 들어 판단한다면 15대의 태형으로 어찌 목숨을 잃을 리가 있으며, 더욱이 두서너 곳의 상처도 급소가 아니지 않습니까? 대개 각 고을의 통인들이 종이 자르는 판자를 장척長尺이라 부르는데, 이 것이 바로 그놈들 두목이 항용 쓰는 볼기 치는 막대인즉, 통인들이 이것 으로써 벌을 시행하는데 더러는 속여서 '태'笞라고도 합니다. 중들이 이 장척을 잘못 보고서 혹시 '곤'棍으로 오인했을 수도 있는 것이니, 상식적 으로 보아도 크게 틀리지 않을 것입니다.

검관이 된 사람들은 마땅히 먼저 그 '절곤'이 무슨 말인가를 신문해 야 할 것입니다. 과연 그것이 '결곤'의 오기였다면, 또한 마땅히 그것이 과연 곤장棍杖이었는지 태장笞杖이었는지를 자상히 분별해 보아야 할 것입 니다. 만약 '곤'이 아니고 '태'라 말한다면, 또한 마땅히 그 크기가 어떤 종류인가를 자상히 분별하여, 매를 맞은 자국과 대조해 본다면 판자에 맞은 흔적인지 태를 맞은 흔적인지를 그 자리에서 저절로 분별할 수 있 을 것입니다. 이렇게 하고서야 태형의 여부와 병환의 진위眞僞도 따라서 미루어 알 수 있을 것입니다.

여러 진술들을 참조하고 검증해 보면, '조갈증이 나서 물을 찾다가 계단에서 떨어져 돌에 부딪쳤다'느니 '방을 되게 달구어 땀을 내느라 이 렇게 짓무르게 되었다'느니 하였는데, 열병으로 미친 증상이 생기는 것은 있을 수 있는 일이요, 달군 구들에 살이 데어 부풀어 오르는 것도 이상 한 일은 아닙니다.

지금 이 실인으로 단지 매 맞은 것만을 장부에 기록한다면 옥사의 체통이 서지 못할 것이며, 원범을 유독 수번首番⁴에게만 뒤집어씌운다면 더욱 원통한 죄가 될 것입니다. 재량하소서.

❊　　❊　　❊

진상을 깊이 파고들었다.

---

4. **수번首番**　『목민심서』「이전」어중조의 내용으로 미루어, 통인의 우두머리인 수통인首通引을 가리키는 듯하다. 통인의 임무 중 하나는 당직을 서는 수번守番이었다.

진정賑政에 대해
단성 현감丹城縣監 이후李侯에게 답함[1]

보내 주신 편지는 잘 받았습니다. 봄날이 쌀쌀한데 정무에 분망하신 몸이 더욱 안중安重하시다니 우러르고 그리던 마음이 매우 흐뭇합니다.

그런데 보내 주신 편지에,

"예禮라 예라 이르지만, 기민飢民 구제를 이른 것이겠는가?"[2]

라는 대문이 있으니, 말이 어긋날 뿐더러 생각지 못함이 어찌 그리도 심합니까! 지난번에 갈 길이 바빠서 긴 이야기는 못 하고, 다만 예禮를 진

---

1. 진정賑政에 …… 답함 　진정은 흉년을 만나 굶주린 백성들을 구제하는 정사政事를 말한다. 단성은 안의현 이웃에 있던 고을로 현재는 산청군에 속한 면이다. 『하풍죽로당집』, 『운산만첩당집』 등에는 '이후'李侯 다음에 '영조'榮祚라 하여 단성 현감의 이름을 밝혀 놓았다. 『과정록』過庭錄에 의하면, 1793년(정조 17) 봄에 연암은 자신의 녹봉을 털어 진정을 베풀 때 예법에 맞추어 질서를 유지했으며, 그 뒤에 이웃 고을 수령과 진정을 논한 장문의 편지가 문집에 실려 있다고 했는데, 바로 이 편지를 가리킨다. 또한 이 편지를 읽은 사람들은 진정을 논한 주자朱子의 글과 같은 법도가 있다고 칭찬했다고 한다.

2. 예禮라 …… 것이겠는가 　『논어』「양화」陽貨에서 공자가 "예라 예라 이르지만, 옥백玉帛을 이른 것이겠는가?"(禮云禮云 玉帛云乎哉)라고 한 말을 흉내 낸 것이다. 공자의 말은 형식적으로 예물만 갖추고 진정한 예가 결여된 경우를 비판한 것이었는데, 단성 현감은 기민 구제의 경우에는 구태여 예를 갖출 것이 없다는 뜻으로 이런 말을 하였다.

정에도 적용할 만하다고 말했지요. 말이 비록 두서를 갖추지 못했지만 스스로 짐작이 있어서 한 말이었는데, 밑도 끝도 없을 뿐더러 갑자기 한 꺼번에 끄집어내었으니 그대는 본래의 사정을 미처 헤아리지 못하고 갑자기 해괴하게 듣고는 도리어 그 말을 구실로 삼아 나를 오활하고 괴벽스러워 실정과는 거리가 멀다고 비웃었습니다. 오활한 점이 진실로 나에게 있으니 마음에 달게 받겠습니다마는, 만약 "기민 구제가 예와는 아무런 관계가 없다"고 이르신다면 어찌 지나치지 않겠습니까.

아! 군자가 정치를 하면 어디에 가도 예 아닌 것이 없는데, 하물며 진정은 국가를 다스리는 큰 정사요 많은 목숨이 매여 있는 것이 아닙니까. 비록 「운한」雲漢[3]을 상고해도 관련 예의를 상고할 길 없고, 향음주례鄕飮酒禮가 화락한 데 비해 비참한 점에서 차이가 있습니다. 그러나 군사를 먹이는 것을 '호'犒라 하고 노인에게 잔치 베푸는 것을 '양'養이라 하여 모두가 의식儀式이 있으니, 백성이 주리다 못해 달려들면 그 빈궁을 구해 주는 것을 진휼賑恤이라 하는데 유독 여기에만 규칙이 없어서야 되겠습니까. 온 고을 백성들을 모아 놓고서 먹이기로 하면 '호'와 같고, '양'이라는 점에서는 잔치와도 같은데, 남녀가 섞여 앉고 어른 아이가 자리를 다투니 어찌 이렇게 분별이 없고 질서가 없습니까?

지난번에 이러고저러고 말한 것은 주린 백성에게 읍양揖讓[4]을 행하자는 말도 아니요, 진휼하는 마당에서 여수旅酬[5]를 본받자는 것도 아닙니다. 쪽박으로 조두俎豆(제기祭器)를 익히자는 말도 아니요, 다 죽어 가는 사람에

---

3. 「운한」雲漢 『시경』 대아大雅 「운한」을 가리킨다. 이 시는 주周나라 때 큰 가뭄을 만나 하늘에 기우제를 올리며 불렀던 노래라 한다.
4. 읍양揖讓 향음주례에서 주인과 손님이 상견례를 할 때, 두 손을 맞잡고 인사하는 읍揖을 세 번하고 계단에 먼저 오르기를 세 번 양보하는 예법을 말한다.
5. 여수旅酬 향음주례에서 헌작獻爵의 예식이 끝난 다음에 손님들이 장유長幼의 순서에 따라 돌아가며 술잔을 받는 것을 말한다.

게 사하肆夏[6]에 맞추어 걸으라는 것도 아닙니다. 누더기 옷을 입은 사람에게 섭자攝齊[7]를 힘쓰라는 것도 아니요, 부황 난 사람에게 유철流歠하지 말라[8]고 하는 것도 아닙니다.

대개 예의란 일이 생기기 전에 방지하자는 것이요, 법률이란 일이 생긴 뒤에 금하자는 것인데, 저 기민들이 얼굴빛은 부어터지고 의복은 남루하며 바른손에는 쪽박을 들고 왼손에는 전대를 들고 사람도 아니고 귀신도 아닌 모양으로 허리 굽혀 관정官庭에 나아오고 있으니, 그들이 아무리 불법적인 행동을 한다 해도 누가 능히 금지하겠습니까.

지난번 진주晉州를 가는 길에 귀하의 고을을 경유하였습니다. 마침 진휼하는 날이라 수천 수백 명의 주린 백성들이 문 부근에 모여들었는데, 관아의 문은 안으로 닫히고 문지기 한 사람도 없었으므로 말을 세우고 한참 동안 기다렸으나 통과할 길이 없었습니다. 뭇 사내 뭇 계집들은 늙은이를 부축하거나 어린애를 이끌고, 혹은 관문을 두들기며 크게 외치기도 하고 혹은 이러니저러니 떠들어 대며 조금도 꺼리는 기색이 없었습니다. 그 외모를 보면 모두 몸을 가누지 못하고 숨넘어가는 형상이었으나 그 뜻을 살피면 모두 다 제멋대로 하게 내버려 둠을 믿고 당당한 기세가 있었습니다.

얼마 후 하찮은 교졸校卒이 와서 뭇 백성에게 타이르기를, "새벽부터 죽을 끓이는데 솥은 크고 쌀은 많고 하여 무르익자면 시간이 많이 걸리

---

6. **사하肆夏**   주나라 때의 궁중음악인 구하九夏 중의 한 곡으로, 사자死者 대신 제사를 받는 시尸가 묘문廟門에 들어설 때와 나갈 때 이를 연주했다고 한다. 『周禮』春官「大司樂」또한 『예기』「옥조」玉藻에 옛날의 군자는 "채제采齊의 곡에 맞추어 달려가고 사하肆夏의 곡에 맞추어 걸었다"(趨以采齊 行以肆夏)고 하였다.
7. **섭자攝齊**   당堂에 오를 때 옷자락을 끌어당김으로써 넘어지지 않도록 조심함과 동시에 공경의 뜻을 표하는 예법을 말한다.
8. **유철流歠하지 말라**   『예기』「곡례」曲禮에 기록된 식사 예법의 하나로, 염치없어 보이므로 죽이나 국물을 단번에 후루룩 들이켜지 말라는 뜻이다.

니 우선 잠깐만 기다려 주면 곧 불러들이겠다”고 하자, 군중이 성을 내
며 일제히 일어나 떼로 덤벼들어 그 교졸을 두드려 대어 옷을 찢고 갓을
부수고 머리칼을 잡아당기고 수염을 뽑는 등 못하는 짓이 없었으며, 한
사람은 갑자기 제가 제 코를 쳐서 피를 내어 낯에 바르고 큰소리로 “사
람 죽인다!” 외치니 뭇 백성들이 모두 함께 외치기를, “아전이 주린 백성
을 친다!” 했습니다.

저들이 비록 사정이 급하여 진휼을 받자고 문 열기를 재촉하는 데
목적이 있었으나, 그 야료 꾸미는 것을 보면 이만저만 놀랍고 두려운 일
이 아니었습니다. 조금 후에 손님(客: 연암을 가리킴)을 맞기 위해 문이 드디
어 열리자 군중들이 뒤죽박죽으로 한꺼번에 관정에 밀어닥쳤으며, 이어서
음식을 제공하니 그 시끄러움은 저절로 사라졌습니다.

이날 광경은 문밖에서 일어난 일이라 그대는 듣도 보도 못 했을 것
입니다. 피차 인사를 차린 뒤에, 그대가 먼저 아까 문을 닫은 이유에 대
해,

“백성들 사는 곳이 각각 멀고 가까움이 있으므로 여기 오는 것도 선
후가 있어서, 먼저 온 자는 부엌을 에워싸고 불을 쪼이며 끓이는 죽이
절반도 안 익어서 뭇 쪽박으로 지레 휘저어 대니 온 솥이 무너질 지경이
므로, 부득불 문을 잠그고 백성을 못 들어오게 하여 일제히 모이기를 기
다린 것이지 감히 손님을 거절한 것은 아닙니다.”
라고 말하여, 마침내 주인과 손님이 서로 한바탕 웃었지요. 그런데 아까
목도한 광경을 거론하지 않았던 것은, 비단 이야기가 장황한 데다 좌중
에 진정을 감찰하는 감영監營의 비장裨將이 있어 처음 보는 그 사람에게
지 번거롭게 알릴 필요가 없어서만은 아니었습니다. 또한 오늘날 굶주린
백성은 비유컨대 오랜 병에 시달린 아이와 같아서, 떼를 쓰고 어리광을
부리면 그 부모 된 자는 아무쪼록 잘 타일러서 그 뜻을 순순히 받아 줄
따름이지, 어찌 그때마다 꾸짖고 나무라기를 평소와 같이 할 수야 있겠

느냐고 생각했기 때문입니다.

공자孔子는 말씀하기를, "정령政令으로써 이끌고 형법으로써 단속하면 백성은 죄를 면하기는 하나 염치가 없어지고, 도덕으로써 이끌고 예의로써 단속하면 염치도 가지려니와 바르게 된다"[9]고 하였습니다. 그러므로 법률로 백성을 이기기보다 차라리 예의로 굴복시키는 것이 낫다 하겠으니, 왜 그렇겠습니까? 법률로 강요하자면 형벌과 위엄이 뒤를 따르게 되고, 예의를 사용하게 되면 수오지심羞惡之心이 앞을 서게 됩니다. 백성 중에 만약 위엄과 형벌을 업신여기고 멸시하는 자가 있다면, 이는 내가 법률을 무서워하는 자에게는 이길 수가 있지만 무서워하지 않는 자에겐 도리어 지게 되는 것인데, 더더구나 주림을 빙자하고서 마구 대드는 자에게 있어서이겠습니까?

무릇 인지상정으로 부끄러이 여기는 것은 가난과 굶주림보다 더함이 없고 잠시 동안은 한 사발 국물에도 염치를 차리는 법입니다.[10] 이래서 내가 그들의 고유한 본성을 따라서, 그들을 위해 혐의를 사지 않게 남녀를 가르고 어른 아이의 순서에 따라 줄을 만들고 사족士族과 서민의 명분을 구별하여, 질서 정연하게 서로 넘어서지 못하게 하자는 것입니다. 더더구나 있는 힘을 다해 양식을 달라고 부르짖지만 그것이 제 본심은 아니지 않습니까? 그러므로 무섭게 하는 것은 부끄럽게 만드는 것만 못하고, 억눌러 이기는 것은 순순히 굴복하게 하는 것만 못하니, 이른바 '죄는 면하되 염치가 없어진다'는 것은 이김을 두고 이름이요, '염치도 가지

9. 정령政令으로써 …… 된다 『논어』「위정」爲政에 나온다.
10. 잠시 …… 법입니다 원문은 '斯須之廉 在於豆羹'이다. 『맹자』「고자 상」告子上에 "평상시는 형을 공경하되 잠시 동안은 향리 사람을 공경하는 것이다"(庸敬在兄 斯須之敬 在鄉人)라고 하였고, "밥 한 그릇과 국 한 사발을 얻으면 살고 못 얻으면 죽을지라도, 야단치면서 주면 길 가던 사람도 받지 않으며 발로 차서 주면 거지도 더럽다고 여긴다"(一簞食 一豆羹 得之則生 弗得則死 嘑爾而與之 行道之人弗受 蹴爾而與之 乞人不屑也) 하였다.

려니와 바르게 된다'는 것은 굴복시킴을 두고 이름입니다.

지금 영남은 온 도가 불행히도 대흉년을 만나서 대대적인 진휼을 거행하게 되었습니다. 고을 수령 된 자는 힘을 다해 곡식을 마련하고 정성을 다하여 기민을 가려 뽑는 마당에, 어느 누가 감히 백성을 어린아이 돌보듯이 하는 조정의 성대한 마음을 본받고 우리 임금의 근심 걱정하시는 마음의 만의 하나나마 보답하려 아니 하오리까! 더더구나 잘잘못을 가려 승진시키고 벌주는 일이 이 한 번의 거행에 달렸으니, 두려워하고 삼가고 경계하고 독려하다 보면, 명예를 구하는 겉치레로 돌아가기도 쉽고, 위로하고 구호하기를 너무 지나치게 하다가 도리어 감사할 줄 모른다는 한탄을 부르게 됩니다. 그리고 공진公賑이든 사진私賑이든[11] 뒷날에 계속하기 어려움을 생각지도 아니하고, 공이 되든 죄가 되든 대부분 목전의 미봉책만 힘씁니다. 준비한 곡물도 많고 구제한 민중도 많으며 모든 진정에서 잘못한 고을이 없다 할지라도, 다만 두려운 것은 진정을 철회한 뒤입니다. 겨우 연명해 가던 남은 목숨을 무슨 수로 구제하며, 은혜만 바라고 사는 안이한 풍속을 장차 무슨 법률로 억누른단 말입니까?

그러므로 내가 말한 예의란 것은 통상적인 진휼 방식을 버리고 별도로 다른 법식을 마련하자는 것이 아닙니다. 다만 불쌍히 여기고 어루만져 주는 속에서도 대체大體[12]를 보존하기에 힘쓰고, 나눠 주고 먹여 주기 전에 먼저 그 염치부터 길러서, 반드시 남녀는 자리를 구분하고 어른 아

---

11. **공진公賑이든 사진私賑이든**　원문은 '公私之間'인데, 공진은 공곡公穀(관곡)으로 기민을 구제하는 것이고 사진은 수령이 자신의 봉급을 털어 기민을 구제하는 것이다.
12. **대체大體**　『맹자』「고자 상」에 "몸에는 귀한 부분과 천한 부분이 있고 중대한 부분과 사소한 부분이 있다. 사소한 부분으로써 중대한 부분을 해치지 말고 천한 부분으로써 귀한 부분을 해치지 말지니, 사소한 부분을 기르는 자는 소인이 되고 중대한 부분을 기르는 자는 대인이 된다"고 하였고, "대체大體를 따르는 자는 대인이 되고 소체小體를 따르는 자는 소인이 된다"고 하였다. 집주集註에 몸에서 천하고 사소한 부분은 입과 배요, 귀하고 중대한 부분은 마음과 뜻이라 하였다. 대체는 천부적인 도덕심, 소체는 눈과 귀 등의 감각기관을 뜻한다.

이는 자리를 따로 하고 사족은 앞에 앉히고 서민은 그 아래에 자리 잡게 하여 각각 제자리를 찾고 서로 차례를 어지럽히지 않게 해야 합니다. 그리 되면 죽을 나눠 줄 때 남자는 왼편으로 여자는 바른편으로 되어 요구하지 않아도 저절로 질서 정연할 것이며, 늙은이는 앞서고 젊은이는 뒤로 서서 요구하지 않아도 저절로 사양하게 될 것이며, 곡식을 나눠 줄 때에 앞에 있는 자가 먼저 받는다 해서 시새우지 않으며 아래에 있는 자가 차례를 기다려도 다투지 않을 것입니다. 이것이 내가 말한 저 예의란 것이요 기민 구제를 계속해 나갈 수 있는 방법인 것입니다.

✵ ✵ ✵

선생이 평소에 육 선공陸宣公(육지陸贄)의 글을 몹시 즐기셨는데, 지금 이 글을 읽어 보니 특히 자양紫陽(주자朱子)의 글과도 닮았다. 자양 부자紫陽夫子도 역시 선공宣公의 글을 좋아하셨던가?

진정에 대해 대구 판관大邱判官 이후李侯 단형端亨 에게 답함¹

지붕에서 비둘기가 울어 비가 내렸다 날이 갰다 하니,² 완연히 꽃이 피도
록 재촉하는 날씨로구려. 먼 곳의 아지랑이는 눈에 가물거리고 관아 연
못의 푸른 물엔 그림자 잠겼는데, 송사訟事하는 사람 자취 없고 동헌 뜰
에 아전들도 다 물러가서 오늘에야 잠시 한가한 시간을 우연히 얻으니,
비로소 한 돌 만에 태수太守의 즐거움³을 짐작하겠소. 뒷짐을 지고 난간을
돌면서 딴 사람 아닌 바로 그대를 향해 그리운 생각을 시로 읊었는데 때
마침 그대의 편지가 홀연 내 앞에 떨어지니, '서로 그리워하는 정이 마음

---

1. **진정에 …… 답함**   판관判官은 감사監司를 보좌하는 종5품 벼슬이다. 경상 감영은 대구에 판
관 1인을 두었다. 이단형은 자가 사장士長으로, 음보蔭補로 출사하여 지방관을 전전하였다. 그는
근재近齋 박윤원朴胤源의 이종 사촌으로 반남 박씨 가의 인척이 되었으므로, 합천 화양동의 야천
冶川 박소朴紹의 묘소를 정비하는 데 성금을 보태기도 했다. 이 편지는 1793년에 지은 글로『과
정록』권2에 관련 사실과 내용 일부가 언급되어 있다. 『燕巖集』卷1「陜川華陽洞丙舍記」『近齋集』
卷13「答外弟李士長端亨」
2. **지붕에서 …… 하니**   염주비둘기(斑鳩)가 울면 비가 내린다고 하여 이를 환우구喚雨鳩라고도
부른다. 또한 우기雨期를 구우鳩雨라고도 한다.
3. **태수太守의 즐거움**   구양수歐陽修의「취옹정기」醉翁亭記에서 여민동락與民同樂하는 태수의 즐
거움을 서술하였다.

으로 통하매 산천도 그 사이를 떼어 놓진 못한다'고 이를 만하외다.

영남 전도全道 일흔두 개 고을이 불행히 흉년을 만나서 모두 대대적인 진휼을 시행하고 있으니, 오늘날 목민牧民의 관리가 된 자는 기민飢民에 대해서는 정확하게 가려 뽑기를 생각하고 구휼할 양식에 대해서는 널리 모으기에 힘을 쏟자니, 근심은 쌓이고 심신은 고달파서 어찌 억척스레 고생하고 초췌하지 않을 수 있겠소? 더구나 대구는 감영이 있는 업무 많은 고을이라 눈앞에 넘쳐나는 어려움이 다른 고을보다 갑절이 되지 않소. 매양 한 도내 수령들의 편지를 받아 보면, 근심과 번뇌가 너무 지나쳐서 이맛살을 찌푸리는 빛이 지면紙面까지 드러나고 신음하는 소리가 붓끝에 끊어지지 아니하므로, 편지를 보고 나서는 미상불 그들을 대신하여 마음이 편안치 못했소. 그런데 그대 같은 낙천적이고 활달한 성격으로도 자기도 모르게 역시 이런 태도를 지을 줄은 몰랐으니, 어찌 개탄스럽지 않겠소?

허허! 우리나라의 인재 등용하는 길은 너무도 좁아서 과거科擧를 거치지 아니하면 아무리 학식이 천리天理와 인사人事를 꿰뚫어 알고, 재주가 문무文武를 겸비했다손 치더라도 진실로 출세할 길이 없소. 지금 조정에서 활개를 치며 백성과 나라를 위해 대책을 세우고, 정치와 교화에 참여하고 협찬協贊한다는 사람치고 대과大科에 급제하지 않고 진출한 자가 누가 있단 말이오? 그다음은 소과小科에 급제한 뒤에라야 비로소 음관蔭官으로 보직되어 겨우 벼슬아치 명부에 이름이 오르게 되나, 낭서郎署[4] 사이를 헤어나지 못하고 그저 밤낮으로 바라는 것은 오직 수령으로 나가는 것이지요. 그래서 읍황邑況[5]의 후박厚薄을 계산하고 토산물의 유무나 묻게 되

---

4. **낭서郎署**   조선 시대에 육조六曹의 정랑正郎(정5품)·좌랑佐郎(정6품), 기타 실무를 담당하는 6품 관원을 이르던 말이다.

5. **읍황邑況**   읍징邑徵 또는 관황官況이라고도 한다. 고을의 각종 관공비 명목으로 전세田稅에 부가하여 거둬들이던 쌀이나 돈을 가리킨다. 『牧民心書』「戶典」税法 下 『壬戌錄』「查連狀啓」『瞰齋集』卷9 「與溫卿」

니, 그 스스로 처신하는 것이 하천배나 다름이 없다오. 비록 명색이야 백성을 다스린다 하지만 마음대로 처리할 수 있는 일이라고는 없으며 그저 명을 받들어 행하기에만 분주하여, 인사고과人事考課할 때 꼴찌가 될까 두려워할 뿐이고 고을의 폐단이나 백성의 고통 따위는 마음 쓸 겨를이 없지요. 그럴 겨를이 없을 뿐 아니라, 아무리 그 병폐를 바로잡고자 해도 일이 자기 손을 거치지 않으니 형세상 어쩔 도리가 없지요.

그러므로 능란한 사람은 장부 처리나 조심하고 창고 관리나 엄중히 하여 죄나 안 지으면 다행으로 여길 따름이니, 그 평생의 포부를 한번 펴 볼 기회란 유독 기민을 구휼하는 한 가지 일뿐일 것이오. 나나 그대가 크게는 대과 급제를 못 했을 뿐더러, 작게는 또한 진사進士가 되지 못했으니, 둘다 따분한 백도白徒[6]요 여항閭巷의 미천한 신세라 실없는 얘기나 하고 날을 보내는데, 제 딴에는 그래도 유생 차림으로 거들대지만 그것은 남루해진 지 이미 오래며, 임시변통으로 양반이라 칭하지만 외람된 짓이라 부끄러울 뿐이지요.[7] 머리는 허옇고 얼굴은 누렇게 뜬 채 당세에 대한 희망을 끊었더니, 늙마에 일명一命[8]으로 잇달아 동료가 되었으니 얼마나 다행스런 일이오! 비록 옛사람의 강사强仕[9]의 나이는 넘었다 할지라도 그 직책에서 소임을 다하기로 할진댄 아직도 남은 날들이 있소이다. 5, 6년이 다 못 가서 그대는 이미 중요한 고을을 두 번째나 맡게 되었고 나 역시 현감 한 자리를 얻었으니, 이런 대흉년을 만나서 백성을 구제하고 은혜를 베풀려던 포부를 펼 기회가 어찌 여기에 있지 않겠소? 정사에

---

6. **백도白徒**　벼슬하지 못한 유생儒生 즉 유학幼學을 말한다.
7. **임시변통으로 …… 뿐이지요**　원래 양반이란 동반東班과 서반西班 즉 문관과 무관을 가리키는 말이다. 『운산만첩당집』 『백척오동각집』 『하풍죽로당집』 등에는 '兩班'이 '生員'으로 되어 있다.
8. **일명一命**　처음에 최하위 관등官等을 하사받고 정식 관리가 되는 것을 말한다.
9. **강사强仕**　40세의 별칭으로 『예기』 「곡례 상」曲禮上에, "나이 40을 강강이라 하며 벼슬에 나아간다"(四十曰强而仕)라는 말에서 유래되었다.

마땅히 전력을 다하여 씀바귀도 냉이처럼 달게 여겨야 할 텐데,[10] 어쩌자고 신세를 한탄하고 딱한 꼴을 스스로 짓는단 말이오?

내 신세를 돌이켜 보건대 50년 동안 겨우 끼니를 때우고 쌀독도 자주 비어 내 몸도 주체하지 못하던[11] 주제에, 임금의 은혜를 두터이 입어 갑자기 부자 영감이 되어, 뜰에는 수십 개의 가마솥을 벌여 놓고 1400여 명의 못 먹어 부황 들어 쓰러져 가는 동포들을 불러다가 한 달에 세 번씩 먹이는 즐거움을 실컷 누리니, 즐거움치고 이보다 더한 즐거움이 또 어디 있겠소?

저 장공예張公藝가 구세동거九世同居할 때에 애써서 참았다는 것[12]이 무슨 일이었겠소? 공자는 "이것을 참을진댄 어느 것인들 못 참으랴?"[13] 하였고, 맹자는 "사람이란 다 저마다 남에 대해 차마 못 하는 마음이 있다"[14] 하였소. 성인도 참을 수 없는 일에 대해 참지 못하는 것이 이와 같았으니, 참을 인忍이라는 글자를 한 번만 써도 오히려 심하거늘 그 글자를 백 번이나 썼단 말이오? 그 백 번을 참을 때에 골머리가 아프고 이맛

10. 씀바귀도 …… 텐데   『시경』 패풍邶風 「곡풍」谷風에 "누가 씀바귀를 쓰다고 했나, 내게는 냉이처럼 달구나"(誰謂荼苦 其甘如薺)라고 하였다. 버림받은 자신의 고통이 씀바귀보다 더 쓰다는 뜻인데, 이 편지에서는 어떤 고생도 감수해야 한다는 뜻으로 쓰였다.

11. 내 몸도 주체하지 못하던   원문은 '不閱我躬'인데, 『시경』 패풍 「곡풍」에 "내 몸도 주체하지 못하는데 나의 후생 자손들을 걱정할 겨를이 있으랴"(我躬不閱 遑恤我後)라고 하였다.

12. 장공예張公藝가 …… 것   장공예는 9대가 함께 동거하여 북제北齊, 수隋, 당唐 등 세 왕조에서 그 집에 정표旌表를 내렸다. 당 고종唐高宗이 그 집에 행차하여 친족 간에 화목하게 지낼 수 있는 비결을 물었다. 이에 장공예가 참을 인忍 자 백여 자를 써서 올렸더니, 고종이 훌륭히 여겨 비단을 하사하였다고 한다. 『小學』 卷6 「善行」

13. 이것을 …… 참으랴   『논어』 「팔일」八佾에서 공자가 계씨季氏에 대해 "팔일무를 뜰에서 추게 하니 이것을 참을진댄 어느 것인들 못 참으랴?"(八佾舞於庭 是可忍也 孰不可忍也)라고 한 것을 두고 한 말이다.

14. 사람이란 …… 있다   『맹자』 「공손추 상」公孫丑上에 나오는 말이다. 남에 대해 참지 못하는 마음이 있음을 보여 주는 예로 어린아이가 우물에 빠지려는 것을 보면 누구나 측은지심惻隱之心이 생긴다고 하였다.

살이 찌푸려져서 온 얼굴에 주름살이 가로세로 곤두서고 모로 잡혔을 테니, 양미간兩眉間에는 내 천川 자요, 이마 위에는 북방 임壬 자가 그려졌을 것이 뻔한 일이오. 눈으로 보고도 참으면 장님이 되고, 귀로 듣고도 참으면 귀머거리가 되고, 입으로 말하고 싶은 것을 참으면 벙어리가 되는 셈이지요. 어질지 못한 일이로다, 측은지심惻隱之心의 싹을 잘라 버리자면 마음 심心 위에 칼날 인刃 자 하나면 족하거늘, 무엇 때문에 이 글자를 백번이나 거푸 썼단 말이오?

이제 나는 즐거울 락樂 한 자를 쓰니 무수한 웃음 소笑 자가 뒤따릅디다. 이것을 미루어 나갈 것 같으면, 백세百世라도 동거同居할 수 있을 것이오. 이 편지를 개봉해 보는 날에 그대도 반드시 입 안에 머금은 밥알을 내뿜을 정도로 웃음을 참지 못할 것이니, 나를 소소선생笑笑先生[15]이라 불러 준대도 역시 마다하지 않겠소.

.

---

15. **소소선생笑笑先生**　　소소笑笑는 크게 소리 내어 웃는다는 뜻이다. 송宋나라의 저명한 서화가 문동文同의 호號가 소소선생이었다.

남 직각南直閣 공철公轍 에게 답함[1]

금년(1793) 정월 16일에 형이 지난 섣달 28일 띄운 서한을 받고서 비로소 형이 내각內閣(규장각)에 재직하고 있음을 알았으며, 바삐 서한을 펴 보고 또한 평안히 계심을 알았소이다. 그런데 반도 못 읽어서 혼비백산하여 두 손으로 서한을 떠받들고 꿇어 엎드려 머리를 땅에 조아렸소.

대개 사신私信이기는 하지만 임금의 명령을 받든 것이라, 처음에는 당황스럽고 두렵더니 뒤따라 눈물이 마구 쏟아졌소. 진실로 위대한 천지는 만물을 기르지 않음이 없고, 광명한 일월은 미물이라도 비추지 않음이

---

1. **남 직각南直閣에게 답함** 남공철南公轍(1760~1840)은 본관이 의령宜寧으로, 세손世孫 시절 정조正祖의 사부였으며 대제학을 지낸 남유용南有容의 아들이다. 1792년 전시殿試 급제 후 초계문신抄啓文臣으로 선발되고 규장각 직각, 홍문관 부교리에 임명되는 등 정조의 총애를 받았다. 순조 때 더욱 현달하여 대제학, 우의정, 영의정 등을 역임하였다. 당대의 문장가로 평판이 높았으며 문집으로 『금릉집』金陵集 등이 있다. 젊은 시절부터 연암을 비롯하여 이덕무, 유득공, 박제가, 이서구 등과 교분이 있었다. 직각은 규장각奎章閣의 관직으로 정원은 1명인데 홍문관에 속한 정3품에서 종6품 사이의 관원이 겸임하였다. 이 편지는 남공철의 편지와 함께 『과정록』 권2에도 일부 소개되어 있다.

없음을 알게 되었소. 그러나 글방의 버려진 책[2]이 위로 티끌 하나 없이 맑은 대궐을 더럽힐 줄 어찌 생각이나 하였겠소?

이곳은 천 리나 동떨어진 하읍下邑이지만 임금의 위엄은 지척咫尺이나 다름이 없고, 이 몸은 제멋대로 구는 일개 천신賤臣이건만 임금의 말씀은 측근의 신하를 대할 때나 차이가 없으며, 엄한 스승으로서 임하시고 자애로운 아버지로서 가르치시어 임금의 총명을 현혹시킨 죄로 처형을[3] 가하지 않을 뿐만 아니라 도리어 한 편의 순수하고 바른 글을 지어 속죄하도록 명하셨으니, 서캐나 이 같은 미천한 신하가 어이하여 군부君父께 이런 은애恩愛를 입는단 말이오.

아! 명색이 선비로 이 세상에 태어난 자가 몸소 요순堯舜과 같은 임금이 교화를 펴는 시대를 만나고도, 물줄기가 모여 강을 이루듯이 화목하고 평온한 음향을 발하고, 『서경』書經·『시경』詩經과 같은 저작을 본받아 임금의 정책政策을 아름답게 표현함으로써 국가의 융성을 드날리지[4] 못하니 이는 진실로 선비의 수치입니다. 더구나 나 같은 자는 중년中年 이래로 불우하게 지내다 보니 자중하지 아니하고 글로써 장난거리를 삼아,[5]

2. **글방의 버려진 책**　　원문은 '兎園之遺册'이다. 원래 글방에서 아동들에게 가르치던 교재 따위를 토원책兎園册이라 하는데, 자신의 저술을 겸손하게 일컬을 때 쓰는 말이다. 여기서는 연암이 자신의 『열하일기』熱河日記를 가리켜 한 말이다.
3. **임금의 …… 처형을**　　원문은 '以兩觀熒惑之誅'인데, 양관兩觀은 원래 궁궐 정문의 좌우에 있는 망루望樓를 가리키는 말이었으나 궁궐이란 뜻도 가지게 되었다. 공자는 노魯나라의 재상 직무를 대행하게 되자 난신亂臣인 대부大夫 소정묘少正卯를 노나라 궁궐의 양관 아래에서 처형했다고 하여 '양관지주'兩觀之誅란 성어가 생겼다. 또한 노나라 임금과 제齊나라 임금이 회합한 자리에서 제나라 측이 광대와 난쟁이의 유희를 공연하자 공자는 필부로서 임금의 총명을 현혹케 한 죄를 물어 그자들을 처형하도록 했다고 한다. 『史記』 卷47 「孔子世家」
4. **국가의 융성을 드날리지**　　원문은 '鳴國家之盛'인데, 한유韓愈의 「송맹동야서」送孟東野序에 나오는 표현이다. 이 글에서 한유는 맹교孟郊와 같은 그의 벗들을 뛰어난 작가라는 뜻의 '선명자'善鳴者라고 하면서 그들이 자신의 불행한 처지를 노래하지 말고 크게 발탁되어 국가의 융성을 노래할 날이 오기를 염원하였다.

때때로 곤궁한 시름과 따분한 심정을 드러냈으니 모두 조잡하고 실없는 말이요, 스스로 배우와 같이 굴면서 남에게 웃음거리를 제공했으니 진실로 이미 천박하고 누추하였소이다.

게다가 본성마저 게으르고 산만해서 수습하고 단속할 줄 몰라, 자기도 모르는 사이에 화로畫蘆·조충雕蟲[6] 따위의 잔재주가 이미 자신을 그르치고 또한 남까지 그르쳤으며, 부부覆瓿·호롱糊籠[7]에나 알맞은 글로 하여금 혹은 잘못된 내용이 전파됨에 따라 더욱 잘못되도록 만들었습니다. 차츰차츰 패관소품稗官小品[8]으로 빠져 든 것은 저도 모르게 그렇게 된 것이요 이리저리 굴러다니다가 위항委巷에서 흠모를 받게 된 것도 그러길 바라지 않았는데 그렇게 되고 만 것이었습니다. 문풍文風이 이로 말미암아 진작되지 못하고 선비의 풍습이 이로 말미암아 날로 퇴폐하여진다면, 이는 진실로 임금의 교화를 해치는 재앙스러운 백성이요 문단의 폐물이라, 현명한 군주가 통치하는 시대에 형벌을 면함만도 다행이라 하겠지요.

제 자신은 웅대하고 전중한 문체를 거역하면서 후생들이 고문古文의 법도를 계승하려 하지 않음을 탄식하고,[9] 벌레 울고 새 지저귀는 소리[10]

---

5. **글로써 장난거리를 삼아**　　원문은 '以文爲戱'인데, 궁귀窮鬼와의 가상적인 문답을 통해 세태를 신랄하게 풍자한 한유의 「송궁문」送窮文 같은 작품이 '글로써 장난거리를 삼은' 글로 비난을 받았다.

6. **화로畫蘆·조충雕蟲**　　화로는 호로葫蘆(표주박)를 그대로 따라 그린다는 말로 참신함이 없이 단순하게 남을 모방하는 것을 말하며, 조충은 벌레 모양의 글자(蟲書)를 새기듯이 자구字句를 수식하여 글을 짓는 것을 말한다.

7. **부부覆瓿·호롱糊籠**　　부부는 항아리를 덮는다는 뜻이고 호롱은 종이로 농을 바른다는 뜻으로, 항아리 덮개로 삼거나 농이나 바르기에 족한 시원치 않은 글을 가리킨다.

8. **패관소품稗官小品**　　명明나라 말 청淸나라 초에 크게 유행했던 패관소설稗官小說과 소품산문小品散文을 가리킨다.

9. **후생들이 …… 탄식하고**　　원문은 '嗟小子之不肯構'인데, 『서경』「대고」大誥에 출처를 둔 표현이다. 주周나라 무왕武王이 이룩한 왕업을 계승하는 일을 집 짓는 데 비유하여, 아버지가 집 짓는 법을 확립해 놓았는데도 "그 아들이 기꺼이 집터를 닦으려 하지 않으니 하물며 기꺼이 집을 얽어 만들겠는가?"(厥子乃不肯堂 矧肯構)라고 하였다.

10. **벌레 …… 소리**　　자질구레한 소재를 다룬 소품산문을 풍자하여 비유적으로 말한 것이다.

나 좋아하면서 '옛사람들은 듣지도 못한 것이다'라고 말했으니, 이로 말하자면 나나 그대나 마찬가지로 죄가 있다 하겠소.[11] 지금에 와서는 도깨비가 요술을 못 부리고 상곡桑穀[12]의 재앙이 저절로 소멸되게 되었으니, 그 본심을 따져 보건대 비록 잔재주에 놀아난 결과이기는 하지만 이는 진실로 무슨 심보였던가요? 스스로 종아리를 치며 단단히 기억을 해야겠소.

허물을 용서하고 죄를 용서하시니 임금의 덕화德化에 함께 포용되었음을 확실히 알았으며, 마음을 고치고 생각을 바꾸어 청아菁莪[13]에 거의 자포자기하지 않게 되었으니, 이는 나나 그대나 죽도록 같이 힘쓸 바요. 어찌 감히 지난날의 허물을 고치고 뒤늦게나마 만회할 것을[14] 급히 도모하여 다시는 성세聖世의 죄인이 되지 않도록 하지 않으리오![15]

---

11. **나나 …… 하겠소**　남공철도 패관소품을 즐겨 읽고 그 영향을 받았다. 1792년 음력 10월 그는 초계문신으로서 지어 올린 책문策文 중에 패관소품의 문체를 구사했다는 정조의 견책을 받고 지제교知製教 직함을 박탈당했으며, 어명으로 규장각으로부터 죄를 추궁하는 편지를 받고 그에 대한 답서를 지어 올려야 했다. 『正祖實錄』 16年 10月 19日·24日·25日

12. **상곡桑穀**　뽕나무와 꾸지나무를 말한다. 은殷나라 태무太戊 때 상과 곡이 조정 뜰에 솟아나 하루 만에 한 아름이나 자랐다. 그것을 본 태무가 두려워서 이척伊陟에게 그 이유를 물으니, 이척의 말이 "요얼妖孽은 덕을 이기지 못한다고 했는데 임금의 정치에 결함이 있는가 봅니다. 그러니 임금께서는 덕을 닦으소서" 하였다. 태무가 그 말에 따라 덕을 닦자 상과 곡이 말라 죽었다고 한다. 『史記』 卷3 「殷本紀」

13. **청아菁莪**　『시경』 소아小雅 「청청자아」菁菁者莪에 출처를 둔 말로 인재를 기르는 것을 뜻한다. 여기서는 정조가 인재를 발탁·기용하는 것을 가리킨다. 『운산만첩당집』에는 '膏燭'으로 되어 있다.

14. **지난날의 …… 것을**　원문은 '黥刖之補'인데, 『장자』莊子 「대종사」大宗師에 출처를 둔 표현이다. 형벌을 받아 훼손된 몸을 온전하게 회복한다는 뜻으로, 개과천선과 같은 말이다. '식경보의' 息黥補刖란 성어가 있다. 또한 원문의 '상유지수'桑楡之收는 '아침에 잃은 물건을 저녁에 되찾는다'(失之東隅 收之桑楡)는 속담에서 유래한 표현으로, 처음의 실수를 나중에 만회한다는 뜻이다.

15. **어찌 …… 않으리오**　『운산만첩당집』에는 그다음에 "차츰 순수하고 바르게 되고자 했으나 그래도 『맹자』에 나오는 풍부馮婦처럼 예전 솜씨를 다시 발휘하려는 버릇에서 벗어나지 못했으니, 이 어찌 『장자』에서 말한 '제 그림자를 피하려 하면서 해를 향해 달려가는 자'가 아니겠는가?"(稍欲醇正 而猶不脫攘臂下車習氣 無乃畏影而走日中者耶)라는 평어가 있어 글을 감상하는 데 참고가 된다.

서울에는 한 자가 넘게 눈이 내려 가죽옷을 껴입지 않고는 외출을
못할 지경인데, 남쪽 소식은 어떤지 몰라 애달프게 그리는 마음 그지
없습니다. 삼가 생각하건대 요즘 정사政事에 수고로운 몸 안녕하신지
요? 영남嶺南은 가뭄의 피해가 이루 다 볼 수 없을 지경인데, 귀하의
고을은 세금 독촉이며 기민 구제 사업으로 정신이 괴롭지나 않으신
지 이것저것 삼가 염려되옵니다. 기하생記下生[16]은 어지러운 진세塵世와
어수선한 몽상 속에서 예전의 저 그대로입니다.

지난번에 문체文體가 명明·청淸을 배웠다 하여 임금님의 꾸지람을
크게 받았고 치교穉敎 등 여러 사람과 함께 함추緘推를 당하기까지 하
였습니다.[17] 저는 또 내각內閣으로부터 무거운 쪽으로 처벌을 받아 죗
값으로 돈을 바쳤습니다. 그 돈으로 술과 안주를 마련하여 내각에서
북청 부사北靑府使로 부임하는 성사집成士執[18]의 송별연을 벌였는데, 대

---

16. **기하생記下生** '기억해 주시는 아랫사람'이란 뜻으로, 편지에서 신분이나 지위가 높은 상대
방에 대해 자신을 낮추어 하는 말이다.

17. **치교穉敎 …… 하였습니다** 치교는 심상규沈象奎(1766~1838)의 자이다. 함추緘推는 함사추고
緘辭推考의 준말로 6품 이상의 관원이 경미한 죄를 범한 경우 서면으로 죄를 추궁하고 서면으로
진술을 받는 것을 말한다. 심상규는 정조로부터 그의 이름과 자를 하사받을 정도로 총애를 받았
다. 그러나 1792년 음력 11월 규장각 대교로서 함추를 받아 지어 올린 함답緘答이 구두가 제대
로 떨어지지 않는다는 이유로 정조의 견책을 받고 그 글을 언문으로 번역하여 주해註解를 달아
올리라는 엄명을 받았다. 당시 심상규뿐만 아니라 패관소설을 즐겨 본 전과가 있던 김조순金祖淳
과 이상황李相璜에게도 함추의 처분이 내렸다. 『正祖實錄』16年 10月 24日, 11月 3日·8日

18. **성사집成士執** 사집은 성대중成大中(1732~1809)의 자이다. 성대중은 호가 청성靑城, 본관은
창녕昌寧이다. 정조의 인정을 받아 규장각의 외각外閣인 교서관校書館에 오래 재직했으며 어명으
로 문신들이 지어 올린 응제應製에서도 자주 장원을 차지했다. 정조 16년 12월 정조는 성대중이
공령부체功令賦體로 지어 올린 글을 칭찬하면서 서얼 출신임에도 특별히 북청 부사에 임명하고
규장각에서 그의 송별연을 베풀어 주도록 명하였다. 『承政院日記』正祖 16年 12月 18日 『研經齋全
集』卷10「先府君行狀」이와 같이 성대중은 정조의 보수적인 문예 정책에 적극 부응하여 출세한
인물로, 연암과 이덕무, 유득공, 박제가, 남공철 등과도 교분이 깊었다.

개 사집士執은 문체가 순수하고 바르기 때문에 이런 어명이 내렸던
것입니다. 낙서洛瑞 영공令公[19]과 여러 검서檢書[20]가 다 이 모임에 참여
하였으니, 문원文苑의 성사盛事요 난파鑾坡[21]의 미담이라, 영광스럽고 감
격스러워서 이에 아뢰는 바입니다.

어제 경연經筵에서 천신賤臣(남공철)에게 하교하시기를,

"요즈음 문풍文風이 이와 같이 된 것은 그 근본을 따져 보면 모
두 박 아무개의 죄이다. 『열하일기』熱河日記는 내 이미 익히 보았으니
어찌 감히 속이고 숨길 수 있겠느냐? 이자는 바로 법망에서 빠져나
간 거물이다. 『열하일기』가 세상에 유행한 뒤에 문체가 이와 같이
되었으니 당연히 결자해지結者解之하게 해야 한다."

하시고, 천신에게 이런 뜻으로 집사執事[22]에게 편지를 쓰도록 명령하
시면서,

"신속히 순수하고 바른 글 한 편을 지어 급히 올려 보냄으로써
『열하일기』의 죗값을 치르도록 하라. 그러면 비록 남행南行 문임文任[23]
이라도 주기를 어찌 아까워하겠는가? 그렇지 않으면 마땅히 중죄가
내릴 것이다."

하시며, 이로써 곧 편지를 보내라는 일로 하교하셨습니다.

---

19. **낙서洛瑞 영공令公**　낙서는 이서구李書九(1754~1825)의 자이다. 이서구는 호가 척재惕齋·강
산薑山이며 본관은 전주全州이다. 박제가, 이덕무, 유득공과 함께 조선 후기 한시漢詩 4대가로 불
린다. 승지를 영공令公이라고도 부른다.
20. **검서檢書**　서적의 교정과 서사書寫를 담당하는 규장각의 5~7품 벼슬로 주로 서얼 출신들
이 임명되었다. 당시 성대중을 위한 규장각의 송별연에는 승지 이서구, 규장각 직각 남공철, 서
영보徐榮輔와 함께 검서로 이덕무와 유득공이 참여하였다. 『靑莊館全書』卷71「年譜」壬子 12月
21. **난파鑾坡**　한림원翰林院의 별칭으로 여기서는 규장각을 가리킨다.
22. **집사執事**　편지에서 상대방을 가리킬 때 쓰는 경칭이다. 여기서는 연암을 가리킨다.
23. **남행南行 문임文任**　남행은 조상의 공덕으로 과거를 거치지 않거나 자신의 높은 학행으로
조정에 천거되어 오르는 벼슬, 즉 음직蔭職을 이른다. 문임은 홍문관이나 예문관의 종2품 벼슬인
제학提學을 이른다.

이런 임금의 말씀을 들으면 필시 영광으로 여기는 마음과 송구한 마음이 한꺼번에 뒤섞일 줄 상상되오나, 다만 이 '순수하고 바른 글 한 편'은 진실로 졸지에 지어 내기는 어려울 터이니, 어떻게 하려고 하시는지 모르겠습니다. 이는 실로 유교를 돈독히 하고 문풍을 진작하며 선비들의 취향을 바로잡으시려는 우리 성상의 고심과 지덕至德에서 나온 것이니, 어찌 감히 그 만에 하나나마 보답하지 않을 수 있겠습니까?

하물며 집사는 허물을 자책하고 속죄해야 하는 도리상 더욱이 잠시라도 늦추는 것이 용납되지 않는 처지이나, 그 제목을 정하기가 딱하게도 쉽지 않으니, 명·청의 학술을 배척하는 한두 권 글을 지어서 올려 보냄이 좋지 않겠습니까? 아니면 영남嶺南 산수기山水記 한두 권이나 혹은 서너 권을 순수하고 바르게 지어 냄이 좋지 않겠습니까? 이렇게든 저렇게든 막론하고 두어 달 안에 올려 보내심이 어떨는지요? 편지를 보낸 것은 이 때문이며, 이만 줄입니다.

족형族兄 윤원胤源 씨에게 답함[1]

새봄에 도道를 닦으시며 조촐하게 보중保重하신다는 소식 받잡고 흐뭇함과 동시에 하례를 드립니다. 족제族弟는 5년 동안 벼슬살이에 지친 가운데 육순이 문득 다가오니, 귀가 순해져야[2] 할 터인데 오히려 점점 막혀 가고 나이는 비록 더해 가나 더욱 쇠퇴해만 갑니다. 사람이 60년을 사는

---

1. **족형 윤원胤源씨에게 답함**　　박윤원朴胤源(1734~1799)은 호가 근재近齋로 성리학자인 미호渼湖 김원행金元行의 문인이다. 딸이 정조의 후궁이 되어 세자를 낳음으로써 후일 순조純祖의 외조부가 된 박준원朴準源은 그의 아우이다. 박윤원은 연암에게는 일족에 속하는 형님뻘이 된다. 박윤원의 사후 그의 문집을 간행하려 할 때 연암은 박준원에게 박윤원이 보낸 원서原書뿐 아니라 그에 답한 자신의 이 편지도 함께 수록해 줄 것을 요청하였다. 『燕巖集』 卷10 「與族弟準源書」 박윤원의 원서는 『근재집』近齋集 권18에 「여족제미중지원」與族弟美仲趾源이라는 제하에 수록되어 있으며, 이어서 연암이 보낸 이 편지를 받고 난 뒤 오해를 푼 박윤원이 연암에게 보낸 사과 편지도 「여미중」與美仲이란 제하에 수록되어 있다.
2. **귀가 순해져야**　　『논어』 「위정」爲政에서 공자가, "나는 15세에 배움에 뜻을 두었고, 30세에 스스로 섰고, 40세에 사물의 이치에 의혹됨이 없었고, 50세에 천명을 알았고, 60세에 귀가 순해졌고, 70세에는 하고 싶은 대로 해도 법도에 어긋나지 않았다"(吾十有五而志于學 三十而立 四十而不惑 五十而知天命 六十而耳順 七十而從心所欲不踰矩)고 한 데에서 나온 말이다. 귀가 순해졌다는 것은 무슨 말을 들어도 귀에 거슬리지 않게 되었으며, 그 말의 미묘한 뜻까지 곧바로 이해하게 되었다는 뜻이다.

것도 어찌 쉽게 얻겠습니까마는, 도道를 들은 것이 거의 없으니[3] 이것이 한탄스럽고 슬픕니다.

보내신 편지에서 '화양동華陽洞 선묘先墓[4]에 축관祝官을 썼다'는 일은 아마도 아뢴 사람이 잘못 말한 것일 터입니다.

제전祭田을 되돌려 받은 것이 계축년(1793) 겨울이고, 그 이듬해인 갑인년에 종중宗中으로부터 비로소 의논이 정해져서, 본군本郡(합천군)의 질청秩廳[5]에 맡겨 해마다 한식寒食에 한 번 묘제墓祭를 지내게 했던 것입니다. 그런데 그해엔 한식이 이미 지나서 새로 의논하였던 것이 행해지지 않았으니, 호장戶長[6]이 제사를 지냈다는 것은 말할 거리조차 안 됩니다. 또 다음 해인 을묘년에는 제가 한식날 관아에서 제물을 마련하고 삼가 십여 구의 제문을 지어 몸소 제사를 지냄으로써 먼 조상을 추모하는 정성을 폈으니, 호장을 쓸데없이 축관으로 덧붙일 까닭이 없었음은 따라서 알 수 있습니다. 그때 본군의 공형公兄[7]이 비로소 제전을 받으러 왔기 때문에 그와 함께 제전 이름과 면적을 자세히 기록하고 진설陳設의 도식圖式을 참작하여 정해 주었으니, 대개 다음 해 한식부터 도식에 의거하여 거행하도록 할 작정이었습니다.

지난해의 다음 해는 바로 금년 병진년(1796)이라 호장의 행사는 의당 금년부터 비롯될 터인데, 한식이 다가오지 않아 제사는 아직 멀었으니, 보내신 편지 가운데 '축관으로 호장의 이름을 썼다'는 것은 과연 누가 보고 누가 전했는지 모를 일입니다. 축관을 쓰는 것이 타당하냐 부당하냐

---

3. **도道를 …… 없으니**　　원문은 '其朝聞無幾'인데, 『논어』 「이인」里仁에서 공자가, "아침에 도를 들으면 저녁에 죽어도 좋다"(朝聞道 夕死可矣)라고 한 데에서 나온 말이다.
4. **화양동華陽洞 선묘先墓**　　박소朴紹의 묘를 가리킨다. 『연암집』 권1 「합천 화양동 병사기」陜川 華陽洞丙舍記 참조.
5. **질청秩廳**　　고을의 아전들이 직무를 보는 곳을 이른다.
6. **호장戶長**　　고을 아전의 우두머리를 이른다.
7. **공형公兄**　　삼공형三公兄이라고도 하며 호장戶長, 이방吏房, 수형리首刑吏를 이른다.

는 고사하고, 3년 동안에 호장이 본시 한 번도 제사를 지낸 적이 없었으니 아무리 축관을 쓰고 싶은들 어디다 썼겠습니까?

사실이 이처럼 판별하기 쉽고 전하는 말이 저토록 근거가 없는데도, 보내신 편지에 널리 예설禮說을 인용하여 분명하게 가르침과 꾸지람을 주시고, '누가 이런 의논을 주장했으며 누가 이런 일을 꾸몄는가?' 하고 힐책을 내리셨습니다. 대저 이치에 통달하고 판별에 밝으신 우리 형님께서도 오히려 이러한 의심을 가지셨다면, 뭇사람들이 듣고 놀라 의심할 때 어느 누가 깨우쳐 주겠습니까? 생각이 이에 미치니 모르는 결에 가슴이 서늘합니다.

무릇 선영을 받드는 일에 관해서는 설사 구구한 한 가지 소견이 있어 예禮에 합당하다고 자신할지라도, 오히려 부형이나 일족들이 내가 옳다고 인정하지 않을까 두려워하여, 어렵게 여기고 조심하고 두루 물어서 감히 선뜻 독단하지 못함은 진실로 경우가 그렇기 때문입니다. 더더구나 중론이란 통일시키기 어려운 데다가 사람마다 제각기 정성과 공경을 바침이 나와 똑같겠습니까? 무엇 때문에 함부로 근거 없는 일을 만들어 경솔히 혼자 시행하여 스스로 일족에게 죄를 짓고 식자에게 기롱을 받겠습니까? 사리로 보나 인정으로 보나 모두가 이치에 맞지 않습니다. 이는 아마 산소 아래 사는 여러 윤씨尹氏들[8]이 만들어 낸 말이 아니겠습니까?

제가 유독 원망과 노여움을 산 것은 대개 또한 까닭이 있는 것입니다. 애당초 이후李侯[9]가 제전을 되돌려 받기로 든 것은 과연 여러 윤씨들이 사실을 알려 줌으로 인해 나온 것인데, 이것을 서울에 있는 여러 박씨들과 멀리서 의논하기는 어렵고 안의와 합천은 거리가 백 리도 못 되

---

8. **여러 윤씨尹氏들**　박소의 외가인 파평坡平 윤씨들이 합천에서 대성大姓을 이루고 대대로 살았다. 박소가 합천에서 은둔하다 서거했을 때 윤씨 가문에서 화양동의 묏자리를 제공하였다. 『연암집』 권1 「합천 화양동 병사기」 참조.
9. **이후李侯**　합천 군수 이의일李義逸을 가리킨다.

는 가까운 곳이어서, 이후가 전후로 서신을 왕복하여 매양 저에게 부탁을 하였습니다. 때문에 여러 윤씨들은 마치 제가 이 토지를 주장하여 주고 빼앗는 것이 제 손에 달린 줄 생각한 것입니다.

제가 지난해 묘제를 올릴 때 여러 윤씨들로서 척분戚分을 일컫는 자 5, 6명이 번갈아 와서 만나 보니 대개는 모두가 토지 문제였습니다. 그들의 말이,

"제전이 온데간데없어진 지 여러 해인데 그것이 아무 곳에 숨어 있음을 적발해 낸 것은 우리들이었고, 그 본래 가격이 얼마인지 알아서 본래 가격을 물고 되돌려 받은 것도 우리들이었고, 서원[10]의 선비들이 집단으로 들고일어나 관에 소지所志를 올려 가로채려는 것을 우리 사또에게 힘껏 부탁하여 영원히 빼앗길 염려가 없도록 만든 것도 바로 우리들이었으니, 사리로 보아 마땅히 우리들에게 넘겨 도지賭地[11]를 나누어 맡게 해야 할 것입니다. 저 질청은 일찍이 아무 애도 쓴 일이 없는데 어부지리漁夫之利를 앉아서 받고 있으니 우리들의 심정이 어찌 허탈하지 않겠습니까."

라는 것이었습니다.

말은 비록 순박하고 촌스럽지만 오히려 속셈을 내보였기에, 저는 이렇게 대답했습니다.

"그대들의 공적은 많다 하겠지만, 이번에 질청에 제전을 맡긴 것은 바로 우리 종중의 중론이요 문중 제일 어른의 명령이외다. 내가 이웃 고을에 있기 때문에 나를 시켜 거행하게 한 것이니 나는 오직 받들어 시행할 뿐이오. 어찌 감히 중간에서 마음대로 변경할 수 있는 일이겠소!"

---

10. **서원**   화암서원華巖書院을 가리킨다.
11. **도지賭地**   농사짓는 땅을 남에게 빌리면 그 대가로 해마다 일정한 수확을 바쳐야 하는데, 그러한 땅을 도지라고 한다. 그 대가로 바치는 수확을 도지 또는 도조賭租라고도 한다.

밤에 손님 한 사람이 혼자 왔는데 언사와 태도가 제 딴에는 자못 의젓스러웠습니다. 그는 깊이 탄식하며 한참 있더니 이런 말을 하는 것이었습니다.

"선생의 묘소인데 호장이 제사를 지내다니 혹시 고례古禮에 그런 경우가 있습니까?"

저는 웃으면서,

"그대는 진실로 고례를 아시오? 옛날엔 묘제를 지내지 않았는데 하물며 이미 천묘遷廟[12]한 묘이겠소? 진실로 세대가 점점 멀어지면 묘역을 잃을까 두려워서, 옛날에 두었던 토지와 집을 묘지기하는 노속에게 맡기기도 하고 산 아래 사는 그 고장 선비에게 부탁하기도 하여 한 해에 한 번 제사 지내는 것은, 멀리서나마 그 상로지감霜露之感[13]을 붙일 뿐만이 아니라 아무 집안의 선산임을 알려 주자는 까닭이지요. 세족世族이 토지를 질청에 맡기는 것은 그 의의가 대체로 같소. 노속의 성쇠와 존망은 일정하지 않고, 그 고장 선비나 군의 아전들도 제 족속이 아님은 마찬가지요. 그러나 질청이란 고을이 있는 날까지는 같이 있게 되어 백대를 가도 제사를 폐지하지 않을 수 있고 토지가 도중都衆[14]에게 들어가면 한 사람이 마음대로 옮길 수도 없습니다. 이미 토지를 맡겼으면 토지를 받은 자가 제사 지내는 것일 뿐이외다. 어찌 꼭 예禮의 고금古今과 사람의 귀천을 따지겠소."

---

12. **천묘遷廟**   가묘家廟에서 신주를 모시는 대수代數가 지나면 더 이상 합사合祀하지 않는 것을 말한다.

13. **상로지감霜露之感**   돌아가신 부모나 선조를 서글퍼 사모함을 이른다. 『예기』「제의」祭義에 가을 제사 때에 "서리나 이슬이 내리면 군자가 이것을 밟고 반드시 서글퍼지는 마음이 있으니, 이는 추워서 그러한 것이 아니다" 하였다.

14. **도중都衆**   어떤 집단이나 그 성원 전체를 가리키는 '도중'都中이란 한국식 한자어를 조금 달리 표기한 듯하다. 여기서는 아전 집단을 가리킨다.

하였더니, 그 사람이 겉으로는 그럴 듯이 수긍하고 돌아갔습니다. 그 후에 듣자니 도리어 서원의 선비들과 합세하여 본군의 신임 사또에게 부탁해서 그 토지를 옮겨서 서원에 귀속시키려는 계획을 도모했는데 본 사또가 듣지 않았다고 합니다. 그 밖에도 괴이한 언설이 하나만이 아닙니다.

촌구석의 고루한 소견으로 제사에는 반드시 축관이 있는 줄만 알았지 호장은 절대 축관으로 쓸 수 없다는 것은 알지 못한 것이며, 그자가 배척한 것은 호장의 직품이 낮다는 것이지, 축관을 쓰는 것이 예禮가 아니라는 것을 반드시 이른 것은 아니었습니다. 단지 거기에 축관이 있으려니 멋대로 생각하고 서슴없이 이런 언설을 퍼뜨린 것입니다.

아! 묘에다 제사함도 오히려 슬기롭지 못하다는 기롱이 있을 수 있는데, 이미 마지못할 경우라면 그 고장 선비나 군의 아전 중에서 손을 빌려 향기로운 제물을 진설하게 하는 것은 있을 수 있습니다만, 어찌 제 족속이 아닌 사람이 축문을 아뢸 수 있겠습니까?

먼 곳이라 풍문의 와전됨이 대개 이와 같은 경우가 많습니다. 이후에도 괴이한 언설이 이러쿵저러쿵 일어날 터이니, 바라옵건대 저의 이 편지를 일족에게 돌려 보이시어 뭇 의혹을 깨뜨려 주심이 어떠하신지요?

부附 원서原書

새봄에 정사를 돌보느라 어떻게 지내시는지 몹시 궁금하외다. 족종族從[15]은 늙고 병들어 나날이 정신이 혼미해 가니 서글프고 한탄스러우

---

15. 족종族從 편지에서 일족一族에 속하는 먼 촌수의 친척에 대해 자신을 낮추어 부르는 말이다. 여기서는 박윤원 자신을 가리킨다.

나 어쩌겠소.

듣자니 선조 야천治川(박소朴紹) 선생의 묘제에 축관으로 호장의 이름을 썼다 하니 놀랍고 괴이함을 이기지 못하겠소. 만약 잘못 전해진 말이 아니라면 이는 실로 예에 어긋나도 너무나 크게 어긋난 것이오. 누가 이 의논을 주장했으며 누가 이 일을 꾸몄는가 모르겠소.

예서禮書에 비록 '총인이 시가 된다'(家人爲尸)[16]는 글귀가 있으나 호장은 총인이 아니고, 예법에 본래 '빈객이 제사를 돕는다'(賓客助祭)는 규정이 있으나 주사자主祀者는 조제자助祭者가 아니오. 이리 보나 저리 보나 근거가 없는데 그래도 행한다면 이상한 게 아니겠소.

전傳에 '신神은 제 족속이 아니면 그 제사에 흠향하지 않는다'(神非族類 不歆其祀) 했는데,[17] 합천의 호장은 우리 선조에 대해 같은 족속이 아니오. 무릇 우리 선조께서는 평소에 '예가 아니면 움직이지 않는'(非禮勿動)[18] 마음을 가지셨는데, 그 밝으신 혼령이 어찌 족속 아닌 사람이 올리는 제사를 즐겨 와서 받으시겠소. 생각이 이에 미치니 모르는 결에 마음이 아프고 쓰리오.

무릇 세일제歲一祭(시제時祭)란 곧 친진親盡[19]한 뒤에 자손이 먼 조상을 추모하는 무궁한 생각을 펴는 것이며, 대수代數를 제한하지 않는 것은 대개 묘가 사당과 다르기 때문이지요. 그러나 사당이 이미 헐

---

16. **총인家人이 시尸가 된다** 　총인은 주周나라의 관명으로 왕실의 묘가 있는 지역을 관장하는 관리를 이른다. 시는 '신주'神主라는 뜻으로 죽은 이를 대신하여 제사를 받는 사람을 이른다. 『주례』周禮 춘관春官 「총인」家人에 "무릇 묘제에 시가 된다"(凡祭墓爲尸)고 하였다.

17. **전傳에 …… 했는데** 　전은 『춘추좌씨전』春秋左氏傳을 가리키는 것으로, 이 구절은 희공僖公 31년 조에 나온다.

18. **예가 아니면 움직이지 않는** 　『논어』 「안연」顏淵에서 공자는 "예가 아니면 보지 말고, 예가 아니면 듣지 말고, 예가 아니면 움직이지 말고, 예가 아니면 말하지 말라"고 하였다.

19. **친진親盡** 　제사를 지내는 대수가 다 된 것을 이르는 것으로 임금은 5대, 일반인은 4대 조상까지 제사를 지낸다.

렸기 때문에 모든 지손支孫들이 다 제사 지낼 수 있게 된 것도 역시 예禮이외다.

일찍이 보니 양주楊州 홍 부인洪夫人의 묘[20]에는 해마다 봄이 되면 자손 한 사람을 정해 보내어 제사하게 하는데, 선생의 묘에는 유독 그리 못 하는 것은 그 길이 천 리나 멀기 때문이지요. 뭇 자손이 돌아가며 가서 제사를 지내지 못하게 된 이상 할 수 없이 그 고장 사람이나 고을 아전을 시켜 제물을 진설하고 잔을 올리는 것을 묘지기가 집사執事하는 예例와 같이 하는 것은 혹 그럴 수도 있겠거니와, 꼭 축문을 써서 '호장 아무개는 감히 밝게 아룁니다'(戶長某敢昭告) 운운한 다면 너무도 같잖은 일이 아니겠소. 그 사람을 천히 여겨서가 아니라 족속이 아니기 때문이요, 예가 아니기 때문이지요. 이럴 경우에는 축관을 쓰지 않는 것이 마땅할 따름이오.

세일제에 삼헌三獻[21]으로 하자는 것은 우복愚伏(정경세鄭經世)의 주장이고, 단헌單獻으로 하자는 것은 사계沙溪(김장생金長生)의 학설이오. 내 생각으로는 사계의 학설을 따라 단헌으로 하고 축관을 없애는 것이 마땅하다고 여기며, 비록 삼헌으로 할 경우라도 축관을 없애는 것 또한 무방하다고 생각하오.

일찍이 듣자니 제전이 없어져 제사가 소홀히 되고 말았으나 좌하座下(연암을 가리킴)가 영남의 원으로 나가면서 옛 전토를 찾아내어 본군의 질청에 맡겨 길이 제사를 잇는 계책을 세웠다기에 잘 처리했다고 자못 다행스레 여겼는데, 뜻밖에도 그 축문 한 구절이 이토록 잘

---

20. **양주楊州 홍 부인洪夫人의 묘**　　박소의 부인 홍씨는 사섬시 정司贍寺正을 지낸 홍사부洪士俯의 딸로서 박소보다 44년 뒤에 85세의 나이로 졸했으며, 그 묘가 양주의 풍양현豊壤縣에 있었다. 『思菴集』卷4「治川朴公神道碑銘」

21. **삼헌三獻**　　제사에서 초헌初獻·아헌亞獻·종헌終獻 이렇게 세 번 술을 부어 올리는 것을 말한다. 한 번만 술을 부어 올리면 단헌單獻이라 한다.

못되어 도리어 향기로운 제사 의식에 누累가 되고 말았구려.

이는 필시 제전을 맡길 때에 미처 축관을 쓸지 여부를 의논하여 지시한 바가 없어서 고을 아전들이 제멋대로 이와 같이 했을 것이오. 그렇지 않고 혹시라도 고명高明(연암을 가리킴)의 의견에서 나왔다면 아마도 이는 깊이 생각하지 못하신 것 같소.

이미 예가 아닌 줄 알았으면 당장에 고쳐야 할 것이니, 금년 한식부터는 축문을 쓰지 말라는 뜻을 자세히 밝혀 패牌를 만들어 제사를 부탁한 호장에게 훈계하고 단속하는 것이 어떠하겠소? 그래야만 제사 예법이 바르게 되고 인정과 도리상으로도 편안할 터이니 소홀히 말기를 신신 부탁하오.

선조의 제사를 받드는 일이 되고 보니 잠자코 있는 것은 경우가 아니라 부득불 여러 말을 하게 되었소. 깊이 양찰해 주기 바라오.

원도原道에 대해 임형오任亨五에게 답함[1]

지난번에 자네가 노생盧生과 「원도」原道[2] 편을 논하다가 그 글의 주장이 이해되지 않자 나에게 와서 도道의 근원에 이르는 방법을 물었는데, 그렇게 해서 노생에게 답하려는 것이었지. 나 역시 실상은 자네에게 답할 길이 없었으니 우리 속담에 이른바 '한 외양간에 암소가 두 마리'[3]라는 격이라, '뿔 없는 숫양을 내놓으라'(卑出童羖)[4]는 것에 거의 가깝지 않겠는가? 나는 여러 날을 배회하다가 겨우 『맹자』에서 "대저 도란 큰 길과 같으니 어찌 알기 어렵겠는가?"[5]라는 한 말씀을 발견하고는, 마침내 그것으로써

---

1. **원도原道에 …… 답함**　임형오任亨五가 누구인지 알 수 없다. 박종채朴宗采의 『과정록』 권4에 "일찍이 성명性命을 논하면서 촛불로써 비유를 삼으시니 지계芝溪(이재성)가 지당한 의론이라 했다. 이 역시 문집 중에 있다"고 했는데, 바로 이 편지를 가리킨다.
2. **「원도」原道**　한유韓愈가 지은 글로서 유교의 도가 도가道家나 불교의 도와 다른 까닭을 논변하였다.
3. **한 …… 마리**　같은 것끼리 모여 있어 서로에게 도움이 되지 않는 경우를 뜻한다.
4. **뿔 …… 내놓으라(卑出童羖)**　『시경』 소아小雅 「빈지초연」賓之初筵에 나오는 구절로, '뿔 없는 숫양'이란 결코 있을 리 없는 사물을 비유한 것이다.
5. **대저 …… 어렵겠는가**　『맹자』 「고자 하」告子下에 나오는 말이다.

「원도」 편의 주장을 부연 설명하고 가상적인 문답을 만들었네. 고명高明 (임형오를 가리킴)은 어떻게 생각하는지 모르겠군.

내 시험 삼아 물어보겠네.

"자네는 올 때 갓을 바르게 하고 옷매무새를 단정히 하며 허리띠를 매고 신발끈을 묶은 뒤에 대문을 나섰네. 이 중 한 가지라도 갖추어지지 않았으면 당연히 대문을 나서려 하지 않았겠지. 또 자네는 길에 나아갈 때 반드시 궁벽진 데를 버리고 험한 데를 피하며 여러 사람들이 함께 다니는 데를 따랐지. 대저 이와 같은 것이 이른바 '알기 어렵지 않다'는 것이네. 그러나 어떤 사람이 가시밭길을 헤치고 논밭길을 가로지르다가 갓이 걸리고 신발이 찢어지며 자빠지고 헐떡이며 땀을 흘린다면 자네는 이같은 사람을 어떻다고 생각하겠는가?"

자네는 이렇게 답하겠지.

"이는 필시 길을 잃은 사람일 겁니다."

그렇다면 내 또 묻겠네.

"걸어가는 것은 똑같은데, 올바른 길로 나아가기도 하고 갈림길을 찾기도 하는 것은 어째서인가?"

자네는 이렇게 답하겠지.

"이는 필시 지름길을 좋아하여 속히 가고자 하는 사람이요, 필시 험한 길을 가면서 요행을 바라는 사람일 겁니다. 그렇지 않으면 필시 남이 가리켜 준 말을 잘못 들은 사람일 겁니다."

"아닐세. 이는 길을 가다가 잘못에 빠진 것[6]이 아니네. 대문을 나서기 전에 이미 사심私心이 앞섰던 것이지."

내 또 묻겠네.

"길이 진실로 저와 같이 중정中正하고 저와 같이 가야 마땅하건만,[7]

---

6. **잘못에 빠진 것**   원문은 '遂迷'인데, 잘못을 깨닫지 못하고 계속 고집하는 것을 뜻한다.

자네가 발걸음에 맡겨 편안히 걷지[8] 않는다면 어찌 그런 줄을 스스로 알수 있겠는가? 그렇다면 가야 마땅할 바를 아는 것은 길에 달려 있다고하겠는가, 아니면 발에 달려 있다고 하겠는가?"

자네는 이렇게 답하겠지.

"진실로 아는 것은 마음에 달려 있고, 실제로 밟고 가는 것은 발에달려 있습니다."

그렇다면 자네의 발 쓰는 법을 내 알겠노라. 반드시 장차 발을 번갈아 들고 교대로 밟는 것을 '보'步라 하고, 발을 옮겼다가 멈추는 것을 '행'行이라 하지. 내 모르겠네만, 밟는 곳은 확고하나 발을 드는 곳은 의지할데가 없으며, 발을 옮길 때는 비록 전진하나 멈출 때에는 가지 못하네.그렇다면 자네의 두 발에 장차 한 번은 허망虛妄함이 있는 셈이니, 진실로 알고 실제로 밟고 간다는 것이 어디에 있단 말인가?

내 또 모르겠네만, 자네가 올 때 왼발이 먼저였던가 오른발이 먼저였던가? 자네는 장차 고개 들어 생각해 보고는 고개 숙인 채 답을 못할 테지. 대개 이는 발에 대해 잊은 때문이니, 잊은 것이지 망동妄動한 것은 아니요[9] 애써 하지 않은 것이지 길과 동떨어진 건 아니라네.[10]

---

7. **길이 …… 마땅하건만**　　『중용장구』 제1장의 집주集註에 "도道란 일상생활에 있어서 행해야 마땅한 도리"(道者 日用事物當行之理)라고 하였다.

8. **편안히 걷지**　　원문은 '安行'인데, 이는 원래 배우지 않고도 알아서 차분하게 행하는 것을 뜻한다. 『중용장구』 제20장에 "혹은 편안히 행하며, 혹은 민첩하게 행하며, 혹은 애써 간신히 행하나, 성공함에 이르러서는 한가지이다"(或安而行之 或利而行之 或勉强而行之 及其成功一也)라고 하였다.

9. **대개 …… 아니요**　　원문은 '蓋妄於足也 妄之非爲妄也'인데 뜻이 잘 통하지 않는다. '妄' 자가 '忘' 자와 상통함을 이용한 어희語戲로 볼 수도 있다. 김택영 편 『연암집』과 『중편연암집』, 승계문고본 등에는 '蓋忘於足也 忘之非爲妄也'로 되어 있어 그에 따라 번역하였다.

10. **애써 …… 아니라네**　　원문은 '不勉非違道也'인데, 『중용장구』 제20장에 "성誠이란 하늘의 길이요 성실하고자 함은 사람의 길이니, 성이란 애써 하지 않아도 중정中正하며(不勉而中) 생각지 않아도 저절로 깨달아 여유 있게 길과 합치하나니, 성인聖人이 그러하다"고 하였고, 그 집주에 "애써 하지 않아도 중정하다는 것은 편안히 행하는 것이다"라고 하였다. 또한 『중용장구』 제13장에 "충서는 도와 멀리 떨어져 있지 않다"(忠恕 違道不遠)고 하였다.

어떤 사람이 조급히 자신을 질책하기를,

"말과 소가 마구간에서 일어설 때 말은 앞발을 먼저 일으키고 소는 뒷발을 먼저 일으킨다.[11] 사람이 이용하기에는 오른쪽이 왼쪽보다 편하다.[12] 그렇다면 남자는 왼쪽이요 여자는 오른쪽이라는 법[13]이 어디에 있으며, 또한 길사吉事와 흉사凶事에 절할 때 왼손과 오른손을 위로 하는 법을 달리할 게 뭐 있나?[14]"

하였다네.

껍질을 갓 깨고 나온 병아리도 솔개를 경계하여 숨고, 배고파 울던 어린애도 호랑이를 무서워하여 울음을 그치지. 내 모르겠네만, 무릇 이와 같은 행동은 성性에서 터득한 것인가, 형形에서 터득한 것인가?[15] 그러므로 가령 자네가 길을 갈 때 발 둘 데를 생각하여 걸음마다 안배한다면,

11. **말은 …… 일으킨다**   원문은 '圓蹄先前 觕武先後'인데 원제圓蹄는 발굽이 둥근 말을 가리키고 우무觕武는 발굽이 둘로 갈라진 소를 가리킨다. 『조화권여』造化權輿에 말은 양물陽物이라 발굽이 둥글고 일어설 때 앞발을 먼저 일으키며(起先前足), 소는 음물陰物이라 발굽이 갈라졌고 일어설 때 뒷발을 먼저 일으킨다(起先後足)고 하였다. 『周易玩辭』卷15 「馬牛」

12. **사람이 …… 편하다**   원문은 '人之利用 右便於左'인데, 『열하일기』 「막북행정록」漠北行程錄 8월 7일 조에 우리나라의 어마법御馬法을 비판하면서 사람이 몸을 쓰기에는 오른쪽이 왼쪽보다 편리하며(人之體用 右利於左) 그 점에서는 말도 마찬가지라고 하였다.

13. **남자는 …… 법**   『예기』 「내칙」內則에 출생 후 3개월이 지난 사내아이는 '두 갈래 상투'(角), 계집아이는 '세 갈래 상투'(羈)를 짜며 그렇지 않으면 '남자는 머리 왼쪽, 여자는 머리 오른쪽으로 뿔상투를 짠다'(男左女右)고 하였다. 그 밖에도, 사내아이가 태어나면 문 왼쪽에 활을 걸고 계집아이가 태어나면 문 오른쪽에 수건을 걸며, 절할 때 남자는 왼손을 위로 하고 여자는 오른손을 위로 한다고 하였다.

14. **길사吉事와 …… 있나**   『노자』에서 "길사吉事에는 왼쪽을 높이고 흉사凶事에는 바른쪽을 높인다"(吉事尙左 凶事尙右)고 하였고, 『예기』 「단궁 상」檀弓上에 길사는 양陽이라 공수拱手할 때 왼손을 위로 하고 흉사는 음이라 오른손을 위로 한다고 하였다. 또한 『의례집설』儀禮集說 권12에 남자는 길배吉拜에 왼손을 위로 하고 상배喪拜에 오른손을 위로 하며, 여자는 그와 반대로 한다고 하였다.

15. **성性에서 …… 것인가**   성은 타고난 본성을 말하고, 형形은 신체를 말한다. 신체는 기氣로 이루어져 지각知覺하고 운동할 수 있으므로, '형에서 터득한다'는 것은 후천적인 체험을 통해 안다는 뜻이다.

하루 종일이라도 몇 리 가지 못할걸세. 그러므로 양지良知와 양능良能[16]은 흡사 자연히 그렇게 된 듯하고, 성性에 가장 근접한 것이긴 하네. 그러나 이는 독실하기도 하고 소략하기도 하며 통하기도 하고 막히기도 하니, 도의 근원에 이르는 방법은 아니지.

그렇다면 도道는 장차 어디에 있는가? 공公에 있네. 공公은 어디에 있는가? 공空에 있네. 공空은 어디에 있는가? 행行에 있네. 행行은 어디에 있는가? 지至에 있네. 지至는 어디에 있는가? 지止에 있네. 지止는 어디에 있는가? 평平에 있네. 평平은 어디에 있는가? 정正에 있네. 정正은 어디에 있는가? 중中에 있네. 중中은 어디에 있는가? 도道에 있네. 대개 근원은 하나인 때문이지. 그러므로 공자는 하나로써 관철되어 있는 것이 '우리의 도'라고 했네.[17] 자사子思가 그렇게 된 까닭을 다시 설명하기를 "분리될 수 있으면 도가 아니다"[18]라고 했지.

그렇다면 도를 볼 수 있는가? 기氣가 아니면 이理를 드러낼 길이 없네. 그러므로 기는 도의道義와 짝을 이루어서 길러야만 호연浩然해지는 것이지.[19] 사람(人)에 대해 인仁을 합쳐서 말하면 그것이 곧 도일세.[20] 하늘과

---

16. **양지良知와 양능良能** 『맹자』「진심 상」盡心上에 "사람이 배우지 않고서도 능한 것, 그것이 양능이요 생각하지 않고서도 아는 것, 그것이 양지이다"라고 하였다. 사람은 누구나 부모를 사랑하는 인仁과 어른을 공경하는 의義를 알고 실천할 수 있는 '선천적 지혜'(良知)와 '선천적 능력'(良能)을 갖추고 있다고 본 것이다. 명명나라 때 왕수인王守仁이 이 양지·양능을 극히 중시하여, 주자학에 맞서 치양지致良知를 종지宗旨로 하는 양명학陽明學을 일으켰다.

17. **공자는 …… 했네** 『논어』「이인」里仁에서 공자는 제자 증삼曾參에게 "삼아, 우리의 도는 하나로써 관철되어 있느니라"라고 하였다. '우리의 도'(吾道)는 유교를 말한다.

18. **분리될 …… 아니다** 『중용장구』제1장에 "도란 잠시라도 분리될 수 없으니, 분리될 수 있다면 도가 아니다"라고 하였다. 『중용』은 자사의 저술로 간주되고 있다.

19. **기는 …… 것이지** 『맹자』「공손추 상」公孫丑上에 호연지기浩然之氣를 설명하면서 "정직함으로써 기르고 해치지 않으면 천지 사이에 가득 차게 된다"(以直養而無害 則塞于天地之間)고 하였고, 이어서 호연지기는 "도의와 짝을 이루나니 이것이 없으면 기가 궁핍하게 된다"(配義與道 無是 餒也)고 하였다.

사람은 근원적으로 하나요 도와 기가 서로 분리되지 않음은 바로 이와 같네.

문왕文王이 도를 앙망仰望하여 아직 보지 못한 듯이 했다는 것은 도를 힘써 체득한 것이요,[21] 장자張子가 뒤늦게 불교와 도가道家에서 벗어난 것[22]은 반성한 것이니, 반성하여 도를 구하자면 당연히 제 몸에서 만나게 될 터이지.[23]

그러므로 중中이 아니면 어느 것도 정正을 준적準的할 수 없고, 정正이 아니면 어느 것도 평平을 확정 지을 수 없으며, 평平이 아니면 어느 것도 지止를 안정시킬 수 없네. 지止 이후에야 그 지至를 보게 되고, 지至 이후에야 그 행行을 보게 되며, 행行 이후에야 그 공空을 보게 되고, 공空 이후에야 그 공公을 보게 되지.[24] 가령 하늘이 텅 비지 않으면(不空) 천둥과 바람이 어디에서 울겠으며 해와 달이 어디에서 비추겠는가? 가령 하늘이

---

20. **사람(人)에 …… 도일세**　『맹자』「진심 하」盡心下에 "인이란 것은 사람이니, 인과 사람을 합쳐서 말하면 도이다"(仁也者 人也 合而言之 道也)라고 하였다. 인을 행할 수 있어야 사람다운 사람이며, 사람이 인과 합치한 상태를 도라고 한다는 뜻이다.

21. **문왕文王이 …… 것이요**　『맹자』「이루 하」離婁下에 주나라 문왕은 "도를 앙망하여 아직 보지 못한 듯이 하였다"(望道而未之見)고 하였고, 「진심 상」에 "요堯임금과 순舜임금은 인仁을 본성으로 타고났고, 탕왕湯王과 무왕武王은 힘써 체득하였다"(堯舜性之 湯武身之)고 하였다.

22. **장자張子가 …… 것**　장자는 북송北宋의 저명한 성리학자 장재張載(1020~1077)를 말한다. 그는 한동안 불교와 도가의 서적을 연구했다가 별반 수확이 없다고 여기고 육경六經으로 돌아왔으며, 인종仁宗 가우嘉祐 초년에 정호程顥·정이程頤 형제와 교제하면서부터 이단의 학문을 버리고 유교 연구에 전념하였다고 한다.

23. **반성하여 …… 터이지**　『맹자』「이루 상」에 "행하여 얻지 못한 것이 있거든 모두 반성하여 자신에게서 원인을 찾을지니, 제 몸이 올바르게 되고 천하 사람이 귀의할 것이다"(行有不得者 皆反求諸己 其身正而天下歸之)라 하였고, 「진심 상」에 "제 몸을 반성하여 성실히 하면 이보다 더 큰 즐거움이 없고, 힘써 제 마음으로 남의 마음을 헤아려 행하면 인을 구하는 데 이보다 더 가까운 길이 없다"(反身而誠 樂莫大焉 强恕而行 求仁莫近焉)고 하였다. '도를 제 몸에서 만난다'는 것은 몸소 노력하여야만 도를 체득할 수 있다는 뜻이다.

24. **공空 …… 되지**　원문에는 '空而後見其公也' 7자가 누락되어 있다. 김택영 편 『연암집』과 『중편연암집』에 의거하여 보충 번역하였다.

공평하지 않다면(不公) 비나 이슬이 대상을 가려서 내려 만물 중에 유감을 품는 것들이 있을 테지. 이른바 "곧지 않으면 도가 나타나지 않는다"[25]는 말이 이것이네.

『주역』에 이르기를 "때에 따라 여섯 마리 용을 타고 하늘을 통어한다"고 하였네.[26] 여기서 '여섯 마리 용'이란 기氣인데 사방을 오르내리며, '때에 따라 탄다'는 것은 이理인데 어느 때든 기를 타지 않는 적이 없지. 그러므로 고집하지도 않고 기필코 성사하려 들지도 않으며,[27] 어느 것을 특별히 후대하지도 않고 박대하지도 않네.[28] 하늘이 여기에 무슨 상관이 있겠는가? 한 덩어리가 된 이와 기일 뿐인데.

광명정대하게 통어하되 환히 드러나지 않는 것이 아마 하늘의 덕이 아니겠는가? 만물을 낳고 자라게 하되 아집我執대로 하지 않는 것이 아마 하늘의 도가 아니겠는가? 그러므로 하늘의 도란 다른 것이 아니라 '나타내 보일'(示) 뿐이요,[29] 땅의 도란 다른 것이 아니라 '드러내 보일'(視)[30] 뿐

---

25. 곧지 …… 않는다 원문은 '不直則道不見'인데, 『맹자』 「등문공 상」滕文公上에 나오는 말로 원래 '直' 자는 직언直言한다는 뜻이다. 여기서는 연암의 의도와 문맥을 고려하여 '곧다'는 뜻으로 번역하였다.

26. 『주역』에 …… 하였네 『주역』 「건괘」乾卦의 단전象傳에 나온다. '여섯 마리의 용'은 건괘의 여섯 양효陽爻를 상징적으로 표현한 것이다. 은둔할 때에는 잠룡潛龍을 타고 나설 때에는 비룡飛龍을 타는 등 때의 변화에 따라 처신함으로써 '하늘의 도'(乾道)를 행한다는 뜻이다.

27. 고집하지도 …… 않으며 원문은 '毋固毋必'인데, 『논어』 「자한」子罕에 "공자는 네 가지가 전혀 없으시니, 억측하지 않고, 기필코 성사하려 하지 않으며, 고집하지도 않고, 아집을 부리지 않았다"(子絶四 毋意 毋必 毋固 毋我)고 하였다.

28. 어느 것을 …… 않네 원문은 '無適無莫'인데, 『논어』 「이인」里仁에서 공자는 "군자는 천하에 대해서 후대함도 없고 박대함도 없으며 의義만을 따른다"(君子之於天下也 無適也 無莫也 義之與比)고 하였다. '適'과 '莫'에 대한 종래의 해석은 분분하다. 여기서는 각각 '厚'와 '薄'으로 보는 해석을 취했다.

29. 하늘의 …… 뿐이요 『맹자』 「만장 상」萬章上에 "하늘은 말하지 않는다. 행동과 사실로써 나타내 보일 따름이다"(天不言 以行與事 示之而已矣)라고 하였다.

이요, 사람의 도란 다른 것이 아니라 '밝히 나타낼'(辨) 따름이지.

그러나 하늘과 땅의 도가 나타내고 드러내 보이는 그 사이에 명命이 존재하네. 비유하자면 내쉬었다가 들이쉬는 것이 숨이 되는데 맥락脈絡[31]이 그와 서로 연결되어 있는 것과 같지. 이것은 바로 성性이 하늘의 도를 계승하고 땅의 도와 접한 까닭이니, 씨앗이 생기를 머금고 살아나는 것[32]은 대개 오로지 순수하여 다른 것과 섞이지 않는 성품인 데다, 살기를 좋아하고 즐거이 천명을 따르는 생리生理 때문이지.

비로소 이 명命을 받게 되면, 민첩하게 이를 맞이하여 이어 나가는 것[33]이 마치 겨울에서 봄으로 이어지는 것과 같고, 잠에서 깨어나는 것과 같고, 구름이 갑자기 피어올라 비가 퍼붓는 것과 같고, 도랑이 트이자 물이 들이닥치는 것과 같네. 이것이 이른바 하늘이 명한 성性[34]이지. 그리고 맹자가 명덕明德과 지선至善이 곧 성性을 따르는 도道임을 변론辨論하고,[35]

---

30. 드러내 보일(視) '視'는 '示'의 옛 글자로, '示'와 같은 뜻이다. 『주역』「곤괘」坤卦 육이六二의 상전象傳에 "육이의 움직임은 곧고 바르니, 배우지 않아도 만사가 순조로움은 땅의 도가 환히 빛나기 때문이다"(六二之動 直以方也 不習无不利 地道光也)라 하였다. 또한 『중용장구』 제12장에 군자의 도는 "그 지극함에 미쳐서는 하늘과 땅에 환히 드러나니라"(及其至也 察乎天地) 하였다. 다음 문장의 '辨' 자 역시 현시顯示의 뜻을 지니고 있다.

31. 맥락脈絡 한의학에서 경맥經脈과 낙맥絡脈을 합쳐 부른 말로, 경락經絡이라고도 한다. 경맥은 세로로 간선幹線을 이루고 낙맥은 가로로 지선支線을 이루어 상호 연결되어 온몸에 기혈氣血을 전달하는 통로가 된다.

32. 씨앗이 …… 것 원문은 '實含斯活'인데, 『시경』주송周頌「재삼」載芟에 "온갖 곡식을 파종하니 씨앗이 생기를 머금고 살아나네"(播厥百穀 實函斯活)라고 하였다. 성리학에서는 사람의 마음에 보존되어 있는 성性을 종종 씨앗에 비유하여 설명하였다. 『연암집』 권1 「이자후李子厚의 득남得男을 축하한 시축詩軸의 서문」 참조.

33. 맞이하여 이어 나가는 것 원문은 '迓續'인데, 『서경』「반경 중」盤庚中에 "나는 하늘로부터 너희들의 명을 맞이하여 이어 나가려 한다"(予迓續乃命于天)고 하였다.

34. 하늘이 명한 성性 『중용장구』 제1장에 "하늘이 명한 것을 성이라 한다"(天命之謂性)고 하였다.

35. 맹자가 …… 변론辨論하고 『맹자』 중 특히 「고자 상」告子上에서 성선설性善說을 주장한 것을 가리키는 듯하다. 『대학장구』 경經 1장에 "대학의 도는 명덕明德을 밝히는 데 있고 …… 지선至善에 이르면 멈추는 데 있다"(大學之道 在明明德 …… 在止於至善)고 하였고, 『중용장구』 제1장에 "성을 따르는 것을 도라 한다"(率性之謂道)고 하였다.

다시 그 근원을 추구하여 말하기를, "하지 않아도 그렇게 되는 것이 하늘이요, 부르지 않아도 이르러 오는 것이 명命이다"³⁶ 하였지.

하늘의 명이란 충衷을 내려 준 것이요,³⁷ 충衷을 내려 줌은 중中을 따르는³⁸ 것이요, 중을 따른다는 것은 허위가 없는 것이네. 허위가 없는 몸으로써 중을 따른 명命을 받자와, 하늘을 이고 땅 위에 서서 공평무사하게 사도斯道³⁹를 행하는 것이지.

한 번 발을 들어 공空을 잊어버리니 공空을 잊어버림은 천명을 즐거이 따르는 것(樂天)이요, 한 번 발을 착지着地하여 실實로 돌아오니 실實로 돌아옴은 땅을 믿는 것⁴⁰이네. 천명을 즐거이 따르는 것은 형이상形而上⁴¹의 것이요, 땅을 믿는 것은 형이하形而下의 것이지. 인의예지仁義禮智는 하늘에 근본을 둔 것이요, 효제충경孝悌忠敬은 땅에 근본을 둔 것일세.

그러므로 지극히 정성스러워야 교화敎化할 수 있다는 것은 아래와 친한 것이요,⁴² 사물의 이치에 통달해야 지식이 지극해진다는 것은 위와 친한 것이네.⁴³ 덕성德性을 존경하고 학문을 준행遵行하는 것⁴⁴은 위와 아래를

---

36. **하지 …… 명命이다**　『맹자』「만장 상」萬章上에 나오는 말이다.
37. **하늘의 …… 것이요**　『서경』「탕고」湯誥에 "위대하신 상제가 백성들에게 충衷을 내려 주셨도다"(惟皇上帝 降衷于下民)라고 하였다. '충'衷 자에 대한 해석은 구구하다. 선善 또는 복福으로 해석하기도 하고, 중中 즉 중도中道나 내심內心으로 해석하기도 한다.
38. **중中을 따르는**　원문은 '由中'인데 이는 '由衷'과 같은 말로, 내심에서 우러나온다는 뜻이다.
39. **사도斯道**　'이 도'란 뜻으로, 유교 도덕을 가리킨다.
40. **땅을 믿는 것**　땅을 믿는다는 것은 그 위에 만물을 실을 정도로 땅이 넓고 두터움(博厚)을 믿는다는 뜻이다. 『중용장구』제26장에 "넓고 두터움은 만물을 싣는 바"(博厚 所以載物也)라 "넓고 두터움은 땅과 합치한다"(博厚配地)고 하였다.
41. **형이상形而上**　형이상形以上과 같은 말로, 형체가 없는 추상적 존재를 말한다. 이와 대립하는 개념이 '형이하'形而下로, 형체가 있는 구체적 존재를 말한다. 『주역』「계사전 상」에 "형이상의 것을 도라고 하고 형이하의 것을 기器라고 한다" 하였다.
42. **지극히 …… 것이요**　『중용장구』제23장에 "오직 천하의 지극한 성실이라야 인심을 교화할 수 있다"(唯天下至誠 爲能化)고 하였고, 『주역』「건괘」乾卦 문언전文言傳에 "땅에 근본을 둔 것은 아래와 친하다"(本乎地者 親下)고 하였다.

모두 관통하는 '우리의 도'요, 허무를 숭상하고 제 몸을 돌보지 않는 것은 은밀한 이치나 찾고 기괴한 짓을 하는[45] 이단異端일세.

이로 말미암아 보건대, 소리도 없고 냄새도 없으므로[46] 천명을 스스로 즐거이 따르는 것이요, 사물이 있으면 법칙이 있으므로[47] 땅을 스스로 믿는 것이네. 타고난 형체를 바르게 지켜 나가는 것이 천명을 아는 것이며,[48] 도를 깨우침은 스스로 터득하는 것이고, 속이기 어려운 것이 귀신이며,[49] 이치를 끝까지 밝히는 것은 도를 스스로 반성하는 것이요,[50] 길에서 주워들은 말을 전하는 것은 사도斯道를 스스로 저버리는 것일세.[51]

나(我)의 처지에서 저 물物을 볼 것 같으면, 나나 저나 고루 이

43. 사물의 …… 것이네   『대학장구』경 1장에 "사물의 이치에 통달한 뒤라야 지식이 지극해진다"(物格而后 知至)고 하였고, 『주역』「건괘」문언전에 "하늘에 근본을 둔 것은 위와 친하다"(本乎天者 親上)고 하였다.

44. 덕성德性을 …… 것   원문은 '尊德性而道問學'인데, 『중용장구』제27장에 나오는 말을 인용한 것이다.

45. 은밀한 …… 하는   원문은 '索隱行怪'인데, 『중용장구』제11장에 나오는 말이다.

46. 소리도 없고 냄새도 없으므로   『시경』대아大雅「문왕」文王에 "하늘이 하시는 일은 소리도 냄새도 없네"(上天之載 無聲無臭)라고 하였다. 하늘이 하시는 일은 추측할 길이 없다는 뜻이다.

47. 사물이 있으면 법칙이 있으므로   『시경』대아「증민」蒸民에 "하늘이 만민을 낳으셨으니, 사물이 있으면 법칙이 있나니라"(天生蒸民 有物有則) 하였다.

48. 타고난 …… 것이며   『맹자』「진심 상」에 "형체와 안색은 타고난 성질이지만 오직 성인이라야 그 형체를 바르게 지켜 나간다"(形色 天性也 惟聖人然後 可以踐形)고 하였고, 『주역』「계사전 상」에 "천명을 즐거이 따르며 자신의 천명을 알기 때문에 걱정이 없다"(樂天知命 故不憂)고 하였다.

49. 속이기 어려운 것이 귀신이며   귀신鬼神이란 개념은 여러 가지 뜻이 있는데, 여기서는 『중용』에서 주장하는, 우주 만물을 생성하는 음양陰陽 이기二氣의 활동을 가리킨다.

50. 이치를 …… 것이요   원문은 '窮道之自反也'인데 뜻이 통하지 않는다. 김택영 편 『연암집』에는 "이 구절은 잘못이 있는 것으로 의심된다"고 주를 붙여 놓았고, 다시 『중편연암집』에는 '窮理者 道之自反也'로 고쳐 놓았으므로, 이에 의거하여 번역하였다.

51. 길에서 …… 것일세   『논어』「양화」陽貨에서 공자는 "길에서 주워들은 말을 전하는 것은 덕을 저버리는 것이다"(道聽而塗說 德之棄也)라고 하였다.

기氣를 받아서 하나도 허虛하거나 빌려 온 것이 없으니 어찌 천리天理가 지극히 공평하지 아니한가. 물物의 처지에서 나를 볼 것 같으면, 나 역시 물의 하나인 것이다. 그러므로 물을 체體로 삼고[52] 반성하여 자신에게서 원인을 찾으면, 만물이 모두 나에게 갖추어져 있다. 그래서 나의 성性을 극진히 발현하면, 물의 성을 극진히 발현할 수 있는 것이다.[53]

성性이라는 것은 심心의 덕德이며 생生의 이理다. 맑고 밝고 순수한 것이 심의 덕이 아닌가. 공정하고 원활한 것이 생의 이가 아닌가.

『주역』에 "건도乾道가 변화함으로써 제각기 성性과 명命을 바르게 타고난다"(乾道變化 各正性命)[54]고 하였다. 그러므로 건도란 원형이정元亨利貞이요 변화란 이理와 기氣이며, 제각기 바르게 타고난다는 것은 사시四時요, 따뜻하고 서늘하고 차갑고 더운 것은 사시의 기氣이며, 봄·여름·가을·겨울은 사시의 명命이요, 원형이정은 사시의 덕德이며, 인의예지仁義禮智는 사시의 이理다.[55]

---

52. 물을 체體로 삼고　　『중용장구』 제16장에서 공자는 "귀신의 덕이 성대하도다! 보아도 보이지 않고 들어도 들리지는 않지만, 물을 체體로 삼으며 어떤 물에든 누락될 수 없다(體物而不可遺)"라고 하였다. '體物'에 대해서는 여러 가지 해석이 있으나, 『중용집주』中庸集註의 해석을 좇아 번역하였다.

53. 나의……것이다　　『중용장구』 제22장에 "오직 천하의 지극한 성실이라야 자신의 성性을 극진히 발현할 수 있으니, 자신의 성을 극진히 발현할 수 있으면 인人의 성을 극진히 발현할 수 있고, 인의 성을 극진히 발현할 수 있으면 물物의 성을 극진히 발현할 수 있다"고 하였다.

54. 건도乾道가……타고난다　　『주역』「건괘」 단전의 말이다.

55. 건도란……이理이다　　『주자어류』朱子語類 권68에 "천도天道로 말하자면 원형이정이 되고, 사시로 말하자면 봄·여름·가을·겨울이 되고, 인도人道로 말하자면 인의예지가 되고, 기후로 말하자면 따뜻하고 서늘하고 마르고 습한 것(溫涼燥濕)이 되고, 사방으로 말하자면 동서남북이 된다"고 하였다.

하늘이 하늘로 된 것은 이理와 기氣 때문이다. 언어라는 것은 이와 기를 말로 형용한 것이다.[56] 하늘이 이미 말없이 보여 주면, 사람은 그 형용과 소리를 체體로 삼아 언어로 드러낸다. 사실을 지시하고 물物에 비유하며 이름을 짓고 뜻을 설명하는데, 동動과 정靜이 서로 뿌리가 되고 체體와 용用이 서로 바탕이 된다. 허虛도 있고 실實도 있어 그 진위眞僞를 드러내며, 어떤 것은 앞(先)으로 하고, 어떤 것은 뒤(後)로 하여 그 처음과 끝을 분별한다. 그러니 천하의 사정事情에 통달하고[57] 만물의 실정實情을 다 표현할 수 있는 것이 언어이다.

언어라는 것은 분별分別이다. 그것을 분별하려면 부득이 형용하지 않을 수 없고, 형용하려면 저것을 끌어다가 이것을 증거하지 않으면 안 된다. 이것이 언어의 실정이다. 그런데 성性의 경우에는 그 체體가 본래 허虛하기 때문에 비유하거나 형용하여 말할 수 없다. 거칠게 말하면 기氣를 건드리게 되고, 정밀하게 말하면 허虛가 아닌가 의심받게 된다. 또 말하지 않으면 실정이 그대로 존재하고 있으나, 말하려 하면 귀착할 곳이 없다. 그것(性)을 일러 '중묘衆妙가 깊고 깊다'[58] 할 것

---

56. **말로 형용한 것이다**　원문은 '容聲'이다. 『장자』莊子「전자방」田子方에서 중니仲尼는 온백설자溫伯雪子에 대해 "이런 사람은 한번 보기만 해도 도를 스스로 아니, 역시 말로 표현할 수 없다"(若夫人者, 目擊而道存矣, 亦不可以容聲矣)고 하였다.

57. **천하의 사정事情에 통달하고**　원문은 '通天下之故'인데 『주역』「계사전 상」에 나오는 말이다. "역易은 사려도 없고 작위도 없어 고요하여 움직이지 않다가, 감응하면 드디어 천하의 사정에 통달한다"(易 无思也 无爲也 寂然不動 感而遂通天下之故)고 하였다.

58. **중묘衆妙가 깊고 깊다**　원문은 '衆妙玄玄'인데, 『노자』에 도道는 "깊고 또 깊으니 중묘의 문이다"(玄之又玄 衆妙之門)라고 하였다.

같으면 말로 형용할 수 있는 것이 아니요,[59] 그것을 일러 '타고난 성을 보존하고 보존한다'[60]고 할 것 같으면 이미 기질氣質에 엉겨 붙은 것이다.

그러므로 예로부터 성性을 말한 사람 중에 성을 기氣로 인식하지 않은 사람이 없었다. 고자告子가 '생'生이라 이른 것[61]과, 순자荀子가 '악'惡이라 이른 것,[62] 양자揚子가 '혼'混이라 이른 것,[63] 한자韓子가 '삼품' 三品이라 이른 것,[64] 그리고 불씨佛氏의 '작용'作用이라 이른 것[65]이 모두 기요, 우리 유교에서 말하는 성은 아니다. 공자께서 '서로 가깝다'(相

---

59. **말로 …… 아니요**　『노자』에 "도는 말로 이를 형용할 수 있으면 영원불변한 도가 아니다"(道可道 非常道)라고 하였다.

60. **타고난 …… 보존한다**　『주역』「계사전 상」에 "타고난 성을 보존하고 보존함이 도의의 문이다"(成性存存 道義之門)라 하였다. '成性存存'의 해석은 여러 가지인데 주자朱子의 본의本義에 따라 번역하였다. 『주역』의 이 대목은 『노자』에서 도道는 "깊고 또 깊으니 중묘衆妙의 문이다"라고 한 대목과 사상적으로 통한다. 『大易通解』卷13

61. **고자告子 …… 것**　고자는 맹자와 동시대 사람인 고불해告不害로, 생生이 곧 성이며, 성에는 선악善惡이 없다고 주장했다. 『孟子』「告子上」

62. **순자荀子 …… 것**　순자는 사람의 성이 본래 악하며, 선한 특성은 인위적인 학습과 예의에 의한 것이라 주장했다. 『荀子』「性惡」

63. **양자揚子 …… 것**　양웅揚雄은 사람의 성에는 선악이 혼재하며, 그 선한 성을 닦으면 선인이 되고 그 악한 성을 닦으면 악인이 된다고 하여, 서로 대립하는 맹자와 순자의 설을 조화시키고자 했다. 『法言』「修身」

64. **한자韓子 …… 것**　한유韓愈는 「원성」原性에서 사람의 성을, 선만 있고 악이 없는 상품上品과, 교육 여하에 따라 상품이나 하품이 될 수 있는 중품中品과, 악뿐이어서 교육으로도 변화시킬 수 없는 하품下品으로 나누었다. 이는 맹자, 순자, 양웅의 설을 조화시키려 한 것으로서, 맹자의 성선性善은 상품에 해당하고, 순자의 성악性惡은 하품에 해당하며, 양자의 성선악혼性善惡混은 중품에 해당한다.

65. **불씨佛氏의 …… 것**　불교에서 심心·의意·식識 중 식識이 대상을 판별하는 활동을 '작용'作用이라 한다. 『전등록』傳燈錄에 "성이 어디에 있는가? 작용에 있다"(性在何處 曰在作用)고 하였다. 주자나 정도전鄭道傳은 안전眼前의 작용이 곧 성이라고 하면서 '작용견성'作用見性을 주장하는 선가禪家의 설을 비판하였다.

近[66]고 말씀하신 것은 기질이 각기 다름을 설명한 것이다. 때문에 인심人心과 도심道心[67]의 설명에 의하면 양자의 한계는 비록 엄격하나 본래 두 마음은 아닌 것이다. 또 맹자가 기氣를 기름에 있어 '말하기 어렵다'(難言)[68]고 말한 것은 바로 이것이다. 그러므로 그것이 오로지 순수하고 다른 것과 섞이지 않은 성품(品)임을 말하면서, 자사子思가 명命이라고 이른 것[69]은 자연自然(자연히 그렇게 됨)을 말한 것이며, 맹자가 선善하다고 말한 것[70]은 그 본연本然의 성性을 말한 것이요, 정자程子가 이理라고 해석한 것[71]은 그 당연當然(당위성)을 설명한 것이다.

대저 겸하면[72] 분별分別이 없고 합하면 너무 혼잡하고, 둘로 하면 불가不可하고 단독으로 행하면 허虛에 떨어지니, 어떻게 그것(性)을 밝힐 수 있겠는가? 성性이란 글자는 심心 자와 생生 자의 뜻을 따른 것이다. — 원문 빠짐[73] —

---

66. **서로 가깝다** 『논어』「양화」陽貨에서 공자는 "사람의 성性은 서로 가까우나 습관으로 인해 서로 멀어진다"(性相近 習相遠)고 하였다. 정자程子나 주자의 주장에 의하면, 공자가 사람의 성이 똑같다고 하지 않고 서로 가깝다고만 한 것은 '본연의 성'(本然之性)이 아니라 '기질의 성'(氣質之性)을 가리켜 말한 것이라고 한다.

67. **인심人心과 도심道心** 『서경』「대우모」大禹謨에서 순舜임금이 우禹에게 왕위를 물려주면서 "인심은 위태하고 도심은 은미隱微하니 정밀하게 살피고 한결같이 지켜야 진실로 그 중정中正을 잡으리라"(人心惟危 道心惟微 惟精惟一 允執厥中)고 훈계하였다. 이 말에 근거하여 정자와 주자는 '인심도심설'人心道心說을 제창했다.

68. **말하기 어렵다** 『맹자』「공손추 상」公孫丑上에서 "나는 호연지기浩然之氣를 잘 기른다"고 말한 맹자에게 공손추가 호연지기란 무엇이냐고 묻자 맹자는 "말하기 어렵다"고 답했다.

69. **자사子思……것** 자사의 저술로 간주되는 『중용』에서 "하늘이 명한 것을 성이라 한다"(天命之謂性)고 하였다.

70. **맹자가……것** 『맹자』「등문공 상」에 "맹자가 성이 선함을 말하되 말마다 반드시 요순堯舜을 일컬었다"(孟子道性善 言必稱堯舜)고 하였다.

71. **정자程子가……것** 정이程頤는 "성이 곧 이이다"(性卽理也)라고 하여 성즉리性卽理의 설을 처음으로 주장했다.

72. **겸하면** 성을 심心과 겸하여 설명한다든가, 이를 기와 겸하여 설명하는 경우를 가리킨다.

심心을 바로 가리키자면 기氣로 가득 차 질質이 있는 것이고, 성性만을 오로지 말하자면 순전히 이理로 되어 있어 형체가 없는 것이다. 이 때문에 심이 아니면 성이 거처할 곳이 없고, 기가 아니면 이理가 활동할 곳이 없다. 이는 흡사 성性이 심心에 버금가고 이理가 기氣의 명령을 듣는 듯하다. 그러나 성이 없으면 심은 빈집이 되고, 이가 없으면 기는 곧 지나가는 나그네이다.

심心은 곧 오장五臟의 하나이다. 만약 단지 '심'心이라고만 말한다면 이는 간肝·폐肺·신장(腎)·비장(脾)과 무엇이 다르겠는가. 만약 건순오상健順五常[74]으로 각각 형질形質을 이루었다고 할 것 같으면, 성은 비록 가깝지만 습관에 따라 서로 멀어진 것이 분명하니 어떻게 그것을 밝힐 수 있겠는가? – 원문 빠짐 –

하늘이 명命한 것을 성性이라 이르고 맹자가 성이 선함을 말하되 말마다 반드시 요순堯舜을 일컬은 것은, 성이 선함을 밝히고자 해서였다. 『주역』에 "이어 가는 것은 선善이요, 이루게 하는 것은 성性이다"(繼之者 善也 成之者 性也)[75]라고 일렀으니, 이 때문에 맹자가 성이 선함

---

73. **원문 빠짐**　'性之爲字 從心從生'이란 앞 문장과 거의 같은 문장이 이 글의 마지막 조목에 '夫性者 從心從生'이라고 다시 나온다. 그리고 그에 이어서 '心之具而生之族也'로 문장이 끝나고 있음을 보면, 원문의 빠진 대목 역시 '心之具而生之族也'일 가능성이 높다. '心直指……'로 시작하는 그다음 문장은, 이 글 말미의 안설按說에서 박종간朴宗侃이 '모두 24개 조목'이라 한 점과 국립중앙도서관 소장 필사본의 해당 부분을 참조하면, 별개의 조목으로 나뉘어야 한다.

74. **건순오상健順五常**　『주역』「설괘전」說卦傳에 의하면 건健은 건乾의 성性이고 순順은 곤坤의 성이다. 오상五常은 곧 인의예지신仁義禮智信인데 이는 음양오행설에 따르면 곧 오장五臟과 상응한다. 즉 인은 목木으로 간과, 의는 금金으로 폐와, 예는 화火로 심장과, 지는 토土로 비장과, 신은 수水로 신장과 서로 상응한다고 본다.

75. **이어 가는 …… 성性이다**　『주역』「계사전 상」에 "한 번 음이 되었다가 한 번 양이 되는 것을 도라고 한다. 이를 이어 가는 것은 선이요 이를 이루게 하는 것은 성이다"라고 하였다.

을 밝히고자 할 때에는 반드시 요순을 일컬어 증명한 것이다. 요堯는 비유하면 곧 천天이요, 순舜은 비유하면 곧 성性이다. 순이 요로부터 이은 것은 선善이요, 요가 순에게 이루어 준 것은 성性이다.

심은 비유하면 종鍾이요, 성은 비유하면 소리요, 물物은 비유하면 종치는 막대기이다. 그러므로 종이 꼼짝하지 않으면 소리가 어디에서 나겠으며, 막대기로 치지 않으면 오음五音(궁·상·각·치·우)이 어떻게 분별되겠으며, 육률六律[76]이 어떻게 구분되겠는가.

임생任生(임형오)이 물었다.
"심이라는 것은 형기形器(물질)요, 성이라는 것은 도의道義입니까?"

본연本然의 성을 볼 수 있는 곳이 없다. 그러므로 공평무사한 천리天理는 이따금 갑자기 불쑥하는 사이에 감응하여 나타난다. 대개 이로운 길인지 해로운 길인지 미처 헤아리지 못하고, 옳으냐 그르냐 여부를 짐작하기도 전에 선善의 실마리(端)가 곧 나타나는 것이다. 만일 우물 옆에서 인仁을 논하고 물가에서 예禮를 강습한다면, 우물로 기어가는 아이를 구할 날이 장차 없을 것이고 물에 빠진 친형수를 어떻게 손으로 건져 줄 때가 있겠는가.[77] 또 진시황이 궁궐 기둥을 돌면서 달아날 때에 가령 진승陳勝과 오광吳廣이 신하의 대열에 있었다면,

76. **육률六律** 　동양 음악의 12음계(律)는 음양의 원리에 따라 홀수 음계인 육률과 짝수 음계인 육려六呂로 나뉘는데, 육률은 저음부터 차례로 황종黃鍾(C)·태주太簇(D)·고선姑洗(E)·유빈蕤賓(F#)·이칙夷則(G#)·무역無射(A#)을 가리킨다.
77. **우물로 …… 있겠는가** 　『맹자』「공손추 상」公孫丑上에 우물로 기어가는 아이를 보면 누구나 놀라면서 측은한 마음을 품는다고 하였고, 「이루 상」에 "형수가 물에 빠지면 손으로 건져 주는 것은 권도權道이다"라고 하였다.

약주머니를 던진 하무저夏無且에게 의義를 양보하지 않았을 것이다.[78]

나는 허물을 뉘우치는 사람이 마음을 고쳐먹고 생각을 바꾼다는 말은 들었지만, 성性을 고치고 이理를 바꾼다는 말은 듣지 못하였다. 그러니 이를 바꿀 수 없다는 것을 알면 성이 본래 선하다는 것을 알 수 있다.

성이 선한 것은 마치 불이 밝은 것과 같다.

임생이 물었다.

"심은 하나이나 위태함과 은미함으로 길을 달리하고, 성은 같은 것이나 이理와 기氣는 근원이 나뉘어 있습니다. 그런데 지금 명덕明德이라는 것은 어떤 형상입니까? 심에 소속시키면 기氣에 가릴까 두렵고, 성에 덧붙이면 허虛에 떨어질 것 같습니다. 감히 묻자온대 어떻게 해야 이것을 명덕이라고 말할 수 있습니까?"

나는 말하였다.

"자네는 불이 켜진 초를 잡고 있는 사람을 보지 못하였는가? 한 손으로는 촛대를 받들고 한 손으로는 그림자를 가리고, 조심조심 신을 신고 걸으며 숨을 죽이고 앞을 살피지. 비록 미욱스럽고 게으른

---

78. **진시황이 …… 것이다**　진승陳勝과 오광吳廣은 진秦나라 말기에 반란을 일으켜 진나라가 멸망하는 결정적 계기를 제공한 인물이며, 하무저夏無且는 진시황의 시의侍醫였다. 자객 형가荊軻가 진시황을 죽이려 하자 진시황이 이를 피해 기둥을 돌면서 달아났는데, 이때 하무저가 자신이 가지고 있던 약주머니를 던져 위험을 모면할 수 있게 하였다. 『史記』 卷86 「刺客列傳」　이는 진나라의 멸망을 초래한 진승이나 오광조차도 진시황의 신하로 있었다면 본성에 따라 당연히 진시황을 구하기 위해 의로운 행동을 했을 것이라는 뜻이다.

종놈일지언정 혹시라도 공경스레 하지 않는 법이 없네. 경敬이란 초와는 역시 거리가 먼 것이지만 잠시도 떠날 수 없는 것[79]이 이와 같거늘, 하물며 사람이 몸에 대해 서로 가깝기로는 자기 몸 같은 것이 어디 있겠나?

그러므로 초에는 군자君子의 도道가 네 가지 있네. 초가 형체를 지켜 나가는 것[80]은 반드시 곧고(直), 천명을 완수하는 것[81]은 바르며(正), 마음가짐은 반드시 중中이며, 같은 부류를 좇아가는 것[82]은 반드시 화和하네. 대저 이 네 가지 덕은 촛불이 밝게 된 까닭이지. 그 지향은 활활 타 나아갈 것을 생각하고 그 기개는 밝고 밝아 비출 것을 추구하니, 이는 천하의 보편적인 도인데 초가 이것을 지녔네. 그러므로 촛불이란 통촉洞燭하는 것이니, 인仁이 사람(人)을 사람답게 만드는 것과 꼭 같네."

심心이란 심지(炷)이니 심지란 말은 주관한다(主)는 뜻이다. 중中을 세워서[83] 불을 주관하는 것을 말함이다. 불이 붙은 후에야 그 성을 아는 것이니, 성이라는 것은 '그렇게 되게 한 원인'(所以然之故)이다. 대저 촛불이 타지 않을 때에는 밝음(明)이 어디에 있겠는가? 그러므로

79. **잠시도 떠날 수 없는 것**　『중용장구』 제1장에 "도란 잠시도 떠날 수 없으니, 떠날 수 있다면 도가 아니다"라고 하였다.
80. **형체를 지켜 나가는 것**　원문은 '踐形'이다. 220쪽 주48 참조.
81. **천명을 완수하는 것**　원문은 '立命'인데, 『맹자』「진심 상」에 "수명의 길고 짧음에 개의하지 않고 제 몸을 닦으며 천명을 기다리는 것이 천명을 완수하는 방법이다"(夭壽不貳 修身以俟之 所以立命也)라고 하였다.
82. **같은 부류를 좇아가는 것**　원문은 '就類'인데, 『주역』「건괘」乾卦 문언전文言傳에 "물은 습한 데로 흐르고 불은 건조한 데를 좇아가니 …… 각각 같은 부류를 따르는 것이다"(水流濕 火就燥 …… 則各從其類也)라고 하였다.
83. **중中을 세워서**　원문은 '建中'인데, 『서경』「중훼지고」仲虺之誥에 "임금은 힘써 큰 덕을 밝혀 백성에게 중도中道를 세우소서"(王懋昭大德 建中于民)라고 하였다. 여기서는 촛불 한가운데에 심지를 세운다는 뜻을 비유적으로 표현하였다.

- 원문 빠짐 -

불은 성誠으로 된 물物이다. 성誠이란 물의 성질은 진실되고 거짓이 없는 점이니, 진실로 지닌 것을 성性이라 이르고, 진실로 얻은 것을 덕德이라 이르고, 거짓이 없는 것을 명明이라 이른다. 그러므로 명덕明德이란 것은 '성으로 말미암아 밝아진 것'(自誠明)이며, '명덕을 밝힌다'(明明德)는 것은 '밝음으로 말미암아 성실해진 것'(自明誠)[84]이니 이것은 본연本然의 성性을 이른 것이다.

임생이 말하였다.

"예전에 삼가 들으니, 하늘에 근본을 둔 것은 위와 친親하고, 땅에 근본한 것은 아래와 친하므로[85] 형이하形而下의 것을 기器라 이르고, 형이상形而上의 것을 도道라고 한다[86] 했습니다."

또 말하였다.

"이理와 기氣가 서로 올라타서 만물이 유포되어 형체를 이룹니다.[87] 그런데 지금 촛불로 기氣를 비유하고 불로써 성性을 비유하시니,

---

84. **밝음으로 …… 것** 『중용장구』 제21장에 "성誠으로 말미암아 밝아지는 것을 성性이라 하고, 밝음으로 말미암아 성실해지는 것을 교教라 한다"(自誠明 謂之性 自明誠 謂之教)고 하였다.

85. **하늘에 …… 친하므로** 『주역』「건괘」 문언전에 나오는 공자의 말이다.

86. **형이하形而下의 …… 한다** 219쪽 주41 참조.

87. **이理와 …… 이룹니다** 주자朱子는 이와 기의 관계를 승마에 비유하여 "이가 기에 올라타는 것은 사람이 말에 올라타는 것과 같다"고 하였다. 또한 "사단四端은 이의 발현이요 칠정七情은 기의 발현이다"라고 하였다. 장재張載는 "정情이 발현하지 않으면 성性이 되는데, 그 처음에 발현(發)과 미발현(未發)의 사이에는 기가 이에 올라타고 나온다(氣乘理而出)"고 하였다. 이황李滉은 "사단은 이가 발현하여 기가 뒤따른 것이요, 칠정은 기가 발현하여 이가 올라탄 것이다"라고 하였으며, 그에 반대하여 이이李珥는 '기가 발현하면 이가 올라탄다'(氣發理乘)는 한 가지만을 인정하였다. 『주역』「건괘」 단전象傳에 "구름이 가고 비가 내리니 만물이 유포되어 형체를 이룬다"(雲行雨施 品物流形)고 하였다. 이는 건乾이 형亨의 덕을 지니고 있음을 말한 것이라 한다.

연상각선본 229

불 역시 기氣요 형이하의 것인데 어떻게 성性이 될 수 있습니까?"

　나는 말하였다.

　"불이 진실로 기氣이기는 하나 어찌 형이상의 것이 없겠는가? 만물이 생겨나는 데 오직 사람과 불만이 직直으로 천명을 완수하는 것이지. 『주역』에 '하늘과 불은 동인이다'(天與火同人)[88]라 한 것이 이것이고, 맹자는 '곧지(直) 않으면 도道가 나타나지 않는다.[89] 그러므로 곧음으로 기르고 해치지 않으면 하늘과 땅 사이에 가득 차게 된다[90]'고 하였네."

　대범 물物이 형形을 이루게 되면 반드시 그 질質이 있어서 형은 비록 허물어지더라도 질은 그대로 남아 있게 된다. 나무(木)가 타고 쇠(金)가 녹고 물(水)이 흐르고 흙(土)이 무너지되, 그 질은 없어진 적이 없다. 그런데 지금 불(火)이란 탈 때에는 빛이 있으나 꺼지면 자취가 없으며, 더듬어 봐도 걸리지 않고 잡으려 해도 잡히는 것이 없으나, 그 근본을 찾아보면 천지 사이에 가득 차 있다. 이는 흡사 성性이 기氣를 기다려서야 나타나는 것과 같다.

　촛불이 이따금 어두워지는 것이 어찌 불의 성性이겠는가? 물物 중에 촛불을 가리는 것이 있기 때문이다. 혹은 찌끼가 조촐하지 못하

---

88. **하늘과 불은 동인이다**　　『주역』「동인괘」同人卦 상전象傳에 "하늘과 불은 동인이니, 군자는 이로써 족속을 유별하고 사물을 구별한다"(天與人同人　君子以類族辨物)고 하였다. 하늘은 위에 있고 불의 본성은 불꽃을 일으키며 위로 타오르는 것이므로, 하늘과 불은 동류同類라는 뜻이다.
89. **곧지(直) …… 않는다**　　『맹자』「등문공 상」에 나오는 말이다.
90. **곧음으로 …… 된다**　　『맹자』「공손추 상」에서 맹자가 호연지기浩然之氣를 설명하면서 한 말이다.

거나 형질形質이 순수하지 못한 때문이다. 그런데 극히 작은 차이로도 마구 불길이 번지는 것을 막을 수 없고, 미세한 양으로도 사방으로 불길이 솟아 혹이 난 것 같다. 사람들이 이와 같은 것을 보고서 도리어 불을 탓하여 어떤 사람은 불에 맑은(淸) 빛, 탁濁한 빛이 있다느니, 또 어떤 사람은 불에 어두운(昏) 덕과 밝은(明) 덕이 있다느니 하지만, 이것이 어찌 불의 이理이겠는가? 세상에 차갑거나(冷) 따스한(煖) 불은 없으니, 불의 성性이 그대로 존재하고 있음을 알 수 있다.

만물이 생겨나는 데 어느 것이고 기氣 아닌 것이 있겠는가. 천지는 큰 그릇이며 거기에 가득 차 있는 것은 기氣요, 가득 차게 하는 원인은 이理이다. 음과 양이 서로 변하여 가는데[91] 이理는 그 가운데 있고 기氣로써 감싸고 있다. 이는 마치 복숭아가 씨를 품고 있어 수만 개의 복숭아가 동일한 형상이요, 마치 엽전이 땅에 흩어져도 수만 개의 엽전을 한데 꿸 수 있는 것과 같다. 이것은 이理가 단일한 근원이라 길은 달라도 귀결은 같은 때문이다.[92] 그런데 지금 불은 쇠붙이와 돌을 서로 부딪치기를 지성으로 하면 얻거니와, 물에 던지면서 불이 타기를 바라는 것은 올바른 소견이 아니다.

불이란 물物의 성질은, 태양太陽[93]으로부터 정기精氣를 기르고 태음

---

91. 음과 …… 가는데　원문은 '陰陽相盪'인데, 음이 자라면 점차 양이 물러가고 양이 자라면 음이 점차 물러가는 것을 말한다. 『주역』「계사전 상」에 "강剛(양효陽爻)과 유柔(음효陰爻)가 서로 교감하여 팔괘가 서로 변하여 간다"(剛柔相摩 八卦相盪)고 하였다.

92. 길은 …… 때문이다　원문은 '殊塗同歸'인데, 『주역』「계사전 하」에서 공자가 말하기를 "천하 만사에 대해 무엇을 생각하고 무엇을 염려하랴? 천하 만사는 귀결은 같은데 길이 다를 뿐이다"(天下何思何慮 天下同歸而殊塗)라고 하였다.

93. 태양太陽　태양은 해·여름·남쪽 등을, 태음太陰은 달·겨울·북쪽 등을 뜻한다.

太陰으로부터 정기를 지켜 아무리 한여름이라도 그 열이 더해지지 않고 한겨울이라도 그 빛이 줄어들지 않으며, 부귀한 사람이라 해서 남아돌지도 않고 빈천한 사람이라 해서 부족하지도 않아, 백성들은 날마다 쓰되 그 공功을 알지 못한다.[94] 그러므로 땔나무를 바꾸어도 불이 바뀌지 않는 것은 성性 때문이요, 행行이라 칭하고[95] 기氣라 칭하지 않는 것은 덕德 때문이다. 나는 들으니, 자기 몸을 닦으려는 사람은 먼저 그 마음을 바르게 한다[96]고 했는데, 촛불이 이와 흡사하다.

임생이 말하였다.

"성性이 서로 가까운 것 중에 불보다 더 선善한 것이 없으므로, 불을 취하여 성의 비유로 삼으신 가르침은 이미 들었습니다. 그러면 불에도 역시 '하늘이 명한 성'(天命之性)[97]과 '기질의 성'(氣質之性)의 구별이 있습니까?"

나는 말하였다.

"있고말고. 만물은 다 같이 기화氣化[98] 속에 있으니 어느 것인들 천명天命이 아니겠는가. 무릇 성性이란 심心 자와 생生 자의 뜻을 따른 것이니, 심心에 갖추어진 것이요 생生과 같은 족속이지. 기氣가 없으면

---

94. **백성들은 …… 못한다**　『주역』「계사전 상」에 "백성들은 날마다 쓰되 그 공功을 알지 못한다. 그러므로 군자의 도를 체득한 자가 드물다"(百姓日用而不知 故君子之道鮮矣)고 하였다.
95. **행行이라 칭하고**　불(火)은 오행五行의 하나이고, 행行 자에는 덕행德行이란 뜻이 있다.
96. **자기 …… 한다**　『대학장구』경 1장에 나오는 말이다.
97. **하늘이 명한 성**　'기질의 성'(氣質之性)과 대립하는 성리학의 개념으로, '본연의 성'(本然之性), '천지의 성'(天地之性), '의리의 성'(義理之性)이라고도 부른다.
98. **기화氣化**　성리학의 용어로, 음양의 기가 만물을 생성하는 것을 말한다. 만물은 그 시초에는 이러한 기화를 통해 생성된다. 이와 대립하는 것이 형화形化로, 기화에 의해 일단 형체를 갖춘 만물은 종자를 통해 그 형질을 유전한다고 본다.

생명이 끊어지는데 성性이 어찌 생生을 따르겠으며, 생生이 아니면 성性이 그치는데 선善이 어디에 붙겠는가? 진실로 천명의 본연本然을 궁구하면, 어찌 성性만이 선善하리오? 기氣 역시 선하며,[99] 어찌 기氣만이 선하리오? 만물 중에 생을 누리는 것은 선하지 않은 것이 없다. 그러니 그 천명을 즐거이 여기고 그 천명을 순순히 따르면 물物과 내(我)가 같지 않은 것이 없으니, 이것이 바로 하늘이 명한 성性이라네."

「원도에 대해 임형오에게 답함」에서 편지의 뒤에 덕성이기德性理氣에 대하여 잡설雜說한 것이 모두 24개 조목인데, 부군府君이 만년에 손수 쓰신 것이다. 이 밖에도 성리性理에 관하여 언급한 차록箚錄(메모)이 있으나, 원고가 흩어진 데다 시커멓게 지우고 고쳐 놓아 많은 부분이 미정고未定稿에 속하므로, 감히 여기에 부록附錄하지 않았다.

아들 종간宗侃[100]이 삼가 쓰다.

---

99. **기氣 역시 선하며** 성리학에서는 기 자체를 악이라 보지는 않는다. 기가 성의 발현을 저해하거나 억제하는 한에서만 부정적으로 보는데, 그러한 한계를 지니지 않은 청명하고 순수하며 조금도 혼탁이 없는 기도 있다. 사람이 이러한 기를 타고나면 요순과 같은 성인이 된다고 한다.

100. **종간宗侃** 연암의 둘째 아들인 박종채朴宗采(1780~1835)의 처음 이름이다. 박종채는 1829년 음보蔭補로 출사한 뒤 경산 현령慶山縣令을 지냈으며, 연암의 언행에 관해 상세히 기록한 『과정록』을 남겼다. 사후에 아들 박규수朴珪壽가 현달하여, 영의정에 증직되었다.

함양 군수咸陽郡守 윤광석尹光碩에게 보냄

나는 그대와 본래 가부葭莩의 친분[1]도 없고, 또 티끌만 한 혐의도 없는 처지였사외다. 급기야 안의安義에 있게 되니, 함양咸陽과 안의는 본래 정해진 겸관兼官[2]이어서, 4년 동안 서로 이웃이 되어 피차의 한계를 두지 아니하고, 한 달에 세 번 옥사獄事를 동추同推[3]하는 모임이나 이웃 고을 원님들과 틈을 내어 만난 자리에서 흡족히 담소를 나누어 흉금의 간격이 없었으니, 아무리 한마을의 옛 친구라 할지라도 어찌 이보다 더할 수 있었겠소?

하당荷堂과 죽관竹館[4]에서 베개를 나란히 베기도 했고, 풍헌風軒(창이 있는

---

1. **가부葭莩의 친분**　가부란 갈대 줄기 속에 있는 엷은 막으로, 두텁지 않은 친인척 관계를 이른다.
2. **겸관兼官**　수령의 자리가 비었을 때 바로 이웃 고을 수령이 임시로 그 사무를 겸임하는 것을 말한다.
3. **동추同推**　사죄死罪를 저지른 경우에는 30일 안에 옥사를 관결해야 하는데, 그 경우 수령들이 추관推官으로 회동하여 죄인을 신문訊問하는 것을 말한다. 옥사를 시급히 관결해야 하므로 열흘에 한 번 동추하는 것이다.

작은 집)과 월사月榭(달구경하는 정자)에서 술잔을 나누기도 했으며, 물놀이와 산놀이에도 서로 빠진 적이 없었지요. 백성의 근심이나 고을의 폐막弊瘼을 잠깐 사이에도 같이 상의했고, 공문이나 사신私信도 주고받지 않은 날이 없었소. 이른바 '머리가 희도록 서로 만나도 낯선 사람 같고, 초면 인사만 나누어도 옛 친구 같다'⁵는 것이 어찌 헛말이겠소? 진실로 큰 허물이 없는 한, 어려움을 만나도 변치 않도록 함께 기약하기를 바랐던 것이외다.

그런데 지난번에 보내온 『후촌집』後村集⁶을 지금 보니, 우리 선조 금

4. 하당荷堂과 죽관竹館　　『연암집』 권3 「김 우상에게 올림」(上金右相書)에도 '하당荷堂과 죽각竹閣'이라는 유사한 표현이 있다. 박규수의 「이호산장도가」梨湖山莊圖歌에 연암의 은거지인 연암협에도 "하당과 죽각이 연못 북쪽에 있었네"(荷堂竹閣在池北)라고 했다. 『瓛齋叢書』 卷5 「莊菴詩集」 이와 같은 예로 보면 '하당'과 '죽관'(= 죽각)은 각각 연꽃과 대숲이 있는 집이라는 뜻의 일반 명사로 볼 수 있다. 그런데 『과정록』 권2에는 '하당'과 '죽관'이 각각 별개의 정각亭閣으로 언급되어 있고, 『연암선생서간첩』燕岩先生書簡帖(서울대 박물관 소장)에 수록된 편지들에도 '죽관' 또는 '죽리관'竹里館과 별도로 '화죽당 등의 집'(花竹諸堂)이 언급되고 있다. 이로 미루어, '하당' 또는 '화죽당'은 곧 하풍죽로당荷風竹露堂을 가리키고, '죽관' 또는 '죽리관'은 그와 별개의 정각을 가리키는 것으로 볼 수도 있다. 홍아주, 「박종채의 『과정록』 연구」(서울대 석사학위논문, 2005) 참조.

5. 머리가 …… 같다　　원문은 '白頭如新 傾蓋如舊'이다. 고대 중국의 속담으로 추양鄒陽의 「옥중상서자명」獄中上書自明 등에 인용되어 있다. 『文選』 卷39

6. 『후촌집』後村集　　후촌은 윤전尹烇(1575~1636)의 호이다. 윤전은 노서魯西 윤선거尹宣擧의 숙부이며 우계牛溪 성혼成渾의 문인으로 1613년 유생 이위경李偉卿 등이 이이첨李爾瞻의 사주를 받아 인목대비仁穆大妃의 폐위를 상소하자 이들의 처벌을 주장하다 파직당했다. 인조반정仁祖反正 이후 복직하였으며 1636년 병자호란이 일어나자 필선弼善으로 강화도에 들어가서 적과 싸우다가 전사하였다. 시호는 충헌忠憲이다. 『후촌집』은 함양 군수 윤광석이 1795년에 간행한 『후촌실기』後村實記 즉 『윤충헌공실기』尹忠憲公實記를 가리킨다. 이 책은 「세계도」世系圖와 「연보」年譜를 실은 상권, 윤전의 유문遺文과 유묵遺墨을 실은 중권, 행장行狀(윤증尹拯 찬撰)·묘지명墓誌銘(조익趙翼 찬)·시장諡狀(박세당朴世堂 찬)·제문祭文과 부록을 실은 하권으로 되어 있으며, 이계耳溪 홍양호洪良浩의 서문과 윤전의 5대손인 윤광안尹光顔의 발문이 있다. 여기에 실린 행장에, 인목대비 폐위 반대에 공이 컸던 윤전이 인조반정 이후 대간臺諫으로 기용되지 못하고 경기 도사京畿都事로 나가게 된 것은, 그가 전에 어느 술자리에서 금계군錦溪君 박동량朴東亮이 계축옥사癸丑獄事 때 변명한 말이 잘못되었다고 비판하여 미움을 산 때문이라고 했다. 묘지명과 시장에도 구체적 인명은 거론하지 않은 채 그 사실이 진술되어 있다. 부록에서도, 윤증이 지은 행장은 박세채朴世采의 처지를 생각해서 그 사실을 완곡하게 표현한 것이라고 하면서, 워낙 사실이 현저하므로 박동량의 종손從孫인 박세당조차 시장에서 이를 은폐할 수 없었다고 주장했다.

계군錦溪君[7]을 모함하여 욕보인 것이 한이 없었소. 이제 나와 그대는 하루 아침에 백세百世의 원수가 되었구려. 이렇다면 나는 백세의 원수와 더불어 술잔을 나누고 베개를 나란히 베며, 담소를 나누고 서로 추종하면서도 4년 동안이나 까맣게 몰랐던 셈이오.

무릇 우리 선조의 후손된 자라면 누구나 원통하고 분해서 피로써 얼굴을 적시고 눈물을 삼키는[8] 이와 같은 감정을 똑같이 품지 않으리오마는, 나는 그대에게 더욱더 원통하고 한스러운 것이 있소. 지난해 동추의 모임을 파하고 돌아올 때에 그대가 초책草冊(초벌로 쓴 책) 하나를 꺼내며,

"우리 집안에는 본시 문헌이 없는데 선조 후촌공이 두어 편 남긴 글이 있어, 장차 인쇄에 부칠 생각으로 묘도문자墓道文字와 연보年譜 및 유사遺事를 주워 모아 겨우 한 책을 이루었소. 범례만이라도 대강 열람해 주기 바라오."

하면서, 손수 종이에 싸 나의 하인에게 넘겨주었소. 돌아와서 잠깐 펴 보니, 표시하려고 붙여 놓은 쪽지가 하도 번잡하고 새까맣게 지우고 고쳐 쓴 자국이 몹시 어지러웠소. 나는 번거로움을 견디지 못하는 성미라 우선 책을 접어 둘 수밖에 없었고, 뒤미처 번고繙庫[9]의 행차가 있어 마침내 한 번도 훑어보지 못했는데, 그대가 서울로 보내 정서淨書하는 일이 급하다 하며 불시에 찾아가고 말았으니, 그 속에 무슨 말이 들었는지 실로 알지 못했소.

---

7. **금계군錦溪君**　박동량朴東亮(1569~1635)의 봉호이다. 박동량은 임진왜란이 일어나자 왕을 의주義州로 호종扈從한 공으로 금계군에 봉해졌다. 1613년 계축옥사 때에 투옥되어, 자신이 칠신七臣의 한 사람으로서 인목대비의 아비인 김제남金悌男과 반역을 모의했다는 죄목을 부인하면서, 유릉裕陵의 저주 사건에 대해 발설함으로써 대북파大北派에게 폐모론廢母論의 구실을 제공하였다. 이로 인해 1623년 인조반정이 일어난 후 부안扶安에 유배되었다. 1635년 아들 박미朴瀰의 상소로 복관되어 좌의정에 추증되었다. 시호는 충익忠翼이다.
8. **피로써 …… 삼키는**　원문은 '沫飮'인데 '매혈음읍'沫血飮泣의 준말이다.
9. **번고繙庫**　창고의 물건을 일일이 뒤적이며 장부와 대조하여 검사하는 일을 말한다.

그 후에 「배신전」陪臣傳[10]에서 뽑아 싣게 한 것도 내가 지시한 바요, 각수승剋手僧을 빌려 가게 된 것도 내가 보낸 것이지 않았소? 그리고 또 내가 동추하러 갔을 때 그대와 함께 함양군의 학사루學士樓에 올랐는데, 이때 누 가운데에서 각자刻字하는 일이 한창이었지요. 나는 우리 고을 중 이 새긴 목판 두어 개를 가져다 보고 솜씨가 정교함을 자랑하고 나서, 인쇄한 뒤에 한 벌을 선사해 달라고까지 하였지요.

내가 이렇게 즐거이 남의 아름다운 일을 도와서 완성하는 데에[11] 참여하게 된 까닭은, 진실로 강화도에서 순절한 일이 지금까지도 사람들을 감동시킬 뿐더러 고가故家의 남겨진 가승家乘이니만큼 그 한 벌을 보관하고 싶어서였지요. 어찌 그 속의 모함과 패설悖說이 이 지경까지 이를 줄이야 생각인들 했겠소?

전번에 그대가 갑자기 와서는 자세히 살펴보지 못한 실수였다고 사과하고, 또 이렇게 말하였소.

"나는 봉급의 여유가 좀 있어서 비록 인쇄하는 역사役事를 맡기는 했지만, 글을 삭제하거나 그대로 살리는 일은 할 사람이 따로 있으며, 더욱이 나는 그때 병이 심하여 미처 자상히 열람하지 못했소이다. 만약 이 한 단락이 들어 있는 것을 과연 알고서 일부러 보내어 보게 했다면, 세상에 어찌 이러한 심술이 있겠소? 이 일이 사실과 어긋남이 이미 이와 같으니, 마땅히 훼판毀板하고 고쳐 넣도록 빨리 서둘 따름이오. 떠들썩하게 절교를 통고하는 일은 오히려 나중 일이오." – 윤尹의 이야기는 여기까지이다. –

그 이야기가 분명 진정에서 나온 것 같았는데, 급기야 그대가 윤신수

10. 「배신전」陪臣傳   황경원黃景源이 지은 「명배신전」明陪臣傳을 가리킨다. 『강한집』江漢集 권28 「명배신전 2」에 윤전의 사적을 기록한 항목이 있는데, 『후촌실기』 하권 부록에 채록되어 있다.
11. 남의 …… 데에   원문은 '成美'인데, 『논어』 「안연」顔淵에서 공자가 말하기를 "군자는 남의 아름다운 일을 도와서 완성한다"(君子成人之美)고 하였다.

尹莘叟[12]에게 답한 편지를 얻어 본즉 '박 아무개가 안의에 있을 적에 여러 번 열람해 보고 아주 잘 되었다고 칭찬했다'고 하였소. 나는 이에 또 저도 모르게 심장이 떨리고 쓸개가 뒤틀리는 듯싶었사외다. 사람이 효경梟獍[13]이 아닌 이상, 무슨 심보로 남이 제 선조를 욕했는데 도리어 잘 되었다 칭찬했겠으며, 사람이 귀역鬼蜮[14]이 아닌 이상 무슨 억하심정으로 남의 선조를 욕하고서 그 책을 그 자손에게 보내 준단 말이오? 이 일을 참을 수 있다면, 참지 못할 일이 무엇이 있겠소?[15]

그대가 이미 이러한 간계를 품은 이상, 무슨 까닭으로 와서 바야흐로 눈에 핏발이 설 이 사람을 만나 보았으며, 무엇 때문에 종전에 살피지 못한 잘못을 사과했으며 또 훼판을 빨리 서둘겠다고 말했소? 무엇 때문에 이제부터 방향을 바꾸어 능주綾州[16] 족형族兄의 집으로 가야겠다고 말했소?

아아, 원통하도다! 예전에 칠신七臣[17]이 고발을 당할 때에 우리 선조는 특히나 흉악한 무리들의 원수가 되어, 그들이 칼을 숨기고 그림자를 엿본 적이 여러 해였소. 나중에 고성高成·김응벽金應璧의 옥사[18]를 날조함에

---

12. **윤신수尹莘叟**   신수莘叟가 누구의 호인지 알 수 없다.
13. **효경梟獍**   효파경梟破獍이라고도 하며, 악인惡人을 비유할 때 쓰인다. 효梟는 제 어미를 잡아먹는 올빼미이고, 파경破獍은 제 아비를 잡아먹는다는 짐승이다.
14. **귀역鬼蜮**   보이지 않게 사람을 해치는 귀신과 물여우를 이른다.
15. **이 일을 …… 있겠소**   원문은 '是可忍也 孰不可忍也'이다. 『논어』「팔일」八佾에서 공자가 노魯나라 대부 계손씨季孫氏가 감히 천자의 예악인 팔일무八佾舞를 추게 한 것에 분노하여 한 말이다.
16. **능주綾州**   전라도에 속한 현縣으로, 현재는 전라남도 화순군和順郡에 속한 면이다.
17. **칠신七臣**   선조宣祖가 임종에 앞서 어린 영창대군永昌大君을 부탁한 유영경柳永慶, 한응인韓應寅, 박동량朴東亮, 서성徐渻, 신흠申欽, 허성許筬, 한준겸韓浚謙 등 일곱 신하를 일컫는다. 이들은 1613년 계축옥사 때에 국구國舅인 김제남金悌男과 반역을 도모했다는 죄목으로 투옥되었다.
18. **고성高成·김응벽金應璧의 옥사**   선조 말년에 영창대군의 궁방宮房에서 선조가 병에 시달리게 된 원인을 원비元妃인 의인왕후懿仁王后에게 돌리고 고성, 김응벽 등을 시켜 그 능陵인 유릉裕陵에 가서 저주를 하게 했다고 하여 일으킨 옥사를 말한다.

미쳐, 우리 선조의 공초를 구실 거리로 삼은 것은 나라를 해치려는 이이 첨李爾瞻의 짓이었고, 앞뒤로 상관없는 일을 끌어들여 왕명을 포고하는 글에 덧붙인 것은 유감을 풀려는 기자헌奇自獻[19]의 짓이었소. 급기야 계해년(1623, 인조 1)에 반정反正이 있은 뒤로는 참견하기 좋아하는 젊은이들이 본래 사실을 잘 모르고 어름어름 들추어내니 비방하는 물의가 드높아지고, 입에서 입으로 전해지자, 따라서 옛 원한을 갚으려는 자, 남의 화를 즐거워하는 자들이 들고일어나서, 우리 선조가 마침내 죄를 얻어 십여 년 동안이나 귀양살이로 떠돌아다녔던 것이오.

그 후 인목대비仁穆大妃의 유명遺命으로 사면 조치가 내렸고[20] 선왕先王(인조)의 밝으신 통찰이 일월같이 높이 비쳤으며, 당시 조신朝臣들이 죄의 경중을 심의한 기록이 의금부에 모두 남아 있고, 조정에서 같이 벼슬한 뭇 어진 이의 변론은 천지신명과 대질할 만했던 것이오. 그러기에 청음清陰 김 문정공金文貞公(김상헌金尙憲)은 비碑에 명銘하기를,

"근세 사림士林에서 믿고 의지하며 중히 여기는 이로는 이오리李梧里(이원익李元翼)·이백사李白沙(이항복李恒福)·신현헌申玄軒(신흠申欽)·오추탄吳楸灘(오윤겸吳允謙)·정수몽鄭守夢(정엽鄭曄) 같은 분들이 있는데, 이 몇 분들은 절대로 자기 사정私情에 치우쳐 공론公論을 폐기할 분들이 아니었다. 이때 공을 비난하

---

19. **기자헌奇自獻** 1562~1624. 선조가 영창대군을 후계자로 삼으려는 데 극력 반대하여 광해군의 즉위에 공로가 컸으므로 영의정까지 지냈다. 그러나 폐모론廢母論에는 소극적이어서 문외출송門外黜送되고 유배지를 전전하다가, 인조 즉위 후 이괄의 난 때 사사賜死되었다. '왕명을 포고하는 글'(播告之文)이란 광해군 5년(1613) 7월 15일 계축옥사의 주모자로 김제남 등을 처형하고 나머지 관련자들을 사면하는 일로 내린 교서敎書를 가리킨다. 그 교서에서 김제남의 죄상을 논하는 대목에 유릉 저주 사건에 대한 박동량 형제의 증언이 언급되어 있는데, 이는 기자헌이 광해군에게 교서 중에 첨가하기를 거듭 요청한 결과였다. 『光海君日記』 5年 7月 10日·13日·15日

20. **사면 조치가 내렸고** 원문은 '渙發雷雨'인데, 『주역』 「해괘」解卦 상전象傳에 "천둥치고 비 내리는 것이 해解이니, 군자가 이로써 허물을 용서하고 죄를 관대히 보아준다"(雷雨作解 君子以赦過宥罪)고 하였다. 인조 10년 6월 박동량의 죄를 용서하여 유배지를 가까운 곳으로 옮겨 주었는데, 이는 인목대비가 승하하기 직전에 내린 하교를 따른 조치였다. 『仁祖實錄』 10年 6月 25日

는 입들이 마치 남기성南箕星처럼 크게 벌려 있었으나,[21] 공은 스스로 변명하지 않았으며, 이 몇 분들이 나서서 밝혀 주었다. '중인衆人들은 헐뜯었으나 군자는 완인完人으로 여겼다'(衆人所毁 君子所完) 하였으니, 그 말을 증명하기에 족하며 백세에 길이 거울이 될 것이다."[22] - 명銘의 글은 여기까지이다. -

하였다오. 우암尤菴 송 문정공宋文貞公(송시열宋時烈)이 쓴 묘표墓表에는,

"당시 국구國舅[23]의 옥사가 여러 분에게 미쳐 갔다. 공은 다만 평소에 국구와 사이가 좋지 않았던 사실을 원사爰辭[24]에서 밝혔고, 또한 그 일[25]은 증거도 없이 유야무야되었으니 국구에게는 아무런 손상이 없음을 보증할 수 있으리라 생각하였는데, 흉악한 무리들이 앞의 원사를 나중에 집어넣어[26] 왕명을 포고하는 글에서 공을 욕보일 줄은 더욱 당초에 우려했던 바가 아니었다. 그러므로 사계沙溪(김장생金長生) 노선생老先生이 일찍이 말씀하시기를, '금계錦溪는 절대로 다른 의도가 없었는데, 불행히도 무고巫蠱[27]

---

21. 마치 …… 있었으나   남기성南箕星은 곧 기성箕星으로, 남방 하늘에 나타나므로 남기성이라고도 한다. 기성은 구설口舌을 주관하는 별로 간주되었으며, 참언讒言의 비유로 즐겨 쓰였다. 『시경』소아小雅 「항백」巷伯에 "입을 크게 벌려 이 남기성을 이루었도다, 남을 헐뜯는 저자들은 누구와 더불어 음모를 꾸미나"(哆兮侈兮 成是南箕 彼譖人者 誰適與謀)라고 하였다.
22. 근세 …… 것이다   『청음선생문집』淸陰先生文集 권24 「금계군 겸판의금부사 박공 신도비명 병서」錦溪君兼判義禁府事朴公神道碑銘幷序의 명銘을 인용한 것이다. 단 글자에 약간 차이가 있다.
23. 국구國舅   인목대비의 아버지인 김제남을 가리킨다.
24. 원사爰辭   죄인이 자신의 죄상을 말한 진술서를 이른다.
25. 그 일   유릉裕陵 저주 사건을 말한다. 238쪽 주18 참조.
26. 앞의 …… 집어넣어   원문은 '追人前爰'인데, 추인追人은 고대 중국의 백희百戱의 일종이므로, 여기서는 전혀 뜻이 통하지 않는다. 그러므로 '追入前爰'의 오류임이 분명하다. 송시열이 지은 묘표 중 그에 상응하는 구절은 '追引爰辭'라 하여 '나중에 끌어넣었다'는 뜻의 '追引'으로 되어 있다.
27. 무고巫蠱   무술巫術로 사람을 호리는 것을 말한다. 여기서는 유릉에 저주를 행한 사건을 가리킨다. 박동량은 공초에서 이는 영창대군 궁방의 사람들이 저지른 일이라는 말을 들었으나 김제남에게 감히 따지지는 못하였다고만 말했던 것인데, 나중에 김제남이 유릉에 저주를 하도록 사주한 사실을 증언한 것으로 이용되었다.

의 옥사가 잇달아 일어나서 드디어 오늘날의 억울한 죄안罪案이 되었다'
하셨다."[28] – 표표의 글은 여기까지이다. –

하였소.

아! 이것은 모두가 선현들의 정론定論이오. 신도비에 분명히 새겨져
있고 여러 문집 속에 환히 알려지고 널리 나열되어 있어, 온 나라의 비
방이 깨끗이 풀리고 백세의 공론이 이미 결정되었는데도, 새까만 후배들
이 나중에 악담을 가하고 수백 년 뒤에 함부로 모함하는 붓을 휘두르는
것은 도대체 무슨 심술이오? 말뜻이 참혹하고 표독하여, 우리 선조를 모
함하고도 부족해서 곧장 연흥부원군延興府院君(김제남金悌男)을 무고에 몰아넣
은 것은 도대체 또 무슨 심술이오?

존가尊家의 후촌공後村公이 한패거리가 되어 스스로 부화뇌동하고자
한[29] 자가 누군지 나는 모르겠소. 원사를 주워 모아서는 흉악한 무리들이
구실로 삼은 것이 저와 같고, 억울한 죄를 애통히 여기어 뭇 어진 이들
이 확실한 결론을 내린 것이 이와 같소이다. 설령 당시에는 사실을 자상
히 모르고 술자리에서 떠들며 이야기하다가 혹시 함께한 사람들의 말을
따랐다 하더라도, 그 뒤에 사건의 근원이 분명하게 밝혀졌으니 필시 전
에 한 말의 실수를 후회하여 기꺼이 다른 어진 분들과 생각을 같이하였
을 것이오. 또 설령 당시에는 떠도는 비방을 단단히 믿고서 이전의 의혹
을 그대로 지니고 있었다 하더라도, 세상의 장고가掌故家(고사故事에 해박한 사
람) 입장에서 보면 길거리에서 주워듣고 함부로 거론하는 것도 오히려 놀
라운 일이거늘, 하물며 당시에 직접 기록한 글도 아니고 오로지 뒷사람

---

28. 당시 …… 하셨다   『송자대전』宋子大全 권191 「금계군 박공 묘표」錦溪君朴公墓表에서 인용하
였다. 단 그대로 인용한 것은 아니고, 취사선택하면서 고쳐 인용하였다.
29. 한패거리가 …… 한   원문은 '所欲比而自同'인데, 『논어』「위정」爲政에 "군자는 두루 사귀되
패거리를 짓지 않고, 소인은 패거리를 짓되 두루 사귀지 않는다"(君子周而不比 小人比而不周)고
하였고, 「자로」子路에 "군자는 남과 화합하되 부화뇌동하지 않고, 소인은 부화뇌동하되 남과 화
합하지 않는다"(君子和而不同 小人同而不和)고 하였다.

이 나중에 부연한 것에서 나온 경우이리오? 이는 자기 선조의 공적을 드러내고자 하다가 먼저 스스로 선조를 속인 죄목에 빠진 것이며, 이름은 실기實記라 해 놓고 도리어 실제 사실과 어긋나는 처지에 놓인다는 것을 생각하지 않은 것이오.

설사 또 당시에 대간臺諫으로 나갈 길이 막히어 억측으로 외쳐 댈 수는 없었다 하더라도, 그 후 십수 년 동안 간관諫官으로 출입한 것이 한두 번이 아니었으니, 무엇을 돌아보고 꺼려서 마침내 한 번도 평소 가슴에 쌓인 말을 털어놓지 않았소? 설사 또 당시에 품은 원한이 이미 깊어서 손수 기록해 두었다면 그 뜻이 출세길에 간절하여 원한을 보류했다가 집안에 전한 것을 마침 드러내 보인 셈이니, 어찌 후촌後村 같은 어진 이로서 과연 이런 일이 있었겠소?

더구나 우리 집안의 현석玄石(박세채朴世采) 선생은 금계군의 손자요, 존가의 노서魯西(윤선거尹宣擧)는 바로 후촌공의 조카요. 존가에서 남에게 화를 끼칠 마음을 품고 있는 것이 이와 같다면 이는 반드시 그 가정에서 들은 바가 있을 터이니, 어찌하여 그 원한을 숨기고 그 집안사람을 벗으려는 것이오? 지금 일로 미루어 보면, 그 원한을 숨기는 것이 본래부터 물려받은 가법家法이었는지? 이도 알 수 없겠구려.

아! 성이 함락되어 풀 베듯이 목숨이 잘리던 날에 적의 칼날에 순절한 것만으로도 족히 한 세상에 드날리고 뒷자손에게 영광이 될 수 있으며, 구구한 대간의 자리에서 한 번 처진 것이 이미 세워 놓은 큰 절개에는 진실로 영향을 끼칠 것이 없는데, 하필 남의 조상을 지독하게 모함한 연후에야 비로소 그 시대에 환히 드러난단 말이오? 뒷사람들이 어름어름 포착하여 추후에 서술한 것은 역시 교묘하게 하려다가 도리어 치졸함만 드러내 보인 것이라 하겠소.

근자에 들려온 소문에 더욱더 놀랄 것이 있었소. 그대가 황당한 말을 꺼리지 않고 가는 곳마다 장황히 떠들어 대며, '아무개와 왕래를 끊지 않고 술자리에서 단란히 정을 나누기를 예전이나 다를 바 없이 한다' 한다니, 그 말이 도리에 어긋남이 이 지경까지 이르렀소!

영남의 고을을 왕래하던 때를 돌이켜 생각하면 상기도 몹시 가슴속이 아프고 한스러운데, 심장이 쑤시고 뼈에 사무치는 이날을 당하여 차마 다시 단란하게 만나리오? 오늘날 그대의 언행은 번번이 천리天理와 인정人情의 밖으로 벗어난 것이니, 옛사람이 일컬은 '사람 알기란 쉽지 않다'[30]란 말이 바로 이를 두고 이른 것이오. 지난날 마주 대했을 때, 그대가 얼굴에 부끄러운 기색을 띠고 말을 머뭇거리며 요컨대는 '고쳐 새기겠다'는 한 가지 사항에서 벗어나지 않았었소. 그러기에 내가 참고 견디며 차분히 기다리면서 문중의 여론이 하늘을 찌를 듯이 분노로 치닫지 않도록 한 까닭은, 진실로 훼판毁板하겠다는 한마디 말에 성실할 것을 바랐을 뿐만 아니라 또 우리 선조가 모함당한 본말을 낱낱이 들어서 개운하게 깨우쳐 주기 위함이었던 것이오.

그러기 위해서는 서로 말을 주고받지 않을 수 없었다 할지라도, 이를 일러 '술자리에서 단란히 정을 나누기를 예전이나 다를 바 없이 한다'고 한다면 되겠소? 우리 종중宗中에서도 역시 나를 허물하며, 원수와 상대할 것도 없고 또한 굳이 원수와 대화를 나누며 변론할 것도 없다고 하였소. 이와 아울러 분명히 말하건대, 이제부터는 다만 상정常情에서 벗어나는 말을 꾸미려고 말고 분분한 입씨름을 끊기로 합시다. 지금 나는 그대에게 원한이 이미 깊어졌고 사귐도 이미 끊어졌소. 그래도 속마음을 다시 털어놓는 것은 '절교는 해도 악평은 하지 말라'[31]는 그 뜻을 삼가 스스로 따르고자 하는 때문이오.

---

30. **사람 …… 않다**　원문은 '知人未易'인데, 반악潘岳의 「마견독뢰」馬汧督誄에 나오는 말로, 『사기』 「범수열전」范睢列傳에서 후영侯瀛이 "사람은 원래 자기를 알기 쉽지 않으나 남을 아는 것 역시 쉽지 않다"(人固未易知 知人亦未易)고 한 말에서 유래하였다.

31. **절교는 …… 말라**　『사기』 권80 「악의열전」樂毅列傳에, "옛날의 군자는 절교는 해도 악평은 하지 않았다"(古之君子 交絶不出惡聲) 한 데에서 나온 말이다.

족제族弟 이원彝源[1]에게 보냄

엊그제 극히 어수선한 때 귀하의 심부름꾼이 마침 왔다가 아울러 윤尹(윤광석)의 편지를 달라고 했으나, 윤의 편지는 딴 곳에 빌려 주고 찾아오지 못했기 때문에 보내 드리지 못했으니 상기도 몹시 마음에 걸리외다. 이 편지가 왔을 적에 본래는 여러 일가 분들에게 두루 돌려 보이려 했으나, 그 사이에 성묘길을 떠나 달이 지나서 막 돌아왔고, 요즘도 역시 직소直所에 몸이 매어 있지 않으면 자잘한 공무에 분주하여 이제껏 뜻을 이루지 못했던 거요.

연일 서설瑞雪이 내리는데 지내시기가 더욱 좋으신지, 그리운 마음 그지없소이다.

지난번에 거창 현령居昌縣令 김맹강金孟剛[2]이 차원差員(업무차 차출된 관원)으

---

1. **이원彝源**   박이원朴彝源(1743~1801)은 박사고朴師古의 아들로 박사눌朴師訥의 양자가 되었으며, 1777년 생원시에 급제하고 형조 정랑을 지냈다. 연암이 안의 현감으로 재직할 당시 문경 현감聞慶縣監으로서 합천 화양동에 있던 야천冶川 박소朴紹의 묘소 정비 사업에 성금을 보태기도 했다.
2. **김맹강金孟剛**   맹강孟剛은 김유金鋉의 자字이다.

로서 상경할 적에 듣자니 윤尹이 이 편지를 소매에 넣어 가지고 와서 맹강에게 보였는데, 손님들이 좌석에 가득하여 그와 응수하기가 자못 번거로웠으므로 그 첫머리 몇 줄만을 대략 보고는 그대로 말아서 돌려주면서,

"이러한 긴 편지는 하루내 보아도 볼 둥 말 둥 하겠고, 또 지금 내가 자네에 대해 지키는 의리가 비록 박군과는 잠시 다르기는 하지만[3] 실인즉 이 일로 편지가 오고 가는 일에는 간섭하고 싶지 않네."

하자, 윤은 바로 소매에 도로 집어넣고 허둥지둥 작별하고 떠났다는 거요. 그런데 지금 이 편지를 살펴보면 그 말미에 '안의安義에 모였을 때 맹강과 함께 책을 보았다'는 말이 있으니 그의 속셈이 마침내 이 지경에 이르렀구려!

인본印本[4]을 보내왔을 때 나는 과연 그 이면에 무슨 말이 들었는지 알지 못하고 한 부 보내 달라고 요청했던 것인데, 급기야 원문 두어 편을 잠깐 열람해 보니 볼 만한 것이 별로 없어서 그대로 다른 책들 속에 뒤섞어 두고 말았던 거요. 편지에서 말한 '맹강이 와서 모였다'고 한 때는 바로 윤이 임기가 만료되어 하직하고 떠나던 날이었소. 이때에 기생과 풍악이 앞에 가득하고 술과 음식이 상에 널리어 저녁 모임이 아침에야 흩어졌고 실컷 즐기다 파했으니, 어느 겨를에 어지러운 책더미 속에서 밤낮으로 애써 찾아내어 부질없이 펼쳐 보는 짓을 했겠소?

가령 내가 전일에는 뒷부분을 생략하고 지나쳐 보았을망정, 이와 같이 서로 머리를 맞대고 함께 책을 보는 마당에야 어찌 깨닫지 못할 이치가 있겠소? 더더구나 맹강 집안의 선조를 모함하고 핍박한 일도 이와 조목을 같이하여 두 줄로 나란히 열거되어 있으니, 맹강도 어찌 기꺼이 편

---

3. 내가 …… 하지만   김유가 윤광석과 같은 소론少論이어서 노론인 연암과는 당파적 의리가 다르다는 뜻이다.
4. 인본印本   윤광석의 선조 윤전尹烇의 문집인 『후촌실기』後村實記 즉 『윤충헌공실기』尹忠憲公實記의 인쇄본을 말한다.

안히 셋이 함께 앉았겠으며 그 때문에 놀라 원통해하지 않았겠소?

전일에는 진실로 성의 있게 고쳐 인쇄하려고 꾀했던 것이 지금 와서 이미 그렇게 하지 못할 형세가 되자, 도리어 우선 이런 말을 만들어 증거를 세워 자신을 해명하자는 것이니, 어찌 자기 속마음에 부끄럽지 않겠소? 또 그 편지 중에서 높이 추켜들어 존중하고 있는 사람이라야 송교松郊[5] 한 사람뿐인데, 송교란 호를 가진 이가 누구인지 모르겠소만, 반드시 여러 선현先賢들과 반대로 어긋나고자 하면서 억지로 송교 한 사람을 끌어들이려는 것은 무엇 때문인지요?

더욱 놀랍고 한탄스러운 것은 우리 문순공文純公(박세채朴世采)을 여지없이 조롱한 점이니 현배賢輩들이 지키는 의리는 장차 어떻게 되는지 모르겠소.[6] 또 새로 인출印出한 책이 어떤 글들인지도 모르겠소이다. 나의 원래 편지[7]까지 아울러 보내니 종이 상단에 붙여 놓은 것을 행여 빠뜨리지 말고, 본 뒤에 즉시 돌려주기 바라오.

---

5. **송교松郊**　　이목李楘(1572~1646)의 호이다. 이목은 효령대군孝寧大君의 후손으로 성혼成渾과 김장생金長生의 문인이었다. 1612년 문과 급제 후 병조 좌랑 등을 지냈으며 대북파大北派의 무고로 파직되었으나, 인조반정 후 복직하였다. 이괄의 난과 정묘호란 때 왕을 호종했고, 1636년 형조 참판이 되어 병자호란을 당하자 척화를 주장했다. 사후死後 좌찬성에 추증되었으며 시호는 충정忠正이다.
6. **현배賢輩들이 …… 모르겠소**　　현배는 후배後輩를 높여 부른 말이다. 박세채는 박동량의 손자로, 서인이 노론과 소론으로 분열되자 소론의 초기 지도자가 된 인물인데, 소론의 후배 세대인 윤광석 등이 그를 조롱한다면 당파의 의리가 제대로 지켜져 나가겠느냐고 힐난한 것이다.
7. **나의 원래 편지**　　바로 앞에 수록된 「함양 군수 윤광석에게 보냄」(與尹咸陽光碩書)을 가리킨다.

공주 판관公州判官 김응지金應之[1]에게 답함

얼마 전 조사에 참여한 일[2]은, 여러 죄수들이 이미 다 문초를 받았고 재차 공초供招하기에 이르렀는데, 그 옥사의 실정에 있어서는 별로 의혹될 단서도 없으니 문안文案은 이미 갖추어졌다고 하겠으며, 다만 미처 작성되지 못한 것은 언사讞辭(판결문)뿐이었소.

1. **김응지金應之**　　김기응金箕應(1744~1808)의 자가 응지應之이다. 그는 본관이 광산光山이고, 사계沙溪 김장생의 후손이다. 연암이 젊은 시절 교유했던 선배인 석당石堂 김상정金相定의 아들로, 연암과 교분이 있었다. 생원시에 급제한 후 음보로 황간 현감黃澗縣監, 공주 판관, 황주 목사黃州牧使 등을 지냈다.

2. **얼마 전 …… 일**　　연암이 정조 21년(1797) 7월 충청도 면천 군수沔川郡守로 부임하자, 당시 충청 감사 한용화韓用和(1732~1799)가 공주 판관 김기응의 천거에 따라 연암에게 「연분年分 가청加請 장계狀啓」(『연암집』 권9)를 대신 지어 주기를 부탁한 데 이어, 연암을 도내의 옥사를 재심하는 심리관審理官으로 단독 차임差任하였다. 이에 연암은 감영으로 가서 며칠간 조사에 참여한 적이 있었다. 그때 감사가 도내 수령들의 고과考課를 함께 논의하자고 은근히 끌어들이는 것을 거부했더니, 이를 괘씸히 여긴 감사가 연암을 수행한 아전을 잡아다 벌주고 연암에 대한 고과를 깎아내렸다. 연암은 이에 분개하여 감사에게 여러 차례 사직서를 올렸으나 반려되고 말았다. 공주 판관 김기응은 자신이 중간에서 주선을 잘못하여 연암과 충청 감사 사이에 갈등을 초래하지 않았나 하여 변명조의 편지들을 보냈는데, 『연암집』에 실린 김기응에게 보낸 답서들은 그로 인한 것이었다고 한다. 『過庭錄』 卷3

저의 병은 졸지에 극심해져 잠시도 머물러 있기 어려울 때가 있음을 비단 형만이 잘 아는 게 아니라 감사께서도 이미 양찰하고 계신 터입니다. 또 임금께 장계를 올릴 일자가 대단히 촉박한 것도 아니니, 발미跋尾[3]를 얽어서 내는 일은 형이 만약 혼자 하기 어렵다면 비록 귀임한 뒤에 서면 왕복으로 상의한다 해도 여유가 작작할 것 같았소. 그러므로 감히 물러간다고 알렸던 것은 이 때문이었소.

영문營門(감사를 가리킴)이 이미 귀임하여 조리하도록 허락했을 뿐만 아니라 도중에서 증세가 더할까 몹시 염려하여 타고 가는 것까지 내밀히 물으며 편한 대로 하라고 허락하기까지 했으니, 병을 핑계 대고 사무를 피하여 하직도 아니 하고 바로 돌아온 것은 아니라는 점이 분명하지 않소. 그런데 지금 그때 따라갔던 아전을 뒤늦게 잡아다가 대신 형신刑訊[4]을 받게 하니, 이 어찌 꿈엔들 감히 생각했던 일이겠소!

사관査官(검사관)을 다시 청하자고 한 점에서는 형도 역시 주선을 잘못했다고 할 수 있소. 이미 번안飜案(조사 결과를 번복함)을 하지 않을진대 하필 사관을 고쳐 정하여 허다한 말썽을 초래할 것이 있겠소? 이러니저러니를 막론하고 일이 이미 이 지경에 이르렀으니, 다만 하나의 돌아갈 '귀'歸 자가 있을 따름이오. 사직서를 써 보내니 찾아서 읽어 보기 바라오. 노년에 서로 만나 머리가 희도록 사귀어도 낯선 사람 같더니,[5] 갑자기 이렇게 낭패를 보게 되어 도리어 몹시도 서글픔만 맺힐 따름이외다.

귀하의 관아에 있을 때 처음에는 아무런 병이 없어 밥 잘 먹고 잠

---

3. **발미跋尾**　발사跋辭라고도 하는데, 조사와 관련하여 장계의 뒤에 붙이는 건의서를 말한다.
4. **형신刑訊**　죄인을 형장刑杖으로 치며 캐묻는 것을 말한다.
5. **노년에 …… 같더니**　한용화와 연암은 환갑이 지난 나이에 각각 충청 감사와 면천 군수가 되어 외지에서 서로 만났는데, 두 사람의 교분이 오래되었음에도 불구하고 한용화가 관직에 연연하지 않는 연암의 사람됨을 알지 못하고 회유하려 들었기 때문에 이와 같이 말한 것이다.

잘 자고 며칠을 편안히 지냈는데, 하루는 밥을 먹고 나서 형과 마주하여 졸다가 저는 가슴과 배 사이에 마치 물건이 걸려 있는 듯한 것을 느끼고 깜짝 놀라 급히 따뜻한 물을 가져오라 하여 마셨더니, 층층으로 빙빙 돌아서 나뉘어 세 덩이가 되었소. 짐작에 그 크기가 우芋 – 민간에서 말하는 토란이다. –만 하고 수레바퀴가 소리 내듯이 호흡할 때마다 서로 치받으며, 또 간혹 다섯 손가락으로 후벼 대는 것도 같아서 온갖 맥이 다 풀려 만사가 귀찮다가 잠깐 사이에 곧 다시 정상으로 돌아왔소.

이때부터는 그 증세가 생기려면 연기처럼 슬며시 오는데, 밥이라곤 한 숟갈도 뜰 수 없고 마시는 것이라곤 찻물뿐이오. 형도 역시 그 꼴을 보고는 걱정하였지요. 또 그 뒤로는 물이나 술을 막론하고 들이마서 입에 있으면 문득 삼킬 것을 잊어버리니 생각에 목젖이 없어진 듯싶었소. 수십 년 전에 어느 한 사람이 이 증세가 있음을 보았는데 의원의 말로는 심병心病이라는 거요. 심장의 피가 바싹 마르면 으레 이 증세가 생긴다고 했소. 저의 지금 증상이 갑자기 전에 들은 말과 비슷해서 마음이 편치 못하고 풀이 꺾이고 스스로 의심이 나더니, 저녁 사이에 가슴이 크게 두근거리고 배 안에서 쭈루룩 흘러내리는 것이 마치 병 속에서 흔들리는 물 같아서, 비록 그 소리는 들리지 않으나 치밀어 올라 두근거리는 증상과 호응하므로 더욱 혼자서 이상히 여겼지만 실지로 꼭 집어 말할 것도 없었소.

또한 온몸이 둥둥 떠 공중에 있는 것 같아서 걸음을 걸어도 발이 헛놓여서 땅을 밟지 않은 듯하여 너무도 풀이 꺾이고 기분이 나빴소. 형과 종일토록 한담을 나누었을지라도 그 말소리가 제 입에서 나오는 것을 갑자기 잊었으며, 형의 말소리 역시 귀에 들어온 적이 없음을 깨닫고는 이 몸이 내 것인지 아닌지 더욱 의심이 났소. 이와 같은 이상한 증세는 하나뿐이 아니오.

돌아오던 날 저녁, 새벽잠에서 막 깨자 왼쪽 머리와 안면이 아프지도 않고 가렵지도 않으며 갑자기 멍청해진 듯하고 입가와 눈꼬리가 땅기고 씰룩거려 경련이 일므로 크게 놀라 일어나 앉아 급히 병풍 건너편에서 자는 자를 불렀지요. 촛불을 켜는 동안 이 증세는 바로 그쳤으나 안면 마비의 증세는 손으로 만져도 남의 살 같았소.

지금 이 모든 증세가 형과 마주 앉은 며칠 사이에 나타난 것이니, 비록 저절로 싫은 마음이 났으나 억지로 세수하고 머리 빗고 했던 거요. 이 같은 증세는 다른 사람으로서는 세세히 살필 수도 없는 것이고, 형에게도 늘어놓은 적이 없었던 것은 듣기 좋은 얘기도 아닐 뿐더러 으레 위로하여 병자의 마음을 누그러뜨리거나 할 뿐이었기 때문이오.

그러나 객지에 머물기가 한시도 어려워서 급급히 하직하고 물러난 것은 이 때문이었소. 이로써 죄를 얻은 것은 실로 본의가 아니었으나 부끄러운 마음이야 어찌하겠소? 귀하의 고을의 의원은 이미 홍주洪州 관아로 떠나서 진찰을 받지 못했소. 이 편지에 기록된 모든 증세를 들어 그가 돌아오면 자세히 의논해 봐 주기 바라오. 만일 형이 가기를 권하여 의원의 승낙을 얻는다면, 나중 인편에 자세히 알려 주시오. 그러면 인마人馬에 관한 모든 것은 응당 제가 준비해서 보내겠소이다.

응지에게 답함 1

편지에서 하신 많은 말씀의 뜻은 잘 납득하였소만 저도 모르게 큰 웃음을 한 번 터뜨렸소. 제가 언제 형에게 분노를 품은 적이 있다고 형은 어찌 지레짐작하여 늘 이와 같은 변명을 하는 거요? 이야말로 '나를 아는 것이 너무도 얕다' 하겠소. 저를 이해하건 저를 책망하건¹ 모두가 제 병이 빌미가 된 것이오. 이 재앙은 스스로 만든 것인데² 다른 사람이 무슨 관계이겠소? 다만 그 정세는 잠시 제쳐 두고, 병세로 인해 갈수록 지쳐서 위태로운 증상과 악화될 조짐이 겹쳐서 나타나고 있소.

중존仲存(이재성李在誠)마저 엊그제 또다시 가 버리고, 빈 관아에 홀로 누워 곁에는 한 사람도 없으니 이야말로 고기 먹는 정승定僧³이요, 병부兵

---

1. 저를 …… 책망하건   『맹자』 「등문공 하」滕文公下에서 공자가 "나를 알아줄 것도 오직 『춘추』 春秋이며 나를 책망할 것도 오직 『춘추』로다"(知我者其惟春秋乎 罪我者其惟春秋乎)라고 한 데에서 나온 말이다.
2. 이 재앙은 …… 것인데   『서경』 「태갑 중」太甲中에 "하늘이 내린 재앙은 오히려 피할 수 있어도 스스로 만든 재앙은 피할 수가 없다"(天作孽猶可違 自作孽不可逭)고 하였다.
3. 정승定僧   좌선坐禪에 들어간 승려를 이른다.

符를 찬 귀양객[4]이라 이르겠소. 돌아갈 행장行裝을 점검해 보니 다만 가지고 온 하나의 해진 책상자뿐인데, 두어 질의 낡은 서적이 가득 들었고, 책갈피에 두서없이 잔뜩 끼워 넣어진 것은 모두가 앙엽盎葉[5]의 기록이오. 우연히 그 한 조각을 펴 보고 저도 모르게 서글퍼지면서 가슴이 쓰라렸소. 그것은 나이 젊었을 때 눈이 밝아 깨알 같은 글자도 꺼리지 않고 써서 어떤 것은 종이가 나비 날개처럼 얇고 어떤 것은 글자가 파리 대가리만 하게 작았소. 이미 순서도 없이 된 것이라 종당에는 버리고 말 것이니, 비하자면 꿰지 못한 야광주夜光珠요 구멍 없는 강철 바늘인 거요.

바쁘게 지나가는 게 인생이지만 내일은 항상 있었는데, 지금 갑자기 시력이 아득아득 글자 획이 가물가물하여, 잠시 개미 떼가 모였다가 잠깐 사이에 흰 바탕만 남아 보이는 신세가 되고 말았소. 이는 다 내 평생의 경륜을 기록한 것으로 당대當代의 문헌으로 갖추어 둘 만한 것인데, 만약 지금에 이르러 손수 곰곰이 따져 보지 않는다면 다른 사람은 편집할 수 있는 것이 아니오.

이번에 바닷가의 외로운 성읍에 오니 고을도 궁벽하고 일도 적어서 잎이 지고 꽃이 필 때 공무에 겨를이 나면 몇 종의 기서奇書를 거의 엮어 낼 수 있었소. 그런데 지금 이처럼 좌절하고 보니 속절없이 다시 끌고 돌아가는 수밖에는 없소. 좀 오줌, 쥐 똥과 함께 진흙으로 돌아가고 말 것이니, 이것이 상심거리일 뿐, 다른 거야 무엇을 연연하겠소? 이 밖에 공사간公私間에 으레 있는 걱정거리에 대해서는 별로 낭패될 것이 없소.

---

4. **병부兵符를 찬 귀양객**　병부는 군대를 동원할 때 쓰던 부신符信으로, 감사와 병사兵使·수사水使뿐 아니라 수령도 차고 다녔다.

5. **앙엽盎葉**　옛사람들은 농사를 짓다가 떠오르는 생각이 있으면 감나무 잎에다 적어 밭 가운데에 묻어 둔 항아리에 넣었다고 한다. 이를 본떠서, 독서하다가 깨달은 고금의 고거考據와 변증辨證에 관한 내용을 쪽지에 기록하여 모아 두는 것을 말한다. 이덕무李德懋에게 『앙엽기』盎葉記란 저술이 있고, 연암의 『열하일기』에도 「앙엽기」란 편篇이 있다. 『雅亭遺稿』 卷8 附錄 朴趾源撰行狀 『熱河日記』 「盎葉記」 序

대개 도임한 지 겨우 다섯 달밖에 되지 않아 찬지 뜨거운지도 스스로 알지 못하기 때문이오.[6] 그러나 옛 친구에게 염려를 끼치지는 않은 듯하오.[7]

---

6. 찬지 …… 때문이오   원문은 '其爲冷煖 亦不自知'인데, 물을 직접 마셔 본 사람만이 그 물이 찬지 뜨거운지를 안다는 뜻의 '냉난자지'冷暖自知란 말이 있다. 면천에서 군수 노릇을 제대로 해 보지 못했다는 뜻이다.

7. 옛 친구에게 …… 듯하오   충청 감사가 된 옛 친구 한용화가 도내 고을을 잘 다스리려고 애쓰는데, 하관下官으로서 걱정을 끼치지는 않았다는 뜻인 듯하다.

응지에게 답함[1] 2

이번의 시끄러웠던 일은 단지 묵은 병이 객지에서 돌발했던 까닭인데, 잠깐 사이에 도리어 화단禍端을 이루었으니, 재앙이 나로 말미암아 일어난 것이라 뉘를 원망하고 뉘를 허물하겠소?

사가使家(사또. 감사를 가리킴)의 한결같은 고심苦心은 실로 문장을 너무도 사랑한 까닭으로 반드시 언사讞辭가 내 손에서만 나오게 하려는 것이었고, 비직卑職(연암을 가리킴)의 어처구니없는 행동은 결국 불쌍히 여겨 허락해 주리라 경망스레 믿은 때문으로, 돌아온 뒤에 수행했던 아전을 뒤미쳐 잡아가리라고는 생각하지 못한 데 기인한 것이오. 따져 보면 애초에는 교제가 아직도 옅은데 흠모가 지나치게 깊었고, 끝내는 마음이 아직 미덥지 못한 상태에서 의심과 노여움이 마구 생겨났으며, 병이 이미 뜻밖에 생겼으나 대접이 처음만 못했고,[2] 의심한 것은 본심이 아니었지만 연슬淵

---

1. **응지에게 답함**　내용으로 보아, 이 다음에 실린 「응지에게 답함」 직후에 작성된 편지로 판단된다.

2. **병이 …… 못했고**　원문은 '疾旣無妄而權輿不承'인데, 무망無妄은 곧 무망无妄으로, 아무런 까닭이 없이 걸린 뜻밖의 병을 말한다. 『주역』「무망괘」无妄卦 구오九五의 효사爻辭에 "아무런 까닭

膝[3]이 너무도 갑작스러웠던 거요.

저 의서醫書에 이른바 각궁반장角弓反張[4]이 불행히도 이와 가깝다 하겠소. 각궁角弓(무소뿔로 장식한 활)은 굳센 데다 쇠심줄과 부레풀이 새로 되게 엉겨 붙었는데, 힘에 겹게 당기면 시위와 활 끝부분이 한계를 넘어 쥔 손을 미처 놓기도 전에 양쪽 활고자가 먼저 바깥으로 뒤집혀지게 되는 거요.[5] 무릇 위아래가 통하지 않는 것을 바로 관격關格이라 하는데, 의가醫家에서는 뇌腦와 발꿈치가 서로 접근하고, 배와 등이 서로 뒤틀리는 것을 활의 뒤집힘(反張)에 비유한 거지요. 지금의 증세를 살펴보면 어찌 이와 유사한 것이 아니겠소?

어젯밤 관의 하인이 약을 올리다가, 실수하여 떨어뜨려 책상과 자리를 흥건히 적시었소. 만약 이것을 '누가 팔뚝을 당겼거나 팔꿈치를 비틀어서 그리 되었다'고 하자니 곁에 딴 사람이 없었고, '삽시간에 태만해서 그리 되었다'고 하자니 가득 찬 그릇을 조심스럽게 들었을 텐데 그럴 리가 없고, 또 '일부러 발을 헛디뎌 엎질렀다' 하자니 이것은 너무도 그의 본심이 아닐 것이오. 그러나 이미 엎질러진 물이라 다시 담을 수는 없겠으니, 다만 닦아 내어 조촐하게 할 따름이겠지요.

이 없이 걸린 병이니 약을 쓰지 않아도 저절로 낫는 희소식이 있으리라"(无妄之病 勿藥有喜) 하였다. 권여權輿는 처음이란 뜻으로, 『시경』 진풍秦風 「권여」權輿에 "나에게 잘 차린 음식이 가득하더니, 지금은 매 끼니조차 빠듯하네. 아아, 처음과 다르도다"(於我乎 夏屋渠渠 今也每食無餘 于嗟乎 不承權輿)라고 하였다. 이 시는 진秦나라 임금이 선비들을 대우하기를 시종일관하지 못함을 풍자한 노래이다.

3. **연슬淵膝** '고우면 무릎에 앉히고 미우면 못에 떨어뜨린다'(墜淵加膝)는 말로, 좋아하고 싫어하는 마음이 지나치게 변덕스러움을 뜻한다. 『예기』 「단궁 하」檀弓下에서 자사子思가 말하기를, "오늘날의 군주는 사람을 기용하기를 마치 무릎에라도 앉힐 듯이 하고, 사람을 물리치기를 마치 못에 떨어뜨릴 듯이 한다"(今之君子 進人若將加諸膝 退人若將墜諸淵)고 하였다.

4. **각궁반장角弓反張** 온몸이 뻣뻣해지면서 등이 활처럼 뒤로 젖혀지는 증상을 말한다.

5. **양쪽 …… 거요** 활 양끝의 시위를 매게 된 곳을 활고자라 이른다. 원문은 '兩彄先臾'인데, 바깥으로 많이 뒤집히는 활을 유궁臾弓이라 한다.

사직서가 기각됨으로써 또 한 가지 병의 조짐이 더해졌소이다. 이 마음이 조급하고 답답함이 어찌 한이 있겠소? 그러나 관인官印을 내던지고 돌아가는 것은 비단 조정에서 명령을 내려 엄중히 타이를 뿐 아니라, 고과考課가 눈앞에 있으니 어찌 스스로 혐의를 돌아보지 않고 곧바로 발끈 성내어 행동할 수 있겠소?

이울어진 매화가 한 해를 또 전송하는데, 도리어 가시 돋친 말만 하고 있으니 더욱더 저도 모르게 몹시 서글프기만 하오.

응지에게 답함[1] 3

무망无妄의 병[2]과 본의 아닌 의심은 이미 다 지난 일에 속하니 다시금 변명할 필요가 없으나, 이른바 '어느 정도 성의가 부족했다'고 한 것은 자못 이해가 가지 않사외다. 자기를 두남두고 남을 책하는 그 사이에도 역시 할 말은 있소이다.

영문營門(감사)은 주심主審이고 수령守令은 배심陪審이오. 때마저 극심한 추위를 당했는데 주심의 처지에서 한 번도 자리를 만들지 않았으니, 배심을 하자 해도 할 곳이 없었소. 그렇저렁 열흘이 지나게 되니 오래 지체하기가 어려웠기 때문에, 마침내 이아貳衙[3]에서 종일토록 동추同推하여 여러 죄수들이 재차 공초拱招했고 조사의 문안도 갖추어졌으니, 가위 '내

---

1. **응지에게 답함**　내용으로 보아 『연암집』 권2에 수록된 「공주 판관 김응지에게 답함」(答公州判官金應之書)을 쓴 직후에 작성된 편지임이 분명하다. 따라서 그 편지 바로 다음에 수록되어야 마땅한데 편집상의 실수로 현재와 같이 배치된 듯하다.
2. **무망无妄의 병**　254쪽 주2 참조.
3. **이아貳衙**　감영이 있는 고을의 관아를 말한다. 공주公州의 목사牧使는 충청 감사가 겸임하고 판관 1인이 고을 실무를 관장했으므로, 여기서는 김기응이 집무를 보던 공주 관아를 가리킨다.

할 일은 끝났다' 할 수 있소. 영문은 어찌 그리 심문하는 일은 느리면서 판결문 만드는 데는 급하오? 성의가 부족했다는 책망은 반드시 전적으로 이 몸에게만 돌릴 일은 아닌 듯싶소.

이른바 '공격公格(공직에 관한 격식)에 크게 관계된다' 한 것도 역시 할 말이 있소. 대체 막중한 계문啓聞(장계를 올림)을 수령이 하는 거요, 영문이 하는 거요? 더구나 공격이 존재하는 데는 수령된 자로서는 감히 한마디도 사연을 덧붙이지 못할 것 같소. 발미跋尾를 대신 짓는 것도 이것이 어찌 전례前例 있는 공격이겠소? 또 하물며 오너라 하면 오고 돌아가거라 하면 돌아가며 감히 털끝만큼도 어긴 일이 없는데, 도리어 공격을 들어 책망을 하니 자못 이해가 안 가는 일이오.

비록 그렇지만 조사하는 일을 모두 맡겼으며 언사讞辭마저 전담케 했으니 신임이 과연 두터웠다고 하겠고, 이미 명령을 들었으니 글도 마땅히 지었어야 할 터요. 또 그 옥사의 실정에 특별히 의심스러운 것도 없어 초검初檢과 복검의 문안은 실인實因(사망 원인)이 다 같았으며, 전임 관찰사의 제지題旨(판결)가 엄중하고 명확하여 원범은 저절로 상명償命[4]의 죄목에 들게 되어 있소.

지금 이 조사는 바로 사중구생死中求生의 꾀로 그 자식을 시켜 억울함을 호소한 때문인데, 그 억울함을 호소한 한 마디 한 마디가 모두 거짓이니, 다만 그 원사爰辭(진술서)에 대해 조목조목 사실을 남김없이 밝혀 줄 따름이오. 이와 같이 사리를 분명히 한다면 원범의 죄는 더욱 도피할 길이 없을 것이오. 완성된 옥안獄案의 발미도 십여 줄에 지나지 않는 문장인데 내가 무엇이 괴로워 만들지 않겠소?

뜻밖에 밤사이 병이 갑자기 심해져 숨도 쉬기 어려웠소. 요전 편지에 말한 바와 같이, 가슴과 배 사이를 마치 다섯 손가락으로 후벼 파는

---

4. **상명償命**　살인죄로 인해 사형을 받는 것을 말한다.

것 같아서, 온갖 맥이 다 풀어지며 온갖 생각이 모두 식어 버려 객지에 머물기가 한시도 어려웠소.[5]

스스로 생각하건대 나이는 늙고 병은 잦으니 죽을 날이 머지않은 듯한데, 타향의 벼슬살이로 신세가 외로운 중과 같으니 어찌 깜짝 놀라며 스스로 위태로움을 느끼는 마음이 없을 수 있겠소? 이른바 "사람이 한 세상에 사는 것이 덧없기가 먼 길 가는 나그네 같네"(人生一世間 忽如遠行客)[6] 라는 옛 시구詩句가 아마도 헛말이 아니구려. 더더구나 여관의 긴긴 밤에 고향 생각이 무척 괴롭고, 음식도 솜씨가 바뀌고 침석도 전에 눕던 자리가 아니라서, 옛사람의 병주幷州를 그리워하는 정[7]이 아스라이 일어나게 되었던 거요.

형도 또한 사관査官으로서 의견이 나와 대략 동일하니, 발미를 지어내는 일은 다른 사람 손을 빌릴 필요가 없소. 순석旬席(감사가 있는 자리)에서 아뢰고, 곁에 있던 형에게 부탁했던 것은 이 때문이오.

그런데 일이 불행하여 이리저리하다가 이 지경까지 이르렀으니, 다만 입 다물고 피할 따름이지 어찌 홀로 자기 명분만 깨끗이 할 수 있겠소? 지금 이미 행장行裝을 정돈하고 있는데, 돌아갈 시기가 이를지 더딜지도 내 손에 달려 있지 않으니[8] 이것이 괴롭고 답답하오.

---

5. **가슴과······어려웠소**　앞서 보낸 「공주 관관 김응지에게 답함」 중의 일부 구절들을 인용한 것이다.
6. **사람이······같네**　『문선』文選 권29에 실린 고시古詩 19수 중의 제3수에 "사람이 천지 사이에 태어나니 덧없기가 먼 길 가는 나그네 같네"(人生天地間 忽如遠行客)라고 하였다.
7. **병주幷州를 그리워하는 정**　오래 살다 떠나온 타향을 고향처럼 그리워하는 정을 말하는데, 당唐나라 시인 가도賈島의 시 「도상건」渡桑乾에서 유래한 말이다. 그 시에서 가도는 병주에서 10년이나 객지 생활을 하며 항상 고향을 그리워했으나, 갑자기 그곳을 떠나 고향에서 더욱 먼 곳으로 떠나게 되니 병주가 오히려 고향처럼 그리워지노라고 노래하였다. 병주는 중국 고대 12주州의 하나로, 당나라 때에는 산서山西 태원부太原府였다. 여기서는 공주에서 불편하게 지내자니 면천에서 지낼 때가 그리워지더라는 뜻으로 쓴 것이다.
8. **돌아갈······않으니**　감사가 사직서를 받아 주어야만 귀향할 수 있기 때문이다.

응지에게 답함 4

일전에는 공무公務와 사사私事가 너무도 복잡하여 미처 편지를 올리지 못하다가, 막 장리狀吏[1]의 출발 여부를 묻자 잠깐 사이에 벌써 떠나 버렸다 하니 섭섭하고 허전한 마음 그지없었소. 필시 나더러 편지 쓰기에 뜻이 없어서 답장을 생략해 버렸다 생각했을 거요. 급기야 먼저 보내신 짧은 편지를 받아 보니 과연 내 짐작과 같았소. 송구스럽고 부끄러워 견딜 수 없사외다. 이 아우가 어찌 이렇게 졸장부같이 굴겠소? 한 번 뜻대로 안 되었다 해서[2] 멍하니 멍청스레 앉아 공중에 대고 글자나 쓰고 있겠소?[3] 어쩌자고 더욱 사람을 부끄러워 죽게 만드시오?

보름날 아침에 각 고을의 아전들이 포사문布司門[4] 밖에 떼로 모여 얼

---

1. **장리狀吏**　지방 관아들 사이에서 공문을 전달하던 지자持字를 가리키는 듯하다.
2. **한 번 …… 해서**　충청 감사에게 올린 사직서가 받아들여지지 않은 사실을 가리킨다. 『過庭錄』 卷3
3. **공중에 …… 있겠소**　원문은 '咄咄書空耶'인데, 진晉나라 때 중군中軍 은호殷浩가 무능하다 하여 먼 지방으로 쫓겨나자 온종일 "어허! 괴상한 일이로고"(咄咄怪事)라는 네 글자만 공중에 대고 쓰며 지냈다는 고사에서 나온 말로, 크게 실망하거나 유감을 품은 경우를 비유할 때 쓰인다.
4. **포사문布司門**　포정문布政門을 가리키는 듯하다. 감영監營을 명明나라 식으로 포정사布政司라고도 부르며, 영문營門을 포정문이라고도 부른다. 『牧民心書』 「吏典」 束吏

어붙은 붓을 호호 불어 녹이며 어깨를 서로 밀치고 발등을 서로 밟고 서서, 마치 과거 시험장에서 글 제목을 내걸면 응시자들이 베껴 써서 풀이하듯이 수수께끼 같은 말을 서로 외치기를,

"기주冀州의 전부田賦인가?"[5]

"단공亶公이 말을 달려간 곳인가?"[6]

"변자卞子가 상투가 없는가?"[7]

"복씨卜氏가 일一 자를 머리에 얹었는가?"[8]

"정일精一을 잡았느냐?"[9]

"자막子莫이 잡았느냐?"[10]

"어떤 장리臟吏(뇌물을 받거나 횡령한 관리)를 잡았는고?"

하자,

---

5. 기주冀州의 전부田賦인가 고과考課가 상上이냐고 물은 것이다. 『서경』「우공」禹貢에 기주冀州는 "그 부세賦稅가 상상上上인데 간혹 차상次上이 섞였다"(厥賦惟上上錯)고 하였다. 기주는 고대 중국의 구주九州의 하나로 지금의 산서성山西省 전부와 하북성河北省·하남성河南省·요령성遼寧省 일부를 포함하는 지역이다. 전부田賦는 토지에서 생산된 곡물로 바치던 세금을 말하는데, 구등법九等法이라 하여 상상上上에서 하하下下까지 차등을 두었다.

6. 단공亶公이 …… 곳인가 고과가 하下냐고 물은 것이다. 단공은 오랑캐의 침략을 피해 주周나라의 수도를 기산岐山으로 천도한 고공단보古公亶父를 가리킨다. 『시경』 대아大雅 「면」緜에 "고공단보가 이른 새벽에 말을 달려, 서쪽 물가를 따라 기산岐山 아래에 이르셨네"(古公亶父 來朝走馬 率西水滸 至于岐下)라고 하였으므로, 기하岐下의 하下 자를 암시한 것이다.

7. 변자卞子가 상투가 없는가 고과가 하下냐고 물은 것이다. 자子는 남자의 통칭通稱인데 자字 자와 음이 같으므로, 여기서는 변卞 자字를 암시한다. '卞' 자 상단의 점이 없으면 하下 자가 된다.

8. 복씨卜氏가 …… 얹었는가 고과가 하下냐고 물은 것이다. 복卜 자에 일一 자를 가획加劃하면 하下 자가 된다.

9. 정일精一을 잡았느냐 고과가 중中이냐고 물은 것이다. 『서경』「대우모」大禹謨에 "정밀하게 살피고 한결같이 지켜야 진실로 그 중정中正을 잡으리라"(惟精惟一 允執厥中)고 한 데서 나온 말이다.

10. 자막子莫이 잡았느냐 고과가 중中이냐고 물은 것이다. 자막은 노魯나라의 현자賢者인데, 『맹자』「진심 상」盡心上에서 양주楊朱나 묵적墨翟과 달리 "자막은 중도中道를 취했다"(子莫執中)고 하였다.

"수배隨陪를 잡았다네."[11]

라는 대답이 나왔소. 그러자 온 장내가 떠들썩하게 크게 웃으며 말하기를,

"나는 네 원님이 음관蔭官인 줄 아는데, 지금 교묘하게 발사하여 신기하게 맞혔으니[12] 이야말로 활을 잘 쏜다고 이를 만하다. 네 원님은 혹시 찬밥 신세의 무반武班이 아니냐?"

하여, 면천沔川 고을의 이졸吏卒들이 크게 부끄러움을 띠고 돌아왔었더라오.

이 아우는 막 이불을 끼고 식전 미음을 마시다가 이 소리를 듣고 저도 모르게 큰 웃음이 터져 배를 틀어잡고 킥킥거리니 갓끈이 썩은 나무 꺾어지듯 끊어지고, 입에 머금은 밥알이 나는 벌떼같이 튀어나오며, 마치 독한 종기가 한창 심하게 곪았는데 긴 침으로 찔러 터트리니 고름이 튀어 의복은 비록 더러워졌지만 기분만은 갑자기 상쾌한 것과 같았소.

우리나라 속담에 이런 것이 있지요.

'삼정승 사귀려 말고 제 몸 잘 가지라.'

했으니 이는 스스로 힘쓰라는 말이고,

'네 집 쇠뿔이 아니면 우리 집 담장이 왜 무너지나?'

했으니 이는 남을 허물하는 말이고,

'밤에는 흰 것을 밟지 말라. 물 아니면 돌이다.'

했으니 이는 밤길 가는 사람에게 경계한 말이고,

---

11. **수배隨陪를 잡았다네** 고과가 하下라는 뜻이다. 수배는 수령의 시중을 들던 하인을 말한다.

12. **교묘하게 …… 맞혔으니** 원문은 '巧發奇中'인데, 연암에 대한 고과考課 제목題目 중의 표현을 이용한 풍자적 표현이다. 충청 감사 한용화는 연암에 대해 "다스림은 구차스럽지 않으나 병이 간혹 교묘하게 발동한다"(治則不苟 病或巧發)라고 제목을 쓰고 고과를 상上에서 중中으로 깎아내렸다. 이는 자신과 불화한 연암이 병을 이유로 여러 차례 사직서를 올린 것을 불만스럽게 여긴 때문이라 한다. 『過庭錄』 卷3 위의 제목 중의 '교발'巧發을 교묘하게 활을 쏜다는 뜻으로, 고과에서 중中을 받은 것을 과녁을 명중했다는 뜻으로 바꾸어 조롱한 것이다.

'나고 들 때 고개 숙임은 문을 공경해서가 아니다.'

했으니 이는 남과 충돌할까 경고해 주는 것이고,

'주인집에 장醬 떨어지자 손님이 국 마다한다.'

했으니 이는 주객이 모두 편리한 것을 이른 말이오. 형의 충고는 이 몇 가지 속담을 보자면, 나를 어느 방향으로 인도하는 것인지 모르겠소이다.

오늘날의 계책으로는 뒷갈망 잘하는 것이 나으니, 뒷갈망을 잘하자면 그 떠나고 머물기를 잘하는 것이 낫소. 떠나기를 속히 하거나 머물기를 오래 하기를 비록 감히 성인聖人의 시중時中[13]에 견주지는 못하지만, 또한 어찌 허겁지겁 떠나 버림으로써 더욱 남의 비웃음을 사서야 되겠소?

---

13. 성인聖人의 시중時中   공자가 때의 변화에 맞추어 합당하게 처신한 것을 말한다. 『맹자』 「만장 하」萬章下에서 "떠나기를 속히 할 만하면 속히 하고, 오래 있을 만하면 오래 있고, 머무를 만하면 머무르며, 벼슬할 만하면 벼슬을 한 분이 공자이다"(可以速則速 可以久則久 可以處則處 可以仕則仕 孔子也)라고 하면서 공자를 '시중의 성인'(聖之時者)이라고 칭송하였다.

응지에게 보냄

현재 사직할 만한 사정과 질병 외에도 더욱더 절박한 슬픔이 있으니, 선산先山을 면례緬禮하는 일[1]이오. 이전부터 계획하기는 한두 번이 아니었으나, 일은 크고 힘은 모자라서 어렵게 여기고 신중히 하다 보니 그렁저렁 30년 넘게 지체되었소. 언제고 두려운 건 일찍 죽게 되어[2] 이 일이 곧 중지되고 마는 것이오.

영남 고을에서 돌아온 이래로 역량이 대략 모여져서, 몇 해 동안 벼르고 벼른 것이 지난가을로 정해져 있었소. 그래서 이장移葬할 때 쓰는 도구도 갖추어졌고 날짜도 잡아 놓았는데, 갑자기 이렇게 남쪽으로 오게 되니, 실로 낭패가 되었던 거요. 더더구나 이 몸의 나이가 환갑이 넘었으

1. **선산先山을 면례緬禮하는 일**　연암은 1767년에 별세한 부친의 장지葬地 문제로 녹천鹿川 이유李濡(1645~1721)의 후손가와 소송이 빚어지자 상소를 올리기까지 했으나, 남과 원한을 맺고 싶지 않아 부친의 유해를 딴 곳에 임시 매장한 뒤 장차 길지吉地를 얻어 이장할 계획을 줄곧 품고 있었다. 『過庭錄』 卷1
2. **일찍 죽게 되어**　원문은 '溘先朝露'인데, 아침 이슬보다도 빠르게 사라진다는 뜻으로 일찍 죽는 것을 의미한다.

니 앞길이 매우 바쁜데 지금 또 직함에 얽매여 세월을 끈다면, 비단 풍수지리에서는 꺼리는 것도 많을 뿐만 아니라 길한 해를 만나기가 어려우며, 빈 산에 치표置標만 해 두면 남에게 뺏기기가 쉽소. 지난날 감사께서 이 간곡한 심정을 깊이 마음 아파하시어, 새해가 되기를 조금 기다려 말미를 청하겠노라고 하니 면전에서 틀림없이 승낙을 하셨소. 그런데 지금 이와 같이 인정상으로나 도리상으로나 위급하게 되었으니, 말미를 청하는 일은 감히 다시 논할 문제가 아니오. 내심 서로 버티다가 앉아서 절기만 놓쳤으니, 사람된 도리뿐만 아니라 사체事體에도 손상이 가고 말았소.

바라건대 이 사정을 들어 감사에게 낱낱이 자세히 아뢰어, 그만두고 돌아가는 길을 빨리 만들어 주는 것이 어떻겠소? 이만 줄이오.

이중존李仲存[1]에게 답함 1

편지에서 알려 준 어떤 사람의 말에 대해서는 한 번 웃음을 터뜨릴 만하오. 속담에 '중 꿈꾸고 문둥이 되었다'는 말이 있는데, 이는 무엇을 이름이냐 하면, 중은 절에 살고, 절은 산에 있고, 산에는 옻나무가 있고, 옻의 독기는 사람을 문둥이처럼 만들므로, 꿈에 서로 연결되어 나타난 때문이오. 내가 예전에 중국에 들어갔었는데,[2] 중국은 현재 되놈이 웅거하고 있는 곳이 되었소. 나는 일찍이 그들과 더불어 함께 놀고 자고 술 마시고 밥 먹곤 하였으니, 꿈속에서 중을 본 것과 같을 정도만이 아니었소. 그러기에 세상 사람들이 나더러 '문둥이'라 해도 이상히 여길 것이 없소.

1. **이중존李仲存**　　중존은 이재성李在誠(1751~1809)의 자이다. 이재성은 계양군桂陽君(세종世宗의 둘째 아들)의 후손으로 호를 지계芝溪라고 하였다. 연암의 처남이자 평생지기였으며, 이서구·이덕무·박제가 등과도 절친하여 북학파北學派의 일원으로 볼 수 있는 인물이다. 연천淵泉 홍석주洪奭周 형제에게 글을 가르쳤다. 노년에 진사進士 급제 후 능참봉을 지냈을 뿐이고, 문집으로 『지계집』芝溪集 7권이 있다고 하나 현재 전하지 않는다.
2. **내가 …… 들어갔었는데**　　정조 4년(1780) 진하 별사進賀別使의 일원으로 중국에 다녀온 사실을 가리킨다. 당시 연암은 열하熱河에서는 윤가전尹嘉銓·왕민호王民皞 등과, 북경에서는 초팽령初彭齡·유세기兪世琦 등 청나라 문사들과 두루 사귀었다.

파피리를 불고 대말을 타고 놀던 옛날의 동무[3]들로 늙도록 서로 허물없이 지내는 사이끼리, 침관寢冠[4]을 놀려 대어 털모자(氈帽)[5]라 하고 해어진 털배자를 비웃어 전구氈裘[6]라 하지만 이는 어찌 참으로 붉은 실로 된 고깔[7]을 쓰고 말굽형 소매[8]의 옷을 입어서겠소? 대개 되놈이라 하여 비웃으면 아이들도 부끄러이 여기는 바이기 때문에 비슷한 사물을 끌어들여 서로 농담한 것이니, 마치 함께 목욕하면서 벌거벗었다고 희롱하는 격이라, 누가 그 말에 성을 내겠소? 수십 년의 길고 긴 세월을 거쳐 오는 동안 옛날의 떼 지어 노닐던 친구들이 거의 다 죽어 아무리 하룻밤 우스갯소리를 하고 싶어도 불가능하니 어찌 슬프지 않겠소!

그런데 지금 평소에 전혀 모르던 사람이 갑자기 '되놈의 의복'이란 따위의 말로 곧장 남에게 덮어씌우는 것도 안 될 일인데, 더구나 글로 만들어서 욕지거리를 늘어놓는단 말이오?[9] 정신 이상으로 실성한 사람이 아닌 바에야 어찌하여 하루아침에 제 스스로 되놈이 되어 남의 비웃음과 욕을 받겠소? 상식으로 따져 보아도 거의 이치에 가깝지 않은 일이 아니

---

3. **파피리를 …… 동무**　　원문은 '葱篠舊交'인데, 총소葱篠는 총적葱笛과 소참篠驂, 즉 파의 잎으로 만든 피리와 대나무로 만든 말(竹馬)을 가리킨다.

4. **침관寢冠**　　잠잘 때에 쓰는 모자를 말한다. 이덕무의 『이목구심서』耳目口心書에 "옛날에는 잠잘 때에 이미 침의寢衣가 있었으니 응당 침관寢冠이 있었을 터이다. 그런데 지금은 두풍頭風을 앓는 사람에게만 침관이 있다"고 하였다. 『青莊館全書』卷53 「耳目口心書 6」

5. **털모자(氈帽)**　　당시에 털모자를 청나라에서 대량 수입해 썼다. 『연암집』권2 「김 우상에게 축하하는 편지」(賀金右相書)의 '별지'別紙 참조.

6. **전구氈裘**　　북방 오랑캐들이 입던, 털과 가죽으로 된 옷을 말한다.

7. **붉은 실로 된 고깔**　　청나라 때 남자의 예모禮帽는 모정帽頂의 중간 부분을 붉은 실로 짠 모위帽緯로 장식하였다.

8. **말굽형 소매**　　청나라 때 남자 예복의 말굽형 소매인 마제수馬蹄袖를 가리킨다.

9. **그런데 …… 말이오**　　안의 현감 시절에 연암이 고을을 잘 다스린다는 명성이 자자해지자 이를 시기한 함양 군수 윤광석尹光碩이, 연암이 가끔 옛 의복인 학창의鶴氅衣를 입어 보곤 한 사실을 과장·왜곡하여 '되놈의 의복을 입고 백성들을 대한다'(胡服臨民)는 설을 지어내어 서울에 전파하였다고 한다. 『過庭錄』卷2

겠소? 하인들도 보기가 부끄러울 지경인데, 더더구나 아전과 백성을 거느리는 자리에 부끄러워하는 낯짝을 하고 있겠소? 그자가 지어낸 말이 몹시도 조잡하여 비록 길에서 노는 아이들이나 저자의 심부름꾼들[10]이라도 누가 다시 믿겠소? 한 번 웃어 넘기고 말 일이오.

바라건대 우리 집 아이들에게 훈계하여 결코 남들에게 이러니저러니 변명을 말라 함이 어떻겠소? 설령 오유선생烏有先生[11]의 성명을 묻는 자가 있다 해도 얼굴이 해맑고 눈썹이 또렷한 사람[12]이라고 대답하면 될 거요.

---

10. **길에서 …… 심부름꾼들**　원문은 '街童市卒'인데, 시졸市卒은 원래 시문市門의 문지기를 가리키는 말이나, 여기서는 식견이 가장 부족한 사람을 뜻하는 아동주졸兒童走卒, 가동주졸街童走卒이란 성어와 같은 뜻으로 쓴 것으로 보았다.

11. **오유선생烏有先生**　한漢나라 사마상여司馬相如의 「자허부」子虛賦에 나오는 허구적인 인물을 말한다. 어디에도 존재하지 않는 사람이란 뜻으로, 여기서는 '되놈의 의복'을 입었다는 사람을 가리킨다.

12. **얼굴이 …… 사람**　한나라 대장군 곽광霍光은 훤칠한 키에 얼굴이 해맑고 눈썹이 또렷하며 멋진 수염을 지녔다고 한다. 『연암집』 권5 「대호에게 답함」(答大瓠) 참조. 여기서는 '되놈의 의복'을 입은 것으로 의심받은 연암 자신의 용모를 농담으로 곽광에 비겨 말한 것이다.

이중존에게 답함 2

세상 사람들이 하도 바쁜 탓인지 남의 말을 흐리멍덩하게 듣고, 전하는 말도 어물어물하니 이 때문에 근일 말하는 자들이 더욱 조리가 없게 되는 것이오. 나는 자세히 말을 할 터인데, 그대 역시 너무 길게 끈다고 싫증 냄이 없을는지요.

내가 처음 영남 고을에 부임했을 때, 용소龍沼에서 비를 빌게 되어, 유 선생劉先生 – 이름은 처일處一이다. – 이라는 이가 축관祝官으로 와서 용소 위에 있는 절에서 재齋를 지냈는데, 수염과 눈썹이 하얗고 의복이 예스럽고 특이해 보였지요. 그래서

"선생이 입고 계신 것이 무슨 의복입니까?"

하고 물었더니, 대답이

"학창의鶴氅衣입니다."

하더군요. 이는 대개 벼슬아치의 사복을 '창의'氅衣라 칭하므로 '학'鶴 자하나를 더 얹어 그와 구별하게 한 것이오. 그 제도는 옷깃은 모나고 양섶은 곧으며, 흰 바탕에 검은 선(純) – 음은 '준'準이다. – 을 둘렀으며, 세 자락이 옆으로 터지고 양 옷깃이 맞닿아서 몹시 점잖아 보이더군요. 그래

서 내가 그에게 이렇게 말했소.

"선생은 부디 산에는 놀러 가지 마시오."

그가 그 까닭을 묻기에, 나는 웃으며 말했지요.

"예전에 밤에 모였던 때가 기억나는데, 좌중에 조경암趙敬庵[1] – 이름은 연귀衍龜이다. – 이라는 이가 있었으니 옛것을 좋아하여 성실히 실행하는 사람이었소. 그가 일찍이 두 학동을 거느리고 구월산九月山을 노닐면서 치관緇冠[2]을 쓰고 심의深衣[3]를 입고 다녔는데, 산성山城의 별장別將이 졸개 두어 명을 거느리고 뒤를 밟았던 거요.

조趙는 사뭇 그런 줄도 모르고 제자를 돌아보며 말하기를 '이 산 이름이 구월산인데 본래 이름은 아사달산阿斯達山[4]이다' 했더라오. 그러자 성장城將이 별안간 호통을 치며 '과연 오랑캐(兀良哈)[5]로다!' 하며 좌우에게 눈짓을 주어 포박을 하려 드는 것이었소. 조는 성을 내며 '너는 어찌 남을 되놈이라 욕하느냐?' 하니, 성장 역시 꾸짖으며 '네가 되놈 옷을 입고 되놈 말을 하니 되놈이 아니고 무엇이냐?' 하였소. 조는 하도 다급하여 정

---

1. **조경암趙敬庵**　조연귀趙衍龜는 자가 경구景九, 호가 경암敬庵이며, 본관은 배천(白川)이다. 임배후林配垕·이희경李喜經·이덕무·박제가 등과 교분이 깊었다. 『靑莊館全書』卷19 雅亭遺稿 11 書 5 「趙敬庵」『貞蕤詩集』卷1 「戲倣王漁洋歲暮懷人詩六十首」편저로 『위학지방도』爲學之方圖가 있으며, 이에 대한 연암의 발문이 『연암집』권3에 수록되어 있다. 조연귀가 유창의를 입고 유람 다니다가 봉변당할 뻔한 일화는 이덕무의 『사소절』士小節 제1 「사전」士典 1 복식조服食條에도 소개되어 있다. 단 구월산九月山이 수양산首陽山으로 되어 있다.
2. **치관緇冠**　선비들이 평상시에 쓰는 검은 베로 만든 관을 이른다.
3. **심의深衣**　상의와 하상下裳이 연결된 옷으로 대개 흰 베로 만들고 가장자리를 검은 선으로 둘렀다. 주자朱子가 『가례』家禮에서 천거한 이래로 조선 시대 유학자 간에 이를 숭상하여 착용하게 되었으며, 그 제도에 대한 변증辨證이 이어져 왔다.
4. **아사달산阿斯達山**　황해도 구월산은 옛날 단군이 수도를 이곳으로 옮기고 수천 년간 나라를 다스렸다고 하며, 옛 이름을 아사달산이라 하였다. 고려 시대 이래 여진족女眞族의 침입을 막기 위해 돌로 산성을 쌓고 별장別將을 두었다.
5. **오랑캐(兀良哈)**　'兀良介'로도 표기하며, 오랑해鳥梁海라고도 부른다. 명明나라 때 몽골 동부와 조선의 두만강 일대에 살던 여진女眞 오랑캐를 가리킨다.

수리를 드러내 보이며 '너는 언제 상투 지닌 오랑캐를 본 적이 있느냐?'라 했소.

　잠시 후에 절 중이 와서 알아보고 '이분은 여주驪州 조 생원趙生員이오'하자, 성장은 그래도 의심이 안 풀려 중에게 당부하기를 '이 손님은 밥도 주지 말고 산 밖으로 내쫓아라' 했더라오. 그래서 지금도 그 일을 생각하면 등에서 땀이 난다고 하여, 온 좌중이 모두 크게 웃었더라오.

　나는 조에게 말하기를 '군자란 평상시에 말도 조심하고 행동도 삼가는 법이오. 사마온공司馬溫公이 심의를 증정했어도 소강절邵康節은 늘 입지는 않았으니[6] 이 어찌 평상시에 행동을 삼가는 군자가 아니겠소?' 하니, 조의 말이 '그렇다마다요. 내가 한참 곤욕을 볼 때에 머리털이 있어 덕을 보았소. 지금처럼 연로하여 대머리였더라면 무엇으로써 해명했겠소?' 하여 온 좌중이 더욱 크게 웃으며 그칠 줄을 몰랐다오. 지금 선생이 입고 있는 그 의복도 성장에게 의심 살 것이 아니겠소?"

　유劉 역시 크게 웃고 나서는, 두려워하는 기색으로 말하기를,

　"이 옷은 우리 고장 임갈천林葛川과 노옥계盧玉溪[7]가 물려준 제도입니다. 감히 묻자온대 성주城主(사또)께서 입고 계신 것은 무슨 의복입니까?"

---

6. 사마온공司馬溫公이 …… 않았으니 　사마온공은 송宋나라 때 온국공溫國公에 봉해진 사마광司馬光을, 소강절邵康節은 강절康節이란 시호를 받은 소옹邵雍을 말한다. 사마광은 『예기』에 의거해서 심의深衣를 만들어 입어 보곤 했는데, 소옹에게도 이를 입기를 권한 적이 있었다. 그러자 소옹은 "나는 지금 사람이니 지금 사람의 옷을 입어야 합니다"라고 하니, 사마광이 그 말이 이치에 맞음을 탄복했다고 한다. 『宋名臣言行錄』 外集 卷5

7. 임갈천林葛川과 노옥계盧玉溪 　갈천葛川은 임훈林薰(1500~1584)의 호이고, 옥계玉溪는 노진盧禛(1518~1578)의 호이다. 임훈은 생원시 급제 후 참봉을 거처 목사까지 지냈으나 주로 고향에 은거했으며 효행으로 정려旌閭를 받았다. 사후에 이조 판서에 추증되고 효간孝簡이란 시호를 받았으며, 안의安義의 용문서원龍門書院에 제향되었다. 노진은 문과 급제 후 현달하여 판서까지 지냈고 청백리로서 선정을 베풀었다. 기대승奇大升·김인후金麟厚 등과 교분이 깊었으며, 효행으로 정려를 받았다. 문효文孝라는 시호를 받았고 함양咸陽의 당주서원溏洲書院 등에 제향되었다.

하기에,

　　"이 역시 이른바 창의라는 거요."

라고 대답했지요. 그러자 유는 말하기를,

　　"명칭과 실상이 다 근거가 없습니다. 새 깃을 갈라서 옷을 만든 것을 창氅이라 이르는데, 창이란 본래 학의 날개로, 그 날개를 펴면 까만 선을 두른 것 같으니[8] 이른바 호의현상縞衣玄裳[9]이란 것이 이것이요, 옛날의 의복이란 검은 선을 두르지 않은 것이 없습니다. 그래서 창의라 이름 지은 것이지요. 그런데 지금 이른바 창의라는 것은 선을 둘러 가장자리를 구별하지 않고 소매는 중의 장삼 같으며, 더구나 옷깃을 여미는 부분(督袖)이 항상 열려 있고 현무玄武[10]는 엄정하지 않지 않습니까? 이는 단지 습속으로 그렇게 된 것뿐이니, 옛사람의 눈으로 본다면 성장의 의혹을 사지 않을 자가 거의 없을 것입니다."

하고 나서, 곁에 있던 통인通引을 가리키며 강개한 어조로 말하였소.

　　"총각이란 관을 아직 쓰지 않은 동자의 호칭이니 이른바 '총각관혜'總角丱兮[11]가 이것이지요. 그런데 지금 땋은 머리가 발뒤꿈치까지 드리워져도 오히려 총각이라고 이르면 되겠습니까? 아이를 가르침이 바르지 못하고 명칭과 의리가 모두 어긋났으니, 이 역시 등솔이 터진 창의와 무엇이

---

8. **까만 …… 같으니**　원문은 '如玄緣'인데, 승계문고본과 연세대 소장 필사본에는 '如玄端'으로 되어 있다. 현단玄端은 고대 중국의 예복의 일종으로, 역시 옷 가장자리를 까만 선으로 둘렀다. 『居家雜服攷』「外服圖」玄端

9. **호의현상縞衣玄裳**　흰 비단 상의와 검은색 치마를 입었다는 뜻으로, 학鶴의 모습을 형용할 때 자주 쓰는 표현이다.

10. **현무玄武**　관冠의 검은색으로 된 테두리 장식을 말한다. 『예기』「옥조」玉藻에 "흰 비단 관에 검은 테두리 장식을 한 것은 상중喪中의 자손들이 쓰는 관이다"(縞冠玄武 子姓之冠)라고 하였다.

11. **총각관혜總角丱兮**　『시경』제풍齊風「보전」甫田에, "예쁘고 아름다워라 머리털을 묶어 쌍상투를 틀었네. 얼마 안 있다 만나 보면 불쑥 관을 쓰고 있으리"(婉兮孌兮 總角丱兮 未幾見兮 突而弁兮)라 하였다.

다르겠습니까? 그러므로 우리 고장의 정동계鄭桐溪[12]가 물러나 산중에서 살적에 그 밑에 있는 동자들은 모두 땋은 머리를 풀어 쌍상투로 틀어 올렸지요. 이것은 혐의[13]에서 벗어나고자 한 때문이었습니다."

얼마 뒤에 우리 일가 두어 사람들이 삼동三洞[14]에 놀러 가기 위하여 기생과 악공樂工을 빌려 달라 하기에, 나는 사절하며,

"그대들이 지금 찾아가는 그 산 전체가 바로 기생인걸요."

했더니, 모두 놀라며 어째서냐고 물었소. 나는 웃으며,

"적상산赤裳山[15]이 아니요."

하였소. 그리고 농 삼아 앞에서 한 말을 들려주며, 함부로 산에 놀러 가지 말라고 당부하면서,

"이 고을에는 어진 이가 많소이다."

하였더니, 그 손들이 발끈하여 일어나면서,

"백성으로서 제 원님이 되놈 옷 입었다고 조롱하는 법이 어디 있소?"

합디다.

그 뒤 이웃 고을 원님들 4, 5명이 모였을 때, 영남 풍속이 거세어 원 노릇하기 어려움을 근심하였지요. 그때 누군가가,

"되놈 옷과 심의에 대한 풍설이란 무엇을 말하는가?"

---

12. **정동계鄭桐溪**　동계桐溪는 정온鄭蘊(1569~1641)의 호이다. 정온은 정인홍鄭仁弘의 문인으로, 광해군 때 폐모론廢母論에 반대하다 유배되었으나 인조반정 이후 중용되었다. 병자호란 때 척화斥和를 주장했으며 그 이후 관직을 버리고 덕유산德裕山에 은거하다 죽었다. 문간文簡이란 시호가 내렸으며, 함양의 남계서원藍溪書院 등에 제향되었다. 그의 생가가 현재 거창군居昌郡에 보존되어 있다.
13. **혐의**　조선 시대 동자들의 땋은 머리는 원元나라의 지배를 받은 고려 시대에 몽골의 변발辮髮 풍습을 모방한 것이라는 의심을 받고 오랑캐의 풍습이라 비판되었던 사실을 말한다.
14. **삼동三洞**　안의삼동安義三洞이라 하여 안의현의 명승지인 세 곳의 동천洞天, 즉 화림동花林洞·심진동尋眞洞·원학동猿鶴洞을 말한다.
15. **적상산赤裳山**　전라도 무주茂朱에 있는 산으로 경상도 안의에서 가까운데, 가을 단풍이 여인네의 붉은 치마처럼 아름답다고 하여 그와 같은 이름이 붙여졌다고 한다.

하고 묻기에, 나는

"이는 잘못 전해진 말이오. 그런데 또 어디서 들었소?"

했더니, 대답이

"그대 집안의 족형族兄과 친분이 있어 근간에 찾아갔더니, 이상한 소
문을 파다하게 전해 줍디다."

하는 것이었소.

아! 그 전하는 말이 비록 몹시 해괴했지만 굳이 변명할 가치도 없었
소. 게다가 쟁반에 담은 음식이 계속 들어오고 거문고와 노래가 다투어
연주되었으므로 그 곡절을 자세히 알지도 못했고, 남들도 자세히 들으려
고 하지도 않았지요. 이때 큰 눈이 갓 개고 초승달이 누르스름하여, 서로
손을 잡고 동산에 들어가서 뭇 기생을 시켜 촛불을 잡히고 수만 그루의
긴 대나무를 구경하였지요. 그 김에 부러진 대나무 가지를 다투어 주워
서 술을 덥히고 고기를 구우니, 좌우에서 대나무 토막 터지는 소리가 대
포처럼 번갈아 터져 나오고, 갈대숲 까마귀와 산비둘기가 날개가 얼어붙
어 어지러이 떨어졌소.

술이 얼큰하자 서로 바라보며 말을 주고받기를,

"음산陰山에서 밤사냥할 제 초라함을 면치 못해,[16] 초피 갖옷은 낡아
빠져 뒤가 터진 것은 여전한데, 비파 소리 쓸쓸하고 줄 퉁기는 손가락은
추위로 떨어져 나갈 듯하네."

하였지요. 한바탕 웃음과 해학이 흐드러졌으니 모두 다 한때 즐거움을
얻자는 것이었는데, 농담거리가 굴러다니다가 남을 해치게 될 줄[17] 누가

16. **음산陰山에서 …… 못해** 음산은 내몽골 이남에서 내흥안령內興安嶺에 이르는 일대의 산들을
일긴는다. 이 대목은 흉노匈奴 정벌에서 패한 죄로 서민으로 강등되어 재야에서 사냥을 하며 지
냈던 한漢나라 장군 이광李廣의 불우한 시절을 소재로 한 듯하다.
17. **농담거리가 …… 줄** 원문은 '善謔之轉而爲虐'인데, 『시경』 위풍衛風 「기욱」淇奧에서 "농담을
잘하시되 남을 해치지 않도다"(善戱謔兮 不爲虐兮)라고 한 데서 나온 말이다. '선학'善謔은 농담을
잘한다는 뜻과 함께, 농담거리라는 뜻으로도 쓰인다.

알았겠소? 그대는 어찌 잊었소? 밤에 말 탄 이교吏校 수십 명을 거느리고 눈 속에 한껏 사냥을 했다는 말들은 모두 이런 따위가 번복되어 구실로 된 것임을 말이오. 그대는 전에 나를 위해 변명해 주지 않았소? 매란 밤에 풀어놓는 동물이 아니고, 산협山峽 고을 이교들이 어디로부터 그 많은 마필馬匹을 얻을 수 있겠느냐고 말이오.

이중존에게 답함[1] 3

그네들이 떠들어 대는 '오랑캐의 칭호를 쓴 원고'(虜號之藁)란 무엇을 가리
킨 것인지 알 수 없소. 연호年號를 말한 것이오, 지명地名을 말한 것이오?
이 책은 잡다한 여행 기록에 불과한 것이라, 있건 없건 잘 되었건 못 되
었건 간에 본래 세도世道와는 관계가 없는 것이거늘, 애초부터 어찌 춘추
대의春秋大義에 견주어 논한 적이 있었으리오? 그런데 지금 갑자기 어떤
사람이 나타나 현자賢者에게 완전무결함을 요구하듯이 한다면[2] 이는 지나
친 일이오.

1. **이중존에게 답함**   연암이 안의현에서 '되놈의 의복을 입고 백성들을 대한다'(胡服臨民)는 설
이 서울로 전파되자, 여기에 가세하여 연암과 경쟁 관계에 있던 문인 유한준兪漢寯이 『열하일기』
의 문체로 인해 연암이 정조正祖의 견책을 받은 것을 기화로 『열하일기』에 대해 '오랑캐의 칭호
를 쓴 원고'(虜號之稿)라고 비방하는 여론을 선동하였다고 한다. 그리하여 1798년에서 1799년 사
이에 '호복임민'胡服臨民과 '노호지고'虜號之稿라는 비방이 번갈아 일어나 큰일이 날 뻔했으나, 연
암은 남들에게 해명한 적이 없었으며 오직 이재성에게 보낸 이 편지에서만 그 같은 비방을 초래
한 연유를 밝혔을 뿐이라고 한다. 『過庭錄』 卷2
2. **현자賢者에게 …… 한다면**   『신당서』新唐書 권2 「태종본기」太宗本紀의 찬贊에 "『춘추』春秋의
필법筆法은 항상 현자賢者에게 완전무결함을 요구하는 법이다"라고 하였다.

아! 청나라의 연호가 천하에 처음 시행되었을 때 우리나라의 선정先正[3]이 고신告身(임명장)에다 쓰지 말아 달라 청한 일이 있었고, 사대부 집안의 묘에 비碑를 새겨서 세울 적에도 '숭정崇禎 기원후紀元後'[4]라 추가하여 쓴 사례도 있기는 하오. 그러나 공사公私 문서에 이르러서는 청나라 연호 사용을 피하지 못할 경우가 있었으니, 이는 대개 부득이한 까닭이오. 그러므로 토지나 가옥이란 자손에게 물려주고 싶어 아니하는 사람이 없을 테지만 그 증서를 만들 때 당대의 연호를 갖추어 쓰지 아니하면 매매가 성립이 되지 않는 법이오. 세상에서 유독 춘추대의를 엄수하는 자는 장차 이 가옥에 오랑캐의 칭호가 붙었다 하여 그곳에 살지도 않으며, 이 토지에 오랑캐의 칭호가 붙었다 하여 거기서 수확되는 곡식으로는 밥도 지어 먹지 않을 것인지 나는 모르겠소.

나는 예전에 멀리 중국을 유람했을 적에 그 노정, 숙박지, 날씨, 일시에 대하여 기록하지 않을 수 없었소. 그러므로 압록강을 건너던 날부터 첫머리에서 범례를 만들어 '후삼경자'後三庚子라 했고, 다시 스스로 해설을 붙이기를,

"어째서 '후'後라 칭했는가? 숭정 기원후라는 뜻이다. 어째서 '삼'三이라 했는가? 기원후 세 번째 돌아온 경자년庚子年이라는 뜻이다. 숭정이란 연호는 어째서 숨겼는가? 장차 압록강을 건너게 된 때문이다."

하였소.[5] 그러고 나서 붓을 던지고 허허 웃으며,

3. **선정先正**　　선대先代의 어진 신하를 이른다. 『효종실록』 즉위년 8월 23일 조에 응교應教 조빈趙贇이 정축년(1637) 이래 종묘의 축문祝文과 조신朝臣의 고신告身에 연월年月만 쓰고 일절 연호를 쓰지 않은 관례를 들어 인조仁祖의 옥책玉冊과 지석誌石에도 연호를 쓰지 말도록 상소하자 영돈녕부사 김상헌金尙憲이 이를 지지하는 의견을 올린 사실을 두고 말한 듯하다.
4. **숭정崇禎 기원후紀元後**　　숭정은 명나라의 마지막 황제인 의종毅宗의 연호로 1628년부터 1644년까지 사용되었다. 그런데 조선에서는 존명배청尊明排淸 사상에 따라 명나라가 망한 뒤에도 청나라의 연호를 쓰지 않고 '숭정'이란 연호를 그대로 썼다.

"옛날에는 피리춘추皮裏春秋[6]가 있더니, 지금은 곽외공양鄹外公羊[7]이 되었 구나."

했었소. 이는 미상불 『공양전』의 문체를 구차스레 빌린 것을 스스로 슬 퍼한 것이지요.

그러나 만약 날씨의 기록 위에다 반드시 대서특서大書特書하여 '춘春 황정월皇正月'[8]이라 한다면 진실로 아니되기 때문에, 불가불 말해야 할 경 우에는 왕왕 강희康熙[9]라 건륭乾隆[10]이라 써서 그 시대를 구별했던 것인데, 도리어 역사서의 기준으로 질책한다면 어찌 황당하지 않겠소? 이는 과연 그 원고를 보지도 않고서 억지로 말을 만든 것이오. 반드시 '되놈 오랑캐 황제'라 배척해야만 비로소 춘추대의를 엄수하는 것이 된단 말이오?

또 만약 오랑캐 땅이라 부끄럽다고 해서 책에다 '열하'熱河라는 이름 을 붙여서는 안 된다고 한다면 이는 더욱 당황스러운 일이지요. 고대 중 원中原의 제후국들이 불행히도 오랑캐에게 먹힌 적은 비단 오늘날에만 그

---

5. 다시 …… 하였소　『열하일기』「도강록」渡江錄의 서문序文에 나오는 대목을 거의 그대로 인용 한 것이다. 『춘추공양전』春秋公羊傳은 『춘추』의 기사에 대해 자문자답의 형식으로 해설한 것이 한 특징인데, 연암은 그 독특한 문체를 본떠서, 『열하일기』「도강록」의 첫머리에 "후삼경자"後三 庚子라고 연도를 기록한 이유를 해설하였다.

6. 피리춘추皮裏春秋　속으로 감춘 『춘추』라는 말로, 겉으로는 아무 말도 하지 않으면서 마음속 으로 평론評論하는 것을 이른다. 진晉나라 강제康帝의 장인인 저보褚裒가 젊은 시절에 오만하고 고상한 기풍을 지녀 "속에 『춘추』를 감추었다"는 칭송을 들었다고 한다. 『晉書』卷93「褚裒傳」

7. 곽외공양鄹外公羊　거죽으로 드러난 『공양전』이란 말로, 『공양전』의 문체를 본뜬 것을 스스 로 풍자한 것이다.

8. 춘春 황정월皇正月　『춘추』에서는 노魯나라의 역사를 기록하면서 일 년의 첫 달을 반드시 '춘春 왕정월王正月'이라 적어 주周나라 왕실의 역법曆法을 따르고 있음을 나타냈다. 연암이 중국 여행을 한 조선 후기 당시는 청나라 황실의 역법을 따랐으므로, 『춘추』의 필법을 준수하자면 '춘 春 황정월皇正月'이라 적어야 한다는 뜻이다.

9. 강희康熙　청나라 성조聖祖의 연호로 1662년부터 1722년까지 사용되었다.

10. 건륭乾隆　청나라 고종高宗의 연호로 1736년부터 1795년까지 사용되었다.

런 것이 아니었소. 그렇다면 장차 모두 다 오랑캐로 여겨서 그 지명들을 책 이름으로 삼지 말아야 된단 말이오? 순舜임금은 동이東夷 지역 사람이고, 문왕文王은 서이西夷 지역 사람이었소.[11] 오늘날 『춘추』를 배우는 자를 따르자면 장차 순임금과 문왕을 위하여 그 출생지를 기어이 숨겨야 한다는 말이오?

『춘추』란 중화를 존숭하고 오랑캐를 배척한 책임에는 틀림없지요. 그렇지만 공자도 일찍이 구이九夷 지역에 살고 싶다고 했소.[12] 지금의 도道를 따르는 사람이라면,[13] 성인이 무엇 때문에 그가 배척하는 땅에 살고 싶어 했겠소? 이와 같은 사람이 『춘추』를 배운다면, 장차 호전胡傳[14]은 되놈 호胡 자가 들었다고 폐기해 버리고 익히지 않을 것인가요? 나를 알아줄지 나를 책망할지 시비를 가려 줄 사람이 응당 있을 터요.[15]

대저 나는 과거를 폐한 것이 자못 일렀던 까닭에 마음이 여유롭고

11. **순舜임금은 …… 사람이었소**　『맹자』「이루 하」離婁下에 "순임금은 저풍諸馮에서 태어나서 부하負夏로 옮겨 갔다가 명조鳴條에서 돌아가셨으니 동이東夷 지역 사람이다. 문왕은 기주岐周에서 태어나서 필영畢郢에서 돌아가셨으니 서이西夷 지역 사람이다"라고 하였다.

12. **공자도 …… 했소**　『논어』「자한」子罕에, 공자가 구이九夷 지역에 살고 싶다고 하자 어떤 이가 "누추한 곳에 어떻게 사시렵니까?" 물었다. 이에 공자가 "군자가 살게 된다면 무엇이 누추하겠는가" 하였다. 구이는 동이東夷를 가리킨다. 동이에 9종이 있으므로 구이라고 한다.

13. **지금의 …… 사람이라면**　『맹자』「고자 하」告子下에서 지금의 이른바 훌륭한 신하란 부국강병만 추구하고 임금이 왕도王道와 인정仁政을 지향하게 하지 않으니 옛날의 이른바 백성을 해치는 도적이라고 비판하면서, 이와 같이 "지금의 도를 따르고 지금의 습속을 고치지 않으면, 비록 천하를 준들 하루도 편히 지내지 못할 것이다"(由今之道 無變今之俗 雖與之天下 不能一朝居也)라고 하였다. 그러므로 『맹자』의 원래 문맥에서 '지금의 도'는 패도覇道 정치를 가리키지만, 여기서는 시대착오적인 존명배청尊明排淸 사상을 가리키는 것으로 보아야 할 것이다.

14. **호전胡傳**　송宋나라 때 호안국胡安國(1074~1138)이 지은 『춘추호씨전』春秋胡氏傳을 말한다. 『좌전』左傳·『공양전』公羊傳·『곡량전』穀梁傳과 함께 『춘추』 4전傳의 하나로, 원元·명明의 주자학파에 의해 존숭되었다.

15. **나를 …… 터요**　『맹자』「등문공 하」滕文公下에서 공자가 "나를 알아줄 것도 오직 『춘추』이며 나를 책망할 것도 오직 『춘추』로다"라고 한 말을 이용하여, 『열하일기』에 대해 '오랑캐의 칭호를 쓴 원고'라고 한 비방이 근거 없음을 주장한 것이다.

활달하여, 속세를 벗어나 유유자적하면서 숙원을 이루기를 바랐던 거요. 때문에 멀리로는 목은牧隱[16]을 사모하고 가까이로는 노가재老稼齋[17]를 본받아, 말채찍 하나에 단출한 보따리로 만 리 길을 나섰던 것이오. 다만 생각하건대, 신분은 비록 백도白徒[18]이지만 명색은 유생儒生이라, 역관도 아니요 의원도 아니어서 행동하기 불편하였고, 몰래 갔다 몰래 와도 호칭만은 가리기가 어려웠으니, 진실로 몸을 단정히 갖는 군자로서 따진다면 스스로 마음속에 부끄럽지 않은 적이 없었소.

매양 이른 새벽에 말고삐를 잡고 나서면 마음속으로 독백하기를,

'용문龍門의 장유壯遊[19]가 무슨 대단한 일인가? 묵자墨子는 조가朝歌에서 수레를 돌렸단 말[20]을 듣지도 못하였는가?'

하다가, 이윽고 고운 아침 해가 붉은빛을 펼치며 요동遼東 벌을 가득 채우면 공중에 솟아 밝게 빛나는 탑[21]이 아스라이 말 머리를 맞아 주고, 수

---

16. **목은牧隱**　이색李穡(1328~1396)의 호이다. 이색은 1348년(충목왕 4)에 원元나라의 국자감國子監에 들어가 성리학을 연구하였고, 1353년에는 서장관書狀官이 되어 원나라에 가는 등 여러 차례 원나라를 드나들며 그곳에서 학문을 연구하고 여러 관직을 역임하였다.

17. **노가재老稼齋**　김창업金昌業(1658~1721)의 호이다. 김창업은 1712년(숙종 38)에 큰형 김창집金昌集이 사은사로 청나라에 갈 때 따라갔으며 연행록燕行錄을 남겼다.

18. **백도白徒**　벼슬하지 못한 유생이나, 훈련을 받지 못한 채 징집된 병졸을 뜻하는데, 여기서는 후자의 뜻으로 썼다. 연암은 정사正使 박명원朴明源을 수행하는 자제군관子弟軍官이란 신분으로 연행에 참여하였다.

19. **용문龍門의 장유壯遊**　용문은 사마천司馬遷을 말한다. 그의 고향이 섬서성陝西省 한성현韓城縣 부근에 있으며 등용문登龍門의 고사로 유명한 용문이었다. 사마천은 20세부터 수년간 역사 유적을 탐방하기 위한 큰 뜻을 품고 오늘날의 호북湖北·호남湖南·절강浙江·산동山東·안휘安徽·하남河南 등 각 성省에 걸치는 광대한 지역들을 여행하였다. 『史記』 卷70 「太史公自序」

20. **묵자墨子는 …… 말**　증자曾子는 지극한 효자였기 때문에 승모勝母라는 마을의 이름을 꺼려 그곳에 들어가지 않았고, 묵자는 음악을 좋아하지 않기 때문에 조가朝歌라는 고을의 이름을 꺼려 그곳에서 수레를 돌렸다고 한다. 『淮南子』 卷16 「說山訓」 소신을 지키기 위해 사소한 행동도 근신한 경우를 말한다. 또한 조가는 은殷나라의 폭군 주왕紂王이 세운 도읍지이기도 하다. 이 대목은 춘추대의를 엄격히 지키자면 오랑캐 황제가 통치하는 중국 땅을 아예 여행하지도 말아야 할 것이라는 취지로 말한 것이다.

은빛 안개가 나무숲에 자욱하며[22] 황금빛 기와지붕은 구름 속에 솟아났었소.

나는 이 가운데에서 왼편으로 푸른 바다를 돌고 오른편으로 태항산太行山[23]을 끼고 가고 또 갔었소. 마음과 안목이 날로 새로워지니 예전의 보잘것없던 포부를 비웃게 되고, 아울러 이 기상이 호연浩然해짐을 깨달았던 거요. 마침내 만리장성을 벗어나 북으로 대막大漠[24]에 다다랐소. 이것이 바로 열하까지 여행하게 된 연유요.

귀국한 뒤에는 물의物議라곤 조금도 있지 않았으며, 도리어 나의 이 여행을 부러워하는 자까지 있었소. 산중살이가 심심하고 지루해서 묵혀 둔 원고들을 모아 몇 권의 책자를 편성하였으니[25] 이것이 바로 『열하일기』를 짓게 된 연유요.

안 본 것 없이 다 살펴보아[26] 하나도 놓친 사물이 없다고 자부했으나, 문자로 옮겨 놓은 것은 구우일모九牛一毛에 지나지 않고, 필치도 쇠퇴하고 말았소. 잠이 깬 뒤 베개 고이고 읽어 보니 당초 여행에 나설 때의 마음과는 너무도 멀어졌소.

지난 발자취를 돌이켜 생각하면 구름도 물도 모두 사라지고, 이따금

---

21. **공중에 …… 탑**　요동의 백탑白塔을 말한다. 이 탑은 구요양舊遼陽 교외에 있는 13층 벽돌탑으로, 요遼나라 이후 건조된 것으로 추정되며 만주滿洲 동부에서 가장 크고 높은 탑이다. 『열하일기』 「도강록」에 '요동백탑기'遼東白塔記가 있다.

22. **수은빛 …… 자욱하며**　『열하일기』 「성경잡지」盛京雜識 7월 13일자 기사에, 새벽의 짙은 안개로 인해 요동 벌이 '수은 바다'(水銀海)처럼 보인다고 묘사하였다.

23. **태항산太行山**　산서성山西省과 하북성河北省 사이에 뻗어 있는 거대한 산맥이다.

24. **대막大漠**　내몽골과 외몽골의 경계를 이루는 고비사막을 말한다.

25. **산중살이가 …… 편성하였으니**　중국 여행을 마친 연암은 황해도 금천군 연암협燕巖峽으로 되돌아가 『열하일기』의 저술에 전념했다. 현재 전하는 『열하일기』는 「도강록」 이하 모두 25권으로 이루어져 있다.

26. **안 …… 살펴보아**　원문은 '燃犀之觀'인데, 진晉나라 때 온교溫嶠가 무소뿔을 태워 물속을 비추어 보았더니 괴물들이 모조리 정체를 드러냈다는 고사에서 나온 말이다. 『異苑』 卷7

낡은 초고를 펴 보면 우수마발牛溲馬勃[27]이 함께 나타나니, 스스로 즐길 것
도 못 되는데 누가 다시 보아 주겠소? 더욱이 중간에는 우환과 초상[28]으
로 간수해 둘 겨를조차 없었고, 또 벼슬길에 나선 이후로는 더욱더 유실
되어, 겨우 그 이름만 남아 있었으니 도올檮杌과 같은 가증스러운 존재가
되고 말았소.[29] 이것이 이른바 '오랑캐의 칭호를 쓴 원고'라는 거지요.

기나긴 20년 사이에 초록蕉鹿의 갈무리를 한바탕의 꿈으로 치부한 지
오래였는데,[30] 시호市虎의 선전[31]이 갑자기 또 날개를 달았으니 이 어찌 지
나친 일이 아니겠소?

그대는 나를 대신하여 지금 『춘추』를 배우는 이들에게 말 좀 해 주
지 않겠소? 왜 나를 이렇게 책하지 않느냐고 말이오.

"그대가 전번에 유람한 곳은 바로 삼대三代[32] 이래의 성스럽고 영명하

---

27. 우수마발牛溲馬勃　　　우수는 질경이(車前草)의 별명이고 마발은 담자균류擔子菌類에 속하는 식
물로, 매우 흔해 빠지고 값싼 약재이다. 그러나 훌륭한 의사는 이런 것들도 빠뜨리지 않고 함께
거두어 두었다가 나중에 활용하는 법이다. 韓愈, 『進學解』 여기서는 『열하일기』가 별 쓸모없는
내용으로 되어 있다고 겸손하게 표현한 것이다.

28. 우환과 초상　　　1787년 처 전주 이씨全州李氏와 형 박희원朴喜源이 사망하고, 그 이듬해에는
일가족이 전염병에 걸려 맏며느리 덕수 이씨德水李氏가 사망하고 맏아들 종의宗儀도 죽다 살아났
다. 『過庭錄』 卷1

29. 도올檮杌과 …… 말았소　　　도올은 전설 속의 가증스러운 악수惡獸인데, 초楚나라에서 악을 징
계하기 위해 이로써 국사國史의 이름을 삼았다고 한다. 초나라의 국사인 『도올』 역시 이름만 전
하고 내용은 전하지 않는다.

30. 초록蕉鹿의 …… 오래였는데　　　정鄭나라 사람이 들에서 나무를 하다가 우연히 사슴을 때려잡
은 다음 아무도 보지 못하게 땔나무로 덮어 갈무리를 해 두었는데, 나중에 갈무리 해 둔 곳을
찾지 못하자 꿈을 꾼 것이라 생각하고 더 이상 찾지 않았다고 한다. 『列子』 「周穆王」 『열하일
기』를 쓴 사실조차 잊어버렸다는 뜻이다.

31. 시호市虎의 선전　　　시장에는 호랑이가 없는 것이 분명한데도 호랑이가 나타났다고 한두 사
람이 말할 때에는 믿지 않다가 세 사람이 말하게 되면 믿게 된다는 것이니, 참소하는 자가 많으
면 믿게 된다는 뜻이다. 『韓非子』 「內儲說上」

32. 삼대三代　　　중국 역사에서 이상적인 시대로 숭상하는 하夏·상商·주周의 세 왕조 시대를 가
리킨다.

신 제왕들과 한漢·당唐·송宋·명明이 영토로 삼은 땅이오. 지금 비록 불행하여 되놈들이 차지하기는 했지만, 그 성곽과 궁실과 인민들은 물론 그대로 남아 있고, 정덕正德·이용利用·후생厚生[33]의 도구들도 물론 그대로 있고, 최崔·노盧·왕王·사謝의 명문 씨족들도 물론 그대로 있고, 관關·낙洛·민건閩建의 학문[34]도 물론 사라지지 않았소. 저 되놈들이 진실로 중국이란 땅을 손아귀에 집어넣으면 이만큼 이익이 많다는 것을 알기 때문에 빼앗아 차지하기에 이른 것이오.[35]

그렇다면 그대는 왜, 예로부터 본래 지녀 온 훌륭한 법과 아름다운 제도, 중국의 존숭할 만한 관례와 업적을 모조리 터득해 가지고, 돌아와서는 책자로 모조리 저술하여 온 나라에 쓰이게 하지 않소? 그대는 이런 일은 아니 하고서 한갓 조공을 바치는 사신만 따라다녔단 말이오? 지금 그 기술한 내용은 모두 잡다하고 실속 없는 말로서, 한때 방랑한 자취에 불과하니 이것을 가지고 어떻게 남에게 자랑할 만하다 한단 말이오? 단지 스스로 의지만 상실하고 덕만 손상할 따름이오."

이런다면 듣는 사람이 어찌 등골이 써늘하고 입이 벌어지며 부끄럼을 못 견디어 죽고 싶지 않겠소?

제후들을 끌어다가 다른 제후를 쳤기 때문에 『춘추』가 지어진 것인

---

33. 정덕正德·이용利用·후생厚生　　『서경』「대우모」大禹謨에 나오는 말로, 삼사三事라고 하여 국정國政의 세 가지 중대사를 이른다. '정덕'은 백성들의 도덕을 바르게 하는 것, '이용'은 백성들이 일상생활에서 기구나 재화를 편리하게 사용하는 것, '후생'은 옷과 음식 등으로 백성들의 복지를 돌보는 것을 뜻한다.

34. 관關 …… 학문　　'관'은 관중關中의 장재張載, '낙'洛은 낙양洛陽의 정호程顥와 정이程頤 형제, '민건'閩建은 복건福建의 주희朱熹를 지칭한 것으로, 송대 성리학을 통칭한 것이다.

35. 그대가 …… 것이오　　『열하일기』「일신수필」馹汛隨筆 7월 15일자에서 중국 제일 장관론中國第一壯觀論을 피력하면서 한 말을 거의 그대로 인용하였다. 『연암집』 권1 「회우록서」會友錄序나, 권7 「북학의서」北學議序에도 비슷한 내용이 보인다.

데,[36] 지금 갑자기 어떤 사람이 나타나서 『춘추』를 끌어다가 남을 욕하는 자료로 삼는다면 되겠소? 『춘추』가 어찌 겉으로 꾸민 언동만으로 되는 것인지[37] 나는 모르겠소이다.

36. 제후들을 …… 것인데　『맹자』「고자 하」告子下에 "오패五覇란 제후들을 끌어다가 다른 제후를 친 자들이다. 그러므로 오패란 삼왕三王의 죄인이다"라고 하였다. 제 환공齊桓公 등 춘추 시대의 5대 패자覇者들은 주周나라 천자의 명을 받지 않고 제멋대로 정벌을 일삼았으므로, 『춘추』는 이를 징계하기 위해 저술되었다는 뜻이다.

37. 어찌 …… 것인지　원문은 '豈可以聲音笑貌爲哉'인데, 『맹자』「이루 상」離婁上에 나오는 구절이다. "공손함과 검소함은 어찌 부드러운 말씨와 웃는 낯빛을 한다고 해서 되는 것이랴"라고 하였다. 여기서는 춘추대의가 가식적인 언동만으로는 실현될 수 없다는 뜻을 나타내기 위해 인용한 것이다.

진정賑政에 대해 순찰사巡察使에게 답함[1] 1

편지로 지시하신 일은 받들어 잘 살폈습니다. 무릇 구휼 정책에 있어서 가장 공명정대한 원칙으로는 공진公賑보다 나은 것이 없지만, 공곡公穀(관곡)이 나뉘어 사진私賑으로 되는 것이 근자의 관례입니다. 그러나 공진과 사진, 명분과 실상 사이에는 모두 크게 황공하고 크게 불편한 점들이 남아 있습니다.

굶주리는 가구를 선정할 때 아무리 줄인다고 해도 매번 부풀린다는 의심을 받게 되고, 목초牧草를 부지런히 구했을 뿐인데[2] 도리어 남상濫觴의

---

1. **진정賑政에 …… 답함**   연암은 충청도 면천沔川의 군수로 재임 중이던 1799년 봄 흉년으로 인해 구휼 정책을 실시했는데, 역시 경상도 안의 고을에서 이미 행했던 예에 따라 사진私賑으로 시행했다고 한다. 『過庭錄』 卷3 이 글은 당시 충청 감사 이태영李泰永이 면천군에 공진公賑을 시행하려고 하자 이를 사양하고 사진을 시행하겠노라고 하면서 감사에게 허락을 청한 편지이다.

2. **목초牧草를 …… 뿐인데**   『맹자』「공손추 하」公孫丑下에서 맹자가 흉년에 굶주린 백성을 제대로 구제하지 못한 제齊나라 대부 공거심孔距心에게 "지금 남에게서 소와 양을 받아 대신해서 기르는 자가 있다면, 그는 반드시 목지牧地와 목초牧草를 구할 것이다. 목지와 목초를 구하나 얻지 못하면 소와 양을 그 사람에게 돌려줄 것인가? 아니면 소와 양이 죽어 가는 것을 서서 볼 것인가?" 하고 질책하니, 공거심이 자신의 죄를 깨닫고 뉘우쳤다고 한다. 여기서는 백성들에 대한 구휼 사업을 부지런히 했다는 뜻이다.

혐의[3]를 받게 됩니다. 이 때문에 굶주린 가구 숫자가 많이 줄어들어 굶어 죽어 가는 자를 구휼할 수 없게 되고, 곡량斛量을 줄여도 이를 잘 살피지 못해 곡식의 품질이 좋기 어려우니,[4] 이것이 공진을 시행할 때 고려해야 할 점입니다.

명색은 사진이라 해도 실상은 공곡에 의지하게 되면, 의심과 염려가 가일층 깊어지는 동시에 관리와 단속도 더욱 까다로울 것이니, 대개 명분과 실상이 맞지 않고 공과 사는 거리가 있기 때문입니다. 이것이 사진을 급작스레 논의할 수는 없는 점입니다.

이른바 '스스로 비축하여 급한 일을 막는다'는 것은 더욱 성실치 못한 것이 되니,[5] 만약 말을 세내고 소를 고용하여 자기 농장의 곡식을 실어온 것이 아니라면 장차 어느 곳에서 그 많은 곡식을 스스로 비축할 수 있겠습니까? 앞서 입본立本하고 남은 액수를 취한 것[6]도 흔히 담당자에게

3. 남상濫觴의 혐의   남상은 술잔에 넘칠 정도의 적은 물, 또는 술잔을 띄울 정도의 적은 물이라는 뜻이다. 공자가 화려한 복장을 하고 오만한 낯빛을 한 제자 자로子路를 나무라면서 양자강揚子江도 그 시원始源은 남상에 불과하다고 했다는 고사에서 나온 말이다. 『荀子』「子道」여기서는 분수에 넘치는 짓을 한다는 혐의를 뜻한다.

4. 곡량斛量을 …… 어려우니   휘(斛)로 곡식의 분량을 재는 것을 곡량이라 한다. 진휼미賑恤米를 나누어 줄 때 알곡만이 아니라 껍질이나 쭉정이와 겨 따위를 섞어서 곡량을 하는 경우를 지적한 것이다. 『牧民心書』「賑荒」設施

5. 이른바 …… 되니   수령이 흉년에 대비하여 스스로 비축한 곡식을 자비곡自備穀이라 부른다. 『목민심서』에서는 수령이 자비곡으로써 사진을 실시했다고 허위 과장 보고하지 말아야 한다고 하면서, "수령에게 어찌 스스로 비축한 곡식이 있겠는가? 만약 제 집 식량을 운반해 오거나 자기 농장의 곡식을 실어 온 것이 아니라면, 모두 이 고을에서 나온 것이다. 진짜로 월봉月俸에서 덜어 냈다 해도 '자비곡'이라 이름 붙이기에는 부족한데, 하물며 교묘히 스스로 요령껏 환곡을 매매하고 함부로 세금을 가혹하게 거두어서는 외람되어 '자비곡'이라 일컬어 임금을 속이니, 어찌 큰 죄가 아니겠는가"라고 하였다. 『牧民心書』「賑荒」竣事

6. 앞서 …… 것   입본은 장부상의 환곡의 숫자를 채우는 것을 말한다. 환곡을 운영하면서 지역별 또는 계절별 곡가穀價 차이를 이용하여, 쌀값이 비싼 지역에, 또는 쌀값이 비쌀 때 환곡을 팔아 돈으로 만들어 두었다가, 그 돈의 일부만으로써 쌀값이 싼 지역에서, 또는 쌀값이 쌀 때 쌀을 도로 사들여 환곡의 숫자를 채우고, 남는 돈을 딴 데 돌려쓰는 수법을 말한다.

발각되어 수의繡衣(암행어사)나 도백道伯(관찰사)의 조사가 물밀듯이 먼저 미처 오니 어느 누가 감히 범하겠습니까? 원납전願納錢을 도로 돌려줄 것과 권분勸分[7]을 엄금할 것은 신구新舊의 법령이 명백히 선포되어 있으나, 이 두어 가지 방법을 제외하고는 곡식을 갖출 길이 없으니 그 형세가 그럴 수밖에 없습니다.

단지 연름捐廩[8]하는 한 가지 일만이 가장 폐단이 없는 것입니다. 왜냐하면 이는 관에서 쓰는 것이라 명분도 바를 뿐더러 본시 이 땅에서 나온 것이니, 이 땅에서 나온 것으로써 스스로 자신의 백성을 구휼하는 것은 바로 내 직책이기 때문입니다. 그러나 이 역시 마음에 개운치 않은 점이 있습니다. 남 보기에는 명예를 구하는 것같이 되고, 물자를 실로 다 나누어 주기는 어렵기 때문입니다.

그러기에 오늘날 지방관이 된 자는 안팎 곱사등이가 한 몸에 모인 형편입니다. 지난번에 여러 고을에 감결甘結[9]을 돌려서 물으신 데 대해, 어디로 정할지 몰라 우선 중론을 따르겠다고 아뢴 것도 이 때문이었습니다. 하찮은 이 몸은 절하節下(순찰사)의 처분을 바랄 뿐입니다만, 그래도 역시 그 일이 크게 잘 풀리리라고는 감히 스스로 보증하지 못하겠습니다. 왜냐하면 우심읍尤甚邑으로 등급을 분류한 곳을 지차읍之次邑으로 옮겨다 놓고, 만이晩移[10]를 표재俵災 대상에서 억지로 절반만 인정한 것이 지금 이미 증명되었기 때문입니다.[11] 그러나 '앞으로 백성 구제에 있어서는 우심

7. **권분勸分** 수령이 기민 구제의 명목으로 자기 관하의 부자들에게 곡식을 바치도록 권유하는 것을 이른다.
8. **연름捐廩** 공적인 일을 위하여 관리들이 녹봉의 일부를 덜어 내어서 보태는 일을 이른다.
9. **감결甘結** 상급 관청에서 하급 관청에 내리는 공문을 이른다.
10. **만이晩移** 만이앙晩移秧이라고도 하며 모내기가 늦어 재해를 입은 경우를 말한다.
11. **우심읍尤甚邑으로 …… 때문입니다** 흉년을 만난 고을의 원이 감사에게 재해災害를 보고하면, 감사는 재해의 정도가 심한 순서대로 각 고을을 우심尤甚·지차之次·초실稍實로 등급을 관정한 뒤, 조정에 보고하여 조세 감면 대상으로 배정받은 급재결수給災結數를 다시 각 고을에 할당하는

읍으로 시행하고, 굶주린 가구에 대한 구호물자는 넉넉한 쪽으로 나누어 지급하라'고 신신당부하는 편지를 하사하시니 이를 금석金石과 같이 받들고 있습니다만, 어찌 마음속으로 요량한 바야 없겠습니까?

그러기에 이미 지난여름 유월 초열흘께부터 가만히 비상 대비책을 마련하여, 영문營門에서 수고스럽게 공곡을 분배하도록 괴롭히지 않으려고 했으니 이것이 본래 의도한 바였습니다. 그런데 여전히 오래도록 서성대며 확실히 정규定規를 마련하지 못한 것은, 바로 굶주린 가구의 수효를 우선 미리 예측하기 어렵고, 정조正租[12]를 판매하는 일을 아직도 손을 대지 못한 때문이었습니다.

대저 기근을 구제하는 정책에서 굶주린 가구를 선정하는 것보다 더 어려운 일이 없으니, 이 어찌 이교吏校나 면강面綱[13]이 가가호호 방문한다 하여 그 실정을 파악할 수 있겠습니까? 강보에 싸인 갓난아기는 자지 않으면 우는데, 무슨 말을 할 줄 안다고 그 사연을 전달할 수 있겠습니까? 무슨 의지가 있다고 그 소원을 전달할 수 있겠습니까? 그 소리만 듣고도 젖을 줄 줄 아는 것은 오직 자애로운 어미만이 그렇게 할 수 있는 것입니다. 그 가슴만 쓰다듬어도 울음을 뚝 그치게 하니, 이는 반드시 먹여 줄 것을 지니고 있기 때문입니다. 그러므로 따스하게 쓰다듬고 부드럽게 다독거리는 것은 그로써 체득하자는 것이요, 가만히 기다리고 몰래 듣는 것은 그로써 때를 맞추자는 것이니, 이 어찌 이웃집 사람이나 길 가는 사람이 할 수 있는 일이겠습니까?

지금 영문에 서약을 올리노니, 굶주린 가구 선정을 물을 필요도 없

데 이를 표재俵災라 한다. 고을 원이 감사에게 보고할 때 흔히 재해를 과장하기 때문에 감사는 이를 감안하여 등급을 낮추어 판정하고 급재결수를 삭감하는 것이 관례였다. 당시 연암은 안의현의 극심한 재해를 실상대로 보고했으나, 감사가 '우심' 판정 대신 '지차'로 강등하고 '만이'를 표재 대상에서 절반 삭감하는 조치를 내렸던 듯하다.

12. **정조正租**   정규의 조세로 받은 벼를 이른다.
13. **면강面綱**   면임面任과 집강執綱을 이른다. 지금의 면장과 이장에 해당한다.

고, 공곡이라 이름한 것은 줄 필요도 없고, 열흘마다 으레 보고하는 일을 요구할 필요도 없고, 구휼을 감시하는 감영의 비장神將을 보낼 필요도 없고, 사또가 순찰할 때 왕림하실 필요도 없고, 황해도의 좁쌀을 나누어 줄 필요도 없습니다. 백성을 따뜻하게 사랑하는 이 늙은 수령에게 이 4천 호의 많은 남녀를 맡기고 잊어 주신다면, 노둔함을 스스로 채찍질하여 위로는 백성에 대한 근심을 분담하게 하신 임금의 지극한 뜻과 아래로는 먹여 주기를 기다리는 민심을 거의 저버리지 않을 수 있을 것입니다.

만약 구휼 사업이 효과가 없고 정상적인 법식에 어긋나는 일이 있다면, 생각하건대 환히 비추어 보시는 사또의 눈을 벗어날 길이 없을 터이니, 또한 어찌 감히 제멋대로 옛날의 정분만 믿고서 자신을 용서할 수 있겠습니까? 결국 사진私賑으로 정하오니, 뒤에 기록한 쪽지도 아울러 보아 주심이 어떠하옵니까?

진정에 대해 순찰사에게 답함 2

추수하는 날에 살펴본바 굶주린 가구가 이웃 고을보다 조금 적었으니, 진실로 처음에는 생각조차 못 했던 일이었습니다. 굶주린 가구를 선정할 즈음에 이르자 그중 혈기왕성한 젊은이들은 "가을에 이미 보리를 파종했으니 색갈이를 받아 농사짓는 것이 소원입니다" 하고, 나무를 해다 파는 자들은 "짚신 삼는 자도 있습니다" 하고, 길쌈하는 자는 "삯방아 찧는 자도 있습니다" 하며 사양하기에, 소원에 따라 책자를 만드니[1] 심히 다투는 일이 없었습니다. 대개 지난가을 서리가 아주 늦게 내려 대신 파종한 곡식도 꽤 많이 그 결실을 먹을 수 있었고, 타작을 끝낸 뒤로도 일기가 매우 온난하여 모두 다 가을갈이를 잘했습니다. 그래서 지금 그럭저럭 지낼 뿐 아니라 앞으로 살아 나가는 것도 믿을 데가 없지 않기 때문입니다. 게다가 소를 사육하는 집이나 술장사로 살아가는 부류들은 애당초 기록에 넣지 않았으므로, 지금 하문下問하시면서 굶주린 가구를 선정한 것이 너무 깐깐하지 않느냐고 도리어 염려하신 것도 당연한 일로 생각됩니다.

1. **책자를 만드니**　굶주린 가구를 선정하여 그 명단을 책자로 만들었다는 뜻이다.

오늘에야 두 번째 순회하여 진곡賑穀을 나누어 주었는데, 아직 억울하게 누락되었다고 와서 호소하는 자가 없으니 무엇보다 다행입니다. 그렇지 않다면 경계庚癸의 외침²이 날마다 관청 뜰에 가득 차서, 장차 간후乾餱의 허물³을 벗어나지 못할 것입니다. 다만 한탄스러운 것은 위로는 국가의 정책을 빛나게 함이 없고 아래로는 힘들게 농사일을 하지도 않으며, 풍년 들어 즐거운 해에도 태평시대를 글로써 화려하게 꾸미지도 못하면서, 한번 흉년만 만났다 하면 자기 생계만 도모하는 자들이 어찌 그리 많은가 하는 점입니다.

백 가마니의 곡식을 보조해 주신다니 어찌 극진하신 염려에 감격하지 않으오리까? 다만 생각하건대 전번에 마련한 것이 풍족하다고 말할 것은 못 되지만, 지난번에 하감下鑑하신 편지의 뒤에 기록한 정도면 될 듯합니다. 앞으로 추가로 들 것이 아무리 많다 하더라도 이 숫자에까지는 이르지 않을 듯합니다. 관청 뜰 앞의 조제租堤가 비록 상商나라 도읍의 조제糟堤에는 못 미치지만⁴ 오히려 망오리望五里 정도는 됨직하니, 망오리는 바로 망우리忘憂里입니다.⁵

2. **경계庚癸의 외침** 본디 군대의 은어隱語로 군량軍糧을 달라는 뜻이다. 경庚은 서방西方으로, 곡식을 주관하고, 계癸는 북방으로, 물을 주관하기 때문이다. 『春秋左氏傳』「哀公」13年 여기서는 굶주린 백성들이 양식을 달라고 호소하는 것을 이른다.
3. **간후乾餱의 허물** 간후는 말린 밥을 말하며, 하찮은 먹을 것 때문에 생긴 허물을 이른다. 『시경』소아小雅「벌목」伐木에, "사람들이 덕을 잃는 것은 말린 밥 때문에 생긴 허물이다"(民之失德乾餱以愆) 하였다. 여기서는 진곡을 서로 먼저 타려고 하다가 친한 사람들끼리 사이가 나빠지는 것을 말한다.
4. **관청 …… 미치지만** 조제租堤는 벼가 둑처럼 많이 쌓였다는 뜻이다. 조제糟堤는 술지게미가 둑처럼 많이 쌓였다는 뜻이다. 비슷한 말로 조구糟丘라고도 한다. 『태공육도』太公六韜에 의하면, 상商나라의 폭군 주紂는 도읍에 '술로 채운 못'(酒池)을 만들고 '술지게미로 된 언덕'(糟丘)을 따라 배를 돌리니 소처럼 몸을 수그려 술을 마시는 자가 3천 명이나 되었다고 한다. 이는 하夏나라의 폭군 걸桀의 고사와 흡사한데, 걸 역시 술로 못을 만드니 배가 다닐 만했으며 '술지게미로 된 언덕이 족히 십 리까지 바라다보였다'(糟丘足以望十里)고 한다. 『韓詩外傳』卷4
5. **망오리는 바로 망우리忘憂里입니다** 발음이 비슷한 어구語句를 이용한 해학적 표현이다. 기민 구제를 위한 벼가 오 리나 길게 쌓여 있으니 곧 근심을 잊은 마을이라는 뜻이다.

뿐만 아니라 벼를 이무移貿[6]하고 남은 밑천이 아직도 오백 냥이 있다는 것은 아전이나 백성들이 모두 알고 있는 바입니다. 이것은 스스로 비축한 것도 아니요, 그렇다고 사유물도 아닌, 바로 관에서 사용하는 것인즉, 호칭은 비록 다를망정 백성에게서 나온 것은 마찬가지이니 어느 것인들 공곡公穀이 아니겠습니까? '비용을 절약하여 비축이 있다' 한다면 옳거니와, 만약 제 주머닛돈과 같이 보면서 스스로 비축한 것이 있는 양한다면 그런 조치를 취한 본뜻이 전혀 아닙니다. 하물며 분수에 넘치는 구휼 물자를 추가로 많이 주어 이미 마음이 안정된 백성들이 구차스럽게 요행을 바라도록 한단 말입니까? 전날 체가帖加[7]를 돌려보낸 것도 바로 이 때문입니다. 다시 바라건대 백 가마니의 곡식을 보조해 주신다는 조치를 특별히 중지하여 이 몸의 하찮은 포부나마 펴게 함으로써 직분을 다할 수 있게 함이 어떠하신지요?

---

6. 이무移貿　　지역별 곡가穀價 차이를 이용하여 환곡을 사고 팔아 차액을 챙기는 것을 말한다.
7. 체가帖加　　벼슬을 주면서 정식 발령은 내지 않고 임명장인 체지帖紙만 주는 체가자帖加資의 준말로, 공명첩空名帖을 이른다.

순찰사에게 올림¹

지난번에 본군 범천면泛川面² 주민 김필군金必軍이 바친 책자를 영문營門에 보고한 일이 있었는데, 이 일로써 병영兵營이 노발대발하여 심지어 그 죄를 형리刑吏에게 전가한 일까지 있었으니 너무도 불안스럽습니다.

　김가는 본시 천주교도의 한 사람으로 지난겨울 동안에 집을 비우고 도망 중이었습니다. 금년 9월 중에 그자의 호戶가 속한 오가통五家統³ 내의 주민 중에서 김가가 도로 제집에서 지내고 있다고 고발했으므로, 우선 늦춰 주어 그가 안착하기를 조금 기다렸다가, 색갈이를 독촉하는 창졸倉卒⁴을 시켜 부르면서 패자牌子⁵도 쓰지 않고 관차官差⁶도 시키지 않은 것은,

---

1. **순찰사에게 올림**　　1798년경 연암이 면천 군내의 자수한 천주교도 김필군金必軍을 선처한 일로 병영兵營과 마찰을 빚고, 당시 충청 감사 한용화韓用和에게 병영의 처사를 항의하며 사의를 표명한 편지이다. 그다음의 편지(「순찰사에게 답함 1」)도 한용화에게 답한 편지이다.
2. **범천면泛川面**　　지금의 당진군唐津郡 우강면牛江面이다.
3. **오가통五家統**　　다섯 가구(五戶)를 한 단위로 묶어 통統이라 하고, 통마다 우두머리를 두어 관할 호구의 동태를 파악·감시하고 수상한 자를 관에 고발하게 한 제도를 말한다.
4. **창졸倉卒**　　환곡 창고를 지키는 군졸을 이른다.
5. **패자牌子**　　존귀한 신분의 사람이 비천한 신분의 사람에게 써서, 서리나 노복을 시켜 보내는 편지를 이른다. 패지牌旨라고도 한다.

그 뜻이 실로 알 듯 모를 듯 긴가민가하는 사이에 처리하자는 것이었습니다.

그런데 그자가 과연 크게 의구심을 내어 즉시 와서 현신現身하고, 소매 속에 든 책자를 바치며 아울러 소지所志까지 올려, 자수하여 죄를 면하는 거리로 삼고자 하였습니다. 그자는 본시 어리석고 무식한 자라 책자가 있건 없건 본시 염려할 것이 없으며, 더구나 제가 이미 자진해서 바친 이상 기왕지사를 추궁하여 바야흐로 고쳐먹으려는 마음을 저해할 필요가 없었습니다. 그러므로 장날을 골라 공개리에 불에 태워 버리라는 뜻으로 그 소지에 제사題辭[7]하고는, 자못 위로하고 격려하는 뜻을 보이고서 즉시 물러가게 했던 것입니다.

그 후 병영의 하리下吏가 지나는 길에 본군 이청吏廳을 들러 경내에 천주교도가 있는지 없는지 자세히 물었으므로, 여러 아전들이 말하기를,

"전날 천주교를 배우고 익히던 자들이 저절로 사라져 모두 평민이 되었는데, 그중에 김필군이란 자가 가장 교화하기 어려웠으나 일전에 또 그 책자를 자진하여 바쳤으니, 이제는 이 고을 안에 다시 의심할 만한 일이 없소."

하자, 병영의 하리는 여러 고을을 정탐하러 나왔다는 뜻을 슬쩍 비치면서 바로 다른 곳으로 향해 갔으니, 본 사건의 우여곡절 또한 이와 같을 따름이었습니다.

당초 생각에는 장날을 기하여 불태워 버리게 할 작정이었는데, 그날 마침 비가 내려 백성들이 많이 모이지 않았습니다. 그리고 다시금 생각한 바 이런 일은 혼자 함부로 처리할 수는 없는 것이므로, 순영巡營(감영)

---

6. **관차官差**   관아에서 파견하는 군뢰軍牢나 사령使令을 이른다.
7. **제사題辭**   하급 관청에서 올린 공문서나 백성들이 올린 소지所志에 대해 지령이나 판결을 내린 글을 말한다.

에 보고를 올린 것은 이 때문이었습니다. 게다가 여러 고을은 병영과는 군사 업무가 아니면 본래 상관이 없는데, 어찌 병영에서 졸지에 와 그 책자를 찾을 줄이야 생각이나 했겠습니까? 그래서 지난날 순영으로 올려 보냈다는 뜻으로 논보論報[8]한 것이었습니다.

그런데 병영을 경유하지 아니하고 바로 순영으로 보고했다고 하면서 크게 유감의 뜻을 나타냈을 뿐더러, 다시 비밀 관문關文[9]을 만들어 김가를 고을 옥에 잡아 가두고 그가 종전에 책자를 감추었던 이유를 캐고 들며, 반드시 병영에서 잡은 것으로 강요하여 조서를 꾸미게 했으니, 이게 무슨 거조입니까? 도대체 병영이 누구를 보내서 잡았단 말인지 모르겠습니다. 혹시 몰래 수색해 냈다면 어찌 바로 붙잡아 가지 않고 이렇게 추후에 와서 찾아가는 일이 있겠습니까?

일찍이 듣자니, 이자들은 여러 해를 두고 타일러도 듣지 아니하며, 무릇 암행어사가 출도할 때나 감사가 순시할 때에 누차 잡아다가 곤장과 형장刑杖을 치고 옥으로 옮겨 가두곤 했으나 자복하지 않았다고 합니다. 전후 수령들이 그놈들을 도례徒隸(관하인官下人)의 천역에 충당하고 그 처자식까지 잡아다가 구속하곤 했으며, 혹은 교졸校卒들을 많이 풀어 불시에 집을 에워싸고 수색하여 심지어는 항아리 속까지 다 뒤지고 상자까지 다 털었어도 일찍이 종이 한 조각도 발견하지 못했다고 합니다. 그 깊이깊이 감춰둔 것은 이로 미루어 알 수 있는데, 제가 자진해서 바치지 않았으면 어떻게 관청의 뜰에 그 물건이 굴러와 있겠습니까?

백성을 감화시켜 좋은 풍속을 만드는 방법이란 아무리 그 지극한 정성과 거짓 없음을 힘써 보여 준다 해도, 그들을 깊이 믿음으로 감동시키지 못할까 늘 걱정인 법입니다. 그런데 지금 도리어 이와는 정반대로, 사

---

8. **논보論報** 상급 관청에 자기 의견을 달아 보고하는 것을 이른다.
9. **관문關文** 동급 또는 하급 관청에 보내는 공문서를 이른다.

납게 금단禁斷시킴으로써 공적을 세우고자 하여, 먼저 스스로 어리석은 백성에게 위신을 손상당한다면 그 사리와 체면이 과연 어떻게 되겠습니까? 이자가 과연 미혹을 깨닫고 마음을 고쳐 책자를 바치고 양민으로 돌아온다면, 국가로 보자면 평민 한 명을 얻는 것에 불과합니다. 만약 그렇지 못한 경우에 죽여 없애 이 고을에서 착한 사람들이 물들어 변하지 않도록 하는 것[10]은 옛날 형정刑政의 한 가지 일에 불과합니다. 만약 그 죄상을 찾아냈다면 이른바 '불쌍히 여겨야지 기뻐하지 말라'[11]고 할 따름입니다.

지금 백성들이 천주교도가 되는 것을 금단하려고 하면서, 먼저 불성실을 내보인다면 될 법이나 한 일이겠습니까? 이른바 형리詗吏[12]란 놈이 전해들은 말을 가지고 돌아가 애매모호하게 고한 것인데, 이런 짓은 으레 서리胥吏와 같은 하류들의 본색입니다. 그래서 자질구레하게 해명하고 드러내는 것을 실로 피하고자 하여, 죄수의 진술을 보고할 때 대략 본말을 거론했던 것입니다.

필경에 조치한 것은 당초 소지所志의 제사題辭에서 벗어나지 않았는데, 한 번 뜻에 맞지 않았다고 해서 대신 하리下吏를 잡아다 다스리는 것은 도대체 무슨 의도입니까? 하관下官(연암 자신을 가리킴)이 아무리 늙고 용렬하지만 어찌 이런 수치를 참아 가며 편안히 직위에 머물러 있을 수 있겠습니까? 사직서를 써서 올리오니 바라건대 빨리 파직을 시켜 제 분수에 안

---

10. **이 고을에서 …… 것**   원문은 '無俾易種於茲邑'인데, 『서경』에서 따온 표현이다. 「반경 중」盤庚中에 "이 새로운 도읍으로 악의 씨앗이 옮겨 가지 않도록 하리라"(無俾易種于茲新邑)라고 하였다.

11. **불쌍히 …… 말라**   노魯나라의 대부 맹씨孟氏가 증자曾子의 제자 양부陽膚를 법관으로 임명하니 양부가 증자에게 자문을 구하자, 증자는 "윗사람이 도리를 잃어 백성들이 이반된 지가 오래되었다. 만일 백성들의 죄상을 찾아냈다면 불쌍히 여겨야지 기뻐하지 말라" 하였다. 『論語』「子張」

12. **형리詗吏**   염탐하러 다니는 아전을 이른다.

주하게 하여 주십시오. 병영에 올린 보첩報牒(보고서)을 아울러 기록해 올리오니, 한 번 훑어보시면 당연히 그 일의 전모를 아시게 될 것입니다.

부附 병영에 올린 보첩의 초본草本

상기 조항의 김필군을 비밀 관문에 의거하여 잡아와 엄밀히 조사하고 자세히 캐물은 결과, 필군의 진술은 다음과 같습니다.

"이 몸은 농사짓는 어리석은 백성으로서 글자라곤 한 자도 모릅니다. 이 몸의 자식이 어려서부터 총명하여 천성이 글 읽기를 좋아하더니, 급기야 조금 장성해서는 유업儒業을 부지런히 익혔습니다. 그래서 마음대로 서울로 배우러 다니면서 과장科場에도 출입했습니다. 집안에 있을 땐 효도하고 공경할 뿐더러 글공부를 그치지 않았으며, 이따금 이 몸을 위하여 제가 읽은 책의 뜻도 풀어서 이야기했고, 또한 중이나 무당을 몹시 미워하여 간사하고 요망한 무리라 하였습니다.

그 아이의 평일 언동을 보면 절대로 패륜을 저지르거나 남을 속이는 일이 없어, 시골구석의 어리석은 백성으로 제 몸을 잘못 가져 제 부모를 욕보이는 자와는 너무도 달랐으므로, 이 몸이 과연 자식을 사랑하는 마음에서 하는 말마다 다 들어주고 하는 일마다 다 따랐습니다. 그가 배운 것이 반드시 좋은 책이라 생각하고 그의 이야기를 즐겨 들었으며, 자식을 스승으로 삼아 오직 스스로 받들어 믿으면서 남이 몰라주는 것을 답답하게 여겼던 것일 뿐입니다.

지난 을묘년(1795) 2월 어느 날 그 자식 놈이 불행히도 죽자, 이 몸은 원통하고 슬퍼 날마다 하루라도 빨리 죽어 지하에서 서로 만나기를 소원했습니다. 매일 생각하고 생각할수록 전날의 일러 주던 말이 귓전에 역력했습니다. 그리고 그가 남긴 손때 묻은 자취라고는 단지 이 한 책뿐이었으므로, 이 몸은 혹시 그 책을 유실하거나 더럽힐까 두려워서 열 겹으로 싸 간직하고, 움직이게 되면 반드시 몸에 지니고, 때로는 혹 열어 보기도 하여 그 얼굴을 다시 보는 듯이 여겼던 것입니다.

다만 이 몸은 진서眞書(한문)를 모를 뿐 아니라 언문諺文 역시 한 자도 모르기 때문에 실로 그 가운데에 어떠한 요사스런 책이 들어 있는지 몰랐는데, 이웃들이 이 몸을 지목한 것도 대개 이것 때문이었으며, 이 몸이 여러 번 심문을 겪은 것도 역시 이것 때문이었습니다. 자식 놈이 죽은 뒤에는 듣고 익힐 길이 없을 뿐더러 해가 오래되니 자연히 잊혀서, 다시는 이런 일로 마음을 두지 않았습니다.

그런데 작년 가을에 사또께서 도임하신 이후로 천주교를 금단하는 일로 각 면에 명령을 전하기를 극히 엄중히 하였습니다. 그러므로 이 몸은 지레 겁에 질려 다른 곳으로 도망가 있었던 것입니다. '조정의 덕화가 하늘 같으시어 가급적 형벌을 가하지 않으시니[13] 본군 경내의 이런 무리들이 차차로 미혹을 깨닫고 각기 제 생업에 안착한다더라' 하기에 이 몸도 역시 지난달에 다시 고향으로 돌아왔습니다. 감추어 두었던 책자를 당장 관에 바쳐야 했으나, 비단 이 몸의 실정이 위에 아뢴 바와 같을 뿐 아니라, 사또께서 확실한 증거물로 우겨서 이것으로 죄를 더할까 두려워하면서 몰래 물이나 불에 던져 그 흔적을 없애려고도 했습니다.

그러나 혹시 뒷날 사단事端이 다시 일어나면 진위를 밝히기 어려울 것을 염려하여 이와 같이 머뭇거리던 즈음에, 과연 외창外倉(외촌外

---

13. 가급적 …… 않으시니　원문은 '刑期無刑'인데, 『서경』 「대우모」大禹謨에 나오는 말로, 형벌의 목적은 형벌을 쓰지 않아도 되게 하는 데에 있다는 뜻이다.

村에 있는 창고)으로부터 패지牌旨를 전해 왔으나, 이 몸을 나오라 할 뿐 원래 책자를 바치라는 말은 없었습니다. 이 몸이 스스로 생각하기로 는, 지난해에 숨어 피한 것은 죄를 벗어날 길이 없기에 지금 이 책 자를 바치면 스스로 속죄가 될 듯도 하였으므로, 옛날 싸 둔 것을 끌러 보지도 아니하고 몽땅 손수 들고 창리倉吏와 함께 허둥지둥 달 려왔습니다. 읍내에 당도하자 이 몸이 우선 사람을 찾아 소지를 쓰 는 사이에 창리는 곧장 먼저 관에 고발하여 마치 제가 스스로 수색 해 낸 것처럼 공을 세우려고 들었습니다. 만일 제 놈이 수색해 냈다 면 끌고 가지 빈손으로 관에 고발했겠습니까? 그 거짓말로 자랑해 대는 꼴은 사또께서 이미 통촉하신 바이니 지금 다시 변명을 아니 하겠습니다.

책자의 출처는 이 몸도 그 소종래所從來를 알 수 없으며, 열두 권 이랬자 모두 어린아이 손바닥만 하였으니, 필시 제 자식 놈이 생전에 지어 만들었던 것이라 생각됩니다. 화폭畫幅에 대해서는 매번 '서울에 서 사 왔다'고 말했는데, 처음에는 수놓은 것으로 잘못 알았다가 오 래 뒤에 수놓은 것이 아니고 그림이란 것을 깨달았사온데, 200여 냥 의 비싼 값으로 사 온 것은 실로 정도가 지나친 것이었지만, 당시에 이 몸은 죽은 자식을 깊이 믿어서 아무리 가산이 탕진되어도 어리석 게도 아까운 줄을 몰랐습니다. 지금 돌이켜 생각해 보면 자식 놈이 나이 어린 소치로 반드시 남에게 속임을 당했던 것일 겁니다.

더구나 그놈이 죽은 뒤로 4년 동안은 간혹 꿈에 보이기도 하였 으나, 이에 관한 일로써 문답한 적도 없고, 또한 천당에 가서 있다고 아뢰지도 아니하니, 생시와 죽은 뒤가 판이하게 다르므로 기대와 소 망이 전혀 어그러졌습니다. 이로써 스스로 증험해 보면, 몇 해 동안 공을 쌓은 것이 과연 어디에 있다 하오리까?"

지금 이 필군이 전에는 비록 미혹되었지만, 뉘우치고 깨달은 것이 전에 올린 소지에 이미 입증되었으며, 흉금을 드러내어 진심으로 복종하는 품이 조금도 숨김이 없는 것 같습니다. 그런데 지금 또 되풀이하여 심문하고 추궁하였으나, 그 진술이 전날의 진술과 한결같고, 완전히 마음을 고쳐먹은 형상이 자못 말과 얼굴에 나타났습니다.

삼가 엎드려 생각하건대, 조정이 이런 어리석은 백성들에 대해 본시 바라는 것은 미혹과 잘못을 깨닫게 하여 형정刑政을 번거로이 아니 하고도 성상의 교화에 복종하게 만들자는 것이니, 태양이 막 솟으면 도깨비가 재주를 못 부리고, 훈풍이 잠시만 불어도 얼음과 눈이 저절로 녹는 법입니다. 그러므로 필공必恭[14]같이 미혹된 놈이라도 하루아침에 잘못을 느끼고 깨닫자 곧 적당한 벼슬자리로 보답해 주었고, 존창存昌[15]같이 흉악한 놈도 7년 동안을 완강히 항거하고 있으나 아직도 참형斬刑을 내리지 않고 있습니다.

그런데 지금 이와 같이 감옥에 가둔 자는 특히나 먼 시골의 어리석은 백성인 데다, 그 두려워하여 자복한 바가 앞뒤로 한결같으며 속마음과 말이 다르지 않습니다. 만일 진위를 알기 어렵고 번복할 것이 염려스럽다 하여, 기왕지사를 깊이 캐어 들어가고 기어이 소굴

14. **필공必恭**   최필공崔必恭(1745~1801)을 이른다. 그는 혜민서惠民署의 의원醫員으로 1790년 천주교에 입교했다가 1791년 신해박해辛亥迫害 때 배교背教한 뒤 관서關西의 심약審藥으로 차송差送되었다. 그러나 다시 천주교를 믿다가 1799년 체포되었으며, 신유박해辛酉迫害 때 처형되었다.
15. **존창存昌**   이존창李存昌(1759~1801)을 이른다. 그는 본래 충청도의 관교官校로서 녹암鹿庵 권철신權哲身 등에게서 천주교를 배웠다고 한다. 충청도 내포內浦 일대에서 천주교의 지도적 인물로 활동하다가 신해박해 때 배교했다. 그러나 다시 활발한 전도 활동을 벌이다가 1791년 체포되었으나 배교를 서약하고 풀려났으며, 그 뒤 전도 활동을 재개하다가 1795년 다시 체포되어 감영에 구금되었다. 1797년 정조正祖는 이존창이 개과천선하면 방면하도록 명하였다. 1799년 이존창은 충청 감사 이태영에게 배교를 서약하고 석방되어, 연금軟禁 생활을 하면서 장교將校로 복무하던 중 신유박해 때 처형되었다. 한국 초기 천주교사에서 그는 충청도 지역에 처음 복음을 전파한 '내포의 사도使徒'로 추앙되고 있다.

을 찾아내려 든다면, 비단 전날 자복한 무리들이 의구심을 일으키게 될 뿐 아니라 또한 뒷날에 감화될 무리들도 당연히 주저하는 생각을 품게 될 터입니다. 이것이 한 지방을 맡아 지키는 자의 처지로서 밤낮으로 마음을 놓지 못하고, 조정에서 기대하는 풍속 교화를 저버리게 될까 두려워하는 바입니다.

그가 바친 책자에 대해서는 마땅히 그 자리에서 불태워 없애야 할 일이나, 그래도 마음대로 처단하기 어려웠으니, 바로 순영巡營에 올려 처분을 기다린 것도 이런 까닭입니다. 또한 더구나 순영에서 이 사건을 들어 타이르며 전후로 엄중히 경계함에 있어서이겠습니까? 또한 더구나 책자를 올려 보낸 것은 지난달 17일이었고, 비밀 감결을 받아 본 것은 그로부터 열흘 조금 뒤였으니, 책자를 순영에 먼저 보냈다는 질책에 대하여는 아마도 양해하실 줄 믿습니다. 설령 통지가 올 것을 미리 짐작하고 바로 병영으로 올려 보냈더라도, 순영에서 다시 사리와 체면을 들어 질책한다면 장차 어떻게 처신해야 할지 모르겠습니다.

지금 '의아스럽다'는 말씀을 듣고 보니 죄송하기 그지없습니다. 동同 김필군은 여전히 단단히 가두어 두고 처분을 기다리고 있습니다. 순영에서 회답한 제사도 뒤에 등서하여 첩보牒報(서면 보고)하는 바입니다.

순찰사에게 답함 1

병영의 취지는 알기 어렵지 않았으므로, 그 감결의 사연에 의거하여 공초供招(범인의 진술)를 받으면서 신신당부하며 타일렀던 것입니다. 그러나 그 자(김필군金必軍)는 제가 자수한 본의가 아니라는 이유로 도리어 의구심을 내어, 제 딴은 '이렇게 공초를 올리고 보면 영원히 해명하기 어려운 진짜 증거들이 된다'고 생각하고, 심지어 보첩을 언문으로 번역하여 자신이 한 쪽을 갖겠다고 청하였습니다. 그 스스로 후일을 염려하는 것이 이와 같이 심각하고 절실한데, 관에서 도리어 불성실을 보일 수는 없는 것입니다. 이 점이 바로 병영에서 유감을 품게 된 이유인 것입니다. 이것은 오히려 사소한 일이라 시비를 가릴 가치도 없지만, 풍속 교화에 중대한 관건이 되는 문제에 대해서는 세상의 도의를 위하여 한 번 공언公言하지 않을 수 없습니다.

대저 예로부터 이단異端이란 그 시초에는 어찌 자처하여 사학邪學이 된 적이 있었겠습니까? 백성은 천부적인 양심이 있어 선행을 즐기고 어진 이를 좋아하는 마음이 누구나 다 있는데, 오직 가리기를 정확히 못 하고 분변하기를 일찍 못 한 까닭으로, 인의仁義가 살짝 어긋나 양주楊朱·

묵적墨翟의 무리가 되었으며, 그 아비도 무시하고 임금도 무시하는 재앙은 이미 불교에서 증험이 되었습니다.

오늘날 소위 사교邪敎(천주교)를 금단하는 자들이 이런 어리석은 백성들을 잡아 묶어다가 관청 뜰 아래 꿇리고 곧장 차꼬를 채우고 내려다보면서, "네가 왜 사학邪學을 했느냐?" 하면, 그자는 한마디로 가로막아 말하기를, "소인은 사학을 한 적이 없습니다" 하지요. 그런데 명색이 관장이 된 자가 이미 그 학學이 어째서 사邪가 되는지도 모르니, 추궁하는 것이 조리가 없어서 먼저 스스로 알쏭달쏭하게 말하게 되며, 그들이 대답하는 바에 따라 우선 복종한 줄로 인정하고 억지로 다짐을 받을 뿐입니다. 그러므로 그중 교활한 놈은 성실치 못하다고 도리어 비웃고, 어리석은 놈은 더욱 의혹이 불어나 마음속으로 말하기를 '내가 즐기는 것은 선행이요 공경하는 바는 하늘인데, 어떤 까닭으로 나의 선행을 막으며 나의 공경을 금하는가?' 하게 됩니다. 이는 다름 아니라, 근원을 타파하지 못하고서 말류末流를 맑게 하고자 하며, 소굴만 찾을 뿐이지 스스로 길을 잃은 격입니다.

그래서 혹은 강제로 굴복받기에 급하여 지레 태형笞刑을 가하고, 혹은 엄포를 놓는 것이 적절하지 못하고 알아듣게 타이른다는 것이 방법상 잘못되었으며, 혹은 윽박질러 야소耶蘇(예수)를 저주하고 천주天主를 배척하게 하여 그 배반을 시험하고 그 진위를 관찰합니다. 저들이 하늘을 사칭하여 '천주'라는 이름을 만든 것[1]은, 비록 그렇게 함으로써 입막음과 방패막이[2]의 수단으로 삼자는 것이었으나, 마침내 어떤 우매한 백성들은 마치

---

1. **저들이⋯⋯것** 마테오 리치Matteo Ricci의 『천주실의』天主實義 상권 제2편에 "우리나라의 천주天主는 중국 말로 상제上帝이며" "옛날 경서들을 두루 살펴보면, 상제와 천주는 단지 호칭만 다를 뿐임을 알 수 있다"고 주장하였다.
2. **방패막이** 원문은 '릉뢰'인데 '쥐 잡다 그릇 깰라'라는 뜻인 '投鼠릉뢰'의 준말이다. 천주교를 공격하지 못하게 유교의 설을 끌어 왔다는 뜻이다.

그를 위한 절개를 지키는 것이 의義를 위해 죽는 것인 양 생각하고 있습니다. 그 속아서 현혹됨이 이 지경에 이르고 보면, 제압하는 요령을 얻었다고 스스로 생각하는 자들은 이 점을 경시하고 형벌로 굴복시키려 들 뿐 아니라 또 언어까지 실수하고 맙니다. 이 어찌 성세聖世의 백성을 교화하고 풍속을 도탑게 하려는 지극한 뜻과 부합된다고 하겠습니까?

지금 그들을 죽여 없애고자 해도 그 무리가 실로 많으니,[3] 이는 물건을 싣지 못할 물 새는 배를 호수나 바다에 띄운 격이라 어떻게 할 수 없는 것입니다. 무릇 임금의 통치를 돕고 백성을 키우는[4] 반열에 있는 자는 어느 누군들 임금의 교화를 받들어 선포하는 직분을 맡고 있지 않겠습니까? 자기 몸을 바르게 하여 백성을 인도함으로써 스스로 지주砥柱[5]가 되어, 임금이 질秩·서敍·명命·토討[6]하게 된 까닭과 천주교의 피詖·음淫·사邪·둔遁[7]의 말이 진실과 다른 바를 빨리 밝히어, 전부터 물들었거나 새로 퍼져 가는 나쁜 풍속이 금고옥촉金膏玉燭[8] 같은 임금의 교화 아래 저절로 사라지고, 허공을 거쳐 간 구름인 양 자취가 없게 하는 것이 상책上策입

---

3. 그……많으니　원문은 '其徒寔繁'인데 『서경』 「중훼지고」 仲虺之誥에 "어진 이를 홀대하고 권세가에게 붙는 무리가 실로 많다"(簡賢附勢 寔繁有徒)고 한 데서 유래한 표현이다.
4. 임금의……키우는　원문은 '輔世長民'인데, 『맹자』 「공손추 하」公孫丑下에서 천하의 삼달존三達尊으로 작爵·치齒·덕德을 들고 "임금의 통치를 돕고 백성을 키우는 데에는 덕보다 나은 것이 없다"(輔世長民莫如德)고 하였다.
5. 지주砥柱　황하 한가운데 우뚝 솟아 있는 돌산으로, 의지가 확고하여 남들의 지주支柱 역할을 하는 사람을 비유할 때 쓰인다.
6. 질秩·서敍·명命·토討　『서경』 「대우모」大禹謨에 나오는 천서天敍, 천질天秩, 천명天命, 천토天討를 이른다. 백성들을 전례典禮로써 교화하고 신하들에게 상벌을 공정하게 시행하는 것을 뜻한다.
7. 피詖·음淫·사邪·둔遁　『맹자』 「공손추 상」에 나오는 피사詖辭, 음사淫辭, 사사邪辭, 둔사遁辭를 이른다. 각각 편벽된 말, 음탕한 말, 간사한 말, 회피하는 말을 뜻하며, 정사政事에 해를 끼치는 이단사설異端邪說을 가리킨다.
8. 금고옥촉金膏玉燭　밝은 등불과 촛불을 이른다.

니다. 공리功利만을 헤아려 나라의 위엄을 함부로 사용하여 우리 백성으로 하여금 반신반의하게 하고 관과 민이 서로 각축한다면, 비록 한때의 승리는 거둘망정 상처 입은 것은 더욱 많아, 『주역』周易 「사괘」師卦에서 '이기든 지든 모두 흉하다'[9]고 한 것과 같이 되는 것은 하책下策입니다.

비록 서벽徐辟이 이자夷子에게 전해 알려 주고,[10] 한창려韓昌黎가 서序를 지어 문창文暢에게 주었던 것[11]을 본받지는 못할망정, 어찌 스스로 위신을 손상하여, 남이 스스로 속죄하려는 자료를 이용해서 이미 항복한 자에 대해 공을 세우려 해서야 되겠습니까? 이러기에 금하면 금할수록 더욱 복종하지 않는 것입니다.

하관下官(연암의 자칭)은 밤낮으로 조마조마하며 우려가 깊어지면서 흉년으로 인한 한 해의 재난을 구하기에 겨를이 없습니다. 그러나 삼가 생각하건대 명공明公(순찰사의 경칭)께서는 세상에 드물게 총명하시고 도량이 무리에서 뛰어나서, 무릇 세간의 인심과 세태에 대해 눈빛이나 안색만 보고도 간파하시니, 하찮은 이 몸이 절하節下의 처분을 바라는 바가 어찌 한 도道에서 표재俵災를 공정히 하고 굶주린 백성을 구휼하는 노고를 하는 데에 그치오리까? 이것은 다만 담당 관리의 한 직책에 불과합니다. 남보

---

9. **이기든 지든 모두 흉하다**　『주역』「사괘」 초육初六의 효사爻辭에 "군사의 출동은 군율을 따를지니, 그렇지 않으면 이기든 지든 흉하다"(師出以律 否臧凶)고 하였다. 연암은 이를 인용하면서 '否臧皆凶'이라 했으나, 『주역』 원문에는 '모두'라는 '皆' 자가 없고 왕필王弼의 주에만 "師出不以律 否臧皆凶"이라 하였다. 따라서 효사의 해석도 정자程子나 주자朱子의 주가 아니라 왕필의 주를 따랐을 것으로 보고, 여기서도 그와 같이 번역하였다.

10. **서벽徐辟이 …… 알려 주고**　서벽은 맹자의 제자이고, 이자夷子는 유가儒家의 입장에서 보면 이단에 해당하는 묵가墨家를 추종한 인물이다. 이자가 서벽을 통해 맹자를 만나 보고 싶어 하자 서벽이 그 사이에서 맹자의 말을 전달하여 이자를 깨우쳐 주었다. 『孟子』「滕文公上」

11. **한창려韓昌黎가 …… 것**　한창려는 당나라 문장가 한유韓愈이고, 문창文暢은 한유와 동시대의 승려 이름이다. 한유는 「송부도문창사서」送浮屠文暢師序에서 문창에게 유가의 도가 아니라 불교의 설로써 서序를 써 준 사람들을 비판하고, 유가의 도의 훌륭함을 설파하였다.

다 먼저 근심하고 남보다 나중에 즐거워하며[12] 특이한 공과 **빠른** 효험을 자랑으로 삼지 않을 것은 반드시 평소에 마음속으로 기약한 바 있으실 터이니, 저로서는 이 문제를 절하에게 고하지 아니하고 뉘와 더불어 말하오리까?

예로부터 이단이 천하를 어지럽힌 지 오래였다. 양주楊朱와 묵적墨翟은 인의仁義를 배운 자라서 처사處士들이 그들의 학설에 귀의하였고[13] 노자老子와 석가釋迦는 더욱 이치에 가까웠기 때문에 고명한 자들이 그리로 도피하였다.[14] 그러나, 맹자, 정자, 주자가 반드시 논파하여 시원스레 물리쳐 버린 것은, 특히 본원本源에 털끝만 한 차이가 있음으로써 말류末流의 폐해가 장차 아비도 임금도 무시하는 지경에 이르게 된 때문이다. 하물며 지금 이른바 서양의 학술이란, 양주도 아니요, 묵적도 아니요, 도가도 아니요, 불교도 아니요, 전혀 의리를 갖추지 못한 요사스런 패설悖說에 불과한 것이니, 말류에 이르기를 기다릴 것도 없이 그 폐단이 화를 이룰 것은 홍수나 맹수보다 더 심한

---

12. **남보다 …… 즐거워하며**　송宋나라 범중엄范仲淹의 「악양루기」岳陽樓記에서 옛날의 인자仁者는 "천하의 근심을 남보다 먼저 근심하고, 천하의 즐거움을 남보다 나중에 즐거워했다"(先天下之憂而憂 後天下之樂而樂)고 하였다.

13. **양주楊朱와 …… 귀의하였고**　『회남자』淮南子 「요략」要略에 "묵자는 유자儒者의 업業을 배우고 공자의 술術을 전수받았다"고 하였고, 『논어집주』論語集註 「학이」學而 제14장의 주에 윤돈尹焞의 말을 인용하여 "양주·묵적과 같은 경우는 인의를 배웠으나 어긋난 자이다"라고 하였다. 『맹자』 「등문공 하」滕文公下에 "성인聖人이 나타나지 아니하니 제후들이 방자하게 굴고 처사들이 함부로 논의를 벌여 양주와 묵적의 말이 천하에 가득 찼다"고 하였다.

14. **노자老子와 …… 도피하였다**　정자程子는 도가와 불교가 옛날의 양주·묵적의 학설보다 더욱 이치에 가까워 그 피해가 더 크다고 비판하였다. 주자朱子는 『중용장구』中庸章句의 서序에서 "이단의 학설이 나날이 새롭고 다달이 성행하여, 노자와 석가의 추종자들이 나옴에 이르러서는 더욱 이치에 가까워 크게 진리를 어지럽혔다"고 개탄하면서, 그러한 풍조에 맞서 정자가 『중용』을 매우 중시한 공로를 예찬하였다.

데 그칠 뿐만이 아니다.

대개 저들의 화기수토火氣水土의 설[15]이나 영혼제방靈魂帝旁의 설[16]은 이야말로 불교의 찌꺼기 중의 찌꺼기에 불과한 것이다. 그리고 저들의 이른바 '부모모질'父母模質[17] 등의 어구와 같은 것은 너무도 패륜이 심해 강상綱常의 죄를 벗어날 수 없다. 비록 어린아이들에게 이를 따르라 할지라도 오히려 수치스러움을 알아 꾸짖고 배척하게 될 것이다.

그러나 유독 그 학설로 삼은 것이 새것을 지어내고 기이하기를 힘쓰며, 도道로 삼은 것이 얄팍하여 알기 쉽고, 수행으로 삼은 것이 음란하고 패악하여 거리낌이 없으며, 법으로 삼은 것이 재물을 소홀히 하고 교도敎徒를 귀히 여긴다. 이런 까닭에, 일종의 덜렁꾼들로 신기한 것을 숭상하고 구속받기를 싫어하는 자들이 흐뭇하게 여기며 좋아하고, 어리석은 남녀들로 빈궁을 괴로워하고 재리財利를 즐거워하는 자들이 휩쓸리듯이 따라가서, 심지어는 자식이 그 아비를 등지고 도망하고, 계집이 그 남편을 버리고 달아나며, 위로는 벼슬아치와 선비들로부터 아래로는 노예와 천한 백성까지 짐승이 광야를 달리듯이

---

15. 화기수토火氣水土의 설   『천주실의』상권 제3편에 "무릇 천하의 사물은 모두 불·공기·물·흙이라는 사행四行이 결합되어 형성된 것이다"라고 하였다. 이 사행설四行說은 고대 그리스의 헤라클레이토스가 처음 주장한 것으로, 플라톤의 저작을 통해 천주교 신학에 수용되었다. 불교의 지수화풍地水火風 사대설四大說과 흡사하며, 유교의 오행설五行說과 배치된다.

16. 영혼제방靈魂帝旁의 설   영혼의 사후 불멸과 승천설昇天說을 가리키는 듯하다. 『천주실의』하권 제6편에 선한 사람은 죽은 뒤 그 영혼이 천당에 올라가서 하느님(上帝)의 곁에서 지내게 된다고 하였다.

17. 부모모질父母模質   인류의 원조原祖인 아담과 하와가 죄를 지었기 때문에 자자손손 그 죄를 뒤집어쓰고 태어난다는 원죄설原罪說을 가리키는 듯하다. 『천주실의』하권 제8편에도 "세속 인간의 조상이 이미 인류의 근성根性을 망쳐 놓아 그 자손된 자들은 물려받은 잘못으로 인해 온전한 본성을 계승하지 못하고 나면서부터 하자瑕疵를 지닌다"고 하였다.

하여,[18] 하마 그 무리들이 나라의 절반을 차지하였다. 이에 대하여 조정의 금령禁令이 없는 것은 아니었으나, 그 금령이 너무도 관대하여[19] 참형이 한두 사람의 비천한 부류에 가해졌을 뿐이며, 외보外補[20]는 마침 열배 백배로 넝쿨처럼 불어나는 기회가 되기에 충분하여, 물이 더욱 깊어지고 불이 더욱 치성해지듯이 되니, 두어 해를 못 가서 온 나라가 다 그리 쏠리고 말 것이며, 그때 가서는 금지하려야 금지할 길이 없을 것이다.

아! 저 사학邪學의 무리들은 본래 거칠고 패악한 성질로서, 오래된 상도常道를 싫어하고 신기한 것을 좋아하며, 방종을 즐기고 구속을 꺼린다. 음란하고 더럽고 탐욕스럽고 야비한 것이 바로 저들의 장기요, 학문이나 의리와는 본래 배치되는 바라, 오늘날 이 사학을 존숭하는 것은 그들의 천성이 서로 가깝기 때문이다. 더구나 그 연원에 유래가 있음이리오.

야사野史[21]에 의하면 구라파仇羅婆(유럽)란 나라에 기리단伎利但[22]이란

---

18. **짐승이 …… 하여**　　원문은 '如獸走壙'인데, 『맹자』「이루 상」離婁上에 "백성이 인정仁政에 귀순하는 것은 마치 물이 아래로 나아가고 짐승이 광야를 달리는 것과 같다"(民之歸仁也, 猶水之就下 獸之走壙也)고 하였다.

19. **그 …… 관대하여**　　원문은 '其奈失之太寬'인데 '奈失'의 의미가 분명치 않다. 초서로 흘려 쓴 '禁令'을 잘못 판독한 것으로 보고 번역하였다.

20. **외보外補**　　지방 관직에 임명하는 것을 이른다. 여기서는 1795년 중국인 신부 주문모周文謨의 밀입국 사건에 편승하여 공조 판서 이가환李家煥을 천주교도로 몰아 공격한 박장설朴長卨의 상소가 파문을 일으키자, 정조正祖가 이가환을 특별히 충주 목사로 보임한 사실을 가리킨다. 당시 충청도 대부분이 천주교에 물들었는데 충주가 그중 가장 심했으므로, 정조는 이가환을 특별히 그곳의 수령으로 보내 천주교를 금하게 함으로써 사태를 무마하고자 했다. 그때 이가환의 무리로 지목된 정약용丁若鏞도 금정 찰방金井察訪으로 내쫓기었다. 『正祖實錄』19年 7月 25日 그러나 연암은 이러한 조치가 지나치게 관대할 뿐 아니라, 천주교의 소굴에 천주교를 비호하는 수령을 임명함으로써 더욱 이를 조장할 것이라고 비판한 것이다.

21. **야사野史**　　유몽인柳夢寅의 『어우야담』於于野談을 가리킨다.

도道가 있는데, 그 나라 말로 하느님을 섬긴다는 뜻이다. 12장章의 게偈(찬송가)가 있는데, 허균許筠이 사신으로 중국에 갔을 적에 그 게를 얻어 가지고 왔다고 한다. 그렇다면 사학이 우리나라로 들어온 것은 아마도 허균에서 시작된 것이다. 현재 사학을 배우는 무리들은 자동적으로 허균의 잔당이다. 그 언론과 습관이 한 꿰미에 꿴 듯이 전해 내려왔으니, 그들이 사설邪說을 유달리 좋아하고 지나치게 혹하는 것은 당연한 일이다.

나는 또 듣자니, 그 법이 삼강오륜을 무너뜨리고 명교名敎[23]를 돌아보지 않으며, 남녀가 섞여 앉고 위아래도 구별이 없으며, 삶을 가벼이 여기고 죽기를 즐거워하여 칼에 죽거나 형刑에 죽어 들판에 시신이 버려지는 것을 천당에 갈 수 있는 첫째가는 인과因果로 삼는다. 또 한 사람이 열 사람에게 전도하는 것을 큰 공으로 삼는다. 이로써 미루어 보건대 한 사람이 열 사람을 전도하고, 열 사람이 백 사람을, 백 사람이 천 사람을, 천 사람이 만 사람을 전도하면 그 도당의 수효는 몇 억에 이를지 알 수 없다.

또 이른바 홍미紅米[24] 요술이란 것이 있는데, 이는 능히 주문으로 환술을 부려 없던 것도 있게 함으로써 어리석은 백성을 현혹시키니,

22. **기리단**伎利但   『어우야담』에는 '기례달'伎禮怛로 표기되어 있다. '기리시단'伎離施端, '길리시단'吉利施端, '길리지단'吉利支丹 등으로도 표기되었는데, 포르투갈어 'cristao'가 와전되어 음역音譯된 것으로, 기독교인(christian)을 뜻한다.
23. **명교**名敎   군신君臣, 부자父子의 관계와 같이 유교에서 정한 상하 질서의 예법을 가리킨다.
24. **홍미**紅米   오래 묵어서 붉게 변색한 쌀을 이른다.

장각張角[25]이 부적을 태워 물에 타서 마시게 함으로써 병을 낫게 한 것과 다름이 없다. 그런즉 실로 많은 무리들이 백성을 현혹하는 술수를 믿고 날뛰며, 죽기를 즐거워하는 마음으로써 윤리를 무너뜨리는 일을 하고 있으니, 필경에는 그 화가 미치지 않을 곳이 없을 텐데, 한 사람도 깊이 염려하는 자가 없는 것은 웬일인가? 슬프도다!

한 무제漢武帝 원광元光 2년(기원전 133)에 한나라가 섭일聶壹[26]을 첩자로 삼아서 선우單于(흉노의 왕)를 요새로 들어오도록 약속한 일이 있었다. 선우가 정亭(국경 초소)을 공격하여 안문鴈門의 위사尉史[27]를 잡아 죽이려고 하니, 위사는 한나라 군사가 잠복해 있는 곳을 알려 주었다. 선우는 크게 놀라 군사를 끌고 돌아가 요새를 벗어나서 말하기를, "내가 위사를 사로잡은 것은 천행天幸이다" 하고서 위사를 천주天主로 삼았다.[28] '천주'라는 두 글자는 여기서 처음 나타난 것이다.

내가 보기에, 지금 중국에 있는 천주당天主堂의 서양 사람들은 비록 역법曆法에는 정통하지만 모두 요술쟁이이다. 「서남이전」西南夷傳에

25. 장각張角   후한 때의 인물로 태평도太平道란 종교의 창시자이다. 영제靈帝 때에 부적과 물로 병을 치료하는 방법을 통해 종교를 전파하여 십여 년 사이에 그 신도가 수십만이 되었다. 이들은 중국 각지에 분포하여 영제 중평中平 원년(184)에 기의起義하여 이른바 황건적黃巾賊의 난을 일으키고, 장각은 천공장군天公將軍이 되어 이를 지휘하였으나 얼마 후 병으로 죽었다.
26. 섭일聶壹   지금의 산서성山西省 북부에 있던 안문군鴈門郡 마읍현馬邑縣의 토호였다고 한다. 『資治通鑑』 卷18 「漢紀」 10 世宗孝武皇帝 上之下 元光 2年
27. 위사尉史   요새와 가까운 군郡에 100리마다 위尉 1인과 사사士史 및 위사尉史 각 2인을 두었다고 한다.
28. 한 무제漢武帝 …… 삼았다   이는 『자치통감』資治通鑑 권18 「한기」漢紀 10 세종 효무황제世宗孝武皇帝 원광元光 2년 조의 기사에 의거한 것이다. 그러나 이 기사뿐만 아니라 그 전거가 된 『사기』 「한장유열전」韓長孺列傳, 「흉노열전」匈奴列傳이나 『전한서』前漢書 「흉노전」匈奴傳 등에는 모두 선우가 안문의 위사를 '천왕'天王으로 삼았다고 하였지, '천주'로 삼았다고는 하지 않았다.

"요술쟁이가 능히 변화하여, 불을 뱉어 내고, 스스로 사지를 묶었다가 풀어 버리며, 소와 말의 머리를 옮겨다 바꾸는데,[29] 스스로 말하기를 '나는 해서인海西人이다'라 하였다. 해서는 바로 대진大秦이다" 했고,[30] 주註에는 "지금 살펴보면 대진은 바로 무제武帝 때 이간국犁靬國[31]으로 지금은 불림拂菻이라 이른다"라고 하였다.[32] 또 한나라 안제安帝 때인 영녕永寧 원년(기원후 120)에 "영창군永昌郡의 변새 밖에 있는 탄국왕撣國王 옹유조雍由調가 사자를 보내어 풍악과 요술쟁이를 바쳤다"[33] 했다.

사학의 이른바 '기리시단伎離施端(크리스천)'이란 네 글자는 사람의 이름인지 법호인지 모르겠으나, 대저 극히 요망하고 괴이한 것이다. 처음에 일본 시마바라島原[34]에 살면서 야소耶蘇(예수)의 학으로써 선교하

---

29. 불을 …… 바꾸는데　　원문은 '吐火 自支解 易牛馬頭'인데, 각각 마술의 일종이다. 『御定子史精華』 卷106 「樂部」 2 俗樂 「위략」魏略 「대진전」大秦傳에 의하면 '自支解'란 남의 도움을 받지 않고 스스로 묶은 몸을 푸는 마술을 말한다.

30. 「서남이전」西南夷傳에 …… 했고　　『자치통감』 권50 「한기」漢紀 42 효안황제 중孝安皇帝中 영녕永寧 원년 12월 조 기사에 대한 호삼성胡三省의 주註를 인용한 것이다. 「서남이전」은 『후한서』後漢書 권86에 편차되어 있고, 대진大秦은 로마 제국을 가리킨다.

31. 이간국犁靬國　　『한서』漢書 「서역전」西域傳에 소개되어 있다. 『사기』 「대원열전」大宛列傳에는 '여헌'黎軒, 『한서』 「장건전」張騫傳에는 '이간'犂靬, 『후한서』 「서남이전」에는 '이건'犁鞬이라 표기되어 있다.

32. 주註에는 …… 하였다　　역시 『자치통감』 권50 「한기」漢紀 42 효안황제 중 영녕 원년 12월 조 기사에 대한 호삼성의 주를 이어서 인용한 것이다. 불림拂菻은 동로마 제국을 말한다.

33. 영창군永昌郡의 …… 바쳤다　　역시 『자치통감』 권50 「한기」 42 효안황제 중 영녕 원년 12월 조 기사를 인용한 것이다. 영창군은 안제安帝 때 익주益州에 설치한 군으로 지금의 운남성雲南省 지역에 있었다. 탄국撣國은 1~2세기경 후한後漢에 조공을 바쳤던 서남이西南夷의 한 국가였다.

34. 시마바라島原　　일본 규슈九州 나가사키 현長崎縣 남동부에 있는 반도半島이다. 1637년 천주교도의 소굴이었던 이곳에서 압정에 견디지 못한 농민들이 반란을 일으켜 성을 함락했으나 도쿠가와 막부德川幕府의 정벌군에 의해 몰살당했다. 이를 '시마바라의 난亂'이라 한다.

였다. 이에 일본 민중들이 그 설을 한 번 듣고서 염세적인 생각에 휩쓸리어 제 몸뚱이 보기를 표류하는 뗏목이나 부러진 갈대 줄기[35]처럼 여겨, 세상일에 구애받지 않고, 사는 것이 즐거운 줄도 모르며, 칼에 죽거나 형刑에 죽는 것을 도리어 자신의 영화로 여겼다. 어떤 이는 말하기를 '기리시단이란 사람 이름이 아니라, 바로 하느님을 섬기는 호칭이다'라고 한다.

고니시 유키나가小西行長가 그 술법을 배워 관백關白[36] 미나모토 이에야스源家康(도쿠가와 이에야스德川家康)에게 죽음을 당했다. 유키나가의 가신家臣 다섯 사람도 유키나가의 죄에 연좌되어 시마바라로 귀양을 갔는데 다시 사교邪敎를 선동하여 그 도당이 수만 명에 달하자, 히젠 주肥田州[37]를 습격하여 태수를 죽이니, 이에야스가 토벌하고 체포하여 다 죽여 버리고, 우리나라에 서계書契를 보내 통고하였다. 그래서 바닷가를 순시하여 잔당을 염탐해 체포하기로 약속하였다.[38]

그 후에 가토 기요마사加藤淸正가 반역을 꾀하다가 일이 발각되자 이에야스가 기요마사에게 스스로 목숨을 끊게 하니, 기요마사가 마다하며 '스스로 야소교를 받드는 자가 자살한다면 영혼이 하늘로 올라가지 못하니 원컨대 칼날에 죽여 달라'[39] 하므로, 마침내 베어 죽였다. 유키나가와 기요마사는 모두 왜놈의 날랜 장수로서, 임진년에 우

---

35. **표류하는 …… 갈대 줄기**　　원문은 '浮査斷梗'인데, 정처 없이 떠도는 신세를 비유적으로 표현한 말이다. '단경부평'斷梗浮萍, '단경표봉'斷梗飄蓬 등 비슷한 성어成語들이 있다.

36. **관백關白**　　천황을 대신하여 섭정攝政한다는 뜻으로, 막부의 최고 실력자인 쇼군將軍을 가리킨다.

37. **히젠 주肥田州**　　규슈에 있던 주州로, 지금의 사가 현佐賀縣과 나가사키 현의 일부를 포함한다.

38. **이에야스가 …… 약속하였다**　　『인조실록』仁祖實錄 16년(1638) 3월 13일 동래 부사의 치계馳啓에 관련 사실이 언급되어 있다.

39. **원컨대 칼날에 죽여 달라**　　원문은 '願得劍解'인데, '劍解'는 곧 '刀解'로 칼날에 잘게 썰린다는 뜻이다. '인영누해'刃迎縷解, '영인이해'迎刃而解라는 성어가 있다.

리나라를 침략해 왔을 적에 가장 흉악하고 잔인하였다. 실로 우리나라로서는 자손만대의 원수인데도 마침내 천벌을 모면하게 되어 죽은 원혼이나 살아남은 사람들의 원한과 분노를 씻을 수 없었는데, 끝내 스스로 사교에 빠져 모두 참형을 당했으니, 신령의 이치가 너무도 밝아서 속일 수 없는 것이 이와 같다.

대신臺臣(사헌부 관원)의 상소 중에 "저 가환家煥도 역시 성군聖君이 다스리시는 세상에 사는 일개 인물인데, 감히 천륜을 허물어뜨리고 임금의 교화를 가로막음이 어찌 이 지경까지 이를 수 있습니까"라고 하였다.[40] 대개 가환이 이와 같은 지목을 받은 지가 오래였다.[41] 치우치게 성은을 입은 것이 어떠했는가? 그런데도 묵은 버릇을 고치지 아니하니, 진실로 대신의 상소대로라면, 삼묘三苗와 같은 처형[42]을 어찌 모면할 수 있으랴!

사학은 본시 천당에 올라간다는 설을 가지고서 어리석은 백성을 속이고 꾀었는데, 이 근본은 유연柔然[43]에서 나왔다.

---

40. 대신臺臣의 …… 하였다   1795년 행 부사직行副司直 박장설朴長卨이 이가환을 천주교도로 공격한 상소 중의 내용을 인용한 것이다. 이 상소로 인해 박장설은 정조의 노여움을 사서 조적朝籍에서 삭제되고 시골로 쫓겨났다. 『正祖實錄』19年 7月 7日

41. 가환이 …… 오래였다   1792년 부교리副校理 이동직李東稷이 당시 성균관 대사성이던 이가환의 삭직을 요청한 상소에서 그의 학식은 이단사설에서 나온 것이라고 공격한 사실을 말한다. 그러나 이에 대해 정조는 이가환을 비호하는 장문의 비답批答을 내렸다. 『正祖實錄』16年 11月 6日

42. 삼묘三苗와 같은 처형   삼묘는 요순 시대 사흉四凶의 하나로, 이는 악인이 처형을 받는 것을 이른다. 『맹자』「만장 상」萬章上에, "순舜임금이 공공共工을 유주幽州에 유배 보내고, 환도驩兜를 숭산崇山으로 추방하고, 삼묘를 삼위三危에서 죽이고, 곤鯀을 우산羽山에서 죽여, 이 넷을 처벌하자 천하가 모두 복종하였다. 이는 어질지 않은 자를 처벌했기 때문이다" 하였다.

43. 유연柔然   4세기 중반부터 6세기 중반까지 몽골을 지배한 유목민족으로 연연蠕蠕, 예예芮芮 등으로도 불렸다. 그 지도자 사륜社崙이 처음 왕이라는 뜻의 가한可汗을 칭하면서부터 강성하여 북위北魏와 자주 충돌하였으나, 두륜豆崙이 가한이 된 5세기 말 이후 내란으로 점차 쇠퇴하여 결국 돌궐突厥에게 멸망되었다. 그들의 종교는 샤머니즘이 중심이었으며, 불교도 행해졌다.

유연의 타한가한他汗可汗이 복고돈伏古敦의 아내 후려릉씨候呂陵氏를 맞아들여 복발가한伏跋可汗과 아나괴阿那瓌 등 여섯 아들을 낳았다. 복발이 즉위한 뒤 갑자기 그 어린 아들 조혜祖惠를 잃어버렸는데, 무당 지만地萬이 말하기를,

"조혜가 지금 천상에 있으니, 제가 불러올 수 있습니다."

하고, 드디어 큰 늪 속에다 장막을 치고서 천신天神에게 제사하니, 조혜가 갑자기 장막 속에 나타나서 '항시 천상에 있었다'고 말했다. 복발은 크게 기뻐하여, 지만을 이름하여 성녀聖女라 하고 가하돈可賀敦으로 삼았다.

조혜가 차츰 장성하자, 제 어미에게 말하기를,

"나는 항시 지만의 집에 있었고, 천상에 있었다는 말은 지만이가 나에게 그렇게 하라고 시킨 것입니다."

하니, 그 어미가 복발에게 고했으나 복발은 믿지 않았다. 이윽고 지만이 조혜를 참소하여 죽이니, 후려릉씨가 대신大臣 이구열李具列 등을 보내어 지만을 죽였다.[44] 이것이 유연이 내란으로 망하게 된 시초였다.

'부모모질'父母模質 등의 어구와 같은 것은 흉하고 더럽고 패악스러워서 붓끝에 올리고 싶지 않다. 그 근원은 『한서』漢書 「예형전」禰衡傳[45]

---

44. **유연의 …… 죽였다**　　『자치통감』권149 「양기」梁紀 5 고조 무황제高祖武皇帝 5의 기사를 조금 줄여서 인용한 것이다. 인용하는 과정에서 약간의 실수가 있었던 것을 바로잡아 번역하였다. 타한가한他汗可汗은 유연의 제9대 왕으로 이름이 복도伏圖이고, 제7대 왕인 복고돈가한伏古敦可汗 두륜豆崙과 종형제간이다. 복발가한伏跋可汗은 제10대 왕으로 이름은 추노醜奴이다. 가하돈可賀敦은 왕의 정실 부인을 뜻하는 몽골어로 가돈可敦이라고도 한다.

45. **「예형전」禰衡傳**　　예형은 후한 말의 광사狂士로 재주가 빼어났으나 몹시 오만하여, 조조曹操, 유표劉表, 황조黃祖의 문객門客으로 전전하다가 끝내 황조의 비위를 거슬러 피살되었다. 그런데 『후한서』권110 하下 「예형전」에는 연암이 개탄한 바와 같은 내용이 보이지 않는다. 참고로, 연암의 처조카인 이정관李正觀 역시 「천학고변」天學考辨에서, 정약종丁若鍾의 수기手記 중에 '영혼의 부모'인 천주에 비해 친부모는 잠시 그 몸을 가탁한 '육신의 부모'일 뿐이라고 차별하면서

에 처음 나타났는데, 이것은 대개 심하게 날조한 말이다. 사람을 속이는 데 한이 있으리오만, 주저하지 않고 이처럼 몹시도 패악스럽더니, 마침내 사학의 나쁜 선례가 된 것이다.

부군府君이 면천沔川에 계실 적에 감사와 더불어 왕복한 편지에 사학을 성토하는 글이 있었으며, 그 기회에 다시 사학의 본말을 논했는데 무릇 몇 조문이다. 그것을 아울러 여기에 부록한다.

당시 면천은 사학에 물든 자가 많았으므로, 부군이 우려하여 듣는 대로 적발해서 관하인館下人의 천역에 붙들어 매고, 매양 공무가 파하면 한두 놈을 불러 놓고 반복하여 타이르니, 형벌을 쓰지 않고도 다 감복하여 깨달아 바른길로 돌아오게 되었으며, 심지어 그중에는 후회하고 한탄하여 눈물을 흘리는 자까지 있었다. 급기야 신유년(1801)에 큰 옥사가 일어났지만, 면천 경내에는 아무 일이 없었다. 그 당시 깨우치도록 타이른 여러 조문들은 친필로 일기 중에 그때마다 기록하였는데, 명백하고 깊이 깨달은 내용이라 어리석은 백성들로 하여금 깨우치기 쉽게 되었다. 지금 유실되어 부록으로 싣지 못하니 몹시 애석하다.

아들 종간宗侃이 삼가 쓰다.

모자母子 관계를 독甕 속의 물(水)에 비유하여 물이 독 밖으로 나오면 물은 물이고 독은 독일 뿐이라고 한 대목을 들어, "이는 곧 『한서』 「예형전」에서 나왔다"고 하면서, 극도로 패악한 설이라고 비난하였다. 『闡衛新編』 권1 「諸家論辨」 그러나 이와 같은 비유는 『후한서』 「예형전」이 아니라 「공융전」孔融傳에서 유래한 것이다. 즉, 조조曹操가 공융을 제거하고자 노수路粹를 시켜 그의 죄상을 날조하여 상소하게 한 글에, 공융이 부자父子 관계는 정욕의 산물일 뿐이요, 모자 관계는 "독 속의 물건과 같아, 나오면 분리된다"(如寄物瓶中 出則離矣)는 패륜적인 발언을 했다고 비난한 대목이 있다. 『後漢書』 권100 「孔融傳」 『후한서』의 바로 그 대목에 공융이 그와 절친한 예형을 상대로 그런 발언을 했던 것으로 서술되어 있는 까닭에, 연암이나 이정관은 공융이 아니라 예형이 그런 발언을 했던 것으로 착각한 것이 아닌가 한다.

순찰사에게 답함 2

상소의 초안은 근근이 얽어 내어 소략함을 면치 못했으니, 쓰시기에 합당치 못하며 때에 맞추지 못한 한탄이나 없을는지 모르겠습니다. 여러 날을 두고 구상하여 절로 지체된 것은 비단 필력이 고갈되어 술술 표현할 수 없어서만이 아니라, 사정이 이리저리 꼬여 말 만들기가 심히 어려워서였습니다.

이 죄수[1]는 여러 해를 두고 교화되지 않고 버티던 끝에 다 죽어 가는 제 목숨을 구걸하려고 지금 자백했습니다. 비록 마음을 고친 것 같기도 하나 후일에 번복하는 그런 일이 없으리라 보증하기도 어렵습니다. 그리고 가뭄을 걱정한 끝에 죄수를 풀어 주는 것과는 사체事體가 같지 않사온즉, 갑자기 완전 석방을 요청하신 것은 민심을 놀라게 할 뿐더러, 정원政院과 언관言官의 입장에서 그에 대해 준절히 나무랄 것은 형세상 필연적인 일입니다. 해당되는 자는 그저 깊이 자신을 인책할 따름이지, 어찌 감히 변명하기를 대질하여 따지듯 할 수 있습니까?

---

1. 이 죄수　충청도 천주교도의 지도자로 체포되어 수감 중인 이존창李存昌을 가리킨다.

절하節下(순찰사)의 뜻은 어찌 다음과 같지 않겠습니까.

"지금 이 사학의 무리는 총명하고 경술經術에 밝은 사람들 속에서 많이 나왔으며, 그 괴수된 자는 대대로 벼슬하는 문벌의 사이에 건재해 있어서, 가벼운 처벌은 겨우 외보外補로 마감되고 금서禁書는 감춰진 채 드러남이 없으며, 높은 벼슬이 금방 제수됨으로써 진장眞贓[2]이 암암리에 전수되고, 화려한 직함이 그전대로 있음으로써 사설邪說은 더욱 치성한 형편입니다.[3] 달아난 죄인들이 숨어 있는 소굴로 이보다 큰 것이 어디 있으며, 징계와 토벌이 엄하지 못한 것으로 이보다 더함이 어디 있겠습니까?

반면에 저 먼 시골 백성들은 지극히 미욱하여 눈을 뜨고도 글자 한 자 볼 줄 모르며, 배운 것이라고는 모두 언문으로 풀이한 것이요, 애매모호하게 입으로 전하다가 도중에 잘못되어 버린 것입니다. 이는 실로 사학의 찌꺼기요 이단의 말류인데도, 어리석은 백성 한 놈만 잡으면 선뜻 괴수로 지목하고, 조금 수상한 자취 하나만 염탐해 내게 되면 바로 소굴로 일컬어, 눈을 부릅뜨고 기염을 토하며 성토를 먼저 가하니, 이른바 '본말이 거꾸로 되고 논의 판결이 정당성을 잃었다'는 것입니다."

지난날 장계를 올려 석방을 청한 것도 과연 여기에서 나왔는데, 뜻은 비록 엄준하지만 행동은 너그럽게 풀어 주는 것이 되니, 이와 같은 본뜻을 누가 다시 양찰하여 알아내리까? 이러기에 말 만들기가 어려운 것이었으며, 스스로 인책하는 가운데도 슬며시 이 뜻을 비친 것입니다. 어떻게 생각하실는지 모르겠습니다.

---

2. **진장眞贓**　범행의 확실한 증거물이란 뜻으로, 여기서는 천주교 책자나 그림 같은 것을 가리킨다.

3. **그 괴수된 …… 형편입니다**　1795년 공조 판서 이가환을 천주교도로 공격한 박장설의 상소에도 불구하고, 정조가 이가환을 특별히 충주 목사로 보임한 사실을 거론한 것이다.

_{부附} 감사의 자핵소_{自劾疏}[4] 초본

신_臣은 지난번에 사학의 무리로 오랫동안 수감되었던 이존창_{李存昌}을 석방하는 일로써 장계를 올려 청하여 윤허를 받았습니다.

성군_{聖君}의 덕은 생명을 살리기를 좋아하고 신묘한 무위_{武威}는 죽이지 않는지라,[5] 신은 바야흐로 손 모아 우러르며 공경하고 칭송하기에 겨를이 없는데, 어렴풋이 듣자니 물의가 비등하여, 신이 벌주어 다스리기를 느슨히 하고 미연에 방지하는 것마저 엄하지 못하여 법이 마침내 제대로 적용되지 못하고 말세의 풍속이 정화되기 어렵게 되었다고 합니다. 신은 진실로 놀랍고 부끄럽고 두렵고 떨리어 몸둘 바를 모르겠으며, 소홀하고 경솔한 죄는 신에게 실로 있으므로 책망하고 처벌하시기를 공손히 기다릴 뿐 어찌 감히 스스로 해명하오리까?

신은 외람되게도 변변치 못한 주제에 한 도_道를 황공하게 맡았으나 그 직분을 생각하면 임금의 교화를 받들어 선포하는 처지에 있습니다. 무릇 만에 하나라도 왕명을 선양해야 할 몸으로서 형벌이 한결같지 못하여 민심이 안정되지 못하는 일이 있다면 이 역시 제 책임이 아니겠습니까?

엎드려 생각하건대, 조정이 이런 어리석은 백성들에게 본시 바라

---

4. **자핵소自劾疏** 자신의 허물을 스스로 탄핵하는 상소를 이른다. 정조 23년(1799) 6월 충청 감사 이태영李泰永이 이존창을 석방한 조치로 인해 조정에서 비방을 입자 그의 요청을 받고 대신 지어 준 글이다. 국립중앙도서관 온재문고 소장 『연암집목록』에는 「대충청감사 변방소」代忠淸監司辨謗疏로 기록되어 있다. 앞의 편지(「순찰사에게 답함 2」)는 이 문제와 관련하여 이태영과 상의한 글이다.

5. **신묘한 …… 않는지라** 원문은 '神武不殺'인데, 『주역』 「계사전 상」繫辭傳上에 나오는 말이다. 옛날의 총명하며 슬기로운 임금은 형살刑殺을 사용하지 않고도 신묘한 무위武威로 만민을 복종시켰다고 하였다.

318 연암집 제2권

는 것은 미혹과 잘못을 깨닫게 하여 형정刑政을 번거롭게 아니 하고도 성상의 교화에 복종하게 만들자는 것입니다. 그러므로 윤상倫常을 무시하고 무너뜨린 권가權哥와 윤가尹哥 같은 놈[6]은 서슴없이 사형을 가하였으나, 마음을 잡고 허물을 고친 필공必恭 같은 놈은 곧 적당한 벼슬자리로 보답을 주었습니다. 봄철에 살려 주고 가을에 처형하는 것은 모두 성상의 권능이니, 정말로 도깨비가 태양을 피해 숨고 얼음과 눈이 훈풍을 만난 것과 같을 터입니다. 그런데 존창은 어떤 놈이기에 감히 시골구석에서 숨바꼭질하며 처박혀서 옛 버릇을 고치지 않았는데도 여전히 천지 사이에 용납한단 말입니까?

지난번 조정에서 신하들의 의견을 수합하던 날에, 충청도의 괴수로 지목하고 사학의 소굴이라 지칭하지 않은 이가 없었으니, 법을 집행하기로 논하자면 누구인들 그자를 죽여야 한다고 아니 하리까? 신역시 일찍이, '그자의 사람됨은 필시 지극히 흉악하고 참람하지만 약간의 지체와 문벌이 있어 한 고을에서 걸출하게 명망이 높든지, 그렇지 않으면 필시 언어와 외모가 사람을 움직일 만하고 식견과 지혜가대중을 현혹시킬 만하리라' 추측했습니다.

또한 들건대 그 무리가 실로 많아서, 서로 번갈아 방문하며 술과음식을 가득 차려 내오고 양식도 넉넉히 대 주었다 합니다. 이를 근심하고 분해하는 것은 실로 여론과 같으니, 이런 놈을 공공연히 처단하지 않는다면 국법이 어찌 되며 민속이 어찌 되겠습니까?

급기야 신이 이 도를 맡은 이래로 엄밀히 조사하고 물샐틈없이염탐했더니 직접 본 것이 전해들은 것과 사뭇 달랐으며, 지난날 멀리서 추측했던 것은 대개 지나친 염려였습니다. 그자의 말을 들어 보

---

6. **윤상倫常을 ⋯⋯ 놈** 1791년 전라도 진산珍山에 살던 양반이자 천주교도로서 조상의 제사를 폐하고 위패를 불살라 버린 윤지충尹持忠과 그의 외종형인 권상연權尙然을 가리킨다.

고 얼굴을 살펴보았더니 바로 무식한 일개 평민이고, 괴수라는 지목
은 너무도 들어맞지 않았습니다. 5년을 옥에 갇혀 있는 동안에 아무
도 뒷바라지하는 자가 없었으며, 실낱같은 목숨을 여전히 이어 가면
서 딴 죄수가 먹다 남은 찌꺼기를 바라고 있었으니, 소굴이란 지칭은
그놈에게는 곧 과분한 말입니다.

　　자세히 그 실정을 추구해 보면, 그는 곧 곤궁한 백성 중에 조금
교활한 자입니다. 추측건대 선비가 되기에는 일족이 미약하여 그 축
에 끼이지 못하고, 농민이 되자니 농사지을 힘이 없고, 바치가 되자
니 솜씨가 모자라고, 장사치가 되자니 밑천이 없고 해서, 사민四民 가
운데 어디고 몸을 붙일 곳이 없었으며, 설령 중을 부러워한들 처자가
거추장스럽고, 차라리 도둑질을 배우자니 양심은 그래도 남아 있었을
것입니다. 글자를 좀 안다는 것이 그놈에게는 재앙이요, 좌도左道와
사경邪徑[7]이 지름길인즉, 요행으로 가난에서 벗어나기를 바라서 속이
고 꾀는 것으로 일을 삼았습니다. 본죄를 제외하고 이것만으로도 확
실히 용서할 수 없으나, 이와 같은 부류가 또한 어찌 이놈뿐이겠습니
까? 그런데 금령이 내린 뒤에 제일 먼저 잡혀 왔기 때문에 마침내
괴수로 만들어져, 혹은 강제로 굴복받기에 급하여 지레 태형을 가하
고, 혹은 엄포를 놓는 것이 적절치 못하고 알아듣게 타이른다는 것이
방법상 잘못되었으며, 혹은 윽박질러 야소를 저주하고 천주를 배척하
게 하여 그 향배向背와 진위를 시험해 왔던 것입니다.

　　저들이 하늘을 사칭해서 '천주'라는 이름을 만든 것은 너무도 불
경스러우나, 이따위 어리석은 백성들로서는 더욱 저들의 마음에 의혹
이 생기기를 '내가 즐기는 것은 선행이요 공경하는 바는 하늘인데,
어찌하여 나의 선행을 막으며 나의 공경을 금한단 말인가?' 하여, 드

---

7. **좌도左道와 사경邪徑**　둘 다 사교邪教를 뜻하는 말이다. 여기서는 천주교를 가리킨다.

디어 그 사심邪心을 더욱더 굳히며, 마치 그를 위하여 제 몸을 바치는 것을 당연한 것처럼 생각하고 있습니다. 속고 혹함이 이 지경에 이르고 보면, 차꼬나 오랏줄 따위는 한갓 헛된 물건일 뿐입니다.

그렇다면 명리命吏(조정에서 임명한 관리)된 자로서는 마땅히 성세聖世의 백성을 교화하고 풍속을 도탑게 하려는 지극한 뜻을 공경히 받들어, 임금이 질秩·서敍·명命·토討하게 된 까닭과 피詖·음淫·사邪·둔遁의 말이 진실과 다른 바를 빨리 밝혀, 전부터 물들었거나 새로 퍼져가는 나쁜 풍속이 밝은 등불과 촛불 같은 임금의 교화 아래 저절로 사라지고, 허공을 거쳐 간 구름인 양 자취가 없게 해야 할 것입니다.[8] 무슨 까닭으로 한 놈의 거렁뱅이 같은 놈을 붙잡으면 마치 대적大敵이 우뚝 마주 선 것같이 여겨, 나라의 위엄을 함부로 사용하여 힘으로 억제하려 들다가, 급기야 일이 난처한 지경에 다다르면 곧 조정에 떠넘기며 이와 같이 당황한단 말입니까?

신이 지난번에 요청한 일은 과연 제 마음대로 곧바로 실행한 것이나, 그 천심淺深과 경중輕重에 대해서는 나름대로 요량한 바 있었던 것입니다. 전후로 사학을 배우고 익힌 자들이 비록 한 꿰미에 꿴 듯하지만, 사족士族과 천민은 차등이 없을 수 없고, 전문적으로 한 자와 그에 의해 오도된 자도 역시 등분이 있습니다. 저 존창은 권가와 윤가 두 역적에 비하면 강상綱常의 죄를 범한 흔적이 없을 뿐더러, 필공에 비하면 미혹을 깨친 마음이 상당히 있사옵니다. 전자로 따지면 차등의 형률을 적용함이 합당하고, 후자로 따지면 마땅히 참작하여 용서하는 죄목에 해당됩니다. 그가 써서 바친 자술서를 보면 비록 문리는 제대로 통하지 않으나 뉘우침이 뼈에 사무쳐, 성세聖世의 평민

8. **임금이 …… 것입니다**　『연암집』 권2 「순찰사에게 답함」(答巡使書) 첫 번째 편지에 동일한 구절이 나온다. 질秩·서敍·명命·토討와 피詖·음淫·사邪·둔遁에 대해서는 304쪽 주6, 7 참조.

이 되기를 소원하는 말뜻이 너무도 애절하여 사람을 족히 감동시키고도 남습니다. 국가가 이런 오도된 자들에 대해서도 잡히는 대로 바로 처단한다면 그만이겠으나, 만약 그 미혹을 깨닫는다면 죽이지 않을 것을 허락해야 마땅할 것입니다.

만약 그자의 쓰라린 뉘우침이 진실로 그 말과 같다면, 국가로 보자면 평민 한 명을 얻는 것에 불과합니다. 만약 그렇지 못한 경우에 죽여 없애 착한 사람들이 물들어 변하지 않도록 하는 것은 형정刑政의 한 가지 일에 불과합니다. 만약 그 죄상을 찾아냈다면 이른바 '불쌍히 여겨야지 기뻐하지 말라'고 할 따름입니다.

만일 진위를 알기 어렵고 번복할 것이 염려스럽다 하여, 기왕지사를 깊이 캐어 들어가고 기어이 소굴을 찾아내어, 사는 것도 아니요 죽는 것도 아닌 처지에 몰아넣고 사람 세상도 귀신 세상도 아닌 경계 지대에 길이 가두어 둔다면, 이는 지난번 신이 말한 '형벌이 한결같지 못해 민심이 안정되지 못한다'는 경우이니, 사소한 일이 아닙니다. 이렇게 된다면 비단 전날에 자복한 무리들이 의구심을 일으키게 될 뿐 아니라, 또한 뒷날에 감화될 무리들도 당연히 주저하는 생각을 품게 될 터입니다. 이것이 신이 밤낮으로 마음을 놓지 못하고, 조정에서 기대하는 풍속 교화를 저버리게 될까 두려워하는 바입니다.

우리 백성으로 하여금 반신반의하게 하기보다는 차라리 일개 존창에 대해 법을 제대로 적용하지 못한 실수를 하는 편이 나을 것이니,[9] 신의 구구한 어리석은 소견은 과연 후자에 있었던 것이지 전자에 있었던 것은 아닙니다.

---

9. 차라리 …… 것이니   원문은 '寧失不經於一存昌'인데, 『서경』 「대우모」大禹謨에서 고요皐陶가 "죄 없는 사람을 죽이기보다는 차라리 법을 제대로 집행하지 못한 실수를 하는 편이 낫다"(與其殺不辜 寧失不經)고 하였다. 사형을 가하지 않고 경솔히 풀어 주는 실책을 범하는 편이 낫다는 뜻이다.

족손族孫 증贈 홍문관 정자弘文館正字 박군朴君 묘지명[1]

원임原任 이조 판서 박공 상덕朴公相德[2]이 맏아들 급제군及第君 수수綏壽의 상喪을 당했다. 경經에 맏아들을 위해 삼 년의 복을 입는다고 하였으니,[3] 대개 그의 조부인 예조 참판 증贈 영의정 부군府君 휘諱 아무[4]와, 선친 진사

---

1. **족손族孫 …… 묘지명**　　정자正字는 홍문관의 정9품 벼슬이다. 동일한 제목의 글이 윤광심尹光心의 『병세집』幷世集에도 실려 있는데 내용이 크게 차이 난다. 『운산만첩당집』 중 이 글에 붙인 이재성李在誠의 평어에 "고친 원고가 처음 원고만 못하다"(改本不如草本)고 했는데, 『병세집』에 실린 글은 여기서 말한 '처음 원고'가 아닌가 한다.

2. **박공 상덕朴公相德**　　상덕相德은 박종덕朴宗德(1724~1779)의 초명初名이다. 박종덕은 이조 판서로 전후 18년간이나 재임하였으며, 시호는 효헌孝憲이다. 그의 조부는 박사정朴師正(1683~1739)인데 예조 참판을 지냈으며 연암에게는 재종숙부가 된다. 연암이 지은 묘갈명과 묘표음기墓表陰記가 각각 『연암집』 권3과 권9에 수록되어 있다. 박종덕의 부친은 박흥원朴興源(1708~1736)인데 진사 급제 후 요절하였다.

3. **경經에 …… 하였으니**　　『의례』儀禮 「상복」喪服에 "아버지는 맏아들을 위해 참최斬衰의 복을 입는다"(父爲長子)고 하였다. 적장자嫡長子는 장차 대종大宗이나 소종小宗의 종주宗主가 되기 때문이다. 『예기』 「대전」大傳에 "서자庶子는 맏아들을 위해 3년의 복을 입을 수 없으니 그 맏아들은 선조를 계승할 수 없기 때문이다"(庶子不得爲長子三年 不繼祖也)라고 하였다.

4. **아무**　　원문은 '某'인데, 김택영 편 『연암속집』燕巖續集과 『중편연암집』에는 '師正'으로 이름을 밝혀 놓았다.

進士 증 이조 판서 부군 휘 아무[5]를 계승하여 따로 종宗이 되었기 때문이다.[6] 장차 모년 모월 모일에 파주坡州 광현筐峴 모 좌향坐向의 벌에 장사할 예정이다.

공은 지원趾源의 손을 잡고 울면서 말했다.

"내 아이가 일찍이 숙부님의 글을 몹시 좋아했으니, 숙부님이 지은 묘지명을 얻음으로써 죽은 자를 불후不朽하게 하고, 그뿐 아니라 산 자도 가끔 읽어 보고 그의 용모와 목소리를 상상함으로써 무궁한 그리움을 메워 볼까 합니다."

지원은 공에게,

"예예, 알겠습니다."

하고 답하였다.

박씨朴氏는 여덟 망족望族(명망 높은 씨족)이 있는데[7] 그중에 반남潘南을 본관으로 한 박씨가 일족도 많고 크게 출세하였다. 다만 그 천성의 졸박拙朴함을 성자姓字와 함께 얻어서, 대대로 전해 내려오는 모범이 다른 씨족과는 크게 달랐다. 모두들 안에서는 부형을 스승으로 섬기고, 밖에서는 결코 허황되게 남을 부러워하지 않으며, 명론名論[8]은 집 밖을 벗어나지 않고 발걸음이 뒷골목에 미치는 일이 드물었다.

그중에 곤궁한 자는 춥고 배고픈 데에 이골이 나서 삼가 자신의 분수에 충실할 뿐이며, 현달한 자는 겸양과 염치를 길러 혹시라도 선비의

---

5. **아무**　　원문은 '某'인데, 김택영 편 『연암속집』과 『중편연암집』에는 '興源'으로 이름을 밝혀 놓았다.

6. **따로 …… 때문이다**　　소종小宗이 되었다는 뜻이다. 고래의 종법제도宗法制度에 의하면 무릇 고조高祖가 같은 형제들이 하나의 소종이 되며, 제5대가 되어 고조가 같지 않게 되면 별개의 소종小宗으로 나뉘게 된다.

7. **박씨朴氏는 …… 있는데**　　박씨 중 밀양密陽·반남·고령高靈·함양咸陽·죽산竹山·순천順天·무안務安·충주忠州를 본관으로 하는 이른바 '팔박'八朴을 가리킨다.

8. **명론名論**　　여러 가지 뜻이 있으나, 여기서는 사대부로서 처신하는 문제, 즉 출처出處의 명분名分에 관한 논의를 가리키는 듯하다.

본색을 벗어날까 두려워했고, 어진 이는 스스로 터득하기에 있는 힘을 다하고 선善을 보면 단단히 지키며,[9] 어리석은 자는 차라리 고루하고 견문이 적은 탓으로 떨쳐 일어나지 못할망정 세상 돌아가는 대로 따라가기를 좋아하지 않았다. 순박하고 촌스럽고 비타협적이고 어눌함으로써 확연히 남다른 하나의 가풍을 이루었으며, 이른바 세태와 시속時俗이란 것은 배우고 싶어도 능하지 못할 뿐만 아니라, 귀 기울이고 눈길 돌릴 줄도 모르니 물들려야 물들 수도 없었다. 많은 사람들이 모인 속에 부끄러움으로 그 낯빛을 붉힌 채 마치 농사꾼이 번화가를 걷듯 하는 자[10]는 물을 것 없이 우리 박씨였다.

　그러므로 비록 공이 일찌감치 귀한 신분이 되었으나 홀笏을 쥐고 허리띠를 드리운 채[11] 조정에서 행동하는 것을 살펴보면, 그의 가풍을 스스로 증험하기에 충분하였다. 그러나 세간에서는 간혹 우리 집안사람들의 성품이 이러한 줄은 모르고, 남과 친히 할 때 조금 곰살궂지 못하면 오만한 게 아닌가 자못 의심하며, 응대하는 일에 왕왕 소홀하다 보면 도리어 뻣뻣한 탓으로 돌리어, 모두 이르기를 '반남 박씨란 거들먹거릴 것도 없으면서 제멋대로 교만하다' 하였다. 그러므로 자제 중에 총명하고 재주

9. 선善을 …… 지키며　『중용장구』제20장에 "성실하고자 하는 자는 선善을 가려서 단단히 지키는 자이다"(誠之者 擇善而固執之者也)라고 하였다.
10. 부끄러움으로 …… 자　원문은 '其色板板然若夏畦之行于莊嶽者'인데, 『맹자』 「등문공 하」에서 유래한 표현들로 점철되어 있다. 자로子路는 "남들과 의견이 합치되지 않는데도 그들과 이야기하는 사람은 그 낯빛을 살펴보면 부끄러움으로 벌겋다(觀其色板板然). 이와 같은 처신은 내가 알 바가 아니다"라고 하였고, 증자曾子는 "어깨를 움츠리고 억지 웃음 짓는 것이 여름철 밭일하기(夏畦)보다 괴롭다"고 하였다. '하휴'夏畦는 농사꾼이란 뜻으로도 쓰인다. 또한 맹자는 말하기를, 제齊나라 대부大夫가 아들에게 말을 가르칠 때 그 아들을 데려다 장莊과 악嶽의 사이에 수년간 두면, 아무리 회초리질을 하며 제나라 말 대신 초楚나라 말을 배우게 강요한들 불가능하다고 하였다. 장과 악은 각각 제나라의 도읍 안에 있던 거리와 마을 이름이라고 한다.
11. 홀笏을 …… 채　임금 앞에서 신하는 반드시 홀을 손에 쥐어야 한다. 임금을 모시고 있을 때에는 허리를 굽히고 있으므로 관복의 허리띠가 아래로 드리워지게 된다. 『禮記』 「玉藻」

있어 조금이라도 그런 티를 드러내는 자가 하나라도 있으면, 집안끼리 모여서 두려워하며 '이놈은 어째서 우리 집안의 상규常規와 다른가'라고 하였다.

내가 일찍이 보니 망자亡者(박수수를 가리킴)는 재주가 그렇게 아름다운데도 오히려 집안에서라도 드러날까 두려워하여 스스로 두텁게 가리고 숨기느라 겨를이 없었는데, 하물며 딴 사람에게야 말할 것이 있겠는가. 비록 과거에 우연찮게 급제하기는 했지만 담박하여 흥미 없어 했으며, 수시로 먼 데를 바라보며 사모하기를 마치 학이 새장 안에 있는 것같이 하였다. 그러나 답답한 심정을 이야기할 상대가 없으니 홀로 술로써 속을 풀었다. 거처하는 방에는 먼지가 뽀얗고 책상에는 초라한 두어 질의 책뿐으로, 항상 하루 묵고 가는 주막집과 같았다. 감사로 나가는 아버지를 여러 번 따라다녔으나 상자 속에는 먹 한 자루도 저장하지 않았으며, 일찍이 벼룻집을 만들고 싶었으나 그 품삯을 걱정하여 그만두었으니 그 졸박함이 이와 같았다.

평양은 도읍이 화려하고 돈이 물 흐르듯 하며, 높고 큰 누대들이 많아서 사방에서 유람객들이 몰려들어 오고 맑은 노래와 절묘한 춤이 노상 좌우에 있었지만, 군君은 바야흐로 고개를 공손히 숙이고 날마다 정문程文[12]을 공부하였다. 문밖에는 신 두 켤레밖에 없었으니, 다른 한 사람은 바로 동접同接의 선비였다. 때로는 스스로 아이종에게 술 한 병을 들려 따르게 하고서, 훌쩍 홀로 걸어 나가 먼 곳을 내려다보며 시를 읊조리곤 하였다. 홀홀하기가 지나가는 나그네와 같았으니, 전 감영의 군교軍校와 이졸吏卒들도 군이 관아에 있는 줄을 아는 자가 없었다. 그런 군을 누가 조롱하였더니, 군은 사과하기를 "집에 있으면 감독監督이요,[13] 관아에 있으

---

12. **정문程文**　과거 응시자가 지어 바치는 일정한 격식의 문장을 이른다.
13. **집에 있으면 감독監督이요**　『사기』 권41 「월왕구천세가」越王句踐世家에 "집에 맏아들이 있으면 그 집안의 감독이라 한다"(家有長子曰家督)고 하였다.

면 나그네이지요"라 하였다.

아! 공公은 아비가 된 29년에 그 아들에 대해 안 것이라곤 오직 효도하고 우애하고 공손하고 검박하여 가풍을 잃지 아니하고, 자신의 곤궁함과 현달함, 어짊과 어리석음에 대해서는 전혀 걱정하지 않는다는 것뿐이었다. 그의 맑고 트인 흉금이라든가 빛나고 화려한 문장 같은 것은 역시 어느 것도 알 수가 없었으니, 군의 어짊이 남보다 크게 나은 점이 있었지만 지금 그를 대신해서 그의 평생을 자상히 말하여 공의 마음을 거듭 아프게 하는 것은 차마 못할 일이다.

공은 듣고서 너무도 애통하여,

"과연 그랬군요![14] 과연 그랬다면 산 자의 원통함이 죽은 자보다 더욱 심하니, 이로써 묘지墓誌를 지어 주기 바랍니다."

하므로, 드디어 그 말을 적고 나서 다음과 같이 서문을 붙인다.

군의 자字는 공리公履요, 모친은 정부인貞夫人 평산 신씨平山申氏로, 첨정僉正(종4품 벼슬) 흡翕의 따님이다. 군은 지금 임금 갑자년(1744, 영조 20)에 태어나서 임진년(1772, 영조 48) 모월 모일에 죽었다. 23세에 진사시에 합격하고[15] 28세에 문과文科에 합격하였다. 그 이듬해에 죽었으므로 미처 분관分館[16]을 못한 까닭에 관례에 따라 홍문관 정자를 증직贈職하였다. 현감縣監 한산韓山 이응중李應重의 따님을 아내로 맞아 딸 하나를 두었는데 현재 다섯 살이다.

군이 바야흐로 처음 벼슬길에 올라 장차 그의 가문을 이어 갈 터였

---

14. **과연 그랬군요**　원문 '有是哉'는 『논어』 「자로」子路 제3장에 나오는 구절인데 여러 가지 해석이 있다. 이에 대해 다산茶山은 『논어고금주』論語古今注에서 '예전부터 의심하던 것이 이제 증명되었다는 말'이라 해석하였다.

15. **23세에 …… 합격하고**　착오인 듯하다. 『사마방목』司馬榜目에 의하면 박수수는 그의 나이 22세 때인 영조 41년(1765) 식년시에 생원生員으로 급제하였다.

16. **분관分館**　문과에 급제한 사람을 승문원承文院, 성균관成均館, 교서관校書館의 세 관청에 나누어 배치하여 일종의 임시직인 권지權知라는 이름으로 실무를 익히게 하는 일을 이른다.

으나, 다만 술에 병들어 갈수록 더 마시다가 황달이 들었다. 하루는 거울을 끌어다 자기 얼굴을 비춰 보고는 땅에 내던지며,

"내가 어찌 오래가겠나."

하고서, 공중에 대고 글자나 쓰며[17] 무슨 생각이 있는 것 같더니, 이내 의관을 정제하고 부모님께 나아가 영이별을 고하는데 말이 너무나도 비창하였다. 온 집안이 크게 놀라며 비로소 그가 병든 줄 알고 바야흐로 의원을 맞다 황달을 치료했으나 이미 늦어서, 군은 병으로 인해 혀가 굳어 말을 못 한 채 며칠 만에 죽었다. 그는 사람 관상을 잘 보아 왕왕 기가 막히게 맞추었다. 명銘은 다음과 같다.

귀하게 되면 인색해지고	貴之徵嗇
부유해지면 더러워지고[18]	富之徵濁
오래 살면 포악해진다	壽之徵虐
인자하고 진실한 자에겐 요절이 뒤따르고	慈諒者天之躃
깨끗하여 찌끼 없는 자에겐 가난이 깃들고	皭無滓者貧之宅
잘 베풀고 많이 주는 자는 고관이 못 된다	好施多予者無高爵
이 여섯 가지 덕 중에 어느 것을 택할꼬	于玆六德吾將焉擇
아! 못난 자식에겐 격려하여 일으켜 세우고	吁不肖者勸以作
얌전한 자에겐 가로막아 억누르다니	愷悌者沮而抑
내 말을 못 믿거들랑 여기 새긴 글월을 보소	有不信視此刻

---

17. **공중에 …… 쓰며** 원문은 '書空'인데, 진晉나라 은호殷浩의 고사에서 나온 말로 크게 실망한 경우를 비유할 때 쓴다. 260쪽 주3 참조.
18. **부유해지면 더러워지고** 부정한 방법으로 부자가 된 것을 '탁부濁富'라고 한다. 청빈淸貧의 정반대가 되는 말이다.

＊　＊　＊

　　얼굴을 그려 낸 글로는 천고에 사마천司馬遷 같은 이가 없다. 그는 매양 사람의 흠 있는 부분이나 결여된 부분에 대해 반드시 있는 힘을 다해 그려 내었다. 요컨대 흠 있는 부분이나 결여된 부분은 그 사람의 여백이지만, 그 여백이야말로 그 사람의 정신이 깃들어 있는 곳임을 알아야 한다. 정신이란 이른바 "붓을 들어 표현하기 이전에 있으며, 표현된 문장 너머에 있다" 는 것이다. 대가미戴葭湄[19]가 남의 얼굴을 그리면서, "그 얼굴이 둥글면 모나게 그려 내고, 그 얼굴이 길면 짧게 그려 낸다. 그린 것은 모나고 짧지만, 초상은 둥글고 길다" 하였는데, 이 말은 문장가에게 가장 합당하다 하겠다. 나는 여러 사람들이 모인 속에서 이 사람(박수수)을 한 번 본 적이 있는데, 지금 이 글을 읽고는 글 짓는 요령을 대략 터득하였다.

---

19. **대가미**戴葭湄　　가미葭湄는 청대淸代 초상화의 대가인 대창戴蒼의 자字이다.

맏누님 증贈 정부인貞夫人 박씨 묘지명

유인孺人[1]의 휘諱는 아무요 반남 박씨이다. 그 아우 지원趾源 중미仲美(연암의 자)가 다음과 같이 기록한다.

유인은 16세에 덕수德水 이택모 백규李宅模伯揆[2]에게 출가하여 1녀 2남을 두었으며 신묘년(1771, 영조 47) 9월 초하룻날에 돌아갔다. 향년은 43세이다. 남편의 선산이 아곡鵶谷[3]에 있었으므로 장차 그곳 경좌庚坐의 묘역에 장사하게 되었다.

백규가 어진 아내를 잃고 난 뒤 가난하여 살아갈 방도가 없게 되자, 그 어린것들과 여종 하나와 크고 작은 솥과 상자 등속을 끌고서 배를 타

---

1. **유인孺人**　　벼슬하지 못한 선비의 아내를 사후에 일컫는 존칭이다. 덕수 이씨德水李氏 족보에 의하면, 박씨의 남편인 이현모李顯模는 나중에 종2품 벼슬인 동지중추부사同知中樞府事를 지냈으며 이에 따라 그의 선친 이유李游에게도 참판이 증직되었던 것으로 기록되어 있다. 그러므로 부인 박씨에게도 추후에 정부인貞夫人의 봉작封爵이 내렸던 듯하다.

2. **이택모 백규李宅模伯揆**　　택모宅模는 이현모李顯模(1729~1812)의 처음 이름이다. 백규伯揆는 그의 처음 자이고, 나중에 이름을 고치면서 자도 회이誨而로 고쳤다. 이현모는 택당澤堂 이식李植의 후손이다.

3. **아곡鵶谷**　　지금의 경기도 양평군楊平郡에 통합된 지평현砥平縣에 있었다.

고 가 협곡으로 들어갈 양으로 상여와 함께 출발하였다. 중미는 새벽에 두포斗浦[4]의 배 안에서 송별하고, 통곡한 뒤 돌아왔다.

아, 슬프다! 누님이 갓 시집가서 새벽에 단장하던 일이 어제런 듯하다. 나는 그때 막 여덟 살이었는데 버릇없이 드러누워 말처럼 뒹굴면서[5] 신랑의 말투를 흉내내어 더듬거리며 정중하게 말을 했더니, 누님이 그만 수줍어서 빗을 떨어뜨려 내 이마를 건드렸다. 나는 성이 나서 울며 먹물을 분가루에 섞고 거울에 침을 뱉어 댔다. 누님은 옥압玉鴨과 금봉金蜂[6]을 꺼내 주며 울음을 그치도록 달랬었는데, 그때로부터 지금 스물여덟 해가 되었구나!

강가에 말을 멈추어 세우고 멀리 바라보니 붉은 명정이 휘날리고 돛 그림자가 너울거리다가, 기슭을 돌아가고 나무에 가리게 되자 다시는 보이지 않는데, 강가의 먼 산들은 검푸르러 누님의 쪽 찐 머리 같고, 강물 빛은 거울 같고, 새벽달은 고운 눈썹 같았다.

눈물을 흘리며 누님이 빗을 떨어뜨렸던 일을 생각하니, 유독 어렸을 적 일은 역력할 뿐더러 또한 즐거움도 많았고 세월도 더디더니, 중년에 들어서는 노상 우환에 시달리고 가난을 걱정하다가 꿈속처럼 훌쩍 지나

---

4. **두포斗浦**　『병세집』에는 '두포'豆浦로 되어 있다. 두포豆浦는 곧 두모포豆毛浦를 가리킨다. 『南溪集』 권67 「玄石滄浪亭記」 『無名子集』 詩稿 册一 「步到豆毛浦乘船向楊根」 『日省錄』 正祖十年五月丙寅 「命宣傳官李永秀宣諭豆浦民人」 두모포는 지금의 한강 동호대교 북단인 서울 성동구 옥수동 옥정초등학교 부근에 있던 유명한 나루였다. 우리말로는 '두뭇개'라고 했는데, 이는 한강과 중랑천의 두 물이 합류하는 곳이라는 뜻에서 유래한 지명이라 한다. 이와 같이 두모포豆毛浦가 원래 '두뭇개'를 음차音借한 것이었으므로, 그 준말인 '두포'豆浦를 한자음이 같은 '두포'斗浦로 적기도 했던 듯하다.
5. **말처럼 뒹굴면서**　원문은 '馬驦'인데 말이 토욕土浴하는 것, 즉 땅에 뒹굴며 몸을 비벼 대는 것을 말한다.
6. **옥압玉鴨과 금봉金蜂**　옥압은 오리 모양으로 새긴 옥비녀를 가리킨다. 비슷한 것으로 옥봉玉鳳, 옥연玉燕 등이 있다. 또 금으로 나비나 잠자리 모양 등을 만들어 비녀 위에 장식하는 것을 금충金蟲이라 한다. 금봉金蜂은 금으로 벌 모양을 만든 그와 같은 수식首飾을 가리킨다.

갔으니 남매가 되어 지냈던 날들은 또 어찌 그리도 빨리 지나갔던고!

떠나는 이 정녕히 다시 온다 다짐해도	去者丁寧留後期
보내는 이 눈물로 여전히 옷을 적실 텐데	猶令送者淚沾衣
조각배 이제 가면 어느제 돌아오나	扁舟從此何時返
보내는 이 헛되이 언덕 위로 돌아가네[7]	送者徒然岸上歸

❋　❋　❋

인정人情을 따른 것이 지극한 예禮가 되었고, 눈앞의 광경을 묘사한 것이 참문장이 되었다. 문장에 어찌 일정한 법이 있었던가? 이 글을 옛 사람의 문장을 기준 삼아 읽는다면 당연히 이의가 없겠지만, 지금 사람의 문장을 기준 삼아 읽기 때문에 의아해하지 않을 수 없는 것이다. 상자 속에 감추어 두기 바란다. ─ 중존仲存(이재성의 자) ─

---

7. **떠나는 …… 돌아가네**　명銘을 대신하여 7언 절구를 실었다. 『과정록』 권1에서 이덕무李德懋는 「배에서 누님의 상여 행차를 송별하며」(舟送姉氏喪行)란 제목으로 이 시를 소개한 뒤 이를 읽고 "눈물이 줄줄 흐르는 것을 스스로 금할 수 없었다"고 하였다.

맏형수 공인恭人 이씨李氏 묘지명[1]

공인의 휘諱는 아무이니 완산完山(전주全州) 이동필李東鉍의 따님이요, 왕자 덕양군德陽君[2]의 후손이다. 16세에 반남潘南 박희원朴喜源에게 출가하여 아들 셋을 낳았으나 다 제대로 기르지 못했다.

공인은 평소 여위고 약하여 몸에 온갖 병이 떠날 새가 없었다. 희원의 조부는 당세에 이름난 고관으로서 선왕 때에 매양 한漢나라 탁무卓茂의 고사[3]를 들어 벼슬을 올려 주었다.[4] 그러나 그분은 관직에 있을 때에 조

---

1. **맏형수 …… 묘지명**　공인恭人은 정5품 또는 종5품 벼슬아치의 부인에게 내린 벼슬을 이른다. 연암은 이 묘지명의 글씨 역시 중국인에게 받아 오도록 사행使行 편에 부탁하여, 서대용徐大榕이 그의 외종제 양정계楊廷桂의 글씨를 부쳐 왔다고 한다. 『熱河日記』 「避暑錄」
2. **덕양군德陽君**　중종中宗과 숙원淑媛 이씨李氏 사이에서 출생한 왕자인 이기李岐(1524~1581)의 봉호封號이다.
3. **탁무卓茂의 고사**　탁무(?~28)는 남양南陽 사람으로 자는 자강子康이다. 전한前漢 원제元帝 때에 통유通儒로 불려 시랑侍郞에 천거되기도 하였고, 밀현령密縣令이 되어서 선정을 베풀기도 하였다. 왕망王莽이 집권할 때 벼슬을 내렸으나 병을 핑계 대고 사직하였다. 광무제光武帝가 즉위하자 민심을 수습하는 차원에서 그를 태부太傅로 발탁하고 포덕후褒德侯에 봉하였다. 『後漢書』 卷55 「卓茂列傳」

금도 재산을 늘려서 자손에게 물려주지 않았으므로 청빈淸貧이 뼛속까지 스몄으며, 별세하던 날에 집안에는 단 열 냥의 재산도 남겨 둔 것이 없었다. 게다가 해마다 거듭 상喪을 당했다.[5]

공인은 힘을 다하여 그 열 식구[6]를 먹여 살렸으며, 제사 받들고 손님 접대하는 데에 있어서도 명문대가의 체면이 손실되는 것을 부끄러이 여겨 미리 준비하고 변통하기 거의 20년 동안에, 애가 타고 뼛골이 빠졌어도 저축해 둔 근소한 식량마저 거의 바닥이 나게 되니, 마음이 위축되고 기가 꺾이어 마음먹은 뜻을 한 번도 펴 본 적이 없었다. 매양 늦가을에 나뭇잎이 지고 날이 차지면 마음이 더욱 허전하고 좌절됨으로써 병이 더욱 더치어, 몇 해 동안을 끌더니 마침내 지금 임금 2년 무술년(1778) 7월 25일에 돌아갔다.

아! 가난한 선비의 아내를 옛사람은 약소국의 대부大夫에 견주었거니와,[7] 다 기울어져 가는 나라를 지탱하려 하나 언제 망할지 모르는 지경인데도 능히 제 힘만으로 외교사령外交辭令을 잘하고 나라의 체모를 갖추었

---

4. **희원의 …… 올려 주었다**   희원의 조부는 자헌대부資憲大夫요 지돈녕부사를 지냈으며 시호를 장간章簡이라 한 박필균朴弼均(1685~1760)이다. 『연암집』권9에 실린 그에 대한 가장家狀에 의하면, 1758년 동지돈녕부사에 제수되어 입시入侍했을 때 영조英祖가 탁무의 고사를 들어 특별히 지중추부사에 제수했다고 한다. 『영조실록』 34년 7월 24일 조에 관련 사실이 기록되어 있다.

5. **게다가 …… 당했다**   1759년에 공인의 시어머니 함평 이씨咸平李氏가 사망한 데 이어 1760년 시조부 박필균이 사망하고, 1761년 시조모 여주 이씨驪州李氏가 사망하였다. 1767년에는 시아버지 박사유朴師愈가 사망하였다.

6. **열 식구**   시동생인 연암의 가족들을 포함한 숫자이다. 당시 연암의 가족은 부부와 1남 종의宗儀와 2녀로 모두 다섯 식구였다.

7. **가난한 …… 견주었거니와**   『주역』 「곤괘」困卦에 대한 정이천程伊川의 전傳에 구사九四의 효사爻辭를 풀이하면서, 처음에는 고생하지만 사필귀정事必歸正할 점괘이니 "가난한 선비의 아내와 약소국의 신하는 각자의 올바른 명분에 안주할 따름이다"(寒士之妻 弱國之臣 各安其正而已)라고 하였다.

던 약소국의 대부처럼, 가난한 선비의 아내로서 보잘것없는 제물이나마[8] 결코 제사를 거르지 않았으며 넉넉지 못한 부엌살림이나마 잔치를 너끈히 치러 냈으니, 어찌 이른바 몸이 닳도록 힘을 다하여 죽어서야 그만둔[9] 분이 아니겠는가?

시동생 지원趾源이 자식을 보아 막 탯줄을 끊자마자 공인이 사내임을 살펴보고서 드디어 아들을 삼았는데 그 아들이 지금 13세가 되었다.[10] 지원이 화장산華藏山[11] 속 연암燕巖 골짜기에 새로 살 곳을 정하고, 그곳의 산수를 좋아하여 손수 잡목 수풀을 베어 내고 수목에 의지하여 집을 만들었다.

일찍이 공인을 마주하여 말하기를,

"우리 형님이 이제 늙었으니 당연히 이 아우와 함께 은거해야 합니다. 담장에는 빙 둘러 뽕나무 천 그루를 심고, 집 뒤에는 밤나무 천 그루를 심고, 문 앞에는 배나무 천 그루를 접붙이고, 시내의 위와 아래로는 복숭아나무와 살구나무 천 그루를 심고, 세 이랑 되는 연못에는 한 말의 치어稚魚를 뿌리고, 바위 비탈에는 벌통 백 개를 놓고, 울타리 사이에는 세 마리의 소를 매어 놓고서, 아내는 길쌈하고 형수님은 다만 여종을 시켜 들기름을 짜게 재촉해서, 밤에 이 시동생이 옛사람의 글을 읽도록 도와주십시오."

8. **보잘것없는 제물이나마**　원문은 '澗蘩沼毛'인데 계곡물과 늪에 자란 산흰쑥과 풀들이라는 뜻으로, 『춘추좌씨전』 「은공」隱公 3년 조에 "진실로 분명한 믿음이 있다면, 계곡물과 늪가에 자란 풀이나 개구리밥·산흰쑥·조류藻類 같은 나물(澗谿沼沚之毛 蘋蘩薀藻之菜)도 …… 귀신에게 바칠 수 있고 왕공王公에게 드릴 수 있다"고 하였다.

9. **몸이 …… 그만둔**　원문은 '鞠躬盡瘁 死而後已'인데, 제갈량諸葛亮의 「후출사표」後出師表에 나오는 유명한 구절이다.

10. **지원趾源이 …… 되었다**　1766년에 연암의 장남 종의宗儀가 출생하였다.

11. **화장산華藏山**　황해도 개성 동북쪽, 금천군金川郡 내에 있는 산이다.

했다. 공인은 이때 비록 병이 심했으나, 자기도 모르게 벌떡 일어나 머리를 손으로 떠받치고 한 번 웃으며 말하기를,

"이는 바로 나의 오랜 뜻이었소!"

하였다.

그래서 같이 오기를 밤낮으로 간절히 바랐던 터인데, 심어 놓은 곡식이 익기도 전에 공인은 이미 일어나지 못하게 되었다. 마침내 관棺에 담겨 돌아와서 그해 9월 10일에 집의 북쪽 동산 해좌亥坐의 묘역에 장사하였으니, 공인의 생전의 뜻을 이뤄 드리고자 해서였다. 그 지역은 황해도 금천군金川郡에 속한다.

지원은 친구인 규장각 직제학 유언호兪彦鎬[12]에게 명銘을 청했다. 언호는 개성 유수開城留守로 갓 부임했는데, 지역이 연암 골짜기와 인접하여 장례를 도와주고 명도 지어 주었다. 그 명은 다음과 같다.

연암 골짜기는 산 곱고 물 맑은데	燕巖之洞山窈而水淥
여기에 시동생이 터를 닦았네	繄惟小郞之所營築
아! 온 가족 다 함께 은거하려 했더니[13]	嗚呼鹿門盡室之計
마침내 여기에 몸을 맡기셨도다	竟於焉而托體
안온하고도 견고하니[14]	旣安且固
후손들을 보호하고 도와주시리라	以保佑厥後

---

12. **유언호兪彦鎬** 1730~1796. 좌의정까지 지냈으며 시호는 충문忠文이다. 정조의 총애를 받아 정조 즉위년(1776) 음력 9월 규장각이 설치될 때 정3품 벼슬인 직제학直提學에 첫 번째로 제수되었으며, 또한 정조의 특지特旨로 이듬해 6월에는 개성 유수에 제수되었다.

13. **온 가족 …… 했더니** 후한後漢 때 방덕공龐德公이 처자를 이끌고, 지금의 호북성湖北省에 있는 녹문산鹿門山에 들어가 약초를 캐고 살았다는 고사에서 유래한 표현이다.

14. **안온하고도 견고하니** 묏자리를 가리켜 한 말이다. 한유韓愈의 「유자후묘지명」柳子厚墓誌銘의 명사銘辭에 "여기는 자후가 묻힌 곳, 견고하고도 안온하니(旣固旣安), 후손에게 복리福利를 가져다 주리라"라고 하였다.

＊　＊　＊

부드럽고 순하다(婉嫕), 엄하고 착하다(莊淑), 부지런하고 검소하다(勤儉)
는 등의 글자가 하나도 없는데도, 조상 제사를 받들고 집안을 다스리고
우애하고 인자하고 온화하고 유순한 공인의 덕이 눈으로 보는 듯이 상상
된다. 요컨대 지극히 참되고 지극히 깨끗한 글이다. 이 글을 읽으면 슬
픔과 탄식으로 사람을 감동시킨다. – 중존仲存 –

옛날에 원헌原憲은 "가난한 것이지 병든 것이 아니다"라고 말했는데,[15]
최근 세상의 가난한 선비 집안의 부인네들에게는 가난이 바로 병이요,
병이 바로 가난이다. 가난이라는 병이 단단히 엉겨 붙어 벗어 내고 떼어
버릴 길이 없어, 집집마다 똑같은 증세요, 사람마다 매한가지 빌미이다.
왕왕 진찰하여 그 원인을 찾아내도, 가려서 취해 쓸 만한 묘한 약방문이
없으며, 이와 같은 묘한 약방문이 있어 가려서 취해 쓴다 한들 또한 국
의國醫[16]가 없어 처방을 낼 수 없다.

엽전 꿰미가 관복에 수놓은 이무기가 서린 것 같고, 상자를 열면 베
와 비단이요, 쌀과 곡식이 창고에 가득 들어오면, 손으로 한번 어루만지
기만 해도 고통이 씻은 듯 가서 버리고, 눈을 들어 한번 보기만 해도 심
장이 튼튼해지고 구미가 돌아와서,[17] 죽다가도 되살아나니 이것이 바로

---

15. **원헌原憲은 …… 말했는데**　공자의 제자 원헌이 안빈낙도安貧樂道하며 살고 있었는데, 출세한
자공子貢이 찾아와 그를 보고는 탄식하며 무슨 병이 있느냐고 묻자 원헌이 "나는 재물이 없는
것을 가난이라 하고, 배우고서 행하지 못함을 병이라 한다고 들었소. 지금 나는 가난한 것이지
병든 것이 아니라오" 하니, 자공이 부끄러워하였다고 한다. 『莊子』「讓王」
16. **국의國醫**　나라 안에서 가장 뛰어난 의사를 이른다.
17. **구미가 돌아와서**　원문은 '歸脾'인데, 비장의 기능이 회복되어 식욕이 살아남을 뜻한다. 안
신보심탕安神補心湯과 귀비탕歸脾湯은 정충증怔忡症에 특효가 있는데, 정충증은 심장이 갑자기 뛰

최상의 약이다. 사슴 머리에서 잘라 낸 녹용과 갓난애만 한 신비한 인삼으로도 이런 부인네를 낫게 하기란 마치 물에 돌을 던지는 것과 같다.[18] 이것은 약왕보살藥王菩薩의 구고진경救苦眞經[19]에서 나온 약방문이다. - 중존 -

고 누가 잡으러 오는 것처럼 불안하고 두려운 증세로, 부귀에 급급하고 빈천을 근심하면서 소원을 이루지 못할 때 많이 생긴다고 한다. 『東醫寶鑑』「內景篇」 神部 '怔忡'
18. 마치 …… 같다   돌을 물에 던져 보았자 물을 흡수하지 않듯이, 아무런 효과가 없는 경우를 뜻한다.
19. 약왕보살藥王菩薩의 구고진경救苦眞經   약왕보살은 불교에서 아미타불 25보살의 하나로 중생에게 좋은 약을 주어 몸과 마음의 병고病苦를 덜어 주고 고쳐 주는 보살을 이른다. 관세음보살을 염불하는 구고진경은 있으나, 약왕보살과는 무관하다. 여기서는 풍자를 위해 지어낸 불경 이름인 듯하다.

홍덕보洪德保 묘지명

덕보德保(홍대용洪大容)가 죽은 지 3일 후에 문객門客 중에 연사年使(동지사)를 따라 중국에 들어가는 사람이 있었는데, 사행길은 응당 삼하三河[1]를 거치게 되어 있었다. 삼하에는 덕보의 친구 손유의孫有義[2]란 사람이 있는데 호를 용주蓉洲라 하였다. 몇 년 전에 내가 북경으로부터 돌아오는 길에 용주를 방문했다가 만나지 못해, 편지를 남겨 덕보가 남쪽 지방으로 원이 되어 나간 사실을 자세히 서술하고 덕보가 보낸 토산물 두어 종류를 남기어 성의를 전달하고 돌아왔다. 용주가 그 편지를 떼어 보았다면 응당 내가 덕보의 벗인 줄을 알았을 것이다.[3] 그래서 그 문객에게 부탁하여

---

1. **삼하三河**　　하북성河北省 삼하현三河縣에 속한 고을로, 이곳과 통주通州를 거치면 곧 북경에 당도하게 된다.
2. **손유의孫有義**　　거인擧人으로, 자를 심재心栽라고 하였다. 북경에서 귀환하던 홍대용과 1766년 음력 3월 초에 만나 필담을 나눈 것을 계기로, 이후 10여 년간 서신을 통해 교분을 이어 갔다. 『간정동회우록』乾淨衕會友錄에는 홍대용이 그에게 보낸 편지 6통이 수록되어 있다. 『湛軒書』外集 卷1 杭傳尺牘
3. **몇 년 …… 것이다**　　『열하일기』「관내정사」關內程史에 관련 기사가 있다. 본문에서 '북경으로부터 돌아오는 길에 방문했다'고 서술한 것은 착오인 듯하다. 1780년 음력 7월 30일 연암은 북경으로 향하던 도중에 삼하에 있는 손유의의 자택을 찾아갔으나, 그가 부재중이라 홍대용의 편지와

다음과 같이 부고를 전하게 했다.

"건륭乾隆 계묘년(1783) 모월 모일 조선 사람 박지원은 머리를 조아리며 용주 족하足下에게 사뢰니다. 폐방敝邦(우리나라) 전임 영천 군수榮川郡守 남양南陽 홍담헌洪湛軒 휘 대용大容 자 덕보가 올해 10월 23일 유시酉時에 영영 일어나지 못했습니다. 평소에는 병이 없었는데 갑자기 중풍으로 입이 비틀리고 혀가 굳어 말을 못 하다 잠깐 사이에 이 지경에 이르렀습니다. 향년은 53세입니다.

고자孤子(부친상 중의 아들) 원薳은 가슴을 치며 통곡하고 있어 제 손으로 부고를 써서 전할 수도 없거니와, 양자강揚子江 남쪽에는 편지를 전할 길이 없습니다. 이 부고를 오중吳中[4]으로 대신 전달해서 천하의 지기知己들로 하여금 그가 죽은 날짜를 알도록 해 주어, 망자나 산 자나 족히 한이 없도록 해 주시기 바랍니다."

그 문객을 보내고 나서 나는 항주杭州 인사들의 서화와 편지 및 시문詩文들 총 10권을 손수 점검하여 관 옆에 벌여 놓고, 관을 어루만지면서 통곡하며 이렇게 말하였다.

아! 덕보는 통명通明하고 민첩하고 겸손하고 단아하며, 식견이 깊고 견해가 정밀하였다. 특히 음률과 역법曆法에 뛰어났으니, 그가 만든 혼의渾儀 제기諸器[5]는 오래오래 깊이 생각한 끝에 새롭게 기지機智를 짜낸 것이었다. 처음에 서양인들은 땅이 구형球形임을 설명하면서도 땅이 돈다는

선물만 전하고 떠났다고 한다. 당시 연암이 전한 홍대용의 편지가 『간정동회우록』에 「여손용주서」與孫蓉洲書라는 제목으로 실려 있는데, 그 편지에서 홍대용은 자신이 태인 현감泰仁縣監에서 영천榮川 군수로 영전榮轉한 사실을 전하고, 아울러 연암을 자신의 외우畏友라고 소개하였다.

4. 오중吳中　　항주杭州가 있는 중국의 강남江南 지방을 가리킨다. 오하吳下라고도 한다. 20쪽 주11 참조.

5. 혼의渾儀 제기諸器　　『담헌서』湛軒書 외집外集 권6 농수각의기지籠水閣儀器志에 혼의의 옛 제도를 개량하고 서양의 방법에 정통하여 새롭게 만들었다고 소개한 통천의統天儀·혼상의渾象儀·측관의測觀儀·구고의句股儀 등의 천문의기天文儀器를 가리킨다.

말은 하지 않았는데, 덕보는 일찍이 논하기를 땅이 한 번 돌면 하루가 된다 하였다. 그 설이 미묘하고 심오하였으나, 다만 미처 그에 대해 저술하지는 못했다. 그러나 그의 만년에는 땅이 돈다는 것을 더욱 자신하여 의심이 없었다.

세간에서 덕보를 흠모하는 사람들은 그가 일찌감치 스스로 과거를 폐하고 명리名利에 뜻을 끊고, 한가히 들어앉아 이름난 향을 피우고 거문고와 가야금을 타는 것을 보고서, 그가 장차 담담히 스스로 즐기며 속세에서 벗어나는 데 오로지 뜻을 두려나 보다 하고 생각했다. 그러나 덕보가 만물을 종합하고 정리해서 아무리 복잡한 것도 단호히 처리하여, 나라의 재정을 맡길 만도 하고 먼 외국에 사신으로 보낼 만도 하며, 군대를 통솔하는 기발한 책략을 지녔다는 것을 전혀 알지 못했다. 그는 유독 남들에게 혁혁하게 과시하는 것을 기뻐하지 않았다. 그러므로 두어 고을을 다스리면서도, 문서를 신중히 처리하고 정령政令을 기한 내에 집행하는 데 앞장섬으로써 아전들은 설치지 않고 백성들은 절로 따르게 한 데에 지나지 않았을 따름이다.

일찍이 그의 숙부가 서장관書狀官으로 가는 데 수행하여, 육비陸飛와 엄성嚴誠과 반정균潘庭筠을 유리창琉璃廠에서 우연히 만났다.[6] 이 세 사람은 다 같이 전당錢塘[7]에 거주했으며, 모두 문장과 예술에 뛰어난 선비여서 그들이 교유하는 사람들도 중국 내의 유명 인사들이었다. 그런데도 모두

---

6. **일찍이 …… 만났다**　홍대용은 1765년(영조 41) 동지사의 서장관인 숙부 홍억洪檍을 따라 북경에 갔다. 유리창琉璃廠은 골동품·서화·서적·문방구 등을 파는 북경 선무문宣武門 밖의 유명한 상가商街이다. 그 이듬해 음력 2월 일행 중 비장裨將 이기성李基成이 과거 응시차 상경한 엄성과 반정균을 유리창에서 우연히 알게 된 것을 계기로, 홍대용이 간정동乾淨衕에 있던 그 두 사람의 숙소로 여러 차례 방문하여 장시간 필담을 나누었으며, 뒤늦게 상경한 그들의 친구 육비까지 사귀게 되었다. 육비·엄성·반정균 3인에 대해서는 『담헌서』 외집 권3 「간정록후어」乾淨錄後語에 자세히 소개되어 있다.
7. **전당錢塘**　절강성 항주부杭州府에 속한 현縣이다.

덕보를 추앙하여 대유大儒로 여겼다.[8] 이들과 더불어 필담한 것이 누만언累萬言으로, 유교 경전의 뜻과 천인성명天人性命과 고금古今의 출처대의出處大義[9]를 분석하였는데, 해박하고 뛰어나서 즐거움을 이루 다 말할 수 없었다. 급기야 작별하는 마당에 다다르자 서로 바라보며 눈물을 흘리면서,

"이 한 번 이별로 그만이구려! 저승에서 서로 만나도 부끄러움이 없게 살기를 맹세합시다."

하였다. 엄성과는 더욱 서로 마음이 맞아서, 군자가 세상에 나서거나 숨는 것은 시대에 따라야 하는 것임을 살짝 깨우쳤더니, 엄성은 크게 깨달아 남쪽으로 돌아갈 것을 결심하였다.

그 후 두어 해 만에 그가 민중閩中에서 객사하자[10] 반정균이 편지를 써서 덕보에게 부고하였다. 덕보는 애사哀辭[11]를 짓고 예물로 향을 갖추어 용주에게 부쳐 마침내 전당으로 들어가게 되었는데, 전달된 그날 저녁이 바로 대상大祥(2주기 제사) 날이었다. 제사에 모인 이들은 서호西湖[12] 주위 여러 고을 사람들이었는데, 모두들 경탄하면서 이는 지극한 정성으로 혼령을 감동시킨 결과라고 일렀다. 엄성의 형 과果 ─ 이름이다. ─ 가 예물로 보낸 향을 사르고 그 애사를 읽은 뒤 초헌初獻을 하였다. 아들 앙昂 ─ 이름이

---

8. 그런데도 …… 여겼다   엄성과 반정균은 홍대용이 주자학에 정통하다고 하여 그를 '이학대유'理學大儒라고 극구 칭찬했다고 한다. 『湛軒書』 外集 卷3 「乾淨衕筆談續」 2月 23日
9. 천인성명天人性命과 고금古今의 출처대의出處大義   천인성명은 천도天道와 인사人事의 관계, 인간의 본성과 운명에 관한 철학적 논의를 뜻한다. 고금의 출처대의란 벼슬하거나 은거할 때를 올바르게 판단해서 처신하여 후세의 귀감이 될 만한 역사적 사례를 뜻한다.
10. 그 후 …… 객사하자   민중閩中은 복건성福建省을 이른다. 엄성은 정해년(1767) 봄에 복건성으로 가서 가정 교사를 하다가 학질에 걸려 귀향한 뒤 그해 겨울에 병사하였다. 『淸脾錄』 卷2 「嚴鐵橋」
11. 애사哀辭   대개 요절한 경우에 짓는 추도사를 이르는데, 여기서는 『담헌서』 외집 권1에 실린 「엄철교에 대한 제문」(祭嚴鐵橋文)을 가리킨다.
12. 서호西湖   절강성 항주에 있는 유명한 호수로, 서자호西子湖·전당호錢塘湖 등으로도 불린다.

다. ─은 편지를 보내 덕보를 백부伯父라 칭하면서 그의 아버지 철교鐵橋(엄성의 호)의 유집遺集을 보냈는데, 돌고 돌아 9년 만에 비로소 받아보게 되었다.[13] 그 문집 속에는 엄성이 손수 그린 덕보의 작은 초상화가 있었다. 엄성이 민중에 있을 때 병이 위독하였는데도 덕보가 증정한 조선 먹을 꺼내 향내를 맡고 가슴에 얹은 채 죽었다. 마침내 그 먹을 관에 함께 넣었다. 오하吳下 사람들은 이 사실을 널리 알리면서 특이한 일로 여기어 다투어서 시와 산문을 지었는데, 주문조朱文藻[14]라는 이가 편지를 부쳐 와 그 상황을 이야기했다.

아! 그는 세상에 살아 있을 때에도 이미 비범하기가 마치 옛날의 특이한 사적 같았다. 벗으로서 지성至性(선량한 천성)을 지닌 이라면 반드시 그 일을 널리 전파하여 비단 이름이 양자강 남쪽 지방에 두루 알려질 뿐만이 아닐 터이니, 구태여 내가 그의 묘지墓誌를 짓지 않더라도 덕보의 이름을 불후不朽하게 할 것이다.

부친의 휘는 역櫟이니 목사牧使요, 조부의 휘는 용조龍祚니 대사간이요, 증조의 휘는 숙璛이니 참판이요, 모친은 청풍 김씨淸風金氏로 군수 방枋의 따님이다.

덕보는 영조 신해년(1731)에 태어났다. 음직蔭職으로 선공감 감역繕工監役에 제수되었으며, 곧 돈녕부 참봉으로 옮겼으나 세손익위사 시직世孫翊衛司侍直으로 고쳐서 제수되었다. 사헌부 감찰로 승진되고 종친부 전부宗親府

---

13. **아들 …… 되었다** 엄앙嚴昴이 홍대용을 백부라 칭한 것은, 홍대용이 엄성과 결의형제結義兄弟하였으며 엄성보다 한 살 위였기 때문이다. 철교鐵橋의 유집遺集이란 엄성의 벗인 주문조朱文藻가 편찬한 『소청량실유고』小淸涼室遺稿를 이른다. 『乙丙燕行錄』 附錄 소청량실小淸涼室은 엄성의 서실 이름이다. 손유의는 이 책과 엄성의 초상화를 맡아 두었다가, 1778년 사행차 북경에 왔다 돌아가던 이덕무 편에 전달하였다. 『靑莊館全書』 卷67「入燕記下」 6月 17日
14. **주문조朱文藻** 호를 낭재朗齋라고 하며, 육서六書와 금석金石에 정통했다. 엄성·육비·반정균 3인과 홍대용 등 조선 사행 6인이 주고받은 시와 편지를 편찬한 『일하제금집』日下題襟集에 서문을 썼다.

典簿로 전직되었으며, 태인 현감泰仁縣監이 되어 나갔다가 영천 군수로 승진되어, 두어 해를 있다가 모친이 연로하다는 이유로 사임하고 돌아왔다.

부인은 한산韓山 이홍중李弘重의 따님으로 1남 3녀를 낳았다. 사위는 조우철趙宇喆·민치겸閔致謙·유춘주兪春柱이다. 그해 12월 8일에 청주清州 모좌坐의 벌에 장사 지냈다. 명銘은 다음과 같다. ─ 명은 원고를 잃었다.[15] ─

❊ ❊ ❊

처음부터 끝까지 800여 언言이 벗으로써 시작하여 벗으로써 맺었다. 한 글자도 효성과 우애, 자애와 공경 같은 집안의 바른 행실에 대해 언급하지 않았다. 그러나 그 사람이 인륜에 독실했다는 것을 말 밖에서 찾아볼 수 있다.

15. 명銘은……잃었다   『과정록』 권1에는 홍대용이 죽었을 때 연암이 지었다는 다음과 같은 뇌사誄辭가 소개되어 있다. "서호에서 서로 만난다면, 그대는 날 부끄러워하지 않을 줄 아노라. 죽어서 입에 구슬 물지 않았으니, 도굴꾼 같은 타락한 선비를 공연히 딱하게 여겼도다."(相逢西子湖 知君不羞吾 口中不含珠 空悲詠麥儒) 이는 다름아닌 「홍덕보 묘지명」의 상실된 명사銘辭로 추측된다. 단국대 소장 『연암산고』燕岩散稿 제3책에는 "宜笑舞歌呼 相逢西子湖 知君不羞吾 口中不含珠 空悲詠麥儒"라고 하여 '宜笑舞歌呼' 5자가 추가된 명사가 있다. 연암 후손가에 소장되어 온 『열하일기』에도 "魂去不須□ 想逢西子湖 口裏不含珠 怊悵詠麥儒"라는 명사가 적혀 있었다고 한다.

치암癡庵 최옹崔翁 묘갈명[1]

세상에는 본래 남의 어려움을 급히 돕느라고 천 냥도 아끼지 않는 사람이 있는 법이다. 그러나 의로운 일이라도 한갓 은혜를 베푸는 데 벗어나지 못한다면 이는 다만 한 고을이나 마을의 협객은 될망정 나아가 온 고장이 선善을 향하도록 하기는 어려운 것이다.

치암 최옹이 남의 어려움을 급히 도운 것과 같은 경우는 그 자신이 의로운 일에 성급해서였다. 남에게 우환이나 상사喪事가 있으면 마음이 허탈하여 마치 허기진 사람이 아침을 넘길 수 없듯이 하고, 그 마음을 견디지 못하는 것은 마치 눈에 가시가 날아든 듯 여겨, 마침내는 성급하게 자신에게서 잘못을 찾으며,

'이 사람이 무슨 까닭으로 나에게는 알리지 않았는가? 내가 혹시 남들에게 다랍게 보였던가?'

---

1. **치암癡庵 최옹崔翁 묘갈명**　　연암은 개성 사람으로 자신의 문생門生이 된 최진관崔鎭觀의 청탁으로, 1789년 가을에 그의 부친 치암 최순성崔舜星(1719~1789)의 묘갈명을 지어 주고 비석에 새길 글씨까지 직접 써 주었다고 한다. 『過庭錄』 卷4 최순성에 대해서는 김택영이 지은 전傳이 있다. 『崧陽耆舊傳』 卷3 「任恤傳」 崔舜星

라고 생각한다. 스스로 돌아보아도 이런 일이 없으면 기뻐하며,

'나는 지금 다행히도 먼저 소식을 들었구나!'

하며, 허겁지겁 서두르기를 길 가는 사람이 해 지기 전에 대가듯이 한다. 남을 위해 시집 장가를 보내 준 것이 여러 집이고, 남을 위해 염殮하고 장사 지내 준 것이 여러 집이었으니, 이러고 보면 그가 아침저녁으로 솥 씻어놓고 기다리고 있다²는 것은 알 만한 일이다.

반면에 비웃는 자도 있어 말하기를,

"너무도 하다, 옹翁의 어리석음이여! 남이 달라고 하기를 기다리지 않고 먼저 베풀어 주기 때문에, 늘상 남을 급한 상황에서 건져 주어도 이렇다 할 감사도 못 받고 칭찬도 못 듣고 마는 게 아닌가?"

하였다. 또 어떤 이는 말하기를,

"그걸 가지고 무얼 어리석다 하는가? 혹시라도 마땅치 않게 여기는 사람이 있을까 염려하여 늘상 자기 처자나 형제들에게 숨기고 몰래 베푸니, 이야말로 어찌 대단히 어리석은 자가 아니겠는가!"

하였다. 그래서 마침내 어리석을 '치'癡 자로 옹에게 별호를 붙이니, 옹 또한 그 호를 받아들여 늙어 죽도록 바꾸지 않았다.

그러므로 잘난 이건 못난 이건 간에 옹에 대해 이야기할 때는 마치 옛일을 이야기하듯 하였으며, 몇 사람들이 앉아서 서로 이야기하다가 곧 크게 웃는 경우는 반드시 옹이 행한 무슨 일 무슨 일에 관한 것이었다.

종가宗家의 아우가 젊은 나이에 허랑방탕하여 전답과 가택을 다 잃고 나니, 옹은 집을 사서 그의 선령先靈을 편안히 모시고 나아가 그를 대신해서 제전祭田을 다시 마련하자, 종족宗族들이 서로 옹을 말리며,

"한갓 재물만 허비할 뿐이지 아무 보탬이 안 될 거요."

2. 솥⋯⋯있다   음식을 곧 끓일 수 있게 솥을 깨끗이 씻어 놓고 기다리듯이, 만반의 준비를 갖추고 대기하고 있다는 뜻의 속담이다.

하였다. 그러자 옹은 정색을 하면서,

"제전이 있으면 비록 제사를 못 지내게 된다 할지라도 내 마음에는 제사 올린 거나 마찬가지요."

하며, 그를 도와서 가업을 일으키게 하느라 천 냥이 들었다. 종족들이 자기네끼리 몰래 비난하기를,

"옹은 전에 이미 아무 보탬이 안 되고 그의 허물만 보태 주었는데, 지금 또다시 보태 주니 이 어찌 옹의 허물이 아니겠는가?"

했는데, 과연 몇 해가 못 가서 재산을 다 말아먹고 말았다. 그래도 또 그에게 천 냥을 주었더니 마침내 가업을 일으키고 착한 선비가 되었다. 옹의 지극한 정성이 아니고야 이렇게 교화시킬 수 있었겠는가!

어떤 이는 말하기를,

"이는 그래도 종가의 아우이기에 망정이오. 옹의 친구인 아무 어른[3]이 어질었는데 일찍 죽자 옹은 그분의 어린애들을 어루만져 길러 주었으니, 이런 일은 옛적에나 들었지 지금 세상에는 보지 못했소이다. 고아가 된 그 아들이 장성해서는 가난하여 결혼해서 가정을 이룰 수 없게 되자, 그의 재산을 마련해 주기 위해 수천 냥을 썼으니 옛적에도 이런 일이 있었던가? 더구나 또 그를 대신해서 돌에 새겨 묘에 비를 세워, 그분의 어진 행실이 사라지지 않게 하였거늘!

아무 성씨인 아무 어른[4]은 옹의 부친의 친구였는데 어진 분으로서

---

3. 아무 어른 　『동문집성』에는 '고경항'高敬恒이라고 밝혀져 있다. 고경항은 본관이 제주濟州이고, 자는 의중義中으로, 장창복張昌復의 문인이었다. 산중에 들어가 학업에 전념하다가 향년 38세로 병사하였다. 『崧陽耆舊傳』卷1「學行傳」高敬恒, 卷3「任恤傳」崔舜星 고경항의 고아들을 양육한 미담은 최진관이 지은 「본생고 치암부군 언행록」本生考癡菴府君言行錄에도 소개되어 있다. 수경실修綆室 소장 『蘿窓遺稿』卷2

4 아무……어른 　『동문집성』에는 '임군 두'林君斗라고 밝혀져 있다. 임두는 본관이 곡성谷城이고, 호는 일두一豆로, 『해동악부』海東樂府를 남긴 저명 시인이자 학자인 임창택林昌澤의 조카였다. 『崧陽耆舊傳』卷2「文詞傳」林昌澤 卷3「任恤傳」崔舜星 『蘿窓遺稿』卷2「本生考癡菴府君言行錄」

늘어 의지할 곳이 없게 되자, 옹은 반드시 새벽에 가서 밤새 안부를 묻고 손수 음식을 살펴 드리며, 또 매달 생활에 필요한 물자를 지급하고 남은 것은 따로 저축하여 세제歲制⁵에 필요한 것들을 준비하였으니, 옛날에도 또한 옹과 같이 독실하고 후덕한 사람이 있었던가?"

하였다. 혹은 의아해하는 이도 있어 하는 말이,

"옹이 재물을 가볍게 여기는 것은 의로운 일이라 할 수 있지만, 심지어 먼 일가붙이들이 전염병에 걸렸을 때에도 반드시 몸소 간호해 주었으니 그런 일도 의롭다고 할 수 있겠는가?"

하면, 또 어떤 이는 말하기를,

"이 어찌 먼 일가붙이뿐이겠는가? 오랜 친구가 열병에 걸려 곧 숨이 넘어간다는 말을 듣고, 옹은 손수 약을 달여서는 곧 단번에 땀을 내어 낫게 한 일이 있으며, 그의 종이 병들었을 때에도 역시 마찬가지였다네."

하였다. 옹은 의원이 아니다. 그런데도 옹이 보살펴 주기만 하면 늘 살아났다. 옹은 이럴 때면 매양 분을 내어 말하기를,

"한 사람이 전염병에 걸리면 일족이 모두 달아나 피하는 바람에, 병자가 제때 땀을 못 내게 되니 병자가 죽지 않고 어찌하겠는가!"

하였다.

지금 가만히 그의 행적을 검토해 보면, 한결같이 모두 『소학』小學에 열거된 아름다운 말과 착한 행실⁶이었다. 이 가운데 한 가지만 있다 해도 실로 월등하게 뛰어난 것일 터인데, 옹에게는 아침저녁으로 마시는 숭늉이나 국물이요, 좌우에 놓여 있는 옷가지나 그릇 같은 것이어서, 사

5. **세제歲制**　관을 만드는 것을 이른다. 사람이 60세가 되면 죽을 때가 가까우므로 1년에 걸려 관을 미리 만들어 두는 법이라고 한다. 『禮記』「王制」
6. **아름다운 …… 행실**　『소학』의 「가언」嘉言과 「선행」善行에 소개된 모범적인 사례들과 흡사했다는 뜻이다.

람들로 하여금 그것이 높고 원대하여 행하기 어려운 일인 줄을 깨닫지 못하게 하였다. 대개 그의 자질이 돈후하고 독실하여 겉모습을 엄숙하게 꾸미는 따위는 부끄럽게 여겼기 때문이다. 고례古禮를 몹시 좋아하여, 관혼상제의 예식이 시속時俗의 눈에는 사뭇 괴이쩍게 보이니, 향리에서는 이로써도 더욱 옹을 어리석게 여겼지만, 옹은 그럴수록 스스로 기뻐하였다. 그의 담론과 행동을 보면, 예식을 도맡아 하는 가운데 날마다 익힌 게 아닌 것이 없었다.

선산의 묘목墓木을 기르기를 어린아이 기르듯 하여, 열매 맺은 잣나무 수만 그루가 묘역을 빙 둘러 있었다. 그리고 객호客戶[7]들을 두어 수호하게 하며, 은혜와 신의로써 그들을 어루만지니 모두 서로 타이르며 다짐하기를,

"이는 효자가 손수 심은 것이니 가지 하나인들 차마 잘라 낼 수 있겠는가?"

하였다.

집 재산이 거만鉅萬이었지만, 죽는 날에 미쳐서는 한 냥도 남아 있는 것이 없었다.

나는 옹의 여러 아들들과 사이가 좋았으므로, 옹을 자세히 알기로 나 같은 사람이 없다. 그러니 지금 묘 앞의 비를 새기는 데 정분상 글을 지어 주기를 사양할 수 있겠는가?

옹의 휘는 순성舜星이요, 자는 경협景協이다. 시조인 원遠이 고려 때 양천陽川에 백伯[8]으로 봉해져 그대로 양천 최씨가 되었다. 증조의 휘는 모某인데 집의執義에 추증되었고, 조부의 휘는 모인데 좌승지에 추증되었으

---

7. **객호客戶** 그 고장에 2대代 이상 거주하고 있는 호구를 주호主戶라고 하고, 타향에서 새로 들어와 사는 호구를 객호라고 한다.

8. **백伯** 고려 말기에 공신들에게 내렸던 봉호封號이다.

며, 부친의 휘는 모인데 호조 참판에 추증되었다.[9] 모년 모월 모일에 나서 모년 모월 모일에 죽으니 향년 71세였다. 모년 모월 모일에 모좌某坐의 벌에 장사 지냈다. 네 아들을 두었는데 진사進士인 진관鎭寬과 진함鎭咸·진익鎭益·진겸鎭謙[10]이다. 명銘은 다음과 같다.

석숭산石崇山[11]의 선영은	有塋于崇
군자가 봉해진 곳이로세	君子攸封
새파랗다 저 나무는	有樹如蔥
오립송五粒松[12]이 아닌가	五粒之松
뉘들 차마 훼손하리	誰忍毁傷
그 얼굴을 뵈옵는 듯한데	如見其容
잊으려도 잊을 수 있을까	俾也可忘
온후하신 치옹 어른을	恂恂癡翁
효를 확대하면 충이 되니	推孝爲忠
벗에게도 충실했네	忠厥友朋
의로운 일 예절에 맞아	義行禮中
다 충심에서 우러난 것	罔不由衷
명성만이 드넓은 게 아니요	匪博厥聲

9. **증조의 …… 추증되었다**   선계先系에 대한 기술記述에 착오가 있는 듯하다. 최순성의 선조 중 집의執義에 추증된 이는 증조가 아니라 고조인 천립天立이고, 좌승지에 추증된 이는 조부가 아니라 증조인 일신日新이며, 호조 참판에 추증된 이는 부친이 아니라 조부인 외형巍衡이다. 부친인 석찬錫贊은 벼슬을 하지 못했다. 『연암집』 권7에 수록된 「운봉 현감 최군 묘갈명」雲峯縣監崔君墓碣銘은 최순성의 계부季父인 최석좌崔錫佐의 묘갈명인데, 거기에는 최석좌의 부친이 증호조 참판, 조부가 증좌승지로, 선계에 대한 기술이 올바르게 되어 있다. 박철상, 「개성開城의 진사進士 최진관崔鎭觀과 연암燕巖」, 『문헌과 해석』 32, 2005. 10. 참조.

10. **진겸鎭謙**   그의 청탁으로 지은 「독락재기」獨樂齋記가 『연암집』 권1에 수록되어 있다.

11. **석숭산石崇山**   개성부開城府 서쪽 30리에 있다. 『大東地志』 「開城府」 〈山水〉

12. **오립송五粒松**   잣나무를 이른다. 잣나무는 잎이 다섯 개씩 모여 나기 때문이다.

덕이 실로 몸을 윤택하게 하였네[13]　　　德實潤躬

천 년 뒤에 그 풍모 상상하려거든　　　千載想風

여기 새긴 명을 보시구려　　　　　　　視此刻銘

　　　　　　　※　※　※

　향리 사람들과 먼 일가붙이들의 입을 빌려, 시원시원하고 의로운 일을 즐기며 남의 어려움을 급히 돕는 사람을 그려 내었는데, 옆에 있는 듯이 살아 움직인다.

　9층의 누대를 오르면 한 층 한 층 높아질 때마다 곧 보지 못한 것을 보게 되는 것과 같고, 동천洞天에 들어가면 물은 단지 맑은 원천 하나이건만 매양 한 굽이마다 전에 본 모습과 달라져서, 쏟아져 내리는 것은 폭포가 되고 부딪치는 것은 여울이 되고 멈춘 것은 못이 되며, 비단 무늬처럼 잔물결이 이는 것도 있고, 거문고와 축筑과 환패環珮[14] 소리가 나는 것도 있는 것과 같다.

　나무는 구부러진 것이 싫지 아니하고, 돌은 괴이한 것이 싫지 아니하고, 기슭은 비스듬한 것이 싫지 아니하고, 오솔길은 경사진 것이 싫지 아니하고, 띳집과 대울은 어리비치고 이지러져 가린 것이 싫지 아니하다. 그리고 가끔 밭 가는 사람이나 나무꾼을 마주치게 되면, 그들의 여윈 얼굴이 기이하고, 말라서 뼈가 울뚝불뚝 드러난 것이 싫지 아니하다.

---

13. **덕이 …… 하였네**　　『대학장구』 전傳 6장에 "부富는 집을 윤택하게 하고 덕은 몸을 윤택하게 한다"(富潤屋 德潤身)고 하였다.

14. **환패環珮**　　허리에 차는 고리 모양의 옥玉을 이른다.

이 처사李處士 묘갈명

『어제표충윤음』御製表忠綸音[1] 한 권에 '고故 사인 이성택의 집에 내사함'(內賜 故士人李聖擇家)이라 제題하고 윗머리에 '규장지보'奎章之寶라는 어인御印이 모셔 져 있다. 대개 무신년 3월은 바로 우리 영종대왕英宗大王께서 무위武威를 드날려 난리를 평정한 해와 달[2]이었는데, 위대하신 우리 성상께서 즉위하 신 지 12년(1788)에 그해 그달이 거듭 돌아오자, 성심聖心의 감격이 여느 때보다 더하시어 윤음을 널리 선포하여 팔도에 환히 효유하셨다. 이 처 사와 같은 이는 평소에 제 공을 말한 바 없었으나, 포상 기록이 서책에 열거되고 존휼存恤이 자손에게까지 미쳤으니[3] 어찌 성대한 일이 아니랴!

---

1. 『어제표충윤음』御製表忠綸音 정조 12년(1788)에 무신란戊申亂 평정 1주갑周甲을 맞아 당시의 공신들과 그 자손에게 내린 윤음을 편찬한 것으로, 1책이다. 그중에 '제도계문포상인'諸道啓聞襃賞 人이라 하여 포상자 명단이 실려 있다.
2. 영종대왕英宗大王께서 …… 달 영조 4년(1728)에 이인좌李麟佐·정희량鄭希亮 등이 일으킨 난을 평정한 것을 두고 한 말이다.
3. 존휼存恤이 자손에게까지 미쳤으니 존휼은 방문하여 문안하고 음식을 하사하는 것을 말한다. 『정조실록』 12년 3월 23일 조에, 경상 감사의 장계에 따라 무신란 때 공을 세운 안의安義 선비 이성택李聖擇 등을 표창하고 그 자손에게 음식물을 제공하도록 명하였다고 했다.

처사의 처음 휘는 성시聖時요 자는 집중執中이며, 성택聖擇은 뒤에 고친 휘이다. 고려 때에 예부 상서禮部尙書 거屈가 하빈河濱에 봉해짐으로써 그로 인하여 하빈 이씨가 되었다. 우리 왕조에 들어와서는 휘 책簣이 평강현平康縣의 지사知事[4]가 되었으며, 거창居昌에 대대로 살았다. 처사의 고조 때부터 비로소 안의安義 사람이 되었는데, 그의 호는 농월담弄月潭으로, 동춘당同春堂 송 문정공宋文正公(송준길宋浚吉)이 인근 동洞에 잠시 거주할 적에 실은 주인 노릇을 했다.[5] 증조의 휘는 아무요, 조부의 휘는 아무이고, 부친의 휘는 만령萬齡이다. 모친은 은진 송씨恩津宋氏로 참봉 규창奎昌의 따님이다.

처사는 숙종 병인년(1686, 숙종 12) 11월 28일에 태어났다. 어려서도 특이한 자질을 지녔더니, 차츰 장성하자 재주와 견식이 보통 사람보다 뛰어났다. 비록 먼 시골에서 생장하였지만 국조國朝의 고사나, 사대부 집안의 길례吉禮와 흉례凶禮에 대한 예설禮說에 밝고 익숙하여, 원근을 막론하고 찾아와서 질문하는 사람들의 발길이 끊이지 않을 정도였다.

약관의 나이에 서울로 올라와 학문을 닦았는데, 누구보다도 김삼연金三淵(김창흡金昌翕)·이도암李陶菴(이재李縡) 등 여러 선생에게서 인정을 받았으며, 문충공文忠公 민진원閔鎭遠[6]과 봉조하奉朝賀 이병상李秉常[7]도 모두 그를 국사國士로서 허여했고, 정승 조도빈趙道彬[8]도 그의 재주와 행실을 들어 조정에 천거한 적이 있었다.

---

4. **평강현平康縣의 지사知事**　　평강현은 지금의 강원도 평강군이다. 지사는 조선 초기에 현을 맡아 다스리던 장관長官으로, 나중에 현령縣令으로 고쳤다.
5. **동춘당同春堂 …… 했다**　　송준길宋浚吉(1606~1672)은 호란胡亂이 나자 1637년 초에 피난차 안의현에 내려와 원학동猿鶴洞에 1년 가까이 거주한 적이 있다. 『同春堂續集』 卷6 附錄1 「年譜」 그 당시 이웃 마을에 살았던 이성택의 고조가 실질적으로는 송준길을 위해 숙식을 제공했던 듯하다.
6. **민진원閔鎭遠**　　1664~1736. 송준길의 외손으로, 노론의 영수로 활약했다.
7. **이병상李秉常**　　1676~1748. 소론 배척에 앞장섰으며, 판돈녕부사를 지냈다. 봉조하奉朝賀는 종2품 이상의 퇴임 관리에게 예우 차원에서 주는 벼슬이다.
8. **조도빈趙道彬**　　1665~1729. 우의정으로, 이인좌의 난을 평정하는 데 힘썼다.

급기야 신축년의 무옥誣獄[9]이 일어나자 드디어 세상을 등지고 스스로 산과 늪 사이를 방랑하였다. 영조 4년에 흉적 정희량鄭希亮이 안의에서 거사하여 근방의 여러 고을을 연달아 함락시켰는데, 처사를 가장 꺼리어 몹시 급하게 추적하였다. 처사는 곧장 밤중에 도망을 쳐 서울로 빨리 달려가다가, 도중에서 한 필 말을 채찍질하여 오는 사람을 만났는데 바로 새로 부임하는 병마절제도위兵馬節制都尉[10]였다. 그는 바야흐로 적중賊中으로 달려 들어가는 길이었으나 요령을 알지 못하다가, 처사를 만나게 되자 크게 기뻐하여 역적들을 토벌할 것을 몰래 모의하였다. 현에 당도하여 보니 역적들은 이미 처형되었으며 잔당이 바위틈이나 수풀에서 잠시 목숨을 붙이고 있었으므로, 드디어 병마절제도위를 도와 모조리 잡아 베어 죽였다.

역적들이 평정되자, 임금은 이 현에서 원흉이 나온 것을 깊이 미워하였다. 그리하여 그 고을을 혁파하고 그 땅을 거창과 함양咸陽에 나누어 소속시켰다. 이 두 고을은 모두 이 현의 하류下流에 있어, 지난날 농지에 물을 댈 적에는 항상 남아도는 물을 구걸해 갔으며, 산에 가서 나무하고 풀을 벨 때에도 도끼를 가지고 가지 못하게 했었다. 그런데 땅이 두 고을에 종속되고 나자, 공공연히 제방을 터서 물을 빼 가며 대낮에 나무를 베고 남의 묘목墓木까지 모조리 찍어 가도, 우두커니 보기만 하고 입을 다물고 감히 따지지도 못했으며, 곧 입술만 달싹거려도 도리어 역적이라

9. **신축년의 무옥誣獄**　　1721년 경종景宗의 왕위 계승 문제를 놓고 노론과 소론 사이에 일어난 옥사로, 그해인 신축년에 시작하여 이듬해인 임인년(1722)까지 이어졌다 하여 신임사화辛壬士禍라고도 한다. 경종이 후사가 없고 병약하자 김창집金昌集, 이건명李健命, 이이명李頤命, 조태채趙泰采 등 노론 사대신이 주장하여 연잉군延礽君을 왕세제王世弟로 책봉하자 소론의 조태구趙泰耉, 유봉휘柳鳳輝 등이 반대하고 목호룡睦虎龍이 사대신을 역모로 무고하여, 사대신 이하 노론 일파들이 대거 실각한 사건을 말한다.

10. **병마절제도위兵馬節制都尉**　　종6품 무관직으로 지방 수령이 겸임했다. 안의 현감은 진주진관 병마절제도위晉州鎭管兵馬節制都尉를 겸하였다.

매도하였다. 부역에 종사하는 아전과 관하인들은 종놈처럼 혹사당하며, 장정을 모아 군적軍籍에 올릴 때 사족士族까지 그 대상으로 삼으니, 그 고통이 뼈에 사무쳤으나 호소할 곳이 없었다.

그래서 모두가 고을을 복구할 것을 원하고 있었으나 그 일을 맡아할 만한 사람이 없었다. 현의 부로父老들이 모두 와서 처사에게 청하니, 처사는 당장에 일어나서 서울로 올라가, 만 자가 넘는 장문의 상소를 올리고 5천 호의 백성을 대신하여 그들의 목숨을 보전하게 해 줄 것을 청하였다. 대궐 문 앞을 지키기 여러 해였으나, 담당자들은 아무도 안의의 일로써 임금께 아뢴 자가 없었으며, 그 땅을 추하게 보아서 마치 자기 몸이 더럽혀지는 듯이 여겼다. 그러기에 경상도에서 온 자라면 대면하여 말도 하고 싶어 하지 않으니, 여관을 찾아 헤매며 몹시 고생하고 초췌해져도 발을 들여놓을 곳조차 없었다.

처사는 일찍이 정승 김재로金在魯[11]와 구면이 있었으므로, 그에게 이렇게 설득하였다.

"저희 고을의 산천 귀신이 어리석고 영험이 없어 극악무도한 종자를 낳은 것이 역적 정희량으로 변하였으니, 성황城隍에 벌이 미쳐 귀신이 굶주림을 당하는 것은 실로 당연한 일입니다. 무릇 역적이 나면 그자의 집터를 더러운 웅덩이로 만들어 풀도 돋지 못하도록 하는 법입니다. 그런데 지금 저희 고을로 말하면 마시는 우물도 그대로 있고 모여 사는 부락도 여전하지만, 마침내 그 관청 소재지를 없애고 그 사직社稷을 폐허로 만들었으니, 이는 백 리 주위를 빙 둘러 웅덩이나 못으로 만든 셈입니다. 이렇게 하고서도 곡물로 바치던 세금과 베로 바치던 공물貢物을 토산물로 못 하게 하여 나라의 정세正稅를 축내게 하였으니, 후토씨后土氏가 무슨 죄

---

11. **김재로**金在魯 1682~1729. 영의정을 지냈다. 노론의 선봉장으로, 이인좌의 난을 평정하는 데에도 공로가 컸다.

이며, 구룡씨句龍氏가 무슨 죄입니까?'[12]

선성先聖과 선사先師[13]께 석전제釋奠祭를 올리자 해도 주재자가 없고 제사에 바칠 짐승도 이미 노쇠해 버렸으며, 글 읽고 공부하던 곳도 잡초만 무성하여 자제들로 하여금 임금의 교화 속에서 자립할 수도 없게 하였습니다. 사직이 폐기되어 제사를 못 지내는 것도 오히려 원통한데, 더구나 또 학교까지 죄를 얻어 폐기하게 된단 말입니까?'

그리고 이어서 백성들의 고통에 관한 십여 건을 조목조목 열거하고, 감개에 복받쳐 눈물을 흘리면서 말하였다.

"조가朝歌와 승모勝母는 땅 이름이 우연히 그렇게 된 것이지만 군자는 그래도 그 땅을 밟지 않았습니다.[14] 그러므로 고향이 그립고 양잠과 길쌈이 소중하고 조상 무덤들이 생각나지 않는 것은 아니지만, 거주하는 사람은 옮겨 가기를 생각하고 옮겨 간 사람은 더 이상 돌아오지 않음은 무엇 때문이겠습니까? 모두 더러움을 깨끗이 씻고 스스로 죄악에서 탈피하고자 한 것일 뿐입니다. 그렇다면 장차 그곳에 더 이상 사는 사람이 없는 상태를 보게 될 것이니, 저는 이 땅이 마침내 도깨비 떼가 들끓고 여우나 독사가 득실대는 곳이 되고 말까 두렵습니다."

이에 김공金公은 크게 느끼고 깨달아,

"그렇겠소! 마땅히 그대를 위해 힘껏 아뢰어 보리다."

하고서, 다음 날 임금을 알현하고 안의를 폐치廢置해서는 안 되는 상황을

---

12. **후토씨后土氏가 …… 죄입니까**　후토씨와 구룡씨는 모두 토지를 맡아 다스리는 신을 이른다.
13. **선성先聖과 선사先師**　『예기』 「문왕세자」文王世子에 "무릇 처음 학교를 세웠을 때에는 반드시 선성과 선사께 석전제釋奠祭를 올린다"고 하였다. 선성과 선사로 제향祭享된 인물들은 시대마다 조금씩 다르다. 『연암제각기』燕巖諸閣記에 수록된 이본 중의 한 대목으로 보아, 여기에서의 선성은 공자孔子를 가리키고 선사는 안회顔回 이하 공자의 제자들을 가리킴을 알 수 있다.
14. **조가朝歌와 …… 않았습니다**　음악을 금기시했던 묵자墨子는 고을 이름이 조가朝歌라는 것을 알고는 수레를 돌렸으며, 효자로 유명한 증자曾子는 승모勝母라는 이름의 고을을 만나자 그 고을에 들어가지 않았다.

극력 말하였는데, 모두 처사가 조목조목 열거한 바와 같았다. 임금은 측은히 여겨, 마침내 명을 내려 그 고을을 회복하고 원을 예전같이 두도록 하였다. 고을이 혁파된 지 무릇 9년 만에 복구되니, 이에 현사縣社와 현직縣稷[15]의 사방 경내가 정비되고 아전과 관하인으로 다른 고을에 나뉘어 소속된 자들도 모두 옛 직책으로 돌아왔으며, 성황城隍과 족려族厲[16]의 귀신도 다 제사를 받아먹게 되었다.

처사는 임술년(1742, 영조18) 9월 모일에 죽으니 향년 57세였다. 그해 9월 모일에 현 남쪽 엄전동嚴田洞 오좌午坐의 벌에 안장되었다. 초취初娶는 정씨鄭氏로 문헌공文獻公(정여창鄭汝昌)의 후손인데,[17] 1남 정전廷銓을 낳았으나 그 아들은 일찍 죽었고, 1녀는 선비 아무에게 출가했다. 후취는 여흥 민씨驪興閔氏로 1남 택전宅銓을 낳았는데, 그 아들은 지금 나이 여든 살이다. 임금이 널리 국중에 은혜를 베풀어 선비나 평민으로 나이 많은 사람들에게 작위를 내렸으므로 이에 통정대부通政大夫의 계급을 얻었다.[18] 두 딸은 사인士人 아무와 아무에게 출가했다. 택전은 두 아들을 두었는데, 종한宗漢은 정전의 양자가 되었고, 차남은 천한天漢이며, 손자는 아무와 아무이다.

아! 예로부터 충의忠義의 선비치고 어찌 사직을 편안케 하는 것[19]으로써 즐거움을 삼지 않은 적이 있었겠는가. 일개 현을 미루어서 천하와 국

---

15. **현사縣社와 현직縣稷**　각각 현의 토신土神을 모신 곳과 곡신穀神을 모신 곳을 말한다.

16. **족려族厲**　후사가 끊긴 대부大夫의 신령을 이른다.『禮記』「祭法」

17. **초취初娶는 …… 후손인데**　원문은 '初娶鄭文獻公後'인데, 김택영 편 『연암집』이나 『여한십가문초』에는 '初娶鄭氏'로만 되어 있다. 양자를 절충하여 '初娶鄭氏 文獻公後'가 되어야 문리가 순탄해진다.

18. **임금이 …… 얻었다**　1794년 정조가 자신의 생모인 혜경궁惠慶宮 홍씨洪氏의 육순을 축하하기 위해 나이 일흔 이상 된 전국의 노인들에게 가선嘉善·통정通政 등의 작위를 내리기로 하고 그 대상자를 보고하도록 하여 안의현에서도 보고를 올려 50여 명이 그 혜택을 받았다고 한다. 『過庭錄』卷2

19. **사직을 …… 것**　원문은 '社稷' 2자뿐으로 문리가 잘 통하지 않는다. 『여한십가문초』에 '安社稷'으로 되어 있어 그에 따라 번역하였다.

가를 알 수 있는 법이다. 비록 그 제단의 제도에 등급의 차별이 있고 제물의 수효에 더하고 덜함은 있을망정, 신령과 사람이 의지하는 대상인 점에서는 원래 다름이 없다. 진실로 이미 없어진 뒤에 다시 존속하도록 도모할 수 있었다면, 어찌 혹시라도 열 집밖에 안 되는 작은 고을이라 해서 그의 충신忠信을 하찮게 볼 수 있겠는가.[20] 명銘은 다음과 같다.

저 옛날 무신년에	粤昔戊申
안음安陰(안의의 옛 이름) 사직 없어졌네	安陰社亡
역적 나온 까닭으로	凶渠之故
그 태생지 증오한 탓	癉厥胎鄕
땅덩이가 더럽혀지고 말았으니	土壤淲醜
백성들 이 무슨 재앙인가	凡民何殃
신령과 사람 모두 의지할 곳 없이	人神無依
아홉 해가 바뀌었도다	九換星霜
임금께서 널리 은혜 내리사	王降沛澤
피비린내 단번에 씻어 내니	一滌腥盇
산은 높고 물은 맑고	山高水淸
초목조차 빛 되찾았네	草樹回光
사직단 고쳐 쌓아	靈壇改築
하늘 양기陽氣 다시 받고[21]	復受天陽
글 읽는 노래 드높아라	絃歌增蔚

20. 어찌 …… 있겠는가 『논어』「공야장」公冶長에서 공자는 "열 집밖에 안 되는 작은 고을에도 반드시 나처럼 충신한 사람이 있을 터이다"(十室之邑 必有忠信 如丘者焉)라고 하였다.
21. 하늘 …… 받고 사직단은 하늘의 양기를 받기 위해 지붕을 만들지 않는 법이다. 『禮記』「郊特牲」

석전釋奠 제물 향기롭네 　　　　　　　　　亦奉苾薌

이 누구의 공이런가 　　　　　　　　　　　云誰之功

처사 집중執中 그 아니냐 　　　　　　　　　處士執中

태수[22]가 명銘 지으니 　　　　　　　　　　太守作銘

참여만도 영광일레 　　　　　　　　　　　亦與有榮

---

22. 태수　　안의 현감인 연암 자신을 가리킨다.

증贈 사헌부 지평司憲府持平 예군芮君 묘갈명[1]

옛적에 대도大道가 행해졌을 때에는 천하의 자식된 자치고 누구나 안색이 부드럽지 않은 자 없고, 그 언성이 즐겁지 않은 자 없고, 그 기氣가 다소곳하지 않은 자 없고, 그 용모가 온순하지 않은 자 없고,[2] 부모에 관한 일이라면 아무리 힘들어도 부지런히 하지 않음이 없고, 부모의 봉양에는 가까이 나아가지 않음이 없고,[3] 부모의 상사喪事에는 슬픔을 극진히 하지

1. **증贈 …… 묘갈명**　예귀주芮歸周의 9세손 예종선芮鍾璿이 편한 『모초재실기』慕初齋實紀 권1에는 묘지명墓誌銘으로 수록되어 있으며, 약간의 자구 차이가 있다. 그러나 거기에도 본문 중에 '묘갈명을 청했다'고 한 점으로 보아, 원래 묘갈명으로 받았던 글을 묘지명으로 바꾸었던 것이 아닌가 한다. 『모초재실기』에는 정종로鄭宗魯가 지은 별도의 묘갈명과 유최기兪最基가 지은 별도의 묘지墓誌가 있다. 또한 『모초재실기』에 실린 연암의 글 말미에는 "聖上十六年壬子月日 通訓大夫安義縣監潘南朴趾源撰"이라고 명기明記되어 있어, 이 글이 1792년에 지어졌음을 알 수 있다.
2. **그 용모가 …… 없고**　『예기』「제의」祭義에 "부모를 깊이 사랑하는 효자는 반드시 부드러운 기氣를 지니고, 부드러운 기를 지닌 사람은 반드시 즐거운 안색을 하고, 즐거운 안색을 한 사람은 반드시 온순한 용모를 갖춘다"(孝子之有深愛者 必有和氣 有和氣者 必有愉色 有愉色者 必有婉容)고 하였다.
3. **부모에 …… 없고**　『예기』「단궁 상」檀弓上에 부모를 섬길 때에는 "좌우에 가까이 나아가 봉양하며 격식에 구애되지 않고, 죽을 지경이 되도록 힘든 일에 부지런히 종사한다"(左右就養無方 服勤至死)고 하였다.

않음이 없었다.[4] 이와 같은 시대에는 천하에 효자가 없었으니, 효자가 없었던 것은 효자 아닌 자가 없었기 때문이다.

맹자는 말하기를,

"어버이 섬기기를 증자처럼 하면 된다."[5]

하였다. 이는 증자의 어버이 섬김이 사람의 자식으로서 당연히 할 직분에 불과해서, 굳이 놀라며 이상하게 여기거나 크게 탄식하며 칭찬할 필요가 없어서가 아니겠는가?

무릇 크게 탄식하여 칭찬하기를,

"효자로다, 이런 사람이야말로!"

한다면, '이런 사람'이란 칭찬을 받는 그는 진실로 장차 이 효자라는 명칭에다가 자신의 고통을 감출 것이니, 이는 비단 이런 사람의 불행일 뿐만이 아니라 곧 천하의 불행이다. 무엇 때문에 이런 사람으로 하여금 당세에 특이한 존재로 만들어 놓으려 하는 것인가? 그러나 이런 사람이 천리天理의 극치[6]에 직분을 다하는 동안, 그 간절하고 은밀한 사정에 대해서는 대중들이 능히 살피지 못하는 점이 있으므로, 군자가 부득이 공공연하게 말하고 교훈을 베풀어 천하와 후세에 분명히 밝히게 되는 것이다.

아! 후세에 와서는 효자의 정문旌門이 어찌 그리도 자주 세워지는 것

---

4. **부모의 …… 없었다**　『논어』「자장」子張에 자유子游가 말하기를, "상喪은 슬픔을 극진히 하는 데 그칠 따름이다"(喪致乎哀而止)라고 하였다.
5. **어버이 …… 된다**　『맹자』「이루 상」離婁上에 나오는 말이다. 증자가 그의 부친을 봉양할 때 반드시 술과 고기를 갖추었으며, 남에게 음식을 주기 좋아하는 부친을 위해 상을 치울 때에도 남은 음식을 누구에게 줄지 여쭈었고, 남은 음식이 있느냐고 물으면 반드시 있다고 답했다. 그러나 증자의 아들은 증자를 봉양할 때 반드시 술과 고기를 갖추기는 했으나 남은 음식을 누구에게 줄지 여쭈지 않았고 남은 음식이 있어도 그것을 나중에 또 내놓을 속셈으로 없다고 답했다. 맹자는 증자의 아들처럼 하는 것은 부모의 몸만 봉양하는 것(養口體)이요, 증자처럼 해야 그 마음을 봉양하는 것(養志)이라고 하면서, 위와 같이 말하였다.
6. **천리天理의 극치**　효孝를 가리킨다.

일까? 나는 효자의 여막廬幕을 지날 때마다 송구스러워 발이 머뭇거려지면서 효자의 마음이 상할까 두려워하지 않은 적이 없다. 그런데 증贈 지평持平 예군芮君 같은 이는 어째서 칭찬하는 것인가?

군의 휘는 귀주歸周요, 자는 양경讓卿이니, 계통은 주周나라 사도司徒 예백만芮伯萬[7]으로부터 나왔다. 휘 낙전樂全이 고려 때에 문하찬성사門下贊成事의 관직을 지내고, 비로소 의흥義興 고을 부계缶溪로 본관을 삼았다. 우리 왕조에 들어와 휘 난蘭은 예조 참의요, 휘 사문思文은 병조 참판이요, 휘 승석承錫은 이조 참의로 한성부 우윤漢城府右尹에 이르고, 휘 충년忠年은 경주 부윤慶州府尹인데, 이상은 모두 문과 출신이다. 고조의 휘는 경적景績으로 봉사奉事(중앙 관아의 종8품 벼슬)요, 증조의 휘는 응선應善이요, 조부의 휘는 귀련貴連이요, 부친의 휘는 복림福林이다. 모친은 옥천 이씨沃川李氏 종신宗信의 따님이다.

군은 숭정崇禎 기묘년(1639, 인조 17) 모월 모일에 상주尙州 회룡리回龍里에서 태어났다. 어릴 적부터 차분하고 얌전하여 같은 무리 중에서 뛰어났으며, 같은 군郡의 통례通禮 이원규李元圭[8]에게 글을 배웠다. 뜻을 독실히 하고 힘써 행하며, 영달 따위는 마음에 두지 아니하였다. 일찍이 부모를 위해 과거를 보려고 서울에 당도하여, 장차 시험장에 들어가려다가 통례의 부음을 듣고서 그날로 돌아와 상복을 입었다. 드디어 은거하여 뜻을 높이 가지며, 금산金山(지금의 경상북도 김천시 금산동)의 북쪽에 서실을 짓고 그 거처를 '모초'慕初라 이름 지었다. 경전經傳을 구명究明하고 산수山水[9] 속에서

---

7. **예백만芮伯萬**　춘추 시대 예국芮國의 군주(伯爵)로, 성은 희姬요 이름이 만萬이다. 『春秋左氏傳』「桓公」3年 그 선조인 예백芮伯이 주 성왕周成王 때 육경六卿의 하나인 사도司徒가 되었다. 『書經』「顧命」예백의 후예들이 나라 이름으로써 성씨를 삼았다.
8. **통례通禮 이원규李元圭**　통례는 궁중 의식을 관장하는 통례원通禮院의 정3품 벼슬이다. 이원규의 호는 서곡鋤谷이다.
9. **산수山水**　원문은 '山林'으로 되어 있으나, 대부분의 이본에 따라 '山水'로 고쳐 번역하였다.

마음을 즐겁게 하면서 세속의 재미[10]에 대해서는 담박하였다.

그는 일찍이 말하기를,

"사람이 당연히 힘써야 할 것이 세 가지이니 충성과 신의와 학문이요, 당연히 경계해야 할 것이 세 가지이니 여색과 싸움과 이득이다."(人之所當勉者三 忠信學 所當戒者三 色鬪得)

하고 손수 써서 스스로 좌우명으로 삼았다.[11] 또 말하기를,

"남들 말이 '아무가 어질다' 하면, 그 부모들은 아들이 어질지 못할까 하여 항상 일깨워 주고, 부모가 '내 자식은 효자다' 하면, 그 아들은 불효할까 하여 항상 두려워한다면, 그 가도家道는 대체로 괜찮다 할 것이다."[12]

하였다. 또 글을 지어 아들들을 훈계했는데, 그 제목은 '모사'慕思,[13] '무은'無隱[14] 등이었으니 모두가 실학實學(실천을 중시하는 참학문)이었다.

군은 숙종 무자년(1708, 숙종 34) 모월 모일에 죽었다. 모월 모일에 감문산甘文山 북쪽 해좌亥坐의 벌에 장사 지냈다.[15] 부인은 상산 김씨商山金氏 이명以鳴의 따님으로 3남 2녀를 낳았다.

군이 죽은 뒤 수십 년에 그 고장 인사들이 군을 지극한 효자라 칭송

---

10. **세속의 재미**   원문은 '世味'인데, 이는 공명을 이루고 벼슬하고 싶은 욕심을 이른다.

11. **손수 …… 삼았다**   원문은 '手書以自警'인데, 『모초재실기』 중의 유최기兪最基가 지은 '묘지'墓誌에는 '手書二十字以警'으로 되어 있다. 그런데 유최기가 연암과 똑같이 인용한 좌우명은 모두 18자로, '所當戒者'가 '人之所當戒者'로 되어야 20자가 된다. 『모초재실기』 권1 잡저雜著에 「손수 20자를 써서 좌우명을 삼다」(手書二十字以警)란 제목의 글이 있으나, 내용은 판이하다.

12. **남들 …… 것이다**   『모초재실기』 권1 잡저雜著에 「자도」自道라는 제목으로 실려 있다.

13. **모사慕思**   원문은 '思慕'로 되어 있으나, 『모초재실기』 권1 잡저에는 제목이 '慕思'로 되어 있으며, 돌아간 부모를 그리워하는 시이다.

14. **무은無隱**   『모초재실기』 권1 잡저에 수록되어 있다. "숨기면 허물을 고칠 수 없게 되고 악을 없앨 수 없게 된다"(隱則過不至改 惡不至銷)고 하면서, 오륜의 실천에 있어서 '숨김 없음'(無隱)의 공덕을 예찬한 글이다.

15. **감문산甘文山 …… 지냈다**   지금의 경상북도 김천시 개령면에 있는 산이다. 이 부분이 『모초재실기』에는 '初葬甘文山 後移窆于回龍里'로 되어 있는데, 이는 후손이 나중에 고친 듯하다.

하며 마땅히 표창할 만하다고 하여, 계유년(1753, 영조 29)에 감사를 통해서 임금께 사뢰어 사헌부 지평司憲府持平(정5품 벼슬)이란 증직이 내려졌다.

그 증손 아무[16]가 현 고부 군수古阜郡守 홍원섭洪元燮[17]의 서한을 가지고 와서 묘갈명을 청하였다. 고故 대제학 남공 유용南公有容,[18] 증 대제학 이공 진형李公鎭衡, 규장각 직제학 심공 염조沈公念祖[19]가 모두 글을 지어 그의 효성에 감응한 특이한 사적을 기록했으며, 고故 참찬 유공 최기兪公最基는 군의 묘지墓誌를 지어 그 언행을 자세히 차례로 서술했으니, 모두 징빙이 될 만하다.

대개 군의 어버이 섬김은 제 몸을 제 것이라 여기지 아니하고, 젖 먹을 때로부터 장례와 제사에 이르기까지 충실하고 공경하고 예법을 갖추지 아니한 것이 없었으므로 친척들이 다 감화되었으며, 심지어 신명神明에게 통하고 조수鳥獸까지도 느끼게 하였다.[20] 이 점을 들어 온 고을에서는 지극한 효자라고 군을 칭송하게 되었으나, 군이 스스로 마음 갖는 것으로 말하면, '나는 자식된 직책에 있어 그 분수를 다하지 못했을 따름이다'라고 하였을 것이다. 어느 겨를에 감히 '어버이를 잘 섬겼다'고 말할 수 있었겠는가? 그런데도 어떤 사람이 덩달아 대중에게 외치기를 '이 사

---

16. **아무**　『모초재실기』에는 '수겸'秀兼으로 되어 있다.

17. **홍원섭洪元燮**　1744~1807. 자는 태화太和, 호는 태호太湖, 본관은 남양南陽이다. 충주 목사를 지냈으며 고문古文을 잘 지었다. 연암과 친교가 있었다. 『연암집』 권4에 그의 「비성아집」秘省雅集 시詩에 차운한 시가 수록되어 있다.

18. **대제학 남공 유용南公有容**　『모초재실기』에는 '參判洪公梓'로 되어 있다. 실제로 『모초재실기』에는 남유용의 글이 없으며, 홍재洪梓의 글만 있다. 『慕初齋實紀』 卷1 「孝行帖追錄」

19. **심공 염조沈公念祖**　『모초재실기』에는 그다음에 '今大提學吳公載純'이 추가되어 있다. 단 『모초재실기』에는 심염조의 글은 없고, 오재순과 이진형의 글만 있다. 『慕初齋實紀』 卷2 「孝行帖追敍」

20. **젖 …… 하였다**　『모초재실기』에 의하면 예귀주는 세 살 때부터 이미 부모를 경애할 줄 알아 젖을 먹을 때에도 무릎을 꿇고 젖을 빨아 먹었다고 한다. 부모를 위해 노루 고기를 구했더니 호랑이가 노루를 물어다 놓기도 하고, 꿩 고기를 구했더니 꿩이 스스로 날아왔다고 한다.

람이야말로 효자다, 효자야!' 한다면, 역시 증자가 어버이를 섬겼던 의리와는 다르다 할 것이다. 명銘은 다음과 같다.

대개 소인이 부모 사랑하는 일은 있어도	蓋有小人而愛親
군자가 제 몸 제 것으로 여겼단 말 못 들었소	未聞君子而私其身
부모에게서 받은 살 한 점 터럭 한 올	一膚一髮
반 발자국 순식간이라도[21]	跬步瞬息
빗나가면 방향 잃고	橫之則無方
곧추세우면 끝이 없네	竪之則無極
눈 속에 죽순 돋고	筍可雪抽
얼음물에 잉어 뛰니[22]	鯉可氷躍
혹시라도 마지못해 한다면	有或俛黽
신명神明이 순응 않네	神不爾若
저 사나운 호랑이가	彼髮髯者
사슴 물어 바쳐 주니	含鹿來効
남들은 이적異蹟이라 칭송하지만	人所稱異
그대에겐 어찌 여한餘恨이 없으리오[23]	在君何恔
효도란 말 들먹이어	毋言其孝

---

21. 반 발자국 순식간이라도　　『모초재실기』권1「무은」無隱에서 "한순간도 간사하게 꾸미는 태도"(一息私僞之態)가 없어야 한다고 하였다.
22. 눈 …… 뛰니　　『삼강행실도』三綱行實圖에 소개된 효자 맹종孟宗과 왕상王祥의 고사를 말한다. 맹종은 오吳나라 사람으로 모친을 위해 죽순을 구했더니 겨울인데도 죽순이 돋았다고 하며, 왕상은 진晉나라 사람으로 계모를 위해 생선을 구하고자 얼음을 깨고 물에 들어갔더니 잉어가 뛰어올랐다고 한다.
23. 그대에겐 …… 없으리오　　부모에 대한 효를 다했다고 후련해하지 않는다는 뜻이다. 『맹자』「공손추 하」에, 좋은 목재로 관곽棺槨을 두텁게 만들어 죽은 이의 피부에 흙이 닿지 않게 한다면 "사람 마음에 어찌 후련하지 않겠느냐"(於人心 獨無恔乎)고 하였다.

그 마음을 아프게 마소   以戚其心

시로써 명銘을 새기노니   我刻銘詩

뜻을 같이하는 이들은 잠계箴戒로 삼으소   同好爲箴

참봉參奉 왕군王君 묘갈명

왕씨王氏가 고려 시대에는 다 공족公族(왕족)이었는데, 나라가 바뀌자 자기네끼리 서로 공포에 떨어 성姓을 변경하고 도피하여 숨어 살았으니, 대대로 전해 내려오는 옥씨玉氏, 금씨琴氏, 마씨馬氏, 전씨全氏, 전씨田氏 등 다섯 성에 왕씨들이 많이 숨어들었다. 우연히 들에서 서로 만나면 걸어가면서 노래를 불러 주고받기를,

　'옥玉을 찬 저 사람은 근본을 잊지 않네.'[1]

　'거문고(琴)는 있어도 줄이 없으니 벙어리나 마찬가지네.'

　'꼴 아닌 곡식으로 저 말(馬)에겐 밥을 먹이네.'

　'밭(田) 사이에 엎디어서 달갑게 남 밑[2]에 사네.'

하였다. 이는 대개 두려움으로 움츠리지 않을 수 없어서 은어隱語를 만들어 서로 알아차리도록 한 것이라 한다.

---

1. **옥玉을 …… 않네**　『예기』「옥조」玉藻에 "옛날의 군자는 반드시 옥을 찼다"(古之君子·必佩玉)고 하였다. 여기서의 군자君子는 왕이나 귀족을 뜻한다.
2. **남 밑**　다른 사람의 아래에 있다는 말로서, 사람 인人 아래에 임금 왕王이 있는 '전씨'全氏 성을 가리킨다.

우리 왕조에서 참봉이란 관직을 만들어 왕씨를 찾아서 마전麻田에 있는 왕씨는 숭의전崇義殿[3]을 받들게 하고, 개성開城에 있는 왕씨는 현릉顯陵[4]을 받들게 하였으니 모두 고려 태조의 후손들이었다. 휘諱는 아무, 자字는 아무가 있는데, 그 증조 휘 아무, 조부 휘 아무, 부친 휘 아무로부터 군君에 이르기까지 4대를 연달아 모두 현릉 참봉이 되었다. 모친은 울산 박씨蔚山朴氏 아무의 따님이다.

군은 숙종 병진년(1676, 숙종 2) 모월 모일에 태어났다. 겉으로는 겸손하여 몸 둘 바를 모르는 것 같지만 속으로는 능히 사물을 종합하고 정리하여 실오라기 하나도 빠뜨림이 없었다.

임금[5]이 선죽교善竹橋에 거둥하여, 어필御筆로써 고려 충신 문충공文忠公 정몽주鄭夢周를 기려,

일월日月같이 밝은 충성 만고에 뻗치리니   日月精忠亘萬古
태산같이 높은 절개 포은圃隱 선생이로다   太山高節圃隱公

라 쓰고, 담당자에게 명하여 돌에 새겨 비碑를 만들어 다리 입구에 세우게 하였다. 군은 감격하여 눈물을 흘리며, 그의 종족宗族을 거느리고 날마다 비를 만드는 일에 참여했다. 빗돌을 받치는 귀부龜趺가 완성되자 이를

---

3. **숭의전崇義殿**   조선 시대에 전 왕조인 고려의 태조 왕건王建과 일곱 임금, 즉 혜종, 정종, 광종, 경종, 성종, 목종, 현종을 제사 지내던 사당이다. 조선의 태조 이성계가 1397년(태조 6)에 경기도 마전현麻田縣에 왕건의 묘廟를 세운 뒤, 1399년(정종 1)에는 고려 태조와 일곱 임금을 제사 지내고, 1542년(문종 2)에는 이곳을 숭의전이라 이름 짓고 고려 왕족의 후손들로 하여금 관리하게 하였다.

4. **현릉顯陵**   고려 태조 왕건의 능으로 개풍군開豊郡에 있다.

5. **임금**   성균관대 소장 『연암집』 산고散稿에는 '영종'英宗으로 되어 있다. 영조英祖를 가리킨다. 1740년(영조 16) 9월에 영조가 개성에 거둥하여 과거를 열고 성균관에서 알성례謁聖禮를 행한 후 선죽교에 정몽주를 추숭하는 비를 세우게 하였다.

끌어당기는 자가 거의 만 명이었으나, 너무도 무거워서 까딱할 수가 없었다. 비를 세울 날짜는 정해져 있어, 담당자는 그 시기에 대지 못할까 두려워하고 있었는데, 군이 웃통을 벗고 밧줄을 잡아 '호야!' 하고 한 번 끌어당기자 대중들의 힘이 일제히 솟아나, 돌이 가기를 물 흐르듯 하였다. 그래서 마침내 담력과 용맹으로써 칭송을 받았다. 장차 비각碑閣을 건립할 양으로 주춧돌을 고궁의 터에서 캐어 오려 하자 군은 강개한 어조로 말하기를,

"이 역사役事가 누구를 표창하기 위한 것인데 하필이면 고려 고궁의 대臺(만월대滿月臺)를 헐어서 한단 말인가!"

하니, 담당자는 말을 못 하고 한참 있다가 탄식하면서,

"저 사람 말이 옳다."

하고, 마침내 다른 곳에서 주춧돌을 가져왔다.

고려 왕릉의 제사는 세월이 오래되자 해이해져서, 석물石物이 이지러지고, 술 담는 제기祭器 등속이 깨지고 금이 갔으며, 겉에 새겨진 갖가지 무늬들이 마멸되어 선명하지 못하였다. 군은 개성부의 유수留守에게 간청하고 또 예조에 신고하여, 자리에 가선을 두르고 안석을 원래대로 했으며,[6] 서직黍稷 담는 제기에 장식을 하고, 제물을 올리고 술을 땅에 붓고 일어났다가 엎드렸다 하는 것을 모두 의식에 맞게 하였다.

집안이 처음에는 몹시 가난했으나 군이 고생을 거듭하여 푼푼이 모으고, 먹고 싶은 것도 참고 주린 배도 견디곤 하여, 늘그막에는 살림이 윤택하였으며 자손들을 잘 깨우치고 이끌어서, 크게 재산을 이루어 향리

---

6. **자리에 …… 했으며** 『서경』「고명」顧命에 천자가 죽으면 궁중 여러 곳에 가선을 두른 자리를 깔며 안석은 생시와 같이 놓아둔다고 하였다. 원문의 '純'은 자리의 테두리를 천으로 둘러 꾸민 것을 말하고, 안석을 생시와 같이 놓아두는 것을 '잉궤'仍几라 한다. 『주례』춘관春官「사궤연」司几筵에도 "무릇 길사吉事에는 안석을 새로 바꾸고 흉사凶事에는 안석을 그대로 쓴다"(凶事仍几)고 하였다.

에서 갑부가 되었다고 한다.

병인년(1746, 영조 22) 모월 모일에 죽으니 향년 71세이다.[7] 개성부의 남쪽 봉명산鳳鳴山 동녘 기슭 경좌庚坐의 벌에 장사 지냈다. 부인은 단양 우씨丹陽禹氏 아무의 따님인데, 슬하의 아들은 아무요, 두 딸은 선비 아무와 아무에게 출가했다. 손자는 다섯인데 맏손자 아무는 무과에 장원급제하여 벼슬은 전임 의영고 주부義盈庫主簿[8]요, 그다음 손자 아무는 진사進士요, 또 그다음 손자 아무도 진사요, 나머지 손자들은 어리다. 명銘은 다음과 같다. ― 명은 원고를 잃었다.[9] ―

---

7. **병인년 …… 71세이다**　대본에는 '81세'로 되어 있으나, 착오인 듯하다. 『엄계집』과 성균관대 소장 필사본에는 향년이 '71세'로 바르게 기술되어 있다.

8. **의영고 주부義盈庫主簿**　의영고는 호조戶曹 소속으로 궁중에서 쓰는 각종 기름과 조미료 등 식품을 보관하고 관리하는 관청이다. 주부는 종6품 벼슬이다.

9. **명銘은 …… 잃었다**　성균관대 소장 필사본에는 "티끌 모아 태산 같은 항산恒産 이루었으되, 누가 알리 그분이 항덕恒德도 지녔음을. 덕에는 크고 작음이 없나니, 자손에게 남긴 가업 항상 변함없으리"(聚塵成泰恒 孰知厥德恒 德無大小然 遺厥嗣業恒)라는 명사銘辭가 있다.

가의대부嘉義大夫 행 삼도통제사行三道統制使
증 자헌대부資憲大夫 병조판서 겸 지의금부사
오위도총부 도총관兵曹判書兼知義禁府事五衛都摠府都摠管
시諡 충강忠剛 이공李公 신도비명神道碑銘[1] 병서幷序

오호라! 청나라 사람들이 처음 그 국호國號를 세우면서, 우리나라 사신을 겁박하여 잡아다가 기필코 한번 그 뜰에 꿇리고서 큰 절을 받고자 했다. 이는 틀림없이 온 천하에 소리쳐 떠들기를,

"조선은 예의의 나라로서 여러 나라들에 솔선하여 우리를 황제로 섬긴다."

1. 가의대부嘉義大夫 …… 신도비명神道碑銘 　　가의대부는 종2품의 품계이다. 삼도통제사는 곧 삼도수군통제사三道水軍統制使로 경상도, 전라도, 충청도의 수군을 통솔하는 종2품의 관직이다. 자헌대부는 정2품의 품계이다. 자헌대부의 품계가 추증되었으므로, 품계보다 관직이 낮음을 표시하는 행行 자가 삼도통제사의 관직 앞에 붙었다. 오위도총부는 조선 시대의 군사 조직인 오위五衛를 총괄하던 최고 군령軍令 기관이고, 도총관은 그 우두머리인 정2품의 관직이다. 원문에는 시호가 '충렬'忠烈로 되어 있으나, 이확李廓에게 실제로 내린 시호는 '충강'忠剛이었다. 『正祖實錄』 4年 11月 9日, 5年 11月 20日 혹시 그와 고난을 같이하여 함께 증시贈諡되었던 나덕헌羅德憲의 시호와 혼동한 것이 아닌가 한다. 이 글은 『전주 이씨 경녕군파 세보』全州李氏敬寧君派世譜 권지수卷之首에도 실려 있는데 거기에는 말미에 "통정대부 행 안의현감 겸 진주진관 병마절제도위 박지원 지음"(通政大夫行安義縣監兼晉州鎭管兵馬節制都尉朴趾源撰)이라고 되어 있어, 연암이 안의 현감 시절에 지은 것으로 추정된다.

하려는 것이었으니, 아! 사신된 자는 이보다 더 사정이 급박할 수 없었다. 그 머리가 잘릴망정 조아려서는 안 되고, 그 무릎이 끊길망정 꿇어서는 안 되는 것이니, 진실로 고故 통제사統制使 이공李公이 사신 노릇 하듯이 하지 아니했다면, 동해東海 주변 수천 리의 우리나라가 장차 무엇으로써 천하에 대해 스스로 떳떳할 수 있었겠는가?

그들의 힘은 족히 심양瀋陽을 함락시키고 요동遼東 전역을 점령할 수 있었지만 약한 나라의 일개 사신을 이기지 못했고, 그들의 위엄은 족히 몽고의 40여 왕을 굴복시키고 하루아침이 못 걸려서 두송杜松[2]의 20만 군사를 깨뜨렸지만, 필부의 허리를 꺾어 뜰에 꿇리지는 못했다. 옥쇄를 획득하고 부명符命을 늘어놓으며,[3] 기세등등하게 하늘로부터 이를 얻었다고 자부하는 것이 저와 같이 용이했건만, 그들이 우리 사신의 절 한 자리 받기란 이와 같이 어려웠다. 그렇지만 사건이 영토 밖에서 벌어져 국내 사람들이 통쾌하게 직접 본 바 아니었고 몸이 살아서 돌아온 데다가 저들의 서한을 받아 왔다는 혐의를 받았으므로 그 당시에 나라를 욕되게 했다는 논란이 어찌 그칠 수 있었겠는가!

그 뒤 명나라의 변방을 지키는 장수가 천자에게 아뢴 사실과, 중원中原의 망한 명나라 백성들이 당시의 광경을 그림으로 그려 둔 사실을 전문傳聞을 통해서 차츰차츰 알게 되자, 국내의 의심이 점점 풀리어 비로소 표창하고 증직贈職하는 특전을 더하게 되었다. 그러나 저 적국의 뜰에서 강하고 굳세게 맞선 사적에 대해서는 상기도 국내 사람들이 반신반의해

---

2. **두송杜松**   명나라 말기의 장수로 담력과 지혜가 뛰어나 주요 군직軍職을 역임하면서 많은 전공을 세웠다. 1619년에 양호楊鎬가 후금後金을 공격할 때 그의 주력主力이 되어 함께 출전하였으나, 자신의 용맹을 믿고 경솔하게 진격하다 후금의 군대에 크게 패하고 자신도 전사하였다.

3. **부명符命을 늘어놓으며**   제왕이 천명을 받은 증거로서 하늘이 보여 주는 상서로운 조짐을 부명이라 한다. 또한 그러한 상서로운 조짐들을 늘어놓으며 제왕을 예찬하는 글도 부명이라 한다.

온 것이 지금까지 140여 년이었다. 이는 당연히 만세가 되어도 공론公論에 힘입어 사라질 수 없을 사적이요, 청나라 황제로서도 덮어 버릴 수 없었던 사적이다.

삼가 살펴건대, 공의 휘는 확廓이요, 자는 여량汝量이다. 계통은 선파璿派[4]에서 나왔으니, 시조는 왕자 경녕군敬寧君 비祋[5]였다. 부친의 휘는 유인裕仁인데, 문과에 급제하고, 함경도 관찰사로서 왜병이 침략했을 때 싸우다 피살되어 예조 판서에 증직되었다. 모친은 정부인貞夫人 경주 최씨慶州崔氏로 만력萬曆 경인년(1590, 선조 23)에 공을 낳았다.

공은 세 살 때에 부친을 여의었다. 장성하자 키는 팔 척이요, 음성은 큰 쇠북을 울리는 것 같았으며, 용력이 절등하여 우뚝한 장수의 재목이었다. 문충공文忠公 이항복李恒福이 그가 고아로 가난하게 사는 것을 가련하게 여겨 무과武科를 권하니, 응시하여 갑과甲科(첫째 등급)로 합격하여 선전관宣傳官[6]에 제수되었는데, 사나운 범이 금원禁苑에 들어오자 공이 쏘아 죽였다. 그리고 적신賊臣[7]이 문무백관을 위협하여 대궐 뜰에서 대비를 폐할 것을 청하였으나 공은 그 반열에 참여하지 아니하니, 사람들이 모두 위태롭게 여겨 공에게 병을 핑계 대라 권하자, 공은 성을 내며,

"병들지 않았다면 참여해야 된단 말인가?"

하였다. 광해군光海君이 날이 갈수록 패악하므로 공의 뜻을 떠보려는 자가 있자 공은 사양하기를,

---

4. 선파璿派 전주 이씨全州李氏 왕실에서 갈라져 나온 종파宗派를 이른다.
5. 경녕군敬寧君 비祋 태종太宗과 효빈孝嬪 김씨金氏 사이에 출생한 왕자이다.
6. 선전관宣傳官 임금이 행차할 때 호위와 명령 전달 등을 맡던 종9품부터 정3품까지의 관직이다. 임금을 측근에서 보좌하므로 장차 출세가 보장되는 무반武班의 명예로운 요직으로 간주되었다.
7. 적신賊臣 광해군 때 인목대비仁穆大妃의 폐위를 주도한 이이첨李爾瞻을 일컫는다.

"나는 어머니가 있으니 감히 그대들을 따르지는 못하겠다. 그러나 나에 대한 의심은 말고 다만 노력해 주기 바란다."

하였다.

정사靖社[8]에 미쳐 밀약이 있었다. 동성군東城君 신경인申景禋[9]이 공에게 함께 가자고 요청했으나 공은 응하지 않았다. 공이 이때에 어영청 천총御營廳千摠(정3품 벼슬)을 맡고 있었는데, 박승종朴承宗[10]이 평소 공을 믿었으므로 급히 공을 불러 말하기를,

"네가 대장 이흥립李興立[11]과 더불어 모반한다고 고자질하는 자가 있으나, 나는 너를 의심하지 않으니 급히 군사를 돈화문敦化門(창덕궁 정문) 밖에 모아 비상에 대비하라."

하자, 공은 드디어 군중軍中에 명령하기를,

"오늘은 내가 특장特將[12]으로 지휘를 도맡았으니 감히 어기는 자는 베어 죽이리라!"

하였다. 밤에 반정군의 깃발이 돈화문을 향하자 군중이 동요하였다. 외병外兵이 있다고 보고하므로, 공은 말을 타고 동으로 향해 서서,

"내 말 머리만 보고 따르라."

하였다. 막 공의 자字를 부르려는 사람이 있었으나 공은 짐짓 못 들은 척했는데, 공을 부른 사람은 바로 동성군이었다.

---

8. **정사靖社**   사직社稷을 안정시킨다는 뜻으로, 여기서는 인조반정仁祖反正을 가리킨다.

9. **동성군東城君 신경인申景禋**   1590~1643. 무신 신립申砬의 아들로, 인조반정에 공로를 세워 정사 공신靖社功臣 2등으로 책훈策勳되고 동성군에 봉해졌다.

10. **박승종朴承宗**   1562~1623. 광해조에 영의정을 지냈으며 밀양부원군密陽府院君에 봉해졌으나, 인목대비 폐비에는 극력 반대했다. 반정이 일어나자 자결했다. 인조반정 직후 관직이 삭탈되었다가 나중에 신원伸寃되었다.

11. **이흥립李興立**   박승종과 사돈으로서 그의 추천으로 훈련대장에 임명되었다. 그럼에도 불구하고 은밀히 반정군反正軍에 합세하여 공이 컸으므로 정사 공신 1등으로 책훈되고 광주군廣州君에 봉해졌다. 1624년 이괄李适의 난 때 투항했다가 난이 평정되자 자결했다.

12. **특장特將**   어느 한 방면을 전담하는 독자적인 부대의 주장主將을 이른다.

일이 평정되자 여러 공신들이 공을 의심하여 공도 함께 베어 죽이려고 했으나, 연평군延平君 이귀李貴[13]가 그들과 맞서 힘껏 다투면서,

"가령 이확李廓이 진陣을 물리지 않았더라면 누가 감히 궁궐로 들어갔겠는가?"

하였다. 연평군이 평산 부사平山府使로서 의거를 일으켜 일약 호위대장扈衛大將[14]에 제수되자, 공을 힘껏 보호하여 중군中軍을 삼았으며 다시 공을 천거하여 평산 부사를 대신 맡게 하여 감싸 주었다. 그러나 박승종은 영의정으로서 처형을 당했는데, 공은 일찍이 그에게 신임을 받던 처지라 스스로 변명할 길이 없어 늘 울적하게 지내면서 뜻을 펴지 못했다.

이듬해에 이괄李适이 반역을 일으켰다는 보고가 전해 오자, 공은 마침 심리審理를 받던 중이었으나, 임금이 급히 불러 접견하고 활과 칼을 내려 주어 출정케 하였다. 저탄猪灘[15]에서 적을 막다가 군사가 무너지자 스스로 강물에 몸을 던졌다. 역적들은 상금을 걸고 공을 잡으려고 서둘렀으나, 급기야 공이 타던 말이 죽어서 물에 떠 있는 것을 발견하고서는 공이 이미 죽었다고 여겨 마침내 가 버렸다. 공은 흘러가는 시체에 올라타서 죽음을 면하게 되자, 알몸으로 도원수都元帥 장만張晩[16]의 군대로 달려갔으나 군중에서는 공을 역적의 첩자로 의심하여 베어 죽이려고 했다. 장만은

13. **연평군延平君 이귀李貴**   1557~1633. 인조반정에 가담하여 정사 공신 1등으로 책훈되고 연평부원군에 봉해졌다.
14. **호위대장扈衛大將**   인조반정 이후 왕궁의 호위를 강화할 목적에서 설치한 호위청扈衛廳의 우두머리인 정1품 관직이다. 설치한 초기에는 '호위 4청廳'이라 하여 공신인 이귀 등 4인이 대장이 되어 각기 군관軍官들을 거느렸다.
15. **저탄猪灘**   마탄馬灘이라고도 하며, 황해도 평산의 예성강禮成江 상류에 있었다.
16. **장만張晩**   1566~1629. 인조반정 직후 후금後金의 침략에 대비하여 평양에 원수부元帥府를 설치하자 그 우두머리인 도원수都元帥에 임명되었다. 1624년 평안병사 겸 부원수平安兵使兼副元帥인 이괄의 반란군이 도원수 장만이 주둔하고 있던 평양을 피하여 파죽지세로 남진하자, 장만은 각지의 관군과 의병을 모아 추격하여 마침내 서울 근교에서 격파했다. 그 공으로 진무 공신振武功臣 1등으로 책훈되고 옥성부원군玉城府院君에 봉해졌다.

공을 특별히 사면하여 선봉장으로 삼아, 그로 하여금 공로를 세워 스스로 속죄하게 하였다. 드디어 역적을 쳐부수고 서울을 회복하였으나, 그 공로가 의심스럽다고 하여 책훈策勳되지 못했다. 외직으로 나가 안악 군수安岳郡守가 되었다가 곧 자산 부사慈山府使로 옮겼다.

강홍립姜弘立[17]이 만주족滿洲族을 인도하고 와서 의주성義州城을 함락시키자 인접 고을들도 따라서 와해되었으므로, 관찰사 윤훤尹暄[18]이 급히 공을 불러 평양성平壤城을 구원하게 하였다. 공은 도중에서 평양성이 이미 함락되고 자산 역시 지키지 못했다는 소식을 듣자 근거지조차 잃어버려 낭패의 지경에 이르렀다. 그래서 격문檄文을 띄워 여러 고을 군사를 소집하여 절도사에게로 달려갈 작정이었는데, 김기종金起宗[19]이 윤훤을 대신하여 관찰사가 되자, 공이 도중에 기웃거리기만 하고 급히 평양성을 구원하지 않았다고 의심하여 베어 죽이려고 했다. 이때 마침 조정에서는 공에게 김덕경金德卿과 고한룡高汗龍이란 자를 얼른 잡아 없애도록 맡겼다. 이 두 역적은 모두 서쪽 변방의 보잘것없는 역관[20]으로 만주족에게 투항하였는데, 김덕경은 만주족에 의해 임시로 안주 목사安州牧使에 임명된 자였다. 공은 이 두 역적을 사로잡아 스스로 속죄할 것을 청하고는 마침내 계획을 세워 고한룡을 참수하고 김덕경을 사로잡았으며, 강물을 반쯤 건넌 역적들을 공격하여 잡혀가는 우리 백성들을 빼앗아 오고, 고차 박씨高遮博

---

17. **강홍립姜弘立**   1560~1627. 명나라의 후금 정벌 요청에 응해 오도도원수五道都元帥로서 출정했다가 패하자, 후금에 투항하고 억류되었다. 1627년 정묘호란丁卯胡亂 때 후금의 선도先導로서 입국하여 강화도에서 양국의 화의和議를 주선했다.

18. **윤훤尹暄**   1573~1627. 성혼成渾의 문인으로, 1625년 평안 감사로 부임했다. 정묘호란 때 평양을 버리고 성천成川으로 후퇴함으로써 전세를 불리하게 만들었다는 죄목으로 투옥되어 강화도에서 효수되었다.

19. **김기종金起宗**   1585~1635. 이괄의 난 때 도원수 장만의 종사관으로서 무공을 세워 진무공신 2등으로 책훈되고 영해군瀛海君에 봉해졌다.

20. **서쪽……역관**   안주安州의 통사通事를 이른다.

氏[21]를 추격하여 그를 호종하는 기병 두 명을 쏘아 죽였다.

그러자 김기종은 손을 잡고 기뻐하며 술잔을 나누면서,[22]

"서로 늦게 안 것이 한스럽소."

하고, 드디어 만류하여 중군中軍으로 삼고 군사에 대한 것을 모두 그에게 위임하였다.

적이 물러가자, 내직으로 들어와 동지중추부사同知中樞府事에 제수되고, 외직으로 나가 경원 부사慶源府使가 되었다가 곧 영흥 부사永興府使로 옮겼다. 다시 들어와 오위도총부 부총관이 되었고, 또다시 나가 제주 목사가 되었다. 임기를 마치고 돌아와 동지중추부사 겸 오위도총부 부총관에 제수되었다가, 이윽고 회령 부사會寧府使에 제수되었는데 모친의 연로함을 들어 사직하고 부임하지는 않았다.

이때 만주족이 이미 심양을 점거하여 자주 산해관山海關을 침공하였으며, 몽고의 여러 부족들을 다 복속시켰다. 그러나 우리나라에 대해서는 여전히 교린交隣의 도리로써 대우하여 사신의 내왕이 끊이지 않았다. 숭정崇禎 9년 병자년(1636, 인조 14)에 만주족은 영아아대英兒阿代[23]와 마복탑馬福塔[24]을 보내와 서신을 전달했는데, 그 사연이 몹시 패악하고 거만하여, 우리에게 바라는 바가 전날과 아주 달랐다. 그래서 대각臺閣(사헌부·사간원) 및

21. **고차 박씨高遮博氏**　박씨博氏는 만주어滿洲語인 '박시'baksi를 음역音譯한 것으로, '파극십'巴克什으로 표현하기도 했다. 문서를 담당하는 하급 관리를 지칭하거나, '문신'文臣 '대유'大儒를 뜻하는 사호賜號로 쓰였다. 고차高遮는 만주족 장수로서 정묘호란 때 종군하여 공을 세우고 조선에 차사差使로도 파견된 바 있는 고이전庫爾纏으로 추측된다. 그는 '파극십'이라는 호를 하사받았으며, 문관文館의 직책에 임명되어 정사政事를 기록하기도 했다. 『淸史稿』권287 列傳 15.

22. **기뻐하며 술잔을 나누면서**　원문은 '歡飮'인데, 문맥으로 보아 '勸飮'의 잘못이 아닌가 한다. 그렇다면 '술을 마시라고 권하면서'라고 번역되어야 한다.

23. **영아아대英兒阿代**　용골대龍骨大라고도 한다. 만주 정백기인正白旗人으로, 호부 상서를 지냈다. 조선에 누차 사신으로 왔으며, 병자호란 때 청 태종淸太宗의 막료로서 참전했다.

24. **마복탑馬福塔**　마부대馬富大(또는 馬夫大)라고도 한다. 만주 정황기인正黃旗人으로, 조선에 사신으로 자주 왔으며, 병자호란 때 청 태종의 막료로서 참전했다.

성균관 유생들이 번갈아 상소를 올려, 그 사신을 베어 머리를 함에 넣어 명나라 황제께 아뢰자고 요청하니, 영아아대 등은 크게 놀라 숙소에서 뛰쳐나가 말을 빼앗아 타고 달려가면서 국서國書를 도중에 내버렸다.

이때 사대부들은 모두 심양에 사신 가기를 회피했으므로 마침내 공을 회답사回答使[25]에 충원시키니, 서신을 가지고 뒤를 쫓아 용만龍灣(의주義州)에 이르렀다. 때마침 춘신사春信使 나덕헌羅德憲[26]이 공보다 먼저 출발하여 막 용만에 머물러 있다가, 드디어 동행하여 심양으로 들어갔다.

한汗[27]이 공들을 접견하고서 더욱 거만하게 굴며 폐백을 선뜻 받아 주지 않고, 사자使者를 숙소로 번갈아 보내어 십여 건의 일을 들어 트집만 잡곤 하였다. 한汗이 교외에서 하늘에 제사를 올리려 하면서, 먼저 정명수鄭命壽[28]를 시켜 오만 가지로 회유하고 협박했으므로, 공은 허리에 찬 칼을 뽑아 정명수에게 주면서,

"내 머리를 가지고 가라!"

하였다. 이튿날 만주족 기병 수십 명이 채찍으로 문을 후려치고 크게 호통 치면서,

---

25. 회답사回答使　교린交隣 관계에 있는 나라에서 사신을 통해 국서를 보내왔을 때 그에 회답하는 국서를 전하기 위해 파견하는 사신을 이른다.

26. 춘신사春信使 나덕헌羅德憲　정묘호란 이후 조선은 후금과 형제 맹약을 맺고 매년 봄과 가을에 사신을 심양에 보내 조공을 바쳤는데, 봄에 보내는 사신을 춘신사라 하였다. 나덕헌(1573~1640)은 이괄의 난 때 도원수 장만의 휘하에서 공을 세워 진무원종공신振武原從功臣 1등으로 책훈되었다. 1636년 춘신사로서 회답사인 이확과 함께 심양에 가 청 태종이 칭제건원稱帝建元하는 의식에서 삼궤구고례三跪九叩禮를 완강히 거부하다가 간신히 살아서 돌아왔다. 그러나 귀국 이후 오히려 누명을 쓰고 유배되었다가 풀려났으며, 교동수사喬桐水使 겸 삼도통어사三道統禦使를 지냈다. 시호는 충렬忠烈이다.

27. 한汗　고대 북방 민족의 족장族長 또는 왕王을 일컫던 말로 가한可汗, 칸khan으로도 불린다. 여기서는 청 태종을 이른다.

28. 정명수鄭命壽　평안도의 천민으로 1619년 강홍립의 군대를 따라갔다가 포로가 되자 잔류하여 신임을 얻었다. 병자호란 때 용골대龍骨大와 마부대馬夫大의 통역으로 입국하여 갖은 횡포를 부렸다.

"조선 사신은 빨리 예복을 갖추라!"

하자, 공은 탄식하며,

"오늘에야 죽을 자리를 얻었나 보다."

하고, 드디어 나공羅公과 함께 동쪽을 향해 사배四拜를 드려 멀리서 임금께 하직을 고하였다. 그리고 손수 관복을 찢고 사모紗帽를 밟아 뭉개뜨려 다시 입지 않을 뜻을 나타냈으며, 스스로 상투를 풀고 머리를 맞대어 두 가닥을 한데 합쳐 묶고 서로 보듬고 누웠다.

한汗이 장사壯士를 보내어 공들을 좌우로 끼고서 내달리어 제단 아래 이르자, 패륵貝勒과 팔고산八固山과 번자番子29들이 다 줄지어 서고, 몽고의 수십 만 기병이 제단을 빙 둘러 진을 쳤다. 한汗은 자황포柘黃袍30를 입고 규圭를 잡고 제단에 올라 '관온인성황제'寬溫仁聖皇帝라는 존호尊號를 받고, 국호를 세워 '대청'大淸이라 하고 '숭덕'崇德으로 연호를 바꾸었다. 장사들이 공을 끼고 서자, 공은 즉시 나자빠져 다리를 쭉 뻗고 누웠다. 장사들이 앞을 다투어 그 팔과 다리를 붙잡고 고개를 억누르고 꽁무니를 쳐들고 사지를 들어 땅에 엎어뜨리자, 공은 크게 호통 치며 몸을 뒤쳐 바로 누우며, 앞에 접근하는 자가 있으면 누운 채 발길로 그 얼굴을 차서 코가 깨져 피가 터지곤 하니, 이날 구경하던 자들은 깜짝 놀라고 혐오스러워 차마 보지를 못했다. 마침내 거꾸로 질질 끌어다 숙소에 가두었다.

이튿날 다시 동교東郊에서 제사를 지낼 적에 또 공들을 끌고 갔다. 공들은 더욱 사납게 항거하며 눈을 부릅뜨고 크게 꾸짖으니, 정말로 그

---

29. 패륵貝勒과 팔고산八固山과 번자番子 패륵은 청淸 종실宗室의 봉작封爵의 하나이다. 청 종실의 봉작은 친왕親王, 군왕郡王, 패륵貝勒, 패자貝子의 순서로 되어 있다. 팔고산은 곧 팔기병八旗兵을 이른다. 팔기병은 병졸 300인이 하나의 우록牛彔을 이루고, 다섯 우록이 하나의 갑라甲喇를 이루고, 다섯 갑라가 하나의 고산固山을 이루어, 모두 여덟 고산이 된다. 번자는 형사刑司에 소속되어 체포와 형장刑杖을 맡은 벼슬아치를 이른다.

30. 자황포柘黃袍 뽕나무 즙을 물들여 만든 적황색의 도포로, 수당隋唐 이래 황제들의 복색服色으로 사용되었다.

사나움을 당해 낼 수 없었다. 만주족의 여러 신하들이 흔고釁鼓[31]하여 대
중 앞에 위엄을 보일 것을 청하자, 한汗은,

"저것들이 시방 죽여 달라고 요구하는 판인데, 지금 죽이면 도리어
저놈들의 소원을 풀어 주는 것이 되고, 또 사신을 죽였다는 악명을 무릅
쓰게 된다. 그러니 놓아 돌려보내느니만 못하다."

하였다. 드디어 서한을 만들어 보따리 속에 넣어 주고 기병 백여 명을
시켜 공을 압송하여, 아골관鴉鶻關[32]까지 이르러 되돌아갔다. 공들이 비로
소 보따리를 점검하고 과연 한汗의 서신을 발견하자 놀라며,

"서신에 새 도장을 찍어 봉했으니 그 내용은 뻔하다. 만일 서신을
떼어봤다가 예전 격식에 맞지 않는 점이 있다면 장차 어찌하랴?"

하고, 드디어 서신을 여점旅店에 놓아두고 말을 달려 돌아와 책柵[33]을 벗어
났다. 변방에서는 떠들썩하게 이야기하기를, 공들이 적의 뜰에서 절하고
춤을 추었다 했고, 관찰사 홍명구洪命耈[34]는 장계를 급히 올려 국경에서 그
들을 효시梟示할 것을 청했다. 이에 삼사三司(사헌부·사간원·홍문관)와 성균관
유생들이 모두 상소를 올려 베어 죽이기를 청하므로, 문정공文正公 김상헌
金尙憲이 역설하기를,

"두 사신을 아직 신문해 보지도 않았는데 어찌하여 유독 먼저 베어
죽인단 말인가!"

하여 말감末減[35]을 얻었다. 그리하여 공은 선천宣川으로 귀양 가고, 나덕헌

---

31. **흔고釁鼓**　전쟁을 할 때 사람을 죽여 그 피를 북에 바르고 제사를 드리는 것을 이른다. 여
기서는 두 조선 사신을 죽이자는 뜻이다.
32. **아골관鴉鶻關**　요령성遼寧省 요양현遼陽縣에 있는 관문의 이름이다.
33. **책柵**　요령성의 압록강 부근 구련성九連城과 봉황성鳳凰城 사이 일대에 말뚝을 박아 국경
출입을 통제한 시설물을 이른다. 그곳의 책문柵門을 통해서만 사신 왕래와 교역이 이루어졌다.
34. **홍명구洪命耈**　1596~1637. 인조반정 이후 등용되어, 병자호란 때 평안 감사로서 근왕병勤
王兵을 이끌고 남한산성을 향해 달려가다가 전사하였다. 시호는 충렬忠烈이다.
35. **말감末減**　가벼운 죄에 처하는 것을 이른다.

은 백마산성白馬山城[36]을 병사兵士로서 지키게 되었다.

한참 뒤에 조정에서는 도독都督 심세괴沈世魁[37]가 명나라 황제에게 아뢰는 수본手本(손수 작성한 보고서)을 얻어 보고서야 비로소 공들이 의리를 지키기 위해 저항했던 실상을 알게 되었으며, 양사兩司에서는 효수梟首하자는 계문啓聞을 잠시 정지했다. 그러나 말 많은 자들은 오히려 심 도독이 명나라 조정에 거짓 보고한 것이라 했다. 급기야 마복탑이 공들이 여점旅店에다 버린 서신을 이유로 몹시 성을 내며 하는 말이,

"황제가 교외에서 하늘에 제사를 모시는데 사신된 자는 의당 공손히 예를 행해야 할 것이거늘 이확 등은 패악스럽게 난동을 부려 뜰에서 천자를 욕보였으니 어찌 이놈을 당장에 죽여 대국에 사과하지 않는단 말인가?"

하였다. 이에, 따라갔던 역관 신계음申繼愔 등이 비로소 속을 털어놓고 원통함을 호소하여 공들의 귀양을 풀게 되었다.

이해 겨울에 만주족이 크게 군사를 일으켜 우리나라를 습격하여, 임금이 남한산성南漢山城으로 들어갔다. 이때 공은 모친 최 부인崔夫人의 상을 당했으나, 임금은 기복起復[38]을 명하였다. 이에 공이 포위한 가운데로 들어가 임금을 뵙자, 임금은 공에게 성을 지키게 하고 내시를 보내어 육식을 권했을 뿐 아니라 친히 왕림하여 위로하고 격려했다. 독전어사督戰御史

---

36. **백마산성白馬山城**　평안도 의주義州 백마산白馬山에 있던 성으로, 병자호란 때 임경업林慶業 장군이 지키던 곳이다.

37. **도독都督 심세괴沈世魁**　명나라 요동도사遼東都司 모문룡毛文龍의 군대가 후금의 군대에 쫓긴 끝에 국경을 넘어 평안도 철산군 앞바다의 가도假島에 주둔하게 되자, 1623년 명나라는 후일을 도모하려고 가도에 도독부都督府를 설치하고 모문룡을 그 도독으로 임명했다. 모문룡이 조정의 명에 따라 요동遼東에 출전했다가 실패하고 죽은 뒤, 가도로 도망한 그 잔당 사이에 누차 내분이 일어난 끝에 장사꾼 출신으로 그 딸이 모문룡의 첩이었던 심세괴가 도독이 되었다. 심세괴는 1637년 청나라와 조선의 연합군에게 패하여 죽었다.

38. **기복起復**　부모의 상중에 벼슬에 나아가는 것으로, 국가에 중요한 일이 있을 때 상중에 벼슬하지 않는 관례를 깨고 특별히 조정에 불러 올리는 제도를 이른다.

김익희金益熙·황일호黃一皓·김수익金壽益·이후원李厚源·임담林墰[39] 등 여러 공들이 공이 방비하는 데 신기한 계략을 지녔음을 보고, 국사國士로서 허여하며, 비로소 전에 심양에 사신 간 때의 일을 믿게 되었다. 포위가 해제되자, 돌아가 최 부인을 장사하기를 요청하였다. 복제服制를 마치자 동지중추부사 겸 오위도총부 부총관에 제수되었고, 외직으로 나가 충청도 병마절도사가 되었다가 발탁되어 삼도통제사三道統制使에 제수되었다.

공은 심양에 있을 적에 하도 두들겨 맞아서, 어혈이 들고 속으로 곪아 하체가 마비되었다. 연로하자 시골에 살며 누차 제수받은 직을 사양했다. 현종顯宗 을사년(1665, 현종 6)에 집에서 죽으니, 양근군楊根郡 북쪽 울업리鬱業里 을좌乙坐의 벌에 장사 지냈다. 부인은 정부인貞夫人 흥양 이씨興陽李氏로 응배應培의 따님인데 3남 1녀를 낳았다. 아들은 익장益章·익상益常·익행益行이요, 딸은 윤세미尹世美에게 출가했다. 익장과 익상은 뒤를 이을 아들이 없었고, 익행은 5남을 두었는데 현설顯說·흔소欣訴·혜혼惠譓·서서瑞諝·양량諒諒이다.

임경업林慶業 장군이 등주登州에 들어갔다가 마홍주馬弘周에게 사로잡혀 북경北京으로 압송되었는데,[40] 길에서 한 그림을 보니 바로 공들이 굴하지

39. **독전어사督戰御使 …… 임담林墰**   독전어사는 전투를 독려하기 위해 파견된 어사로, 병자호란 때 군 통솔을 위해 특별히 설치한 관직이다. 김익희金益熙(1610~1656)는 사계沙溪 김장생金長生의 손자로서 후일 대제학까지 지냈으며, 시호는 문정文貞이다. 황일호黃一皓(1588~1641)는 척화파斥和派로서, 의주 부윤義州府尹으로 재임할 때 명나라를 도와 청을 치려고 최효일崔孝一 등과 모의하다가 발각되어 청나라 병사에게 피살되었으며 시호는 충렬忠烈이다. 김수익金壽益(1600~1673)은 의주 부윤, 병조 참의, 목사牧使 등을 지냈으며, 시호는 충경忠景이다. 이후원李厚源(1598~1660)은 인조반정에 가담하여 정사공신 3등으로 책훈되고 완남군完南君에 봉해졌다. 후일 우의정까지 지냈으며, 시호는 충정忠貞이다. 임담(1596~1652)은 이조 판서를 지냈으며, 시호는 충익忠翼이다.

40. **임경업林慶業 …… 압송되었는데**   임경업(1594~1646)은 1640년 청나라가 명나라를 치기 위해 조선에 원병을 요청함에 따라 출전했으나 오히려 명나라 군대와 협력했다. 이 사실이 탄로 나자 청나라의 압력으로 국내에서 체포되어 청나라로 압송되던 도중 해상으로 탈출하여, 중국에 표착漂着한 뒤 등주登州에서 명나라의 평로장군平虜將軍으로 임명되어 병사를 거느렸다. 그러나 청나라가 마침내 북경을 함락하고 명나라 조정이 남경南京으로 후퇴하자, 임경업은 1645년 명나라의 항장降將 마홍주馬弘周에게 속아서 붙잡혀 북경으로 압송되었다.

않은 상황을 그린 것이었다. 이에 앞서 황명 열황제皇明烈皇帝[41]가 어사 황손무黃孫茂[42]를 보내어 공의 절의를 굉장히 칭찬했는데, 이때는 벌써 가도假島가 깨어진 뒤라 그 조서詔書는 마침내 전해질 수 없었다. 이로부터 명나라 천자의 사신은 다시 조선에 오지 않았다.

오늘날에 이르러 청나라 황제가 역대 제왕으로부터 한汗이 국호를 세운 때의 일까지를 논술하여 제목을 『어제전운시』御製全韻詩[43]라 했는데, 시는 5권으로 간행되어 천하에 유포되었다. 그 시 속에는, "조선 사신이 절을 아니 하고 유독 틀어졌네"[44]라는 말이 있고, 친히 주석註釋을 자세히 달아 아래와 같이 말했다.

"태종太宗이 이미 존호를 받았는데, 조선 사신 이확과 나덕헌이 유독 절을 하지 않았다. 태종이 뭇 신하에게 유시하기를, '사신이 무례한 것은 짐朕이 먼저 분쟁의 빌미를 만들어 그 사신을 죽이게 하여 나에게 맹약을 무너뜨렸다는 악명을 덮어씌우고자 함이니, 짐은 끝내 한때의 분풀이로 그 사신을 죽이지 않으련다. 그러니 이를 불문에 부치라!' 하였다. 그

---

41. **황명 열황제皇明烈皇帝**　명나라의 마지막 황제인 의종毅宗(재위 1627~1644)을 이른다. 사후에 '소천역도紹天繹道 강명각검剛明恪儉 규문분무揆文奮武 돈인무효敦仁懋孝 열황제烈皇帝'라는 시호를 받았다.

42. **황손무黃孫茂**　1636년 심세괴가 상주한 내용을 본 명나라 의종毅宗이 우리나라를 표창하는 조서를 내리면서 감군어사監軍御使 황손무를 가도假島로 파견했으나, 그 이듬해 내분으로 인해 황손무는 도독 심세괴의 부하에게 피살되었다.

43. **『어제전운시』御製全韻詩**　청 고종淸高宗 건륭제乾隆帝가 지은 것으로, 106운韻에 맞추어 상평성上平聲 15수는 청나라의 발상發祥부터 태조太祖·태종太宗의 사적을 다루었고, 하평성下平聲 15수는 세조世祖·성조聖祖·세종世宗의 사적을 다루었으며, 상성上聲·거성去聲·입성入聲 76수는 요堯·순舜부터 명나라 최후의 복왕福王까지의 사적을 다루었다. 사고전서四庫全書 중의 『어제시집』御製詩集 4집集 제47권, 제48권, 제49권에 수록되어 있다.

44. **조선 …… 틀어졌네**　원문은 '朝鮮使不拜獨乖'로 되어 있으나 『어제전운시』에 실린 것과 차이가 있다. 그 전문은 "조선 사신이 있었는데, 절을 아니 하고 뜻이 유독 틀어졌네. 가식적으로 명에 대한 예의를 지켜서, 나를 격분시켜 그 무리를 죽이려 하는 게지"(乃有朝鮮使 不拜志獨乖 知爲假守禮 激我戮其儕)라고 되어 있다.

리고 곧 이확 등을 돌려보냈다."[45]

거기에서 태종이라 일컫은 자가 한汗이었다.

지금 임금 3년(1779)에 특명으로 그 책을 구입해 들여오게 하여 어람御覽하고는 가상히 여기고 탄식한 다음, 이확의 집 문에 정표旌表하도록 명하고 시호를 충강忠剛이라 내렸다.[46]

오호라! 이는 어찌 공들에 대해 백 년 동안 내려온 의심이 하루아침에 통쾌히 밝혀진 것일 뿐이겠는가? 천하로 하여금 만세토록 우리 조선만이 홀로 당시에 만주족을 황제의 나라로 여기지 않았던 것을 더욱 의롭게 여기도록 만들 것이다. 드디어 이를 위해 다음과 같이 명銘을 짓는다.

---

45. **태종太宗이 …… 돌려보냈다**　『어제전운시』의 실제 주와 차이 난다. 그 전문은 "태종이 존호를 받고 나서 뭇 신하들에게 선유宣諭하니, 모두 삼궤구고례三跪九叩禮를 행했으나 유독 조선 사신 나덕헌과 이확이 절을 하지 않았다. 태종이 유시諭示하기를, '조선 사신이 무례한 경우를 이루 열거하기 힘들지만, 이는 조선 국왕이 원한을 맺으려는 의도를 품고, 짐이 먼저 분쟁의 빌미를 만들어 그 사신을 죽이게 하여 짐에게 맹약을 저버렸다는 악명을 덮어씌우고자 함일 뿐이다. 짐은 종래 한때의 하찮은 분풀이를 하지 않으려 하였다. 이와 같이 쩨쩨하게 굴어 두 나라는 이미 원수지간이 되었다. 전쟁할 때에도 일이 있어 사람을 보내면 역시 보낸 사자를 즉시 죽이지 않는 법이거늘, 하물며 조회朝會하러 온 경우이겠는가? 불문에 부치라!' 하였다. 곧 그 사신을 돌아가게 하면서 서신으로 조선 국왕을 힐책하고, 다시 그 사신에게 유시하기를, '너희 왕이 만약 스스로 죄를 후회할 줄 안다면 응당 자제를 인질로 보내라. 그렇지 않으면 짐은 즉시 대군을 일으켜 너희의 국경에 닥칠 것이니, 그때 후회한들 무슨 소용이 있으랴!' 하였다"(太宗旣受尊號 宣諭群臣 皆行三跪九叩禮 惟朝鮮使臣羅德憲李廓不拜 太宗諭曰 朝鮮使臣無禮處 難以枚擧 是皆朝鮮國王有意構怨 欲朕先啓釁端 戮其使臣 加朕以背棄盟誓之名耳 朕從不肯遣一時之小忿 如此瑣屑 卽兩國已成仇敵 戰爭之際 以事遣人 亦無卽戮其來使之理 況朝會乎 其勿問 尋遣其使臣歸 以書詰責朝鮮王 復諭其使臣曰 爾王若自知悔罪 當送子弟爲質 不然 朕卽擧大軍 以臨爾境 雖悔何及乎)라고 되어 있다.

46. **지금 임금 …… 내렸다**　정조 2년(1778) 사은 겸 진주사謝恩兼陳奏使가 북경에 체류하던 중 수역首譯 이언용李彦瑢이 『어제전운시』 4책을 빌려 와서 그 존재가 알려졌으며, 귀국 후 서장관 심염조沈念祖가 임금에게 보고하여 동지사冬至使가 이 책을 구입해 왔다고 한다. 그리하여 정조 3년에 『어제전운시』의 기록을 근거로 이확과 나덕헌에게 증시贈諡하고 정려旌閭하라고 명했다. 그러나 나덕헌과 달리 이확은 그의 고향과 자손을 몰라 어명을 중지했다가, 그 이듬해 심염조의 건의에 따라 재차 증시하도록 명했으며, 정조 5년 이확에게 충강忠剛이란 시호가 내렸다. 『入燕記』下 6月 12日 『全州李氏敬寧君派世譜』卷之首 嘉林君派 七世 廓 『正祖實錄』 3年 9月 3日, 4年 11月 9日, 5年 11月 20日

우리 선왕에게도	維我先王
위에 임금 있었나니	亦維有君
대명大明의 천자님은	大明天子
우리 임금의 임금일레	我君之君
청淸이 천명 받기 전엔	淸未受命
이웃의 강국일 뿐이었는데	卽我强隣
요동 심양 점령하고 나서는	入據遼瀋
창 휘두르고 사방으로 눈 부릅뜨니	揮戈四矙
악라鄂羅라 회회回回라	鄂羅回回
두이백특杜爾伯特이라	杜爾伯特
찰뢰扎賴라 옹우翁牛라	扎賴翁牛
오주烏珠라 토묵土黙[47]들이	烏珠土黙
모두 신하로 자처하자	莫不稱臣
더욱 강경하고 오만해져	益强以傲
가한可汗이란 칭호 부끄러워	羞稱可汗
황제 칭호 넘보려네	謀僭大號
범 같은 우리 장수	我有虎將
이확李廓이요 자는 여량汝量	曰廓汝量
사신으로 저들 관사에 묵으니	聘在彼館
죽음을 각오한 용사일레[48]	元不忘喪

47. **악라鄂羅라 …… 토묵土黙** 악라는 곧 악라사鄂羅斯로 러시아Russia의 음역音譯이다. 회회回回
는 회흘回紇이라고도 하며 지금의 위구르Uighur 족을 이른다. 두이백특杜爾伯特은 내몽골 철리목
맹哲里木盟 4부部의 하나로, 청나라 초기에 두이백특부杜爾伯特部를 세우고 흑룡강성黑龍江省 용
강도龍江道의 동남쪽에 자리잡았다. 찰뢰扎賴는 찰뢰扎賚라고도 하며 내몽골의 찰뢰특부扎賚特部
를 이른다. 철리목에 통합되었으며 본거지는 거란契丹 땅이다. 옹우翁牛는 내몽골의 옹우특부翁牛
特部로 만리장성의 고북구古北口 동북쪽에 거주했다. 오주烏珠는 내몽골의 오주목심부烏珠穆沁部
로 역시 고북구의 동북쪽에 거주했다. 토묵은 내몽골의 토묵특부土墨特部로 옛날 고죽국孤竹國의
남쪽, 성경盛京의 변두리에 거주했다. 『淸史稿』 卷77 志52 地理24 內蒙古

제아무리 황제라 자처해도	彼雖自帝
꿈속에 배부른 격	若飽于夢
공의 절을 꼭 받아서	必借公拜
군중에게 과시하려 했네	以誇其衆
변발에다 붉은 모자[49]	辮髮朱帽
부리부리한 눈에 귀신 같은 이빨로	熖瞳鬼齬
앞뒤로 끼고 몰아	前擁後驅
번갯불에 산 무너지듯	若霆摧嶽
청이 황제 노릇 할지 못 할지	淸之帝不
공의 절 한 번에 달렸는데	係公一俯
하늘을 떠받치고 땅 위에 우뚝 서서	撐宙亘宇
기둥처럼 굳게 박혔네	確植如柱
나의 목은 토제 인형이요	項領土梗
등과 배는 옹기나 마찬가지[50]	腹背瓮盎
창자를 베건 위장을 도려내건	屠腸刳胃
네 멋대로 실컷 배를 채우려무나	任汝飫脹
오직 이 무릎만은 간직하여	獨保此膝
천하 위해 굽히지 않으니	爲天下伸
저 역시 의義에 부끄러워	彼亦柭義
제 신하에게 자중하게 하였네	以儆厥臣

48. **죽음을 각오한 용사일레** 『맹자』「등문공 하」에 "용사는 제 머리가 잘려 잃게 될 것을 잊지 않는다"(勇士不忘喪其元)고 하였다.

49. **변발에다 붉은 모자** 모두 만주족의 풍습이다. 청나라 때 남자의 예모禮帽는 붉은 실로 짠 모위帽緯로 장식하였다.

50. **나의⋯⋯마찬가지** 토경土梗은 흙으로 빚은 인형으로, 비에 젖으면 무너진다고 하여 하찮은 물건의 비유로 쓰인다. 옹앙瓮盎은 곧 옹기로, 흔해 빠져서 역시 하찮은 물건의 비유로 쓰인다.

장순張巡 허원許遠[51]처럼 죽지 않고   巡遠不劂

소무蘇武 장건張騫[52]처럼 살아 오니   武騫生還

국론이 물 끓듯이   國言沸騰

입 달린 자 모두들 탓하고 헐뜯네   喙喙郵訕

적에게 아양 떨어   謂公媚敵

절 올리고 춤췄으니[53]   跳躍拜舞

진실로 이런 놈은   洵若斯者

목을 베어야 한다 했네   其咽可斧

살아서건 죽은 뒤건   于存于歿

업적과 명성 더럽혀지니   跡穢名巇

황하 물 끌어다 세숫물 삼은들   挽河爲盥

누가 대신 씻어 주리   誰爲滌之

화산華山 돌 깎아서 송곳을 만든들[54]   斲華爲觶

---

51. 장순張巡 허원許遠   장순과 허원은 당唐나라 현종玄宗 때의 관리로, 안녹산安祿山의 난 때 장순은 어사중승御史中丞으로, 허원은 수양 태수睢陽太守로 있으면서 두 사람이 힘을 합쳐 안녹산의 군대에 맞섰으나, 성이 포위된 지 몇 개월 만에 구원병도 오지 않고 양식도 떨어져 성은 함락되고 적들에게 사로잡히는 몸이 되었다. 그 뒤 낙양으로 압송되어, 그들의 회유에 뜻을 굽히지 않고 저항하다 죽음을 당하였다.

52. 소무蘇武 장건張騫   소무는 전한 때의 장수로, 무제武帝 천한天漢 원년(기원전 100)에 흉노匈奴에 사신으로 갔다가 그들에게 구금되어 회유를 당하였으나 굴복하지 않았다. 기원전 81년 소제昭帝가 흉노와 화친을 하자 19년 만에 한나라로 돌아왔다. 장건은 전한 때의 장수로, 무제 건원建元 2년(기원전 139)에 월지국月氏國으로 사신 가다가 도중에 흉노에게 사로잡혀, 전후 11년 동안 억류를 당하여 그곳에서 결혼하고 자식까지 낳았다. 마침내 그곳을 탈출하여 본래의 목적지인 월지국에 갔다가, 한나라를 떠난 지 13년 만에 돌아왔다.

53. 절 올리고 춤췄으니   원문 중 '拜舞'가 『연상각집』에는 '扑舞'로 되어 있다. 또한 '蹈躍'은 '跳躍'이라야 한다. 그렇다면 '跳躍扑舞'가 되어, "기뻐 날뛰며 손뼉 치고 춤췄으니"로 번역되어야 한다.

54. 화산華山 …… 만든들   화산은 중국 오악五嶽 중의 서악西嶽으로 섬서성陝西省 화음현華陰縣 남쪽에 있는데, '화산지금석'華山之金石이란 말이 있을 정도로 아름다운 금석金石이 난다고 한다. 『淮南子』「地形訓」

누가 대신 찔러 터뜨려 주며	誰爲摘之
깜깜하고 암담한데	幽昧暗黮
누가 대신 밝혀 주리	誰爲晳之
청은 이제 4대가 되어[55]	淸今四葉
건륭이라 연호 세우고	號登乾隆
황제 몸소 시가 지어	親作歌詩
조상 공덕 찬송했네	頌厥祖功
공이 절 아니한 걸 의아해하며	訝公不拜
뜻이 유독 틀어졌다 했으니	謂志獨乖
이 한 말 얻기란	獲此一言
하늘 오르기 어려움과 같네[56]	若天難階
시의 주석 살펴보면	觀其所註
응당 공의 **뼈**를 가루로 만들었을 텐데	理當粉骸
패역悖逆하다 꾸짖은 건	詈公悖常
공에게는 의용義勇일세	卽公義勇
제 아량 자랑이지	自述宏度
공을 칭송한 것 아니고	非爲公頌
대서특필한 것도	大書特書
공을 총애한 것 아니라	非爲公寵
누가 글 올려 황제 구워삶았으며	孰章賂帝
누가 함께 달래고 권했기에	孰與慫慂
어찌 한 번 죽임 아끼어	胡靳一殺

---

55. **청은 …… 되어**   명나라 마지막 황제 의종毅宗이 자결하고, 청 세조淸世祖 순치제順治帝가 산해관山海關을 돌파하여 북경을 차지한 때부터 쳐서 4대가 된다.

56. **하늘 …… 같네**   『논어』「자장」子張에 자공子貢이 말하기를 "선생님께 도저히 미칠 수 없는 것은 하늘을 사다리 타고 오를 수 없는 것과 같다"(夫子之不可及也 猶天之不可階而升也)고 하였다.

백 년 동안이나 공을 해쳤나	刻公百年
곧은 일은 펴지는 법	無直不伸
의심나면 하늘에 물어보소	可質蒼天
우리 왕조 역대의 법도는	我聖家法
오랑캐 물리치고 중화中華를 받드나니	攘夷尊周
동해 주변 삼천리 우리나라	環東爲國
『춘추』의 의리를 지켜 왔네	一部春秋
공과 같은 신하는	有臣若公
오랜 세월 지났어도 어제런 듯하여	曠世如昨
태상시太常寺[57]에 명 내리고	爰命太常
정부 관각[58] 불러다가	政府館閣
글자 살펴 시호諡號 정하고[59]	考文選號
굳센 넋을 정표旌表하니	以旌毅魄
작설綽楔[60]이 엄연할사	綽楔有儼
이름과 작위 높이 걸렸구려	揭名列爵
현저한 보답 융숭하였으니	顯報旣崇
저승으로부터 되살아나서	九原可作

57. 태상시太常寺 　봉상시奉常寺의 옛 이름으로 제사祭祀와 시호諡號에 관한 일을 담당하는 관청이다.

58. 정부 관각 　정부는 의정부議政府를 이르고, 관각은 홍문관·예문관·규장각을 통틀어 부르는 말이다. 봉상시에서 삼망三望(세 가지 시호 후보)과 함께 시장諡狀을 홍문관에 보내면, 홍문관에서 삼망을 의논한 뒤 봉상시 관원과 다시 의정議定하고, 의정부로 넘겨 서경署經하는 절차를 거쳐 시호가 정해진다.

59. 글자……정하고 　조선 시대의 시법諡法에서 사용하는 글자는 모두 301자로 그 범위 내에서 시호를 고르게 되어 있었다. 세종世宗 때, 『주례』周禮의 시법諡法에 나오는 28자와 『사기』史記의 시법에 나오는 194자에다, 『의례』儀禮, 『문헌통고』文獻通考 등을 참조하여 107자를 추가해서 시호로 사용할 수 있게 정했다.

60. 작설綽楔 　효자孝子나 충신忠臣 등을 정표旌表하기 위하여 문 옆에 세운 대틀을 이른다.

이 크고 아름다운 비석을 본다면 視此豐珉

공의 낯빛에 부끄럼 없으리라 色庶無怍

＊　＊　＊

글 전체가 '의심할 의'疑 자로써 안건案件을 삼았다. 사건에 대한 서술
이 기발하고 변화가 많으니, 사마천司馬遷의 진수를 터득했다. 명銘 역시
극도로 기이하고 전아하여, 한창려韓昌黎(한유)를 배웠으면서도 거기서 환골
탈태하여 묘경妙境을 얻었다고 하겠다.

이확李廓 · 나덕헌羅德憲의 성명이 『일통지』一統志[61]에 보이기는 하지만,
『어제전운시』가 나오기 이전에는 특별히 표창한 사람이 없었다. 그 때문
에 백여 년 동안 적막하게도 알려지지 않았을 뿐이다.

가령 당시 만에 하나라도 혹시 마음은 자기 몸을 드러눕게 하고 싶
지만 힘이 모자라서 어쩔 수 없이 엎드리게 되어, 저놈들이 장차 절을
한 것으로 임시변통으로 인정해 버렸다면 공은 장차 어찌되었겠는가. 이
는 다행히도 하늘이 공에게 곰과 범 같은 자질을 주어서 이 지경을 견뎌
내게 한 것이다. 그때에 여러 공들도 누군들 척화斥和할 생각이 없었으리
오마는, 대저 모두 글 짓는 선비들이라 마음은 강하지만 뼈대는 연약하
고 외모는 씩씩하지만 체질은 약하니, 비록 절의야 천지에 우뚝 세울 만
하고 뜨거운 분노야 우주를 떠받칠 만하다 해도 반드시 용력이 장군과

---

61. 『일통지』一統志　　청나라 건륭 29년(1764)에 청 고종清高宗의 명에 따라 지어진 지리지地理
志인 『대청일통지』大清一統志를 이른다. 이 책 권421 '조선 조'朝鮮條를 보면, "조선 사신 나덕
헌·이확이 돌아갈 때 서신을 보냈으나, 조선국왕이 답변을 보내지 않았다"고 되어 있다.

같이 굳셀 수는 없었을 것이다. 나는 이 일을 생각할 때마다 두려워서 가슴이 두근거리지 않은 적이 없다.

주공탑명塵公塔銘[1]

주공 스님이 입적入寂한 지 6일 만에 적조암寂照菴의 동쪽 대臺에서 다비茶毗를 하게 되었는데, 그곳은 온숙천溫宿泉 회나무 아래와 거리가 열 발자국도 안 되었다. 밤이면 거기서 늘 빛이 어른거리는데 벌레 등처럼 파랗기도 하고 고기 비늘처럼 하얗기도 하고 썩은 버드나무처럼 까맣기도 했다.[2]

대비구大比丘[3] 현랑玄朗이 뭇 중들을 거느리고 다비 장소에 둘러서서 두려운 마음으로 재계를 올리고 마음으로 공덕 쌓기를 다짐했더니, 나흘 밤이 지나서 마침내 스님의 뇌주腦珠(사리) 세 개를 얻어, 장차 부도浮圖(사리탑)를 세울 양으로 글과 폐백을 갖추어 나에게 명銘을 청해 왔다. 나는 본시 불교의 설을 잘 모르나, 그 청이 너무도 간곡하기에 시험 삼아 다음과 같이 물었다.

"현랑아, 내 예전에 병이 나서 지황탕地黃湯[4]을 마셨는데, 약을 짜서 그릇에 부었더니 가는 거품들이 활짝 퍼져, 황금빛 좁쌀들이나 은빛 별들, 물고기 입에서 뽀글대는 물방울이나 벌집과도 같은 거품에 나의 살과 털이 찍혀, 마치 눈동자에 부처가 깃든 것처럼 각각으로 상相을 나타내고 여여如如하게 성性을 머금었지.[5] 열이 식고 거품이 그쳐, 모조리 마셨더니 그릇이 텅 비었더라. 예전에 성성惺惺했다 한들,[6] 어느 누가 네 스님이 그랬음을 증명하랴?"

현랑이 머리를 조아리며 말하기를,

"아我로써 아我를 증명하니[7] 저 상相은 아무 관계가 없습니다."

하므로 나는 허허 웃으며,

---

3. 대비구大比丘   덕이 높고 나이 많은 비구승을 이른다.
4. 지황탕地黃湯   육미지황탕六味地黃湯이라고도 하며, 숙지황·구기자·산수유 등 6종의 약재를 넣어 만든 탕약湯藥으로 폐결핵 등에 효험이 있다.
5. 각각으로 …… 머금었지   상相은 불교에서 주관主觀의 인식작용에 의해 나타나는 삼라만상의 모습을 이르는데, 이는 아직 참모습(眞如)대로가 아닌 가상假象이라 한다. 여여如如는 진여와 같은 말이다. 성性은 상相과 대립하는 개념으로, 삼라만상의 변치 않는 본질을 이른다. 그러나 상相은 또한 성性을 머금고 있다고 본다.
6. 성성惺惺했다 한들   성성은 선불교에서 참선을 통해 마음이 최고조로 각성되어 있는 상태를 이른다. 적적성성寂寂惺惺이라 하여 마음이 고요한 가운데 또렷이 깨어 있어야 한다고 본다.
7. 아我로써 아我를 증명하니   여기서 말하는 아我는 불교에서 가아假我로 간주하는 육신肉身을 갖춘 자아自我가 아니라, 진아眞我를 이른다. 열반涅槃의 경지에 이르면 본질이 변치 않고 진실되며 그 작용이 자재무애自在無碍한 아덕我德을 갖추게 되는데 이를 '진아'라고 한다.

"심心으로써 심心을 본다면, 심心이 몇이나 있다는 건가?"[8]

하고서, 드디어 다음과 같이 시를 지어 붙였다.[9]

구월이라 하늘에서 서리 내리니	九月天雨霜
나무들 모두 말라 잎이 졌는데	萬樹皆枯落
얼핏 보니 맨 꼭대기 나뭇가지에	瞥見上頭枝
과일 하나 벌레 먹은 잎에 가렸네	一果隱蠹葉
위는 붉고 아래는 누렇고 퍼런데	上丹下黃靑
굼벵이가 반은 먹어 씨가 드러났네	核露蟶半蝕
뭇 아이들 고개 뒤로 젖히고 서서	群童仰面立
손을 모아 다투어 따려고 드네	攢手爭欲摘
팔매로는 멀어서 맞히기 어렵고	擲礫遠難中
장대를 이어 봤자 높아 안 닿네	續竿高未及
갑자기 바람 일어 툭 떨어지니	忽被風搖落
온 숲을 뒤져도 얻지 못했네	遍林索不得
아이는 나무에 도로 와서 맴돌며 울다	兒來繞樹啼
부질없이 까막까치 욕해대누나	空罵烏與鵲
나는 저 아이들에 비유하노니	我乃比諸兒

---

8. **심心으로써 …… 건가** 불교에서는 관심견성觀心見性이라 하여, 자기 마음을 관조해서 그 본성을 밝히고자 한다. 주희朱熹는 관심설觀心說에서 불교의 학설은 심心으로써 심心을 구하고 심心으로써 심心을 부리니, 입이 제 입을 씹고 눈이 제 눈을 보는 것과 같다면서, 이는 하나인 심心을 둘로 나누고, 주체인 심心을 객체인 물物로 만들며, 물物에 대해 명령하는 심心을 물에게 명령을 받는 존재로 만드는 것이라고 비판했다. 『晦庵集』 卷67 정도전鄭道傳도 「불씨잡변」佛氏雜辨에서 "이는 별도로 일심一心으로써 이 일심一心을 본다는 것이니 마음에 어찌 둘이 있으랴?"라고 하면서, 이심관심以心觀心은 "입이 제 입을 씹는 것과 같아, 응당 볼 수 없는 것으로써 본다는 것이니, 이 무슨 말인가?"라고 비판했다. 『三峰集』 卷9

9. **다음과 …… 붙였다** 원문은 '爲係詩曰'인데, 명銘을 지어 붙였다는 말과 같은 뜻이다. 한유가 지은 비지문碑誌文 중에도 '명왈'銘曰 대신 '계왈'系曰, '시왈'詩曰로 되어 있는 경우가 종종 있다.

네 눈에도 응당 나무가 나타나 보였을 터	爾目應生木
쳐다보고 없어진 줄 알았을진대	爾旣失之仰
굽어보고 주울 줄은 어찌 모르나	不知俯而拾
과일이 떨어지면 필시 땅에 있는 법	果落必在地
발 밑에 응당 밟힐 터인데	脚底應踐踏
하필이면 허공에서 찾으려 드나	何必求諸空
실리란 보존된 씨와 같나니	實理猶存核
씨를 일러 인仁이라 자子라 하는 건	謂核仁與子
낳고 낳아 쉴 줄을 모르기 때문[10]	爲生生不息
마음으로 마음을 전할 양이면	以心若傳心
주공의 탑을 찾아 증거를 삼게	去證塵公塔

✻ ✻ ✻

부처의 설법 중 비유품譬喻品[11]은 온갖 사물의 모양을 곡진하게 그려내어 고묘高妙함을 더욱더 깨닫게 한다. 이 글이 그와 근사하여, 육제六諦[12]를 해탈하고 실상實相을 원증圓證(두루 증명함)하니, 결코 대승大乘 이하의 구기口氣(어조語調)가 아니다.

---

10. **실리란 …… 때문**　성리학에서는, 불교가 공허한 이치를 추구하는 데 비해 유교는 '진실된 이치'(實理)를 추구한다고 주장한다. 또한 만물을 끊임없이 생성하는 하늘의 도道가 곧 인仁이라고 보고, 그러한 인仁이 사람의 마음에 보존되어 있는 것을 종종 곡식의 씨앗에 비유하여 설명한다. 『연암집』권1 「이자후의 득남을 축하한 시축의 서문」(李子厚賀子詩軸序)에도 유사한 표현이 나온다.

11. **비유품譬喻品**　대승大乘의 교법을 설한 『법화경』法華經 28품 중 제3품을 이른다. 속세의 중생을 노느라 정신이 팔려 불이 난 집에서 빠져나올 줄 모르는 아이들에 비유한 '삼계화택'三界火宅의 비유로 유명하다.

12. **육제六諦**　불교에서 고제苦諦 · 집제集諦 · 멸제滅諦 · 도제道諦를 영원히 변치 않는 네 가지 진리 즉 사제四諦라고 하며, 여기에 속제俗諦와 진제眞諦의 이제二諦를 합쳐 육제六諦라 한다.

燕巖集

煙湘閣選本

李子厚賀子詩軸序

韓山李子厚。行年四十六。始得男子子。眉脩而目深。鼻高而額豐。巋然世[1]家兒也。親戚故舊之賀子厚者。競作詩以識喜。子厚聯爲長軸。屬余文以弁之。噫。子厚之方未有子也。朋儕之與子厚厚者。莫不爲子厚憂焉。余獨言子厚必有子。吾雖未嘗從子厚遊。然吾知子厚有德者也。人之所以憂子厚者。見其年未及衰而髮禿齒頹。傴然一老翁。此似亦岌岌乎嗣胤也。然子厚爲人。重厚木訥。悃愊無華。其中必誠實而無僞者。夫德之凶。莫如不誠。不誠則無物。故秋之不實曰凶。惟德能遠其世。故曰邁種德是也。譬諸草木。旣實矣。宜可以種。種者。生生之道也。故稱仁焉。仁者。不息之道也。故稱子焉。推一果核。而衆理之實。可驗矣。及子厚有子。而余之僑居與子厚對巷。日從隣里遊於子厚。而子厚兒生且閱歲。習趨拜。能指長者辨誰某。倩笑嬌瞬。日益娟好。向之爲子厚憂者。莫不信余言而徵其理。余曰。是不難知也。夫君子之惡夫華。何也。華大者。未必有其實。牡丹芍藥是也。木瓜之花。不及木蓮。菡萏之實。不如棗栗。至若瓠瓝[2]之有花也。尤微且陋。不能

---

1. 世 『하풍죽로당집』荷風竹露堂集 『백척오동각집』百尺梧桐閣集 『운산만첩당집』雲山萬疊堂集 등은 '大'로 되어 있다.

列群芳而媚三春。然其引蔓也遠而長。其一顆之碩。足以供八口。其一窩之犀。足以蔭百畝。刳以爲器。則可以盛數斗之粟。其於華若實。顧何如也。噫。子厚勉之哉。子厚之穠纖綺麗。不足以媚當世而播衆譽。然其蘊於中者。完厚敦樸。則可驗其實之有種。其種之也旣厚。則其生也宜遲。而其托根也宜固。吾奚獨於子厚之子而徵之哉。詩云。孝子不匱。永錫爾類。推是類也。可徵其不匱於永世矣。吾乃書此而爲子厚侯之。

2. 蓏 『하풍죽로당집』『백척오동각집』『운산만첩당집』 등은 '苽'로 되어 있다.

會友錄序

遊乎三韓三十六都之地｡ 東臨滄海｡ 與天無極｡ 而名山巨嶽｡ 根盤其中｡ 野鮮百里之闢｡ 邑無千[1]室之聚[2]｡ 其爲地也亦已狹矣｡ 非古之所謂楊墨老佛而議論之家四焉｡ 非古之所謂士農工商而名分之家四焉｡ 是惟所賢者不同耳[3]｡ 議論之互激[4]而異於秦越｡ 是惟所處者有差耳[5]｡ 名分之較畫[6]而嚴於[7]華夷｡ 嫌於形跡｡ 則相闢而不相知｡ 拘於等威｡ 則相交而不敢友｡ 其里閈同也｡ 族類同也｡ 言語衣冠｡ 其與我異者幾希矣｡ 旣不相知｡ 相與爲婚姻乎｡ 不敢友焉｡ 相與爲謀道乎｡ 是數家者｡ 漠然數百年之間｡ 秦越華夷焉｡ 比屋連墻而居矣｡ 其俗又何其隘也｡ 洪君德保｡ 嘗一朝踔一騎｡ 從使者而至中國｡ 彷徨乎街市之間｡ 屛營於側陋之中｡ 乃得杭州之遊士三人焉｡ 於是間步旅邸｡ 歡然如舊｡ 極論天人性命之源｡ 朱陸道術之辨｡ 進退消長之機｡ 出處榮辱之分｡ 攷據證定｡ 靡不契合｡ 而其相與規告箴導之言｡ 皆出於至誠惻怛｡ 始許以知己｡ 終結爲兄弟｡ 其相慕悅也如嗜欲｡ 其相無負也若詛盟｡ 其義有足以感泣人者｡ 嗟呼｡ 吾東之去吳[8]幾萬里矣｡ 洪君之於三士也｡ 不可以復見矣｡ 然而向也居其國｡ 則同其里閈而不相知｡ 今也交之於萬里之遠｡ 向也居其國｡ 則同其族類而不相交｡ 今也友之於不可復見之人｡ 向也居其國｡ 則言語衣冠之與同而不相友也｡ 酒

---

1. 千 『하풍죽로당집』은 '萬'으로 되어 있다.
2. 遊乎三韓三十六都之地 …… 邑無千室之聚 유만주兪晩柱의 『흠영』欽英은 '三韓之爲國 崎嶇山海間 野無百里之闢 邑無萬室之聚'로 되어 있다.
3. 是惟所賢者不同耳 『흠영』은 이 구절이 없다.
4. 互激 『흠영』은 '激焉'으로 되어 있다.
5. 是惟所處者有差耳 『흠영』은 이 구절이 없다.
6. 較畫 『흠영』은 '畫焉'으로 되어 있다.
7. 於 『흠영』은 '如'로 되어 있다.
8. 吳 김택영 편 『중편연암집』과 『여한십가문초』麗韓十家文鈔는 '越'로 고쳐 놓았다.

今猝然相許於殊音異服之俗者。何也。洪君愀然爲間曰。吾非敢謂域中之無其人而不可與相友也。誠局於地而拘於俗。不能無鬱然於心矣。吾豈不知中國之非古之諸夏也。其人之非先王之法服也。雖然。其人所處之地。豈非堯舜禹湯文武周公孔子所履之土乎。其人所交之士。豈非齊魯燕趙吳楚閩蜀博見遠遊之士乎。其人所讀之書。豈非三代以來。四海萬國極博之載籍乎。制度雖變。而道義不殊。則所謂非古之諸夏者。亦豈無爲之民而不爲之臣者乎。然則彼三人者之視吾。亦豈無華夷之別而形跡等威之嫌乎。然而破去繁文。滌除苛節。披情露眞。吐瀝肝膽。其規模之廣大。夫豈規規齷齪於聲名勢利之道者乎。迺出其所與三士譚者。彙爲三卷。以示余曰。子其序之。余既讀畢而歎曰。達矣哉。洪君之爲友也。吾乃今得友之道矣。觀其所友。觀其所爲友。亦觀其所不友。吾之所以友也。

楚亭集序

爲文章如之何。論者曰。必法古¹。世遂有儗摹倣像而不之恥者。是王莽之周
官²。足以制禮樂。陽貨之貌類³。可爲萬世師耳。法古寧可爲也⁴。然則刱新可乎。
世遂有怪誕淫僻而不知懼者⁵。是三丈之木。賢於關石。而延年之聲。可登淸廟矣。
刱新⁶寧可爲也。夫然則如之何其可也⁷。吾將奈何。無其已乎。噫。法古者。病泥跡。
刱新者。患不經。苟能法古而知⁸變。刱新而能典。今之文。猶古之文也⁹。古之人
有¹⁰善讀書者。公明宣是已。古之人有善爲文者。淮陰侯是已¹¹。何者。公明宣學於
曾子。三年不讀書。曾子問之。對曰。宣見夫子之居庭。見夫子之應賓客。見夫子之
居朝廷也。學而未能。宣安敢不學而處夫子之門乎。背水置陣。不見於法。諸將之
不服固也。乃淮陰侯則曰。此在兵法。顧諸君不察。兵法不曰。置之死地而後生乎¹²。
故不學以爲善學¹³。魯男子之獨居也。增竈述於減竈。虞升卿之知變也¹⁴。由是觀之

---

1. 法古 박제가朴齊家의 『정유각문집』貞蕤閣文集과 『흠영』은 '學古'로 되어 있다. 아래에 나오는
'法古'도 마찬가지이다.
2. 世遂有儗摹倣像而不之恥者 是王莽之周官 『정유각문집』은 '必學古而已者 是王莽'으로, 『흠영』은 '必
學古而已者 是爲王莽'으로 되어 있다.
3. 陽貨之貌類 『정유각문집』과 『흠영』은 '陽貨'로만 되어 있다.
4. 也 『정유각문집』과 『흠영』은 '也' 자가 없다.
5. 世遂有怪誕淫僻而不知懼者 『정유각문집』과 『흠영』은 '曰 苟刱新而賢乎'로 되어 있다.
6. 寧 『정유각문집』과 『흠영』은 '亦安'으로 되어 있다.
7. 其可也 영남대 소장 필사본(이하 영남대본으로 약칭함)과 김택영 편 『연암집』 등은 '而可也'로
되어 있고, 『정유각문집』과 『흠영』은 이 3자가 없다.
8. 知 『정유각문집』과 『흠영』은 '能'으로 되어 있다.
9. 猶古之文也 『정유각문집』은 그 다음에 '何者'가 추가되어 있다.
10. 古之人有 『정유각문집』은 이 4자가 없다.
11. 淮陰侯是已 『정유각문집』은 '莫如淮陰侯'로 되어 있다.
12. 何者 …… 置之死地而後生乎 『정유각문집』에는 이 부분이 없다.

天地雖久、不斷生生、日月雖久[15]、光輝日新、載籍雖博、旨意各殊[16]、故飛潛走躍、
或未著名[17]、山川草木、必有秘靈、朽壤蒸芝[18]、腐草化螢、禮有訟[19]、樂有議、書
不盡言、圖不盡意、仁者見之、謂之仁、智者見之、謂之智、故俟百世聖人而不惑者、
前聖志也、舜禹復起、不易吾言者、後賢述也[20]、禹稷顏回、其揆一也、隘與不恭、
君子不由也、朴氏子齊雲[21]、年二十三[22]、能文章、號曰楚亭、從余學有年矣[23]、其
爲文、慕先秦兩漢之作、而不泥於跡、然陳言之務祛、則或失于無稽、立論之過高、
則或近乎不經、此有明諸家於法古刱新、互相訾謷、而俱不得其正、同之並墮于季
世之瑣屑、無裨乎翼道、而徒歸于病俗而傷化也、吾是之懼焉、與其刱新而巧也、
無寧法古而陋也、吾今讀其楚亭集、而並論公明宣魯男子之篤學、以見夫淮陰虞詡
之出奇、無不學古之法而善變者也[24]、夜與楚亭言如此[25]、遂書其卷首而勉之[26]、

　　論文正經、曉人處、如銅環上銀星、可以暗摹而知尺寸、

　　文有兩扇、一爲斷崖、一爲長江、有明諸家相訾謷、莫可歸一、斯可謂片
　言折獄、

13. 不學以爲善學　『정유각문집』은 '如學古者 若'으로 되어 있다.
14. 增竈逃於減竈　虞升卿之知變也　『정유각문집』은 '則不泥於迹矣 如刱新者 若虞詡之增竈也 則不厭於
學古矣'로 되어 있다.
15. 久　『정유각문집』『하풍죽로당집』『백척오동각집』『동문집성』東文集成 등은 '舊'로 되어 있
다.
16. 殊　『정유각문집』은 '異'로 되어 있다.
17. 或未著名　『정유각문집』은 '必有闕名'으로 되어 있다.
18. 朽壤蒸芝　『정유각문집』은 '積雨蒸菌'으로 되어 있다.
19. 訟　『정유각문집』은 '韶'로 되어 있다.
20. 後賢述也　『정유각문집』은 그 다음에 '古人者 先於我者也 所謂智者 先我思也 我於後人 亦自古也
故明日之昔 卽今朝也 往者不可追 俄者事已也 言以道志 匪由人也'가 추가되어 있다.
21. 雲　『정유각문집』은 '家'로 되어 있다.
22. 二十三　『정유각문집』은 '十九'로 되어 있다.
23. 學有年矣　『정유각문집』은 '遊'로 되어 있다.
24. 其爲文 …… 無不學古之法而善變者也　『정유각문집』은 이 부분이 없다.
25. 夜與楚亭言如此　『정유각문집』은 '予與之言如此'로 되어 있다.
26. 而勉之　『정유각문집』에는 이 3자가 없고, 대신 '潘南朴趾源撰於孔雀舘'이 추가되어 있다.

贈白永叔入麒麟峽序

永叔。將家子。其先有以忠死國者。至今士大夫悲之。永叔工篆隷。嫺掌故。年少善騎射。中武擧。雖爵祿拘於時命。其忠君死國之志。有足以繼其祖烈。而不媿其士大夫也。嗟呼。永叔胡爲乎盡室穢貊之鄕。永叔嘗爲我相居於金川之燕巖峽。山深路阻。終日行不逢一人。相與立馬於蘆葦之中。以鞭區其高皐曰。彼可籬而桑也。火葦而田。歲可粟千石。試敲鐵。因風縱火。雉格格驚飛。小䴏逸於前。奮臂追之。隔溪而還。仍相視而笑曰。人生不百年。安能鬱鬱木石居。食粟雉兎者爲哉。今永叔將居麒麟也。負犢而入。長而耕之。食無鹽豉。沈樝梨而爲醬。其險阻僻遠於燕巖。豈可比而同之哉。顧余徊徨岐路間。未能決去就。況敢止永叔之去乎。吾壯其志。而不悲其窮。

其人之^{1}行之可悲如此。而却不爲之悲。其不能去者之尤有可悲。可知。
音節豪壯。如聞擊筑。

---

1. 之　대본에 '之'가 빠져 있으나, 영남대본 등 여러 이본에 의거하여 보충하였다.

族兄都尉公周甲壽序

上之九年乙巳十月二十一日朝、傳曰、錦城都尉、卽先朝儀賓、而最承先王鍾愛之恩、予亦致意敬禮、今日乃其回甲也、戶曹輸送衣食之物、史官存問以來、公出迎叩頭曰、賤臣感激殊恩、不知所對、日未午、上遣司謁、加賜錦紬貂帽、他珍錯不可勝數、日將晡、司謁又臨、宣御札及御製七言詩一章、所以褒嘉慰寵之典、雖曠世不可一得、而公乃於一日之中、自朝至晡、凡三遇焉、親戚賓客、競奔走來賀公、公輒涕泣、一一道聖恩、夜不敢寐、曉奉箋、導以細仗鼓吹、謝恩而退、於是國中莫不榮公之周甲、而慶其所遇、噫、古所稱達尊者三、而乃備于公之一身矣、豈不盛歟、趾源竊嘗聽士大夫之談公者曰、出入禁闥五十年、口不涉朝議、足不及廷紳也、自年十四、卽貴以富、未聞聲色之娛、裘馬之節也、平生坐臥一室、而席外不設他座曰、自容其膝足矣、背後一素屛、眼前一古硯、窓下書數帙、枕邊酒半壺、及日于其中、幽閒如閨門也、或曰、是何足賢哉、公之從子判書、迭長兩銓十餘年、公一不以私事相干、家庭之內、肅若朝廷、判書亦能敬承公志、恬約自持、終身無訕[1]讟於世者、寔公家法之嚴也、或曰、公之不乘命車、有以哉、位高而非具瞻之職、祿厚而無素餐之責、其心豈不曰、吾駙馬也、烏得與宰相並驅、以疑國人乎、故行不呵辟、路不由中、不令國人知有己也、或曰、是何足多也、先王晩節、久在違豫、公所共日趨起居之列者、何如也、地比跡班、親疎俱難、而利害係於眉睫、恩讐藏於談笑、公能遠之於聯膝之地、超然於側目之場、苟非智足自衛、禍福兩忘、能若是乎、或曰、世亦有侮公者矣、僕隸之屹然大唾者去之、視高而步闊者去之、眦濃而眵、瞿瞿奕奕、涕長連鬚者、留與衣食、故市井之相訾諆軟弱、必稱某房椓奴、或曰、世亦有怨公者矣、公嘗三奉使、雖在異域萬里之遠、夙夜憧憧、如在上前、

---

1. 訕 『연상각집』煙湘閣集(성균관대 소장)과 『운산만첩당집』 등은 '疵'로 되어 있다.

則諸象譯竊相怨日。公胡不少安于厥躬。以暨我乎。我輩之從公原隰屢矣。使事既畢。則恒拒我輩之及門。何也。使還。不以絲毫自隨。孰敢匿禁物爲機利乎。凡若是者。固若卓絶難行。而在公則不過得之於家傳也。吾先祖文貞公。爲穆陵儀賓。昭儉以嗇福。敦禮以裕後。守拙爲全身之符。避權爲保家之經。則公之風流文章。雖不及先人。若其貴不離士。富不忘本。志亢而謙克。氣降而恥勝。則乃能追先而有餘。故向之稱公者。固不越乎三朝恩遇之境。然由公自處而視之。則不餒不寒。一老儒耳。噫。世之嗤儒而賤士者。久矣。公之心以爲儒則吾何敢焉。我求尙志而未能也。故未嘗徵諸色而顯於辭。然處尊居寵。而不見其泰。宿望令聞。而不易其介。雖曲謹細廉。人所易忽。而公則慥慥焉六十年如一日。蓋公操履端方。自然近道。精思默踐。暗合於古爾。雖曰未學。吾必謂之學焉者。庶幾其公之謂歟。此非趾源之私于公。誦其國人之言。而爲公周甲之壽。

議論無非敍實。字句皆有秤量。非及聞某公之風者。亦不能深識此作之爲佳。

洪範羽翼序

余弱冠時。受尙[1]書里塾。苦洪範難讀。請于塾師。塾師曰。此非難讀之書也。所以難讀者有之。世儒亂之也。夫五行者。天之所賦。地之所蓄。而人得以資焉。大禹之所第次。武王箕子之所問答。其事則不過正德利用厚生之具。其用則不出乎中和位育之功而已矣。漢儒篤信休咎。乃以某事必爲某事之徵。分排推演。樂其誕妄。流而爲陰陽卜筮之學。遁而爲星曆讖緯之書。遂與三聖之旨。大相乖謬。至於五行相生之說而極矣。萬物莫不出於土。何獨母於金乎。金之堅也。待火而流。非金之性也。江海之浸。河漢之潤。皆金之所滋乎。石乳而鐵液。萬物無津則枯。奚獨於木而水所孕乎。萬物歸土。地不增厚。乾坤配體。化育萬物。曾謂一竈之薪。能肥大壤乎。金石相薄。油水相蕩。皆能生火。雷擊而燒。蝗瘞而焰。火之不專出於木。亦明矣。故相生者。非相子母也。相資焉以生也。昔者夏禹[2]氏。善用其五行。隨山刊木。曲直之用得矣。荒度土功。稼穡之方得矣。惟金三品。從革之性得矣。烈山焚澤。炎上之德得矣。疏下導水。潤下之功得矣。民物之相資焉以生者。如此其大也。何莫非物也。獨以行言者。統萬物而稱其德行也。後世用水之家。淫於灌城。用火之家。淫於攻戰。用金之家。淫於貨賂。用木之家。淫於宮室。用土之家。淫於阡陌。由是而世絶九疇之學矣。余問曰。吾東方。乃箕子所莅之邦。而洪範之所自出。則宜其家喩而戶誦也。然而漠然數千年之間。未聞以範學名世者。何也。塾師曰。噫嘻。此非汝所能知也。夫建極者。必至其所當至。而期中於理也。後之學者不然。舍其明白易知之彝倫政事。而必就依俙高遠之圖像。論說之。爭辨之。牽合傅會。先自汩陳。此其學彌工而彌失也。今吾先言五行之用。而九疇之理

---

1. 尙　대본에 '商'으로 되어 있는 것을 바로잡았다.
2. 禹　『연상각집』『운산만첩당집』『백척오동각집』등은 '后'로 되어 있다.

可得而明矣。何則。利用。然後可以厚生。厚生。然後德可以正矣。今夫水蓄洩以時。
值歲旱乾。漑田以車。通漕以閘。則水不可勝用矣。今子有其水而不知用焉。是猶
無水也。今夫火四時異候。剛柔殊功。陶冶耕耨。各適其宜。則火不可勝用矣。今
子有其火而不知用焉。是猶無火也。至於我國。百里之邑。三百有六十。高山峻嶺。
十居七八。名雖百里。其實平疇。不過三十里。民之所以貧也。彼崒然而高大者。
四面而度之。可得數倍之地。金銀銅鐵往往而出。若采礦有法。鼓鍊有術。則可以
富甲於天下矣。至於木也亦然。宮室棺槨車輿耒耜。各異其材。虞衡以時。養其條
肄。則足用於國中矣。噫。五土異糞。五穀殊種。而明農之智。寄在愚夫。任地之功。
不識何事。則民安得不饑也。故曰。旣富方穀。先明其日用常行之事。則富且穀。而
九疇之理。不出乎此矣。夫何難讀之有哉。余宰花林。首訪縣之文獻。有言涑水禹
公。深於洪範。著有羽翼四十二編。衍義八卷。亟取而讀之。井井乎其區而別之矣。
纚纚乎其方而類之矣。語其大。則治國經邦之所必取。而語其小。則經生帖括之所
必資。信乎其不爲難讀者矣。今我聖上。久道化成。建中于民。搜訪巖穴。闡發幽微。
吾知是書之遭逢有日矣。姑書此。以俟輶軒之采焉。公諱汝楸。字某。丹陽人也。仁
祖甲戌。中文科。官至河東縣監。嘗敷衍皇極之旨。上疏于朝。特賜聖批。獎之以格
言至論云。

管商之學。文亦瑰奇辨白。

海印寺唱酬詩序

慶尙道觀察使兼巡察使李公泰永士昂行部。路入伽倻。宿海印寺。善山府使李采季良居昌縣令金鋠孟剛暨趾源。迓候會寺下。皆公之里閈舊要。以次參見。公各詢當邑年成民之疾苦。然後起更衣。因剪燭命酒。寬假禮數。歡然道舊。殊不見其高牙大纛擁七十二州以自尊大。而在列者。亦不自覺其身在大嶺千里之外。怳然若履屐徵逐於平溪盤池之間。甚盛事也。明日公拈韻。各賦二律。命趾源序之。趾源復于公曰。昔曹南冥之還山也。歷訪成大谷于報恩。時成東洲以邑倅在座。與南冥初面也。南冥戲之曰。兄可謂耐久官也。東洲指大谷笑謝曰。正爲此老所挽。雖然。今年八月十五日。當待月海印寺。兄能至否。南冥曰。諾。至期。南冥騎牛赴約。道大雨。僅渡前溪。入寺門。東洲已在樓上。方脫簑。噫。南冥處士也。東洲時已去官。而盡夜相語。不離於生民休戚。寺僧至今相傳。爲山中故事。趾源歲迎輶軒。入此寺。已三更使。亦可謂耐久官矣。非有候月邂逅之約。而不敢避甚風疾雨。每入寺門。不期而會者。常七八邑。梵宇如傳舍。緇徒如館妓。臨場責詩。如催博進。供張如雲。簫鼓啁轟。雖楓菊交映。流峙競奇。亦何補於生民之休戚哉。每一登樓。未嘗不怵然遐想于昔賢之雨簑也。並錄此。以備山寺掌故。乙卯九月廿日。安義縣監朴趾源仲美。序。

曹南冥。名植。成大谷。名運。成東洲。名悌元。俱徵士。報恩。縣名。

士之出處一也。處而不志乎生民休戚。則髡緇而已矣。出而無涉於楓菊巖泉。則徒隸而已矣。南冥東洲之禪榻憂民。按使太守之官尊賦詩。其事正相反。而其志則未始不同。

不爲舊要而昵慢。不爲上官而謟屈。若風若頌。文旨剴切。

澹然亭記

今判敦寧府事李公。治小亭于居第之西。而鑿池亭下。穿墻引泉而注之。墻之南。有石壁長丈餘。有松老于壁之罅。蟠其榦而偃其柯。蔭滿一庭。公日與賓客逍遙亭中。琴奕自適。蕭閒夷曠。殆若忘物我而齊得失。於是乎名其亭曰澹然。屬趾源爲文而記之。趾源復于公曰。潢溝瀦澤之間。有食魚之鳥。其名曰淘河。唼淤泥而蒐蘋荇。惟魚之是求。羽毛趾吻。蒙穢濁而不恥。遑遑焉若有遺失而索之者然。竟日而不得一魚。有靑莊者。立於淸泠之淵。怡然斂翼。不移其處。其容若惰。其色若忘。靜如聽歌。止如守戶。游魚至前。俛而啄之。故靑莊逸而常飽。淘河勞而恒饑。古之人以此。喩世之求貴富名利者。而號靑莊。爲信天翁。噫。世間萬事。莫不有命存焉。則亦奚特徵信於一禽之待魚哉。然而有愚人焉。俟命于巖墻之間。而視天薈薈。望其雨粟。有躁人焉。今日行一善事。而責命于天。明日出一善言。而取必於物。則天將不勝其勞擾。而爲善者固亦將惓[1]然退沮矣。天固沖漠[2]無眹。任其自然。四時奉之而不失其序。萬物受之而不違其分而已。天何嘗有意於徵信。而屑屑然逐物而較挈也哉。世之論享有全福者。必先推公。然殊不識所以致之者。亦有其道。公之職。乃宗正也。世嫡相承。自其有生之初。卽貴而富。其處世也。以無求之心。居不爭之地。位躋崇秩。而人不忌嫉。恩渥崇隆。而物莫與競。固無所事乎徵逐勢利。夸衒名能。惟其恬愃自持。息慮忘情。不離斯亭。而凡人之日夜營營。乃不一得者。公則不勞而自至。亭之所以名澹然者。非特公之自號也。世亦以此推之。不其然乎。

---

1. 惓　영남대본과 국립중앙도서관 승계문고勝溪文庫 필사본(이하 승계문고본으로 약칭함), 연세대 소장 필사본(이하 연세대본으로 약칭함)은 '倦'으로 되어 있다.
2. 漠　대본은 '漢'으로 되어 있는데, 영남대본 등 여러 이본에 의거하여 바로잡았다.

忽然說亭池人物。忽然說禽名鳥性。忽然說天理人事。文如朝日觀池上鳧鷖[3]。金碧閃目。

有比有興[4]。邇之可以事父。遠之可以事君。多識乎鳥獸草木之名。說詩。最解頤處。

江海以其善下。故能爲百谷王。夫惟澹然而已。

3. 鷖　영남대본 등 여러 이본은 '翁'으로 되어 있다.
4. 有比有興　『하풍죽로당집』은 '文有比有興'으로 되어 있다. 『하풍죽로당집』의 평어는 구체적 표현과 조목의 순서에서 차이가 있다.

陜川華陽洞丙舍記

先祖冶川先生贈領議政文康公墓。在陜川華陽洞。南距郡治四十里。祭田淪爲民耕。而守戶貧單。初無所謂丙舍者。本倅李侯義逸來拜墓下。周瞻咨嗟曰。先生道義之尊。尙爲後學之所向慕。矧我以外裔來守玆土。其敢不致力于墓事哉。亟就先生八代孫安義縣監趾源。謀所以贖還祭田。趾源謝曰。有是哉。夫以先生之後嗣子孫。罔有內外。旣世益昌。世所稱華胄顯閥。必先推我潘南之朴。而莫非先生之餘慶。亦莫不受廕於是兆也。惟其遠京國八百里。而世之相後也二百餘年。則省掃莫能以時。守護未得其方。香火久冷。蒭牧不禁。此實後孫之所大懼。而今侯以外裔獨賢。豈非我輩之恥耶。今先生雲仍之爲同路守宰者五人。當自我先之。遂乃發書於從弟善山府使綏源。族弟聞慶縣監彝源。族姪晉州牧使宗厚。盈德縣令宗敬。頌侯之義以愧之。於是爭捐俸以助之。大邱判官李侯端亨聞之曰。我亦外裔也。安可使陜守專美哉。七代孫師誨。時在營幕。而族弟林川郡守知源。亦各出鏹。前後合三百三十兩。祭田之轉賣者。贖而還之。祭器之陶而易缺者。木而槩之。又將以餘財。新營丙舍。有議於鄉者曰。華巖書院。乃先生獨享之地。而先朝賜額之祠也。祧墓之祭。不過歲一。書院者。百世俎豆之所。而且在一洞之中。盍以是田屬之乎。侯謚之曰。物各有主。禮亦殊情。夫瞻松栢而伸其怵惕之思者。後人追遠之孝也。陳俎豆而寓其宗仰之誠者。諸生慕賢之禮也。此墓與院之所以異也。如之何其移斯田而屬之院乎。旣而善山聞慶晉州後先罷官去。侯喟曰。官事未可知。惟此丙舍。未竟吾志耶。遂鳩工授材。靠山拓地。亟建屋五楹。左右有房。而中爲廳事。爲圖示趾源曰。吾惟地主而相其役已矣。若其規畫保守之方。顧惟君在焉。子其識之。趾源曰。諾。先生祧主之歸陜川也。吾大考時爲畿伯。宗族悉會營中。錦平尉年九十。導几杖來。文敬公亦至自江外。相道語。皆先生事。環坐而聽者。皆老人。有涕出而顧謂少年曰。他日汝曹事也。吾時雖幼。尙記其連車騎送至銅雀津上。于時後孫拜辭者四百餘人。何其盛也。噫。先生以碩德邃學。早歲蜚英。珪璧含輝。黼黻彪章。執策雷肆。正色討論。將以輔聖明。弘大猷。卒爲憸人者所擯擠。遯跡流離。惟茲外氏尹是依。尹坡平之大姓。而世居陝川。及先生歿而諸孤並幼。望絶歸櫬。尹氏諸宗。憐而借地。葬于所寓舍後。今亥坐之原是也。夫人洪氏挈穉弱。遄還京師。五子皆顯。而女孫懿仁王后。爲穆陵元妃。及洪夫人卒。賜葬地楊州。遂與先生之墓千里各葬。則地遙力分。曆紀滋久。侵尋怠荒。勢所然也。趾源忝職近縣。亦嘗一再瞻掃。因得行審其形局。崗麓蟠厚。水泉泓渟。如鉅公貴人儼然臨堂。而氣宇凝重。不覺其望而畏之。及其承顏色。接語言。溫粹和雅。自然親愛。久而不能去也。嗚呼。先生之葬于此也。當時君子之所深悲。然已有名山巨嶽。函靈秘秀而待之。發其不匱之福。而爲世臣貴戚。與國家同休於無疆。則向之小人所以沛然爲得計者。未嘗不反爲之地焉。豈非所謂莫之致而至者歟。凡爲先墓久長之圖。莫先於置祭田。有田。然後可以存守戶。存守戶。莫如置丙舍。今此數頃之田。一畝之屋。乃守墓者之所受。而後孫所以遙寄其霜露之感也。百年未遑之事。一朝得李侯而畢擧。然而吾與李侯俱有官守。官守者。有時而歸。則終始之義。尤有望乎尹氏之居此洞者。

　　吾亦外裔也。今觀此記。岡巒體勢。可以想像。而用敷遺後休于無窮。文亦有一唱三歎之意。

永思菴記

余客遊中京。與南原梁氏相厚善。其從父昆弟數十人。皆質厚少文。恂恂愛人。意其上世有鉅人碩德。發祥垂庥於無窮也。及歷其墳菴。山雄谷邃。崗麓盤紆。松楸森鬱。翁仲華表。宏侈魚雅。而堂斧馬鬣之封。若木之互根[1]。水之分派[2]。如孝悌睦任之家。連墻比屋而居。器什之相資用。穀帛之無私藏。信乎其子弟之多質厚長者。得其庇蔭。而保流慶於久長也。其菴名曰永思。噫。爲此號者。庶乎其仁也歟。詩云。永言孝思。孝思維則。謂其不替[3]追遠之心。而能爲可繼之法也。天下之人莫不思孝於其父母。苟能溯而原之。則雖鼻玄[4]之遠祖。皆吾之考禰也。推而廣之。則雖祖免之疎屬。皆吾之同氣也。然而世衰俗斁。族系浸疏。分門異爨。穀帛器什。不相資用者久矣。而況堪輿禍福之說。勝其孝悌睦任之心。而各私其塋域乎。甚者。至訟其兆穴。爭其梧檟。奸宄起於族[5]黨。敵仇成於門庭。由是而世罕族葬之家。竊嘗痛心於此也。若使人人者。不忘其本。追[6]思祖先之心。則未有不欲其列子孫於膝下。雖百世而同居者也。今梁氏之山。近自茅功。遠至祖免。皆得世葬。樹木相養而長也。封域同護而守也。春秋霜露。會祭其先。同登斯菴。尊長居前。卑幼在後。共飲其福。退而四望。則北阡南陌焉。有昭而有穆也[7]。東岡西麓焉。若緦而若功也[8]。

---

1. 互根　『엄계집』菴溪集은 '連理'로 되어 있다.
2. 分派　『엄계집』은 '祖宗'으로 되어 있다.
3. 替　『엄계집』은 '忘'으로 되어 있다.
4. 玄　『엄계집』은 '胄'로 되어 있다.
5. 族　『하풍죽로당집』은 '宗'으로 되어 있다.
6. 追　『엄계집』은 '永'으로 되어 있다.
7. 有昭而有穆也　『엄계집』은 '祖禰也雲仍也'로 되어 있다.
8. 若緦而若功也　『엄계집』은 '叔姪也昆弟也'로 되어 있다.

其有不愴然遠慕。優然永思者乎。詩云。孝子[9]不匱。永錫爾類。梁氏之子孫。能不絶其孝思。則天之降福。山之發祥。長以類至矣。吾將見其族世益大以昌。夫然後世俗所謂堪輿之說。將不誣吾。姑書此而俟[10]之。

敦風俗裨世敎之文。讀之令人孝悌之心油然而生。

從山家福蔭上立言。而歸重在孝友敦睦。堪輿之說。無所容其誣誕。

9. 子 대본에 '思'로 되어 있는 것을 『시경』詩經에 의거하여 바로잡았다.
10. 俟 『엄계집』은 '驗'으로 되어 있다.

416 燕巖集 卷之一

以存堂記

進士張[1]仲擧。魁傑人也。身長八尺餘。落落有氣岸。不拘小節。性嗜酒自豪。乘醉多口語失。以故鄉里[2]厭苦之。目之以狂生。謗議溢於朋曹間。有欲以危法中之者[3]。仲擧亦自[4]悔焉曰。我其不容於世乎。思所以避謗遠害[5]之道。掃一室。閉戶下簾而居。大書以存而顏其堂。易曰。龍蛇之蟄。以存身。蓋取諸斯也[6]。一朝謝其所從飮酒徒曰。子姑去[7]。吾將以存吾身。余聞而大笑曰。仲擧存身之術止此。則難乎免矣[8]。雖以曾子之篤敬。終身所以服而誦之者何如也[9]。常若莫保其朝夕。至死之日。啓示[10]手足。始能自幸其全歸[11]。而況於衆人乎。一室之推而州里可知也。州里之推而四海可知也。夫四海如彼其大也[12]。自衆人而處之。殆無容足之地[13]。一日之中。自驗[14]其視聽言動。罔非僥生而[15]倖免爾[16]。今仲擧懼物之害己也。蟄于密室。

---

1. 張 『엄계집』은 '薛'로 되어 있다.
2. 鄕里 『엄계집』은 그 다음에 '頗' 자가 추가되어 있다.
3. 有欲以危法中之者 『엄계집』은 이 구절이 없다.
4. 亦自 『엄계집』은 '晩而亦'으로 되어 있다.
5. 避謗遠害 『엄계집』은 '遠害避謗'으로 되어 있다.
6. 掃一室 …… 蓋取諸斯也 『엄계집』은 이 부분이 '吾將以存吾身' 다음에 배치되어 있다.
7. 子姑去 『엄계집』은 이 3자가 없다.
8. 余聞而大笑曰 …… 則難乎免矣 『엄계집』은 '掃一室 閉戶深居 陳列圖史香鼎茶竈 端方雅魚 遂以以存而扁其堂 易曰 龍蛇之蟄 以存身 蓋取諸斯乎 傳曰 言不忠信 行不篤敬 雖州里行乎哉 故'로 되어 있다.
9. 服而誦之者何如也 『엄계집』은 '恐懼修省者'로 되어 있다.
10. 啓示 『엄계집』은 그 다음에 '其' 자가 추가되어 있다.
11. 全歸 『엄계집』은 '勉焉'으로 되어 있다.
12. 一室之推而州里可知也 …… 夫四海如彼其大也 『엄계집』은 '州里之推而四海之廣可知也'로 되어 있다.
13. 殆無容足之地 『엄계집』은 '實無尺寸容隱之地'로 되어 있다.
14. 驗 『엄계집』은 '視'로 되어 있다.
15. 而 『엄계집』은 '而' 자가 없다.
16. 爾 『엄계집』은 '也'로 되어 있다.

欲以自存。而不知自害者存乎其身。則雖息跡閉影。自同拘繫。適足以滋人惑而集衆怒也。其於存身之術。不亦疎乎[17]。嗟乎。古之人。憂忌畏讒者何限[18]。類藏於田野。藏於巖穴。藏於漁釣。藏於屠販。而巧於隱者。多藏於酒[19]。如劉伯倫之倫[20]。可謂巧矣。然至荷鍤而自隨。則亦可謂拙於圖存[21]矣。何則。彼田野巖穴漁釣屠販。皆待外而藏者也。至於酒。昏冥沈酣[22]。自迷其性命。遺形骸而罔覺。顚溝壑而不卹[23]。又何有乎烏鳶螻蟻也哉。是飲酒欲其存身。而荷鍤適以累之也。今仲擧之過在酒[24]。而[25]猶不能[26]忘其身。思所以存之。則謝客[27]而深居。深居不足以自存。則又[28]妄自標其號而昭揭之。是何異乎伯之荷鍤也哉。仲擧悚然爲間曰。如子之言也。提吾八尺之軀。將安所投乎。余復之曰[29]。吾能納子之軀於耳孔目竅。而雖天地之大。四海之廣。將無以加其寬博。子其願藏於此[30]乎。夫人物之交。事理之會。有道存焉。其名曰[31]禮。子能克子之身。如摧大敵[32]。節文於斯。儀則於斯。非其倫也。不留於耳。身之藏也。恢恢乎有餘地矣。目之於身亦然。非其倫也。不接於目。身不碍乎睅眦矣。至於口也亦然。非其倫也。不設於口。身不入乎齬齕矣。心之於耳目

17. 今仲擧懼物之害己也 …… 不亦疎乎 『엄계집』은 이 부분이 없다.
18. 憂忌畏讒者何限 『엄계집』에는 그 다음에 '多晦迹而遠害 隱居而避名'이 추가되어 있다.
19. 多藏於酒 『엄계집』에는 그 다음에 '以存身'이 추가되어 있다.
20. 倫 『엄계집』은 '於酒'로 되어 있다.
21. 圖存 『엄계집』은 '存身'으로 되어 있다.
22. 酣 『엄계집』은 '酗'로 되어 있다.
23. 遺形骸而罔覺 顚溝壑而不卹 『엄계집』은 '當不暇擇水火溝壑'으로 되어 있다.
24. 今仲擧之過在酒 『엄계집』은 '今仲擧 雖嗜酒乎'로 되어 있다.
25. 而 『엄계집』은 '而' 자가 없다.
26. 能 『엄계집』은 '能' 자가 없다.
27. 謝客 『엄계집』은 '閉門'으로 되어 있다.
28. 又 『엄계집』은 '又' 자가 없다.
29. 仲擧悚然爲間曰 …… 余復之曰 『엄계집』은 '今夫仲擧之身八尺爾'로 되어 있다.
30. 願藏於此 『엄계집』은 '信之'로 되어 있다.
31. 曰 『엄계집』은 '爲'로 되어 있다.
32. 克子之身 如摧大敵 『엄계집』은 이 구절이 없다.

有大焉。非其倫也。不動於中。則吾身之全體大用。固不離乎方寸之間。而將[33]無往
而不存矣。仲舉揚手曰。是子欲[34]使我藏身於身。以不存存也[35]。敢不[36]書諸壁以存
省焉。

　　不過是四勿章註脚。吾儒茶飯說話。文却幻脫霙巧。妙得禪旨。所以不歸
　於老生常談。

---

33. 將　『엄계집』은 ‘能神遊八表’로 되어 있다.
34. 子欲　『엄계집』은 이 2자가 없다.
35. 也　『엄계집』은 ‘也’자가 없다.
36. 敢不　『엄계집』은 ‘請’으로 되어 있다.

安義縣社稷壇神宇記

社稷不屋而壇　古也　郡縣社稷　皆藏主于吏廳之傍　及祭之日　前期奉詣于
壇　以行祀焉　揭靈妥神之所　旣逼側閭閻[1]　而往來之際　輿儓之所撼頓　風露之
所觸冒　非所以致崇嚴於大祇也　安義舊監金侯在淳　莅縣之越四年庚戌　除壇左
向巳之地　建神宇二楹　移安縣社縣稷位板　而藏其尊罍籩豆之屬　又於壇之右繚
垣之北　建典祀之廳　執事之房　禮備事稱　歲以豐樂　上之十六年壬子冬　以外
邑祀典之莫能修擧　下教切責之　仍頒壇宇儀則于諸州　於是列郡山隴墟落之間
凡新其甍桷而煥然丹雘者　莫不遣吏　視式于玆邑之壇宇　於是乎金侯事神重農之
道　亦可見知所先後矣　趾源忝職玆土　賴侯之克擧闕典　幸逭黜免　然亦不敢無
所更事而有弛乎常職也　遂乃自董吏隷　益治壇墠　增築垣墻　改樹四欞星門　選
邑中子弟之聰明秀俊者　錄爲執事　假設俎豆於壇外大樹之下　以肄其薦祼興俯進
退趨拜之節　已乃歎息謂諸生曰　夫禮莫重於祀典　祀典莫重於社稷　每歲上辛
肆我聖上必親祈穀于太社　雖甚寒　未嘗或攝　賤臣嘗從百執事之後　以觀八音之
諧者　屢年矣　享之前一日　上親視牲滌器　夜鼓三下　庭燎旣設　上冕服執圭　林
鍾太簇　迎以順安　百僚陪位　屛息俯伏　無敢譁者　但聞佩聲自天鏘鏘　乃敢默
識御步周旋升降于尊俎階阰之間　而百靈洋洋　嗅歆飽飫　無有選擇　洽受包擧
毓嘏娠瑞　地軸坤輿　益見其負重載厚　而后土句龍　陰來助相　君王萬歲　八域康
年　奏假旣成　工戛虎背　仰觀天宇　星潤露溥　充然如有足乎所爲享者　若是其
著明　而聖人猶有憾於民時之或愆　本業之失課　退御齋殿　秉燭呼寫勸農綸音
頒示八路　以董飭之　所以爲萬姓盡心　又若是其篤至也　外之州縣長吏　莫能仰
體分憂之盛意　往往於其境內之祀　反狃故常　或不以躬　靈墠神廚　級夷草鞠

1. 閭閻　『하풍죽로당집』『운산만첩당집』『백척오동각집』등은 '閭井'으로 되어 있다.

齋沐奠獻。鮮能中禮。及此致勤嚴敎。則始乃慚悚警省。遑遑焉惟恐繕修之後時。此不過遵朝廷之敎令而已。非誠之積於中而禮之素講於平日也。賤臣自出宰以來。奉讀綸音下者。于玆二年矣。未嘗不北向稽首。感激流涕。歎天威之孔邇。而仁言之入人深也。爲今之長吏者。曷敢不怵然悸恐。祇愼乃職。以對揚憂勤之萬一也哉。今諸生。生長遐陬。聞見不廣。禮儀[2]未閒。固其勢然也。雖時膺邑檄。勉强在列。而將事之際。率安舊舛。草草應文而止。以此而妄希其邀福於明神。其亦難矣。自玆以往。百里之內。風雨不時。寒暑不節。則曰惟太守之不精禋。五穀不登。畎畝不治。亦曰惟太守之不明農。書曰。黍稷非馨。明德惟馨。敢以是誦於縣之執事者。

　　典雅。

　　上一半敍事。下一半諄諄語諸生。一氣至終篇。而旣典旣則。亦寬亦嚴。秩秩禮樂之文。

2.儀　승계문고본과 김택영 편『연암집』등은 '意'로 되어 있다.

安義縣厲壇神宇記

神人之際。其微矣乎。牲幣而將之。容聲而象之。氣臭而求之。齊明盛服以承之。而曰神之在此歟。在彼歟。曰洋洋乎如在其上。如在其左右。若是則民之惑也滋甚焉已矣。何則。夫言如在者。設意於怳惚。借辭於疑似。而非能目親覩之也。耳眞聽之也。乃欲使民必信於依俙渺茫之間者。不其難乎。且夫黍稷粢盛。玉帛鍾鼓。蕭艾膏膋。黼黻蔥璜。固生民之所日用也。以此而享之人鬼。則固矣。以此而薦之天神地祇。日月星辰。風雲雷雨。山川嶽瀆之群靈。則其爲物也不已疎乎。然而聖人有質言於斯者。曰多才多藝。能事鬼神。曰我祭則受福。蓋言其必如此而後。必有此理也。故晦夜至茫昧。漸曉而致明者。天之誠也。厚地至頑塞。久穿而得泉者。人之思誠也。由是觀之。其所以致敬於不覩不聞之中。感通於幽明屈伸之故者。不其著乎。故曰。未能事人。焉能事鬼。豈非以所以事人者。事鬼神之明驗歟。然則今之州縣諸祀之執事之長吏儒生。果皆專心致志。齊明盛服。以交神焉矣乎。其黍稷牲醴。果皆馨香豐潔。而其籩豆尊罍席冪之屬。果不傾側齰窳。訛陋敝破。苟且之甚者乎。其社稷山川城隍馬祖國殤族[1]厲燎望壇墠之靈。果皆勿勿焉歆之而不吐歟。苟非然者。以之而羞之於人。亦必有跋躓不甘者矣。而況於鬼神乎。而況於邀福弭災之事乎。謹按國制。厲在中祀。歲三祭焉。其地有疾疫。則特降香祝以祭。前一日。發告於城隍。禮也。上之十有六年壬子。以中外諸祀之不虔。儀物之壞廢。下令于國中。大行修擧。安義厲壇在縣治之東。隔溪之原。雨潦衝穿。階級陵夷。乃燔甓甃石。新其墠城。增築繚垣。改樹四欞星門。別建神宇二楹。移奉神位及祭器。夫巫覡之祀木石也。有眚咎。則稽首服過。以爲不享。而況於正直之神乎。而況於列在祀典之嚴且重者乎。不佞蒙恩。來莅此邦。於其境內之事。宜無不用力。而況

---

1. 族　대본은 '旅'로 되어 있는데, 영남대본 등 여러 이본에 의거하여 바로잡았다.

上奉朝廷之令。下爲吾民以邀福弭災者乎。於是特記其事。並論禮之本。以爲官箴焉。

　　力如屈鐵。而不見斧鑿痕。調如峽水舂撞。而無激怒聲。直由理勝故耳。

　　神之格思。不可度思。矧可射思。今讀此文。知誠之無不格。而其於郡縣祀典之訛陋苟且。敍得刺骨。

百尺梧桐閣記

由正堂西北數十擧武。得廢館十有二楹。而軒無欄。階無甃。大抵墀堿所築。皆水磨亂石。疊卵絫碁。歲久頹圮[1]。滿地磊落。傾側膩滑。難着履屐。草蔓之所縈。蛇虺之所蟠。遂乃日課僮隷。撤砌夷級。凡石之圓者。盡輦去之。擇石於崩崖裂岸之間。若氷之坼也。珪之削也。觚之楞也。爭來効伎。呈巧於虆箯之下。嫳牙互嗑。龜背交灼。窰皸𥈠縫。以文以完。不施繩刃。宛若斧劈。沿甃正直。有廉有隅。於是乎堂有陛而門有庭矣。復斥其前楹。補以脩欄。新其塗墍。剷除猥雜。館客讌賓。以遨以息矣。百笏量庭。十弓爲池。盛植芙蕖。種以魚苗。於是乎揭風櫺。凭月楹。俯淸沼而幽敻窈窕。衆美畢具矣。夫宿漿換器。口齒生新。陳蹋殊境。心目俱遷。士民之來觀者。不覺池之昔無。閣之舊有。而咸謂斯軒之翼然湧出於池上也。墻外有一樹梧桐。高可百尺。濃陰暎檻。紫花飄香。時有白鷺翹翼停峙。雖非鳳凰。足稱嘉客。遂榜之曰百尺梧桐閣。

世人惡圭角而喜圓渾。故用字爲文。輒頹弛膩溜。實皆危兀如累卵。吾欲使僮隷。悉去其字之不中律者。亦恐羸他白本。燕岩之用字。尖方斜正無不可。但惡圓耳。故上者不可置下。東者不可移西。而極錯落處。還極齊整。文理燦然。自出古色。

1. 圮　영남대본과 연세대본 등은 '弛'로 되어 있다.

孔雀館記

百尺梧桐閣之南軒曰孔雀館。 南距不數十武。 頂胡盧而對峙者曰荷風竹露堂。
隔其中庭。 架竹爲棚。 雜植枸杞玫瑰野棠紫荊[1]于其中。 脩條柔蔓。 綴絡扶疎。 掩暎
虧蔽。 春夏爲屛。 秋冬爲籬。 屛宜錯花。 籬宜積雪。 因圭其竇。 爲天然之門而不扉焉。
穿北垣。 引溝澮。

納之北池。 又溢北池。 經其前爲曲水。 摘蓮葉以承杯。 以泛以流。 此孔雀館之
所以同室殊境。 移席改觀者也。 余年十八九時。 夢入一閣。 穹深虛白。 類公館佛宇。
左右錦匣玉籤。 秩[2]然排挿。 曲折經行。 纔通一人。 中有數尺綠瓶。 挿二翠尾。 高與
屋齊。 裴徊久之而覺。 其後二十餘年。 余入中國。 見孔雀三。 小於鶴而大於鷺。 尾長
二尺有咫。 赤脛而蛇退。 黑嘴而鷹彎。 遍體毛羽。 火殷金嫩。 其端各有一金眼。 石綠
點睛。 水碧重瞳。 暈紫界藍。 螺幻虹毅。 謂之翠鳥者。 非也。 謂之朱雀者。 亦非也。
時警竦而入晦。 卽鬖影而還魂。 俄閃弄而轉翠。 倏葳蕤而騰燄。 蓋文章之極觀。 莫
尙於此。 夫色生光。 光生輝。 輝生耀。 耀然後能照。 照者。 光輝之泛於色而溢於目
者也。 故爲文而不離於紙墨者。 非雅言也。 論色而先定於心目者。 非正見也。 在皇
城時。 與東南之士。 日飮酒論文於段家舖。 每擧似孔雀。 爲之評其詩若文。 而座有
高太史棫生。 戲之曰。 我客斯容。 何如夫子家禽。 相與大笑。 其後五年。 客之遊中
州者。 得孔雀館三字而還。 錢塘人趙雪帆所書也。 曩者吾於趙。 未有一面。 豈於他
人乎。 聞余之風。 而萬里寄意者耶。 然而館非私室之號。 而吾且老。 無一廛之室。 顧
安所揭之。 今幸蒙恩。 得宰名區。 水竹四載。 以官爲家。 則舊書弊簏。 隨身俱在。 霖

---

1. 紫荊 『연상각집』은 까치콩을 뜻하는 '白扁豆', 영남대본은 인동덩굴을 뜻하는 '忍冬籐'으로 되어 있다.
2. 秩 대본에 '帙'로 되어 있는 것을 바로잡았다.

餘曝書。偶得此筆。噫。孔雀不可復見。而追思疇昔之夢。安知宿緣之不在於斯乎。遂刻揭前棟。並識如此。

目之於色。同得也。至於光也輝也耀也。有視之而不能覩者。有覩之而不能察者。有察之而不能形諸口者。非目之不同也。心靈有通塞焉故也。譬如此楮與此墨。有不辨黑白者。瞽者也。辨黑白而不知其爲文字者。嬰兒也。知其爲文字而不能聲讀者。奴隷也。菫能聲讀而牛信牛不信者。村坊學究也。順口一讀。如誦夙記。而恬然不以爲意者。場屋秀才也。此文宜書之雪牋。點以乳碧。藏之老蠧篋中。不然。寧可繙說一遍。使不辨黑白者聽之。切不可一經此輩口眼。此輩熟見優人笠上攢翠疊錢氣像。却不知綠瓶瑣窓中風韻。

荷風竹露堂記

正堂西廂。廢庫荒頓。廏溷相連。數步之外。委潴棄灰。朽壤堆阜。積高出簷。蓋一衙之奧區。而衆穢之所歸也。方春雪消風薰。尤所不堪。遂乃日課僮隷。畚擔刮剔。匝旬而成曠墟。橫延二十五丈。廣袤十之三焉。制灌薙茀。夷凸塡坎。檣櫪旣徙。地益爽塏。嘉木整列。蟲鼠遠藏。於是中分其地。南爲南池。因廢庫之材。北爲北堂。堂東面。橫四楹。縱三楹。會橝如弉。冒以胡盧。中爲燕室。連爲洞房。前左挾右。虛爲敞軒。高爲層樓。繚爲步欄。疎爲明牕。圓爲風戶。引曲渠。穿翠屏。畫苔庭。鋪白石。被流暎帶。鳴爲幽磵。激爲噴瀑。入于南池。架甄爲欄。以護池塢。前爲脩墻。以限外庭。中爲角門。以通正堂。益南以折。屬之塘隄。中爲虹空。以通烟湘小閣。大抵堂之勝在墻。及肩以上。則更合兩瓦。竪倒偃側。六出爲菱。雙環爲瑣。綻爲魯錢。聯爲薜牋。嵌[1]空矓矓。窈窕邃夐。墻下一樹紅桃。池上二樹古杏。樓前一樹梨花。堂後萬竿綠竹。池中千柄芙蓉。中庭芭蕉十有一本。圃中人蔘九本。盆中一樹寒梅。不出斯堂。而四時之賞備矣。若夫涉園而萬竹綴珠者。清露之晨也。凭欄而千荷送香者。光風之朝也。襟煩鬱而慮亂。巾彈墊而睫重。聽于芭蕉而神思頓淸者。快雨之晝也。嘉客登樓。玉樹爭潔者。霽月之夕也。主人下帷。與梅同癯者。淺雪之宵也。此又隨時寓物。各擅其勝於一日之中。而彼百姓者無與焉。則是豈太守作堂之意也哉。噫。後之居斯堂者。觀乎荷之朝敷而所被者遠。則如風之惠焉。觀乎竹之曉潤而所沾者勻。則如露之溥焉。此吾所以名其堂。而以待夫後來者。

　　文如作九層露臺。辟除築累。若是其勤。而一朝登覽。怡然快樂。不知其材力工費。已是中人十家。

　　此篇當最諧俗眼。尤宜入選。

---

1. 嵌　아마도 '嵌'의 오기인 듯하다. '嵌空'은 영롱하다는 뜻이다.

獨樂齋記

以天下樂之有餘。而獨樂於己不足。昔者。堯遊於康衢。熙熙然可謂樂以天下矣。及辭封人之祝。則憂苦悲悴。悵然有不終夕之歎。嗟乎。封人之祝。可謂備人生之大願。極天下之至樂。夫[1]豈堯以撝謙飾讓而爲悅哉。誠有所病於己。而獨專之爲難也。今有一妄男子。囂囂然號於衆曰。我能獨樂。人孰肯信之。而猶然名其齋曰獨樂者。尤豈非愚且惑歟。噫。人情孰不欲欣欣然樂於心而終身哉。然而自天子之尊。四海之富。常求其一日之樂。所以稱[2]於心而足乎己者幾希矣。而況匹夫之貧賤。有不勝其憂者乎。此無他。好惡係於外物。得失交[3]乎中情。心營營而有求。恒[4]汲汲而不足。又奚暇志于樂哉。故自得於中而無待於外。然後始可與言樂矣。非剗[5]襲而可得。豈强勉而致。然含元氣之氤氳。體剛健而不息。無愧怍於俯仰。雖獨立而不懼[6]。知其理之必當。良獨由乎至誠。父不可以與其[7]子。子不可以得之於父。堯以之而治天下。舜以之而事其親。禹以之而平水土。比干[8]以之而事其君。屈原以之而憫其俗[9]。長沮桀溺耦[10]耕於野。而劉伶阮籍之徒。終身飲酒。雖所性之不同。亦至樂之所寓爾。夫是數君子者。苟一毫之不慊。若四體之罷役[11]。堯不待耄期而倦於勤矣。

---

1. 夫 『엄계집』은 그 앞에 '而' 자가 추가되어 있다.
2. 稱 『엄계집』은 '慊'으로 되어 있다.
3. 交 『엄계집』은 '亂'으로 되어 있다.
4. 恒 『엄계집』은 '常'으로 되어 있다.
5. 剗 『하풍죽로당집』『엄계집』 등은 '外'로 되어 있다.
6. 含元氣之氤氳 …… 雖獨立而不懼 『엄계집』은 '充塞氤氳 不愧不怍'으로 되어 있다.
7. 其 『엄계집』은 '其' 자가 없다.
8. 比干 『엄계집』은 그 다음에 '屈原'이 추가되어 있다.
9. 屈原以之而憫其俗 『엄계집』은 이 구절이 없다.
10. 耦 『엄계집』은 '偶'로 되어 있다.
11. 若四體之罷役 『엄계집』은 '則'으로 되어 있다.

舜懈於鼓琴而禹痵於乘檋矣。 比干不必剖而屈原不必沈矣。 長沮桀溺不安於耕田。
而凡天下之利害榮辱。 皆得以動其心而撓吾之素行[12]矣。 故得行其所性而能專於己。
則飮酒者猶然終身。 而況疏其牖而靜其几。 蚤夜讀書而匪懈者乎[13]。 崔氏子鎭謙。
作堂於霞溪之上。 與同志之士數人。 讀書於此堂之中。 而以獨樂名。 所以志于古人
之道也。 吾大其志而爲之記如此。 欲以益其專而衆其獨。 此吾所以廣其樂于天下也。

獨樂之樂。 非樂以天下。 未可以與論。 此篇歷敍古聖賢所樂處。 見解透脫。
發前人之所未發。 燕巖巖居之樂。 於是乎槪見矣。

12. 素行 『엄계집』은 '樂'으로 되어 있다.
13. 故得行其所性而能專於己 …… 蚤夜讀書而匪懈者乎 『엄계집』은 '故得其樂而獨專於己 則飮酒者猶然 而況閑居而讀書者乎'로 되어 있다.

安義縣縣司祀郭侯記

余視事安義之歲八月旬有七日。戶長河謁曰。明日甲申。將有事于縣司。敢以吏奴之供事者。退以齊明。余問縣司奚事。對曰。曩在萬曆丁酉。倭[1]黃石。縣監郭侯死之。黃石吾城。而郭侯吾邦之賢府君也。故歲以是日祀。勿之敢有替也。余曰。勤死捍患。在法當祀。郭侯守孤城以衛百姓。至于三年之久。可謂捍大患矣。卒能死職下。其孤忠毅節著於國。可謂勤死矣。故朝廷累加褒美之典。贈官至吏曹判書。賜諡曰忠烈。旌其閭而蔭其孫。則廟於家而世祀不遷矣。侯玄風人也。祠院之在玄風者。賜額曰禮淵。在本縣者。賜額曰黃巖。則兩縣俱俎豆而崇報之矣。夫縣司者。側陋之地而小吏之處也。縣司之私祀侯。不已瀆乎。況侯之神。亦安肯自貶其威尊。降食于此乎。及祭之夕。戶長率一縣之吏隸僮奴。小大奔趨。震悚嚴恭。僾然如復見侯之坐衙而侊儴進食也。肅然如復聞侯之發號而抑首承令也。炬燎煌煌。拜跪有數。自奠斝至徹豆。毋敢謹譁憜容者。然後益知夫禮緣人情。人情之所不能已者。聖王之所不能奪也。匹夫抱木而燔。何與於歲曆之節氣。而後世之百姓。猶不熱食於是日。況侯之嘗父母慈土而身膏草莽。以殉其吏民者耶。噫。今之百司。外而州縣。其吏廳之側。莫不有賽神之祠。皆號府君堂。每歲十月。府史胥徒釀財賄。醉飽祠下。巫祝歌舞鼓樂以娛神。然世亦不識所謂府君何神。而所畫神像。朱笠貝纓挿虎鬚。威猛如將帥。或言高麗侍中崔瑩之神。其居官廉於財。關節不行。有威名於當世。吏民懷之。迎其神。尊之爲府君。信斯說也。瑩嘗身都將相。不能支顚扶危以存其社稷。死而不得爲明神以登祀典。乃反哺啜於吏胥臺隸之間。樂其媟嫚。可謂愚鬼不靈矣。惡在其居官廉也。非其鬼而事之。君子猶謂之諂也。而況事之以淫褻非禮之祀。諂孰大焉。今安義吏廳。獨無所謂府君之堂。如郭侯者。爲良長吏於

1. 倭　영남대본 등 여러 이본은 '倭奴' 또는 '倭寇'로 되어 있다.

是邑。死王事爲明神。豈非眞玆土之府君歟。然而縣司之祠之也。獨不以府君稱之。
何也。蓋恥混於非禮之祀而嫌其號也。嗚呼。今之爲守令者。盛容臨吏民。顧眄指
揮。若可以唯意湯火。而卽日解印綬歸。送不半途而背棄者有之矣。丁酉之距今爲
二百餘年。當時之人吏。其有子若孫在者乎。然而安義之人。至今畏愛侯若是。苟
非忠義之感人者深。惡能使人不叛至此哉。祠屋僅二楹。卑狹未足以廟貌侯。今年
春。奉朝命。新建縣之城隍宇于厲壇之左。縣之人吏請其餘材以修其祠屋。稍廣其
舊制。加丹雘焉。余嘉縣吏之於郭侯。不以久遠。而禮儀[2]嚴且愨。享祀之於縣司。
不循訛謬。而號名正而辨。其義有足以聽聞於國中。爲傍縣視效。第恐歲紀浸久。慕
向益淺。則禮儀或愆於前日。號名易舛於習俗。人之視祠之在於縣司而有疑也。謹
書侯諱赿字養靜及其享祀本末。俾藏諸祠壁。歲崇禎紀元後三癸丑我聖上十七年。
通訓大夫行安義縣監晉州鎭管兵馬節制都尉潘南朴趾源。記。

　　于縣人久遠不忘處。生感慨。其所爲別嫌辨名。乃出於縣人之所不及置慮
　處。生波瀾。斯其爲君子之愛人。

---

2. 儀　대본에 '義'로 되어 있는데, 영남대본 등 여러 이본에 의거하여 바로잡았다. 문맥상 '禮儀'
가 옳을 뿐만 아니라, 바로 다음 문장에도 '禮儀'로 되어 있다.

忠臣贈大司憲李公述原旌閭陰記

上之卽祚十二年戊申三月初一日。傳曰。是年是月。卽我先大王揚武戡亂之年
若月也。舊甲重回。曷其不酬忠報勞。以答前寧人攸受休哉。贈大司憲李述原。罵
賊而死。祠名褒忠。其子遇芳。殯父從軍。手斬三賊。可謂是父是子。亦令就其祠賜
祭。錄其後孫。於是。御製文。賜祭于褒忠祠。曰。大嶺以南。餘七十州。得一功曹。
義凜如秋。英考曰嗟。在唐杲卿。迺立之祠。褒忠其名。迺贈之秩。惟都御史。死有
榮時。降夫在市。欲說往事。士猶衝冠。蠢醜操兵。倉卒叫譁。吏投帖迎。官棄綏遁。
罵不絶口。氣與血噴。騰爲紫電。頻決妖氛。有子誓天。殯父從軍。遂寢其皮。王師
奏功。舊甲云回。紀勳曁忠。卽祠以祀。錄[1]及後裔。文以侑酒。綱常是揭。先朝己
酉初。贈公執義。旌其閭曰忠臣之門。丁卯。屢贈公都憲。當宁十七[2]年癸丑。命旌
公之子開寧縣監遇芳之閭曰孝子之門。於是增廣其閭。改樹綽楔以聯之。嗚呼。父
子兩世。維忠維孝。乃人紀之極而萃于一門。是豈特一郷之榮耀哉。可以樹風聲於
百世矣。公之孫[3]今靑山縣監之漢[4]。屬不佞爲記其改樹始末。以識其陰。敬書如此。

---

1. 錄　승계문고본은 '祿'으로 되어 있다.
2. 十七　대본에 '十八'로 되어 있는 것을 바로잡았다. 『정조실록』 17년 6월 14일 조에 관련 기사
가 있다.
3. 孫　'曾孫'의 착오인 듯하다.
4. 之漢　'之淳'의 착오인 듯하다.

居昌縣五愼祠記

夫吏之爲言，理也。有天吏者，有命吏者，有長吏者，有掾吏者。代天理物之謂天吏。承流宣化之謂命吏。輔世長民之謂長吏。掾吏者，古之府史胥徒，佐長吏治簿書，管府庫，所謂庶人而在官者也。人微職卑，不命於天子，不足爲王臣。然先王之制，猶得與下士同祿。故自天子達於胥史，雖所理有大小，其職則無非吏也。噫，今之州縣小吏，豈非庶人而在官者歟。其所以祿養者，能與下士同，而足以代其耕耶。今之爲州縣長吏者，豈非大夫士歟。其所以輔世長民者，能不異於古之大夫士耶。庶人而在官者，旣無下士代耕之祿，則其竊府庫，鬻獄訟，弄刀筆，爲奸利，固其勢然也。大夫士之臨州縣者，有能大畏衆吏之志，而莫敢爲非法歟，是未可知也。然而人有恒言曰，如束濕薪。彼其束之也，果以禮義廉恥，則幾何其不可與並升於朝也。如以縲紲己也，桁楊己也，常置之僇辱之地而曰，我善束吏也，則是馬牛視而賊盜治也。人之於馬牛賊盜，非可責之以節義忠信也明矣。彼其奔趨承事者，我嘗見之也。膝行不及喘者，謂之慢。失眄上於帶者，謂之頑。一號一令，明有不合於理，而不應聲對至當，而或敢曰可乎。曰不可乎。則其有不盛氣呵曰爾惡敢乃爾者乎。故其進退抑首，跪伏泥塗，曾是以爲恭，而一有違於是者，非但莫逭於濫猾之誅，爲其令長者，以不能束濕，往往被下考去。故大夫士儼然臨視，其趨走唯諾，若可以唯意湯火，而一朝有事且急，尙能望其親上死長之節耶。嶺南之縣曰居昌，其治之左瀯溪之上，有愼姓五人，並列而祀者，皆贈官佐郎。名錫顯克終德顯致勤光世。此五人者，縣之小吏也。其忠功義績，著於國，誌於邑。豈非所謂能捍大患則祀之者歟。嗚呼，當英宗四年戊申，凶賊大起嶺南。當時守宰之棄印綬竄伏草間者有之，則列邑吏胥之煽附脅從者可知也。惟其首挫凶鋒，使賊不敢踰牛嶺之嶺，蹂湖右而北向者，是誰之功也。噫，彼據高堂，拊印符，顧眄指揮，俯臨此五人者誰歟。其平日束之者，果何術歟。是果工趨下視，稱之爲善承事令長者耶。抑不能自逃於濫猾之目。而使其長官被下考去者耶。方其變起蒼卒。吏民驚擾。鳥獸奔散。
五人者抗聲陳大義。卒能折難凶醜。捍衛京國。其樹立之卓絶有如是者。苟非義理
之心。素積于中而確乎其不拔者。惡能辦此哉。洪惟我聖上御極之十有二年。曆紀
重回。宸感倍激。追先朝戡亂之烈。茂當日禦侮之績。誕宣寶綸。渙諭方域。風輝日
翯。動蕩煒爀。無遠不邇。無微不顯。旌毗褒錄之典。至及於下邑匹庶之家。猗歟
盛哉。趾源分符隣縣。每過五愼之祠。爲之徊徨而不能去。縣令兪侯漢紀。屬余爲
記。遂書其所感如此。且以警夫大夫士之爲長吏者[1]。

當五愼褒錄之際。吾亦嘗與聞末議。今讀[2]祠記。益壯其烈。

1. 且以警夫大夫士之爲長吏者　『운산만첩당집』에는 그 다음에 '安義縣監朴趾源記'라는 문장이 추가되
어 있다.
2. 讀　『운산만첩당집』은 '見'으로 되어 있다.

咸陽郡學士樓記

咸陽郡治東距百武。臨城而樓。凡幾楹。歲久荒穨。榱桷摧朽。丹艧昧黯。上之十九年甲寅[1]。郡守尹侯光碩。慨然捐廩。大興修治。悉復樓之舊觀。仍其古號曰學士。屬不佞爲文而記之。咸陽。新羅時爲天嶺郡。文昌侯崔致遠字孤雲。嘗爲守天嶺而置樓者。蓋已千年矣。天嶺民懷侯遺惠。至今號其樓曰學士者。稱其所履而志之也。初孤雲年十二。隨商舶入唐。僖宗乾符甲午。裴瓚榜及第。仕爲侍御史內供奉。賜紫金魚袋。淮南都統高駢奏爲從事。爲駢草檄召諸道兵討黃巢。巢得檄。驚墜牀下。孤雲名遂震海內。唐書藝文志。有孤雲所著桂苑筆耕四卷。及光啓元年乙巳。充詔使東還。所謂巫峽重峯之歲。絲入中原。銀河列宿之年。錦還東國者是也。國史。孤雲棄官。入[2]伽倻山。一朝遺冠屨林中。不知所終。世遂以孤雲得道爲神仙。此非知孤雲也。孤雲嘗上十事。諫其主。主不能用。伽倻之於天嶺。不百里而近。則其超然遐擧者。豈非在郡時耶。嗟乎。孤雲立身天子之朝。而唐室方亂。斂跡父母之邦。而羅朝[3]將訖。環顧天下。身無係著。如天末閒雲。倦住孤征。卷舒無心。則孤雲所以自命其字。而當時軒冕之榮。已屬腐鼠弊屣矣。乃後之人。猶戀其學士之啣[4]。不幾乎病孤雲而累斯樓哉。然而郡人之慕孤雲者。不曰崔侯。而必號學士。不曰孤雲。而必稱其官。不頌于石而惟樓是名焉。不信其遺蛻林澤之間。而彷彿相遌于是樓之中。若夫月隱高桐。八牕玲瓏。則依然學士之步曲欄也。風動脩竹。一鶴寥廓。則怳然學士之咏高秋也。樓之所以名學士。其所由來者遠矣夫。

1. 上之十九年甲寅　정조 19년은 을묘년(1795)이고 갑인년은 정조 18년에 해당되므로, 어느 한쪽에 오류가 있는 듯하다.
2. 入　대본에 '八'로 되어 있는 것을 바로잡았다.
3. 朝　영남대본과 연세대본 등은 '祚'로 되어 있다.
4. 啣　대본에 '啣'으로 되어 있는 것을 바로잡았다.

咸陽郡興學齋記

郡縣長吏初除。邸吏授笏記七事。及陛辭。特命上殿。承旨令自奏職官姓名。屛息俯伏。稱某官臣姓[1]某。次令奏七事。更端起伏。戰兢誦農桑盛。戶口增。學校興。軍政修。賦役均。詞訟簡。奸猾息。以次趨出。乃敢戒。行事之官。或失次誤讀。坐黜者往往而有。夫此七事者。皆治郡之大經。長民之極致。國家所以明戒而責實也如此。一有不能於是者。固未可以寄百里之命。而任民社之責矣。然徒以口誦而可也。則大學之三綱八條。聖人之能事。而夫人也能誦之矣。夫人也苟能誦之。則向所謂聖人之能事。不係于誦亦明矣。又安用長吏之徒誦此七事爲哉。且不曰盛農桑。而曰農桑盛。則是乃其成效。而非所以勉其方來也。戶口以下諸條。莫不皆然。況初拜者。固未及莅事。豈宜捃摭古循良之跡。猥自張皇於辭陛之日耶。無已則喉舌之臣。謦[2]咳臚宣曰盛農桑。增戶口。興學校。修軍政。均賦役。簡詞訟。息奸猾。令赴任者。稽首肅聽。庶幾古讀法之意也。然而君子爲政於七。所急者三。而所先者一。奚急乎。曰農桑也。賦役也。戶口也。曷爲急乎三。經曰。旣富方穀。夫農桑不盛。無以興學校。賦役不勻。無以增戶口。戶口不增。無以修軍政。苟能盛其農桑。勻其賦役。則流亡還業。戶口自增。寧憂軍政之不修乎。詞訟奸猾。不煩刑獄而固將簡且息矣。然則奚先焉。曰莫先於學校也。曷先之。曰躬先之也。農桑雖當務之所急。勤其勸課已矣。有非守土者。所得以躬先之事也。勻賦增戶。簡訟息猾。又非以力襲而致之者。則爲長吏者。惟於學校而可得以躬焉。子游爲武城宰。以絃歌爲政日。聞之夫子。君子學道則愛人。小人學道則易使也。後世之言學校者。空談詩書之文。徒數六藝之目。而其於耳目手足之所閑習。心志氣血之所流通。今之

---

1. 姓 승계문고본은 ‘姓名’으로 되어 있다.
2. 謦 대본에 ‘謦’으로 되어 있는 것을 바로잡았다.

所謂君子。固漠然所昧於平生。而況於小人乎。噫。古者。鄉飲鄉射養老勞農攷藝選言之政。與夫獻馘訊囚受成之事。無一不出於學。則凡此七事。雖若分科異目。無非學校之所日講也。子游之爲政。亦安能家諭戶說以愛人易使之道哉。不過擇鄉閭之秀俊。納之黨庠遂序之間。所以示導振厲之方。莫不出於是道。而身率之。民之從化也。如草之偃風。而苗之勃雨也。故爲政所急乎七者三。而所先乎三者學也。尹侯光碩。莅咸陽郡三年。郡之儒士相與謀曰。吾鄉之學不講久矣。得無爲賢侯病哉。曰。有精舍於西溪之東。是則佔畢南溟諸賢杖屨之地。鄉先生盧玉溪姜介菴之所游息也。盍於此乎而藏修焉。侯聞而喜曰。是不誠在我乎。爲之捐俸而助之。置田藏書。修其室宇而新之。名其齋曰興學。噫。侯之爲郡纔數朞矣。而郡學之興不已兆乎。然而齋名興學。則其亦有意乎方來。而非敢曰已然者。其爲政亦可謂知所先後。吾知尹侯之於學校。必以身率先之也。使居是齋者。學已成矣。毋遑曰已成矣。而將以成之也云爾。則其所成就。豈不遠且大。而庸詎止一鄉之善而已哉。趾源忝職隣縣。其於國家責實之意。一未能奉承。早夜震悚。嘗恐職事未效。聞侯之爲政。竊有感於是齋之名。爲之記。俾藏諸壁。

髮僧菴記[1]

余東遊楓嶽 入[2]其洞門 已見古今人題名 大書深刻 殆無片隙[3] 如觀場疊肩 郊阡叢墳[4] 舊刻[5]纔沒苔蘚[6] 新題[7]又煥丹硃 至崩崖裂石[8] 削立千仞 上絶飛鳥之影 而獨有金弘淵三字 余固心異之曰 古來觀察使之威 足以死生人 楊蓬萊之耽奇 足跡無所不到 猶未能置名此間 彼題名者誰耶 乃能令工與鼪猱爭性命也[9] 其後余遊歷方內名山 南登俗離伽倻 西登天摩妙香[10] 所至僻奧 自謂能窮世[11]人之所不能到 然常得金所題 輒發憤罵曰 何物弘淵 敢爾唐突耶 大凡好遊名山者 非犯至危 排衆難 亦不得搜奇探勝 余平居追思往躅 未嘗不慄然自悔也 然而復當登臨 猶忽宿戒 履巉巖 俯幽深 側身于朽棧枯梯 往往默禱神明 惴惴然尙恐其不能自還 而大字硃墳 如鹿脛之大 隱約盤挐於老槎壽藤之間者 必金弘淵也[12] 乃反欣然如逢舊識於險阨危困之際 爲之出力而扳援先後之也[13] 或有素知金行跡爲道 金乃澗者 蓋閭里間浪蕩[14]迂濶之稱 如所謂劒士俠客

1. 髮僧菴記 『엄계집』은 '髮僧庵銘 幷序'로 되어 있다.
2. 入 『엄계집』은 그 앞에 '纔' 자가 추가되어 있다.
3. 古今人題名大書深刻 殆無片隙 『엄계집』은 '左右石壁 古今人題刻姓名'으로 되어 있다.
4. 郊阡叢墳 『엄계집』은 '北邙累冢'으로 되어 있다.
5. 刻 『엄계집』은 '者'로 되어 있다.
6. 苔蘚 『엄계집』은 '蘚花'로 되어 있다.
7. 題 『엄계집』은 '者'로 되어 있다.
8. 至崩崖裂石 『엄계집』은 '至斷崖陡壁'으로 되어 있다. 그리고 그 앞에 '獸嶂鬼巇 不勝黥刺 余誦中郞曰 靑山白石 有何罪過 同遊皆大笑'가 추가되어 있으나, 삭제하라는 표시를 해 놓았다.
9. 曰 古來觀察使之威 …… 乃能令工與鼪猱爭性命也 『엄계집』은 이 부분이 없다.
10. 南登俗離伽倻 西登天摩妙香 『엄계집』은 이 구절이 없다.
11. 世 『엄계집』은 '衆'으로 되어 있다.
12. 輒發憤罵曰 …… 必金弘淵也 『엄계집』은 이 구절이 없다.
13. 乃反欣然如逢舊識於險阨危困之際 爲之出力而扳援先後之也 『엄계집』은 '如逢舊識'으로 되어 있다.

之流¹⁵。方其少年時。善騎射。中武科。能力扼虎。挾兩妓。超越數仞牆。不肯碌碌求仕進¹⁶。家本富厚。用財如糞土。傍¹⁷蓄古今法書名畫。劍琴彝器。奇花異卉。遇一可意。不惜千金。駿馬名鷹。動在左右¹⁸。今旣老白首。則囊置錐鑿。遍遊名山。已一入漢挐。再登長白¹⁹。輒²⁰手自刻石。使後世知有是人云。余問是人爲誰。曰。金弘淵。所謂金弘淵爲誰。曰。字大深。曰。大深者誰歟。曰。是自號髮僧菴。所謂髮僧菴誰歟。談者無以應。則余笑曰。昔長卿設無是公烏有先生以相難。今吾與子偶然相遇於古壁流水之間。相答問焉。他日相思。皆烏有先生也。安有所謂髮僧菴者乎。客勃然怒於色²¹曰。吾豈謊辭而²²假設哉。果眞有是人也。余大笑曰。君太執拗。昔王介甫辨劇秦美新。必²³谷子雲所著。非揚子雲。蘇子瞻曰。未知西京果有揚子雲否也。夫二子之文章。炳蔚當世。流名史傳。而後之尙論者。猶有此疑。而況寄空名於深山窮壑之中。而風消雨泐。不百年而磨滅者乎。客亦大笑而去。其後九年。余遇金平壤。有背指者²⁴。此金弘淵也。余字呼曰。大深。君豈非髮僧菴耶。金君回顧熟視²⁵曰。子何以知我。余應之曰。舊已識君於萬瀑洞中矣。君家何在。頗存舊時所蓄否²⁶。金君憮然曰。家貧。賣之盡矣。何謂髮僧菴。曰。不幸殘疾形毀。年老無妻²⁷。居止常依佛舍。故稱焉²⁸。察其言談舉止。舊日習氣猶有存者。惜乎。吾未見

---

14. 間浪蕩　『엄계집』은 이 3자가 없다.
15. 劍士俠客之流　『엄계집』은 '劍客俠士'로 되어 있다.
16. 能力扼虎 …… 不肯碌碌求仕進　『엄계집』은 이 구절이 없다.
17. 傍　『엄계집』은 '多'로 되어 있다.
18. 奇花異卉 …… 動在左右　『엄계집』은 이 부분이 없다.
19. 已一入漢挐 再登長白　『엄계집』은 이 구절이 없다.
20. 輒　『엄계집』은 그 앞에 '所過'가 추가되어 있다.
21. 勃然怒於色　『엄계집』은 '未解 則慨然'으로 되어 있다.
22. 謊辭而　『엄계집』은 이 3자가 없다.
23. 必　『엄계집』은 그 앞에 '論' 자가 추가되어 있다.
24. 有背指者　『엄계집』은 '或有指'로, 김택영 편 『연암속집』燕巖續集은 '有背指者曰'로 되어 있다.
25. 回顧熟視　『엄계집』은 '大驚'으로 되어 있다.
26. 君家何在 頗存舊時所蓄否　『엄계집』은 '君頗存舊所畜書畫琴器否'로 되어 있다.
27. 不幸殘疾形毀 年老無妻　『엄계집』은 '年老廢疾'로 되어 있다.
28. 焉　『엄계집』은 '焉' 자가 없다.

其少壯時也。一日詣余寓邸而請[29]曰。吾今老且死。心則先死。特髮存耳。所居皆僧菴也。願托子文而傳焉。余悲其志老猶不忘者存[30]。遂書其[31]舊與遊客答問者以歸[32]之。且爲之說偈曰。

烏信百鳥黑。鷺訝他不白。白黑各自是[33]。天應厭訟獄。人皆兩目俱。瞎一目亦覩[34]。何必雙後明。亦有一目國。兩目猶嫌小。還有眼添額。復有觀音佛。變相目千隻。千目更何有。瞽者亦觀黑。金君廢疾人。依佛以存身。積錢若不用。何異丐者貧。衆生各自得。不必强相學。大深旣異衆。以玆相訝惑。

> 警世之切切然好名。托物以圖不朽者。觀此文。未有不憮然自喪。
> 筆舞墨跳。詩云。擊鼓其鏜。踴躍用兵。其此之謂歟。
> 偈語。尤圓悟警發。
> 實之靈感偈羅漢賛之間。未知孰古孰今。

29: 詣余寓邸而請 『엄계집』은 이 구절이 없다.
30. 不忘者存 『엄계집』은 '未忘于名也'로 되어 있다.
31. 遂書其 『엄계집』은 '遂書'로 되어 있다.
32. 歸 『엄계집』은 '贈'으로 되어 있다.
33. 各自是 『엄계집』은 '若一色'으로 되어 있다.
34. 覩 『연암속집』은 '矚'으로 되어 있다.

騷壇赤幟引[1]

善爲文者。其知兵乎。字譬則士也。意譬則將也。題目者。敵國也。掌故者。戰場壚壘也。束字爲句。團句成章。猶隊伍行陣也。韻以聲之。詞以耀之。猶金鼓旌旗也。照應者。烽燧[2]也。譬喩者。遊騎也。抑揚反復者。鏖戰撕殺也。破題而結束者。先登而擒敵也。貴含蓄者。不禽二毛也。有餘音者。振旅而凱旋也。夫長平之卒。其勇恸非異於昔時也。弓矛戈鋋。其利鈍非變於前日也。然而廉頗將之。則足以制勝。趙括代之。則足以自坑。故善爲兵者。無可棄之卒。善爲文者。無可擇之字。苟得其將。則鉏耰棘矜。盡化勁悍。而裂幅揭竿。頓新精彩矣。苟得其理。則家人常談。猶列學官。而童謳里諺。亦屬爾雅矣。故文之不工。非字之罪也。彼評字句之雅俗。論篇章之高下者。皆不識合變之機。而制勝之權者也。譬如不勇之將。心無定策。猝然臨題。屹如堅城。眼前之筆墨。先挫於山上之草木。而胸裏之記誦。已化爲沙中之猿鶴矣。故爲文者。其患常在乎自迷蹊逕。未得要領。夫蹊逕之不明。則一字難下。而常病其遲澀。要領之未得。則周匝雖密。而猶患其疎漏。譬如陰陵失道而名騅不逝。剛車重圍而六騾已遁矣。苟能單辭而挈領。如雪夜之入蔡。片言而抽繁。如三鼓而奪關。則爲文之道如此而至[3]矣。友人李仲存集東人古今科體。彙爲十卷。名之曰騷壇赤幟。嗚呼。此皆得勝之兵而百戰之餘也。雖其體格不同。精粗雜進。而各有勝籌。攻無堅城。其鈝鋒利刃。森如武庫。趨時制敵。動合兵機。繼此而爲文者。率此道也。定遠之飛食。燕然之勒銘。其在是歟。其在是歟。雖然。房琯之車戰。效跡於前人而敗。虞詡之增竈。反機於古法而勝。則所以合變之權。其又在時

1. **騷壇赤幟引** 『흠영』은 ‘古今科體引’으로 되어 있다.
2. **燧** 대본에 ‘㷎’으로 되어 있는 것을 바로잡았다. 승계문고본과 연세대본 등은 ‘㷔’로 되어 있다.
3. **至** 『흠영』은 ‘已’로 되어 있다.

而不在法也。

筆犀墨利。字飛句騰。藝垣中頗牧。

世謂文之照題緊襯者。爲科擧之文。則殽鉛雜鐵。外若精鍊。而內實有參恕處[4]。苟能十分照顧。十分緊襯。無一字浮辭漫語。便是得意古文之上乘[5]。

命意綴文。如尉繚子之談兵。程不識之行師。當爲功令之上乘。篇篇若此。豈不使擧世心折[6]。

4. 內實有參恕處　『하풍죽로당집』은 '內實浮浪'으로 되어 있다.
5. 得意古文之上乘　『하풍죽로당집』은 '得意之古文'으로 되어 있다.
6. 命意綴文 …… 豈不使擧世心折　대본에는 이 단락이 앞 단락과 연결되어 있으나, 내용으로 보아
별개의 단락으로 구분하였다.

玉璽論

趙王得和氏璧。秦以十五城易之。藺相如完璧歸趙。及秦兼諸侯。璧復入秦。
爲傳國之璽。其文曰。受命于天。旣壽永昌。論曰。古之傳國者道也。今之傳國者寶
也。太尉勃得以私之。奇貨其君。大將軍光得以[1]私之。親佩之其君。親解之其君。
由是而璽爲輕重於天下。視璽之所在。環起而覬覦焉。而況倉卒之際。奄宦婦妾得
以市恩於所私好者。則大臣唯唯。天下莫敢貳議。嗚呼。傳天下。大事耳。豈可以一
璽爲信。如懷印綬之官。若丞尉之爲哉。夫道之所在。德之所聚。寶之所居。盜之所
萃。故[2]小盜入室。而大盜邀之。始皇始行刧於諸侯。故莫能禁胡亥之爲盜。則陳勝
吳廣項籍之徒。已環起而邀之矣。故子或竊之於其父。婦或竊之於其夫。奴或竊之
於其主。衆盜聚室。兵戎以興。璽之禍極矣。元皇后以天下假莽。乃欲以一身守璽。
嗟呼。一璽之存亡。不足與天下也。彼乃區區婦人之智。無足怪者。莽亦愚矣。苟曆
數在躬。安事乎一璽。孫堅扶義而西。掃淸宮禁。慨然同盟。力奬王室。功可與桓文
列矣。得璽而啓其邪心。爲義不終。此其器妖也歟。江左之君。正朔相承。猶恥白板
之譏。天子而恥白板。是玉璽爲告身。而皇帝爲命爵矣。是四海萬國之尊。而璽使
之卑焉。豈非可笑之甚者乎。得之者本非由璽而興焉。則其未足爲瑞於天下也明矣。
亡之日。或繫頸而降。禪代之際。或奉獻之不暇。則其凶衰不祥也。莫過於此器也。
謂之亡國之物則可。吾未見其興國之寶也[3]。吾以爲後之傳天下者。壞[4]其不祥之器。

---

1. 以 대본에는 없는데, 여러 이본에 의거하여 보충하였다. 앞의 '太尉勃得以私之'와 대구를 이루
고 있으므로 '大將軍光得以私之'라야 한다.
2. 故 『병세집』并世集에는 그 다음에 '以德守道者久 以盜守寶者不能久 何則'의 16자가 추가되어 있다.
3. 元皇后以天下假莽 …… 吾未見其興國之寶也 『병세집』은 '明興 窮天下之兵 竭海內之財 以爭一片之石
於絶漠之外 而大盜已闖然睥睨 則是以天下易一璧 豈特十五城已哉'로 간략하게 되어 있다.
4. 壞 김택영 편『중편연암집』과 승계문고본 등은 그 앞에 '宜' 자가 추가되어 있다.

以塞盜賊之心。乃拜手稽首。敬而颺言曰。惟精惟一。允執厥中。百辟卿士。冕咸
在位。拜手稽首曰。惟天命靡常。眷于有德。念哉帝[5]

　　立論峻正。其言璽之來歷。似議論。似敍事。錯落頓挫。中含慷慨悲惋。結
尾處又極典嚴。要是不刊之文也。

　　古之獻物者。以輕先重。如乘韋先十二牛是也。自勃以下。猶以璽先天下。
而乃元后則不然。天下可獻而璽不可獻。是所重在於璽。而天下反輕也。是豈
非區區婦人之智乎。彼莽旣負其櫃篋。並其縢緘。而猶恐其不終歸己。汲汲然
刦取。則是所欲又專在是也。道旣喪矣。天下之大寶曰璽。何以得璽曰盜。缺
鈕折角。而大盜不止。然而旣壽永昌之刻。又往往迭出於泥沙崩岸之間。而熒
惑疑亂。眞假莫辨。璽之流禍。終古不熄。誰能爲天下撞破此器。永絶其禍源
哉。使彼五季雲擾之世。衣玉而懷璧者。早讀此文。則庶乎知其所重之不在乎
此。而有可以易其所寶焉。於是乎連城之珍。可以抵鵲矣。

5. 帝 『병세집』은 '君'이라 되어 있다.

金孺人事狀

嗚呼。古昔傳記所載節婦烈女。立名雖同。制義頗殊。夫守義之謂節。立節之謂烈。故節視於義。其志更苦。烈比於節。其跡尤刻。如夏侯截耳。以矢其心。凝妻斷臂。以潔其身。蓋其所遇不幸而有不得已者。則其義有不期刻而自酷耳。至若我東民俗。從一而終。卽其常經。雖窮閭匹庶。貧賤無依。靑孀守寡。皓首自了。若以古義律之。無非節婦。是環東數千里。立國四百年。懷淸之臺。可以里築。守義之旌。可以戶設。故三從之訓。非所勸於民俗。靡他之矢。無可議於士族。然而剏或甚於杞婦。禮有¹嚴於宋姬。自刻之義。過於待燭。下從之志。切於崩城。蹈水火如樂地。就鴆縊而爲慊。然後乃得爲盡性於所天。而始見其節義也。噫。其制行之嚴酷刻烈有如彼者。而君子猶有憾乎不傷膚髮。處義怡然。則豈非所謂慷慨從容。有難易之辨哉。如近日吳氏婦金孺人之就義。可謂得性命之正。而無憾於君子之所難矣。孺人父故郡守某。沙溪先生之後也。孺人生於詩禮之家。幼有至性。端莊柔謹。動必以禮。淸秀高潔。不染一塵。自其未笄。咸以女中君子稱云。及其擇婿於忠義之門。而歸士人吳允常。允常今大提學載純長子也。愷悌篤行。通國之所稱。慕古邁往。世罕儔侶。而獨於閨闥之內。匹懿媲美。爲世族模範者二十餘年矣。允常歿。孺人哀不過情。殯斂衣衾。手自裁縫。家人初不覺其殉從之志已決於皋復之日。旣成服而請于舅姑。移處密室。自是蒙面而臥。不復見天日。不與人接語。水穀不入口。舅姑泣諭反復。則强收戚容。略呷數口。旋服薑湯。消滌胃氣。日就澌滅。旁人雖知其不爲倉卒徑情。而其於潛銷暗盡。亦非防護所可奈何。夫黨一婦人。冀回其心。諭之曰。尊舅尊姑。老矣。子於下從則得矣。獨不念平生之誠孝乎。且毋重戚逝者之心。孺人泣曰。吾豈不念此。顧有兩賢娣。奉養有托。於是出嫁時衣裳。洗濯改

1. 有　승계문고본 등 여러 이본은 '或'으로 되어 있다.

縫。俾作斂具。遂告辭舅姑。遍訣家人。盥櫛纔竟。如膏盡而燈熄。聞者莫不咨嗟揮涕曰。烈哉斯人。是竟死矣。蓋其聲聞見孚之有素也如此。嗚呼。如孺人者。可謂取義於從容之地。全歸於遂志之日矣。士林之慕義者。咸相諭告。謀所以闡揚之舉。而吳金兩家。堅拒牢辭。蓋恐違疇昔之志也。以故其潛懿幽操。莫得其十一。而衆情之激感如彼。則亦豈民彝之所得以已者哉。古者。男女告戒之辭。不過閭巷風謠之語。而陶出性情。有裨風教。則採詩之官。獻諸王國。典樂之職。播之絃歌。所以風動四方。感發民生也。今金氏之所成。若是其卓絕。有光聖化。則豈特風謠之所採。而絃歌之所播而已哉。嗟。吾搢紳大夫章甫諸君子。合辭同聲。走告執事。

烈女咸陽朴氏傳 并序

齊人有言曰。烈女不更二夫。如詩之柏舟是也。然而國典。改嫁子孫。勿敍正職。此豈爲庶姓黎氓而設哉。乃國朝四百年來。百姓旣沐久道之化。則女無貴賤。族無微顯。莫不守寡。遂以成俗。古之所稱烈女。今之所在寡婦也。至若田舍少婦。委衖靑孀。非有父母不諒之逼。非有子孫勿敍之恥。而守寡不足以爲節。則往往自滅晝燭。祈殉夜臺。水火鴆繯。如蹈樂地。烈則烈矣。豈非過歟。昔有昆弟名宦。將枳人淸路。議于母前。母問奚累而枳。對曰。其先有寡婦。外議頗喧。母愕然曰。事在閨房。安從而知之。對曰。風聞也。母曰。風者。有聲而無形也。目視之而無覩也。手執之而無獲也。從空而起。能使萬物浮動。奈何以無形之事。論人於浮動之中乎。且若乃寡婦之子。寡婦子尙能論寡婦耶。居。吾有以示若。出懷中銅錢一枚曰。此有輪郭乎。曰。無矣。此有文字乎。曰。無矣。母垂淚曰。此汝母忍死符也。十年手摸。磨之盡矣。大抵人之血氣。根於陰陽。情欲鍾於血氣。思想生於幽獨。傷悲因於思想。寡婦者。幽獨之處而傷悲之至也。血氣有時而旺。則寧或寡婦而無情哉。殘燈弔影。獨夜難曉。若復簷雨淋鈴。窓月流素。一葉飄庭。隻鴈叫天。遠鷄無響。穉婢牢鼾。耿耿不寐。訴誰苦衷。吾出此錢而轉之。遍摸室中。圓者善走。遇域則止。吾索而復轉。夜常五六轉。天亦曙矣。十年之間。歲減其數。十年以後。則或五夜一轉。或十夜一轉。血氣旣衰。而吾不復轉此錢矣。然吾猶十襲而藏之者二十餘年。所以不忘其功。而時有所自警也。遂子母相持而泣。君子聞之曰。是可謂烈女矣。噫。其苦節淸修若此也。無以表見於當世。名堙沒而不傳。何也。寡婦之守義。乃通國之常經。故微一死。無以見殊節於寡婦之門。

余視事安義之越明年癸丑月日。夜將曉。余睡微醒。聞廳事前有數人隱喉密語。復有慘怛歎息之聲。蓋有警急而恐擾余寢也。余遂高聲問鷄鳴未。左右對曰。已三四號矣。外有何事。對曰。通引朴相孝之兄之子之嫁咸陽而早寡者。畢其三年之喪。

飮藥將殊、急報來救、而相孝方守番、惶恐不敢私去、余命之疾去、及晚、爲問咸陽
寡婦得甦否、左右言聞已死矣、余喟然長歎曰、烈哉斯人、乃招群吏而詢之曰、咸
陽有烈女、其本安義出也、女年方幾何、嫁咸陽誰家、自幼志行如何、若曹有知者
乎、群吏歔欷而進曰、朴女家世縣吏也、其父名相一、早歿、獨有此女、而母亦早歿、
則幼養於其大父母、盡子道、及年十九、嫁爲咸陽林述曾妻、亦家世郡吏也、述曾
素羸弱、一與之醮、歸未半歲而歿、朴女執夫喪、盡其禮、事舅姑、盡婦道、兩邑之
親戚鄰里、莫不稱其賢、今而後果驗之矣、有老吏感慨曰、女未嫁時、隔數月、有言
述曾病入髓、萬無人道之望、盍退期、其大父母密諷其女、女默不應、迫期、女家
使人覘述曾、述曾雖美姿貌、病勞且咳、菌立而影行也、家大懼、擬招他媒、女斂
容曰、曩所裁縫、爲誰稱軆、又號誰衣也、女願守初製、家知其志、遂如期迎壻、雖
名合巹、其實竟守空衣云、旣而咸陽郡守尹侯光碩、夜得異夢、感而作烈婦傳、而
山淸縣監李侯勉齊[1]、亦爲之立傳、居昌愼敦恒、立言士也、爲朴氏撰次其節義始終、
其心豈不曰、弱齡嫠婦之久留於世、長爲親戚之所嗟憐、未免隣里之所妄忖、不如
速無此身也、噫、成服而忍死者、爲有窆窆也、旣葬而忍死者、爲有小祥也、小祥
而忍死者、爲有大祥也、旣大祥、則喪期盡、而同日同時之殉、竟遂其初志、豈非烈
也、

1. 齊 대본은 '齋'로 되어 있는데, 승계문고본과 영남대본 등에 의거하여 바로잡았다.

煙湘閣選本

賀三從姪 宗岳 拜相因論寺奴書[1]

趾源少時嘗病心。忽念天下婦人新娩昏倦。萬一睡中乳壓兒口。當奈何。夜起
彷徨。莫爲置身。顧今白頭爲吏。字得五[2]千戶衆男衆女。孟子所謂赤子。老聃所稱
嬰兒也。嬰兒怒則自搯其髮。啼則臥搰其足。他人雖千譬百喩。莫曉其呢喃之何語。
旨趣之何在。而唯慈母者。乃能句而解之。逆探而中其意。始知新娩者。寤寐一念。
憧憧在乳。默聽於聲臭之外。潛伺於夢魂[3]之中。非至誠。能之乎。自謂新莅初手。
無甚瘝郵。至於寺奴三百口。思之又思。腹背沸熱。三十年前心恙復作。嘗聞加括
充額之時。徒憑頭目密封之招。其所加括。俱是外孫之外孫。其所懸保。又皆母黨
之母黨。世之簪纓家。鮮能修八世譜。蓋緣氏族屢變。攷據未詳也。而況下土蚩[4]氓
類多不記父名。焉能識迤斜外出之所源乎。似此戚分。雖在士夫。馬上一揖足矣。

---

1. 賀三從姪 宗岳 拜相因論寺奴書 『하풍죽로당집』은 '賀族姪宗岳入相因論寺奴婢書', 『백척오동각집』 『
운산만첩당집』 『동문집성』東文集成은 '賀族姪拜相因論寺奴書'으로 되어 있다.
2. 五 『백척오동각집』 『운산만첩당집』 등은 '四'로 되어 있다.
3. 夢魂 『백척오동각집』은 '慌惚'으로, 『하풍죽로당집』은 '蒙寐'로, 『운산만첩당집』은 '夢寐'로 되어
있다.
4. 蚩 대본에 '蚩'으로 되어 있는 것을 바로잡았다.

焉有終身牽纏。樂爲之傾家破產而後已哉。正使此輩土著是邑。則虛實之間。按名檢閱。猶可說也。匿跡他境。潛輸貢布。嘗[5]隱本名。存沒非眞。雖欲點簿窮查。其勢末由也。或死者復起。或女化爲男。或未嫁而責其所生。或假名而督現眞身。頭目之到處訛迫。因緣作奸。勢所必至。此等有甚於白骨黃口。而猶不得發舒鳴[6]冤。楚痛入骨。而猶恐或露。暗地遺賂。而自掩鄰里。諺所謂隱旅添粮。諱疾求藥。不指癢處。望人覔爬。此豈非迫不得已。至難處者存乎其間也哉。以故微涉奴案。雖有五女。無人入贅。頭白淸寡。齎恨而終。其爲感傷和氣。當復如何。守令之以此獲罪。前後種種。而亦所不恤。但爲國家導迎天和。宣布德澤。無出於速釐此弊。今愚非謂安義一縣。獨爲尤甚。此邑如此。他邑可知。一道如此。八路可想。今明公入自藩臬。新登鼎席。當於此事。必所目擊。其爲[7]弊源。應有熟察。初筵陳白。無出此右。區區一念。竊有深望於先天下之憂而憂者。某再拜。

5. 嘗　승계문고본과 연세대본 등은 '常'으로 되어 있다.
6. 鳴　대본에 '嗚'로 되어 있는 것을 바로잡았다.
7. 其爲　『백척오동각집』『운산만첩당집』 등은 '諸般'으로 되어 있다.

賀金右相 履素 書[1]

民望所歸。 天實副之。 大拜之夕。 同朝[2]動色。 獨此柏悅之懷。 尤不勝加額。 今閣下四世五公耳。 具瞻之地。 鼎軸之重。 未嘗加尊於昔。 而有遜於今也。 不必遠求史傳。 而近師家庭。 則生民之福也。 泉幣輕重。 有區區一得。 錄在他紙。 幸勿以出位僭妄責之也。 不宣。

別紙[3]

顧今民憂國計。 專在財賦。 我國舟不通外國。 車不行域中。 財賦之生。 常有此數。 不在官則在民矣。 然而公私匱竭。 上下俱困者。 何也。 理財之術。 不得其道故也。 夫幣重則物輕。 幣輕則物重。 物重則民國俱病。 物輕則農賈共傷矣。 列聖朝深軫幣輕之患。 間嘗鑄錢。 而乍行旋罷。 誠以布楮雖輕。 更有銀貨之重。 爲之折中於貴賤之間。 夫此三幣者。 皆出於民手。 疾作則可以自裕。 錢非私鑄之貨。 而仰給於官。 當時鑄旣不多。 其散於民者。 未及遍敷。 民之不便用錢。 良以此也。 故善爲財者。 無他道焉。 不過量泉幣之輕重。 制物情之貴賤。 壅者疏之。 濫者閉之。 使無偏重偏輕之勢。 而莫有甚貴甚賤之時矣。 錢行百十有三年。 內而地部賑廳五營。 外而八道兩都統營。 率皆再鑄。 或三四鑄。 年條數

---

1. 賀金右相 履素 書 『하풍죽로당집』은 '賀金右相因論錢幣輕重書'로, 『동문집성』은 '賀金右相履素因論泉幣書'로 되어 있다.
2. 朝 대본에는 결자缺字의 표시로 한 칸 비워져 있는데, 승계문고본 등 여러 이본에 의거하여 보충하였다.
3. 別紙 김택영 편 『연암집』과 『중편연암집』에는 '泉幣議' 또는 '上金右相履素泉幣議'라는 제목으로 별도로 수록되어 있다.

炙。當具在有司。一按可知。目今官錢。留貯幾何。則民間所在。從可推知。百年之間。亦不無殘壞破缺。水火闌失。商略計除。而公私現錢。計應不下數百萬兩。較之初年始行。想多十倍。而大小遑急。莫不以錢爲憂。甚者。以爲國中無錢。何也。噫。錢號常平者。常欲與物俱平也。民之用錢旣久。則目熟手慣。不識他幣。並與銀貨而不用。錢日益多而物日益貴。凡所貿遷。非錢莫可。泉貨所流。就傾而瀉。物旣重矣。錢安得不傾哉。故昔之以一文二文而可得者。或有至三四文而不足。今以錢平物。不啻數倍。則斯豈非錢賤幣輕之明驗歟。然而通國之說財賦者。咸曰。錢貴。故物隨而貴。何其不思之甚也。且夫銀乃財賦之上幣。而天下之所共寶者也。酒者。民俗狃於錢而不習於銀。銀遂歸物而不入於幣。非貨於燕市。則便同無用之物。年至曆咨。所帶包銀。不下十萬。通計十年。則已爲百萬。兌撥裝還。只是毳帽。帽過三冬。則弊棄耳。舉千年不壞之物。易三冬弊棄之具。載採山[4]有盡之貨。輸之一往不返之地。天下拙計莫甚於此。竊聞國中將通用唐錢。以救錢荒。自今冬至使行。始許貿來云。此非計之得者也。錢非有風霜水旱之災。惡得如年穀之大無而稱荒哉。所以稱荒者。錢道殽雜。譬如草萊稂莠之不除耳。中國關外。以紋銀一兩。易錢七鈔。每鈔以百六十三文爲緡。若以我錢爲準。則一兩之銀。大率得錢一十一兩四錢一文之多。將爲十倍之利。除車雇馬賁。猶爲五六倍。彼象譯輩徒知目前之利。而不識經遠之謨。數十年來。日夜所願。惟在通用。是何異於隨矢立的。溲足救凍哉。國中錢幣之輕。而猶令百物踴貴。奈何益之以方外濫惡之鈔。自淆其貨泉哉。毳帽尙爲黎庶禦冬之具。而猶不可以銀易之。況爲象譯一時之小益。驅八域土産之白金。鏖尾闒於燕市而湊之哉。其利害得失。皎然易曉。不待智者而明也。爲今之計。莫如先淸錢路。姑閉銀貨入北之門。何以淸錢。自方內用錢以來。莫善於舊錢。舊錢莫不敦重堅厚。字體分明。而壬申癸酉之間。禁御訓局。同時並鑄。忽變舊式。多雜鉛鐵。形體淺薄。觸手易碎。最稱濫惡。首爲

---

4. 山　승계문고본은 '山川'으로 되어 있다.

錢崇。物價翔騰。實自其時。其後繼鑄者。體益減小。以今新錢。同緡混貫。則入於舊錢輪郭之內。難以攷校。錢之殽雜。此爲尤甚。今誠倣古五銖三銖之制。悉令所在舊錢。一以當二。一易緡索。大小立判。不煩爐冶。坐得百萬。雖大小並行。使輕重異用。則不悖物情。而泉貨易流。壬癸所鑄三營之錢。大不及舊。小不中新。制旣違式。體又薄劣。悉令停行。無敢入市。則錢道斯淸矣。何以閉銀。公私所藏土産白金。毋得生解爲幣。悉輸戶曹。率以五兩十兩爲大小之錠。鑄天馬朱雁之形。還歸本主。而仍行十一之稅。所貿唐錢。勿令入國。留之灣府。以充後行盤纏之資。凡使行員役。宜減冗額。至於書狀。任非專對。職殊從事。其粮糧夫馬。一應煩費。別添一价。而多帶傔隷。寄廚兩房。其去其來。本非大國所知。而凡于[5]宴賚。隨例冒受。最是無謂。於彼於此。苟且亦甚。三大通官之外。凡押物從事。並宜停減。寫字圖畫醫官。分排於正副裨將。其無賞從人及灣賈。一切嚴禁。所貿非藥料。毋得闌出。則邊門嚴。而方內銀貨自足矣。

　　切時之言。如漢之賈山。唐之陸贄。行文却甚雅潔。

---

5. 于　대본에 '干'으로 되어 있는 것을 바로잡았다.

答巡使論玄風縣殺獄元犯誤錄書

　　人於要害之處。雖一拳一踢。立便致命。既有法文所論。則今此金福連之致死
兪福才。其腦後也咽喉也。兩胯諸處。傷損之痕。極其狼藉。分寸之地。幾至數尺。
觀於屍帳。無容更議。第其正犯執定。初檢以朔孫歸重。覆檢以福連論斷。觀於看
證之前後異辭。不無俯仰左右之意。福連卽朔孫之父也。朔孫乃福連之子也。雖是
死囚。亦有倫理。父子相讓。果是何物。獄體輕重。猶屬餘事。方其致命之鬪。拳踢
交加。則雖在鄰里。固將被髮而救之。爲其子者。雖曰腹痛就煖。寧有閉戶之理乎。
事之曲直。鬪之緣起。不須問人。必當忿不顧身。張拳突出。盡力挾打。以救危禍。
乃其常理。怒拳之下。雖登場致斃。自縛首官。請爲凶身之不暇。焉有父子爭死。而
若是其雍容乎。鄉曲愚氓。妄生俱全之計。有此依違之供。原情定罪。邂逅殺人之
罪小。而勉强納招之罪大。果如切鄰所證。則戰陣無勇。尙稱非孝。況是不反兵之
鬪乎。覆檢之易其元犯。大關風教。朔孫首實之前。此獄不正。別爲按查。更卜首從。
實合審愼之道。

　　　　可謂片言折獄。

答巡使論密陽金貴三疑獄書

從古疑獄何限。而至於密陽金貴三之致死其女婿黃長孫而極矣。初檢之實因曰
自縊。而覆檢實因。亦惟曰自縊。則今此三檢之忽加被逼二字。以爲實因。未知有
何別見而爲此斷案也。大抵此獄已爲三經檢驗。而一直摸撈。傷痕分寸。旣多加減。
套頭死活。亦不分明。到今論斷。固不可以檢案之然有詳略。全疑于初覆。歸重於
三檢也。蓋長孫之縊項。權輿於改娶。結果於爭牛。雖使行路聞之。固多致疑於婦
翁。況以檢官愼重之道。慮有隱情。期欲窮覈。乃是必然之勢乎。際此。弔掛木之諱
近指遠。屢變其招。則舊訝新疑。轉生層節。此三檢實因之所以遽添被逼一案也。
所謂被逼。外面驟看。其所下語。雖似緊重。細究本事。無跡可尋。或情外見疑。或
事違初心。而匪諼匪罟。來辭芒刺。外烘內熬。轉益煩冤。心之茶苦。孰使之然。不
耐躁妄。守諒溝瀆。所謂被逼之形。往往有似此者。孼雖由人。死則自邃。則今雖加
被逼二字。無甚加重於獄情。今以可疑之跡。參究可原之情。則夫妻翁婿之間。曾
無反目翻脣之事。而一朝因甚索牛之擧。寧有暗地戕害之理乎。且其破衣冠。裂文
記。雖似斷情。常漢之乘憤隕突。卽其常事。少焉。沽酒同醉。聯席共眠。則宿怒已
解。舊情可見。而忽地自縊。實非常理。大抵長孫之自決。有兩般情境。新買之畓
價幾何。舊喂之牛價幾何。宴爾之初。萬事商量。只在此牛。及其來索之日。非但
未遂初計。反被無限嗔罵。諺所謂刀入他鞘。則忿頭愚計。以死嚇人。霎時弄假。
遂以成眞。一者。受人慫慂。俛勉更娶。驅牛永去。非厭本心。而宿處難忘。還尋故
居。徧[1]讁交加。無地自容。戀舊之情。雖切于中。妬狠之女。不肯惠顧。中夜徊徨。
影響斷絶。諺所謂失蟹兼網。則去留雙難。尤悔並至。酒後動悲。寧就溘然。究厥

---

1. 徧 대본에 '偏'으로 되어 있는 것을 바로잡았다. 『시경』詩經 패풍北風「북문」北門에 '室人交徧
讁我'라 하였다.

情事。必當居一於是。且以理勢言之。貴三老孱。而長孫壯男也。設使貴三眞有潛害之計。爲長孫者。寧肯任人結項。拱手就絞乎。設或勒殺。則何不速塡溝壑。以滅其跡。而汲汲通訃於漠然不知之屍親。遑遑首告於必也檢驗之官家。甘作元犯。自納死地乎。所可痛者。弔掛處所。終不直陳。以致獄情之疑晦。惟彼愚氓。徒爲死中求生之計。有此呑吐。長孫之自縊致死則一也。燈油木都里木之間。無甚輕重於其罪。而不卽指一首實者。論其跡。則雖似狡惡。究其情。則無足深怪。此等付之惟輕。尤爲審恤[2]之道。伏惟裁酌。

2. 恤　승계문고본은 '愼'으로 되어 있다.

答巡使論咸陽張水元疑獄書

咸陽張水元致死韓女鳥籠。而初檢及覆檢。俱以自溺爲實因者。反覆文案。參究情實。則鳥籠之爲水元所威逼。非至一再。而身是未笄。依止挾室。慚憤雖切。無地可洩。情窮勢蹙。無處可往。則惟彼淸泠之淵。乃其潔身之所。雖非水元交手推納。致令守紅之女。抱此懷沙之寃者。非渠而誰。究厥情狀。焉逭償命。而前後所供。屢變其說。此不過狡頑之性。欲掩其强暴之跡。然非欲奸騙。則挾室之處女。胡爲摔曳乎。非渠摔曳。則鳥籠之頭髮。緣何見擢乎。事非至憤。則見擢之髮。胡爲留置乎。留此一撮之髮。泣托穉弟。一以爲當日不汚之驗。一以爲死後雪寃之資。所謂獵狐收績之誘[1]。傳鋤失襪之閧。無甚關緊於是獄。則水元强暴之贓。惟此髮也。鳥籠死拒之跡。惟此髮也。身雖百爛。此髮尙存。則一髮之微。可斷全獄。然而讞讞之地。執跡而論。孽由己作。律止威逼。以此論勘。豈足以小洩死者之幽鬱乎。參情較跡。威逼之律。終涉太輕。從重論。施以奸未成之律。恐似得宜。

　　兩篇俱深切事情。行文疎鬯。

1. 誘　　승계고본은 '諛'로 수정하였다.

答巡使論密陽疑獄書

　　密陽府通引尹良俊致死僧頓守。而初檢及覆檢。俱以被打爲實因。此獄旣無屍親之發告。則揆以法意。自官徑檢。已違獄體。而第緣寺僧所抵由吏書末。漫及頓守事。有曰。頃日頓守通引廳解罰時折困。因爲病故。此意知之。其所爲說。雖甚未瑩。折困二字。極涉殊常。且其事端雖微。起自官屬。則未及看詳於病故。先自動心於折困。繼又遠嫌[1]。卽行初檢。而及究本事。不過略施笞警。則折困二字。自歸妄告。初旣因此檢驗。而終亦莫曉其語。笞痕之外。別求他傷染疾之證。常若非情。欲爲窮覈。更無摸捉。所以轉輾成獄。結而不解者此也。凡係被打致命。必有行凶器仗。行凶器仗。先辨其名。則此獄立判矣。以下官淺見。折困二字。似是決棍之誤也。決棍決笞。同是打臀。則不甚分別於用處之輕重。而折決易音。常漢之通患。困棍誤書[2]。無識之所致。遂令觀者。驟駭于折拉之折。而滋惑于困迫之困。至於諸通引之甘受同罪。首從難別。則有似乎奮力共打。狼藉致傷。衆僧徒之齊稱染疾。詞證雷同。則無怪其怵畏官屬。爛熳和應。此前後檢官之所以不敢輕議其情跡。而歷歲未決。職由於此。直以獄情斷之。則十五度之笞罰。寧有致命之理。數三處之痕損。況非要害之地乎。大抵列邑通引剪紙之板。號爲長尺。乃是渠輩頭目。行用臀杖。則通引之以此施罰。而或諱爲笞。僧徒之誤看長尺。而或認爲棍。求之常理。不甚相遠。爲檢官者。當先訊其折困之何語。果是決棍之誤。則且當詳辨其棍笞之間。果是何杖。若曰非棍而笞。則且當詳辨其大小之何樣。以驗其受杖之處。則板痕笞跡。自可立辨。夫然後笞警與否。染疾眞僞。從可推知矣。參證諸供之有日。煩

1. 嫌　대본은 '謙'으로 되어 있는데, 승계문고본과 연세대본 등에 의거하여 바로잡았다.
2. 折決易音 常漢之通患 困棍誤書　『목민심서』「이전」吏典 어중조취衆條에는 '決折通音 常漢之依例 棍困誤讀'으로 되어 있다.

躁索水。墜階觸石也。有曰。過炊取汗。致此爛傷也。熱病顚狂。理或無怪。煖埃泡
腫。不是異事。今此實因之但以被打懸錄。不成獄體。元犯之獨以首番勒歸。尤涉
冤枉。伏惟裁量。

　　切事近情。

答丹城縣監李侯[1]論賑政書

恭承惠牘。謹審春寒。政履增重。良慰瞻咏。來教有日。禮云禮云。賑民云乎哉。何其爲言之悖謬而不思之甚也。頃緣行忙。末由長話。但言惟禮可用於賑。語雖不倫。自有斟量。而旣無顚末。突如拈出。足下未亮本事。驀然駭聽。反作口實。笑僕迂僻。闊於事情[2]。迂誠有之。心所願安。若謂賑民無涉於禮。豈不過歟。噫君子爲政。何往而非禮也。況賑者。有國之大政。而衆命之所繫乎。雖其考之雲漢。而節文無稽。視諸鄕飮。而舒慘[3]有間。然饋師爲犒。讌老爲養。莫不有儀。民以飢至。振瘵爲賑。獨不可以有則乎。夫致一邑之大衆。以饋則似犒。以養則同讌[4]。而男女雜坐。長幼爭席。如之何其無別無序也。向所云云。非謂行揖讓於飢民。效旅酬於賑庭。非謂簞瓢可以講俎豆。尫羸可以步肆夏。非謂勉攝齊於鶉結。戒流歠於菜色也。槪以禮者。防於未然之前。法者。禁於已然之後。彼飢民者。顏色腫噆。衣裳襤褸。右手持瓢。左手挈稾。非人非鬼。傴僂就庭。縱爲非法。孰能禁之。頃於晉州之行。歷入貴縣。適値賑日。千百飢口。坌集門下。而衙門內閉。無一闒者。立馬良久。無路相通。衆男衆女。扶老携幼。或叩關大呼。或言語嘈呫。略無顧忌。觀其貌。則莫非顚連奄奄之形。察其意。則皆有怙縱堂堂之勢。俄有小校來諭衆民。自曉賣粥。鼎大米多。苦遲爛熟。姑俟須臾。卽當招入云爾。衆怒齊起。群毆小校。裂破衣笠。掠髮攫鬚。無所不至。忽有一人。自搏其鼻。出衄塗面。聲張殺人。衆口同唱。吏打飢民。彼雖情急就賑。要趣開門。其所尋鬧。亦極驚心。少焉迎客。門遂以闢。

---

1. 李侯 『하풍죽로당집』『운산만첩당집』 등은 그 다음에 '榮祚'라고 하여 이름을 밝혀 놓았다.
2. 闊於事情 『하풍죽로당집』『운산만첩당집』 등에는 그 다음에 '其勢固然'이 추가되어 있다.
3. 慘 『하풍죽로당집』『운산만첩당집』 등은 '疾'로 되어 있다.
4. 以饋則似犒 以養則同讌 『운산만첩당집』은 '以犒則似 以養則同'으로, 『하풍죽로당집』은 '以犒則似師 以養則同燕'으로 되어 있다.

飢民雜遝。一擁入庭。因以設餉。群囂自息。伊日光景。旣在門外。足下之所未聞
覩也。彼此寒暄之外。足下先敍俄刻閉門之由曰。民之所居。各有遠近。其所來赴。
亦有後先。先至者圍竈附火。烹粥未半。衆瓢徑攪。全鼎致壞。不得不閉門止民。以
待齊集。非敢拒客也。遂客主一笑。而不提所見者。非但語涉張皇。座在監賑營裨。
不必煩聞生面。且念今日飢民。譬如舊病之兒。逞其憍癡。爲厥父母者。區區善誘。
順適其意而已。寧能輒加呵叱如平日乎。孔子曰。道之以政。齊之以刑。民免而無
恥。道之以德。齊之以禮。有恥且格。故與其法勝。不如禮屈。何則。法之所須。刑
威從後。禮之爲用。恥惡在先。民有侮威而蔑刑。則是我能勝於畏法者。而反輸於
不畏者也。而況藉飢而爲强乎。常情所羞。莫如貧餓。斯須之廉。在於豆羹。是我因
其固有之性。而爲[5]之別嫌疑。列次序。辨名分。秩然不可以相踰也。而況電勉庚癸
之呼。而非其本情者乎。故畏之不若恥之。勝之不若屈之。免而無恥者。勝之謂也。
有恥且格者。屈之謂也。今嶺南全道。不幸値歲極無。舉設大賑。爲守令者竭力辦
穀。殫誠抄飢。孰敢不仰體朝廷若保之盛念。思所以對揚憂勤之萬一也哉。又況陟
罰臧否。係此一舉。則畏愼儆勵之有餘。而未免要譽之歸。慰藉呴濡[6]之太過。而反
致竭恩之歎。公私之間。不思日後之難繼。功罪之外。多務目前之彌縫。其所措穀
物。非不多也。其所濟人衆。非不大也。凡百賑政。無不善之邑也。但恐撤賑之後。
苟延之餘喘。將以何術而濟之。倖恩之婾俗。將以何法而勝之乎。故吾所謂禮者。
非欲捨常賑之式。而別有他法也。但於惄恤之中。務存大體。饋饗之前。先養其恥。
必令男女分席。長幼異坐。士族置前。庶甿居下。各尋其位。不相亂次。則設粥之
時。男左而女右。不期整而自整矣。老先而少後。不期讓而自讓矣。分穀之際。置前
者先受而不妒。居下者待次而不爭矣。此吾所謂夫禮而可繼之道也。

　　　　先生平日。酷嗜陸宣公。而今讀此書。特類紫陽。無亦紫陽夫子亦好宣公
　　　耶。

---

5. 爲　『하풍죽로당집』『운산만첩당집』 등은 '與'로 되어 있다.
6. 濡　대본에 '嚅'로 되어 있는 것을 바로잡았다.

答大邱判官李侯 端亨 論賑政書

屋上鳴鳩．喚雨喚晴．宛是釀花天氣．遠際遊絲縈眼．官池綠水涵影．訟者不來．公庭吏退．今日偶得一閒．方知周歲太守之樂．負手循欄．永言懷想．不在他人．際此．華牘忽墜我前．可謂情與神會．不以山川而隔之也．全道七十二邑．不幸值歲歉荒．舉設大賑．爲今之字牧者．飢口則思其精抄．賑資則營其廣聚．積慮勞神．安得不弊弊焉辛苦憔悴．而況營下劇邑．其艱虞溢目．有倍他郡者乎．每接同省守宰之書．憂惱太過．嚬蹙之色．達於紙面．吟呻之聲．不絕筆頭．執書以還．未嘗不代爲之不寧也．不意足下樂天任物之性．未能自覺其亦作此態．寧不慨然哉．噫我國用人之路至狹．非由科目．雖學貫天人．才兼文武．固無出身之道．今之翺翔王朝．籌謨民國．參贊治化者．其有不大科而進者乎．其次小科．然後始得補蔭．僅通仕籍．而不離郎署之間．日夜所望．惟是出宰．商邑況之厚薄．詢土物之有無．其所自處．無異下流．雖名莅民．事無專輒．奔趨承奉．惟恐居殿．邑之痼瘼．民之疾苦．無暇致心．不惟無暇．雖欲矯捄．事不由己．其勢無奈也．故其能者．謹簿書嚴典守．可幸無罪而已．然而一得展布其平生之志業者．獨有賙賑一事耳．吾與足下．大之旣不得及第．小而又不成進士．俱白徒無聊．閴茸閭里．遊談送日．自詑衿紳．而藍縷已久．權稱兩班[1]．而冒濫可羞．皓首黃馘．望絕當世．何幸遲暮一命．後先同寀[2]．雖踰古人強仕之年．如欲盡分於職下．則尙有餘日矣．不出五六年．足下已再典要邑．僕亦得一縣．當此大無之歲．其經濟布施．顧不在此歟．政宜殫竭心膂．視荼如薺．如之何其歎到身命．自作苦況哉．顧此五十年簞[3]瓢屢空．不閱我

---

1. 兩班　『운산만첩당집』 『백척오동각집』 『하풍죽로당집』 등은 '生員'으로 되어 있다.
2. 寀　대본에 '寀'으로 되어 있는 것을 바로잡았다.
3. 簞　대본에 '簞'으로 되어 있는 것을 바로잡았다.

躬者。厚蒙天恩。忽作富家翁。庭列數十大鼎。招來一千四百餘口。顜頷顀連之同胞。月三與之湛樂。樂莫樂兮。何樂如之。彼張公藝勉强九世。所忍何事。孔子曰。是可忍也。孰不可忍也。孟子曰。人皆有不忍人之心。聖人之不忍於不可忍者如此。忍之爲字。一之猶甚。忍書百字乎。其百忍之時。首其疾焉。頰而蹙焉。滿面皺文。橫縱竪倒。想見其眉間川字。額上王字。忍於目而爲瞽。忍於耳而爲聾。忍於口而爲啞。不仁哉。欲斷其惻隱之萌。心上一刃足矣。惡用是疊寫百字之多也。今吾書一樂字。無數笑字隨之。推此以往。雖百世可也。發函之日。足下亦必噴飯。號我以笑笑先生。亦所不辭也。

答南直閣 公轍 書

本年正月十六日。得吾兄去臘廿八日所出書。方知足下職在內閣。忙手發函。又審足下起居萬勝。奉讀未半。魂神飛越。雙擎跪伏。以首頓地。蓋書雖私抵。命自天啣。始則怡怳震惕。繼而涕泗橫流。誠知天地之大。無物不育。日月之明。無微不燭。然豈意兎園之遺册。上汙[1]龍墀之淸塵也[2]哉。下邑千里之遠。而天威不違於咫尺。疎野一介之賤。而恩教無間於近密。嚴師而臨之。慈父而詔之。不惟不加以兩觀熒惑之誅。乃反命贖其一部醇正之書。蟣蝨賤臣。何以得此於君父也。噫。士之生斯世者。躬逢堯舜之化。不能振渢瀜和平之響。追典謨大雅之作。黼黻皇猷。以鳴國家之盛。固士之恥也。況如僕者[3]。中年以來。落拓潦倒。不自貴重。以文爲戲。有時窮愁無聊之發。無非駁雜無實之語。自同俳優。資人諧笑。固已賤且陋矣。性又懶散。不善收檢。未悟雕蟲畫蘆之技。旣自誤而誤人[4]。致令覆瓴糊籠之資。或以訛而傳訛。駁尋入稗官小品。則莫知爲而爲。轉輾爲委巷所慕。則不期然而然。文風由是而不振。士習由是而日頹。則是固傷化之災民。文苑之棄物也。其得免明時之憲章[5]。亦云幸矣。至若違鴻厖典厚之體。嗟小子之不肯構。悅蟲鳥啾喞之音。曰昔人之無聞知。是則僕與足下俱有罪焉。今其魑魅莫衒。桑穀[6]自消。究厥本情。雖伎倆之所使。是誠何心。自楚撻而爲記。赦過宥罪。固知幷囿於陶甄。改心易慮。

---

1. 上汙　『운산만첩당집』은 ‘誤玷’으로 되어 있다.
2. 也　박종채朴宗采의 『과정록』過庭錄(권2)에는 ‘也’ 자가 없다.
3. 者　『과정록』에는 ‘者’ 자가 없다.
4. 誤人　대본은 ‘人誤’로 되어 있는데, 『과정록』과 『중편연암집』 등에 의거하여 바로잡았다.
5. 其得免明時之憲章　『과정록』은 ‘得免憲章’으로 되어 있다.
6. 穀　대본에 ‘穀’으로 되어 있는 것을 바로잡았다.

庶不自棄於菁莪。是則僕與足下。至死所共勉者也。敢不亟圖其黥刖之補。桑榆之收。無復作聖世之辜人[7]也。

原書 附

洛雪盈尺。非重裘不能出。未知南信如何。瞻悵無已。伏惟履茲政體候萬相。嶺以南災荒溢目。貴縣則催科營賑。不至惱神否。種種伏慮。記下生。粉塵絲夢。依舊吾也。頃日以文體之學明清。大被恩譴。與稗敎諸人。至蒙織推。記下生。則又自內閣從重照律收贖。贖錢設酒饌。自本閣餞送北靑府使成士埶槩士埶文體醇正。故有是命也。洛瑞令及諸檢書。皆與[8]此會。文苑盛事。蠻坡美談。榮極感隨。茲以仰報耳。昨日筵中下敎于賤臣曰。近日文風之如此。原其本。則莫非朴某之罪也。熱河日記。予旣熟覽。焉敢欺隱。此是漏網之大者。熱河記行于世後。文體如此。自當使結者解之。仍命賤臣。以此意作書執事。斯速著一部純正之文。卽卽上送。以贖熱河記之罪。則雖南行文任。豈有可惜者乎。不然則當有重罪。以此卽爲貽書事下敎矣。承此恩言。想必榮悚俱集。而第此純正書一部。誠難猝然辦得。未知欲何以爲之耶。此實出於我聖上敦世敎。振文風。正士趣之苦心至德。敢不對揚其萬一。況執事則其在訟愆贖罪之道。尤不容頃刻暫緩。而命題苦不易。以排斥明淸學。作一二卷文字。上送爲好耶。不然則南中山水記一二卷。或三四卷。醇正著出好耶。毋論如此如彼。數月內上送。如何如何。爲此姑不備。

7. 人 『과정록』은 '民'으로 되어 있다.
8. 與 승계문고본은 '爲'로 되어 있다.

答族兄 胤源 氏書

伏承新春　道體起居淸重　慰慰賀賀　族弟五載倦遊　六旬奄屆　耳宜順而漸塞　齒雖添而加頹　人生一周甲　豈易得哉　第其朝聞無幾　用是嗟悼　來敎華陽先墓用祝事　此殆以告者過也　祭田之畢贖　在於癸丑冬間　其明年甲寅　自宗中始爲定議　付諸本郡秩廳　每歲寒食　俾行一祭　當年則冷節已過　新議未行　戶長行祭　非所可論　又明年乙卯　弟以寒食日　官廚備物　謹作文十數句　躬行一祭　以展追遠之慕　戶長之無庸贅祝　從可知矣　其時本郡公兄　始爲受田而來　故與之詳錄田號卜數　參定陳設圖式　蓋將自明年寒食　始令依式擧行也　去年之明年　卽今歲丙辰也　戶長行事　當自今年始　而冷節未屆　享事尙遠　來書中祝用戶長名者　果未知執見而執傳之也　用祝當否　姑舍是　三年之間　戶長固未嘗一番行祀　雖欲用祝　安所施乎　事實之易辨如此　傳說之無根若彼　而來書廣引禮說　明垂誨責　俯詰其誰爲此論而誰作此事　夫以吾兄之達理明辨　猶有此疑　則衆聽之駭惑　當誰曉之　思之及此　不覺心寒　凡係奉先之事　設有區區一得　自信合禮　尙懼父兄宗族不我足也　難愼周咨　未敢專輒　固其義然也　又況衆論難齊　而人各自效其誠謹　與我無不同乎　如之何妄作無稽　率爾獨行　以自速辜於宗黨　取譏於君子哉　求之事情　殆不近理　此無乃墓下諸尹之所禱張耶　弟之獨取怨怒　蓋亦有由　當初李侯之謀贖祭田　果出於諸尹之陳告　而非可遠議于在京之諸朴　陜川之於安義　不過數舍之近　則李侯之前後往復　每屬此身　故乃諸尹　則意吾主張此田　與奪在手　弟之昨年祭墓也　諸尹稱戚者五六輩　迭相來見　大抵皆田事也　以爲祭田之年久淪沒　而摘發其伏在某處者　吾輩也　知其本價之爲幾許　而得以本價贖出者　卽吾輩也　院儒群起　呈官橫執　而力囑本倅　永無見奪之患　卽吾輩也　事當見付吾輩　分掌賭地　彼秩廳者　旣無曾前效勞　而坐受漁人之功　在吾輩之心　寧不落莫哉　言雖樸鄙　猶見情實　弟應之曰　君輩勞績則多矣　今此

付田秩廳。乃吾宗之僉議。而門長之所命也。吾在鄰邑。故俾吾擧行。則吾惟奉而行之而已。豈敢從中擅便而撓改之乎。夜有一客獨來。言辭視瞻。頗自修飾。長歎良久曰。夫惟先生之墓也。而戶長之祭也。抑或古禮有之否。弟笑應曰。君誠能知古禮乎。古不祭墓。況旣祧之墓乎。誠以世代浸遠。而懼失墓兆。則因其舊置之田廬。或付守直之奴屬。或托山下之鄉士。歲一以祭。非但遙寄其霜露之感。所以要識其某家之先隴也。世族之付田秩廳。其義大同。奴屬之盛衰存亡不恒。而鄉士與郡吏。其非族則一也。然而秩廳者。郡在與在。則將百世而不替香火。田入都衆。則非一人之所可遷動。旣付其田。則受田者祭之而已。何必論禮之古今人之尊卑乎。客貌應而去。其後聞之。反與院儒合勢。圖囑本郡新倅。以爲移屬書院之計。而本倅不爲之聽施云。其他怪說。不一而足。鄉曲固陋之見。徒知祭者之必有祝。而不識戶長之必可以無祝。其所斥者。戶長之品卑。而未必謂用祝之非禮。直是妄意其有祝而遽播此說也。噫。墓而祭也。尙或有不智之譏。旣不得已焉。鄉士郡吏之間。侑陳其芬芯則有之。焉有非族而可以祝告之乎。遠地傳聞之譌謬。類多如此。此後怪說。又將不勝其紛紜。幸望以弟此書。輪示諸宗。以破群惑如何。

原書 附

春新。不審尊政履何似。懸溯懸溯。族從老且病。憒憒日甚。憐歎奈何。聞先祖冶川先生墓祀祝。用戶長名云。不勝驚怪。若非傳說之訛。則實是違禮之大者。未知誰爲此論而誰作此事耶。禮雖有冢人爲尸之文。而戶長非冢人也。禮固有賓客助祭之規。而主祀非助祭也。進退無所據。而且行之惑也。傳曰。神非其族類。不歆其祀。陜川戶長之於先祖。非族類也。夫以我先祖平日非禮不動之心。其於赫之精靈。豈肯來享於非族之祀乎。思之及此。不覺傷痛。夫歲一祭。卽親盡之後。子孫所以伸追遠無窮之思。而不限代數者。蓋墓異於廟也。然宗已毀矣。故諸支孫皆得以祭焉。亦禮也。嘗見楊州洪夫人墓。每歲春定送子孫一人祭之。而於先生墓。獨不能然者。以其道遠千里故也。諸孫旣不得輪往行祭。則不得已使鄉人或邑吏。陳饌獻酌。如墓直執事之例。容或可也。必用祝文而曰。戶長某敢昭告云云。豈非不似之甚乎。非賤其人也。爲非族也。爲非禮也。到此惟當不用祝而已。歲一祭欲三獻者。愚伏之論也。欲單獻者。沙溪之說也。愚意從沙溪說。單獻無祝爲宜。而雖或三獻。無祝亦無妨矣。曾聞祭田亡失。香火苟簡。自座下出宰于嶺。推得舊田土。托付本郡作廳。以爲久遠之圖。頗以善區處爲幸。不謂其祝文一節。謬誤至此。反爲玷累於芬苾之儀也。此必是付祭田時。未及議到於用祝與否有所指揮。而郡吏輩擅自爲之如此。不然而或出於高明之意。則恐未之深思也。既知其非禮。釐改不容小緩。自今年寒食爲始。勿用祝文之意。詳明作牌。戒飭於所托戶長處。如何如何。夫然後祭禮正而情理安矣。不可忽。不可忽。事關享先。義難泯默。不得不覼縷言之。幸願深加諒察焉。

答任亨五論原道書

向者。吾子與盧生。論原道之篇。而不得其說。來吾問其所以原於道者。將以答彼也。吾亦實無以對子。諺所謂兩牝一牯。不幾近乎俾出童羖乎。吾裴徊數日。纔得孟子一語曰。夫道若大路然。豈難知哉。遂爲之衍繹其說。設爲問答。不識高明以爲如何。吾嘗試問之。子之來也。整冠飭衣。束帶綦屨。而後出門也。此一物不具。固將不出門也。子之就夫路也。必將捨偏側。避險阻。循乎衆人之所共由也。夫若是者。所謂不難知也。然而有人焉。披荊棘。穿阡陌。冒其冠。而決其屨。顚倒喘汗。子將謂何若人矣。子將應之曰。是必失路人也。吾且問之。同是行也。或就其正路。或尋其傍岐者。何也。子將應之曰。是必好逕而欲速者也。是必行險而徼倖者也。不然則是必誤聽人指導者也。曰。否。此非在路而遂迷也。其出門之前。已有私意者先之也。吾且問之。路信如彼其中正也。如彼其當行也。非子之信步安行。惡能自知。夫然則知所當行。謂將在路乎。謂將在足乎。子將應之曰。眞知在心。實踐在足。然則子之爲足也。我知之矣。必將迭擧互踏。以爲步也。一移二住。以爲行也。吾不識也。踏處有確。擧處無憑。移時雖進。住時不行。是子之兩足。將有一妄。惡在其眞知而實踐也。吾且不識也。子之來也。先左足乎。先右足乎。子將仰而思。俯而不答。蓋妄[1]於足也。妄[2]之非爲妄也。不勉非違道也。有人焉。急求諸己曰。馬牛之起櫪也。圓蹄先前。耦武先後。人之利用。右便於左。夫然則安在其男左而女右也。亦安事乎吉凶之異尙哉。雞雛脫殼。鷙鳶則隱。小兒啼飢。悍虎則止。吾不識也。凡若是者。得之性乎。得之形乎。故如使吾子。行思置足。步步安排。則終日而不能數里矣。故良知也良能也。似乎自然。最爲近之。然或篤焉。或略焉。或通焉

---

1. 妄　김택영 편 『연암집』과 『중편연암집』, 숭계문고본 등은 '忘'으로 되어 있다.
2. 妄　『연암집』과 『중편연암집』, 숭계문고본 등은 '忘'으로 되어 있다.

或塞焉。 非所以原於道者也。 然則道將惡乎在。 在於公。 公惡乎在。 在於空。 空惡乎在。 在於行。 行惡乎在。 在於至。 至惡乎在。 在於止。 止惡乎在。 在於平。 平惡乎在。 在於正。 正惡乎在。 在於中。 中惡乎在。 在於道。 蓋一原也。 故孔子一以貫之曰。 吾道也。 子思復述其所以然曰。 可離。 非道也。 然則道可見乎。 曰。 非氣則無以見理。 故配義與道而養之。 爲浩然。 合仁於人而言之則道也。 天人之一原。 而道氣之不離也如此。 文王之望道未見。 身之也。 張子之晚逃佛老。 反之也。 反而求之。 當遇於身矣。 故非中則莫可以準正。 非正則莫可以定平。 非平則莫可以安止。 止而後。 見其至也。 至而後。 見其行也。 行而後。 見其空也。 空而後見其公也[3]。 使天而不空。 雷風安所響。 而日月安所照乎。 使天而不公。 雨露有所擇。 而品物有所憾矣。 所謂不直則道不見者是也。 易曰。 時乘六龍。 以御天。 六龍者。 氣也。 上下四方也。 時乘者。 理也。 無時不乘也。 故無固無必無適無莫。 天何有哉。 一團理氣而已。 光御而不顯。 其天德乎。 生成而不我。 其天道乎。 故天道無他。 示而已矣。 地道無異。 視而已矣。 人道無貳。 辨而已矣。 然而示視之間。 有命存焉。 譬則呼吸爲息。 而脈絡相連。 此性之所以承天接地。 而實含斯活。 蓋純一不雜之品。 而好生樂從之理也。 纔得是命。 則其迓續之敏疾。 如春之於冬也。 如窹之於寐也。 如雲之勃而雨之需也。 如渠之疏而水之至也。 此其所謂天命之性。 而孟子辨其明德至善。 乃其率性之道。 則復推其所原曰。 莫之爲而爲者。 天也。 莫之致而至者。 命也。 天命者。 降衷也。 降衷者。 由中也。 由中者。 無僞也。 以無僞之身。 受由中之命。 頂天立地。 公行斯道。 一舉足而忘空。 忘空者。 樂天也。 一著脚而復實。 復實者。 信地也。 樂天者。 形而上者也。 信地者。 形而下者也。 仁義禮智。 本乎天者也。 孝悌忠敬。 本乎地者也。 故至誠而能化者。 親下者也。 物格而知至[4]者。 親上者也。 尊德性而道問學。 吾道之徹上徹下也。 崇虛無而遺形骸。 異端之索隱行怪者也。 由是觀之。 無聲無臭者。 天之所以自樂也。 有物

---

3. 空而後見其公也   대본에는 없는데, 『연암집』과 『중편연암집』에 의거하여 보충하였다.
4. 知至   대본은 '知致'로 되어 있고, 승계문고본과 『연암집』은 '至致', 『중편연암집』은 '致知'로 되어 있다. 그러나 그에 상응하는 『대학』大學의 구절을 감안하면 '知至'라야 한다.

有則者〔地之所以自信也〔踐形者〔知命也〔達道者〔自得也〔難罔者〔鬼神也〔窮
道之自反也[5]〔塗聽而途說者〔斯道之自棄者也〔

以我視彼〔則勻受是氣〔無一虛假〔豈非天理之至公乎〔卽物而視我〔則
我亦物之一也〔故體物而反求諸己〔則萬物皆備於我〔盡我之性〔所以能盡物
之性也〔

性者〔心之德而生之理也〔淸明純粹〔其心德乎〔公正靈活〔其生理乎〔
易曰〔乾道變化〔各正性命〔故乾道者〔元亨利貞也〔變化者〔理氣也〔各正者
〔四時也〔溫涼寒熱者〔四時之氣也〔春夏秋冬者〔四時之命也〔元亨利貞者〔
四時之德也〔仁義禮智者〔四時之理也〔

天之所以爲天者〔理氣也〔言語者〔理氣之容聲也〔天旣默而示之〔則人
得以體其容聲而發之言語〔指事比物〔立名喩義〔動靜互根〔體用相資〔有虛
有實〔以見其眞僞〔或先或後〔以辨其終始〔所以通天下之故而盡萬物之情者〔
言語也〔

言語者〔分別也〔欲其分別〔則不得不形容〔欲其形容〔則援彼證此〔此
言語之情實也〔至於性也〔其體本虛〔無可以譬喩形容〔粗言則涉氣〔精言則
嫌虛〔不言則情實有在〔欲語則頓泊無所〔謂之衆妙玄玄〔則非可名狀〔謂之成
性[6]存存〔則已凝氣質〔故古來言性者〔莫不認氣〔告子之謂生也〔荀子之謂惡
也〔揚子之謂混也〔韓子之謂三品也〔佛氏之謂作用也〔皆氣也〔非吾所謂性
也〔孔子之言相近也〔喩其氣質之各殊也〔故人心道心之喩〔界限雖嚴〔而本
非兩心也〔孟子之養氣也〔以爲難言者是也〔故語其純一不雜之品〔而子思之
謂命〔語其自然也〔孟子之道善〔語其本然也〔程子之訓理也〔喩其當然也〔
大低兼之則無辨〔合之則太混〔二之則不可〔孤行則墮虛〔何以明之〔性之爲

---

5. 窮道之自反也 뜻이 통하지 않는다. 『중편연암집』에는 '窮理者 道之自反也'로 고쳐져 있다.
6. 成性 대본은 '性成'으로 되어 있으나, 『주역』 「계사전 상」繫辭傳上에 '成性存存 道義之門'이라는
구절에 의거하여 바로잡았다.

字。從心從生。 缺

心直指則氣之盛而有質者也。性專言則理之全而無形者也。故非心則性無
所宇。非氣則理無所活。此似乎性次於心。而理聽於氣。然無性則心爲空舍。
無理則氣是過客[7]

心乃五臟之一也。若但曰心。則與肝肺腎脾何異。若以健順五常。各成形
質。則性雖相近。習則相遠也明矣。何以明之。 缺

天命之謂性。孟子道性善。言必稱堯舜。所以欲明其性善。易曰。繼之者
善也。成之者性也。此孟子所以欲明其性之善。則必稱堯舜而證之也。堯譬則
天也。舜譬則性也。舜之所以繼堯者。善也。堯之所以成舜者。性也。

心譬則鍾也。性譬則聲也。物譬則莛也。故鍾之不動。聲在何處。莛之不
擊。五音何辨。六律何分。

任生問曰。心者。形器也。性者。道義也。

性之本然。無處可見。故天理之公。時或感發於猝然勃然之間。蓋其未及
商量於利害之道。揣摩於可否之際。而善端立見。若使論仁於井邊。講禮於水
上。匍匐之孺子。將無可救之日。失墜之親嫂。安有手援之時乎。秦皇環柱而
走。設使勝廣在列。恐不讓義於提囊之無且。

吾聞悔過者。改心易慮矣。未聞改性易理矣。知理之不可易。則可以知性
之本善矣。善之於性。如火之明。

任生問曰。心則一也。危微殊塗。性所同也。理氣分原。今夫明德何狀也。
屬之心乎。則恐掩於氣。寓之性乎。則若墮于虛。敢問如何斯可謂明德。

曰。子不見執燭者乎。一手奉盤。一手護影。躡履踧躩。屏息審前。雖頑
僮惰隸。未或不敬。敬之於燭亦遠矣。其不可斯須離者如此。況人之於身。其

---

7. 心直指則氣之盛而有質者也 …… 無理則氣是過客　이 조목이 대본에는 앞 조목과 연결되어 있으나
이 글 말미의 안설按設에서 박종간이 모두 24개 조목이라 한 점과 국립중앙도서관 필사본의 해
당 부분을 참조하면 별개의 조목으로 나뉘어야 하므로 별행하여 별도의 조목으로 처리하였다.

相近也莫己若者乎。故燭有君子之道四焉。其踐形也必直。其立命也必正。其宅心也必中。其就類也必和。夫此四德者。燭之所以爲明也。其志也焰焰思進。其氣也赫赫求照。此天下之達道也。而燭有之。故燭也者燭也。如仁之爲人也。

心也者炷也。炷之言主也。謂其建中而主火也。燃而後知其性也。性者所以然之故也。夫燭之未燃。明在何處。故缺

火。誠之物也。誠之爲物。眞實无僞。眞有之謂性。實得之謂德。無僞之謂明。故明德者。自誠明也。明明德者。自明誠也。此之謂本然。

任生曰。昔者。竊聞之。本乎天者。親上。本乎地者。親下。故形而下者。謂之器。形而上者。謂之道。又曰。理氣相乘。品物流形。今以燭喻氣。以火喻性。火亦氣也。形而下者也。惡得爲性乎。

曰。火。信氣也。獨不有形而上者乎。萬物之生。惟人與火直遂。易曰。天與火同人是也。孟子曰。不直則道不見。故以直養而無害。則塞於天地之間。

大凡物之成形也。必有其質。形雖毀矣。質猶存焉。木燒金鑠。水流土潰。而其質未嘗無也。今夫火也。燃時有光。息時無跡。摸之而不礙。執之而無獲。原其本。則盈天地間矣。此似乎性之待氣而後形焉者也。

燭有時而昏。豈火之性也哉。物有以蔽之也。或查滓之未淨也。或形質之未粹也。芒忽之差。而橫流莫遏。纖芥之累。而傍崎如尤。人見其如此也。而乃反咎火。或謂火有清濁之光。或謂火有昏明之德。是豈理也哉。世無冷煖之火。則可以知性之有在矣。

萬物之生。何莫非氣也。天地大器也。所盈者氣。則所以充之者理也。陰陽相澀。理在其中。氣而包之。如桃懷核。萬顆同兆。如錢散地。萬銖同貫。此理之一原而殊塗同歸者也。今夫火也。金石相薄。誠則得之。投水求焚。非所見也。

其爲物也。養精于太陽。守神于太陰。雖盛夏。不加其熱。雖大冬。不損其光。富貴者。不爲有餘。貧賤者。不爲不足。百姓日用而不知。故易薪不易火性也。稱行不稱氣。德也。吾聞之也。欲修其身者。先正其心。夫燭似之矣。

任生曰。性之相近者。莫善於火。則取以爲譬。旣聞命矣。火亦有天命氣質之不同歟。

曰。有。萬物同在氣化之中。何莫非天命。夫性者。從心從生。心之具而生之族也。無氣則命絶矣。性安從生。非生則性息矣。善安所係耶。苟究天命之本然。則奚獨性善。氣亦善也。奚獨氣善。萬物之含生者莫不善也。樂其天而順其命。物與我無不同也。是則天命之性也。

論原道書。書後雜說德性理氣共二十四條。府君晚年手筆也。其他亦有箚錄語及性理者。而散稿塗乙。多屬未定。兹不敢附載。男宗侃。謹書。

與尹咸陽光碩書

僕於足下。本無葭莩之親。又無纖芥之嫌。及在安義。則與咸陽元定兼官也。四載相鄰。不設畛域。月三同推之會。鄰倅暇日之集。談笑款洽。情志無阻。雖同閈舊要。何以過之。荷堂竹館。未嘗不聯枕也。風軒月榭。未嘗不飛觴也。臨水登山。筇屨相隨。民憂邑瘼。造次共商。而公牒私牘。靡日不往復也。所謂白頭如新。傾蓋如舊者。豈虛語也哉。苟無大故。則庶幾其共期歲寒矣。今見頃來後村集。誣辱吾先祖錦溪君。罔有紀極。今僕與足下。一朝爲百世之讐也。是吾與百世之讐。飛觴聯枕。譚笑追隨。而不覺於四載之中也。凡爲吾先祖後孫者。孰不同此冤憤沫飲之情。而僕於足下。尤有所痛恨者。曩歲會推之罷還也。足下出一草册曰。吾家本無文獻。而先祖後村公。有數篇遺文。將付剞劂。而哀集墓文及年譜遺事。僅成一册。願爲略閱凡例。仍手自裹紙。囑付鄙隸。歸後乍展。則標籤叢雜。塗乙胡亂。性不耐煩。姑且摺置。繼有翻庫之行。竟未一日。而足下謂急於送京淨寫。不日推去。則實未知其中有何許說話也。其後陪臣傳之采錄。僕所指也。刻手僧之來借。僕所遣也。僕之又以會推往也。與足下共登郡樓。是時樓中刻役方張矣。僕取看本縣僧所刻之數板。且詡手品之精好。因要印後之見賜。僕之所以樂與成美者。誠以江都一節。起人曠感。而故家遺乘。蓋欲藏弆其一本也。詎料其中誣悖之至此哉。頃者。足下突如其來。爲謝不審之失。且曰。吾以俸廩餘資。雖任剞劂之役。而若其刪述之事。自有其人。且吾時病甚。亦未及詳閱。若果知有此一段。而故爲送示。則世豈有如許心術哉。本事爽實既如此。則惟當亟圖毀改而已。紛紜告絕。猶屬餘事。尹說止此。其說丁寧似出眞情。及見足下答尹莘叟書。有曰。朴某在安義時。屢閱而稱善。僕於是又不覺心顫而膽掉也。人非梟獍。以何腸肚。人辱其先而反謂之稱善乎。人非鬼蜮。抑何心肝。辱人之先而以其書遺之乎。是可忍也。孰不可忍也。足下既懷此陰譎。則何以來見其方此血視之人乎。何以摧謝其從前不審之失。而又言其亟圖毀板乎。何爲言自此轉往綾州族兄之家乎。噫嘻。痛矣。在昔七臣之被告也。吾先祖尤爲凶徒之所仇嫉。隱鍔伺影。厥有年所。及其捏合高成金應璧之獄。以爲藉口之資者。李爾瞻之凶國也。攙引前後不相涉之事。添之播告之文者。奇自獻之逞憾也。逮癸亥改玉之後。年少喜事者。不詳本事。依俙抉摘。謗議喧騰。喙喙郵傳。從以修隙者起焉。樂禍者起焉。吾先祖遂以獲罪。竄謫流離者十餘年矣。其後聖母遺命。渙發雷雨。先朝昭晰。高揭日月。當時群公之議讞。王府俱在。同朝衆賢之伸卞。神明可質。故淸陰金文正公之銘碑則曰。近世士林之所倚重者。有若李梧里李白沙申玄軒吳楸灘鄭守夢數公。而不阿私以廢公議也。惟時訾公之口。哆若南箕。公不自白。數公者白之。衆人所毀。君子所完。其言足徵。百世永觀。銘辭止此。尤菴宋文正公之表墓則曰。當時國舅之獄。延及諸公。而公只明其不樂於平日者。入於爰辭。亦謂其事已泯於無徵。則可保無傷於國舅也。凶徒之追入[1]前爰巇公於播告之文。尤非始慮所到。故沙溪老先生。嘗言錦溪斷無他意。不幸蠱獄繼起。而遂爲今日之誣案。表辭止此。噫。此皆先賢之定論也。墓道顯刻。昭布森羅於諸集之中。一國之疑謗快釋。百世之公議已定。則後生小子之追加惡言。妄肆誣筆於數百年之後。抑獨何心哉。語意憯毒。誣我先祖之不足。而直驅延興於巫蠱。抑又何心哉。吾未知尊家後村公。所欲比而自同者誰歟。捃撫爰辭。則凶徒之藉口如彼。慇盡冤枉。則群賢之篤論若此。設令當時不詳事實。酒席噂㳫。有或隨衆。其後事根彰明較著。則必將悔失前言。樂與衆賢同歸矣。設又當時篤信浮謗。株守前惑。自世之掌故家觀之。尙駭其道塗掇拾。鹵莽言議。況非當日之手筆。而專出於後人之追演乎。是欲揚其先烈。而先自陷於誣先之科。名爲實記。而不念反置於爽實之地也。設又當時被枳臺路。未克臆唱。其後十數年之間。臺端出入。非止一再。則何所顧忌而竟不一攄其素蓄乎。設又當時蓄怨旣深。手自錄置。適見其志切榮塗。留憾傳家也。豈以後村之賢。而果有是哉。且吾宗之玄石先生。錦溪君之孫也。尊

---

1. 入 대본에 '人'으로 되어 있는 것을 바로잡았다. 송시열宋時烈이 지은 「금계군 박공 묘표」錦溪君朴公墓表에는 '引'으로 되어 있다.

家魯西。即後村公之猶子也。尊家包藏若此。則必有聞乎其家庭。如之何匿怨而友
其人乎。以今推之。其所匿怨。自有傳來之家法耶。是未可知也。嗚呼。當城陷草茇
之日。敵鋒一懂。亦足以彪揚一世。榮耀後昆。而區區臺地之一差池。固不足輕重
於已辦之大節矣。何必厚誣他人之祖先。然後始益光顯於厥世耶。後人之摸撈追述。
亦可見欲巧而反拙也。近日入聞。益有可駭者。足下不憚說謊。到處張皇曰。與某
不廢往還。盃酒團欒。無異平昔。其說之謬悖。一至此哉。追思嶺邑往還之時。尚切
痛恨于胸中。忍復團欒於刺心次骨之日乎。今日足下之云爲。輒出於天理人情之外。
古所稱知人未易。正謂此也。頃日相對足下。容咋而語絮。要不出改鐫一款。則僕
之所以含忍須臾。不爲門中衆議之憤薄崢嶸者。誠以望誠於毀板之一言。而且爲歷
舉吾先祖被誣本末。以暢曉之也。雖不免言語酬酢。以此謂之杯酒團欒。不異平昔
可乎。吾宗中亦有咎僕。以不可與讐人相對。亦不必與讐人交口辨論。並此洞陳。
從今以往。但願勿復飾辭於常情之外。俾絕口語之紛紜焉。今僕於足下。怨旣深矣。
交已絕矣。猶復披露衷曲者。竊自附於不出惡聲之義也。

與族弟彝源書

數昨極擾中。貴伻適到。兼索尹牘。而尹牘借他未推。所以未送。尙切耿耿。
此書之來。本欲輪示諸宗。而間作楸行。閱月方還。比又非鎖直。則奔汨公冗。訖此
未逢也。瑞雪連日。起居益勝。溯仰區區。頃者。金居昌孟剛。以差員入京也。聞尹
袖此牘。往示孟剛。而賓客滿座。酬應頗煩。則略視其起頭數行。因爲卷而還之日。
似此長牘。非窮日難竟也。且今吾於君。其所處義。雖有彊殊於朴友。實不欲干涉
於此事往復也。尹卽還納袖中。草草作別而去云。今觀此書。其末端。有會安義時。
與孟剛同觀之語。其所用意。一至此哉。印本之送投。吾果不識裏面之有何語。而
要得一本也。及其乍閱原文數篇。則無甚可觀。而因爲雜置於他帙中矣。所謂孟剛
來會之時。乃尹滿瓜辭去之日也。于時妓樂滿前。杯盤狼藉。夕會朝散。極歡而畢。
亦奚暇窮搜覓得於曉夜亂帙之中。以作汗漫之披閱乎。假令吾歇後看過於前日。及
此聚首同觀之際。寧有不覺之理乎。且況孟剛家先故誣逼。同此一款。雙行並列。
則孟剛亦安肯恬然鼎坐。不爲之驚痛乎。前日眞誠圖所以改鑴者。今旣其勢末由。
則乃反姑爲此立證以自明。獨不內愧於心乎。且其書中高擡引重者。乃松郊一人耳。
未知松郊爲號者誰耶。必欲背馳於諸先正衆賢。而强引一松郊。何也。尤可駭惋者。
譏切我文純公。不有餘地。未知賢輩處義將若之何耳。又未知新出之書何樣文字云
耶。並吾原牘以送。紙頭所付。幸勿脫落。覽後卽還如何。

答公州判官金應之書

頃日參嶽事 諸囚旣皆取招 至於再供 而其於獄情 別無疑眩之端 則文案可謂已具 而特所未及成者 讞辭也 賤疾猝劇 有難暫時淹留 非但吾兄之所備悉 棠軒亦已俯諒 且其啓聞日子 非甚促迫 趺尾搆出 兄若以獨當爲難 則雖往復商確於還官之後 亦似綽有餘裕 故敢以告退者此也 營門旣許其還官調理 而深軫其道途添症 密詢其所乘 至許其從便 則其非托病避事 不辭徑還也明矣 今此追執陪吏 替受刑訊 是豈意慮之所敢到耶 至於更請查官 兄亦可謂不善周旋矣 旣非飜案 何必改定查官 以致許多紛紜乎 無論如此如彼 事已至此 只有一歸字而已 辭狀書去 索覽如何 歲寒相逢 白頭如新 忽此顛沛 還極悵結

在貴衙時 初無疾恙 健飯善睡 穩度幾日矣 一日飯後 與兄對睡 弟忽驚覺胸膈中若有物掛 急覓煖水吞下 則層層輥轉 分作三塊 意中其大如芋 俗所謂土卵 歷碌然與呼吸相薄 又或如五指扱攬 則百脈皆解 萬事都休 倐忽之間 旋復如常 從此以後 其證欲生 其來如烟 飯飧全廢 而所飲者惟茶水而已 兄亦見而病之 又其後則無論水與酒 吸而在口 忽忘吞嚥 意若無喉乳者 數十年前見一人有此證 醫言此心病也 心血乾枯 則例有此證云 弟之今者證形 忽類前聞 心界不寬 忽忽自疑 夕間胸膈 大致怔忡 胠腹中漉漉 如瓶中搖水 雖不聞其聲 上與怔忡相應 益自疑怪 實無指向 又一身輕浮 如在空中 行步虛擲 似不踏地 最是心意忽忽不樂 與兄雖竟日閒語 聲音忽忘自其口出 兄之語音 亦覺未嘗入耳 轉疑其身非我有 如此怪證 不一而足 將還之夕 曉睡方醒 左部頭面 不痛不痒 忽似塗糊 口旁眼尾 牽動掀斜 大驚起坐 急呼屛外睡者 炳燭之頃 此證旋止 而面部麻痺之證 手摸如他人肌膚 今此諸證 皆發於與兄對坐數日之中 心雖自惡 而强作巾櫛 似此證情 有非他人所可細審 亦未曾爲兄張皇者 非所樂聞 而例爲慰勉 以寬病者之懷而已 然而客地淹留 一時爲難 所以汲汲

辭退者此也。以此獲罪。實非本情。慚愧柰何。貴州醫者已去洪衙。未得診視。幸以此紙所錄諸證。待還詳論。如可勸送。得其肯諾。後便詳報。則人馬凡百。當自我備送耳。

答應之書

多少敎意謹悉。不覺大發一噱。弟何嘗含怒於吾兄。而兄何以臆忖。每有此分疏耶。可謂淺之知我也。知我罪我。摠崇我病。孽由己作。干人甚事。第其情勢姑舍。病狀轉劇。危證敗兆。疊見層出。仲存數昨又復起去。獨臥空衙。傍無一人。可謂食肉之定僧。佩符之謫客。檢束歸裝。只一携來之弊簏。而滿貯數帙殘書。胡亂夾充者。盡是盍葉所記。偶閱一片。不覺悵然疚懷。此乃年少時眼明不憚細書。或紙如蝶翅。或字如蠅頭。旣無倫次。終當委棄。譬如明珠不穿。鋼針無孔。人生卒卒。常有來日。今忽目視茫茫。字畫渺渺。乍聚玄駒。俄贏白本。此皆平生經綸。足備昭代文獻。若不及今手自尋繹。實非他人所能編摩。此來海畔孤城。邑僻事簡。木落花發。朱墨有暇。則庶可編成幾種奇書。今此顚沛。空復携還。蟫溺鼠勃。同歸泥土。此可傷心。他復何戀。至於公私例患。別無狼狽。蓋其到官裁滿五朔。其爲冷援。亦不自知。然似無致煩故人盛念耳。

答應之書

今番紛紜。只緣宿病客地猝劇。毫忽之間。釀成厲堦。災由我起。誰怨誰咎。使家之斷斷苦心。豈由乎篤愛文字。必欲讞辭之專出此手。卑職之咄咄怪事。果在於妄恃矜許。不料歸後之追執陪吏。始則交際尚淺。而傾蓋過深。終焉情志未孚。而疑怒橫生。疾既無妄。而權輿不承。疑則非情。而淵膝太遽。醫書所云角弓反張。不幸近之。角弓既勁。筋膠新合。挽引過力。弦弨踰分。握未及釋。兩弸先央。凡上下不通。是爲關格。醫家見其腦蹠互接。腹背交螯。取喻反張。今日審證。無乃類是乎。昨夜官僮進藥。失手翻墜。淋漓几席。若謂掣肱紾肘。則傍無他人。若謂造次惰慢。則奉盈惟謹。若謂故致跌覆。則大非本情。然而既覆之水。不可復盛。但當拭而淨之而已。辭狀見阻。添一病端。此心躁鬱。寧有極哉。投印一款。非但朝令申嚴。考績在前。亦安可不自顧嫌。徑爲悻悻之舉也。殘梅餞歲。還成冷話。尤不覺悵黯之至。

答應之書

疾之无妄。疑之非情。已屬旣往。不須更卜。所謂欠誠幾分。殊未可曉也。恕
己責人之間。亦有說焉。營門主推也。守令參覈也。時當極寒。主推之地。未曾一
番開坐。則參覈無處。始終一旬。難以久滯。故乃於貳衙。鎭日同推。諸囚再供[1]
查案已具。則可謂吾事畢矣。營門何其緩於按查而急於議讞也。欠誠之責。恐未必
專歸此身。所謂大關公格。亦有說焉。莫重啓聞。守令爲之乎。營門爲之乎。公格所
在。爲守令者似不敢贊一辭矣。跋尾代撰。是豈有例之公格乎。又況來汝則來。歸
汝則歸。亦未敢一毫違越。乃反以公格見責。殊未可曉也。雖然。查事而都付也。
讞辭而專畀也。信之果篤矣。旣聞命矣。文固當就矣。且其獄情別無疑晦。初覆檢
案。實因皆同矣。前使題旨。旣嚴且明。而元犯自在償命之科矣。今此查事。乃其死
中求生之計。而使其子鳴冤。其所鳴冤。節節誣罔。則只是就其爰辭。逐條卜破而
已矣。如是論理。則元犯之罪。益無所逃矣。成案跋尾。不過十餘行文字也。吾何苦
而不爲也。不意夜來疾恙猝劇。呼吸難通。前書所云胷膈之中。有若五指扱攬。則
百脈皆解。萬念都冷。客地淹留。一時爲難。自念年老病頻。死亡無日。而他鄉宦遊
身如孤僧。亦豈無怛然自危之心乎。所謂人生一世間。忽如遠行客。蓋非虛語也。
又況旅館永夜。越吟政苦。飲啖易手。床笫失舊。所以遙起古人幷州之思耳。兄亦
查官而意見大同。則跋尾搆出。不必更倩他手。所以仰告旬席。傍託吾兄者此也。
事旣不幸。轉輾至此。但當默而逃之。又安可獨潔其名乎。今已整頓行裝。而歸期
遲速。亦不在我。是爲悶鬱。

---

1. 供 대본에 '拱'으로 되어 있는 것을 승계문고본에 의거하여 바로잡았다.

答應之書

日前公私冗擾甚劇。未及拜書。方問狀吏行否。則俄已發矣。耿悵何極。想必謂我無意筆硯而闕之也。及承先施短牘。果如妄揣。不勝悚恧。弟豈若是小丈夫然哉。一失意則茫然癡坐。咄咄書空耶。奈何益令人羞死也。望日之朝。列邑群吏坌集。布司門外。短管呵凍。挨肩疊跡。如場屋懸題。舉子謄解。謎語相呼曰。冀州田賦耶。亶¹公之走耶。卞子無骭耶。卜氏戴一耶。精一之執厥。子莫之執厥。何贓之執。曰隨陪之執。遂鬨場大笑曰。吾以汝倅爲蔭官也。乃今巧發奇中。可謂善射。汝倅或者其冷武乎。汚吏卒大慚而還。弟方擁衾。喫早粥。聞此。不覺軒渠。捧腹嗢噱。絶纓如拉朽。噴飯如飛蜂。譬如毒腫方濃。大針裂破。衣裳雖汚。心意頓爽。我東邇言有之。毋交三公。淑愼爾躬。此自勉之辭也。非汝牛角。焉壞我屋。此咎人之辭也。夜毋踏白。非水則石。此戒人冥行也。出俛入俯。非爲敬戶。此警人²所抵觸也。主人乏醬。客辭羹湯。此謂主客俱便也。未知吾兄忠告。觀此數條。迪我何方。爲今之策。莫如善後。善後令圖。莫如善其行止。行止久速。雖不敢妄擬於聖之時中。亦安可草草益爲人恥笑也哉。

---

1. 亶 대본에 '檀'으로 되어 있는 것을 바로잡았다.
2. 人 영남대본과 연세대본, 승계문고본 등은 '其有'로 되어 있다.

與應之書

目今情病之外。尤有所切至之悲。先山遷厝事也。前此經紀。非止一再。而事巨力綿。難愼荏苒。淹踰卅載。常恐溘先朝露。此事便已。及其嶺邑以還。事力粗集。幾年準擬。只在去秋。畚錘已具。涓擇有期。遽此南來。實爲狼狽。況復賤甲已周。前途蒼茫。今又羈縻職名。遷就歲月。則非但陰陽多忌。利年難逢。空山占置。易致侵奪。頃日使家深軫情曲。差待獻發呈由。面諾丁寧。今此情理危蹙。乞由一款。非敢更論。皮膜相持。坐失時序。徒虧人理。更傷事體。望須將此事情。一一詳告。以爲亟圖罷歸之地。如何如何。不宣。

答李仲存書

錄示人言。可發一笑。鄙言有之。夢僧成癲。何謂也。僧居寺。寺在山。山有漆。漆能癩人。所以相因於夢也。吾昔入中州。中州者。胡之所據也。吾嘗與之遊處飲食焉。不啻若夢中之見僧。無怪乎世人之謂我癲也。蔥篠舊交之至老相狎者。戲寢冠爲氈帽。笑弊褐以氈裘。是豈眞弁紅絲而襲馬蹄耶。蓋以胡噍之。則童稚之所羞也。故比物連類。所以相謔。同浴譏裸。誰其爲怒。悠悠數十年來。舊日朋遊。凋謝殆盡。雖欲爲一夜笑諧。不可得矣。寧不悲哉。今有平生所不知何人。忽以胡服等語。直加諸人。則不可也。況其作爲文字。醜辱狼藉乎。人非病風而喪性。奈何一朝自爲左袒。以受人嗤罵耶。究之常情。殆不近理。僮僕且羞見之。又況靦顏於吏民之上乎。其所爲說。大是鹵莽。雖街童市卒。誰復信之。付之一笑足矣。幸爲戒家兒輩。切勿對人辨說如何。設有問烏有先生姓名者。將以答白晳疎眉目乎。

答李仲存書

世人多忙。聽言糊塗。傳說混淪。此近日言者之所以益無倫脊。吾當詳言之。
足下無亦復嫌其拖長乎。吾初莅嶺邑也。禱雨龍湫。有劉先生者。名處一。以祝史。來
齋于湫上佛庵。鬚眉皓白。襟裾古奇。爲問先生所着何服。對曰。鶴氅衣也。蓋仕
宦燕服稱氅衣。故加鶴以別之也。方領而直袵。素質而玄純。音準。三袿旁通。兩衿
相當。甚偉如也。謂劉曰。先生愼勿遊山。劉請其故。吾笑曰。記昔嘗夜集。座[1]有
趙敬庵者。名衍龜。好古篤行人也。嘗携二學童。遊九月山。緇冠深衣而行。山城別
將領數卒。蹤跡之。趙殊不覺也。顧語其弟子曰。山名九月。而本號阿斯達山也。城
將疾呼曰。果是兀良哈也。目左右。欲縛之。趙怒曰。爾奈何辱人胡也。城將罵曰。汝
胡服而語侏偊。豈非胡耶。趙大窘。露其頂而示之曰。爾何曾見有髻之胡耶。俄有
寺僧認之曰。此驪州趙生員也。城將猶疑之。戒僧毋飯客。逐出山外。至今思之。背
猶汗也。一座皆大噱。吾語趙曰。君子庸言之愼。庸行之謹。夫以溫公之贈焉。而
康節猶不常服。豈非庸行之君子乎。趙曰。然。吾方窘時。賴有髮耳。如今年老髮盡
禿。何以自明。一座尤大笑不止。今先生所服。不乃爲城將所疑乎。劉大笑。因瞿然
曰。此吾鄉林葛川盧玉溪之遺制也。敢問城主所服何衣也。曰。是亦所謂氅衣也。
劉曰。名實無稽也。析羽爲衣之謂氅。氅本鶴翅。展其翅。則如玄緣[2]。所謂縞衣玄
裳者是也。古者。衣服莫不緣黑。故所以名氅也。今之所謂氅衣者。不爲采純。而袖
若僧衫。況其督袵常開。玄武不嚴乎。是特習俗爲然耳。以古人觀之。其不爲城將
之惑者幾希矣。因指傍側通引。慷慨語曰。總角者。童子未弁之稱。所謂總角丱兮
者是也。今辮髮垂踝。而尙謂之總角可乎。蒙養不端。名義俱舛。是何異於氅衣之

---

1. 座 대본에는 '坐'로 되어 있는데, 영남대본과 승계문고본, 연세대본에 의거하여 바로잡았다.
2. 緣 승계문고본과 연세대본은 '端'으로 되어 있다.

坼後也。故吾鄉之鄭桐溪退居山中也。童子皆解辮雙結。所以別嫌疑也。頃之吾宗人數輩。爲遊三洞。要借妓樂。吾謝曰。君今所向一山。都是妓也。衆驚問何也。吾笑曰。赤裳山也。因戲擧前言。爲遊山之戒曰。此鄉多賢者。客怵然起曰。安有土民而譏其倅胡服哉。其後四五隣宰之相會也。有憂其嶺俗之悍而爲倅之難也。有問胡服深衣之說何謂也。吾曰。此傳之者誤也。然亦安從聞之。曰。君家族兄有舊。間者歷訪。頗傳異聞。噫。其所傳說雖甚駭異。亦無足多辨。且盤飧繼進。琴歌競奏。所以未詳其委折。而人亦所不肯審聽也。時大雪初霽。新月淡黃。相携入園中。使群妓列燭。看萬竿脩竹。因爭取其折枝。煖酒燒肉。左右爆響。迭發如砲。蘆鴉山鳩。翅凍亂落。酒酣。相視語。陰山夜獵。不免寒乞。貂裘飄零。坼後猶存。琵琶冷落。彈指欲墮。方其諧笑跌蕩。莫非取歡一時。孰知善謔之轉而爲虐哉。足下豈忘之乎。夜從吏校數十騎。雪天縱獵。皆此等翻覆。因爲口實。足下甞不爲我辨。鷹非夜縱之物。峽邑吏校。安從得許多馬匹乎。

答李仲存書

彼所云虜號之藁。不識何所指也。謂其年號耶。地名耶。此不過紀行雜錄也。其有無得失。本非有關於世。初何嘗比數於春秋之義也哉。今忽有人焉。爲若責備於賢者則過矣。噫。年號之始行于天下也。我東之先正。請毋書告身之上則有之矣。士大夫墓道之刻。追識以崇禎紀元之後則有之矣。至於公私文簿之間。有不能避焉。蓋不得已也。故田宅。人莫不欲其世也。其立券也。非具書當世之年號。則賣買不成。吾未知世之獨嚴於春秋者。其將謂虜號之室而不居也。亦將謂虜號之田而不食也歟。吾嘗於遠遊也。其行程頓宿。陰晴日時。未可以無記也。故首爲起例于渡江之日曰。後三庚子。復自傳之曰。曷稱後也。崇禎紀元後也。曷三也。紀元後三周也。曷隱之。將渡江故也。擲筆而笑曰。古有皮裏春秋。今爲鞾外公羊。未嘗不自悲其苟假也。然若於陰晴之上。必大書特書曰。春皇正月。則誠爲不可也。其稱謂之際。往往以康熙乾隆。別其時世。而乃反責之以史筆。則豈非惑歟。是果未見其藁而强爲之說也。必斥其胡皇虜帝而後。始得爲嚴於春秋耶。如恥其虜地。而不可以名篇。則尤惑也。古之甌夏不幸而陷於胡虜者。非獨於今日而爲然也。舉將夷之而不名耶。舜東夷之人也。文王西夷之人也。由今之爲春秋者。其將爲舜文王。曲諱其所生之地耶。春秋固尊華攘夷之書也。然夫子嘗欲居九夷。由今之道者。聖人何爲欲居其所攘之地乎。若人而爲春秋者。其將廢胡傳而不講耶。知我罪我之間。當有以辨之者矣。大抵吾廢科頗早。心意閒曠。方外逍遙。庶遂宿願。所以遠慕牧隱。近效稼齋。一鞭輕裝。萬里在前。第念身雖白徒。名則青衿。非譯非醫。踪跡不便。潛往潛來。號名難掩。誠以操觔大雅律之。未嘗不自恧於中也。每曉天攪轡。獨語于心曰。龍門壯遊。胡大事也。朝歌廻車。曾不聞乎。少焉。鮮旭蕩紅。圓滿遼東。晶塔浮空。遙迎馬首。秝烟迷樹。金罌甃雲。吾於是中。左環滄海。右擁太行。行而復行。心目日新。笑前志之碌碌。覺是氣之浩浩。遂出長城。北臨大漠。此其所以爲[1]熱河之遊也。及其歸後。非但物議不到。反有羨吾之是行者。山居無聊。掇拾故紙。編成幾卷。此其所以爲熱河日記也。自謂燃犀之觀。無物不有。而及入文字。九牛一毛。筆墨憔悴。睡餘支枕。已孤發軔之初心矣。回思往躅。雲水俱空。時閱殘篇。溲勃並見。無足自嬉。誰復觀者。中間憂患死喪。未遑收弃。又自宦遊以來。益復散失。只存其名。檮杌可憎。此其所謂虜號之藁也。悠悠廿載之間。蕉鹿之藏。久已付之一夢。市虎之傳。忽又添其兩翼。豈非過歟。足下爲我謝今之爲春秋者矣。何不責我曰。子之前遊。乃三代以來聖帝明王漢唐宋明疆理之地也。今雖不幸而爲夷狄之所據。然其城郭宮室人民。固自在也。正德利用厚生之具。固自如也。崔盧王謝之氏族。固不廢也。關洛閩建之學問。固未泯也。彼夷狄誠知中華之可利。故至於奪而有之。子何不盡得其古來固有之良法美制。中華可尊之故常實蹟。歸而悉著于篇。以爲一國用也。子不此之事。而徒隨皮幣之使爲哉。今其記述。無非駁雜無實之語。一時浪跡。何足以向人誇誕也。只自喪志而敗德云爾。則聽之者寧不背寒而口呿羞愧而沒世乎。摟諸侯以伐諸侯。此春秋之所由作也。今忽有人焉。摟春秋以辱人可乎。吾不識也。春秋豈可以聲音笑貌爲哉。

1. 爲 승계문고본 등은 '有'로 되어 있다.

答巡使論賑政書

示事奉悉｡大凡賙卹之政｡其大經大法｡莫如公賑｡而公穀之分爲私賑｡近例
也｡然公私名實之間｡俱有大惶恐大難便者存焉｡抄飢雖約｡而每致虛張之疑｡求
蒭徒勤｡而反涉濫觴之嫌｡所以飢口之多減｡而捐瘠莫恤｡斛縮之罔勘｡而穀品難精｡
此公賑之合有商量者也｡名爲私賑｡而實藉公穀｡則疑慮更深｡管束尤苛｡蓋緣名
實無謂｡公私有間故耳｡此私賑之未可遽議者也｡所謂自備救急｡尤爲不誠｡如非
賈馬雇牛｡馱致庄穀｡將於何處自備許多乎｡前之立本取剩者｡多爲有司所覺｡繡
廉道按｡旁午先及｡孰敢犯之｡至若願納之還給｡勸分之嚴防｡舊令新甲｡昭布森羅｡
外此數條｡辦穀無路｡其勢則然也｡只有捐廩一事｡最爲無弊｡何則｡官需名正｡而
本出玆土｡以玆土出｡自賑我民｡乃吾職也｡然此亦有未佳於心者｡跡涉干名｡資實
難敷｡今之守土者｡邅戚之病｡都萃一身｡頃於列邑輪甘之詢｡莫適所定｡姑以隨衆
爲報者此也｡區區所以仰成於節下｡而亦未敢自保其大信者｡何也｡尤甚分等之轉
置之次｡晩移俵災之勒勘其半｡已驗於目下矣｡然而前頭接濟之尤甚施行｡飢口賑
資之從優劃付｡賜書丁寧｡奉若金石｡而亦豈無默揣于中者乎｡已自季夏旬間｡潛
措極備之策｡不欲煩營門之費心分排｡此其本所意也｡猶然久而徘徊｡未能確有定
規者｡正以飢口多寡｡姑難預料｡正租販易｡尙未就緒耳｡大抵荒政之難｡莫難於
抄口｡是豈吏校面綱｡家至戶閱｡而得其情實哉｡襁褓嬰孩[1]｡不眠則啼｡非有言語
足以達其辭也｡非有志意足以通其願也｡聞其聲而知其乳｡惟其慈母者爲然｡摸其
胃而止其啼｡是有必哺者存焉｡故溫摩柔按｡所以體之也｡潛候默聆｡所以時之也｡
是豈隣舍行路所能及哉｡今與營門約｡抄其飢口｡不須問也｡名爲公穀｡不須與也｡
逐旬例報｡不須責也｡監賑營裨｡不須遣也｡使家巡歷｡不須臨也｡海西小米｡不須

---

1. 孩　승계문고본은 '兒'로 되어 있다.

分也。忘此四千戶衆男衆女于嫗煦之一老守。則庶可自策其駑鈍。上不負分憂之至意。下不孤待哺之衆情。苟賑事罔效。常式有違。則想應莫逃於明鑑之下。亦安敢私恃其舊誼宿情。而有所自恕也哉。果以私賑爲[2]定。後錄胎紙。並爲入鑑如何。

2. 爲 대본에는 빠져 있는데, 영남대본과 승계문고본 등 여러 이본에 의거하여 보충하였다.

答巡使論賑政書

觀於西成之日。饑戶之差眇於隣邑。誠非始慮所到及。其抄饑之際。其壯者則辭曰。秋已種麥矣。願受糴作農。負薪則曰。有捆屨者。紡績則曰。有賃舂者。從願成册。不甚爭挈。蓋去秋霜信最晚。代播之穀。頗能食實。滌場之後。日候溫暖。擧善秋耕。所以目下聊賴。前頭延活。不無所恃。且飯牛之戶。沽賣生涯之類。初不入錄。則今此俯詢。無惑乎抄口之反慮其太精也。今日乃再巡分賑。而姑無以冤漏來訴者。幸甚幸甚。不然則庚癸之呼。日應盈庭。而將不勝其乾餱之愆矣。所可恨者。上不足以黼黻皇猷。下不足以服勤南畝。豐年樂歲。不足以賁飾太平。一値歉荒。則自爲家計者。何其多也。百包惠助。豈不仰感盛念哉。第惟前此所厝。非曰豐裕。而頃者入鑑後錄。似可當之。來頭添入雖尠。似不至是數。庭前租堤。雖不及商邑糟堤。猶可以望五里。望五里者。忘憂里[1]也。且貿租餘資。尙有半千。旣爲吏民之所共知矣。此非自備也。亦非私物也。乃官需則號名雖殊。其出於民則一也。何莫非公穀也。謂之節用而有備則可也。若視同私槖。有若自備。則殊非設施之本意。況又添多分外之賑資。以媮其已定之民志也哉。前日帖加之還納。正以此也。更願特寢其百包。俾伸其區區之微志。得有所盡分於職下。如何如何。

---

1. 里　대본에는 '哩'로 되어 있는데, 구태여 그처럼 표기할 까닭이 없다. '里' 자가 거리의 단위이자 동시에 마을이라는 뜻을 가진 점을 이용한 농담으로 보아야 할 것이다.

上巡使書

頃以本郡泛川面居民金必軍所納册子之報營。大致慍怒於兵營。至有移罪刑吏之舉。不安甚矣。金漢本以邪學中一人。去年冬間。空室在逃。今年九月中。其本戶統內居民。有以金漢之還接舊居爲告。而姑且緩之。稍俟其安頓。然後使督糶倉卒招之。而不以牌子。亦不使官差者。意實在於若知不知之中。有意無意之間。渠果大生疑懼。即爲來現。而袖納册子。並呈所志。以爲首實免罪之資。渠本蚩蠢無識之漢。册子有無。本所不慮。而渠旣自納。則不必追究旣往。沮其方新之心。故以場日燒火之意。題其所志。而頗示慰勉。即爲退送矣。其後兵營下吏。歷過吏廳。詳問境內邪學有無。群吏爲言。前之學習者。自然消息。皆作平民。而其中金必軍者。最是難化。日前又自納册。則今此境內。更無可疑。闇吏微露所以偵探列邑之意。因爲轉向他處。其本事委折。又如此而已。初意則擬於場市焚燒。而伊日值雨。衆民不集。更念此等事。未可自擅。所以稟[1]報巡營者此也。且列邑之於兵營。非軍務則本無相關。豈料兵營之忽地來索乎。以頃日送上巡營之意。論報矣。謂以不關由兵營。遽聞巡營。大示憾意。更爲秘關。捉囚金漢於郡獄。窮覈其從前藏册之由。必以兵營所捉。強要捧招。此何擧措也。未知兵營遣誰執捉乎。如或暗地搜得。則何不直爲持去。有此追索之舉乎。曾聞此漢輩積年梗化。凡於繡衣之行。巡部之路。屢經追捕。棍之。刑之。移囚之。而不服。前後守土者。充定徒隷之役。並其妻孥而係絏之。或多發校卒。不時圍搜。至探其甕盎。振撼箱簏。曾莫能獲其片紙。其深藏不露。推此可知。非渠自納。何緣轉在官庭乎。化民成俗之方。雖勤示其至誠無僞。常患孚感之未深。今乃反是。欲爲立迹於厲禁。先自損威於愚民。其於事面。果何如哉。使此漢果能覺迷革心。納册歸化。則國家不過得一平民。如其未也。殫

---

1. 稟 대본에 '亶'으로 되어 있는 것을 바로잡았다.

殄滅之。無俾易種於玆邑。此在古不過刑政之一事。如得其情。則所謂哀矜而勿喜之而已。今欲禁民之爲邪。而先示不誠。惡乎其可乎。所謂詞吏。不過以傳聞之說。依俙歸告。而自是吏胥下流之本色。則實嫌於碌碌卜暴。而略舉本末於囚供之報矣。畢竟所以處置者。要不出當初所志之題辭。而一不中意。至於替治下吏。抑何意也。下官雖甚老殘罷劣。亦安可抱羞忍恥。晏然於職次乎。辭狀書呈。幸伏望亟賜黜罷。以安私分焉。兵營報牒。並爲錄上。一覽則當悉其事狀矣。

　　附　兵營報草

　　上項金必軍。依秘關捉來。嚴查盤問。則必軍所供內。矣身以農業愚氓。目不知書。矣身子息。自幼聰明。性好讀書。及其稍壯。勤習儒業。故資其遊學。出入科場。在家則能自孝謹。不撤誦讀。時爲矣身。緒說書中旨義。且深疾僧尼巫覡。以爲邪妄。見其平日言行。絶無悖逆欺詐之事。逈異於鄕曲愚民之不善持身。貽辱其父母者。則矣身果以愛子之心。言言是聽。事事皆從。意謂所學必是好書。樂聞其說。以子爲師。惟自尊信。悶人不知。去乙卯二月日。矣子不幸身死。矣身痛毒悲冤。日願速死。地下相從。每日思念。前日所語歷歷在耳。而其所留手蹟。只此一書。則矣身或恐其遺失傷污。十襲藏之。動必隨身。時或開視。如復覿面。但矣身不能曉眞書。而[2]未解一字諺文。則實不知其中更有何許邪書。而隣里之指目矣身。蓋出於此也。矣身之屢經推閱。亦由於是也。矣子身死之後。聽習無路。加以年久消忘。不復以此事爲意。而昨年秋官家到任之後。以邪學禁斷事。傳令各面。極其嚴截。故矣身先自懼怵。逃接他處矣。朝廷德化如天。刑期無刑。本郡境內此等之類。次次覺迷。各安其業云。故矣身亦於月前。復還故土。所藏冊子。宜卽納官。而非惟矣身眞情如右所陳。又恐官家執爲眞贓。以此加罪。又欲潛投水火。以滅其跡。或慮日後

---

2. 而　영남대본과 승계문고본, 연세대본은 '亦'으로 되어 있다.

事端復起、則眞僞難明、如是趑趄之際、果自外倉傳來牌旨、只令來待矣身、而元無册子現納之語、矣身自念前歲隱避、無所逃罪、而今此納册、則庶可自贖、故不解舊裹、都數手挈、與倉差着黃同來、及抵邑下、矣身則覓人寫狀、而倉差則直先告官、爲以渠自搜得、有若立功者然、如渠搜來、則何爲空手告官乎、其謾言售衒之狀、官家旣已洞燭、今不必復辨矣、册子出處、矣身不知其所從來、而十二卷、皆似小兒手掌、則想必矣子生前之所述作也、畫幅則每云自京買來、而初則誤認爲繡矣、久後乃覺其非繡伊畫、則二百餘兩重價、實爲過當、而其時矣身深信亡子、雖蕩盡家産、迷不知惜矣、到今追思、則矣子以年穉所致、必是爲人所欺矣、且其死後四年之間、時或現夢、而未嘗以此事問答、亦不告往在佳處、生死判異、期望頓違、以此自驗、則幾年積功、果安在哉、今此必軍、曾雖迷惑、其所悔悟、已徵於前呈所志、披露款服、似無隱情、今又反覆究詰、所供一如前招、其頓然革心之狀、頗達言面、竊伏念朝家於此等愚民、本期牖迷覺非、不煩刑政、率服聖化、而太陽方昇、魑魅莫衒、薰風乍扇、氷雪自消矣、故惑如必恭、而一朝感悟、輒酬當窠、凶如存昌、而七年頑拒、尙靳顯戮、今此在囚、尤是下鄕蚩蠢之氓、而其所畏服、前後如一、心口無貳、如以誠僞難悉、反覆是慮、追究旣往、窮尋宿處、則非但前此首服之輩、轉生疑懼、抑亦後來感化之類、當懷顧望、此職在守土之列者、日夜憧憧、恐負朝家所期之風化也、其所納册子、事當所在焚燒、而猶難擅便、則所以直上巡營、以待處分者此也、又況巡營之以此事提飭前後申嚴者乎、又況册子送上、在於去月十七日、而秘甘承見、差後旬日、則先送巡營之責、庶可見諒矣、設令預料知委、直上兵營、而巡營復以事面見責、則未知將何以自容乎、今承可訝之敎、不勝悚仄、同金必軍段、仍爲牢囚、以待處分、巡營回題、亦爲謄後牒報、

答巡使書

兵營旨意有不難知。故依其甘辭捧招之際。諭示丁寧。而厥漢以非渠首實之本意。反生疑懼。以爲如是納供。則永作難明之眞贓。至請諺飜報牒。自執一券。其自爲後慮者。若是其深切。亦非可自官反示不誠。此其兵營所以致憾之由也。此猶細事。無足多辨。而至於風教之一大關梡。不得不爲世道一誦焉。大抵自古異端。其始也。何嘗自命爲邪學哉。民之秉彝。莫不有樂善好賢之心。而惟其擇之不精。卞之不早。故仁義之差而爲楊墨。其無父無君之禍。已驗於釋氏矣。今之禁邪者。縛致此等愚民而庭跪之。直以桁楊而臨之曰。爾胡爲邪學也。彼以片言遮截曰。小人曾莫之邪學也。爲長吏者。旣不識其學之所以爲邪。則究詰無稽。先自啞謎。因其所對。而姑認輸服。強捧侉音。其黠者反笑其不誠。其愚者滋惑於心曰。吾所樂者善。而所敬者天也。如之何遏我善而禁吾敬也。此無他。原頭之未劈。而欲澄末流。窩窟之徒尋。而自迷路陌。或急於制服。徑施栲擊。或威剋匪道。譬說乖方。或逼令其詛盟耶蘇。指斥天主。以驗其畔倍。以觀其誠僞。彼所矯假立號。雖是禦口忌器之資。而遂有愚民若爲之伏節死義者然。誣惑至此。則其自謂得制勝之要者。旣輕之爲刑威。而又失於言語也。是豈聖世化民敦俗之至意也哉。今欲其誅絕。而其徒寔繁。此不載之漏船。泛之湖海。則亦末如之何耳。凡在輔世長民之列者。何莫非承流宣化之職哉。正己率民。自作砥柱。亟明其秩敍命討之所以然。誠淫邪遁之所由分。使其舊染新蔓之俗。自融於金膏玉燭之下。無迹於太虛過雲之中。此其上也。計功較利。褻用國威。使斯民疑信相半。官民互角。雖取勝一時。所傷更多。如易師之否臧皆凶。此其下也。縱莫效徐辟之轉告夷子。昌黎之序贈文暢。亦安可自損威信。因人自贖之資。而爲功於已降哉。此所以彌禁而彌不服也。下官之日夜憧憧。其憂深思遠。未遑於災荒一年之患。伏惟明公聰明絕世。器度邁倫。凡世間之人情物態。莫逃於眉睫氣色之間。區區所以仰成於節下者。夫豈獨一路俵災之公。萬民

呴飢之勞而已哉。此特一有司職耳。先憂後樂。不以奇功近效而自多。必有所素期
於沖襟者。愚不於節下而告之。而尙誰與語乎。

從古異端之爲天下亂久矣。楊墨。學仁義者。處士歸之。老佛。彌近理也。
故高明者逃焉。然孟程朱子。必辭而闢之廓如也者。特以本原有毫釐之差。而
末流之弊。將至於無父無君故也。況今所謂西洋之學。非楊非墨非老非佛。直
一無義理。妖邪悖說。不待至於末流。而其弊之爲禍。不啻甚於洪水猛獸而已
矣。蓋其火氣水土之說。靈魂帝旁之說。不過是佛氏糟粕之糟粕也。而若其所
謂父母模質等句語。極其悖倫。無所逃於綱常之罪。雖使孩提之童。聽之猶知
恥。罵而呵斥之。然獨其爲說也。剏新而鶩奇。爲道也。膚淺而易曉。爲行也。
淫悖而無忌。爲法也。疎財而貴黨。以此之故。一種齷齪之尙新奇[1]而惡拘檢者。
羣然而悅之。愚夫愚婦之苦貧窮而樂財利者。靡然而從之。甚至於子背其父而
逃焉。女棄其夫而奔焉。上自縉紳章甫。下至臺隷賤氓。如獸走壙。殆已半國。
非無朝家之禁令。而其奈失[2]之太寬。誅殛只加於一二窮賤之類。外補適足爲十
百滋蔓之階。如水盆深。如火盆熾。不出數年。將見擧一國而皆歸。末之何其
禁止矣。噫。彼邪學之類。本以齷齪之性。厭故常而好奇。樂放肆而憚檢。淫褻
貪鄙。卽其伎倆也。學問義理。素所背馳也。則今日之尊尙是學。以其性相近
也。況其淵源之有自來乎。

野乘。仇羅婆之國。有道曰伎利但者。方言事天也。有偈十二章。許筠之
使中國。得其偈而來。然則邪學之東。蓋自筠而倡始矣。顧今學邪之輩。自是
筠之餘黨也。其言論習尙。一串貫來。宜乎其邪說之酷好而偏惑也。

吾且聞之。其法斁敗倫綱。不顧名教。男女混處。上下無別。而輕生樂死

---

1. 奇 대본에는 빠져 있는데, 영남대본에 의거하여 보충하였다. 바로 앞 행에서 '其爲說也剏新而
鶩奇'라고 한 구절과 호응 관계에 있고, 뒤의 '惡拘檢'과 대구를 이루고 있으므로 '新奇'라야 합당
하다.
2. 奈失 의미가 분명치 않다. '禁令'을 잘못 판독한 것인지도 모른다.

以兵死刑戮 暴骨原野 爲第一因果 且以一人敎十人爲大功 以此推之 一
人敎十人 十人敎百人 百敎千 千敎萬 其[3]徒黨之衆 不知至於幾萬萬矣

又有所謂紅米妖術 能以呪章 幻無爲有 眩惑愚民 無異於張角之符水
療病 則夫以寔繁之徒 挾惑民之術 以樂死之心 行斁倫之事者 其畢竟禍
變 將無所不至 而無一人爲深長慮者 何哉 噫

漢武帝元光二年 漢以聶壹爲間 約單于入塞 單于攻亭 得鴈門尉史
欲殺之 尉史告漢兵所在 單于大驚 乃引兵還出塞曰 吾得尉史 天也 以尉
史爲天主 天主二字 始見於此

吾以爲卽今中國所有天主堂 西洋人 雖精於曆法 皆幻人也 西南夷傳
幻人能變化 吐火 自支解 易牛馬頭 自言我[4]海西人 海西卽大秦也 註 今
按大秦 卽武帝時犛軒國 今謂之拂林[5] 又漢安帝時 永寧元年 永昌徼外
撣[6]國王雍由[7]調 遣使者 獻樂及幻人

邪學所謂伎離施端四字 不知是人名術號 而大抵極妖怪也 初居日本之
島原 以耶穌之學倡敎 於是日本民衆一聽其說 靡然心死 視其形骸 若浮
査斷梗 遺落世事 不知有生之可樂 兵死刑戮 反爲身榮 或曰 伎離施端
者 非人名 乃其事天之號也 小西行長學其術 爲關白源家康所誅 行長家
臣五人 坐行長 被謫于島原 復煽動邪敎 其黨至數萬人 襲殺肥前州太守
家康剿捕盡殲之 移書契我國告之 故約沿海詗捕餘黨 其後加藤清正謀叛

---

3. 其　대본에는 빠져 있는데, 영남대본과 승계문고본, 연세대본에 의거하여 보충하였다.
4. 我　대본에는 빠져 있는데, 『자치통감』資治通鑑 권50 「한기」漢紀 42 효안황제 중孝安皇帝中 영
녕永寧 원년 12월 조 기사에 대한 호삼성胡三省의 주註에 의거하여 보충하였다.
5. 林　대본에 '杯'으로 되어 있는 것을 바로잡았다.
6. 撣　대본에 '檀'으로 되어 있는 것을 바로잡았다. 탄국撣國이 『태평어람』太平御覽에는 '憚國'
으로, 『법원주림』法苑珠林에는 '檀國'으로 되어 있는데, 모두 부정확한 표기이다.
7. 由　대본에 '曲'으로 되어 있는 것을 바로잡았다. 탄국왕의 이름이 『연암집』에 『자치통감』
과 마찬가지로 '옹곡조'雍曲調로 되어 있는데, 호삼성이 주에서 『후한서』를 인용하여 밝힌 바와
같이 이는 '옹유조'雍由調의 오류이다.

事覺。家康使之自盡。清正辭以自奉耶穌教者。自裁則靈魂不得陞天。願得劒解。遂斬之。行長清正。俱倭之梟將。壬辰之來寇也。最爲凶殘。實我國萬世之讐。而竟逭天誅。神人之冤憤莫雪。而末乃自陷邪敎。共就斧鑕。神理昭著。有不可誣者。臺疏中。彼家煥亦聖世中一物。乃敢壞[8]天常而梗聖化。胡至此極。蓋家煥之得此指目久矣。偏被恩造何如。而不悛舊習。誠若臺章。則三苗之誅。烏可逭乎。

　　邪學本以昇天之說。誑誘愚民。本出柔然。柔然他汗可汗納伏古敦之妻候呂陵氏[9]。生伏跋可汗及阿那瓌等六子。伏跋既立。忽亡其幼子祖惠。有巫地萬言。祖惠今在天上。我能呼之。乃於大澤中施帳幄。祀天神。祖惠忽在帳中。自言恒在天上。伏跋大喜。號地萬爲聖女。立爲可賀敦。祖惠浸長。語其母曰。我常在地萬家。上天者。地萬教我也。其母以告。伏跋不信。既而地萬譖祖惠殺之。候呂陵氏[10]遣其大臣具列等。殺地萬。此柔然亂亡之始。

　　父母模質等句語。凶穢絕悖。不欲泚筆。其原。始見於漢書禰衡傳中。蓋搆捏之辭甚矣。誣人何限[11]。無辭而絕悖乃爾。卒爲邪學之作俑。

　　　府君在沔陽時。與監司往復有討邪文字。因復論邪學源委。凡幾條並附於此。時沔陽多染邪。府君憫之。隨聞摘發。糜之官隷之役。每衙罷招致一二輩。反復開諭。不勞刑威。而皆得感悟歸正。至有悔恨垂涕者。及辛酉大獄。沔境晏然。其時曉告諸條。親自隨錄於日記中。明白妙悟。令愚民易曉。今遺失。不得附載。痛惜。男宗侃。謹書。

---

8. 壞　대본에 '恃'로 되어 있는 것을 바로잡았다. 『정조실록』 19년 7월 7일 조의 박장설朴長卨의 상소 원문에 '壞' 자로 되어 있고, 또한 그렇게 되어야 문리가 통한다.

9. 柔然他汗可汗納伏古敦之妻候呂陵氏　대본에는 '柔然可汗伏名敦之妻 候陵呂氏'로 되어 있는데, 『자치통감』 권149 「양기」梁紀 5 고조 무황제高祖武皇帝 5의 기사를 인용하면서 약간의 실수가 있었던 것을 바로잡았다. '伏名敦'은 『자치통감』의 오류를 답습한 것으로, 그 모본이 되는 『위서』魏書 「연연전」蠕蠕傳에 의거하여 '伏古敦'으로 바로잡았다.

10. 候呂陵氏　대본에 '候陵呂氏'로 되어 있는 것을 바로잡았다.

11. 限　대본에 '恨'으로 되어 있는 것을 바로잡았다.

答巡使書

疏草菫菫搆出。不免疎略。未知合用而能無後時之歎否也。締思多日。自致稽滯。非但筆墨焦涸。無以暢敍。蓋緣事情回互。措辭實難。此囚。積年頑化之餘。要丐殘命。目下輸款。雖似革心。日後反覆。難保無他。其與憫旱慮囚。體段不同。則遽請全釋。有駭物情。喉舌言議之地。其所峻斥。勢所必至。當之者只自深引而已。尤安敢分疏卞暴。有若對舉者然哉。節下之意。豈不曰。今此邪學。多出於聰明藝術之中。其爲巨魁。自在於簪纓世閥之間。而薄罰只勘於外補。禁書莫露於內藏。崇秩旋敍。眞贓暗傳。華呴依舊。邪說益熾。逋主淵藪。孰大於此。而懲討不嚴。孰甚於此。惟彼下鄉村氓。至迷至蚩。目不知書。其所學習。無非諺繹。囟囵口授。轉相註誤。此實邪學之糟粕。異端之末流。而執一愚氓。則輒以巨魁目之。訶一傀迹。則便以窩窟稱之。明目張膽。聲討先加。可謂本末倒置。議律乖當也。向來狀請。果出於此。而意雖嚴峻。跡涉寬縱。則似此本旨。誰復諒蒙。此所以難於措辭。而自引之中。微帶是意也。未知如何。

附 監司自劾疏草

臣頃以邪學久囚李存昌放釋事狀請。蒙允矣。聖德好生。神武不殺。臣方欽頌攢仰之不暇。而仄聽物議沸騰。謂臣緩於懲討。堤防不嚴。以至憲章終屈。末俗難靖。臣誠駭恧震懍。靡所容措。疎率之罪。臣實有之。恭俟郵罰。安敢自解。臣猥以無似。忝按一道。顧其職。則承流宣化之地也。凡所以對揚萬一者。有如刑法未一。民志莫定。亦豈非其責歟。竊伏念朝家於此等愚民。本期牖迷覺非。不煩刑政。率服聖化。而斁倫悖常之如權尹。則亟正典刑。革心改過之如必恭。則輒酬當窠。春生秋殺。莫非造化。信乎魑魅之伏赫曦。氷雪之

遇熏風。何物存昌。乃敢迷藏鄉曲。不悛舊習。而尙容於覆載之間乎。頃於收
議之日。莫不以湖西巨魁目之。邪學窩窟稱之。而執法之論。孰不曰可殺。臣
亦嘗意其爲人必是至凶至憸。而稍有地閥。傑然爲一鄉之望。不然則必是言貌
足以動人。識慧足以惑衆。且聞其徒寔繁。迭相顧存。酒食淋漓。給養瞻厚。
其所憂愼。實同輿情。此不顯戮。則其於王章何。其於民俗何。及臣按道以來。
嚴加考覈。密布採探。則目下所見。頗殊傳聞。向來遙度。多是過慮。聽言察
貌。卽一蚩蠢編氓。巨魁之目。太不襯着。五年牢狴。無人資給。一縷尙延。仰
餕他囚。窩窟之稱。於渠卽濫。細究本情。乃是窮民之稍黠者。蓋其爲士則族
微不齒。爲農則佃作無力。爲工則手劣。爲商則資乏。四民之中。無處着身。縱
羡浮屠。而妻子爲累。寧學穿窬。而羞惡猶存。粗解文字。爲厥身災。左道邪
徑。乃是[1]捷路。則儌倖發貧。誑誘爲事。本罪之外。此固罔赦。而似此等類。
亦復何限。廼於申禁之下。首先被捉。故遂作凶渠。或急於制服。徑施栲擊。
或威刦匪道。譬說乖方。或逼令其指斥詛盟。以試其向背眞僞。彼[2]矯假立號。
大是不敬。而以若愚民。則滋惑於心曰。吾所樂者善。而所敬者天也。如之何
遏我善而禁吾敬也。遂以益堅其邪心。而若爲之伏節死義者然。誣惑至此。則
桁楊徽墨。徒爲虛器。爲命吏者。惟當欽奉聖世化民敦俗之至意。亟明其秩敘
命討之所以然。諗淫邪遁之所由分。使其舊染新蔓之俗。自消於金膏玉燭之下。
無跡於太虛過雲之中[3]。夫何得一寒乞。屹然若大敵。褻用國威。欲以力制。及
其事到難處。則因以推上朝廷。章皇若是哉。臣之頃者所請。果是信心徑行。
而淺深輕重之間。亦有所斟量矣。前後服習者。雖是一串邪學。而士族與微匹
不無差殊。專門與詿誤。亦有等分。惟彼存昌。比之兩賊。則旣無干紀之跡。
比之必恭。則頗[4]有覺迷之心。由前則合施差等之律。由後則宜同參恕之科。觀

其書納爰辭。雖不成文理。追悔刻骨。願作聖世之平民。辭意哀切。有足感人。國家於此等註誤。有獲輒戮則已。苟覺其迷。則宜[5]許其不死矣。如其痛悔。信若渠言。國家不過得一平民。如其不然。則誅之殛之。無俾易種。不過刑政之一事。如得其情。則所謂哀矜而勿喜之而已。若爲情僞難悉。反覆是慮。追究旣往。窮尋宿處。置之不生不死之地。而長在非人非鬼之關。向臣所謂刑法未一。民志莫定。非細故也。非但前此首服之輩。轉生疑懼。抑亦後來感化之類。當懷顧望。此臣所以日夜憧憧。恐負朝家所期之風化也。與其使斯民。疑信相半。寧失不經於一存昌。臣之區區愚見。果在此而不在彼也。

---

5. 宜 대본에 '且'로 되어 있는 것을 바로잡았다. 승계문고본에도 '宜'로 바로잡혀 있다.

族孫贈弘文正字朴君墓誌銘

原任吏曹判書朴公相德。喪其長子及第君綏壽。經爲長子三年。蓋繼其大考禮曹參判贈領議政府君諱某[1]。考進士贈吏曹判書府君諱某[2]。爲別宗也。將以某年月日。葬于坡州筐峴某坐之原。公執趾源手。泣曰。以吾兒之嘗愛吾叔文也。不特得其銘以不朽死者。庶幾生者。時閱而得其容聲。以塞其無窮之思也。趾源復于公曰。唯唯。朴維八望。氏之潘南者。族鉅而顯。獨其天賦之拙。與姓俱得。傳世楷範。迥異他族。皆內師父兄。外絶浮慕。名論不出戶庭。步屨罕及閭閈。其窮者。篤饑工寒。恭惟素分。其達者。牧謙養恥。疾或離士。賢者困於自得。而見善則固執之。愚者寧坐謭寡不振。而亦不肯與世推移。樸野隘訥。畫成一家之風。所謂世態時規。不惟欲學而不能。亦其耳目未覩。無緣薰襲。稠人廣衆。其色板板然若夏畦之行于莊嶽者。必我朴也。故雖以公之早貴。視其擁笏垂紳。周旋乎廊廟之間。有足自驗其家風也。然而世或不識我家品性之如此。而與人少款曲。則頗疑其簡傲。酬事多疎略。則反歸之矯亢。擧謂潘南之朴。無挾而自驕也[3]。一有子弟之聰明才俊稍露風調者。則聚族而慅之曰。是何以異於吾家之雅規也。吾嘗見長逝者之如彼其才美也。而猶恐或露於家庭。厚自掩匿之不暇。而況於他人乎。雖邂逅科第。泊然寡味。時時望遠而思。如鶴在樊。顧鬱鬱無誰語。則獨自罌以酒。塵垢滿室。兀上草草數峽書。恒若旅舍一宿。屢隨父大藩。而篋中無一墨[4]之貯。嘗欲造硯室。難於工值而已之。其拙如此。平壤。都邑富麗。泉貨如流。其名樓高臺。四方遊客輻湊。清歌妙舞。動在左右。而君方俛首課程文。戶外二屨。乃其同硯士也。時或自命小僮。携一壺。飄

---

1. 某　김택영 편『연암속집』과『중편연암집』은 '師正'으로 되어 있다.
2. 某　『연암속집』과『중편연암집』은 '興源'으로 되어 있다.
3. 故雖以公之早貴 …… 無挾而自驕也　『연암속집』과『중편연암집』은 이 부분이 없다.
4. 墨　『병세집』은 '筆'로 되어 있다.

然獨步出。憑眺咏哦。忽忽如過客。一營軍吏。莫有知君在街。有嘲君者。君謝曰。在家則督[5]。在街則客。嗟乎。公之爲父二十九年。所知於其子者。惟其孝友恭儉。不失家風。而忘憂於窮達賢愚之間。若其思致之淸曠。文詞之瑰麗。亦莫得以知焉。則君之賢有大過於人。而今不忍爲之詳其平生。以重慽公心也。公大慟曰。有是哉。有是哉。則乃生者之冤酷於死者。願以此誌其墓。遂書而序之曰。君字公履。母貞夫人平山申氏。僉正曠之女。君生於上之甲子。歿於壬辰某月日。二十三[6]。中進士[7]。二十八。中文科。其翌年歿。而未及分館。故例贈弘文館正字[8]。娶縣監韓山李應重女。有一女。方五歲。君方新進。將業其家世。而顧病於酒。益飲。疽而黃。引鏡自照。抵鏡於地曰。我其久於世哉。書空若有思。因整衣冠。辭[9]訣於父母。語多悲愴。家大驚。始知其病。方邀醫治疽。未及。而君因瘖不言。數日而歿。善相人。多奇中。銘曰。

貴之徵嗇。富之徵濁。壽之徵虐[10]。慈諒者夭之躅。瀚無滓者貧之宅。好施多予者無高爵。于玆六德吾將焉擇。吁不肖者勸以[11]作。愷悌者沮而抑。有不信視此刻。

千古寫照之文。莫如司馬遷。每於人疵處闕略處。必極力摹寫。要知疵處闕略處。人之餘也。餘者。神所寄也。所謂筆之前。文之外也。戴葭湄爲人寫照曰。貌圓而以方寫之。貌長而以短寫之。寫者方且短。而肖者圓而長。此語最宜操觚家[12]。余嘗於衆中一見此人。今讀此篇[13]。約略得筆墨蹊徑。

---

5. 督 『병세집』은 '子'로 되어 있다.
6. 三 『사마방목』司馬榜目에 의하면 '二'의 오류이다.
7. 進士 『운산만첩당집』은 '司馬'로, 『병세집』은 '生員'으로 되어 있다. 『사마방목』에 의하면 '生員'이 옳다.
8. 弘文館正字 『병세집』은 그 다음에 '兼知製敎'가 추가되어 있다.
9. 辭 『병세집』은 '人'으로 되어 있다.
10. 虐 『병세집』은 '毒'으로 되어 있다.
11. 以 여러 이본은 '而'로 되어 있다.
12. 操觚家 『운산만첩당집』은 '省'으로 되어 있다.
13. 篇 『운산만첩당집』은 '銘'으로 되어 있다.

伯姊贈貞夫人朴氏墓誌銘[1]

孺人諱某。潘南朴氏。其弟趾源仲美誌之曰。孺人十六。歸德水李宅模伯揆。有一女二男。辛卯九月一日歿。得年四十三。夫之先山曰鵶谷。將葬于庚坐之兆。伯揆旣喪其賢室。貧無以爲生。挈其穉弱。婢指十。鼎銚箱簏。浮江入峽。與喪俱發。仲美曉送之斗[2]浦舟中。慟哭而返。嗟乎。姊氏新嫁。曉粧如昨日。余時方八歲。嬌臥馬驟。效婿語。口吃鄭重。姊氏羞。墮梳觸額。余怒啼。以墨和粉。以唾漫鏡。姊氏出玉鴨金蜂。賂我止啼。至今二十八年矣。立馬江上。遙見丹旐翩然。檣影逶迤。至岸轉樹隱。不可復見。而江上遙山。黛綠如鬟。江光如鏡。曉月如眉。泣念墮梳。獨幼時事歷歷。又多歡樂。歲月長。中間常苦離患。憂貧困。忽忽如夢中。爲兄弟之日。又何甚促也。

去者丁寧留後期。猶令送者淚沾衣。扁舟從此[3]何時返。送者徒然岸上歸。

緣情爲至禮。寫境爲眞文。文何嘗有定法哉。此篇以古人之文讀之。則當無異辭。而以今人之文讀之。故不能無疑。願秘之巾衍。仲存。

---

1. 伯姊贈貞夫人朴氏墓誌銘 『연상각집』은 '孺人朴氏墓誌銘', 『종북소선』은 '亡姊孺人朴氏墓誌銘', 『병세집』은 '伯姊孺人朴氏墓誌銘'으로 되어 있다. 『종북소선』과 『병세집』은 제목뿐 아니라 본문도 대본과 크게 차이난다. 그러므로 이 글은 초기작인 『종북소선』이나 『병세집』의 글을 개작한 것이라 판단된다.

2. 斗 『병세집』은 '豆'로 되어 있다.

3. 扁舟從此 『종북소선』과 『병세집』은 '此時此去'로 되어 있고, 『과정록』권1에는 '扁舟一去'로 되어 있다.

伯嫂恭人李氏墓誌銘[1]

　　恭人諱某。完山李東馝之女。王子德陽君之後也。十六。歸潘南朴喜源[2]。生三男。皆不育。恭人素羸弱。身嬰百疾。喜源大父。爲世名卿。先王時每擧漢卓茂[3]故事。以增秩[4]。其居官。不長尺寸爲子孫遺業。淸寒入骨。捐館之日。家乏無十金之産。歲且荐喪。恭人力能存活其十口。奉祭接賓。恥失大家規度。綢繆補苴。且卄載。嘔腸擢[5]髓。瓶罍垂倒。屈抑挫銷。無所展施。每値高秋。木落天寒。意益廓然。實沮。疾益發[6]。綿延數歲。竟以上之二年戊戌七月卄五日歿。嗟乎。貧士之妻。昔人比之弱國之大夫。其扶傾支[7]覆。莫保朝夕。猶能自立[8]於辭令制度之間。而澗繁沼毛。不餒其鬼神[9]。不腆之廚庖。足以嘉會。豈非所謂鞠躬盡瘁。死而後已者耶。夫弟趾[10]源生子纔脫胞。恭人視其男也。遂子之。今十三歲。趾源新卜居華藏山中燕岩洞。樂其水石。手剪荊榛。因樹爲屋。嘗對恭人言。我伯氏老矣。行當與弟偕隱。繞墻千樹種桑。屋後千樹栽栗。門前千樹接梨。溪上下千樹桃杏。三畝陂塘。一斗

---

1. 伯嫂恭人李氏墓誌銘　'伯嫂' 2자가 없는 이본들도 있다. 『엄계집』은 '伯嫂李恭人墓誌銘'으로 되어 있다. 성균관대 소장 필사본 『연암집』 산고散稿(이하 성대본으로 약칭함)는 '伯嫂李恭人墓碣銘'으로 되어 있으며 본문도 상당히 차이난다.
2. 喜源　『엄계집』은 '某'로 되어 있다. 아래에 나오는 '喜源'도 마찬가지이다.
3. 茂　대본에 '武'로 되어 있는 것을 바로잡았다. 『엄계집』과 성대본은 바르게 되어 있다.
4. 增秩　『엄계집』과 성대본은 '襃之'로 되어 있다.
5. 擢　『엄계집』과 성대본은 '鈗'로 되어 있다.
6. 疾益發　성대본은 '疾益甚'으로, 『엄계집』은 '益致疾'로 되어 있다.
7. 支　『엄계집』과 성대본은 '撑'으로 되어 있다.
8. 立　성대본은 '强'으로 되어 있다.
9. 不餒其鬼神　성대본은 '足以饗神'으로 되어 있다. 『엄계집』은 '使神不餒'로, 『연상각집』과 『하풍죽로당집』은 '俾神不餒'로 되어 있다.
10. 趾　『엄계집』과 성대본은 '祗'로 되어 있다. 이하에 나오는 '趾'도 마찬가지이다.

魚苗[11]。 巖崖百筒薑。 籬落之間。 繫牛六角[12]。 妻績[13]麻。 嫂氏但課婢趣榨油[14]。 夜佐叔讀古人[15]書。 恭人時雖疾甚。 不覺蹶然起。 扶頭一笑[16]。 謝曰。 是吾宿昔之志。 所以日夜望其同來者甚殷。 禾稼未熟[17]。 而恭人已不可起矣。 竟以柩歸。 以其年九月十[18]日。 葬于舍北園中亥坐之兆。 所以成恭人之志也。 地系海西之金川。 趾源求銘於其友人奎章閣直提學[19]兪彦鎬。 彦鎬方留守中京。 地接燕岩。 爲助葬且銘之。 其銘曰。

燕岩之洞山窈而水淥[20]。 繄惟小郞之所營築。 嗚呼鹿門盡室之計。 竟於焉而托體。 旣安且固。 以保佑厥後。

無一婉嫕莊淑勤儉等字。 而恭人之奉先御家友慈和順之德。 像想如見。 要是至眞至潔之文。 讀之悽惋動人。_{仲存}

昔原憲言。 貧也非病。 近世寒士閨閣中人。 貧則是病。 病則是貧。 纏綿膠漆。 莫可解釋。 百家同證。 千人一崇。 往往診察。 得其源因。 而無妙文爲之詮錄。 雖有詮錄。 如此妙文。 更無國醫爲之處方。 鑄銅貫綎。 若繡蟒蟠。 布帛開箱。 米穀入倉。 以手一摩。 痛苦如失。 擧目一見。 補心歸脾。 起死回生。 斯爲上藥。 鹿頭截茸。 神俀如嬰。 瘳此婦人。 如水投石。 此出藥王菩薩。 救苦眞經。_{仲存}

11. 一斗魚苗　『연상각집』『하풍죽로당집』『엄계집』은 '十斛量魚'로, 『동문집성』東文集成은 '十斛養魚'로 되어 있다.
12. 繫牛六角　성대본은 그 다음에 '身耕耘'이 추가되어 있다.
13. 績　성대본은 '織'으로 되어 있다.
14. 課婢趣榨油　『엄계집』과 성대본은 '收荏趣瀝油'로 되어 있다.
15. 古人　성대본은 '古'로 되어 있다.
16. 不覺蹶然起 扶頭一笑　성대본은 '聞輒欣然樂'으로, 『엄계집』은 '聞輒欣然樂 强疾起一笑'로 되어 있다.
17. 禾稼未熟　성대본은 '築室未竟'으로 되어 있다.
18. 十　성대본은 '卄'으로 되어 있다.
19. 奎章閣直提學　『엄계집』과 성대본은 '內閣直學士'로 되어 있다.
20. 淥　『연상각집』과 『하풍죽로당집』은 '綠'으로 되어 있다.

洪德保墓誌銘

德保歿越三日。客有從年使入中國者。路當過三河。三河有德保之友。曰孫有義。號蓉洲。曩歲。余自燕還。爲訪蓉洲不遇。留書俱道德保作官南土。且留土物數事。寄意而歸。蓉洲發書。當知吾德保友也。乃屬客赴之日。乾隆癸卯月日。朝鮮朴趾源頓首白蓉洲足下。敞邦前任榮川郡守南陽洪湛軒諱大容字德保。以本年十月廿三日酉時不起。平昔無恙。忽風喎噤瘖。須臾至此。得年五十三。孤子薳哭擗。未可手書自赴。且大江以南。便信無階。並祈替此轉赴吳中[1]。使天下知己。得其亡日。幽明之間。足以不恨。旣送客。手自檢其杭人書畫尺牘諸詩文[2]共十卷。陳設殯側。撫柩而慟曰。嗟乎德保。通敏謙雅。識遠解精。尤長於律曆。所造渾儀諸器。湛思積慮。剙出機智。始泰西人謔地球。而不言地轉。德保嘗論地一轉爲一日。其說渺微玄奧。顧未及著書。然其晚歲益自信地轉無疑。世之慕德保者。見其早自廢擧。絶意名利。閒居燕名香。鼓琴瑟。謂將泊然自喜。玩心世外。而殊不識德保綜理庶物。剸劘剚錯。可使掌邦賦。使絶域。有統禦奇略。獨不喜赫赫耀人。故其莅數郡。謹簿書。先期會。不過使吏拱民馴而已。嘗隨其叔父書狀之行[3]。遇陸飛嚴誠潘庭筠於琉璃廠。三人者俱家錢塘。皆文章藝術之士。交遊皆海內知名。然咸推服德保爲大儒。所與筆談累萬言。皆辨析經旨天人性命。古今出處大義。宏肆儁傑。樂不可勝。及將訣去。相視泣下曰。一別千古矣。泉下相逢。誓無愧色。與誠尤相契可。則微諷君子顯晦隨時。誠大悟。決意南歸。後數歲。客死閩中。潘庭筠爲書赴德保。德保作哀辭。具香幣。寄蓉洲。轉入錢塘。乃其夕將大祥也。會祭者環西湖數郡。莫不驚歎。

---

1. 吳中　『중편연암집』은 '越中'으로, 『여한십가문초』는 '浙中'으로 고쳐져 있다.
2. 詩文　『운산만첩당집』은 '文獻'으로 되어 있다.
3. 書狀之行　『여한십가문초』는 '書狀使燕之行'으로 되어 있다.

謂冥感所致。誠兄果 名 焚香幣。讀其辭。爲初獻。子昂 名 書稱伯父。寄其父鐵橋遺
集。轉傳九年始至。集中有誠手畫德保小影。誠之在閩。病篤。猶出德保所贈鄉墨
嗅香。置胷間而逝。遂以墨殉于柩中。吳下[4]盛傳爲異事。爭撰述詩文。有朱文藻者。
寄書言狀。噫。其在世時。已落落如往古奇蹟。有友朋至性者。必將廣其傳。非獨名
遍江南。則不待誌其墓。以不朽德保也。考諱櫟牧使。祖諱龍祚大司諫。曾祖諱瑢[5]
參判。母清風金氏。郡守枋之女。德保以英宗辛亥生。得蔭除繕工監役。尋移敦
寧府參奉。改授世孫翊衛司侍直。敍陞司憲府監察。轉宗親府典簿。出爲泰仁縣監。
陞榮川郡守。數年以母老辭歸。配韓山李弘重女。生一男三女。婿曰趙宇喆閔致謙
俞春柱。以其年十二月八日。葬于淸州某坐之原。銘曰。_{銘佚原稿[6]}

　　首尾八百餘言。以友朋起結。一字不及孝友慈敬居家行誼。然其人篤於倫
彝。言外可見。

---

4. 吳下 『중편연암집』은 '越中'으로,『여한십가문초』는 '浙中'으로 되어 있다.
5. 瑢 대본에 '瀉'으로 되어 있는 것을 바로잡았다.
6. 銘佚原稿 『과정록』권1에는 잃어버린 명사銘辭로 짐작되는 "相逢西子湖 知君不羞吾 口中不含珠
空悲詠麥儒"라는 구절이 있다. 단국대 소장 『연암산고』燕岩散稿 제3책에는 "宜笑舞歌呼 相逢西子湖
知君不羞吾 口中不含珠 空悲詠麥儒"라는 명사가 있다. 연암 후손가 소장 『열하일기』에도 "魂去不
須□ 想逢西子湖 口裏不含珠 怊悵詠麥儒"라는 명사가 적혀 있었다고 한다.

癡庵崔翁墓碣銘

世固有急人之難而不惜千金者。然義不足以勝其爲惠。則是特州里之俠。而難繼乎一鄕之歸善也。如癡庵崔翁之急人。乃自急於義也。人之有憂患死喪。怊然若饁者之莫可以終朝。其心不耐。若芒栖眦。乃急求諸己曰。是何以不吾告也。我其或者見鄙於人乎。自反而無是。則喜曰。吾今幸而先聞也。促促焉若行旅之趁日也。爲之婚嫁者幾家。爲之斂葬者幾家。則朝夕洗鼎而待之者可知也。有嗤之者曰。甚矣。翁之癡也。不待求而先施之。故常濟人於急。而無德而稱焉。或曰。是何足癡也。或慮其有不當於意者。常諱其妻子昆弟。而潛施之。是豈非大癡耶。遂以癡號翁。翁亦安其號。至老死不變。故人無賢不肖。談翁如談故事。數人坐相語。輒大笑者。必翁之行某事某事也。宗弟年少浪蕩。盡喪其田宅。爲買屋。以妥其先靈。爲之改營祭田。則宗族相與止翁曰。徒費無益也。翁愀然曰。有田雖不祭。於我心猶[1]祭也。助之立業。嘗千金。宗族竊議。翁前旣無益。益其過。今又復益之。豈非翁之過耶。不數年而果乾沒焉。又與之千金。卒立業爲善士。非翁至誠。能化之乎。或曰。是猶其宗弟也。翁之友某丈[2]賢而早歿。爲撫養其幼穉。聞於古。未見於今也。孤子旣長。貧無以爲家。則爲營其貲産。嘗數千金。於古聞之乎。況又爲之刻石。表其墓。以不泯其賢行乎。某姓某丈[3]。翁之父友也。賢而老無依。則必晨往起居。自視菽瀡。又別貯月給之贏。以備歲制之需。古亦有若翁之篤厚者乎。或有疑。翁之輕財。義也。至於族黨之遵廣。必躬護之。於義何如哉。或曰。是奚特于其族黨也。聞知舊之摯熱方殊。翁手調藥。輒一下得汗。其僮僕病亦如之。翁非醫者也。翁所視。常得活。

---

1. 猶 『연상각집』『하풍죽로당집』『운산만첩당집』『백척오동각집』『동문집성』 등은 모두 '由'로 되어 있다. 의미는 같다.
2. 某丈 『동문집성』에는 '高敬恒'이라고 밝혀져 있다.
3. 某姓某丈 『동문집성』에는 '林君岬'라고 밝혀져 있다.

翁每忿然曰。一人遘厲。舉族奔避。使病者汗漲其時。欲不死得乎。默徵其事行。一皆小學所列嘉言善行。有一於此。固當卓犖瞻聳。而在翁則茶漿於朝夕。器服於左右。令人不覺其高遠難行。蓋其資性敦厚篤實。羞爲邊幅斂飾。酷嗜古禮。冠昏喪祭。頗詭時眼。鄕里益以此癡翁。而翁益自喜。觀其言談擧止。無非典禮中所日講也。養邱木如養赤子。海松之結子者。數萬株環塋域。置客戶守護。撫以恩信。咸相告戒曰。此孝子之所手植也。忍能剪一枝乎。家累鉅萬。及歿之日。無一金在者。余與翁之諸孤相善。得翁之詳。莫吾若也。今於墓道之刻。誼其辭乎。翁諱舜星。字景協。始祖遠。高麗時封伯于陽川。仍氏焉。曾祖諱某贈執義。祖諱某贈左承旨。考諱某贈戶曹參判。某年某月日生。某年月日終。壽七十一。以某年月日。葬于某坐之原。四子鎭寬[4]進士。鎭咸鎭益鎭謙。銘曰。

有塋于崇。君子攸封。有樹如蔥。五粒之松。誰忍毀傷。如見其容。俾也可忘。恟恟癡翁。推孝爲忠。忠厥友朋。義行禮中。罔不由衷。匪博厥聲。德實潤躬。千載想風。視此刻銘

從鄕里族黨口中。畵出索性嗜義急難人。活動如在。

如登九層之臺。一層高一層。輒見所未見。如入洞天。水只一泓源泉。而每一曲輒改前觀。懸者爲瀑。激者爲湍。渟者爲潭。有紋綺淪漣者。有琴筑環珮者。樹不厭曲。石不厭怪。岸不厭側。徑不厭欹。茅茨竹籬。不厭其掩映虧蔽。而時逢耕夫樵叟。不厭其癯顔古怪瘦骨犖确

4. 寬 대부분의 이본들과 관련 기록에는 모두 '觀'으로 되어 있다.

李處士墓碣銘

御製表忠綸音一卷。 題內賜故士人李聖擇家。 上首安奎章之寶。 蓋戊申三月。
卽我英宗大王揚武勘亂之年若月也。 洪惟我聖上御極之十有二年。 曆紀重回。 宸感
倍激。 誕宣寶綸。 渙諭方域。 若李處士者。 平生不自言功。 而襃錄獲列於簡策。 存恤
至及於子孫。 豈不盛歟。 處士初諱聖時。 字執中。 聖擇其改諱也。 高麗時禮部尙書
琚。 得封于河濱。 因氏焉。 入我朝。 有諱策。 知平康縣事。 世居居昌。 自處士高祖。
始爲安義人。 號曰弄月潭。 同春宋文正公來寓隣洞[1]。 則寔爲之主。 曾祖諱某。 祖諱
某。 考諱萬齡。 妣恩津宋氏。 參奉奎昌之女。 以[2]肅宗丙寅十一月廿八日生。 幼有異
質。 稍長。 才識過人。 雖生長遐陬。 明習國朝掌故。 士大夫吉凶禮疑。 遠近考質者。
踵相接焉。 弱冠北學。 最受知於金三淵李陶菴諸先生。 而閔文忠公鎭遠李奉朝賀秉
常。 皆許以國士。 趙相國道彬嘗薦其才行于朝。 及辛丑誣獄起。 遂謝世自放山澤之
間。 英宗四年。 凶賊鄭希亮起安義。 連陷傍數郡。 最忌處士。 跡之甚急。 處士直夜半
逃去。 疾趨京師。 道逢鞭一騎來者。 乃新尉也。 方馳入賊中。 而莫知要領。 及得處士
大喜。 密謀討賊。 既到縣。 賊已就誅。 而餘黨假息巖藪中。 遂贊尉。 悉捕斬。 賊既平
上深疾惡縣之出大憝也。 乃革其邑。 以其地分屬居昌咸陽。 兩邑俱在縣之下流。 往
時漑田。 常丐餘波。 卽山樵蘇。 毋帶斧斤。 地既附庸。 則公先決堤下水。 白晝取薪。
赭人邱木。 而立視噤嗄。 莫之敢詰。 卽微動脣。 反罵以賊。 吏隷之從役者。 虜奴苦
使之。 括丁籤軍。 侵及士族。 楚痛入骨。 無所告訴。 咸思復邑。 無可任其事者。 縣之
父老。 咸造請處士。 處士立起。 之京師。 疏萬餘言。 爲五[3]千戶請命。 守闕數歲。 有司

---

1. 洞　김택영 편 『연암집』과 『여한십가문초』 등은 '里'로 되어 있다.
2. 以　김택영 편 『연암집』과 『여한십가문초』 등은 그 앞에 '處士'가 추가되어 있다.
3. 五　『연암제각기』燕岩諸閣記는 '四'로 되어 있다.

莫有以安義事上聞者。視其地巋然若洸之也。自嶺中來者。不欲對面語。彷徨旅邸。困頓憔悴。無可以投足。處士嘗有舊於相國金公在魯。說之曰。敝鄉之山神水鬼。頑愚不靈。胎獍卵梟。化爲逆亮[4]。底罰城隍。餒固當也。夫亂逆之生。汚潴其環堵之室。使不毛焉。今敝鄉井泉不改。聚落如故。乃廢其邑治。墟其社稷。是環百里而潴澤之也。然而穀粟之賦。絲麻之供。不以土産。而曠其惟正。則后土氏何辜焉。句龍氏何辜焉。先聖先師。釋奠無主。牲齒已老。絃誦之地。鞠爲茂草。使其子弟無以自立於聲敎之中。社稷廢而不祀。尙猶冤矣。矧又坐廢其學校乎。因條民之疾苦十餘事。感慨泣下曰。朝歌勝母。地名偶爾。君子猶不蹈焉。故非不戀其鄉井。重其桑麻。懷其塚墓。而居者思遷。遷者不還。何也。皆欲湔洗自拔耳。將見其無復居人。則吾恐玆土之遂迷魑魅而爲狐鼠之所藏也。於是金公大感悟曰。諾。當爲子力陳之。明日謁上。極言安義不可廢置狀。悉如處士所條。上惻然憐之。遂命復其邑。置倅如故。邑革凡九年而復。於是縣社縣稷。四封修矣[5]。吏隷之分屬者。悉還舊職矣。城隍族[6]厲之鬼。無不從食矣。處士以壬戌九月日[7]終。壽五十七。以其年九月日[8]。葬于縣南嚴田洞午坐原。初娶鄭文獻公後[9]。生一男廷銓。早歿。一女適士人某。後娶驪興[10]閔氏。生一男宅銓。今年八十。上推恩國中賜士民高年爵。於是得階通政大夫[11]。二女適士人某某。宅銓二子宗漢。后廷銓。次天漢。孫某某[12]。噫。自古忠義之士。曷嘗不以安[13]社稷爲悅哉。一縣之推。而天下國家可知已。雖其壇壝之

---

4. 亮 『여한십가문초』는 '鄭'으로 되어 있다.
5. 四封修矣 『연암제각기』에는 그 다음에 '自孔子顔曾以下 皆復其位矣'가 추가되어 있다.
6. 族 대본에 '旅'로 되어 있는 것을 바로잡았다.
7. 日 김택영 편 『연암집』과 『여한십가문초』 등은 '某日'로 되어 있다.
8. 其年九月日 김택영 편 『연암집』과 『여한십가문초』 등은 '其月某日'로 되어 있다.
9. 鄭文獻公後 김택영 편 『연암집』과 『중편연암집』 『여한십가문초』는 '鄭氏'로 되어 있다.
10. 驪興 『연암집』과 『여한십가문초』 등은 이 2자가 없다.
11. 今年八十 …… 於是得階通政大夫 『연암집』과 『여한십가문초』 등은 이 구절이 없다.
12. 宅銓二子宗漢 …… 孫某某 『연암집』과 『여한십가문초』 등은 이 구절이 없다.
13. 安 대본에는 없는데, 『여한십가문초』에 의거하여 보충하였다.

制有等威。牲幣之數有隆殺。而神人之所依附。未始不同也。苟能圖存於旣亡之後。
則寧或以邑之十室。而小其忠信也哉。銘曰。

粤昔戊申。安陰社亡。凶渠之故。殫厥胎鄉。土壤遂醜。凡民何殃。人神無依。
九換星霜。王降沛澤。一滌腥盂。山高水淸。草樹回光。靈壇改築。復受天陽。絃歌
增蔚。亦奉芯薌。云誰之功。處士執中。太守作銘。亦與有榮[14]。

14. 亦與有榮　『연암제각기』에는 그 다음에 '從縣社廢興處 鋪述感慨 文氣菀然 凡爲人作遺事而可備一
縣一國廢興沿革之故實者 必一縣一國磊落奇偉之士 然幾許不爲世間惡筆所抹殺奄奄無生意哉 處士不幸爲一
縣之士 亦幸而得此文 足以不朽千古'라는 평어가 있다.

贈司憲府持平芮君墓碣銘

粵昔大猷 天下之爲子者 其色無不怡 其聲無不愉 其氣無不下 其容無不婉 其勤無不服 其養無不就 其喪無不致 當是之時 天下無孝 無孝者 無不孝也 孟子曰 事親若曾子者可也 豈非曾子之事親 不過人子之常職 而固無事乎聳然而異之 太息而稱之歟 夫惟太息而稱之曰孝哉若人 若人者 固將隱痛於斯名 而此非獨若人之不幸 乃天下之不幸 如之何其使若人 特異於當世也 然而若人者 盡分於天理之極 而其切至微密之際 有非衆人之所能察 則君子不得已倡言垂教 以明夫天下後世也 嗟乎 後世孝子之旌 何往往而設也 吾每過孝子之廬 未嘗不怵惕 足爲之躑躅 而恐傷孝子之心也 如贈持平芮君者 何以稱焉 君諱歸周 字讓卿 系出周司徒芮伯萬 有諱樂全 高麗時官門下贊成事 始貫義興之缶溪 入我朝 有諱蘭 禮曹參議 諱思文 兵曹參判 諱承錫 吏曹參議 至漢城府右尹 諱忠年 慶州府尹 皆以文科進 高祖諱景[1]績 奉事 曾祖諱應善 祖諱貴連 考諱福林 妣沃川李氏 宗信女 君以崇禎己卯月日 生于尙州回龍里 幼而安詳愷悌 拔出醜類 學於同郡李通禮元圭 篤志力行 不以榮進入心 嘗爲親[2]赴擧 至京師 將入禮圍 聞通禮訃 即日歸 服喪 遂隱居尙志 築室於金山之北 名其居曰慕初 究心經傳 娛意山水[3] 於世味泊如也 嘗言人之所當勉者三 忠信學 所當戒者三 色鬪得 手書以自警 又曰 人言某也賢 厥父母常有不賢之戒 父母曰 吾之子孝 厥子常有不孝之懼 則家道庶幾乎 又爲文 飭諸子 其目

---

1. 景 『모초재실기』慕初齋實紀 중의 「의흥예씨세계도」義興芮氏世系圖와 연암이 지은 묘지명을 비롯한 거의 대부분의 관련 기록에는 '大'로 되어 있다.
2. 親 대본에 '觀'으로 되어 있는 것을 바로잡았다. 대부분의 이본들에도 '親'으로 바로잡혀 있다.
3. 水 대본에는 '林'으로 되어 있는데, 이본들에 의거하여 바로잡았다.

日慕思[4]曰無隱。 皆實學也。 以肅宗戊子月日卒。 月日葬于甘文山北亥坐原[5]。 配商山金以鳴女。 生三男二女。 君歿後數十年。 鄕人士稱君至孝。 宜可以表章。 癸酉。 因道臣登聞。 贈司憲府持平。 其曾孫某[6]。 以今古阜郡守洪侯元燮書。 來請碣銘。 故大提學南公有容[7]贈大提學李公鎭衡奎章閣直提學沈公念祖[8]。 俱有撰述。 以記其孝感異蹟[9]。 而故參贊兪公最基誌君墓詳次其言行。 俱可徵也。 蓋君之事親。 不自有其躬。 自乳哺至葬祭。 莫不忠敬有禮。 親戚化之。 以至於通鬼祇而感蟲獸。 此一鄕之所以至孝稱君。 而若君之所自爲心。 則以爲我於子職。 未能盡其分焉已矣。 遑敢曰善事其親乎。 然而有人焉。 從而號於衆曰。 此孝子孝子云爾。 則亦異曾子所以事親之義[10]云。 銘曰。

蓋有小人而愛親。 未聞君子而私其身。 一膚一髮。 跬步瞬息。 橫之則無方。 豎之則無極。 筍可雪抽。 鯉可氷躍。 有或俔電。 神不爾若。 彼髤鬚者。 含鹿來效。 人所稱異。 在君何恔。 毋言其孝。 以戚其心。 我刻銘詩。 同好爲箴[11]。

---

4. 慕思 대본에는 '思慕'로 되어 있는데,『모초재실기』권1 잡저雜著에 제목이 '慕思'로 되어 있어 이를 따랐다.
5. 葬于甘文山北亥坐原 『모초재실기』는 '初葬甘文山 後移窆于回龍里'로 되어 있다.
6. 某 『모초재실기』는 '秀兼'으로 되어 있다.
7. 大提學南公有容 『모초재실기』는 '參判洪公梓'로 되어 있다.
8. 奎章閣直提學沈公念祖 『모초재실기』에는 그 다음에 '今大提學吳公載純'이 추가되어 있다.
9. 蹟 대본에 '續'으로 되어 있는 것을 바로잡았다. 승계문고본에도 '蹟'으로 바로잡혀 있다.
10. 曾子所以事親之義 『연상각집』은 '孟子所嘗稱孝於曾氏之義'로 되어 있다.
11. 同好爲箴 『모초재실기』에는 그 다음에 '聖上十六年壬子月日 通訓大夫安義縣監南趾源撰'이 추가되어 있다.『운산만첩당집』에는 '老子云 六親不和 有孝慈'라는 평어가 추가되어 있다.

參奉[1]王君墓碣銘

王氏, 高麗時皆公族[2], 當鼎革[3]時, 自相怖嚇, 變姓逃匿, 世所傳玉琴馬全田五姓, 多王氏寄竄, 有遇諸野, 行歌[4]且和曰, 彼佩[5]玉者, 不忘本也, 有琴無絃, 其聲啞啞, 非苐伊粟, 飯彼之馬[6], 伏[7]於田間, 甘處人下, 蓋不能無畏約[8], 爲隱以相識云, 國朝設參奉, 求王氏[9], 在麻田者, 奉崇義殿, 在開城者, 奉顯陵, 皆[10]太祖後也, 有諱某字某, 自其曾祖諱某, 祖諱某, 考諱某, 至君連四世, 皆爲顯陵參奉[11], 妣蔚山朴氏某之女, 君生于肅宗丙辰月日, 外若退巽無所措躬[12], 內能綜理事物[13], 莫遺纖忽, 上[14]臨善竹橋, 御筆褒高麗忠臣文忠公鄭夢周曰, 日月精忠亘萬古, 太山高節圖隱公, 命有司, 刻石爲碑, 樹之橋頭, 君感激泣下, 率其宗族, 日赴碑役, 碑趺屭贔成, 曳者且萬人, 重莫能動, 竪碑有日時, 有司懼不及期, 君免褐執絙, 呼邪

1. 參奉 『운산만첩당집』의 목차에는 '顯陵參奉'으로 되어 있고, 성대본은 '麗陵參奉'으로 되어 있다.
2. 高麗時皆公族 성대본은 그 다음에 '本其所自出王'이 추가되어 있다.
3. 鼎革 『엄계집』과 성대본은 '革除'로 되어 있다.
4. 行歌 『엄계집』과 성대본은 '歌'로 되어 있다.
5. 佩 대본에 '珮'로 되어 있는 것을 바로잡았다. 여러 이본에도 '佩'로 바로잡혀 있다.
6. 有琴無絃 …… 飯彼之馬 『엄계집』과 성대본은 '行何戴琴 止何乘馬'로 되어 있다.
7. 伏 성대본은 '隱'으로 되어 있다.
8. 蓋不能無畏約 『엄계집』과 성대본은 '久畏約故'로 되어 있다.
9. 求王氏 『엄계집』과 성대본은 '求王氏後'로 되어 있다.
10. 皆 『엄계집』과 성대본은 그 앞에 '獨' 자가 추가되어 있다.
11. 自其曾祖諱某 …… 皆爲顯陵參奉 『엄계집』은 '顯陵參奉 考諱某及第 祖諱某', 성대본은 '麗陵參奉 考諱某及第 祖諱某'라고만 되어 있다.
12. 躬 『엄계집』과 성대본은 '事'로 되어 있다.
13. 綜理事物 『엄계집』과 성대본은 '綜密投會'로 되어 있다.
14. 上 성대본은 '英宗'으로 되어 있다.

一挽。 衆力齊奮。 石行如流。 遂以膽勇稱。 將建閣。 採礎故宮之墟[15]。 君慷慨曰。 是役也。 夫誰之旌。 而壞麗氏臺爲哉[16]。 有司呫良久。 噫[17]曰。 夫也是。 竟取他所。 麗陵享祀。 歲久弛墮[18]。 儀物缺禿。 鬝鬐卣鞁。 雲雷蜼彝之象。 磨滅不章[19]。 君懇于府留守。 且申秩宗[20]。 席几純仍。 簠簋有飾。 摺盥興俯。 咸中儀式[21]。 家初[22]赤貧。 君積苦錙銖[23]。 剋口貶腹[24]。 晚業阜潤[25]。 誘啓後人。 大致富厚。 甲于鄕里[26]云。 丙寅月日終[27]。 壽七十一[28]。 葬于府南[29]鳳鳴山東麓庚坐之[30]原。 配丹陽禹氏某女。 一男某[31]。 二女適士人[32]某某。 孫[33]五人。 長某武科壯元。 前任[34]義盈庫主簿。 次某進士。 次某進士。 餘幼[35]。 銘曰。 銘佚原稿[36]。

---

15. 御筆褒高麗忠臣文忠公鄭夢周曰 …… 採礎故宮之墟 『엄계집』은 '御書刻石 有司將建閣 採礎麗墟', 성대본은 '手書刻石 有司將建閣 採礎麗墟'라고만 되어 있다.

16. 而壞麗氏臺爲哉 『운산만첩당집』과 『하풍죽로당집』은 '而壞麗臺爲閣哉'로 되어 있고, 『엄계집』과 성대본은 '壞麗氏臺爲悅者乎'로 되어 있다.

17. 噫 성대본은 '欹'로 되어 있다.

18. 歲久弛墮 『엄계집』과 성대본은 '吏滋不虔'으로 되어 있다.

19. 鬝鬐卣鞁 …… 磨滅不章 『엄계집』과 성대본은 이 구절이 없다.

20. 秩宗 『엄계집』은 '禮官', 성대본은 '禮曹'로 되어 있다.

21. 席几純仍 …… 咸中儀式 『엄계집』은 "鬱雲尊彪 席几純仍", 성대본은 "鬱雲尊彪 席几純仍 式秩式威 昂頼愀喜"로 되어 있다.

22. 初 성대본은 '初' 자가 없다.

23. 君積苦錙銖 『엄계집』은 '能積苦錙銖間', 성대본은 "徒手無絲髮緣 能積苦錙銖間"으로 되어 있다.

24. 腹 『엄계집』과 성대본은 '膚'로 되어 있다.

25. 阜潤 『엄계집』은 '稍潤', 성대본은 '稍潤則'으로 되어 있다.

26. 甲于鄕里 『엄계집』과 성대본은 이 구절이 없다.

27. 終 『엄계집』과 성대본은 '歿'로, 영남대본과 승계문고본 등 여러 이본은 '卒'로 되어 있다.

28. 七十一 대본에 '八十三'으로 되어 있는데, 『엄계집』과 성대본에 의거하여 바로잡았다.

29. 府南 『엄계집』과 성대본은 이 2자가 없다.

30. 之 『엄계집』과 성대본은 '之' 자가 없다.

31. 某 『엄계집』은 그 다음에 '麗陵參奉'이 추가되어 있다.

32. 士人 『엄계집』과 성대본은 이 2자가 없다.

33. 孫 성대본은 그 앞에 '有' 자가 추가되어 있다.

34. 前任 성대본은 이 2자가 없다.

35. 次某進士 …… 餘幼 『엄계집』과 성대본은 이 구절이 없다.

36. 銘佚原稿 성대본은 '聚塵成泰恒 孰知厥德恒 德無大小然 遺厥嗣業恒'이라는 명사銘辭가 있다.

嘉義大夫行三道統制使贈資憲大夫兵曹判書兼知義禁府事五衛都摠府都摠管諡忠剛[1]李公神道碑銘 幷序

嗚呼　當清人建號之初　刦執我使　必欲一得其庭拜　是固將聲噪於天下曰　朝鮮禮義之邦　率先諸國而帝我也　爲使者　噫　其急矣　其頭可斫而不可叩　其膝可斷而不可跪者　苟非如故統制使李公之爲　使環東海數千里之國　將何以自明於天下乎　力可以拔瀋陽　擧全遼　而不能勝弱國一介之使　威足以服蒙古四十餘王　不終朝而破杜松二十萬之衆　不能折匹夫之腰而膝之庭　獲玉璽　陳符命　沛然自以爲得之于天者　若彼其易焉　其得我使之一拜　若是之難也　然而事在疆域之外　有非國人之所快覩　則身旣生還　跡涉受書　當時辱國之論　惡可已乎　其後明邊帥之奏天子　中原遺民之所圖畫　稍稍得之於傳聞之中　而國疑漸釋　始加褒贈之典　然其敵庭强悍之蹟　尙在國人信惑之間者　于玆百有四十餘年　此固萬世公議之所不能泯　而清皇帝之所不得[2]掩也　謹按公諱廓　字汝量　系出璿派　其所自祖曰王子敬寧君裶[3]　考諱裕仁　文科咸鏡道觀察使　倭寇時被害　贈禮曹判書　妣貞夫人慶州崔氏　萬曆庚寅生公　三歲而孤　及長　身長八尺　聲如巨鍾　膂力絶倫[4]　屹然將帥材也　李文忠公恒福　憐其孤貧　勸武　中甲科[5]　除宣傳官　猛虎入禁苑　公射殺之　賊臣脅文武百官[6]　庭請廢大妃　公不參班　人皆危之　勸公稱疾　公怒曰　不病則當參乎　光海日悖亂　有探公意者　公謝曰　我有母在　未敢從公等　然第努力　無我疑　及靖社　有密期　東城君申景禋　要公俱去　公不應　公時帶御營千摠　朴承宗素信公　急招公謂曰　有告若與大將李興立叛者　吾不若疑　急聚軍

---

1. 剛　대본에 '烈'로 되어 있는 것을 바로잡았다.
2. 得　『운산만첩당집』『연상각집』『하풍죽로당집』『동문집성』은 '能'으로 되어 있다.
3. 裶　대본에 '裖'로 되어 있는 것을 바로잡았다.
4. 倫　『여한십가문초』는 'ㅅ'으로 되어 있다.
5. 中甲科　『여한십가문초』는 그 앞에 '光海中'이 추가되어 있다.
6. 賊臣脅文武百官　『중편연암집』은 그 앞에 '光海君時'가 추가되어 있다.

敦化門外、以備非常、公遂令軍中曰、今日我特將、專號令、敢違者斬、夜義旗指門、軍中擾擾、告有外兵、公乘馬東向立曰、視我馬首、有行且字公者、公陽爲不聞、呼公者東城君也、事定、諸功臣疑公、欲並誅之、延平君李貴力爭曰、使廓不讓陣、誰敢入者、延平君以平山府使舉義、而超拜扈衛大將、則力保公爲中軍、復薦公、代平山以庇之、然承宗以首相誅、而[7]嘗爲其所厚、則無以自晰、常鬱鬱不得意[8]、明年适[9]叛報至、公適在理、趣召見、賜弓劒、禦敵猪灘、兵潰、自投江、賊購公急、及得公馬死浮水、謂公已死、乃去、公乘流屍、得不死、赤身赴都元帥張晚軍、軍中疑公賊諜、欲斬之、晚赦公爲先鋒、使立功自贖、遂破賊、復京城、功疑、不得勳、出爲安岳郡守、尋移慈山府使、姜弘立引滿洲[10]陷義州、列郡瓦解、觀察使尹暄、急招公援平壤、道聞平壤已陷[11]、而慈亦失守、狼狽失所據、檄召諸邑兵、將赴節度使、及金起宗代暄爲觀察使、疑公在道顧望、不急援平壤、欲斬之、會朝廷屬公能捕誅金德卿高汗龍者、二賊俱西陣小譯、投滿洲、德卿僞署安州牧使、公請擒二賊自贖、遂設計、斬汗龍、擒德卿、擊賊半渡、奪還俘口、追高遮博氏、射殺二從騎、起宗握手歡飮曰、恨相知晚也、遂留爲中軍、悉以軍事委之、敵退、入拜同知中樞府事、出爲慶源府使、旋移永興府使、入爲都摠府副摠管、復出爲濟州牧使、還拜同樞兼摠管、尋除會寧府使、以母老辭不赴、時滿洲已據瀋陽、數侵擾山海關、盡服屬蒙古諸番、然猶以隣道待我、不絶聘報、崇禎九年丙子、滿洲使英兒阿代馬福塔來遺書、辭甚悖慢、所望非前日者、臺閣及太學諸生、交章請斬其使、函首奏天子、英兒阿代等大恐、跳出館、奪馬馳去、棄國書道中、是時士大夫皆避使瀋中、乃以公充回答使、持書追至龍灣、時春信使羅德憲先公發、方留灣上、遂偕行入瀋陽、汗見公等益慢不肯受幣、迭使館中、誚讓十餘事、汗將郊天、先使鄭命壽誘脅萬端、公拔佩

---

7. 而 『여한십가문초』는 그 다음에 ‘公’ 자가 추가되어 있다.
8. 意 『동문집성』은 ‘志’로 되어 있다.
9. 适 『중편연암집』과 『여한십가문초』는 ‘李适’로 되어 있다.
10. 洲 대본에 ‘州’로 되어 있는 것을 바로잡았다.
11. 道聞平壤已陷 『여한십가문초』는 그 앞에 ‘公’ 자가 추가되어 있다..

刀。 授命壽曰。 持我頭去。 明日滿洲數十騎。 鞭門大呼曰。 朝鮮使趣整服。 公歎曰。
今日死得所矣。 遂與羅公東向四拜。 遙辭國。 手自裂袍。 踏壞紗帽。 以示不復服。 自
解髻。 駢首交縊。 兩相抱持臥。 汗遣壯士。 挾持公等。 驅至壇下。 貝勒八固山番子等
皆班立。 蒙古騎數十萬環壇而陣。 汗衣柘黃袍。 執圭升壇。 受尊號曰寬溫仁聖皇帝。
建有國之號曰大淸。 改元崇德。 壯士擁公立。 公輒擲身。 伸脚臥。 壯士爭前。 執其臂
股。 抑首揭尻。 四舉而覆之地。 公則大呼翻身背臥。 有近前者。 臥輒踢其面。 鼻潰
血濺。 是日觀者。 駭惡不忍視。 遂倒曳。 鎭于館。 明日復祀東郊。 又擁公等去[12]。 公
等益暴抗。 裂眦大罵。 眞悖戾不可當。 滿洲群臣請釁鼓[13]威衆。 汗曰。 彼方自求殺
今殺之。 反適其願。 且有殺使名。 不如赦還。 遂爲書。 置[14]裝中。 使百餘騎押公。 馳
至鴉鶻關而去。 公等始檢裝。 果得汗書。 驚曰。 書封新印。 其中可知。 萬一發書。 有
不中舊式者。 將奈何。 遂置書店中。 馳還脫出柵。 邊上譁[15]言。 公等拜蹈敵庭。 觀察
使洪命耉馳啓。 請梟示境上。 於是三司及太學生交章請誅。 金文正公尙憲。 力言
兩使不驗問。 奈何獨先斬之。 得末減。 公謫宣川。 羅戍白馬城。 久之。 朝廷得[16]都督
沈世魁奏天子手本。 始知公等抗義狀。 兩司姑停梟首之啓。 然言者猶謂沈帥詐報天
朝。 及馬福塔以店中所棄書。 至盛怒言。 皇帝郊天。 使臣當執禮惟恭。 乃廓等悖亂
廷辱天子。 何不殺是賊。 以謝大國。 於是從行譯官申繼悟等。 始發舒鳴冤。 釋公等
謫。 是年冬。 滿洲大舉襲我。 上入南漢城。 時公丁崔夫人憂。 命起復。 入觀圍中。 使
守城。 遣中使勸肉。 又親臨勞勉。 督戰御史金益熙黃一皓金壽益李厚源林𡊠諸公。
見公備禦有奇略。 許以國士。 始信前使瀋中事。 圍解。 請歸葬崔夫人。 制終。 拜同樞
摠管。 出爲忠淸道兵馬節度使。 擢拜三道統制使。 其在瀋陽。 被捶毆。 瘀血內腫。 下

---

12. 明日復祀東郊 又擁公等去　『여한십가문초』는 '明日復擁公等去'로 되어 있다.
13. 釁鼓　『운산만첩당집』『연상각집』『하풍죽로당집』은 '祭纛'으로 되어 있고, 『여한십가문초』는
　　 '祀東郊 又釁鼓'로 되어 있다.
14. 置　『중편연암집』과 『여한십가문초』는 그 다음에 '公' 자가 추가되어 있다.
15. 譁　『여한십가문초』는 '譁'로 되어 있다.
16. 得　『중편연암집』과 『여한십가문초』는 그 다음에 '明' 자가 추가되어 있다.

體不仁。年老田居。屢辭除拜。顯宗乙巳。卒于家。葬楊根郡北鬱業里坐乙原。配貞夫人興陽李氏。應培女。生三男一女。益章益常益行[17]。女適尹世美。益章益常無後。益行五男。誢訢譓諝諒。林將軍慶業入登州。爲馬弘周[18]所執。送北京。道見一書。乃公等不屈狀也。先是。皇明烈皇帝。遣御史黃孫茂。奬諭公[19]節義甚盛。而椵島已破。詔書竟莫能傳。自是天子之使。不復至朝鮮[20]矣。及今淸皇帝論述歷代帝王。以及汗建號時事。題曰御製全韻詩。詩刊五卷。布行天下。詩有朝鮮使不拜獨乖之語。親自詳註言。太宗旣受尊號。而朝鮮使臣李廓羅德憲。獨不拜。太宗諭群臣曰。使臣無禮。欲朕先啓釁。戮其使。加我以敗盟之名。朕終不肯逞忿于一時。戮其使。其勿問。尋遣歸廓等。其所稱太宗者。汗也。今上三年。特命購其書。覽而嘉歎之。命旌其閭。而謚之曰忠剛[21]。嗚呼。是奚特公等百年之疑快卞於一朝哉。使天下萬世。益義我朝鮮獨不帝滿洲於當時也。遂爲之銘曰。

維我先王。亦維有君。大明天子。我君之君。淸未受命。卽我强隣。入據遼瀋。揮戈四瞋。鄂羅回回。杜爾伯特。扎賴翁牛。烏珠土默。莫不稱臣。益强以傲。羞稱可汗。謀僭大號。我有虎將[22]。曰廓汝量。聘在彼館。元不忘喪。彼雖自帝。若飽于夢。必借公拜。以誇其衆。辮髮朱帽。焰瞳鬼齶。前擁後驅。若霆摧嶽。淸之帝不。係公一俯。撑宙亘宇。確植如柱。項領土梗。腹背瓮盎。屠腸刳胃。任汝飫脹。獨保此膝。爲天下伸。彼亦赧義。以儆厥臣。巡遠不剮。武騫生還。國言沸騰。喙喙郵訕。謂公媚敵。蹈[23]躍拜[24]舞。洵若斯者。其咽可斧。于存于歿。跡穢名巇。挽河爲盥。

17. 益章益常益行 『중편연암집』과 『여한십가문초』는 그 앞에 '男' 자가 추가되어 있다.
18. 周 대본에 '胄'로 되어 있는 것을 바로잡았다.
19. 公 『중편연암집』과 『여한십가문초』는 그 다음에 '等' 자가 추가되어 있다.
20. 朝鮮 『운산만첩당집』 『연상각집』 『하풍죽로당집』은 '屬國'으로 되어 있다.
21. 剛 대본에 '烈'로 되어 있는 것을 바로잡았다.
22. 將 『중편연암집』과 『여한십가문초』는 '臣'으로 되어 있다.
23. 蹈 '跳'의 오자인 듯하다.
24. 拜 『연상각집』은 '抃'으로 되어 있다.

誰爲滌之 瑅華爲觸 誰爲摘之 幽昧暗黮 誰爲晢之 淸今[25]四葉 號登乾隆 親作歌詩 頌厥祖功 訝公不拜 謂志獨乖 獲此一言 若天難階 觀其所註 理當粉骸 嘗公悖常 卽公義勇 自述宏度 非爲公頌 大書特書 非爲公寵 孰章賂帝 孰與慫慂 胡靳一殺 刻公百年 無直不伸 可質蒼天[26] 我聖家法 攘夷尊周 環東爲國[27] 一部春秋[28] 有臣若公 曠世如昨 爰命太常 政府館閣 考文選號 以旌毅魄 綽楔有儼 揭名列爵 顯報旣崇 九原可作 視此豐珉 色庶無怍[29]

　　通篇以疑字爲案 敍事奇崛 得史遷神髓 銘亦奇極典極 學昌黎而換脫[30]得妙

　　李羅姓名 見於一統志 在全韵詩前 特無人表章 故百餘年寥寥無聞耳[31]

　　假使當時萬有一 或者心欲偃而力不能不覆 彼將權認爲拜 公將奈何[32]乎 此幸[33]天賦公熊虎之材 以當此境 而其時諸公 孰不斥和 而大抵皆文儒也[34] 心剛 骨則軟 貌毅 質則弱 雖節義建天地 血憤撐宇宙 未必能勇力麤豪如將軍 我爲念此 未嘗不怵[35]然心悸

25. 今 『동문집성』은 '興'으로 되어 있다.
26. 觀其所註 …… 可質蒼天 「연상각집」은 '手復詳註 孰與慫慂 自述宏度 非爲公寵 胡靳一劉 刻公百年 寃破積疑 撥露覰天 帝口雖嘗 筆則斯揚 公所見乖 尤爲國光'으로 되어 있다.
27. 國 『여한십가문초』는 '城'으로 되어 있다.
28. 環東爲國 一部春秋 「연상각집」은 '一衰一鉞 日維春秋'로 되어 있다.
29. 色庶無怍 『전주 이씨 경녕군파 세보』全州李氏敬寧君派世譜 권지수卷之首에는 그 다음에 '通政大夫行安義縣監兼晉州鎭管兵馬節制都尉朴趾源撰'이 추가되어 있다.
30. 脫 『운산만첩당집』은 '奪'로 되어 있다.
31. 故百餘年寥寥無聞耳 『운산만첩당집』은 '故百餘年寥寥無聞 今得此銘 庶可以照耀千古耳'로 되어 있다.
32. 奈何 『운산만첩당집』은 '奈何奈何'로 되어 있다.
33. 此幸 『운산만첩당집』은 '此何幸'으로 되어 있다.
34. 其時諸公 …… 而大抵皆文儒也 『운산만첩당집』은 '其時斥和諸公 大抵皆文儒也'로 되어 있다.
35. 怵 『운산만첩당집』은 '慄'으로 되어 있다.

麈[1]公塔銘

釋麈公示寂六日。 茶毗于寂照菴之東臺。 距溫宿泉檜樹下不十武。 夜常有光。 蟲背之綠也。 魚鱗之白也[2]。 柳木朽之玄也。 大[3]比邱玄朗。 率衆繞場。 齋戒震悚。 誓心功德。 越四夜。 廼得師腦珠三枚。 將[4]修浮圖。 俱書與幣[5]。 請銘于余[6]。 余雅不解浮圖語。 旣勤其請。 廼嘗試問之日。 朗。 我疇昔而病。 服地黃湯。 漉汁注器。 泡沫細張[7]。 金粟銀星。 魚呷蜂房。 印我膚髮。 如瞳栖佛。 各各現相。 如如含性。 熱退泡止。 吸盡器空。 昔者惺惺。 誰證爾公。 朗叩頭日。 以我證我。 無關彼相。 余大笑日。 以心觀心。 心其有幾。 乃爲係詩日。

九月天雨霜。 萬樹皆枯落。 瞥見上頭枝。 一果隱蠹葉。 上丹下黃靑。 核露蟲半蝕。 群童仰面立。 攢手爭欲摘。 擲礫遠難中。 續竿高未及。 忽被風搖落。 遍林索不得。 兒來繞樹啼。 空罵烏與鵲。 我乃比[8]諸兒。 爾目應生木。 爾旣失之仰。 不知俯而拾。 果落必在地[9]。 脚底應踐踏。 何必求諸空。 實理猶存核[10]。 謂核仁與子。 爲生生不息。 以心若傳心。 去證麈公塔[11]。

1. 麈　대본에 '塵'로 되어 있는 것을 바로잡았다. '塵'는 사슴의 일종이고 '麈'는 고라니에 속하여 서로 다르나 글자가 비슷해서 혼동하기 쉽다.
2. 蟲背之綠也 魚鱗之白也　『종북소선』은 '魚鱗之白也 蟲背之綠也'로 되어 있다.
3. 大　『종북소선』에는 그 앞에 '其' 자가 추가되어 있다.
4. 將　『종북소선』은 '大'로 되어 있다.
5. 幣　『종북소선』과 『병세집』은 '狀'으로 되어 있다.
6. 請銘于余　『종북소선』은 '磨頂請銘'으로 되어 있다.
7. 張　『종북소선』과 『병세집』은 '漲'으로 되어 있다. 그러나 '漲'은 앞 구절의 운자인 '湯'과 같은 평성 양陽 자 운이 아니라 거성 양漾 자 운이어서 운이 맞지 않는다.
8. 比　승계문고본 및 『종북소선』과 『병세집』은 '譬'로 되어 있다.
9. 必在地　『종북소선』은 '應歸土'로 되어 있다.
10. 實理猶存核　『종북소선』은 '核存猶自托'으로 되어 있다.

佛說譬喩品。曲盡種種物相。彌覺高玅。此文近之。而解脫六諦。圓證實相。決非大乘以下口氣。

11. 去證塵公塔　『병세집』은 그 다음에 '地黃湯喩 演而說偈曰'이라 하면서 다음과 같은 글을 덧붙여 놓았다. '我服地黃湯 泡騰沫漲 印我顴顙 一泡一我 一沫一吾 大泡大我 小沫小吾 我各有瞳 泡在瞳中 泡中有我 我又有瞳 我試噸言 一齊矉眉 我試笑焉 一齊解頤 我試怒焉 一齊揎腕 我試眠焉 一齊闔眼 謂厥塑身 安施塵泥 謂厥繡面 安施鍼絲 謂畫筆描 安施彩色 謂檀木鐫 安施彫刻 謂金銅鑄 安試皷橐 我欲撥泡 欲抱其腰 我欲穿沫 欲撫其髮 斯須器淸 香歇光定 百我千我 了無聲影 咦彼塵公 過去泡沫 爲此碑者 現在泡沫 伊今以往 百千歲月 讀此文者 未來泡沫 匪我暎泡 以泡暎泡 匪我暎沫 以沫暎沫 泡沫暎滅 何歡何怛' 그런데 이덕무李德懋의 손자 이규경李奎景이 지은 『시가점등』詩家點燈에도 「주공탑명」의 전문을 소개한 다음, 다시 '평왈'評曰이라 하면서 위의 글을 인용하고 있다. 단 『병세집』과 몇 자 차이가 있다. 또한 매탕梅宕(이덕무)이 평열評閱했다는 『종북소선』에도 두주頭註로 '余讀塵公塔地黃湯喩 演而說偈曰'이라 하면서 역시 위와 같은 글을 싣고 있다. 단 이 역시 『병세집』 『시가점등』과 글자 및 순서에 사소한 차이가 있다. 따라서 위의 글은 연암이 아니라 이덕무의 글임이 분명하다. 그리고 『시가점등』에는 다시 '評之又評曰'이라 하면서 '假佛語 寓儒旨 用筆微而婉 江郞曰 黯然消魂 余斷章取義 以評塵公塔'이라 하였는데, 이 역시 『종북소선』 말미의 평어와 일치하므로, 이덕무의 평어임을 알 수 있다.

해제

김명호金明昊
(서울대학교 국어국문학과 교수)

머리말

본서는 한국문학사의 최고봉에 속하는 문호 연암燕巖 박지원朴趾源의 시문詩文을 최초로 완역한 것이다. 연암은 그의 대표작 『열하일기』熱河日記를 정조正祖 임금이 특별히 거론하고 그 문체의 영향력을 문제 삼았을 정도로 당대 조선의 걸출한 작가였다. 뿐만 아니라 연암은 사후死後에도 그의 문학과 사상에 대한 관심이 갈수록 고조되어 간 점에서 유례가 드문 작가라 할 수 있다. 19세기에 필사본으로만 전하던 그의 문집은 20세기의 벽두인 애국계몽기愛國啓蒙期에 처음 활자본으로 공간公刊되었으며, 일제 강점기인 1930년대 조선학운동朝鮮學運動이 일어나던 무렵에 다시 활자본으로 공간되어 널리 보급되었다. 또한 그에 관한 학문적 연구는 북에서는 홍기문洪起文·김하명金河明 등에 의해 1950년대부터 활발하게 이루어졌으며, 남에서는 1960년대 이후 이가원李家源·이우성李佑成 등의 선구적 연구에 이어 오늘날까지 실로 왕성하게 이루어져 왔다. 그리하여 이제 『열하일기』를 비롯한 연암의 작품들은 한국문학이 낳은 특출한 성과로서 국내뿐 아니라 해외에서까지 주목받고 있는 실정이다.

이와 같이 연암 연구가 날로 발전해 온 추세를 감안할 때 아직 연암의 문집이 완역되지 못한 것은 만시지탄을 금할 수 없다. 연암의 문집 중『열하일기』는 이미 완역본이 나온 바 있으나, 일반 시문詩文은 선집選集의 형태로만 몇 차례 국역되었을 따름이다. 홍기문의『박지원 작품선집』(1960)을 비롯해서 현재까지 남과 북에서 몇 종의 국역서들이 나오기는 했지만,『연암집』燕巖集에 수록된 시문 전체의 3할을 넘지 않는 일부 작품들만 국역되는 데 그쳤다. 게다가 이러한 국역서들은 대개 텍스트 자체에 대한 서지적 검토를 소홀히 하고 작품의 이해와 감상에 필요한 주해註解를 충실히 베풀지 않은 한계를 지니고 있었다. 본서는 종전의 국역서들이 지닌 이와 같은 한계를 극복하고자 연암의 시문 전체를 국역 대상으로 했을 뿐 아니라, 역자譯者 자신을 포함한 학계의 연암 연구 성과를 국역에 충분히 반영한 '전문적 학술 번역'을 추구하였다.

그간 학계의 숙원 사업의 하나였던 연암의 시문 완역이 이루어지게 된 데에는 우전 신호열雨田 辛鎬烈(1914~1993) 선생의 공로가 지대하다고 할 수 있다. 우전 선생은 일찍이 1978년부터 매주『연암집』강독회를 열고 작고할 때까지 연암의 글들을 국역·구술口述하셨다. 그 뒤 문하생들이 선생의 유업遺業으로『연암집』국역 출간을 기획했으나 선생의 구술을 받아 적은 원고가 방대한 분량이라 정리할 엄두를 내지 못하다가, 결국 문하생 중에서 연암 문학을 전공한 필자가 그 일을 전담하게 되었다. 그동안 필자는 연암의 손자인 환재瓛齋 박규수朴珪壽에 대한 연구에 전념하고 있어서 그 연구를 마치는 대로 우전 선생의 국역 원고를 정리할 계획이었는데, 어느덧 10여 년이 지났음에도 환재 연구가 끝나지 않아『연암집』국역 원고 정리 작업 역시 지체될 수밖에 없었다. 이로 인해 늘 무거운 책임감을 느끼던 차, 민족문화추진회에서 시급히 국역해야 할 고전의 하나로『연암집』을 선정하고 우전 선생과 필자의 공역共譯 형식으로 국역해 줄 것을 요청해 왔으므로, 제백사하고 이 일에 매달리게 되었다. 그리하여 2005년에 민족문화추진회에서 연암의 시문을 완역한 『국역 연암집』 1·2를 간행했으며, 이번에 수정 보완 작업을 거쳐 돌베개출판사에서 『연암집』 상·중·하 3권을 새롭게 출간하게 된 것이다.

연암의 생애와 문학

연암 박지원은 1737년(영조 13) 음력 2월 5일 서울의 명문 양반가에서 태어났다. 본관은 반남潘南이고, 자는 중미仲美이다. 연암의 가문은 선조조宣祖朝의 공신인 박동량朴東亮과 그의 아들로서 선조의 부마가 된 박미朴瀰를 위시하여 세신귀척世臣貴戚을 허다히 배출한 명문 거족이었다. 연암의 조부 박필균朴弼均은 경기도 관찰사와 호조 참판을 거쳐 지돈녕부사知敦寧府事를 지냈으며, 시호諡號는 장간章簡이다. 부친 박사유朴師愈는 평생 포의布衣로 지내면서 부모 밑에서 조용한 일생을 보냈다. 따라서 연암의 정신적 성장에는 집안의 기둥이던 조부가 부친보다 더 강한 영향을 끼쳤던 듯하다.

연암은 16세 때 전주 이씨 이보천李輔天의 딸과 혼인하였다. 장인 이보천은 농암農巖 김창협金昌協의 학통을 계승한 산림 처사處士로 명망이 높았다. 이보천의 아우인 이양천李亮天은 시문에 뛰어났으며, 홍문관 교리를 지냈다. 결혼 후 연암은 이러한 이보천과 이양천의 자상한 지도를 받으면서 본격적으로 학업에 정진하였다.

20세 무렵부터 연암은 여느 양반가 자제와 마찬가지로 과거 준비에 몰두했다. 그러나 한편으로 그는 혼탁한 벼슬길에 과연 나서야 할 것인지 몹시 번민했다고 한다. 그의 초기작을 대표하는 '방경각외전'放璚閣外傳은 이러한 심각한 정신적 갈등 상황에서 창작된 것으로서, 여기에 수록된 「마장전」馬駔傳 「양반전」 등은 당시 양반 사회의 타락상을 통렬하게 풍자한 작품들이다. 또한 연암은 1765년 가을 금강산을 유람하고 장편

한시 「총석정에서 해돋이를 구경하다」(叢石亭觀日出)를 지었다.

장래의 거취 문제로 오랫동안 번민하던 연암은 1771년경 마침내 과거를 폐하고 재야의 선비로 살아가기로 결심했다. 그 이후 연암은 서울 전의감동典醫監洞에 은거하며 벗 홍대용洪大容 및 문하생 이덕무李德懋·박제가朴齊家·유득공柳得恭·이서구李書九 등과 교유하는 가운데 자신의 사상과 문학을 심화해 나갔다. 이 시절에 그는 '법고창신'法古創新 즉 '옛것을 본받되 새롭게 창조하자'는 말로 집약되는 특유의 문학론을 확립하고, 파격적이고 참신한 소품小品 산문들을 많이 지었다. 뿐만 아니라, 홍대용을 필두로 잇달아 연행燕行을 다녀온 박제가 등과 함께, 조선의 낙후된 현실을 개혁하고자 청나라의 발전상을 깊이 연구하였다.

1777년(정조 1) 연암은 왕위 교체기의 불안한 정국과 어려운 가정 형편 등으로 인해 개성開城 근처인 황해도 금천군金川郡 연암협燕巖峽으로 은둔했다. 이곳에서 그의 고명을 듣고 찾아온 개성의 선비들을 지도하는 한편, 국내외의 농서農書들을 두루 구해 읽고 초록抄錄해 두었다. 후일 연암은 이때 초록해 둔 것을 바탕으로 『과농소초』課農小抄를 저술하게 된다.

1780년 삼종형三從兄 박명원朴明源이 청나라 건륭제乾隆帝의 칠순을 축하하는 특별 사행使行의 정사正使로 임명되자, 연암은 그의 수행원으로서 숙원이던 연행을 다녀왔다. 북경北京까지 갔다가 되돌아오는 것이 관례였는데, 이번 사행은 사상 처음으로 황제의 별궁이 있던 만리장성 너머 열하熱河까지 다녀올 수 있었다. 당시의 견문을 도도한 문장으로 표현한 것이 바로 『열하일기』로, 이 책은 문단에 커다란 반향을 일으키면서 연암의 작가적 명성을 한껏 드높여 주었다.

1786년 연암은 음직蔭職으로 선공감 감역이 되었다. 집안 생계를 책임져야 했기에 나이 쉰 살에 비로소 벼슬길에 나선 것이다. 그 후 평시서 주부, 의금부 도사, 제릉 영齊陵令, 한성부 판관을 거쳐, 1792년부터 1796년까지 경상도 안의安義의 현감으로 재직했다. 이 안의 현감 시절에 연암은 선정善政에 힘쓰는 한편으로, 왕성한 창작력을 발휘하여 주옥같은 작품들을 지었다. 음양오행설陰陽五行說을 비판한 「홍범우익서」洪範羽翼序, 과부의 순절殉節 풍속을 문제 삼은 「열녀 함양 박씨전」, 장편 한시 「해인사」 등의 걸작들은 모두 이 시기의 소산이다. 그런데 이 무렵에 그는 뜻밖에 『열하일기』로 인해 곤경을 겪기도 했다. 『열하일기』의 문체가 정통 고문古文에서 벗어난 점을 질책하면서 속죄하는 글을 지어 바치라는 정조의 어명이 내려왔던 것이다. 뿐만 아니라 수년 뒤에는 『열하일기』가 오랑캐인 청나라의 연호年號를 쓴 글이라는 비방 여론이 일어나기도 했다.

안의 현감 직에서 교체되어 서울로 돌아온 연암은 제용감 주부, 의금부 도사, 의릉 영懿陵令을 거쳐, 1797년부터 1800년까지 충청도 면천沔川의 군수로 재직했다. 면천 군수 시절에 그는 어명으로 「서이방익사」書李邦翼事를 지어 바쳤다. 이 글은 제주도 사람 이방익이 해상 표류 끝에 중국 각지를 전전하다 극적으로 귀환한 사건을 서술한 것으로서, 정조의 칭찬을 받았다고 한다. 또한 연암은 농업 장려를 위해 널리 농서를 구한다는 윤음綸音을 받들어 『과농소초』를 진상하였다. 『과농소초』에 대해 정조는 좋은 경륜 문자經綸文字를 얻었다고 칭찬하면서 장차 연암에게 농서대전農書大全의 편찬을 맡겨야겠다고까지 했으며, 규장각의 문신들 사이에서도 칭송이 자자했다고 한다.

정조가 승하한 직후인 1800년 음력 8월 연암은 강원도 양양襄陽 부사로 승진했다. 그러나 궁속宮屬과 결탁하여 횡포를 부리던 중들을 징치懲治하는 문제로 상관인 관찰사와 불화한 끝에 이듬해 봄 노병老病을 핑계대고 사직했다. 1805년(순조 5) 음력 10월 20일 연암은 서울 북촌 재동齋洞 자택에서 영면하였다.

연암의 저작으로 널리 알려진 것은 『열하일기』와 『과농소초』이다. 이 책들에서 연암은 벽돌과 수레 등 청나라의 발달된 문물을 적극 수용할 것을 주장하고, 중국의 선진적인 농사법과 농기구들을 소개했다. 이로 말미암아 그는 오늘날 조선 후기 북학파北學派를 대표하는 실학자로 간주되고 있다. 한편 김택영金澤榮의 『여한십가문초』麗韓十家文鈔에서는 연암을 중국의 당송팔가唐宋八家에 비견되는 우리나라의 대표적 고문가古文家의 한 사람으로 꼽았다. 그런데 연암은 고문의 전통을 충실히 계승하면서도, 규범에 얽매이지 않고 소설식 문체와 조선 고유의 속어·속담·지명 등을 구사하여, '기기'奇氣와 '기변'奇變이 넘치고 민족문학적 개성이 뚜렷한 산문들을 남겼다.

'방경각외전' 중의 「양반전」, 『열하일기』 중의 「호질」虎叱과 「허생전」, 그리고 안의 현감 시절 작품인 「열녀 함양 박씨전」 등은 오늘날 한문소설로 간주되고 있으며, 이로 인해 그는 조선 후기 소설사에서 가장 뛰어난 작가로 평가되고 있다. 또한 그는 비록 과작寡作이기는 하지만, 「총석정에서 해돋이를 구경하다」 「해인사」 등과 같이 빼어난 한시들도 남겼다. 따라서 그는 탁월한 자연 묘사를 성취한 시인으로서도 재인식될 필요가 있다. 그리고 '법고창신'法古創新을 핵심으로 한 연암의 문학론은, 시대착오적인 모방을 일삼는 의고주의擬古主義 문풍을 비판하고 당대 조선의 현실을 참되게 그릴 것을 역설한 점에서 근대 민족문학론과 리얼리즘 문학론의 선구로 볼 수 있을 것이다.

『연암집』의 편성과 수록 작품

본서에서 국역 대본으로 삼은 텍스트는 1932년 박영철朴榮喆이 편한 활자본 『연암집』이다. 이는 연암의 직계 6세손인 박영범朴泳範이 보관해 온 필사본 『연암집』을 그 저본底本으로 삼았다고 하며, 모두 17권 6책으로 되어 있다. 그 중 제1권부터 제10권까지가 일반 시문이고, 제11권부터 제15권까지는 『열하일기』, 제16권과 제17권은 『과농소초』이다. 본서의 국역 대상이 된 일반 시문에 한하여 박영철 편『연암집』의 편성을 필사본『연암집』과 비교해 보면 아래와 같다.

박영철 편『연암집』			필사본 『연암집』	양식별 특징
원집 原集	제1권	연상각선본煙湘閣選本	제1~6권	각종 산문
	제2권	연상각선본煙湘閣選本		
	제3권	공작관문고孔雀館文稿	제7~10권	각종 산문
	제4권	영대정잡영映帶亭雜詠	제11권	시詩
	제5권	영대정잉묵映帶亭賸墨	제12권	척독尺牘
별집 別集	제6권	서이방익사書李邦翼事	제13권	서사書事
	제7권	종북소선鍾北小選	제14~15권	각종 산문
	제8권	방경각외전放璚閣外傳	제16권	전傳
	제9권	고반당비장考槃堂秘藏	제56권	각종 산문
	제10권	엄화계수일罨畫溪蒐逸	제57권	각종 산문

　　박영철 편『연암집』에서 근간을 이루는 부분은 제1권에서 제3권까지에 해당하는 '연상각선본'과 '공작관문고'라고 할 수 있다. 연암의 초기작부터 만년작까지 망라하여 전체 산문의 절반이 넘는 글들이 여기에 정선精選되어 있기 때문이다. 그중에서도 더욱 핵심적인 부분은 '연상각선본'이다.

　　연상각은 연암이 안의 현감 시절에 세운 정각亭閣의 하나였다. 안의 현감으로 갓 부임한 때인 1793년, 연암은 정조로부터『열하일기』로 인해 문풍文風의 타락을 초래한 잘못을 속죄하는 뜻에서 순정純正한 문체로 글을 지어 바치라는 하교를 받았다. 이에 그는 새로 글을 지어 바치는 대신 구작舊作에서 고른 약간 편과 안의에서 지은 글 몇 편을 합쳐 몇 권의 책자로 만들어 두었다고 한다. 이와 같이 장차 정조에게 진상할 목적으로 연암 자신이 정선한 글들만을 모은 자찬自撰 문집이 바로 '연상각선본'이었던 것으로 추정된다. (단 여기에는 「공주 판관 김응지에게 답함」(答

公州判官金應之書) 등 면천 군수 시절에 쓴 10여 편의 편지들도 추가되어 있다.)

이 점은 '연상각선본'과 유사한 성격의 필사본 선집들을 살펴볼 때 더욱 분명해진다. 즉 『연상각집』煙湘閣集 『운산만첩당집』雲山萬疊堂集 『하풍죽로당집』荷風竹露堂集 등은 판심版心에 '연암산방'燕岩山房이라 찍힌 사고지私稿紙를 사용하고 있어 연암 집안의 가장본家藏本임이 틀림없다. 그런데 이러한 필사본 선집에 수록된 글들은 『열하일기』에서 뽑은 5편을 제하면, 모두 '연상각선본'의 수록 범위에서 벗어나지 않는다. 짐작하건대 연암은 『열하일기』의 일부도 포함한 자찬본自撰本을 만들어 두었으나, 그의 사후에 문집을 편찬하는 과정에서 『열하일기』를 별도로 포함함에 따라, '연상각선본'에서 『열하일기』 중의 글들은 배제했던 것이 아닌가 한다.

연암의 처남이자 지기知己였던 이재성李在誠이 '연상각선본'과 아울러 '공작관문고'에만 평어評語를 남겼던 점으로 미루어, '공작관문고' 역시 연암의 작품 중 정수精髓를 모아놓은 부분으로 보아야 할 것이다. 다만 '연상각선본'에는 모두 32편의 글에 대해 이재성의 평어가 있는 데 비해, '공작관문고'에는 단 3편의 글에 대해서만 이재성의 평어가 있다. 그리고 '공작관문고'에는 연암이 10대 소년인 1755년에 지은 「영목당 이공에 대한 제문」(祭榮木堂李公文)에서부터, 노년인 1801년 양양 부사로서 강원도 관찰사에게 올린 편지까지 상당한 시차를 둔 작품들이 두루 섞여 있는 점이 특색이다.

공작관은 연상각과 마찬가지로, 연암이 안의 현감 시절에 세운 정각의 하나였다. 그런데 1768년 박제가의 문집을 위해 써 준 서문에서 이미 연암은 이 글을 "공작관에서 지었다"(撰於孔雀館中)고 밝히고 있고, 박제가의 문집에도 「공작관에게 답함」(答孔雀館)이라는 그 무렵 연암에게 보낸 편지가 수록되어 있다. 이로 보아 공작관은 연암이 30대 무렵에 거처했던 서실書室이자 그의 당호堂號이기도 했음을 알 수 있다. 또한 '공작관문고'의 자서自序와 동일한 글인 「공작관집서」孔雀館集序가 『겸헌만필』謙軒漫筆(단국대 소장. 곤坤책)에 수록되어 있는데, 이 글을 지은 시기가 '기축'己丑(1769)년으로 명시되어 있다. 그리고 원래 '공작관문고'에는 「청향당 이선생 묘지명」淸香堂李先生墓誌銘과 「죽각 이선생 묘지명」竹閣李先生墓誌銘도 포함되어 있었으나, 연암 손자 박규수가 필사본에 붙인 두첨頭籤에 의하면 이는 이재성의 글이 잘못 편입된 것이어서, 박영철 편 『연암집』에서는 제외했다고 한다.

이상의 사실들을 종합해 보면, 아마도 연암이 중년 이전에 자찬自撰한 『공작관집』孔雀館集이 있었는데, 거기에다 연암의 노년의 글들까지 포함하여 '연상각선본'에 수록되지 못한 작품들을 합쳐서 개편한 것이 곧 '공작관문고'가 아니었던가 한다. 이재성의 평어가 단 세 군데에 그치고 있고 그의 글 두 편이 혼입되어 있었던 점으로 미루어, '공작관문고'는 이재성이 별세한 1809년 이후의 어느 시기에 편찬된 듯하다.

이와 같이 『연암집』의 근간을 이루는 '연상각선본'과 '공작관문고'에다, 연암의 한시만을 모은 '영대정잡영', 중년 이전의 짧은 편지들만을 모은 '영대정잉묵', 1797년경 정조의 어명으로 지은 독립된 저술 「서이방익사」, 주로 중년에 지은 소품 산문들을 모은 '종북소선', 그리고 오늘날 한문소설로 간주되는 그의 초기 전傳 9편을 모은 '방경각외전'이 합쳐져서, 1차로 문집이 완성되었던 듯하다. 이러한 문고文稿들에 '영대정' '종북' '방경각' 등의 이름이 붙여진 것은 '영대정잉묵'의 자서에서 알 수 있듯이, 중년 시절의 연암이 서울의 종로 북쪽 전의감동에서 살 적에 '방경각'이라 명명한 서실에 거처했으며 그 서실의 동루東樓가 영대정이었기 때문이다.

연암의 아들 박종채朴宗采가 선친의 언행을 기록한 『과정록』過庭錄을 지은 뒤 1831년에 쓴 추기追記에, 『열하일기』와 『과농소초』를 제외한 연암의 문고는 모두 '16권'이라고 하였다. 위의 표에서도 보듯이, 이는 곧 필사본으로 제16권인 '방경각외전'까지를 가리키는 것임을 알 수 있다.

'고반당비장'과 '엄화계수일'은 연암의 은거지인 황해도 금천군 연암협에 있던 '고반당'이란 집과 '엄화계'란 시내의 이름을 각각 취한 것이다. 또한 박종채가 문집에 붙인 안설按說이 모두 일곱 군데 있는데, 그 중 '엄화계수일'에 마지막으로 수록되어 있는 「원사」原士 한 군데에만 자신의 초명初名인 '종간'宗侃을 적지 않고 '종채'라 적어 놓았다. 이러한 사실들로 미루어, '고반당비장'과 '엄화계수일'은 아마도 박종채가, 『과정록』 추기를 쓴 1831년부터 작고한 1835년 사이의 어느 시기에 연암협 은거지에 남아 있던 선친의 유고를 마저 수습하여 문집에 최후로 추가한 것이 아닌가 한다.

박영철 편 『연암집』은 위와 같은 경위로 만들어져 후손가에 보관되어 온 필사본 『연암집』을 모두 6책의 활자본으로 간행한 것이다. 창강滄江 김택영金澤榮이 『연암집』을 편찬하면서 종종 임의로 개작했던 것과 달리, 박영철본이 필사본의 원문을 존중하여 함부로 고치지 않은 점은 정당하게 평가되어야 할 것이다. 다만 원문 판독이나 인쇄 과정에서 발생한 오자·탈자가 적지 않고, 필사본 원문 자체의 오류가 시정되어 있지 않으며, 필사본의 편차를 그대로 따른 결과 편차가 정연하지 못하고 혼란스러운 점 등 일부 문제점이 있는 것은 사실이다.

박영철 편 『연암집』에 수록된 연암의 시문을 양식별로 분류하고 괄호 안에 편수를 표시하면 아래와 같다. 연암의 글인지, 독립된 작품인지, 어떤 양식으로 분류할지 논란의 여지가 있는 경우는 별도의 설명을 붙였다.

① 序(30): 序(20)/ 自序(3)/ 引(1)/ 贈序(3)/ 送序(2)/ 壽序(1)

② 記(35)
  *「안의현 여단 신우기」安義縣厲壇神宇記(권1)는 본래 박제가가 연암의 부탁으로 대신 지은 글이다. 박제가가 지은 원본은 그의 문집에 「여단기」厲壇記란 제목으로 실려 있다. 그런데 「안의현 여단 신우기」를 이 원본과 대조해 보면 연암이 박제가의 글에 상당한

손질을 가했음을 알 수 있다. 따라서 「안의현 여단 신우기」를 연암의 글로 간주해도 무
방하다고 보아 작품 편수에 넣었다.

③ 跋(12): 跋(3)/ 題跋(7)/ 書後(2)

　*「광문전 뒤에 쓰다」(書廣文傳後[권8]) 외에 「이몽직 애사」李夢直哀辭(권3)의 후기後記도 1
편의 서후書後로 간주하였다. 『연암집』 목록에서 그 제목 아래에 "서후를 붙였다"(書後
附)고 밝히고 있을 뿐더러, 이 작품의 본보기가 된 한유韓愈의 「구양생 애사」歐陽生哀辭
에도 별도로 「애사 뒤에 쓰다」(題哀辭後)가 있기 때문이다.

④ 書牘(101): 書(52)/ 尺牘(49)

⑤ 傳狀(14): 傳(8)/ 行狀(1)/ 家狀(1)/ 事狀(3)/ 謚狀(1)

　*'방경각외전'(권8) 중 「역학대도전」易學大盜傳과 「봉산학자전」鳳山學者傳은 실전失傳이라
작품 편수에서 제외했다.

⑥ 碑誌(18): 墓誌銘(5)/ 墓碣銘(9)/ 墓表陰記(1)/ 神道碑(1)/ 紀蹟碑(1)/
　　　　　塔銘(1)

⑦ 哀祭(11): 祭文(6)/ 進香文(2)/ 哀辭(3)

⑧ 論說(5): 論(4)/ 說(1)

⑨ 奏議(7): 疏(2)/ 狀啓(2)/ 報牒(2)/ 對策(1)

　*「순찰사에게 답함」(答巡使書[권2])의 부록인 「감사의 자핵소 초본」(監司自劾疏草)을 독립
된 1편의 소疏로 간주했다. 「감사의 자핵소 초본」은 김택영의 『중편연암집』에도 「경상
감사를 대신하여 지은 자핵소」(代慶尙監司自劾疏)라는 제목으로 별개의 글로 수록되어
있다.
　*「순찰사에게 올림」(上巡使書[권2])의 부록 「병영에 올린 보첩의 초본」(兵營報草)과 「순찰
사에게 올림」(上巡使書[권3])의 부록 「보첩의 초본」(報草)을 각각 독립된 1편의 보첩報牒
으로 간주하였다.
　*「주금책」酒禁策(권3)은 실전失傳이라, 작품 편수에서 제외했다.

⑩ 雜著(3)

  * 「원사」原士(권10)와 아울러, 「원도에 대해 임형오에게 답함」(答任亨五論原道書[권2])에서 덕성이기德性理氣를 논한 부록과, 「순찰사에게 올림」(上巡使書[권2])에서 사학원위邪學源委를 논한 부록도 별개의 잡저雜著로 간주하였다.

⑪ 書事(1): 권5 「서이방익사」書李邦翼事

⑫ 詩(42): 권4 「영대정잡영」映帶亭雜詠 32제題

위와 같이 계산하면 『연암집』에 수록된 작품들은 통틀어 시詩 42수, 문文 237편이다.

원문 교감과 주해 작업

본서가 목표로 한 전문적 학술 번역을 성취하기 위해서는 우선 『연암집』의 이본異本들을 널리 수집·검토하여 신뢰할 수 있는 교감본校勘本을 마련해야 한다. 그리고 종전의 국역서들처럼 어귀 풀이에 그치지 않고, 창작 시기나 창작 배경, 작품들의 상호 관계, 난해하거나 심오한 의미를 지닌 대목들에 대한 해명 등 작품 해석에 긴요한 내용까지 충실히 주해註解해야 할 것이다.

『연암집』의 주요 이본으로는 다음과 같은 활자본 4종과 필사본 6종이 알려져 있다.

● 활자본
○ 김택영 편, 『연암집』(1900): 선집選集으로, 6권 2책이다.
○ 김택영 편, 『연암속집』燕巖續集(1901): 선집으로, 3권 1책이다.

ㅇ김택영 편, 『중편연암집』(1917): 선집으로, 7권 3책이다.

ㅇ박영철 편, 『연암집』(1932): 전집全集으로, 17권 6책이다.

●필사본

ㅇ국립중앙도서관 소장 승계문고본勝溪文庫本: 전집이나, 총 57권 22책 중 2권 1책이 빠졌다.

ㅇ숭실대 소장 자연경실본自然經室本: 전집이나, 11책만 남아 있다.

ㅇ연세대 소장본: 시문詩文만을 모은 것으로, 모두 7책이다.

ㅇ영남대 소장본: 시문만을 모은 것으로, 모두 10책이나 8책만 남아 있다.

ㅇ연암 후손가 소장 『연상각집』煙湘閣集: 1책. 서序와 기記 27편을 수록 했다.

ㅇ연암 후손가 소장 『운산만첩당집』雲山萬疊堂集: 1책. 33편의 글을 수록했다.

이러한 주요 이본들에 관해서는 김혈조 교수가 「연암집 이본에 대한 고찰」(한국한문학회, 『한국한문학연구』 17, 1994)에서 자세히 검토한 바 있으며, 본서에서는 그 연구 결과를 원문 교감에 요긴하게 활용하였다. 다만 그 연구에서도 이본 간의 차이를 간과한 경우가 간혹 있고, 서로 차이나는 경우에 시비 판단을 내리지 않았으며, 원문 자체가 잘못된 결과 이본들에 공통적으로 나타난 오류 등은 적시摘示하지 않았다. 그러므로 본서에서는 그와 같은 한계를 보완하고, 나아가 아래와 같은 여러 문헌들을 추가로 참고하여 더욱 철저한 원문 교감을 하고자 하였다.

ㅇ『병세집』幷世集: 윤광심尹光心 편. 국립중앙도서관 소장. 연암의 시 2수와 문文 11편을 수록했다.

○『종북소선』鍾北小選: 연암 후손가 소장. 1책. 「서」叙를 포함하여 연암의 글 11편을 수록했다.

○『연암제각기』燕岩諸閣記: 서울대 소장. 1책. '연암산방'燕岩山房 사고지私稿紙를 사용했으며, 연암의 글 7편을 수록했다.

○『백척오동각집』百尺梧桐閣集: 장서각藏書閣 소장. 1책. 연암의 글 15편을 수록했다.

○『하풍죽로당집』荷風竹露堂集: 성균관대 소장. '지'地 1책. '연암산방' 사고지를 사용했으며, 연암의 글 41편을 수록했다.

○『연상각집』煙湘閣集: 성균관대 소장. 1책. '연암산방' 사고지를 사용했으며, 연암이 지은 비지碑誌 11편을 수록했다. 말미에 「문고보유목록」文稿補遺目錄과 「열하일기보유목록」熱河日記補遺目錄이 있어 주목된다.

○『연암집』燕巖集: 성균관대 소장. 1책. 산고散稿로서, 「여릉 참봉 왕군 묘갈명」麗陵參奉王君墓碣銘 「운봉 현감 최후 묘갈명」雲峰縣監崔侯墓碣銘 「백수 이공인 묘갈명」伯嫂李恭人墓碣銘 3편밖에 없다. 그러나 다른 이본들에는 일실逸失된 「여릉 참봉 왕군 묘갈명」의 명사銘辭가 보존되어 있는 등 자료적 가치가 적지 않다.

○『흠영』欽英: 유만주兪晚柱(1755~1788)의 일기. 서울대 규장각奎章閣 소장. 제3책 정유부丁酉部에 『겸헌만필』에서 약초略抄한 연암의 문 7편과, 『중향성창수』衆香城唱酬에서 전재轉載한 연암의 시 4수가 수록되어 있다.

○『엄계집』罨溪集: 단국대 소장. '곤'坤 1책. 연암의 글 12편을 수록했다.

○『동문집성』東文集成: 송백옥宋伯玉 편. 연암의 글 26편을 수록했다.

○『여한십가문초』麗韓十家文鈔: 김택영 편(1921). 연암의 글 17편을 수록했다.

이밖에 『모초재실기』慕初齋實紀 『나은선생문집』羅隱先生文集 등, 연암의 글이 단 1, 2편이라도 실려 있는 다수의 문헌들을 찾아서 원문 교감에 참고하였다.

이상과 같이 철저한 원문 교감을 한 위에서, 본서에서는 가급적 충실하고 친절한 주해를 달고자 하였다. 본서의 주해에서 특별히 힘을 기울인 점을 밝히고, 아울러 그에 해당하는 사례를 하나씩만 들면 아래와 같다.

(1) 이본들 간의 차이에 대해 시비를 판단하고자 했다.

「소완정의 하야방우기에 화답하다」(酬素玩亭夏夜訪友記 [제3권]) 중 연암의 자찬自讚에 '鼓琴似子桑□戶 著書似揚雄'으로 1자가 누락되어 있으나, 영남대본·승계문고본·연세대본·김택영본 등에는 공백 없이 '鼓琴似子桑戶'로 되어 있다. 이러한 이본 간의 차이에 대해 본서에서는 다음과 같은 주해를 달았다.

> 자상호子桑戶는 『장자』莊子 「대종사」大宗師에 나오는 인물로, 그가 죽자 막역지우莫逆之友인 맹자반孟子反과 자금장子琴張이 그의 시신을 앞에 두고서 편곡編曲하거나 거문고를 타면서 노래를 불렀다고 하였다. 따라서 자상호가 거문고를 탔던 것은 아니다. 아마도 이는 같은 「대종사」에 나오는 자상子桑과 혼동한 듯하다. 즉 자상의 벗 자여子輿가 그의 집을 찾아갔더니, 자상은 거문고를 타면서 자신의 지독한 가난을 한탄하는 노래를 부르고 있었다고 하였다. 원문의 '鼓琴似子桑□戶'를 그 다음 문장과 연결시켜서 '鼓琴似子桑 □戶著書似揚雄'으로 구두를 떼고 누락된 글자를 '閉'로 추정하여 '鼓琴似子桑閉戶著書似揚雄'으로 판독할 수도 있다. 그러나 이것은 그 앞의 문장들이 대개 '□□似□□'의 5자구字句를 취하고 있는 점과 어긋난다. 또한 소순蘇洵이 '폐호독서'閉戶讀書한 사실은 있어도 양웅이 '폐호저서'閉戶著書했다는 기록은 보지 못하였다. 그러므로 '子桑戶'의 '戶'는 역시 연자衍字로 보아야 할 것이다. (『연암집』 중, 56쪽 각주15)

(2) 이본들의 공통된 오류로서 필사 또는 인쇄상의 오자·탈자·연문衍文·연자衍字 등을 지적하였다.

「창애에게 답함」(答蒼厓 [제5권]) 두 번째 편지의 첫머리 '還他本分'에 대해 다음과 같이 주해하였다.

> 이는 '還守本分'의 잘못이다. 초서로 '守' 자가 '他' 자와 비슷하여 잘못 판독한 듯하다. 이 편지의 말미에 '守分'이라는 유사한 표현이 다시 나오고, 김병욱金炳昱의 「곡망자묘문」哭亡子墓文에도 '이제부터는 출세길에서 일찍 물러나 본분으로 돌아가 이를 지키고 싶을 뿐이다'(惟願從今以後 早謝名途 還守本分)라는 예가 있다. 『磊樓集』 권4(『연암집』 중, 377쪽 각주1)

(3) 이본들의 공통된 오류로서 원문 자체가 잘못된 경우, 즉 저자가 인명·지명·서명·원전原典 인용 등에서 범한 실수를 바로잡았다.

「순찰사에게 답함」(答巡使書 [제2권])의 부록에서 잘못된 사항들을 바로잡고 자세한 주해를 달았다. 사학邪學의 본말을 논한 부록 중 제5조에서 연암은 선우單于가 안문雁門의 위사尉史를 '천주'天主로 삼았으며 이것이 '천주'란 말이 쓰인 최초의 사례라고 하였다. 이는 『자치통감』資治通鑑 권18 「한기」漢紀 10 세종 효무황제世宗孝武皇帝 원광元光 2년 조의 기사에 의거한 것이다. 그러나 『자치통감』의 해당 기사와, 그것의 전거가 되는 『사기』史記 「한장유열전」韓長孺列傳·「흉노열전」匈奴列傳이나 『전한서』前漢書 「흉노열전」 등을 보면, 모두 선우가 안문의 위사를 '천왕'天王으로 삼았다고 했지 '천주'로 삼았다고는 하지 않았다. 뿐만 아니라 연암은 『자치통감』에 의거한 결과, 부록 제6조에서 인명인 '옹유조'雍由調를 '옹곡조'雍曲調로, 부록 제8조에서 인명인 '복고돈'伏古敦을 '복명돈'伏名敦으로 적는 오류를 답습했다. 또한 같은 제8조에서 인명인 '후려릉씨'候呂陵氏를 '후릉려씨'候陵呂氏로 잘못 적었다. 본서에서는 주해에서 이상의 사실들을 지적하고 본문에서 바로잡

아 번역하였다. (『연암집』상, 310~314쪽 및 원문 497~500쪽)

(4) 필요한 경우 창작 시기나 창작 배경, 소재와 주제 등에 대해서도 해설하여 작품 감상에 도움을 주고자 했다.
「주공탑명」麈公塔銘(제2권)에 대해 다음과 같이 주해하였다.

'주'麈가 원문에는 '규'麈로 되어 있는데, 오자이다. 규麈는 사슴의 일종이고, 주麈는 고라니에 속하여 서로 다르나 글자가 비슷해서 혼동하기 쉽다. 주麈는 사슴보다 몸집이 훨씬 크고 그 꼬리가 움직이는 대로 뭇 사슴들이 따라 간다고 해서 사슴 중의 왕으로 간주된다. 그러므로 왕중왕王中王을 '주중주'麈中麈라 한다. 또한 그 꼬리인 주미麈尾는 고승이 설법할 때 번뇌와 어리 석음을 물리치는 표지로서 손에 쥐는 불자拂子로 쓰이는데 이를 승주僧麈라 한다. 이 글은 연암의 젊은 시절 작품으로, 그 시절 연암과 절친했던 김노 영金魯永(1747~1797)이 이를 애송하곤 했다고 한다. 또한 연암의 처조카인 이 정리李正履(1783~1843)는 이 글을 불교를 배척하는 작품이라 보았고, 아들 박 종채가 이 글을 어느 노승에게 보였더니 그 노승 역시 불교를 배척하는 글 로 받아들였다고 한다. 『過庭錄』卷4 아울러 그 내용으로 미루어 보아도 이 글은 실존했던 고승의 사리탑에 대한 명銘이 아니라, 승주僧麈를 의인화 擬人化한 이름의 가상적인 고승을 설정하고 그에 대한 탑명塔銘의 형식을 빌 려 불교를 비판한 희작戱作이 아닐까 한다. (『연암집』상, 392쪽 각주1)

(5) 내용이 난해하거나 심오하여 오역하기 쉬운 대목들에 대해서는 반드시 해석의 근거를 밝혔다.
「원도에 대해 임형오에게 답함」(答任亨午論原道書 [제2권])에서 출전出典이 명시되지 않은 경우까지 포함하여 일일이 원전의 출처를 밝히고 해설해 두었다. 이를테면 "馬牛之起樐也 圓蹄先前 耦武先後"라는 구절에 대해 "말